JN203200

# 脱税と制裁
## ［増補版］

〔租税法研究双書 3〕

佐 藤 英 明

弘文堂

## 「租税法研究双書」刊行にあたって

租税法は、比較的新しい法分野であり、その本格的研究が始まってから、まだ50年ほどを数えるにすぎない。しかし、今日においては、個人にとっても企業にとっても、租税とのかかわり合いがきわめて深くなっているため、租税法の重要性は著しく増大しており、それにつれてその研究も急速に盛んになりつつある。租税法は、昭和20年代以来の草創期と確立期を経て、ようやく発展期に入ったといえよう。それを研究する者の数も着実に増加しており、その研究も、解釈論のみでなく、租税制度論や租税政策論の分野にも及んでいる。また、外国法や比較法の研究も盛んになりつつある。

このたび刊行されることになった「租税法研究双書」は、このような状況の中で、租税法に関するすぐれた研究を世に送ることによって、その今後におけるいっそうの発展に寄与することを目的とするものである。この双書においては、内容と範囲をとくに限定することなく、基礎理論的な研究から実務と関係の深い研究まで、また、解釈論に関する研究から租税法度や租税政策に関する研究まで、種々の内容の著作を刊行してゆく予定である。若し、この双書が租税法の理論と実務の発展に貢献することができるならば、それは関係者にとって大きな喜びである。

金　子　　宏

# 増補版はしがき

本書は、佐藤英明『脱税と制裁――租税制裁法の構造と機能』（弘文堂・1992年）に、その後公表した関連する論稿などを加えた増補版である。旧稿を第1部とし、新たに加えた論稿を第2部として収録した。第2部では、租税逋脱罪に関する個別論点（第1章）、地方税に関する租税制裁（第2章）、過少申告加算税（第3章）、重加算税（第4章、第5章）、延滞税（第6章、第7章）、犯則調査手続（第8章）、無許可輸出入罪（第9章）と幅広い問題を扱っている。特に、地方税に関する租税制裁と延滞税については類似の文献が限られていることから、本書に収録することに意義があると考えた。

第2部第7章～第9章は、延滞税の改正（平成25年）、犯則調査手続の改正（平成29年）、無許可輸出入罪の改正（平成30年）と、比較的近年の法改正に関する検討や解説であり、これらの章を収録したことで、新しい問題に興味をもつ読者にも本書を手に取っていただけるなら、筆者としては望外の喜びである。

第1部、第2部とも、本書に収めるにあたって体裁や表現等を改めた箇所があるが、内容を変えないことを原則とした。第1部序章の気負った書き出しをはじめ、現在では赤面せずに読み直せない箇所も少なくないが、本書に収録した各論稿を全面的に改稿する余裕がないことと、それぞれの発表時点での制度や学説の状況を書き残すことにも意味があると考えたことが、その理由である。そのため、第1部、および、第2部の第1章～第6章、第8章は、初出時がそれぞれ基準時となっている。文献の引用や、文中の「最近」「近年」などの表現もあえて改めなかったため、それらは初出時を基準にした引用や表現であることをお断りしておきたい。

本書に収録した論稿については、執筆に際して恩師金子宏先生をはじめ多くの方々から有益なご教示をいただいた。収録した論稿の発表時期が長期間にわたるため、個別にお名前を挙げることはできないが、いただいたご教示に深く感謝している。

本書の刊行にあたっては、弘文堂の皆様の多大なご協力を得た。特に編集部の北川陽子さんには、厳しい出版事情にもかかわらず、本書のような専門書の改訂をお引き受けいただいたことと、刊行時期も体裁も異なる多数の既発表論文や書き下ろしの論稿を一書にまとめる作業をきわめて綿密かつ丁寧になし遂げてくださったことに、心から感謝を申し上げたい。

また、初校ゲラの下読みから研究生活のバックアップまで、いつも細やかに心を砕いてくれる妻ふじ子にも、改めて感謝の意を表したい。

早いもので、旧版の刊行から26年が経過した。その間、初版のはしがきで「乳飲み子」と呼んだ長男英典は最近では論文の執筆を援助してくれるまでに成長したが、この間の著者の研究成果はそれと比すべくもない。本書の刊行に向けた作業から痛切に学んだのは、この一事であった。

最後に、私事にわたって恐縮だが、初版と同じく本書も、その長命を祝って両親に捧げることをお許しいただきたい。

平成30年8月　　三田の研究室にて

佐藤英明

# 初版はしがき

本書は、筆者が昭和63年2月に東京大学法学部に提出し、その後平成元年7月から法学協会雑誌に連載した、いわゆる助手論文に加筆・修正を加えたものである。

本書をこのような形で公にすることには、筆者にはかなりのためらいがあった。というのは、本書の基礎となった論文の構想をまとめたのは昭和61年末のことであり、当時入手できる資料からは逋脱犯に対する実刑はほとんどないと考えられた時期であったが、それから約6年間を経て、あたかも筆者の主張と軌を同じくするかのように、逋脱犯に対して実刑を科す判決が増え、本書が改めて逋脱犯処罰における実刑中心主義を説く意義は減少したようにも思えるからである。

しかし、法協論文の発表後、アメリカにおいて租税民事罰規定の大幅な改正が行なわれたこと、また、わが国においてもいわゆるバブル経済に伴う脱税の大型化・悪質化とそれに対する厳罰化傾向がみられたこと等を考えると、法協論文発表後の動きを織り込んだ書物を発表することは筆者の義務とも考えられるし、また、裁判実務においては、なお、逋脱犯に実刑を科すことにかなりのためらいがあると聞くにつけても、逋脱犯処罰における実刑中心主義の筆者なりの論拠を改めて強調しておくことにはそれなりの実務的意義もあるのではないかと考え、本書を世に問うこととした次第である。

もとより筆者は租税法を専攻する者であるが、本書の扱う対象が租税法と刑事法の二つの領域に跨ることから、筆者としては租税法の専門家と刑事法の専門家の双方を読者として想定せざるをえず、そのため、それぞれの領域を専門とする読者には退屈と思われるであろうことを覚悟で、刑事法についても租税法についてもやや基礎的と考えられるような事項の解説に紙幅を割いた箇所がある。事情を酌んでいただければ幸いである。

本書をまとめるお話をいただいた時、筆者はちょうど、長期の在外研究を命じられ出国する直前であったため、実質的な作業のほとんどはアメリカ合衆国において行うこととなった。そのため、アメリカの法改正に関する資料等は入手しやすい反面、日本やドイツの資料は入手がきわめて困難になり、本書に収録されている各種統計や文献の「基準時」は、このような事情で、国などの違いにより多少のズレがある。読者諸賢のお許しを願いたい。

本書が成るにあたっては、実に数多くの方々のお力をいただいた。とりわけ、東京大学名誉教授の金子宏先生には東京大学助手時代以来、数々の研究会で、また個別に数え切れない学恩を賜った。特に、租税法研究者を志す者が最初に選ぶテーマとしては疑問を呈する向きも多かった中で、脱税に関する制裁という租税法学にとっては周辺的ともみえる問題を取り上げ、論文を執筆することを先生が快く許して下さらなければ、筆者のこのような関心をまとめることはまったく不可能であった。法協論文、そして本書が、先生のご期待に沿う程度のものとは思えないが、先生の学恩のせめて何分の一になりとも報うべく、これからもできる限りの努力は続けていきたい。

また、租税法研究会、租税判例研究会、行政判例研究会、刑事判例研究会等、色々な研究会で数々のご教示を賜った諸先生方、特に東京大学名誉教授松尾浩也先生、東京大学名誉教授塩野宏先生、東京大学教授西田典之先生、同じ学門や研究室の先輩としてご指導賜った一橋大学の中里実助教授、東京大学の玉井克哉助教授に心から感謝申し上げたい。

さらに、本書の下敷きとなっている法協論文をまとめる仕事以来、筆者の仕事は神戸大学法学部が与えて下さったこの上ない人的・物的研究環境なしにはありえなかった。筆者の議論に辛抱強く付き合って下さった先輩、同僚の諸先生方、および研究助成室・法学部資料室に勤務の方々をはじめ法学部事務官の方々に厚くお礼を申し上げたい。殊に米国で研究中の筆者の求めに応じ迅速に資料を探し、送って下さった研究助成室の中尾真美さんの協力には深く感謝する。

もうお一人、忘れてはならないのは、弘文堂の丸山邦正氏である。同氏には、本書の企画段階からご迷惑とお世話をかけっぱなしであった。丸山氏にも深く感謝申し上げる。

加えて、日本・アメリカと環境の変わる中、乳飲み子を抱えながら、良好な研究環境維持のために細かく心を砕いてくれた家内にも感謝する。

最後に私事にわたって恐縮だが、いまだそう長くもない筆者の研究生活の大半の期間を物心両面から支えてくれた両親に本書を捧げることをお許しいただきたい。

1992年5月　米マサチューセッツ州ベルモントの自宅書斎にて

佐藤英明

# 【初出一覧】

## 第１部　租税制裁法の構造と機能

序　章

第１章　租税制裁法の意義と問題の所在

第２章　租税制裁法の比較法的研究――ドイツとアメリカの制度を素材として

第３章　日本の租税制裁法についての検討

終　章

・「租税制裁法の構造と機能――租税逋脱行為に対する制裁を中心として(1)〜(5・完)」（法学協会雑誌106巻7号〜11号・1989年）

## 第２部　租税制裁法の具体的展開

第１章　いわゆる青色申告取消益と逋脱犯

・金子宏編『所得課税の研究』（有斐閣・1991年）

第２章　地方税制における租税制裁――制度の概観に関する研究ノート

・総合税制研究６号（1998年）

第３章　過少申告加算税を免除する「正当な理由」に関する一考察―― IMPACT を手がかりとして

・総合税制研究２号（1993年）

第４章　納税者以外の者による隠ぺい・仮装工作と重加算税

・総合税制研究４号（1996年）

第５章　いわゆる「つまみ申告」と重加算税――租税制裁における主観的要件重視の傾向について

・総合税制研究８号（2000年）

第６章　延滞税・利子税・還付加算金

・税務事例研究32号（1996年）

第７章　延滞税改革――平成25年改正と今後の方向性

・「延滞税の改正と今後の改革の方向性について」（租税研究764号・2013年）を基礎に全面改稿

第８章　犯則調査手続の改正（平成29年３月）について

・税務事例研究161号（2018年）を一部加筆修正

第９章　金密輸を契機とした無許可輸入罪の改正（平成30年３月）について

・書き下ろし

# 目 次

---

**第２部　租税制裁法の具体的展開……299**

---

# 第 1 部

# 租税制裁法の構造と機能

# 序　章

1919年ライヒ租税通則法第3編はドイツの租税刑事法の歴史上初めて、それまで各種の租税法律に分散して規定されていた租税刑事法に関する諸規定を統一的に規定した。「Hartung〔Fritz Hartung〕は、立法者のこの行為は、その50年前に1871年の刑法典の作成がドイツの刑法学に与えたのと同様の、刺激的で実り豊かな影響を、租税刑事法の分野に与えたと考えた。実際には、租税刑事法は、今日にいたるまで、ずっと法律学の継子であった。」[1]ドイツの租税刑事法学の状況について、Franzenはこのように述べている。

このような租税刑事法に関する研究の低迷は現在の日本においても――より顕著な形で――表れている。制度の変革期にあたった戦後の一時期を除くと、刑事法学の立場からも、租税法学の立場からも、租税刑事法に対する興味はあまり高くなかったと言わざるをえない。それに加えて、この分野に関しては――業績の多くが裁判実務家および租税実務家の手によることもあってか――研究の対象が、ほとんどわが国の租税刑事法のみに限られており、いわゆる比較法的研究が極端に少ない。このことは、比較法的研究をその特徴の一つに加えているといいうる日本の法律学においては、むしろ異例ともいうべきであろう。

このような状況には、いくつかの理由を考えることができる。その第一は、租税刑事法という対象の特殊性である。すなわち、この法分野が租税法と刑事法の両方に関わるため、刑事法学の立場からは、この犯罪の理解には

1）Franzen, in Klaus Franzen, Brigitte Gast-de Haan, Erich Samson, sowie Wolfgang Joecks, Steuerstrafrecht, 3. Aufl.（1985）（以下、本書は “Franzen / Gast / Samson” として引用する。）, Einl. Rdn. 31.

租税法律の知識・理解が必要である点が敬遠され、逆に租税法学の立場からは、犯罪という対象を考察するために一定の刑事法の研究を必要とするので、扱いにくい対象であると考えられていたということがあったように思われる。

さらに、そのような研究者の人的な問題のほかに、租税法違反行為およびそれに関する法制度という対象そのものが、租税法学の立場からあまり興味を引かない対象であったということができよう。なぜなら、それは、租税法学が中心的な問題として捉えてきた所得の概念や所得算定の論理などの「租税法固有の問題」と、それに付随して論じられてきた租税行政に関する手続的な問題のどちらとも、直接の関係をもたないように思われてきたからである。

しかしながら、現在では、租税法違反行為、そのうちでも特に、最も重大な租税法違反行為である脱税に関する問題は、もはや、租税法学の立場から無視できないものであると考えられる。その研究の要請は、実際上および理論上の両面から存する。

まず第一に、脱税の問題を無視しえない実際上の理由としては、現在のわが国におけるその規模が非常に大きなものとなっていることが挙げられる。

**【表 0-1】　わが国における脱税の強制調査の動向**

（億円）

| 年度 | 処理件数（件） | 告発件数（件） | 不正所得総額 | 脱税額総額 | 告発分１件当たり | |
|---|---|---|---|---|---|---|
| | | | | | 所得額 | 脱税額 |
| 昭和 56 | 235 | 167 | 429.74 | 310.41 | 2.35 | 1.73 |
| 57 | 237 | 171 | 484.81 | 302.47 | 2.57 | 1.60 |
| 58 | 243 | 190 | 512.23 | 332.66 | 2.35 | 1.56 |
| 59 | 231 | 171 | 550.18 | 347.67 | 2.82 | 1.81 |
| 60 | 259 | 201 | 636.05 | 408.76 | 2.81 | 1.80 |
| 61 | 234 | 179 | 571.75 | 374.21 | 2.99 | 1.96 |
| 62 | 236 | 172 | 674.52 | 469.14 | 3.26 | 2.26 |
| 63 | 241 | 171 | 957.19 | 714.27 | 4.88 | 3.67 |
| 平成元 | 253 | 172 | 881.01 | 639.52 | 4.35 | — |
| 2 | 234 | 161 | 758.55 | 523.77 | 4.03 | 2.79 |

（日本経済新聞および朝日新聞による「脱税白書」報道による）

**【表 0-2】　法人税重加算税賦課事案の推移**

| 年度 | 件　数（件） | 総　額（百万円） |
|---|---|---|
| 昭和 56 | 45,147 | 18,183 |
| 57 | 49,946 | 23,037 |
| 58 | 51,799 | 26,360 |
| 59 | 52,951 | 26,297 |
| 60 | 54,085 | 28,108 |
| 61 | 55,343 | 31,333 |
| 62 | 59,278 | 44,577 |
| 63 | 62,244 | 51,951 |
| 平成元 | 67,137 | 64,703 |

（国税庁統計年報書による）

**【表 0-1】【表 0-2】**をみてみよう。前頁の**【表 0-1】**は、ここ数年間の査察官による強制調査の結果である。これによると、現在、1 件当たり平均約 4 億円の脱税が毎年 160～170 件告発されていることと、強制調査された事件の不正所得額および脱税額が長期的には増える傾向にあることがわかる。特に、強制調査をされた中で刑事訴追が必要として告発された事件 1 件当たりの不正所得額、脱税額をみると顕著である。これに対して、処理件数があまり増えていないのは、これが、現在の査察の陣容でのほぼ限界であると考えることもできる。

これとあわせて**【表 0-2】**の重加算税賦課事案の推移をみると、強制調査を受けないで重加算税の賦課のみで終わった事案のおおよその規模や傾向を知ることができる（この数字の中には、強制調査を受けたものも含まれている）。これによると、重加算税の賦課事案は、法人税法関係だけで平成元年に約 6 万 7,000 件、金額にして約 650 億円にのぼり、しかも、増える傾向にある。この調査結果に加え、このような問題については、統計に表れない暗数が、程度の差こそあれ必ず存在していることを考えると、現在のわが国においては、脱税の問題は、すでに座視できない状況に達しているということができよう。

次に、第二の「理論的な要請」について考えよう。このためには、脱税の影響について考察することが必要である。容易に理解しうるように、脱税の直接的な結果は、国家の租税収入の減少であるが、それは、さらに、税制に対して次のような二つの負のインパクトを与える。その第一は、納税者間に垂直的、および、水平的な不公平を生むことであり、その第二は、このような不公平が生じることにより、税制の公平さに対する信頼が薄れ、納税者の納税倫理が損なわれることである。ここで、租税法学の立場から脱税の問題を研究すべき理論的な要請とは、主としてこのうち第一の、脱税が租税の公平な負担を害するという点に関わる。

言うまでもなく、租税の公平（な負担）は、法的安定性の確保や納税者の手続的権利の保護と並んで——実際の立法、執行においては何らかの政策目的のために後退を余儀なくされることがあるとはいえ——租税法を貫く基本的な価値である。これに対応して、租税法学が追求すべき、または追求している大きな目標の一つは、租税の公平の実現であるということができよう。現在の日本の租税法学の業績の多くは、実体法的な面において、この租税の公平の実現に関する考察を行なっていると言っても過言ではあるまい。そのこと自体は、無論、非常に重要なことである。

しかし、租税の公平の実現のためには、そのような実体法の面での公平のほかに、執行の面での租税の公平、換言すれば、納税義務をはじめとする、租税に関する様々な義務の履行の十全な確保が不可欠である。このことは、仮に、実体法的には完全に公平な制度が立法されたとしても、多くの納税者が何らかの形で違法にその納税義務を逃れているとすれば、それは、租税の公平の実現とはほど遠い状況であると言わざるをえないことからも、理解しうるであろう。この点で、租税の公平の確保にとっては、実体法的な公平と租税法上の義務履行確保とは、いわば車の両輪をなすものであるといいうるのである。実際にも、たとえば、租税負担の不公平としてしばしばスローガン的にいわれる、「10・5・3・1」とか「9・6・4」の問題が、実体法上の不公平のほかに、所得の捕捉率——これは申告義務の問題を行政側からいったものである——の問題を含んでいることは周知のとおりである。

このように、租税法学の主要な研究対象となるべき租税の公平負担の問題が、実体的な租税法の公平のほかに租税法上の義務履行確保と密接に関わっているならば、当然、租税法学は後者をも研究対象とすべきであり、特にその中でも、最も直接的に租税の公平負担を害する義務違反である脱税の問題を軽視することは妥当ではない。それは、あるいは、刑事法や行政法の立場からの研究の対象となるかもしれないが、そのことは、租税法学がこれらについての研究を怠ってよいという理由とはなりえない。現在においては、そのような他の法領域の研究成果を踏まえつつ、租税法学の立場からこれらの問題に対応することが、租税法学に求められていると思われる。

また、逆に、脱税に関する考察にとっても、脱税が租税実体法を利用して、ないしは少なくともそれに関連して行なわれるという技術的な面にとどまらず、租税の実体的な公正さないし公平さは重要な問題である。それは、第一に、実体的に不公平な租税制度は脱税への誘因を作るという点においてであり、第二に、さらに根本的には、脱税が納税倫理を毀損するという点に関しては——この点は、特に、納税者の自発的な協力なしには運営が非常に困難である申告納税制度を採用しているわが国の税制にとっては、制度の死活問題であるとさえいいうる——実体的な租税法の公正さが、あるべき納税倫理の実質的な根拠となるという点においてである。このことからも、脱税に関する問題と租税実体法の内容の問題との密接な結び付きを理解することができよう。

本書は、このような認識の下に、狭く租税刑事法に限らず、広く租税法上の義務違反を予防するための制度を考察の対象とする「租税制裁法」という考察の枠組みを提示し、わが国の租税制裁法に生じている問題点とその解決の方法を明らかにすることを目的とする。加えて、この考察の過程で比較法的な研究を行ない、これまで租税法学が扱ってこなかった外国法の領域に光を当てることも本書の目的の一つとしたい。

# 第１章

# 租税制裁法の意義と問題の所在

## 第１節　租税制裁法の理論的検討

### Ｉ「租税制裁法」の提案

#### １「租税制裁法」の意義

⑴　租税法は、租税の公平負担と税務行政の円滑とを実現するために、納税義務をはじめとする多くの義務を納税者に課しており、それらの義務の違反は多かれ少なかれ、上記の二つの目的の実現を困難にし、ないしは不可能にする。したがって、そのような義務違反を予防し、または義務違反の結果を是正するための様々な制度は、租税法上不可欠であるといいうる。

そのような義務違反の中でも、最も重大なものが、いわゆる脱税である。序章でも述べたように、脱税は、直接には国家の租税収入を減少させるほか、租税負担の垂直的、水平的不公平をもたらし、国民の納税倫理を害して、申告納税制度の基礎を蝕ばむ効果をもっている重大な違法行為であるから、わが国を含め、現在の諸国家は、これに対して特に、様々な法的対応をなしてきた。そこで、以下では、租税法違反行為に関する法制度を考察するにあたって、この脱税を例として取り上げることとしよう。なお、ここでは一応、「脱税」とは、自らに課せられた租税を違法な手段によって免れる行為のうち、国に対する何らかの欺罔手段を伴うもののことである、と定義し、その中でも特に刑事罰を科せられるものを、租税逋脱ないし単に逋脱と呼ぶことにしよう。

さて、これはしばしばいわれていることであるが、そもそも、脱税を防ぐためには、根本的には、国民の納税倫理を高めることが必要であり、その他にも、基本的な税制上の対応が必要である。たとえば、脱税を誘引するような高い税率を避けること、税制上の基本的な不公平をなくすこと、脱税に用いうるような租税法上の制度をなくすことなどがそれにあたる[1)]。しかし、そのような税制上の対応が完全になされることは現実にはほとんど望めない以上、それらとは別に、脱税に対するより直接的な対処が必要となる。それはたとえば、脱税を発見し、これに正当な租税、加算税、延滞税を課するとともに、場合によっては刑事処罰を加え、また、課された税額の納付が自発的に行なわれない場合には、強制徴収をすることなどである。

(2)　このような脱税に関わる諸制度について考察するにあたって、現在、一般的に用いられているのは、そこで対象とされているそれぞれの制度の法的な性格に着目する、法的な視角からの分析であるといえよう[2)]。これによると、加算税、延滞税の発生については附帯税の要件として租税実体法の領域で考察し、それら附帯税や正当な本税額の賦課については更正、決定等の問題として租税手続法で扱い、強制徴収についても同じく租税手続法の一部として考察し、最後に、これらとはまったく別に、租税処罰法の問題として、脱税に関する刑事罰の問題を考える、ということになる。

この考察方法は、それによって、それぞれの制度が、有機的な関連をもつ租税法の体系の中に位置付けられうるという大きな長所をもっているが、しかしながら、この分析の視角にも問題がないわけではない。そのような問題点としては、さしあたって次の二つの点を指摘することができる。その第一は、実体面に関して、加算税に関する規定は附帯税の内容を定めるものとして租税実体法で扱われ、逋脱罪等の刑事罰規定は租税処罰法で扱われることとされるため、両者を統一的にないし関係付けて考察する観点が得られない、ということである。後述するような、加算税と租税犯、特に重加算税と

1）これに関連して、脱税防止のためには租税実体法において脱税しにくく、また、執行が容易な体制を整えることの必要性を強調するものとして、参照、Richard Gordon, "Tax Administration Concerns in the Reform of Substantive Income Tax Law in Developing Countries", Reform of Tax Administration in CIAT Countries, Richard Bird and Milka Casanegra de Jantscher eds. (1992)、および後掲注22）の Gordon 論文。

2）ここで念頭に置いているのは、金子宏教授の体系である。参照、金子宏『租税法〔第4版〕』（弘文堂・1992年）27～28頁（以下、第1部において、本書は、「金子」として引用する）。

租税逋脱罪との機能的な類似性ないし親近性は、これまでもある程度は意識されていたと考えられるが、少なくともわが国においては、これらに関する考察の多くは平面的に両者を並べるにとどまり[3)]、これらを総合的に考察するということはあまりなされてこなかったように思われる。その理由は、加算税と租税犯とが法的性格を異にし、かつ、条文上も、この両者が関連付けられていないからであろう[4)]。

この分析の視角による場合には、租税犯の規定は、犯罪――特に、犯罪構成要件――の内容に租税法律が関係するという点で租税法と関わるのみであり、理論的には、刑法各論の一部ないし刑事特別法の一種にすぎず、租税法学が研究の対象とする独自の意義に乏しいと言わざるをえない。

第二に、手続きの面においても、いわゆる「租税手続法」において、履行されるべき義務の内容を定める手続き（更正・決定等）と、そのような義務の履行を担保するための制度に関する手続き（加算税の賦課等）とが並列的に扱われているため、「租税手続法」において考察の対象とされている諸制度の機能的な関係が不明確になっている面がある。そのため、法的な分析によるときには、加算税の賦課手続とそれ以外の租税の賦課手続との間に差を見出すことはできない。したがって、ここからは、たとえば、重加算税に関して納税者の手続的な保障を特別に考慮するということや、重加算税に関する手続きと租税逋脱罪に関する手続きとの調整という観点などは、少なくともストレートには得られにくいと考えられる。

これらの点をまとめると、法的な考察方法の問題点は、これらの制度ないしはその一部を、「脱税に対処するための制度」として統一的に考察する視点を欠く点にあるということができよう。しかしながら、租税法学がこれら

---

3）後述するように、租税に関する行政罰と刑事罰とが関連して論じられてきたのは、租税逋脱罪と重加算税とが二重処罰にあたるのではないか、という問題に関連した場面のみであった。この問題については、本章第2節（47頁）で検討する。なお、北野教授はこの両者を統一的に扱おうと試みておられる。参照、北野弘久『税法学原論〔第2版〕（青林書院・1988年）388頁以下、同「租税刑事制裁論」兼子仁ほか編『高柳信一先生古稀記念論集　行政法学の現状分析』（勁草書房・1991年）389頁以下。

4）これに対して、たとえばドイツの場合、1977年租税通則法の第8編に「刑罰および過料規定、刑罰および過料手続」として刑事罰と行政罰（過料）とが統一的に規定されている上、条文の文言も、「納税者……が重過失によって370条1項〔逋脱罪の規定〕に掲記された行為をした」ときに過料を課すとしており（378条）、両者を統一的に考察する手がかりが、実定法上も存在するといえよう。以上の点については、参照、第2章第2節（100頁）。

の制度、特に、租税刑事罰に関する制度について考察することに独自の意義があるとすれば、それは、これらを行政処分とか刑事罰とかの個々の規定として考察するのではなく、「脱税に対処するための制度」として一体として考えるという視点によるときである。なぜなら、序章において述べたように、租税法学の立場から脱税について考察する理論的な要請は、脱税が租税の公平負担を害することから生じており、そこでは、「租税の公平負担を害する行為に対処するための制度」についての総合的な考察が求められていると考えられるからである。したがって、結局、法的な分析の視角は、脱税の問題を租税法学の立場から扱うのには適していない面をもっているということになる。

しかし、統一的に考察する必要があるとはいっても、ここで考察の対象とされている制度には、行政法的なものと刑事法的なものという、基本的に法的性格を異にするものがともに含まれていることは否定しえない。そうだとすると、「脱税に対処するための制度」という統一的な視点を得るためには、これらの諸制度を、法的な視点からではなく、いわば「機能的」な視点から分析することになる。

(3)　前述した「脱税に対する直接的な対処」として用いられる手段を、機能的な観点から分析すると、そこには二つの性格の異なるものが含まれていることがわかる。その第一は、脱税を発見してそこから生じた違法な結果を是正するための制度、すなわち、租税債権が、法の予定するとおりに実現しなかったときに、それを本来の額において実現させるための制度である。これらは、租税法の病理的現象に対処するものであるという意味で、「租税病理法」と呼ぶことができる。

その第二は、発覚した脱税に何らかの不利益を加えて、これを罰し、あわせてその他の者による脱税の予防を図るための制度である。これが、本書の考察の対象たる「租税制裁法」である[5)]。租税病理法が、行なわれた義務違

5）この「租税制裁法」という語は「租税病理法」とともに筆者の造語である。あまり熟さない語であるが、あえて本書で採用した。なお、これまでも、「租税制裁」という語は用いられたことがあるが、それもあまり一般的ではない。これまで、「租税制裁」という語を用いた例としては、たとえば、税理19巻14号（1976年）が「租税制裁—行政処罰を中心として」という特集を組み、須貝修一「租税制裁の法理」と寺西輝泰「租税制裁における故意」の二つの論稿が収められているほか、齋藤明「租税制裁—その最近の流れと現下の法的諸問題」税理29巻4号（1986年）1頁、北野弘久編『現代税法講義』（法律文化社・1989年）「第19章　租税制裁法」

反の結果の是正、すなわち、侵害された租税債権の回復という機能を受け持つのに対して、租税制裁法は、租税法上の義務違反行為または租税債権への侵害行為に一定の不利益を課し、それによって、そのような行為を未然に防ごうとする予防的機能をもつことになる。租税病理法が脱税の場合をも対象としつつ、その他の納税不足ないし申告不足の場合を一般的に対象としているのに対して、この租税制裁法は脱税を代表とする租税法違反行為を特に対象とするものであるということができる。

この分類に従うと、現在のわが国においては、課税庁の更正・決定権限、強制徴収権限、(その実質に疑問は残るが、延滞利子としての) 延滞税が前者に属し、行政罰としての重加算税および、逋脱罪に対する刑事処罰が後者に属する。

ここで抽象的に「一定の不利益」といったものは、「制裁」と言い換えることができる。この点を若干敷衍すると、本書では、「制裁」を、法律によって課せられた義務の違反を予防するために、それらの義務違反行為を行なった者に対して課せられる不利益、と定義する。このような定義は、第一に、制裁による予防的機能を重視した定義である点で、機能的に構成された「租税制裁法」という考察の枠組みに適したものである。第二に、「制裁」という語は、倫理的非難の色彩を含んだ、「刑事制裁」に近い意味合いで使われることがあるが、行政罰と刑事罰の双方を含んだ租税制裁法という領域を考察する際には、そのようなニュアンスを避ける必要があり、この定義は、倫理的に中立的であるため、この面でも、租税制裁法の考察に適している。そして、この定義の示すところは、従来、制裁という語の意味として考えられてきたところと、あまり異ならないものであると思われる[6)][7)]。

(321頁)〔船山泰範〕がある。

なお、木村弘之亮教授は、「相異なる手続法の種類および性質に照らし、租税過料法は租税刑事法と区別されるべきである。手続法の相違を斟酌すれば、両者を租税制裁法と総称することは差し控えるべきであろう」(同『租税過料法』(弘文堂・1991年) 8～9頁) とされ、筆者のような考え方に疑問を呈されているが、その詳しい論拠は、筆者には不明である。

6) このように、制裁を行政目的の実現のための手段として考えることは、伝統的な行政法の枠組みの下でもなされてきたところであるが (たとえば、田中二郎『行政法総論』(有斐閣・1957年) 376頁)、近年、制裁の機能に着目した方法として有力になってきていると考えられる (南博方＝原田尚彦＝田村悦一編『新版 行政法(1)』(有斐閣・1986年) 222頁〔碓井光明〕、今村成和『行政法入門〔第3版〕』(有斐閣・1986年) 142頁、原田尚彦『行政法要論〔全訂版〕』(学陽書房・1984年) 195頁など)。

なお、租税病理法と租税制裁法との区別は、制度的に両方の性格をもつものがあるなど、問題が残るので、さらに若干の説明を加えておきたい。

この場合、区別の決め手となるのは、あくまでも、本来の税額の納付を超える不利益が制度上加えられるか否か、ということである。この点について、やや詳しく述べてみよう。たとえば、実際上は、滞納処分は心理的にはかなり威嚇的な効果をもち、それが租税の不納付を未然に防いでいるということはありうるが、その制度上の機能が租税債権の本来的な額を徴収することにある以上、これは租税制裁法上の制度ではない[8)]。また、租税の延滞に対して、一定の割合で付加的な金銭が徴収されることが一般的であるが、これも、通常の利子の範囲であれば、租税病理法上の制度である。なぜなら、利子を加えた額が、それが徴収される時点においての、租税債権の額だと考えられるからである[9)]。反対に、租税の延滞に課される付加金が、通常の利子の範囲を超えている範囲においては、それは租税制裁法上の制度である。つまり、比喩的にいえば、何らかの障害がある場合に、100万円の租税債権を、何とかして100万円徴収しようとするのが、租税病理法上の制度であり、その際に、本来納付すべき100万円に加えてさらに10万円を賦課することによって、この障害に類した他の障害の発生を未然に防ごうとするのが、租税制裁法上の制度なのである。

ここでは、主として、最も重大な租税法違反である脱税を例にとって説明したが、それ以外の租税法違反行為についても、同様な思考枠組みが妥当し

---

なお、このように制裁を「行政上の義務履行確保の手段」と考えることに詳細な検討を加えたものとして、参照、高木光「行政の実行性確保の手法—強制および制裁の概念を手がかりとして」神戸法学雑誌36巻2号（1986年）187頁以下、特に、197～210頁。この問題に関する文献も、これに多数引用されている。

7）これに関連して、参照、1989年のアメリカ内国歳入法典の民事罰規定大改正の下敷きとなった作業委員会報告においては、「制裁（penalties）」を「連邦の租税法規に従わなかった者に課される不利な結果」と定義し（Report on Civil Tax Penalties by Executive Task Force, Commissioner's Penalty Study, Internal Revenue Service, I-2（1989））、その目的は、「自発的な納税協力を強化すること」であるとしている（id. II-2）。

8）前述の作業委員会報告では、税務調査のために税務官庁が納税者と連絡をとることすら、納税者からは制裁と考えられうるが、これは無論、制裁にはあたらないとされている（id. I-2）。

9）前述の作業委員会報告でも、納税不足額に付加される基本的な利子額は制裁にはあたらないが、不納付の期間と連動して増額する場合でも通常の利子以上の額が付加される場合には、それは制裁にあたりうるとしている（id. I-3）。

なお、参照、本章第2節（27頁）。

うる。すなわち、「租税制裁法」という考え方は、租税法違反行為に対し一般予防の見地から加えられる制裁に関して、その法的性格のいかんを問わず、これを機能的に一体のものとみなして総合的・統一的に考察しようとするものである。

では、このような「租税制裁法」という考察の枠組みは、前述した法的な観点からの分析がもつ問題点を回避しえているであろうか。また、その他の点でどのような有益な分析のための視点をもたらすであろうか。その点を次に検討しなければならない。

### 2 「租税制裁法」の長所

1で述べた、「租税制裁法」という機能的な考え方の最大のメリットは言うまでもなく、それが、租税法違反行為、特に脱税に直接に対処するための租税法上の諸制度を一体として考察する視点を提供することである。たとえば、この考察方法によるときには、制裁を加えることにより脱税を予防する機能をもつ行政罰、刑事罰の両制度を、実体法および手続法の両面をあわせて、一体として考察することができる。特に、これにより、租税法学は、単に刑法各論の一部としてではなく、脱税に対する刑事処罰を考察する独自の視点をもつことができると考えられる。

第二に、脱税に関する租税法上の諸制度を機能的に考察することにより、租税病理法と租税制裁法との機能的な差を明確にすることができる。逆に、この点の分析を欠くときには、場合によっては、脱税に対する直接的な対処のための諸制度をすべて租税法上の義務不履行の是正手段として一様に捉えた上で、更正・決定権限や強制徴収権限を「実質的・直接的」な是正手段とし、これに対して加算税を「補充的・間接的」で第二義的な意味しかもちえないものと位置付けるような制度の理解の混乱を生じることとなる[10)]。「租税制裁法」という機能的な考察の枠組みによるときには、このような制度の理解の混乱を防ぐことができるのである。

さらに、ここで述べたような機能的な考察方法は、租税法違反に対処する制度についての考察の範囲を明確にし、それに関する比較法的な考察に堅実

---

10) 参照、福家俊朗「加算税制度の意義と重加算税」税理29巻3号（1986年）8頁、第3章第2節（234頁）。

な基盤を提供してくれる。なぜなら、脱税に対処する制度においては、国によって様々な法形式が用いられており、単純にその法形式に着目したのでは比較法的考察として十分とは言いがたいからである。

たとえば、わが国の重加算税はその性質は行政罰であると考えられるが、形式的には租税である。同様の納税義務の履行を担保するための行政罰は、アメリカでは罰則金（penalty）と呼ばれるが、手続上は、日本と同様に、租税と同じ手続きで賦課・徴収されることが多い[11)]。これに対して、租税法上の非違行為に対する行政罰は、ドイツでは過料（Geldbuße）という独特の形式をとる[12)]。また、アメリカで罰則金とされているものの中には、徴収納付義務の担保責任に近い内容のものもある[13)]。このような状況の下で、租税法上の義務の履行を担保する制度について考察するためには、その法形式ではなく、制度的に予定されている機能に着目しなければならない。前述の機能的な考察の枠組みは、それを可能にするのである。

これに対しては、刑事処罰という、比較的はっきりした法形式に着目することは、従来の考察の枠組みにおいても可能であるという意見があるかもしれない。その意見そのものは正当であるといえよう。しかし、租税法上の義務の履行を担保する制度として刑事罰と行政罰とがある場合、両者は、機能の面では補完的であると考えられるから、その一方のみを取り出して比較することにどれだけの意味があるかは疑わしい。そのような考察によっては、租税に関する刑事処罰の範囲の違いは明らかになっても、租税法上の義務の履行を担保している仕組みの全体像はわからないからである。

以上に述べたところから「租税制裁法」という機能的な考察の枠組みは、租税法違反に対処する制度を考察するにあたって、一応の長所をもっているということができよう。

---

11）参照、第2章第3節（131頁）。

12）参照、第2章第2節（98頁）。

13）アメリカの内国歳入法典（以下、本節では、内国歳入法典の条文であることが明らかな場合は、条文番号のみで示す。）6672条は、徴収納付義務者が故意に徴収納付義務を履行しなかった場合には、その徴収納付すべき額と同額の罰則金を納めるべきこととしている。本来の納税者は源泉徴収がなされれば税額控除を受けうるので、この規定により、その分の税額について徴収納付義務者に担保責任を負わせたものと解される。6672条が適用されると加算税の規定による罰則金は課されないが、7202条により、刑事罰を科される可能性はある（ちなみに、6672条(a)と7202条はほとんど同じ文言で構成要件を定めている）。この点については、参照、Boris I. Bittker, Federal Taxation of Income, Estate and Gifts, ch. 114 at 26（1981）.

### 3 「租税制裁法」の限界

さて、2で述べたように、機能的な「租税制裁法」という考え方をとることには一方でメリットがあるが、他方、それは機能的に構成されているがゆえに、租税に関する制裁の考察として必ずしも十分ではない面を含んでいる。

その第一は、租税制裁法は、そこで問題となる制裁の法的性格をひとまず措き、それがもつ一般予防という機能のみに着目した考え方であるが、それぞれの租税制裁も法的な制度であるから、その内在する論理や法的性質によって当然に制約されるものであり、その意味で、制裁のもつ法的な性格からまったく自由に制度を考察することができるわけではないにもかかわらず、租税制裁法は定義的にこの点を考慮に入れることができないという点である。

このような制約の典型的なものとしては、近代憲法の原則ともいいうる、二重処罰の禁止が挙げられよう。その他にも、身体の拘束は重大な人権侵害の危険を伴うからこれについては厳重な要件が定められており、特に、制裁としてこれをなしうるのは、原則として刑罰のみである。そして、その刑罰を科すには、必ず刑事訴訟という厳しい手続きを経なければならない。しかし、制裁の機能という面に着目するのみでは、二つの制裁を併科すること、ないしは、身体を拘束する制裁を科すことが適当か否かは考察の対象となっても、そもそも、その場合に、それらの制裁を同時に科すことが法的に許されることか、あるいは、身体を拘束する制裁を科しうる場合であるのか、という問題を考慮に入れることはできない。

第二に、より積極的には、機能的な見方においては租税法上の義務履行の確保という一面的な目的のみが現れるから、それのみでは、納税者の人権等の保護の上から問題を生じるおそれがあり、かえって公正な制度とはいえなくなる可能性があるという問題がある[14]。この点を是正するためにも、用いる制裁の法的性格を機能論とは別の見地から考察し、制裁の性格とそれを用

14) この点については、一般予防の見地から制裁を厳しくしすぎると納税者に公正な制裁だと思われなくなり、かえって自発的な納税協力の強化に役立たないことがあるから、この限度では機能的な観点からも制裁の内容には内的な制限があるという考え方も成り立ちうる。Cf. Executive Task Force for Internal Revenue Commissioner's Penalty Study, A Philosophy of Civil Tax Penalties, Daily Tax Report, 6/9/88, L-2).

いる対象となる行為の性格との均衡、また、他の違法行為に対する制裁との均衡等を考慮する必要がある。

以上の二点から明らかなように、租税制裁法に関する考察は、同時に、そこで用いられている制裁の法的性格についての考察を伴わなければならない。これが「租税制裁法」という機能的な考え方の限界であり、本書の以下の議論においても、この点には十分な注意を払いたい。

それでは、以上のような長所と限界とを踏まえつつ、Ⅱにおいて、この「租税制裁法」については、具体的には、どのような検討すべき問題点があるかを考察することとしよう。

## Ⅱ　租税制裁法の問題点

### 1　序

それでは、租税制裁法という枠組みにおいて、どのような問題を検討する必要があるのであろうか。このⅡでは、そのような論点を概観してみたい。その際に注意すべきことは、租税制裁法という考察の枠組みが真に有用であるのは、制度の機能の面に着目する場合と、複数の制裁の関係が問題となる場合であるということである。このことは、租税制裁法という考察の枠組みが、制度の法的性質を離れた機能的な分析にもとづいていること、および、それが、租税法違反を予防するための諸制度を一体として統一的に考察することを目的として構成されたものであることから、すでに明らかであろう。これとは異なり、個々の制裁の要件や効果のみに関しては、従来の法的な考察の枠組みにおけるのとは異なる考察の視点を、租税制裁法という枠組みがもっているわけではない。

### 2　制度の効率性 ——制度の機能的側面の問題

⑴　さて、租税制裁法という枠組みで考察を行なう際に、最初に考慮されるべきことは、対象となっている租税制裁法の制度が「効率的」な制度であるか、ということである。この効率性ということは、制度を機能的に考察する際には、投入される資源と得られる結果との関係として、必ず問題になることである。これは、租税制裁法の場合においても例外ではないのみなら

ず、租税法の分野においては、処理すべき事案が大量かつ回帰的に発生するのに比して、そのために投入しうる人的・財政的資源はごく限られているから、この効率性の問題は制度の執行にとって非常に重要な問題なのである。

ところで、租税制裁法において「効率性」は、限られた人的・財政的資源によって最大限に租税法違反を予防しなければならない、という観点から問題となる。

この叙述からわかるように、「効率性」という語は、一見、いかに多くの租税収入を最終的に――コストを差し引いたネットの形で――あげるか、ということについてのコスト・ベネフィットの問題であるかのように錯覚されるかもしれないが、そうではない。確かに、租税収入をあげることは租税制度の究極的な目的ではあるが、ここでの制度の目標は、これに対する中間目標にあたる租税法上の義務履行確保、換言すれば、租税法律の遵守の強制なのである。それは、実体的な税制が公正かという問題に目をつぶるとすると、正義実現のための理念的なコスト・ベネフィットの問題であるということができよう。租税法上の義務履行確保と租税収入をより多くあげることとは一般には一致するものであろうが、租税制裁法を執行するコストを考えると結論が異なる場合がありうるのである。

ただし、ここで、租税制裁法はいわば中間的な目標を目指すものであると言ったが、それは、納税倫理の向上ないしは確保を通して、間接的ながら、結局は、最終目標たる――ネットの形での――租税収入の確保に資するものであると考えられる。高い納税倫理が一般化すれば租税法違反も減り、その予防や是正に費やされるコストも減少すると考えられるからである。

⑵　この効率性の問題は、具体的には次の二つの論点を含んでいる。それは、制度の実効性の問題と、合理的な制度の機能分担の問題である。前者は、現実の租税制裁法の制度が実際にどれだけ租税法違反行為を予防しているか、という問題である。これは租税制裁法の研究の究極的な問いともいうべきものであり、これについては実証的な調査を踏まえた考察が必要であろう。

後者の問題は、租税制裁法に法的性格の異なる多くの種類の制裁が含まれていることから生じる。この場合に、要件・効果を同じくする制裁が複数併置されているのでは合理的な制度とはいえず、効率的な制度ともいうことはできない。なぜなら、たとえば、要件・効果を同じくする制裁が二つ併置されている場合に、対象となる一つの行為に片方の制裁しか加えられないのであれば、もう一方の制裁は不必要であり、両方の制裁が加えられるのであれば、そこでは同じ要件を別々の手続きにおいて重複して認定しなければならず、手続きの重複という手続的ロスが生じるからである[15)]。後者の場合、それは、もともと、一つの制度で加重した制裁を加えれば足りるものであって、別々の手続きで二度に分けて行なう合理的な根拠は乏しいということができよう。つまり、同じ領域をカバーする競合する二つの制裁制度は、その要件ないし効果が違うときに、初めて、それらが併置される合理的根拠があるといえるのである。そして、そうではない、要件・効果の両方が重複した制裁制度は、不必要な手続的コストを必要とする点で、非効率的な制度であると考えられる。したがって、同じ行為を対象とする二つの制裁が存在するにもかかわらず、その制度が効率的であるといわれるためには、そのような重複する制裁の間に何らかの機能分担が必要とされるのである。

(3)　なお、このように機能的に制度の効率性を論じる際には、実体法のほかに手続法の側面をも考慮の対象としなければならない。制裁発動の困難さないし容易さ、したがって、制裁制度の執行のコストは、単に実体的な要件のみならず、その適用に際しての手続的な規律によっても大きく変わりうるからである。たとえば、訴訟になった場合の証明責任の所在や要求される証明の程度などが、その典型的なものである。特に租税制裁法には、典型的には、行政罰と刑事罰という手続的な規律を異にするものが両方とも含まれていることが多いので、この点は特に問題となる。

### 3　制裁の対象の範囲と制裁の種類

次に問題となるのは、租税制裁法に含まれている制裁が全体としてカバーする対象——租税法違反行為——の範囲と、そこで用いられている制裁の種類である。これは、1で述べた「租税制裁法」という考察の枠組みが有用である問題のうちの、複数の制裁間の関係に関わる問題の一つであるというこ

---

15)　したがって、要件・効果を同じくする制裁制度があっても、これらの制裁の手続的な重複を何らかの方法で防ぐことができれば、その制度には一定の合理性を認めることができる。参照、第2章第3節（221頁）。

とができる。

制裁の対象となる行為の範囲の問題は、一般には、最も重大な租税法違反行為である脱税を中心として、それよりも軽微な各種の違反行為をどの範囲まで制裁の対象とするか、ということが具体的な問題となろう。この問題に関しても、具体的には、故意・重過失などの主観的要件、欺罔の有無等の行為態様、または予備・未遂等の行為の発展段階等の諸要素をどのように組み合わせて制裁の対象を拡げていくか、という問題がある。それは、同時に、制裁の実体的要件の規定の仕方の問題、換言すれば、制裁要件の明確化の問題とも関係するものである。

また、租税制裁として用いられる代表的なものは刑事罰と行政罰であろうが、その他にも、いくつかの方法を考えることができる。たとえば、違反者の氏名等の公表や租税法上の何らかの特権・優遇措置等の取消しなどがこれにあたる。これは、わが国において近年論じられてきている「行政の手法」論とも関わる問題点であるということができよう。これら二つの問題については、まさに、比較法的研究がなされる余地が大きいと思われる。

この制裁の対象の範囲と制裁の種類についての問題は、前述した制裁間の合理的な機能分担の問題とあわせて、広く、制裁制度の合理性の問題ということもできる。なぜなら、制裁が与える不利益に鑑みると、それが対象とする違反行為の範囲は必要かつ十分な範囲に限定されねばならないし、また、そこで用いられる制裁も、対象となる違反行為と均衡を保つものであり、かつ、違反行為の一定の予防効果が期待できるものでなければならないからである。[16)]

### 4　二重処罰の問題

第三に、租税制裁法に関連して二重処罰の問題も考察される必要がある。Ⅰ3（15頁）で述べたように、この問題は、租税制裁法についての機能的な考察を補うべき法的考察として位置付けられるからである。

いわゆる二重処罰が問題となるのは、同一の行為が重ねて刑事処罰の対象となる場合である。明らかな二重処罰にはもともとほとんど問題となる余地

---

16）参照、第3章第4節（286頁）。

がないから、細かくいえば、二重処罰の問題は、同一の行為が重ねて複数の制裁の対象となっている場合に、それらの制裁の法的性質は何か、という形で問題となると考えられる。

同様に、同一の行為が重ねて複数の制裁の対象となる場合については、すでに、制度の効率性に関わる制裁間の合理的な機能分担を検討した際に考察した。ここでの検討からわかるように、二重処罰の問題は、これを法的な側面から検討し直すものであると理解することができる。

### 5　納税者の権利保護

最後に、納税者の権利保護の問題について触れておく。言うまでもなく、この問題は、租税制裁法に特有の問題ではない。にもかかわらず、ここでそれに触れておくのは、それが、租税制裁法において強調されている「制度の効率性」指向のカウンターバランスになると考えられるからである。単に効率性のみを目指すのでは、かえって制度全体としての公正さを失うことにもなりかねない。その意味で、ここで租税制裁に関する権利保護の問題を強調しておく必要があるように思われる。

そのような観点から検討されるべき論点としては、すでに別のコンテクストで挙げられたものもあるが、第一に、制裁の要件の明確化の問題、第二に、制裁の内容の合理性の確保の問題、第三に、納税者の手続的保護の問題を挙げることができる。

以上で、租税制裁法における主要な問題点を四つ挙げた。それではわが国の租税制裁法はこのような問題点につき、どのように対応し、どのような問題を生じているであろうか。Ⅲで租税制裁法上の制度の必要性と限界について簡単な考察を加えた後、第2節ではこの問題を検討し、本書で検討すべき問題を明らかにすることにしよう。

## Ⅲ　租税制裁法の必要性と限界

### 1　租税制裁法の必要性

これ以後、「租税制裁法」という枠組みで考察を進めるにあたって、租税制裁法上の諸制度は本当に必要なのか、ないしは、それらは合理性のある制度であるといいうるのか、という疑問が提起されることが考えられる。そこで、租税制裁法についての総論的検討の最後に、ここでは、この問題を検討することにしよう。

租税制裁法上の制度（以下では、単に「租税制裁法」と呼ぶこともある。租税病理法についても同様。）が必要かどうかを考えるには、租税病理法の機能を考えるのがわかりやすい。後者は、前述のように、100万円の租税債権があるときに、どうにかして100万円徴収することをその目的としている。これを、納税義務者の立場からみると、たとえば、脱税に対処するものとして租税病理法しかなければ、租税を免れようとした場合、最悪でも、もともと納付すべき税額に利子分を加えた額を納付すればよいだけである。そうであれば、一旦租税を免れようという意思をもった者を押しとどめる負のインセンティブはないに等しいといってよかろう。いわゆる、「ばれてもともと」であるからである。したがって、このような制度は、納税義務者全員のきわめて高い納税意識を前提としなければ、制度として機能しえない。しかし、残念ながら現在では、そのように高い納税意識を前提とすることは困難である。ここに、租税制裁法の役割がある。

すなわち、Ⅰで、租税制裁法は、租税債権を侵害する行為などに一定の不利益を課するものであり、予防的機能をもつものであると述べた。それは、この「不利益」が、そのような行為をしようとする者に対して負のインセンティブとして働くことが予定されているからである。具体的には、たとえば、租税を免れようとした者は、それが発覚すると、行政罰または罰金という形で、もともとの納税義務の額を超える額の金銭の納付を強制されたり、場合によっては懲役刑を科せられたりすることになるので、それらを避けるために、租税を免れようとすることを断念することが期待されているのである。

また、大量かつ回帰的に法適用が行なわれる租税法の分野においては、一旦違法な義務違反行為がなされると、それを発見して是正するのに多大な行政上のコストがかかり、場合によってはそれが不可能であることに鑑みると、他の分野におけるよりも、違法行為を予防することの意義は大きいといわねばならない。この点にも、租税法上の違法行為の予防をその機能とする租税制裁法を重視すべき理由が存するのである。

## 2　他の方法による代替の可能性

(1)　しかし、このように解しても、なお、租税制裁法の合理性に疑問なしとはしない見解が存在しよう。以上に述べたように考えるなら、租税の確保に関してなされるべきことは、まずは、納税意識の向上のための諸施策や脱税を誘引しない税制の立法であり、次に、税務行政による租税の確保（租税を免れようとする行為への税務執行上の対処）であって、いたずらに、国民を何らかの罰で威すことではないと考えられるからである[17]。以下では、この意見について若干の検討を試みてみよう。

(2)　まず、第一の論点に関しては、納税意識の向上のための諸施策を行なうことや公平で脱税をしにくい税制を作ることの重要性は当然に強調されるべきであり、それらは、租税制裁法の存在とは、何ら矛盾するものではない。ただ、納税意識が十分には高くなく、また、税制にも色々な欠点がある現状を前提とする限り、租税制裁法が必要であるということはできよう。

加えて、第二の論点に関連して主張されているように、租税行政の極度の強化によって脱税を不可能にしない限り、納税倫理の高揚のみによって脱税を防ぐことは不可能であろう。このことは、その反倫理性が十分に国民の意識に浸透していると考えられる刑法犯が、依然としてなくならないことからも理解することができる。

(3)　第二の論点に関しては、少し詳しい考察を必要とする。これに対しては、まず、現在のように租税が経済事象のほとんど全部に関わっており、その対象がきわめて広範にわたっていると、コンピュータ等を駆使するとしても、限られた人員・予算の中では、国民の協力なしに、租税に関する情報を租税行政庁が完全に把握するのは不可能であり、このような議論はそもそも前提を欠く、という実際的な反論がなされよう[18]。

のみならず、租税制裁法の機能を、すべて、税務行政の整備によって肩代

---

17）参照、前掲注1）。

18）たとえば、アメリカでは納税者番号制度が発達しているにもかかわらず、非常に多種多様な行政罰・刑事罰が存在することは、このことを裏付けているといえよう。また、逆に、納税者番号制度の導入が、この制度に対する侵害――たとえば、支払調書や申告書に納税者番号を記載しないこと――に対する制裁を必要とするという側面もある（参照、1989年改正前の6676条）。

アメリカの納税者番号制度については、参照、金子宏「納税者番号制度と納税者の秘密の保護」自治研究54巻6号（1978年）3頁。

わりさせようとする意見には、理論的にも支持しがたい点がある。

第一に、経済取引のほとんどすべて、および、相続などの経済取引以外のものにまで租税が関わっている現状を前提とすると、推計課税を原則的に採用するなどして課税の「精度」を制度的に引き下げない限り[19]、制裁による間接強制なしに租税法律を十全に執行するために必要な、租税に関する情報を収集する能力は巨大なものであり、それが租税行政庁の手に掌握されるということは、個人や私企業の情報の管理という点からすると、かなり危険なことであるといえよう。この危険と比較してもなお、制裁制度による不利益を問題視することが合理的であるかどうかは、疑問であるように思われる。

第二に、より重要な点として、このような考え方には、戦後の行政法の流れおよび、申告納税制度の精神という観点からも疑問がある。周知のように、戦後のわが国の行政法は、戦前の直接強制中心主義を排し、主として、刑事罰による間接強制によって、行政法上の義務の履行を確保してきた。そこには、直接強制による過剰な権利侵害を戒め、終局的には、国民の自由意思による義務履行を期待するという態度があったといってよかろう[20]。また、戦後に、租税法上取り入れられた申告納税制度は、その根拠を直接、民主主義に求めうるかどうかには疑問があるとしても、少なくとも、単に、能率的な徴収制度であるということを超えて、「民主的納税思想」に適合するという面が念頭に置かれていたことは確かであろう[21]。これらの点にてらすと、納税義務に行政法上の義務という面がある限り、制裁制度を設けることによって間接的に納税義務の履行を確保することは、戦後の行政法および租税法の流れに沿うものであり、逆に、租税に関する情報のすべてを租税行政庁が直接に把握することによって納税義務の履行を担保するという、いわば情報の直接強制ともいうべき方法は、これに沿わないものであるといえよう。

このように考えると、租税制裁法に存在意義があり、かつ、それが合理性

---

19）参照、後掲注22）のGordon論文。

20）この点は近時の教科書等においてしばしばいわれてきた点である。たとえば、藤田宙靖『行政法Ⅰ』（青林書院新社・1980年）187頁・189頁、兼子仁『行政法総論』（筑摩書房・1983年）204頁・208頁、磯野弥生「行政上の義務履行確保」雄川一郎ほか編『現代行政法大系2』（有斐閣・1984年）229〜230頁。

21）金子485頁。

のない制度であるとはいえないことは、明らかであるように思われる。

### 3　租税制裁法の限界

このように、租税制裁法が合理的なものであるということは、しかしながら、直ちに、それのみによって租税法違反行為を予防しうるということを意味しない。それどころか、租税制裁法だけでは、租税法違反行為を予防することはできないとさえいいうる。

これに関しては、まず第一に、Ⅱでも述べたように、租税法違反行為の予防が、納税倫理の高揚と、基本的な税制における公正さの確保に負うところが大きいことは言うまでもない。

しかし、それ以上に、租税制裁法の論理内在的に、租税制裁法による違反行為の予防は、そのような違反行為の調査・発見によっている。すなわち、租税制裁法の論理が、発覚した違反行為に制裁を加え、違反行為が発覚した場合にはそのような不利益を被るということを明らかにすることによって、同様な違反行為を企図する者を抑止するということにある以上、その抑止効果は、違反行為が発覚する一定以上の可能性に基礎を置いているのである。そしてまた、そのように違反行為が発覚する可能性を高めることは、違反行為の成果が違反者の手元に残る可能性を減らし、消極的に違反行為を抑止する効果をもつと期待することができる。さらに、違反行為を発見する制度の作り方いかんによっては、その違反行為をすること自体がほとんど不可能になる場合もあるであろう。

したがって、租税制裁法の充実を図ることと、たとえばコンピュータ等の導入により、租税行政の充実を図ることとは何ら矛盾しないばかりか、それは互いにその効果を高める働きをもつと考えられる。

このように、租税制裁法は租税法違反行為を予防する重要な制度ではあるが、いたずらにそれのみに頼ることは適当ではないのであって、同時にそれは、同じ目的を目指すいくつかの制度のうちの一つにしかすぎないという認識も必要であると思われる[22)]。

---

22)　ここで述べたような租税法違反行為の予防という目的に関する租税制裁法の相対化というコンテクストにおいて、アメリカにおける濫用的なタックス・シェルター（abusive tax shelter）に関する諸制度の変遷は興味深いエピソードを提供している。

# 第2節　日本における租税制裁法の問題点

## 1　加算税の性格

(1)　それでは、本節では、わが国の租税制裁法の問題点についての考察を行なおう。本書では、わが国の租税制裁法上の制度として、加算税と租税犯に対する刑事処罰とを扱う。このうち、租税犯に対する刑事処罰が制裁としての性格をもつことには異論はないであろうが、加算税の性格については、これまで若干の議論がなされてきた。そこで、まずはじめに、加算税の性格、すなわち、それが制裁であるかどうかについての検討を行なうことにしよう。

(2)　これまでわが国では、加算税、特に重加算税の性格を論じる際には、「〔旧〕法人税法……43条の追徴税は……これを課することが申告納税を怠つたものに対し制裁的意義を有することは否定し得ないところであるが、……同法48条1項および51条の罰金とは、その性質を異にするものと解すべき

---

タックス・シェルターとは、ごく簡単にいえば、特別償却等の制度を用いて当初投資額以上の税額計算上の「損失」を参加者に分配することを目的とする投資組織（組合の形式をとることが多い。）であり、従来から濫用的なタックス・シェルターを用いて不法に自らの納税義務を怠った者に対してはそれぞれの行為態様に応じて民事罰等の制裁が課されてきたが、他方、タックス・シェルターを組織し、それを売る者に対してはごく軽い制裁しか用意されていなかった。しかし、濫用的なタックス・シェルターの弊害は目に余る規模になってきたため、議会は、タックス・シェルター対策の第一弾として、濫用的なタックス・シェルターを作ったり売ったりした者に厳しい民事罰を課すこととした。これは租税制裁法による対応である。しかし、濫用的なタックス・シェルターに関してはそれのみにとどまらず、さらに、内国歳入庁長官は裁判所に対して民事罰の対象となる行為を事前に差し止めることを請求することができ、さらに行政的にもタックス・シェルターは登録義務を負い、かつタックス・シェルターにおける投資者のリストの保持義務が課された。そして、これらの義務に違反すると民事罰を課されるのである。ここでは、租税制裁法にとどまらない租税法違反行為予防のための法システムをみることができる。

ところが、現実には、このような様々な予防措置にもかかわらず濫用的なタックス・シェルターを有効に阻止することはできず、ついに議会は1986年の改正で、タックス・シェルターを可能にしていたような投資損失の損益通算を制限することによって、換言すれば、租税実体法上の対応を行なうことによってやっと、タックス・シェルターを有効に予防することを得たのである。

このエピソードからは、租税制裁法の果たしうる役割の限界と、脱税と租税実体法との深い関わりとを読み取ることができよう。

これらの点につき、参照、Richard Gordon, "Income Tax Compliance and Sanctions in Developing Countries — An Outline of Issues", International Bureau of Fiscal Documentation, Bulletin 1988/1, Vol. 42, 5-6.

である。すなわち、法48条1項の逋脱犯に対する刑罰が……脱税者の不正行為の反社会性ないし反道徳性に着目し、これに対する制裁として科せられるものであるに反し、法43条の追徴税は……これによつて、過少申告・不申告による納税義務違反の発生を防止し、以つて納税の実を挙げんとする趣旨に出でた行政上の措置であると解すべきである」という最高裁大法廷判決[23]、および、重加算税の性格付けに関してこれを引用する最高裁判決[24]がしばしば引用され、（重）加算税は制裁ではないということがしばしばいわれてきた。

しかし、この大法廷判決の事件の争点が、同一の行為に対して追徴税の賦課と逋脱犯としての処罰とをともに行なうことが憲法で禁止されている二重処罰にあたるか、ということであったことを念頭に置いてこの判示を注意深く読めば明らかなように、ここでは「制裁」が倫理的な性格をもつものとして扱われており、この判決は追徴税が、本書で定義した倫理的に中立な意味での「制裁」であることまでを否定したものとは解されない。かえって、納税義務違反の発生を防止するための行政上の措置であるとする点からは、それが本書にいう「制裁」であることを支持するものであると考えられるのである。

また、学説においては、「各種加算税は、同時に制裁としての意味をもつことを否定しえないが、どちらかといえば、むしろ、納税義務違反の発生を防止し、納税確保の目的を達するための一種の行政上の措置（税の一種）とみるべきであろう[25]」、「加算税は、刑事制裁と異なり、申告義務および徴収納付義務の適正な履行を確保し、ひいては申告納税制度および徴収納付制度の定着を図るための特別の経済的負担であって、処罰ないし制裁の要素は少

---

23）最大判昭和33年4月30日民集12巻6号938頁。
この大法廷判決は、後掲注24）に挙げる判決等によって、重加算税の性質を論じたものとしてこの後引用されているが、碓井教授が指摘されるように（碓井光明「重加算税賦課の構造」税理22巻12号（1979年）2頁）、当時の旧法下の追徴税はその要件に「隠ぺい、仮装」を含んでおらず、その点からすると、むしろ現在の過少申告加算税、無申告加算税、不納付加算税に相当するものであった。したがって、正確には、この判決は加算税一般の性質を論じたものとして位置付けるべきであると考えられる。

24）最判昭和36年5月2日刑集15巻5号745頁、最判昭和36年7月6日刑集15巻7号1054頁、最判昭和45年9月11日刑集24巻10号1333頁。

25）田中二郎『新版行政法 上巻〔全訂第2版〕』（弘文堂・1974年）185頁。

ない」[26]などとされているが、これらの見解においても、前述の大法廷判決と同じく、「制裁」という用語は刑事制裁と同様に倫理的な要素をもつものとして用いられているものと考えられ、そこでの「行政上の措置」や「特別の経済的負担」という位置付けは、本書における「制裁」としての性格と何ら矛盾するものではないと考えられる[27]。

⑶　それでは、加算税はこのような「制裁」としての機能のほかに何らかの機能をもっているのであろうか。これに対して、池本征男氏は、「加算税が申告納税義務を怠った者に対する制裁という要素を持つことは否定できない」[28]としつつ、「加算税は、申告納税制度の下での国の歳入を確保するとともに、正当な納税義務の履行者との公平負担を図るための行政上の措置であって、併せて、戦前における租税罰則的な性格、すなわち、侵害された国庫利益の回復手段たる損害賠償的な性格を持つものと解される」[29]とされる。この見解は、加算税を、制裁以外にも様々な機能をもつものとして考える見解を代表するものであるといえよう[30]。

しかし、この見解には次のような疑問がある。まず、加算税が、「正当な納税義務の履行者との公平負担を図る」ためのものである、とされるが、この目的のためには本来の納税額に利子分を上乗せして納付させれば十分なはずであり、それは、現在の制度では延滞税・利子税が果たしている役割である[31]。この点を詳しくいえば、租税を納付しない者は納付すべき租税と同額

26）金子463頁。

27）なお、田中二郎『租税法〔新版〕』（有斐閣・1981年）361頁は、「制裁税」という節を設けて、これに延滞税、加算税、過怠税が含まれるとし、制裁税の目的として、租税法上の義務履行を間接的に担保することと、それを金銭的な制裁によって行うことにより負担の公平を保持することとを挙げている。しかし、このすぐ後で検討するように、加算税には負担の公平の保持という機能はあてはまらないと考えられる。

28）池本征男「加算税制度に関する若干の考察」税大論叢14号（1982年）167頁。

29）池本・前掲注28)。

30）武田昌輔監修『DHCコンメンタール 国税通則法』（第一法規出版・1982年）3534頁も、「加算税の制度は、申告納税制度を導入した際、その担保的機能を果たし、正当な納税義務を履行した者とそうでない者との負担の公平の見地から登場した」とする。

31）この点には、若干の補足・訂正が必要である。まず、近年のわが国の低金利の状況に鑑みると、現行の延滞税の年率14.6％という税率は非常に高いので、延滞税も、逋脱額と同額の資金を借り入れるために必要であったと考えられる利子分を超える部分においては、租税制裁法に属すると考えるべきであろう。その意味で、延滞税も、「期限内申告を促すことを目的とする」（金子459頁）ということができる。参照、前掲注9）。

このような制裁的な効果は、延滞税の税率が一定の場合、市中金利が下がるほど顕著になるが、それに加えて、延滞税の場合は、当初から制裁という側面が考えられていたと思われる。

の資金を国から借りているのと同じであるから、同額の租税を納付し、同時に同じ額の資金を他から借り入れた者との公平を図るためには、後者が支払うべき利子の額と同じ額を上乗せして支払わせなければならないのである。そして、以上の説明からわかるように、利子分とは延滞した期間中その額の資金を利用する対価であるから、そのような利子分までを含めた額が、延滞された場合に、納付の時点における「もともとの租税」なのであり――すなわち利子額を含めて初めて国は正当な全税額を回復したことになる――、このような効果をもつ制度は、本章で述べてきた機能的な分類において、租税病理法に位置付けられることになる。

他方、このように、「公平」という観点から根拠付けられるのは、本来の税額に加算される分のうち、通常支払われるべき利子分までであり、「公平」を根拠に、それ以上の額をもともとの税額に加えて納付させることはできない。そのような納付を強いられる者は、それ以外の者よりも不利に扱われることとなるからである。したがって、延滞税のほかに存在する加算税を、「公平」の観点から根拠付けることはできないといえよう。

次に、加算税を損害賠償的なものと位置付ける点にも疑問がある。わが国の一般的な考え方では、損害賠償とは、生じた損害を補塡するにとどまるものである[32)]。この場合、法定納期限までに租税が納付されなかったことを損害と捉えることはもちろん可能であるが、そこでの損害は、上述のように、本来の税額にかかる利子分に限られるのであり、したがって、それ以上の税額を課する加算税を損害賠償と捉えることには、無理があろう。

ただし、池本氏は、重加算税については、さらに、「納税者が『隠ぺい又

---

それは、「国税通則法の制定に関する答申（税制調査会第二次答申）」の延滞税に関する部分に、「制度の合理化を図り、あわせて市中金利の動向をも勘案してその負担割合の適正化を図る等の見地から」という文言があり（ジュリ251号（1962年）38頁）、通則法制定の頃の市中金利が公定歩合で日歩2銭、当座貸越で日歩2.8銭であったのに（昭和37年6月25日現在。財政金融統計月報128号（1962年）53頁による）、延滞税の税率が日歩4銭とされたことからもうかがわれる。これに対して、日歩2銭とされた利子税は、公定歩合を意識したもので、少なくとも当初は、制裁の意味をもっていなかったのではないかと推測される。

この点については、後述するように、延滞税の税率を公定歩合等に連動させるアメリカの制度が参考になる。参照、第2章第3節（138頁）。

32）たとえば、不法行為に関してであるが、四宮和夫『事務管理・不当利得・不法行為 中巻』（青林書院新社・1983年）267頁は、「名目的損害賠償、懲罰的損害賠償、二倍三倍賠償のような『損害塡補を超える制裁』は、わが不法行為法上認められない、というのが通説である」とされる。

は仮装の行為』をしたことによって、税務調査を困難とし、多大な労力と経費を国家に費やさせたこと」をも、重加算税によって補塡されるべき損害であると考えておられる[33]。これは、同様の見解がアメリカの判例においてもとられている大変興味深い見解であるが、これにも賛成できない。なぜなら、アメリカの判例に関連して後述するように、第一に、重加算税の額と調査等により国家が要した費用等の額とが対応していると考えるべき合理的な根拠はないし、第二に、立法過程において、たとえば現在の国税通則法制定の時、重加算税の税率を定めるにあたって、その調査等に必要な額が基準として考慮されたとは考えられないからである[34]。

では、池本氏の見解のうち、最後に残った、「申告納税制度の下での国の歳入を確保する」という点はどうか。ここで、なぜ、加算税がこのような目的を果たしうるのかを考えてみると、それは、過少申告や不申告が発覚すると加算税が課されるので、その賦課を避けるために、過少申告や不申告がなされなくなることが期待できるからである。とすれば、ここで考えられるのは、筆者のいわゆる制裁そのものであるといえよう。

(4)　以上の叙述は重加算税に関する議論と加算税一般に関する議論とが輻輳して少々読みにくいものとなったが、これをまとめると、加算税は、一般に、本税が納付される時点での正当税額を超えた額の金銭的負担を課するものであり、それは、その負担を避けるべく、加算税の課税要件となっている過少申告や不申告等の行為がなされなくなることを期待した制度である。したがって、それは、まぎれもなく、租税制裁法上の制度である。

## 2　租税制裁法の機能分担

### (1)　序

それでは、前述した一般的な論点に従って、わが国の租税制裁法の問題点について検討する。ここで第一に問題になるのは、制度の効率性の問題であり、それも特に、制裁間の機能分担の問題である。前述したように、現在の日本の租税制裁法は租税犯に対する刑事罰と行政罰としての加算税との二つ

33）池本・前掲注28）198頁、同「判例からみた重加算税の賦課要件」税通38巻12号（1983年）40頁。
34）参照、前掲注31）「国税通則法の制定に関する答申（税制調査会第二次答申）」39頁。

の制裁を中心的なものとしている。そこで、この二つの間に不合理な重複などがないかが問題となるのである。

⑵　**形式犯と加算税との関係**

(i)　現在のわが国には、租税制裁法上の制度として、行政罰たる加算税と刑事罰を科される租税犯とがある[35]。前者は、国税通則法65条〜69条に規定され、過少申告加算税（65条）、無申告加算税（66条）、不納付加算税（67条）の3種類と、重加算税（68条）とがある。重加算税は、前三者が、納税者が「その国税の課税標準等又は税額等の計算の基礎となるべき事実の全部又は一部を隠ぺいし、又は仮装」したことにもとづいて行なわれたときに、特別に税率を加重して課されるものである。

次に、租税犯は、加算税と異なり、一つの法律にはまとめられておらず、それぞれの税法ごとに、逋脱犯を中心として、受還付犯、不納付犯、間接脱税犯、印紙不貼用犯などの広義の脱税犯のほか、いわゆる形式犯たる各種の協力義務違反や職務妨害の罪が規定され、刑罰を科することとされている[36]。

(ii)　この両者を統一的に概観すると、まず、租税法違反行為が現実に租税債権の侵害ないしは租税収入の減少をもたらさないときには、それが定められた構成要件に該当する行為である場合に、これに租税秩序違反としての刑罰が科されるのみである。これはいわゆる形式犯と呼ばれているものであり、法定書類不提出犯などがその典型である。これらの罪の罪質は、租税法上の個々の義務違反と考えることもできるし、租税債権に対する抽象的危険犯と解することもできよう。しかし、これをどのように解するとしても、これらの罪が、行為の態様という面に着目して構成されているものである点は変わらない。

次に、租税法違反行為が、現実に租税収入の減少（租税債権の侵害）を生じさせた場合には、原則として加算税が課され、場合によっては逋脱罪などの広義の脱税犯が成立する。

加算税は、重加算税を別にすると、行為の態様ではなく、租税収入の減少

35）このほかに、租税実体法上の優遇措置の取消しや青色申告承認の取消しなども制裁的な効果をもつと考えられる。しかし、これらを租税制裁法上の規制として位置付けるべきかどうかについては、さらに検討を要すると思われる。参照、後述50頁。

36）伊藤栄樹ほか編『注釈特別刑法 第5巻2（経済法編2）』（立花書房・1984年）6〜8頁〔小島建彦〕にほぼ網羅的に列挙されている。

という事実を重視して課されるものである。そのため、「正当な理由があると認められる場合」を除いて、租税収入の減少という事実があれば課されるから、それが過失による場合にも課される。この点は、後述の逋脱犯や、原則として故意犯であると解される前述の形式犯と大きく違う点である。また、重加算税は、行為の態様とともに、租税収入の減少という事実にも着目したものであるから、やはり、この点で、形式犯とは制裁の観点を異にする。

したがって、加算税が課される場合には、形式犯にあたる行為の結果として租税収入の減少が生じた場合も含まれるが、そのような場合でも、両者は制裁を課する観点が違うものであると考えられる。

また、加算税は租税収入の減少という点を重視するため、納税者が自発的に違法な状態を解消して正当な税額を納付した場合には課されない。他方、刑事罰には自首不問責規定はないから、この点でも、両者は異なっている[37]。

このような制裁の要件の差に加え、形式犯と加算税とでは、その実際の適用のされ方がまったく違う。後掲注62）に述べるように、形式犯として処罰されるものがほとんどないのに対して、加算税はきわめて活発に適用されているからである（重加算税につき**【表０－１】**（３頁）参照）。

以上の考察から、ここで指摘しうる問題点は、現在、形式犯として刑事罰の対象となっている行為は、刑事罰の対象とされるべき理由をもっているかどうか、換言すれば、それらは行政罰の対象とすれば十分なのではないか、という点であろう。

### ⑶　逋脱犯と重加算税との関係

次に、広義の脱税犯と加算税との関係、特に、その中でも中心的な、逋脱罪と重加算税との関係が問題となる。以下では、これを、要件と法的効果とに分けて考察してみよう[38]。

ⅰ　最初に、要件について検討する。

重加算税と逋脱罪との成立要件に関しては、これが異ならないものである

37）ただし、後述するように、この点は実際上はあまり大きな違いとはならないと思われる。
38）ここにいう「法的効果」とは、たとえば、一定の要件を満たすと法定解除権の発生という効果がある、という場合などの、一般に法律学で用いる要件・効果という場合の「効果」であり、逋脱犯に罰金刑を科すと逋脱行為が実際に減るか、というような意味での効果とは異なる。

とすると二重処罰の問題が生じる、という問題意識[39]から色々と論じられ、この両者の成立要件が異なるものであることを論証しようとする努力が種々なされてきたところであるが、その努力は、現在までのところ、あまり成功していないように思われる[40]。

まず、構成要件からみてみよう。逋脱罪の構成要件は、主体、客体（納税義務）、逋脱行為、逋脱の結果、および、逋脱行為と逋脱の結果との因果関係である。このうち、納税義務の存在という点については、一般に、両者の間に差がないことには異論がなかろう[41]。

次に、逋脱行為についてであるが、前述のように、国税通則法68条1項・2項は、過少申告、不申告が、「納税者がその国税の課税標準等又は税額等の計算の基礎となるべき事実の全部又は一部を隠ぺいし、又は仮装」したことにもとづいて行なわれたときに重加算税を課すとしている。ここで、かつての国税庁長官通達[42]にさかのぼるものであるとされる、隠蔽・仮装行為の例示は、事実の隠蔽に関しては、「二重帳簿の作成、売上除外、架空仕入若しくは架空経費の計上、たな卸資産の一部除外等」を典型とし、事実の仮装は、「取引上の他人名義の使用、虚偽答弁等」を典型とするといわれている[43]。

他方、逋脱罪は、「偽りその他不正の行為」により租税を免れるものとして規定されており、この「偽りその他不正の行為」は、判例により、「逋脱の意図をもつて、その手段として税の賦課徴収を不能もしくは著しく困難ならしめるようななんらかの偽計その他の工作を行なうことをいうものと解する[44]」とされている。すると、前述した隠蔽・仮装行為が、逋脱罪の対象とな

39）これは、重加算税と逋脱罪の成立要件について論じた見解の多くに共通する問題意識である。これを明示したものとしては、たとえば、村井正「逋脱犯の成立要件と重加算税の課税要件」税理19巻14号（1976年）75頁がある。

40）以下の議論では、「両者の要件はほとんど同じである」というような、やや曖昧な論述がなされることがあるが、それは、仮に両者の要件が完全に一致するものではなく、例外的にどちらか一方の対象としかならない行為があったとしても、そのことのみでは、以下に述べるような重加算税と逋脱犯処罰との機能的分担の問題がなくなるものではないため、両者の主たる対象が一致することを示しうるならば以下の議論にとっては十分だからである。

41）ただし、例外的に、基礎となる課税処分が手続的瑕疵によって取り消された場合には、この点にも差が生じうる。

42）昭和29年直所（1-1）83。

43）碓井・前掲注23）5頁。参照、武田監修・前掲注30）3638～3639頁。

44）最大判昭和42年11月8日刑集21巻9号1197頁。

る行為にあたることは明らかであろう[45]。

また、特に問題となるのは、他に何らかの欺罔的な手段を弄することなく、所得金額をことさら過少に記載した内容虚偽の確定申告書を提出し、納税義務を過少に確定させて、正当税額と申告額の差額を免れようとするいわゆる単純虚偽申告行為であるが、判例は、この場合も「偽りその他不正の行為」にあたるとする[46]とともに、重加算税の対象ともなるとしており[47]、この点でも両者は同じに扱われている[48]。

以上の検討から、客観的な行為の面では、原則として、重加算税の対象となりうる場合と、逋脱罪の対象となりうる場合とは重なっていると考えられる。

次に、逋脱の結果については、逋脱の結果とは何かという点と、逋脱の結果の範囲という点とが問題となる。前者については、逋脱犯について判例上

---

45) これは、以下のように、多くの見解において認められてきたところである。

・津田実「改正税法罰則解説(1)」財政経済弘報194号（1950年）2頁

「今回の改正により民事詐偽罰すなわち重加算税が設けられ、その課税の要件は、脱税の構成要件とほとんど共通し、その重加算税の額は、増差税額に対応することとなった。従って、最早刑事罰において脱税額に対応する罰金刑を定める必要がなくなったとも言いうる。」

・広瀬時映「重加算税の対象となる隠蔽又は仮装の問題について」税通11巻1号（1956年）102頁

「行政罰である重加算税の対象となる『隠蔽または仮装』は表現は異にするが脱税の成立要件となる『詐偽その他不正の行為』と同義であると解される。」

・板倉宏「重加算税賦課の適法性」租税判例百選（1968年）140頁

「課税標準の計算の基礎になる事実の隠ぺい又は仮装を要件とする重加算税の課税要件は、逋脱罪の構成要件と実際上、ほとんど差異がな〔い〕。」

・北野弘久「加算税制度の再検討」税法学249号（1971年）22頁

「総合勘案するに、理論的には、逋脱犯の成立要件と重加算税の課税要件とは重なりあうものとみなければならないであろう。」

また、両者の要件が完全に同じとはしない説においても、ニュアンスの差はあるが、「『偽りその他不正の行為』の具体的態様の多くが『隠ぺい又は仮装の行為』に該当するとしても、両者が全く同じ内容のものと言うわけではない」（池本・前掲注28）209頁）とか、「両者の要件が常に重複関係にあるわけではないにしても、しばしば重なりあう」（村井・前掲注39）78頁）などとされている。

前述したように、両者の成立要件がほとんどの場合重複するならば、例外的に片方にしか該当しない場合があるとしても、以下の議論には影響はない。

46) 最判昭和48年3月20日刑集27巻2号138頁。

47) 最判昭和52年1月25日訟月23巻3号563頁（原審：福岡高判昭和51年6月30日行集27巻6号975頁）。

48) 碓井・前掲注23）5頁、池本・前掲注28）207頁、同・前掲注33）47頁はこの見解に反対している。

納期説がとられており[49]、課税要件の充足によって成立した租税債権そのものの正しい履行がなかったことが逋脱の結果と考えられていると思われるが[50]、これは重加算税の場合も同様である。そのことは、両者の中心的な対象である、何らかの偽計等を伴う無申告および虚偽過少申告の場合に、逋脱犯の既遂時期と重加算税の成立の時期とがともに、法定納期限とされることからもわかる[51]。

また、逋脱の結果の範囲については、客観的な正当税額と申告額との差額のうち、逋脱行為との因果関係および故意が及ぶ範囲が逋脱額であるとされるが[52]、この点も、後述のように、重加算税においても逋脱行為と逋脱の結果との因果関係および故意が必要とされていることから、両者に差はないと考えられる。

第三に、逋脱犯においては、「偽りその他不正の行為により」税を免れたとされていることから、逋脱行為と逋脱の結果との間に因果関係が必要と解されているが、重加算税においても、国税通則法68条1項～3項括弧書によって、重加算税の計算の基礎となる税額からは、「その税額の計算の基礎となるべき事実で隠ぺいし、又は仮装されていないものに基づくことが明らかであるものがあるときには、当該隠ぺいし、又は仮装されていない事実に基づく税額として政令で定めるところにより計算した金額」を控除することとし、隠蔽・仮装の行為と因果関係のない部分を除くことにしているので、この点でも逋脱犯と重加算税で大きな差はない。

最後に、主体については、重加算税に特有と考えられる点がある。それは、重加算税に関しては、納税者本人は不知でも、従業員等に故意があれば、その行為は納税者の行為と同視されるとし、このような場合に対する重

---

49）物品税に関して、最決昭和31年12月6日刑集10巻12号1583頁、法人税に関して、最判昭和36年7月6日刑集15巻7号1054頁、入場税に関して、最決昭和41年7月12日刑集20巻6号567頁。

50）伊藤ほか編・前掲注36）23頁〔小島〕。

51）過少申告重加算税・無申告重加算税の納税義務は、その計算の基礎となる国税の法定申告期限の経過の時に成立するが（税通15条2項15号）、申告納税の租税の場合は、一般に、法定申告期限が法定納期限とされている。

52）田中・前掲27）385頁など、通説である。
いわゆる全税額説は、このことを前提とした上で、申告額を上回る所得があることの認識があれば故意は客観的な脱漏額全部に及ぶ、とするものであり、構造的には通説と変わらない。

加算税の賦課を適法とする見解が判例[53]・学説[54]上有力になっていることである。この見解が定着すれば、重加算税はいわば、業務主すなわち納税義務者の監督責任までをも問うものとなり、一定限度で、逋脱罪と要件を異にすることとなる。けれども、さらに考えると、逋脱罪には両罰規定があるので[55]、この要件上の差異も、そう大きなものとは考えられない[56]。

また、故意に関しては、逋脱罪は故意犯であると解すべきであるから、その成立に行為者の故意の存在が必要なのは当然であるが[57]、重加算税に関しても、故意を必要とするのが通説といえよう[58]。ただ、その故意の内容については、争いがあり、これを、逋脱罪と同様、租税を免れる認識と解する説と、隠蔽・仮装行為の認識で足りるとする説とが対立している[59]。しかし、この対立は、実際上はそれほど大きな結論の違いをもたらさない。どちらの説に従うかで結論が変わるのは、隠蔽・仮装行為を認識していながら、租税を免れる認識がない場合であるが、このような場合はきわめて稀であると考えられるからである。したがってこの点でも、両者の要件にはほとんど差はない。

このように成立要件がほとんど同じであるほかに、重加算税と逋脱罪とでは、裁判における証明の内容もほぼ同じである。すでに述べたように、両者の実体的な要件にほとんど違いはないから、この場合、特に問題となるのは、逋脱額の証明を要するか、という点である。この点については、重加算税賦課処分が民事訴訟（行政訴訟）で争われる場合、隠蔽・仮装にかかる本

---

53）大阪地判昭和36年8月10日行集12巻8号1608頁、大阪高判昭和36年12月27日税資35号991頁、大阪地判昭和58年5月27日判タ534号183頁、長野地判昭和58年12月22日税資134号581頁、京都地判昭和54年4月27日訟月25巻8号2301頁。

54）池本・前掲注28）202頁、同・前掲注33）43〜44頁。これに対して、反対説としては、竹下重人「重加算税の賦課と青色申告取消の関連について」税通21巻12号（1966年）33頁、吉良実「重加算税の成立要件と逋脱犯の成立要件」税理24巻1号（1981年）73頁注2。

55）伊藤ほか編・前掲注36）10〜11頁〔小島〕に網羅的に挙げられている。

56）両罰規定は監督者の責任を推定したものとされるが（藤木英雄『刑法講義総論』（弘文堂・1975年）112頁。最大判昭和32年11月27日刑集11巻12号3113頁）、他方、重加算税についての同視説の論者も、従業員が自己の横領を隠すために隠蔽・仮装をしたような、到底本人の行為と同視できない場合は除くと解している。池本・前掲注28）202頁。

57）刑法38条1項。河村澄夫「税法違反事件の研究」司法研究報告書4輯8号（1954年）43頁、金子640頁。その他多くの論稿は、このことを当然の前提としている。

58）碓井・前掲注25）4頁、竹下・前掲注54）32頁、吉良・前掲注54）73頁。なお、参照、池本・前掲注28）209頁注2の文献。

59）池本・前掲注28）197頁。両説については、参照、同210頁の注3・4に挙げられた文献。

税額は重加算税の課税標準であるから、その額の証明が必要なことは当然であるが、他方、逋脱罪の証明においても、判例上、逋脱額の証明が必要であるとされ[60]、両者は、その性質上要求される証明度は違うものの、証明すべき内容も同じなのである。

最後に、成立要件に関して重加算税と逋脱罪とが最も大きく違う点として、逋脱罪には自首不問責規定がないが、重加算税は納税者が自発的に租税を納付したときには課されない点と、逋脱罪であれば納税義務者以外の行為者を罰することができるが、重加算税は納税義務者以外の者には課しえない点との二点を挙げることができる。対象となる行為態様がいかに近似しようと、この二点は両制度における違いとして残る。このうち、隠蔽・仮装を行なった納税者が自発的にそれらの行為にかかる納税不足額を納付した場合は刑事処罰が必要とはされないことも多いと考えられるので、前者の点は実際上はあまり大きな違いにはならないと考えられるが、後者はまさに、大きな相違点となりうる。しかし、それが本当に実際上の効果としても違いをもっているかという点は、さらに検討を要する。

(ii)　そこで、次に、法的効果の面を考えてみる。

まず、用いうべき手段を考えると、重加算税は金銭的な制裁であり、それ以外の効果は制度上考えられていない。これに対して、逋脱罪には、財産刑たる罰金刑のほかに、懲役刑の定めがあるから[61]、この点が制度上は最も違うことになる。しかし、実際は、逋脱罪の処罰は、懲役刑の選択率は高いものの、そのほとんどに執行猶予が付けられている（参照、**【表 1-1 (a)(b)】**[62]）。確かに、執行猶予付きの懲役刑に処せられることは、執行猶予が取り消される可能性もあるし、また、執行猶予のままでも、様々な資格の欠格事由とな

60）最判昭和38年12月12日刑集17巻12号2460頁。

61）伊藤ほか編・前掲注36）10～11頁〔小島〕に網羅的に挙げられている。

62）**【表 1-1 (a)(b)】**（38～39頁）は、「所得税法違反」または「法人税法違反」として司法統計年報に掲記されていた資料をまとめたものである。したがって、理論的には、逋脱犯以外の租税法違反もこの中に計上されうる。しかし、**【表 1-2 (a)(b)(c)】**（40～42頁）を作成する過程で調べた限りでは昭和55年～平成元年度中に確定した直接国税法違反事件の中に逋脱罪以外のものが1件（法人税に関する悪質な単純無申告罪）しかなかったことと、逋脱罪こそが租税法の最も重く、また中心的な犯罪であることとを考えあわせると、**【表 1-1 (a)(b)】**に掲記された各年度の有罪者等の数の中に逋脱犯以外のものが入っているとしても、それは無視しうる程度であると考えられる。

る[63]など、実際上も制裁としての不利益な効果をもつことがあるが、租税法違反事件の場合は、商法上、取締役の欠格事由となっていない点[64]などをも考慮すると、その効果を過大に評価することはできないように思われる。

**【表1-1(a)(b)】**は各事件において科された最も重い刑についての統計であるので、罰金刑と懲役刑の併科の状況はこれからはわからない。そこで、**【表1-2(a)】**（40頁）をみると、所得税法違反事件の場合、懲役刑の実刑が少なく、執行猶予付きを含めて懲役刑を科せられた事案のほとんどに罰金刑が併科されており[65]、しかも、その罰金額が非常に高額であることがわかる。一言で言うと、逋脱罪は実際上は高額罰金刑という金銭的制裁としてしか機能していないのである[66]。

では、(i)の終わりで述べた、納税義務者以外の者を処罰するという機能はどうか。これについては、**【表1-2(b)】**（41頁）が参考となる。これによると、法人税法違反で刑事処罰を受ける個人のほとんどが懲役刑に処せられているが、そのうち実刑に服する者はほとんどいない。罰金刑に関しては、まず、罰金刑のみを科せられる場合はほとんどない。併科される場合については、法人税法違反事件の被告は、同時に自分の所得に関する所得税法違反事件の被告でもあることがあり、前述のように、所得税法違反事件の場合は、犯人に高額の罰金刑が科せられることが多いので、この場合を除くと、懲役刑に罰金刑が併科されることも、特段の事情がない限り[67]、ほとんどない。要す

---

63）たとえば、国公法38条2号、税理士法4条4号5号。

64）商法354条ノ2第4号。参照、同条3号。

65）表には懲役刑のみに処せられた者が10年間に計56名いるとされているが、これらはいずれも、納税義務者以外の者で、納税義務者の経理をつかさどっていた者や納税義務者の身内の者、または、いわゆる脱税請負やそれに近い行為を行っていた者である。

66）そこから導かれた結論の当否はともかく、この点の認識を判示した裁判例として、大分地判昭和50年1月23日判時786号113頁がある。この判決は、次のように言っている。

「そこで、直税逋脱の事業主（法人）又は行為者に対して科せられている量刑について考える。まず右行為者に対して併科される懲役刑は、その殆んどに執行猶予が付せられて名目化しているうえに、その名目的懲役刑の宣告による犯罪者としての烙印付けの機能すら、脱税者の属する取引社会、地域社会の脱税に対する認識が十分でないために、社会的非難としての効果を殆んど挙げ得ず、ましてこれによって一般予防を図ることは期待できない状況にあるといわざるを得ない。

したがって、名目的懲役刑を是認する限り、この種経済的利慾犯に対する短期自由刑に代るものとしての罰金刑においてこそ、租税倫理の崩壊を防止し、税務執行の公正を確保するに十分なものでなければならず、このためその罰金額は、脱税者の負担能力を考慮し、脱税者に現実に財産的苦痛を与えるものでなければならない。」

67）この点について付言しておくと、法人税法違反の罪のみで懲役刑と罰金刑とを併科された例

**【表 1-1 (a)】 所得税法違反事件と直接国税法違反事件の推移（ともに第一審言渡し）**

（人）　（人）

| 年度 | 所得税法違反事件 | | | | | | | 直接国税法違反 | |
|---|---|---|---|---|---|---|---|---|---|
| | 有罪 | 懲役刑 | うち執行猶予 | 実刑 | 罰金刑 | 無罪 | 公訴棄却 | 有罪（個人のみ） | 無罪 |
| 昭和 42 | 11 | 11 | 11 | 0 | 0 | 0 | 1 | 74 | 0 |
| 43 | 31 | 24 | 24 | 0 | 7 | 0 | 0 | 98 | 0 |
| 44 | 27 | 27 | 26 | 1 | 0 | 1 | 0 | 83 | 1 |
| 45 | 28 | 24 | 24 | 0 | 4 | 1 | 0 | 91 | 1 |
| 46 | 40 | 35 | 35 | 0 | 5 | 0 | 1 | 94 | 2 |
| 47 | 40 | 29 | 29 | 0 | 11 | 1 | 1 | 118 | 1 |
| 48 | 69 | 61 | 59 | 2 | 8 | 0 | 1 | 144 | 0 |
| 49 | 59 | 51 | 50 | 1 | 8 | 0 | 2 | 117 | 0 |
| 50 | 46 | 45 | 45 | 0 | 1 | 0 | 2 | 121 | 0 |
| 51 | 66 | 60 | 60 | 0 | 6 | 1 | 1 | 128 | 2 |
| 52 | 68 | 65 | 65 | 0 | 3 | 1 | 0 | 157 | 1 |
| 53 | 71 | 68 | 68 | 0 | 3 | 0 | 0 | 157 | 0 |
| 54 | 56 | 56 | 55 | 1 | 0 | 1 | 1 | 156 | 2 |
| 55 | 78 | 74 | 73 | 1 | 4 | 0 | 2 | 158 | 0 |
| 56 | 81 | 78 | 75 | 3 | 3 | 0 | 0 | 167 | 2 |
| 57 | 67 | 66 | 62 | 4 | 1 | 0 | 1 | 166 | 0 |
| 58 | 65 | 61 | 60 | 1 | 4 | 0 | 0 | 178 | 0 |
| 59 | 64 | 62 | 58 | 4 | 2 | 0 | 3 | 153 | 0 |
| 60 | 47 | 46 | 40 | 6 | 1 | 0 | 2 | 143 | 0 |
| 61 | 30 | 79 | 70 | 9 | 1 | 0 | 1 | 206 | 2 |
| 62 | 66 | 64 | 59 | 5 | 2 | 0 | 0 | 174 | 0 |
| 63 | 78 | 74 | 67 | 7 | 4 | 0 | 0 | 180 | 1 |
| 平成元 | 86 | 81 | 69 | 12 | 5 | 0 | 0 | 175 | 0 |

（司法統計年報による）

※本表は言い渡されたうち最も重い刑種についての統計である。

---

が昭和 55～平成元年度に計 12 人いる。

このうちには広島地判昭和 55 年 10 月 9 日税資 119 号 1708 頁（確定）のように、情状により併科すると言うのみで量刑の事情が不明なものもあるが、以下のように、特段の事情ともいうべき事情がある事件も含まれている。

①大阪地判昭和 54 年 10 月 5 日税資 126 号 1800 頁（大阪高判昭和 56 年 4 月 30 日同 1749 頁を経て最決昭和 56 年 9 月 3 日同 1743 頁で確定）は、適法な送達がなかったために納税義務者たる会社に対する公訴が棄却されており（大阪地決昭和 53 年 11 月 16 日税資 126 号 1822 頁）、その後、会社が清算された事例である。

②東京地判昭和 58 年 3 月 3 日判時 1085 号 160 頁（東京高判昭和 58 年 10 月 24 日判タ 541 号 253 頁により確定）は、納税義務者たる会社が吸収合併された事案で、控訴審判決によれば、脱税による諸利益を享受できる最大の帰属者が被告人自身であることを考慮したものである。

③東京地判昭和 58 年 12 月 14 日税資 143 号 2380 頁（東京高判昭和 59 年 8 月 27 日同 2368 頁で確定）は、会社の利益を共同経営者たる被告人 2 人で分配しており、会社にはみるべき資産が少ないという事案である。

④東京地判昭和 59 年 3 月 22 日税資 148 号 103 頁（東京高判昭和 59 年 11 月 7 日同 99 頁を経て最決昭和 60 年 1 月 31 日同 95 頁で確定）は、納税義務者たる会社が本件後に事実上倒産してほとんど資産がなく、反面、被告人が右会社を経営中会社の金を自己の生活費その他に

**【表 1-1 (b)】 法人税法違反事件（第一審言渡し）と法人重加算税賦課事案の推移**

（人）　　　　（件）（百万円）

| 年度 | 個人有罪 | | | | | 個人無罪 | 法人有罪 | 重加算税 | |
|---|---|---|---|---|---|---|---|---|---|
| | 有罪総数 | 懲役刑 | うち執行猶予 | 実刑 | | | | 件数 | 金額 |
| 昭和 42 | 62 | 51 | 51 | 0 | 11 | 0 | 67 | 49,565 | 8,180 |
| 43 | 67 | 47 | 47 | 0 | 20 | 0 | 71 | 49,987 | 7,872 |
| 44 | 56 | 43 | 43 | 0 | 13 | 0 | 59 | 45,170 | 8,182 |
| 45 | 63 | 58 | 58 | 0 | 5 | 0 | 66 | 43,735 | 9,254 |
| 46 | 54 | 46 | 46 | 0 | 8 | 2 | 59 | 40,608 | 9,334 |
| 47 | 77 | 69 | 68 | 1 | 8 | 0 | 81 | 33,981 | 10,096 |
| 48 | 75 | 70 | 69 | 1 | 5 | 0 | 80 | 29,913 | 10,997 |
| 49 | 58 | 56 | 56 | 0 | 2 | 0 | 73 | 26,157 | 13,489 |
| 50 | 75 | 73 | 73 | 0 | 2 | 0 | 80 | 28,757 | 13,017 |
| 51 | 62 | 58 | 58 | 0 | 4 | 1 | 65 | 32,042 | 14,412 |
| 52 | 89 | 87 | 86 | 1 | 2 | 0 | 101 | 35,507 | 14,295 |
| 53 | 86 | 83 | 83 | 0 | 3 | 0 | 86 | 40,141 | 14,934 |
| 54 | 100 | 100 | 100 | 0 | 0 | 1 | 105 | 42,479 | 16,404 |
| 55 | 80 | 78 | 75 | 3 | 2 | 0 | 106 | 43,391 | 17,123 |
| 56 | 86 | 85 | 85 | 0 | 1 | 2 | 100 | 45,147 | 18,183 |
| 57 | 99 | 99 | 98 | 1 | 0 | 0 | 102 | 49,946 | 23,037 |
| 58 | 113 | 112 | 108 | 4 | 1 | 0 | 124 | 51,799 | 26,360 |
| 59 | 89 | 89 | 86 | 3 | 0 | 0 | 99 | 52,951 | 26,297 |
| 60 | 86 | 86 | 81 | 5 | 0 | 0 | 85 | 54,085 | 28,108 |
| 61 | 73 | 73 | 71 | 2 | 0 | 2 | 90 | 55,343 | 31,333 |
| 62 | 91 | 91 | 84 | 7 | 0 | 0 | 104 | 59,278 | 44,577 |
| 63 | 78 | 78 | 73 | 5 | 0 | 0 | 79 | 62,244 | 51,951 |
| 平成元 | 80 | 80 | 74 | 6 | 0 | 0 | 82 | 67,137 | 64,703 |

（司法統計年報および国税庁統計年報書による）
※法人税法違反事件については、言い渡されたうち最も重い刑種についての統計である。

るに、法人税法違反事件の場合、納税義務者たる法人のほかに、実際の行為者たる個人が、執行猶予付きの懲役刑以外の刑事処罰を受けることは非常に稀であり、前述のように、そのような刑罰の効果があまりないとすると、実際には、逋脱犯処罰において納税義務者以外の実際の行為者を処罰するという機能はあまり働いていない、ということになる。

これに対して、**【表 1-2 (c)】**（42 頁）によると、近年では昭和 60 年度確定分

---

流用していたという事案である。

⑤東京地判昭和 60 年 3 月 15 日税資 171 号 1346 頁（東京高判昭和 61 年 3 月 19 日東高判時 37 巻 1 ～ 3 号 3 頁を経て最決平成元年 5 月 23 日税資 148 号 1158 頁で確定）は、10 法人 16 事業年度にわたる脱税においてこれらの法人グループを支配していた被告人に脱税の事実を隠匿するために解散した「〔2〕法人に対しては罰金刑を課(ママ)すことが不可能であるから、右両法人に関する脱税につき罰金刑を併科することとした」ものである。

**【表 1-2】 確定事件にみる逋脱犯処罰の現状**

**〔表 1-2(a)〕 所得税法違反事件**　（人）　（万円）

| 年度 | 有罪総数 | 懲役刑数 | 実刑数 | 懲役・罰金併科数 | 懲役刑のみ | 罰金平均額 |
|---|---|---|---|---|---|---|
| 昭和55 | 81 | 76 | 0 | 72 | 4 | 1516.4 |
| 56 | 87 | 84 | 1 | 79 | 5 | 1904.6 |
| 57 | 64 | 64 | 1 | 63 | 1 | 2438.9 |
| 58 | 60 | 57 | 0 | 52 | 5 | 3341.8[a] |
| 59 | 68 | 65 | 4 | 63 | 2 | 3235.8[b] |
| 60 | 56 | 55 | 8[c] | 49 | 6 | 2562.3 |
| 61 | 77 | 76 | 7[d] | 69 | 6 | 1942.3 |
| 62 | 80 | 76 | 12[e] | 64 | 12 | 3140.9 |
| 63 | 78 | 73 | 2[f] | 67 | 6 | 2971.7 |
| 平成元 | 88 | 84 | 11[g] | 75 | 9 | 4163.3 |

（税務訴訟資料により作成）

a) 7億円の罰金が科された1件を除くと 2107.4 万円になる。
b) 4億円の罰金が科された1件を除くと 2670.2 万円になる。
c) うち2人は脱税請負業者、他の1人は有印私文書偽造罪等との併合罪である。
d) うち1人は脱税請負業者、他の1人は有印私文書偽造罪等との併合罪、さらに他の1人は常習賭博罪の幇助罪との併合罪である。
e) うち7人は脱税請負業者・関係税理士等の納税者本人以外の者、他の1人は詐欺罪との併合罪である。
f) うち1人は所得税法違反事件の前科（懲役4月執行猶予2年罰金 250 万円）があり、この審理中および執行猶予期間中に本件犯行に及んだものであり、他の1人は賭博開帳図利罪等の前科があり、本件も賭博収入に関するものである。
　なお、昭和63年に確定した事件のうち5人については（それぞれ別件）、第一審判決で実刑に処せられていた者が控訴審において執行猶予が付けられている。
g) うち4人は脱税請負人・関係司法書士等の納税者本人以外の者、他の2人は業務上横領罪との併合罪、さらに他の1人は常習賭博罪の前科がある。

から現れてきた相続税法違反事件においては、いわゆる脱税請負業者を含む納税義務者以外の者に実効的な自由刑および罰金刑を科する事案がみられ、この点でわずかに逋脱犯処罰に独自の意義をみることができるといえよう[68)]。

---

68) ただし、ここで、従来から存在していた所得税法違反事件や法人税法違反事件における納税者以外の関与者と相続税法違反事件におけるそれとは性格にやや違いがあり、それに応じて処罰内容が変わっている可能性があることには注意が必要である。すなわち、所得税法違反事件や法人税法違反事件における納税者本人以外の関与者の多くは本人の使用人等で、彼らは通常、直接の利得者でも事件の首謀者でもないため彼らに対する処罰としては高額の罰金刑ではなく執行猶予付懲役刑が用いられることが多かったのに対して――法人税法違反事件で法人の代表取締役等の個人に罰金刑が併科されるのはその個人に逋脱の利得が帰属している場合が多いことを想起されたい（参照、前掲注 67)）――相続税法違反事件の場合の関与者、特に脱税請負業者は逋脱額の中から通常非常に高額の「謝礼」を得て、実質的にも巨大な利得を得ている場合が多いことと、そのような関与者なしには逋脱そのものが不可能であったと考えられるほ

〔表1-2(b)〕 法人税法違反事件　（人）

| 年度 | 個人有罪総数 | 懲役刑数 | 実刑数 | 懲役・罰金併科数 | うち所得税法違反事件を含まないもの | 罰金刑のみの数 |
|---|---|---|---|---|---|---|
| 昭和55 | 85[a] | 83 | 0 | 7 | 1 | 2 |
| 56 | 100 | 99 | 1 | 9 | 2 | 1 |
| 57 | 96 | 96 | 0 | 1 | 0 | 0 |
| 58 | 104 | 104 | 2 | 2 | 1 | 0 |
| 59 | 97 | 97 | 4[b] | 8 | 2 | 0 |
| 60 | 80 | 79 | 2 | 4 | 2 | 1 |
| 61 | 82 | 82 | 4[c] | 7 | 2 | 0 |
| 62 | 92[d] | 92 | 3[e] | 4 | 0 | 0 |
| 63 | 82 | 93 | 3[f] | 6 | 0 | 0 |
| 平成元 | 77 | 77 | 7[g] | 9 | 2 | 0 |

（税務訴訟資料により作成）
a）森脇文庫事件を除く。
b）1人は詐欺罪、1人は業務上横領罪との併合罪である。さらに別の1人は猥褻図画販売罪等を数回犯した前科がある。
c）1人は常習賭博幇助罪との併合罪である。
d）悪質な単純無申告罪の事案（1件）を除く。
e）うち1人は常習賭博罪の前科があり、他の1人は法人税逋脱罪の前科（懲役8月執行猶予3年）があり、その執行猶予期間中に本件犯罪に及んだ者である。
f）うち1人は法人税逋脱罪の前科（懲役1年6月執行猶予3年）があり、その執行猶予期間中に本件犯罪に及んだ者である。
g）うち1人は所得税法違反の前科（懲役6月執行猶予2年罰金600万円）があり、他の1人は業務上横領罪との併合罪である。

以上に述べたところをまとめると、逋脱罪の処罰と重加算税は、相続税法違反事件に関する若干の例外を除くとどちらも金銭的な制裁として働き、その法的効果に、大きな差異はないと考えられる[69]。

---

ど重要な役割を事件において果たしていること、さらには、同様の手口で数人の納税者の納税義務に関していわゆる脱税工作を行なっている場合もあることから、これらの者に対しては、その得た利得に着目して比較的高額の罰金刑を科すことも、その行為の悪質性に着目してこれに懲役刑の実刑を科すこともありうる選択となるのである。

この点に関しては、相続税法違反事件においては所得税法違反事件や法人税法違反事件のようには、脱税関与者の処罰について裁判所の方針が固まっていないようにも見受けられ、このような者に主として懲役刑で臨むのかそれとも罰金刑を科すのを原則とするのかという点については、今後の動向を注目する必要があると思われる。

なお、ここで述べたような趣旨から脱税関与者に高額の罰金刑を科すことができるのは、逋脱犯処罰規定の中にいわゆる罰金スライド制が規定されているからであるが、このような関与者の罰金額を決定するにあたって納税者本人が免れた税額を基準とすることにはたして意味があるかという点にはさらに議論の余地がある。参照、第3章第3節（262頁）。

69）このほかに、逮捕・勾留などの刑事手続の対象とされる事実上の不利益は存在する。この点

〔表1-2(c)〕 相続税法違反事件　（人）　（万円）

| 年度 | 有罪総数 | 懲役刑数 | 実刑数 | | | 罰金平均額 |
|---|---|---|---|---|---|---|
| | | | | 懲役・罰金併科数 | 懲役刑のみ | |
| 昭和60 | 11（3）[a] | 11（3） | 3（3） | 8（0） | 3（3） | 1020.0（0.0） |
| 61 | 31（19）[b] | 29（19） | 2（2） | 20（10） | 9（9） | 2280.0（766.0） |
| 62 | 24（15） | 24（15） | 8（8） | 15（6） | 9（9） | 1280.0（666.7） |
| 63 | 16（11） | 16（11） | 5（5） | 9（4） | 7（7） | 1540.0（502.8） |
| 平成元 | 13（8） | 13（8） | 4（3） | 10（6） | 3（2） | 2500.0（1366.7） |

（括弧内の数字は納税者本人以外の関与者（含、脱税請負業者）に関する人数である。）
a）うち1人は詐欺罪との併合罪である。
b）うち1人は逋脱罪の幇助罪である。
※　1人の者が所得税法違反と法人税法違反、または相続税法違反の併合罪で1個の有罪判決を受けた場合、その者は〔表1-2(a)〕と〔表1-2(b)〕または〔表1-2(c)〕の両方で1人ずつとして教えられることになる。その意味で、これらの表はのべ人数を示す表である。

(iii)　以上の概観から明らかになったことは、現在のわが国の租税制裁法においては、行政罰たる重加算税と刑事罰を科される逋脱罪とが要件・効果の両面でほとんど同じであり、この両者の間に合理的な機能分担がなされていないということである。このため、二つの制裁が併置されていることに合理性が見出せないと考えられる。なぜなら、第1節（18頁）で考察したように、重加算税と逋脱罪に対する刑事処罰という二つの制裁が要件・効果の両面で同じであるなら、逋脱罪の制度と重加算税とを別に構成する合理的根拠はなく、たとえば、手段等が悪質だったり、逋脱額がきわめて高額だったりする場合に、重加算税の税率を加重する制度を設ければ済むのであって、逋脱罪の制度を別立てとする理由はないからである。

---

については、租税事件では身柄事件になることは稀であるといわれていたが（谷口貞「税法違反事件―特に逋脱犯の審理について」司法研修所論集53号（1974年）97頁・127頁）、最近では、「悪質な証拠湮滅工作が講ぜられた否認事件においては往々にして、検察官が嫌疑者を逮捕・勾留して事案の真相の究明にあたることがある」とされ、「昭和51年度から同55年度までの間に国税査察官が告発した直接国税脱税事件802件のうち、約8.7パーセントにあたる70件（81人）が逮捕事件であ〔る〕」（鶴田六郎「脱税事犯の最近の実態と傾向」ひろば35巻6号（1982年）19頁注(10)）ということである。

### 3　租税逋脱罪の機能不全

(1)　わが国の逋脱犯の処罰の状況については、別の観点からも問題がある。それは、**【表0-1】**（3頁）、**【表1-1(a)】**（38頁）からわかるように、わが国の逋脱犯の処罰は有罪率はきわめて高いものの、逋脱犯として刑事処罰を受ける数そのものが、年間200件弱と、非常に少ない点である。これは、**【表1-3】【表1-4】**（44頁）によって国際的に比較しても、相当に低い数字であるといいうる。ドイツでは逋脱罪だけで、略式命令を含めて年間約1万件程度の事件が有罪とされ、アメリカでも、逋脱罪以外の租税犯も含んだ数ではあるが、近年では租税刑事事件で、年間約2,000件弱の有罪判決が出されているのである。

のみならず、わが国においては、重加算税の賦課事案の数と比較しても、逋脱犯処罰の件数は極めて少ない。この点に関しては、再び**【表1-1(b)】**（39頁）を参照すると、そこに掲記された各年度とも、有罪法人数が重加算税の賦課件数の1％をはるかに下回ることがわかる[70]。

このようにわが国において逋脱犯の処罰件数が少ないことを、肯定的に解することも、あるいは可能かもしれない。たとえば、刑罰の謙抑性の原則にもとづき、重加算税の対象となるものの中で、真に刑事処罰の必要性があるもののみが訴追されているから、刑事処罰の数が非常に少ないのだ、という評価もありえよう。確かに、この表から計算すると、重加算税の対象となった事件の1件当たりの平均脱税所得額は、約400万～500万円程度であり、この見解にも一定の説得力はある。しかし、法人税関係だけで年間5万件以上もある重加算税対象事案のほとんど全部がこのような少額の事案であり、刑事処罰に適さないものであったと考えることには無理があるのではなかろうか。この点は、特に、**【表0-1】**にみるように、起訴される事案の平均脱税

70）法人税法違反事件における有罪法人数は、1つの有罪法人に数個の重加算税賦課処分がなされる可能性は否定できないものの、重加算税の賦課処分件数との比較に比較的なじみやすいものといえよう。これに対して、個人の有罪数だと、1人の個人がいくつもの法人に関わっていたり、1つの法人に関する事件で何人もが有罪となったりすることがしばしばあるので、重加算税の賦課処分件数とは比較しにくい。ただし、単純な割り算によって、有罪の数と重加算税の賦課処分の数との割合を求めることにはあまり意味がない。逋脱罪の場合は、起訴までに時間がかかることに加えて、租税法違反事件の審理には多年を要するものがかなりあり、重加算税賦課処分とは年度を異にするものがほとんどであると考えられるからである。とはいえ、この両者の比較から、本文で述べたような問題点は十分に読み取れると思われる。

【表 1-3】 アメリカの租税刑事事件および民事詐偽罰賦課事案（取消し分を除く）の動向

（人）

| | 刑事罰（脱税罪以外の罪も含む） | | | | | | 民事詐偽罰 | | |
|---|---|---|---|---|---|---|---|---|---|
| | 起訴数 | 有罪総数 | 訴答による有罪 | 審理による有罪 | 無罪数 | 実刑率（%） | 個人 | 法人 | 計 |
| 1974 | 1,441 | 1,253 | 1,062 | 191 | 97 | 41.6 | | | |
| 1975 | 1,495 | 1,219 | 1,046 | 173 | 83 | 40.3 | | | |
| 1976 | 1,331 | 1,193 | 977 | 216 | 77 | 41.5 | | | |
| 1977 | 1,636 | 1,476(1,414)* | 1,229 | 247 | 55 | 44.7 | | | |
| 1978 | 1,724 | 1,414(1,349)* | 1,189 | 225 | 70 | 47.1 | | | |
| 1979 | 1,820 | 1,612(1,306) | 1,270 | 342 | 86 | 44.4 | | | |
| 1980 | 1,832 | 1,583(1,326) | 1,337 | 264 | 80 | 46.5 | 7,834 | 526 | 8,360 |
| 1981 | 1,785 | 1,494(1,444)* | 1,212 | 282 | 81 | 49.7 | 9,022 | 490 | 9,512 |
| 1982 | 1,844 | 1,624(1,069) | 1,291 | 333 | 65 | 58 | 9,541 | 440 | 9,981 |
| 1983 | 1,801 | 1,492(941) | 1,197 | 295 | | 64(60) | 9,690 | 468 | 10,158 |
| 1984 | 2,158 | 1,808(992) | 1,444 | 364 | | 62(57) | 11,152 | 467 | 11,619 |
| 1985 | 2,452 | 2,025(1,510)* | | | | 64(59)* | 10,447 | 540 | 10,987 |

（Commissioner of Internal Revenue: Annual Report による）

（　）*内は麻薬関係事件を除いた値。（　）内は麻薬・暴力団関係事件を除いた値。

空欄となっているのは資料を入手しえなかった事項である。

【表 1-4】 西ドイツの租税法違反刑事事件、同秩序違反事件の動向

| | 脱税罪 | | | 租税秩序違反行為 | |
|---|---|---|---|---|---|
| | 有罪判決と略式命令（件） | 自由刑の刑期の総和 | 罰金総額（DM） | 過料決定（件） | 過料総額（DM） |
| 1976 | 10,069 | 267年3月28日間 | 26,691,536 | 10,944 | 11,616,044 |
| 1977 | 10,818 | 290年7月26日間 | 30,888,870 | 12,226 | 14,124,932 |
| 1978 | 12,747 | 373年7月21日間 | 38,002,218 | 12,325 | 16,031,439 |
| 1979 | 12,133 | 485年3月20日間 | 41,246,524 | 11,708 | 16,346,229 |
| 1980 | 11,759 | 486年3月3日間 | 43,593,292 | 10,115 | 15,023,278 |
| 1983 | 12,081 | 724年5月11日間 | 52,528,573 | 8,158 | 13,240,168 |
| 1984 | 11,809 | 885年5月10日間 | 77,156,055 | 7,602 | 12,748,209 |
| 1985 | 11,352 | 953年10月15日間 | 67,634,247 | 6,373 | 12,651,010 |
| 1986 | 11,190 | 1039年8月27日間 | 62,425,558 | 5,299 | 10,652,463 |
| 1987 | 10,379 | 1148年8月26日間 | 72,271,219 | 4,750 | 8,788,633 |
| 1988 | 9,822 | 1107年9月13日間 | 66,486,055 | 4,614 | 9,775,245 |
| 1989 | 9,833 | 1085年6月3日間 | 68,436,361 | 3,727 | 8,638,651 |

（Die Wirtschaftsprüfung 1978, 611; 1979, 516; 1981, 19; 1982, 21, Die Steuer-Gewerkschaft Januar/Februar 1987, 19, および wistra 1991, 19 による）

※　内国税から消費税を除いた税目が対象となっている。

額が非常な巨額であることからも、そのように考えられる。さらに、この平均額たる400万～500万円の脱税というものが、刑事処罰に値しないといいうるかどうかについても、検討の余地があるように思われる。

また、国際的にみて、日本においては、脱税が少ないから処罰件数も少ないと考える見解もあるかもしれないが、重加算税の対象となるものが、法人税関係だけで5万件を超えていることから考えると、この見解も、支持しがたいと思われる。

以上の検討の結果、すでにみたように、重加算税と逋脱罪とで成立要件がほとんど変わらないにもかかわらず、このように実際にそれらが発動される数が大きく違うことは、制度の執行のあり方として健全なものとは言いがたいと考えられる。すなわち、制度の前提としては、当然、起訴され、刑事処罰を受けるべきものが、そのように処理されていないということが起こっていると考えられるのである。これを逋脱罪の機能不全と呼ぶことができよう。

⑵　このような逋脱罪の機能不全については、いくつかの理由を考えることができる。

その第一は、わが国において租税逋脱が重大な犯罪であると考えられにくいという、いわば法意識の問題である。これは、訴追側の意識に働きかけてそもそもの刑事訴追の数を減らすとともに、裁判官の意識に影響して、実刑判決を減らし、結果的に重加算税と逋脱罪の法的効果を金銭的制裁という点で近似させ、そのことによって、さらに、逋脱犯処罰の独自の意義を小さくしているものであると考えられる。この仮説が正しいとすれば、ここでは、そのような法意識が生じる理由は何かという点と、それをこのような形で発現させている制度的な仕組みは何かという点とが問題となってくる。前者は逋脱罪の罪質の理解に関わる問題であり、後者は逋脱罪に関する刑事手続、特に処罰内容に関する制度の問題であるといえよう。

第二に、租税逋脱罪の刑事裁判に何らかの手続的な困難があるのではないか、ということが挙げられる。すなわち、刑事訴追が、行政処分たる重加算税賦課やそれを争う行政訴訟よりも手続的に過重された要件をもつことは当然であるが、逋脱罪と重加算税の実体法上の成立要件がほとんど同じであることに鑑みると、逋脱犯の処罰が重加算税の賦課よりもはるかに少ないことの原因としては、日本における逋脱犯の刑事訴追が、単に行政処分よりも厳しいということを超えた何らかの手続的な困難をもっているのではないかと考えられるのである。

この第二の点は、わが国の刑事司法の特質と深く関わる問題であると思われる。周知のように、わが国の刑事司法は、「精密司法」などと呼ばれ、たとえば、検察側が起訴前の手続きをきわめて慎重に行ない、万全を期して起訴を行なうことを特徴としている[71]。このような検察側のやり方は、租税刑事法の分野においても例外ではないと考えられる。しかし、租税事件の多くは、個人や法人の長年にわたる所得や資産の状態を示す膨大な証拠を必要とするため、「精密司法」の原則に則った捜査や起訴のやり方では、訴追側に負担がかかりすぎ、多くの事案を処理しえないということがありうるのではないだろうか。これはまた、序章（2頁）で示唆したように、年間約200件という起訴件数が横這いのまま、起訴される事案の平均逋脱額が増大していることからみて、この処理件数が査察や検察の処理能力のほぼ上限であるとも考えられることと関連している。

ところで、「精密司法」と呼ばれるわが国の刑事司法の体質が容易には変えがたいものであることは、すでに刑事訴訟法学においてしばしば指摘されており、この点を租税刑事法に関してのみ変えようとすることはまず不可能であろう。そこで、もしも、逋脱罪の機能不全の解決のためにこのような訴追側の加重負担を軽減することが望ましいならば、それは別の方法で行なわれねばならない。そこで考えられるのは、租税逋脱犯を扱う刑事訴訟において、租税犯罪の特殊性ともいいうる、その複雑性、専門性に何らかの考慮が払えないかということである。具体的には、逋脱罪の有罪判決を得るためには何をどの程度証明すれば足りるのか、また、そのことと関連して、租税逋脱犯の起訴にあたってはどの程度訴因を特定する必要があるのか、などの点が問題となると考えられる。これらは、刑事司法一般の問題とは無関係に、租税逋脱罪のみに関する問題として考察することができるからである。

租税逋脱罪の機能不全の理由としては、最後に、逋脱罪と重加算税とが要件・効果をほとんど同じくするため、手続的な制約がより少ない重加算税が

---

71）松尾浩也『刑事訴訟法(上)』（弘文堂・1979年）16頁・152～153頁。

逋脱罪による刑事処罰の機能を代替しているのではないか、ということが挙げられる。これは、明らかなように、2で議論した重加算税と逋脱罪との機能分担に関わる問題点である。この仮説が正しいとすれば、逋脱罪は、その存在意義を改めて問い直されることになろう。

(3)　なお、このような逋脱罪の機能不全の問題は、それ自体の問題にとどまらず、2で述べた機能分担の問題にも影響を与える。もしも、この機能不全が逋脱罪と重加算税との機能的未分化によるものでないなら、機能不全に対処することなく機能分担を図った場合、逋脱罪に割り当てられた「機能」は果たされないままに終わるおそれすらあり、前述のような機能分担の問題が基盤を失うからである。

(4)　このように、わが国における逋脱罪の機能不全の問題は非常に重要な問題であるが、他方、それは、租税逋脱罪に関する法意識や、それに伴う逋脱罪の罪質の問題、逋脱罪の特殊性に対する刑事手続上の対応の問題、逋脱罪と重加算税との機能分担の問題など、多くの問題を含んだ複雑な問題であり、さらに根本的には、租税逋脱に対する制裁として刑事処罰を用いるのが適当かどうかという、刑事政策上の問題とも関わる大問題である。そのため、本書においては、この問題を全体として考察することはできないが、本書で行う逋脱罪の罪質や逋脱罪と重加算税との機能分担の問題についての考察は、この問題を検討する際の手がかりとなるものであると考えられる。

### 4　二重処罰の問題

これまで、わが国において重加算税と逋脱罪との関係として最もしばしば論じられてきたのは、一つの脱税行為を逋脱罪によって処罰し、かつ、重加算税を課することは、憲法39条で禁じられた二重処罰にあたるのではないかという、いわゆる二重処罰の問題であった[72]。というよりも、この両者の関係として論じられてきた論点は、この点のみであったとさえいいうるであ

72)　以下に掲げるように、重加算税について述べた論稿の多くはこの論点に触れている。北野弘久『税法学の基本問題』（成文堂・1972年）360頁以下、特に374〜378頁・403〜407頁、村井・前掲注39)、吉良・前掲注54)〔以上は違憲の疑いをもつ〕。広瀬・前掲注45)、田代茂「重加算税の性格と賦課の基準」税通21巻4号（1966年）93頁、荻野豊＝青柳達明「加算税制度の概要と重加算税の適用」同36巻6号（1981年）90頁、池本・前掲注28)164〜167頁〔以上は合憲とする〕。竹下・前掲注54)〔論点の紹介のみ〕。

ろう。第1節（19頁）で、二重処罰の問題は機能的未分化の問題を法的側面から見直したものであると述べたように、この問題がわが国で論じられてきたのは、租税逋脱罪と重加算税との間に合理的な機能分担がなされていないことによるものであったと考えられる。すなわち、この問題に対しては、形式的には、重加算税は刑罰でないから二重処罰にあたらない、という解答が与えられているものの、実質的な観点からは、なおも疑問が残るとされてきたところであるが、そのように疑問ありとされてきた理由は、実は、この二つの制度の要件と効果、特に要件がほとんど同じであることにあったのである。

そこで、この点に関する議論を概観してみると、残念ながら、このような議論から得られた成果はそう多くはないと言わねばならない。なぜなら、この間、この両者の併科が二重処罰にあたるとする論者が、重加算税が「制裁」としての性格をもつことを論証しようとしているのに対して、判例およびそれを支持する説は、重加算税は「納税の実を挙げんとする趣旨に出でた行政上の措置」であって、これと刑事処罰との併科は二重処罰にはあたらないとしており、両者の主張は平行線をたどっているからである。

また、これに関しては、重加算税と逋脱罪とでは、その制裁に与えられる法的な意味付けが違うという説明があるかもしれない。すなわち、逋脱罪は逋脱行為の反社会性、反倫理性に着目し、それを非難するものであるが、重加算税にはそのような非難の要素はなく、単に徴税の実を挙げるための制度であるというのである。しかし、この見解は、実は、上述の形式論を言い直したにすぎない。要件・効果を同じくする二つの制度が、なぜそのように違って意味付けられるのか、という実質的な根拠はここでは何ら示されていないからである。

そこで、この点についての議論に進展がみられない理由を次に少し考察してみよう。

まず、この両者の併科が二重処罰にあたると主張する論者の意図は、例外なく、そう主張することによって、憲法39条後段により、逋脱罪訴追の刑事手続であれ、重加算税の賦課手続であれ、二番目に行なわれる手続きをなしえないものとしようとすることにあると考えられる。そうであれば、そこでいわれている「二重処罰」とは、憲法39条後段にいう「同一の犯罪について、重ねて刑事上の責任を問われ」ることであると解してよい。なぜなら、二重処罰であるが憲法39条後段に含まれない、というものを考えることは、「二重処罰」の定義によっては可能であるとしても、そのような「二重処罰」の概念は、解釈論上の何らの意味ももたないからである。ところで、重加算税の賦課が形式上行政的、すなわち、「刑事的」と対をなす意味での「民事的」なものであることは、明らかであるから、それにもかかわらず、重加算税の賦課が逋脱犯処罰との関係で憲法39条に触れるというためには、同条の「刑事上の責任」という文言を、何らかの形で実質的に解釈することが前提となる。たとえば、それを「倫理的非難という性格をもつ不利益を課すこと」というように解釈することなどがこれにあたろう。そして、そのような作業なしには、いかなる意味においても、重加算税の賦課が逋脱罪処罰との関係において二重処罰にあたるという議論はできないはずである。しかしながら、これまでの「二重処罰」論はもちろん、その他の現在のわが国の憲法解釈論においても、残念ながら、この点はいまだ明らかにされていない[73)]。

それでは、現在の日本において、この点が緊急に問題となる可能性がどのくらいあるかを考えると、その可能性についても、否定的にならざるをえない。憲法上の「刑事」概念の実質化という問題が理論的にも実際上も問題となるのは、刑事罰に課せられた手続上の諸制約を潜脱する形で多数の行政罰が採用されるような場合であろう。いわば、昨日までは罰金刑を科せられていた行為が、今日からは過料を課せられることになり、それに伴って罰金刑を科するにあたって用いられてきた厳格な手続きが適用されなくなるときには、はたして、そのような立法には限界がないのかが問題となり、ひいては、刑事的なものと民事的なものとを内容によって実質的に判断するという

73) この点に関し、憲法学上、憲法39条前段前半の事後法の禁止については、「刑事上の責任」の意義を形式的に刑事的なもの以外のものまで含んで広く解する説が有力とされているが（芦部信喜編『憲法Ⅲ 人権(2)』（有斐閣・1981年）232頁〔杉原泰雄〕、樋口陽一＝佐藤幸治＝中村睦男＝浦部法穂共著『注釈日本国憲法 上巻』（青林書院新社・1984年）803頁〔佐藤幸治〕)、ここで問題となっている前段後半に関しては、この点は明らかではない（『憲法Ⅲ』は明示的には触れていない。『注釈日本国憲法』は監置等のみを疑問の余地ありとし、前段前半よりも対象とされるものの幅が狭い)。前段前半においては「刑事上の責任」を広く解する説でも、前段後半に関しては形式的に刑事的なものに限る説もある（橋本公亘『日本国憲法』（有斐閣・1980年）338頁・342頁)。また、前段前半に関しても、そこでこの規定を類推適用されるべきとされるものの範囲について、突っ込んだ議論はなされていない。

判断枠組みおよびその基準というものが先鋭な問題となると考えられる。その場合には、そのコロラリーとして、刑事罰と併科されると二重処罰にあたる「行政罰」というものの基準も明らかにされることになろう[74)]。

しかしながら、周知のように、現在のわが国はこのような状況にはない。戦後の多くの行政法規は、純然たる刑事罰である行政刑罰によってその実効性を担保しようとし、進んで、それに伴う厳格な手続的規制に服している。また、憲法上の刑事手続に対する規制は、その一部は行政手続にも適用されるとされているが、それは、いわゆる川崎民商事件[75)]および最高裁昭和59年3月27日判決[76)]に示されているように、「刑事責任」を形式的に理解した上で、問題となる行政手続がそれとどのような関係をもつか、という視点から考察がなされているものであり、ここで問題としているような、「刑事責任」という概念の実質化が行なわれているわけではない。

このような理論状況にあって、同一の脱税行為に対する逋脱犯処罰と重加算税の賦課とが二重処罰にあたるか、という問題を考察することは、その前提となる考察を欠いているというしかない。したがって、この考察を試みるには、まず、憲法39条後段の解釈、より具体的には、刑事的処罰と民事的制裁との実質的な区別の基準とについての考察をしなければならない。これは非常に大きな問題であり、その理論的重要性は言を待たないが、反面、前述のように現在のわが国においてそれが現実に大きな意味をもちうる状況にはないと考えられ、また、本書における筆者の関心と必ずしも合致するものではないため、本書ではこのいわゆる二重処罰の問題は、考察の対象から除外することとする。

### 5　租税制裁の対象の範囲と制裁の種類

最後に、わが国の租税制裁法が対象としている租税法違反の範囲と、そこで用いられている制裁の種類という問題がある。前者に関しては、すでに2（30頁）でみたように、現在の制度においては、租税の減少をきたすもの

74）この点については、参照、Charney, The Need for Constitutional Protections for Defendants in Civil Penalty Cases, 59 Cornell L. Rev. 478, 480-483（1974）.
75）最大判昭和47年11月22日刑集26巻9号554頁。
76）最判昭和59年3月27日刑集38巻5号2037頁。

は無過失でない限り加算税の対象となり、その他の軽微な租税法違反は形式犯の対象となる。そして、故意の脱税は逋脱罪および重加算税の対象とされ、逋脱罪を補完するように、単純無申告罪や不納付罪が規定されている。これに対して、ドイツの制度では、重過失の租税逋脱も制裁（過料）の対象となっているほか[77]、租税危殆として租税逋脱の予備にあたる行為が制裁の対象となっており[78]、また、アメリカにおいては、非常に多くの行為が、行政罰および刑事罰の対象として規定されている[79]。

次に、前述したように、わが国では行政罰たる加算税と刑事罰とが租税制裁として用いられている。その他に現行法上、租税制裁としての性格をもつ可能性がある制度としては、青色申告承認取消処分などが挙げられる。また、新たな種類の租税制裁としては、比較法的には、脱税者の氏名等の公表が、ドイツでは租税逋脱犯の犯人について[80]、アメリカでは民事詐偽罰を課された納税者について[81]問題となっており、わが国でも検討の余地があろう。前述したように、この問題は、行政法上の「行政の手法」論とも関連する問題である。

これらの問題はわが国の租税制裁法にとっても重要な問題であるが、議論の構成上、本書では割愛することとしたい。

## ６　小括——本書で検討されるべき問題

以上の検討から、本書では、わが国の租税制裁法の諸問題のうち、租税犯と加算税との機能分担の問題、特に、脱税に関する、租税逋脱罪と重加算税との合理的な機能分担の問題を中心として考察を進めていくこととしたい。すなわち、脱税に関する行政罰と刑事罰とは、制度上、どのような機能分担をすべきか、という問題についての考察である。さらに、この制裁間の合理的な機能分担の必要性が不合理な手続きの重複の回避による制度の効率化の必要性に根ざしている以上、制裁手続間の調整による手続きの重複の回避を

77）参照、第２章第２節（98 頁）。
78）参照、第２章第２節（70 頁）。
79）参照、第２章第３節（143 頁・178 頁）。また、特に 1989 年改正前の行政罰（罰則金）の状況については、参照、佐藤英明「西ドイツ及びアメリカにおける加算税」日税研論集 13 号（1990 年）198〜208 頁。
80）参照、第２章第２節（74 頁）。
81）参照、第２章注 609）（218 頁）。

も検討の対象としなければならない。この制裁間の機能分担と制裁の手続的な調整とをあわせて、租税制裁法の合理化ないしその合理性の担保の問題と呼ぶことができよう。この問題は、法的に異なった二つの制裁を統一的に考察するという視点を必要とするため、租税制裁法という枠組みで考察することの有用性を最も発揮できる問題であり、また、これは、前述のように、現在のわが国の租税制裁法が抱える基本的な問題点の一つであると考えられる。

この研究を行なうにあたっては、第1節でも示唆したように、比較法的研究という手法を取り入れる。しかし、序論でも述べたように、わが国においては、租税制裁法に関する比較法的研究があまり進んでおらず、本書で取り上げようとする、脱税に関するドイツやアメリカの租税制裁法についても、ほとんど知られていないと言わざるをえない状況である。そこで、本書では、まず、ドイツやアメリカの租税制裁法について、脱税に関するものを中心として、その概観を紹介することから始めなければならない。

具体的には、まず、そこに含まれる行政罰と刑事罰との関係に着目して租税制裁法を二つの型に分類し（第2章第1節）そのそれぞれにあたるものとして、ドイツ（同第2節）、アメリカ（同第3節）の現行の租税制裁法を脱税に関するものを中心として紹介する。そして、それらの国の制度において制度の合理性を担保している要素について分析を加えた後、わが国の租税制裁法の抱える問題について考察することとする（第3章第2節・第3節）。さらに、その考察の過程で生じる法理論的な問題についても検討を加えることとしたい（同第4節）。

# 第２章

# 租税制裁法の比較法的研究
## ――ドイツとアメリカの制度を素材として

## 第１節　序――比較法的研究の視点

本章では、第１章での問題設定にもとづき、租税制裁法について比較法的な考察を行なうことにしたい。

さて、わが国の租税制裁法の現状分析から得られた問題は、行政罰と刑事罰とを含む租税制裁法の合理性をどのようにして担保するか、ということであった。しかし、このような合理化の前提となる制裁どうしの法的ないし制度的な関係は国によって異なるから、この問題を比較法的に考察する際には、まず、そこで問題となっている行政罰と刑事罰との制度的な関係、換言すれば、そこにおける租税制裁法の構造について考えねばならない。

そこで、この点に着目すると、行政罰と刑事罰との双方を含む租税制裁法の構造は、理念的には、二つのタイプに大別できる。その一つは、行政罰と刑事罰の対象となる違反行為が、少なくとも規定の文言上はほぼ重なっているタイプであり、他の一つは、租税制裁法の対象となる違反行為が行政罰の対象と刑事罰の対象とに、何らかの基準で振り分けられているタイプである。前者は、対象となる違反行為が行政罰の対象となる上にさらに刑事罰の対象ともなるという意味で、これを「上乗せ方式」と呼ぶことにする。これに対して、後者は、違反行為が二つの制裁のどちらかに振り分けられているという意味で、これを「振り分け方式」と呼ぶことができよう（参照、次頁の**【図 2-1】**の概念図[1]）。

1）この「上乗せ方式」「振り分け方式」という分類は、解釈論的に厳密なものではない。この分類を考える対象は、租税制裁の制度全体でもありうるし、また、ある行為類型に限ることもあ

**【図 2-1】 振り分け方式と上乗せ方式の概念図**

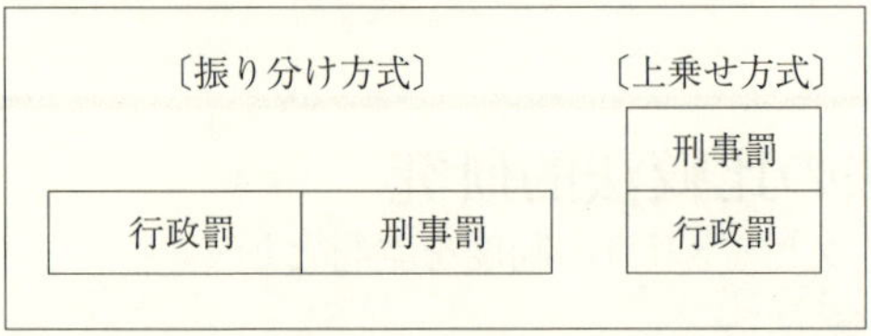

〔振り分け方式〕　〔上乗せ方式〕

| 〔振り分け方式〕 | | 〔上乗せ方式〕 |
| --- | --- | --- |
| | | 刑事罰 |
| 行政罰 | 刑事罰 | 行政罰 |

無論、このような分類から何らかの解釈論的な帰結を導き出すことができるわけではないが、このような理念型を考えることは、比較法的に租税制裁法の制度を考察する際には有益な視点となりうる。なぜなら、関係する行政罰と刑事罰との機能的な関係と一口に言っても、それぞれのタイプごとに、中心となる問題点が異なるからである。

すなわち、上乗せ方式の制度の下では、すでに日本についてみたように、そこでの最大の問題は、いかにして対象となる行為が重複している二つの制裁の存在の合理性を担保するか、換言すれば、そのような二つの制裁間にどのような合理的な機能分担を図るか、また、不合理な手続きの重複をどのようにして避けるか、ということにある。これに対して、振り分け方式の制度の下では、そもそも、上乗せ方式の場合と同じ意味においては、両者の機能分担は問題とはならず、そこでの最も重要な問題は、違反行為が二つの制裁の対象として振り分けられる基準、ないしは、それぞれの制裁の構成要件であり、それらが不合理な重複や間隙を生じていないかということであると考えられる。また、場合によっては、そのような二つの制度の手続的な関係も問題となろう。

租税制裁法を比較法的に考察する際には、この両方のタイプの制度について検討を加えることが必要であると思われるので、本書では、比較法的考察の対象として、この二つのタイプのそれぞれに対応する二つの国の制度、すなわち、振り分け方式をとるものとしてドイツの制度、上乗せ方式をとるものとしてアメリカの制度を取り上げて、それぞれの実際の制度がもつ特徴や問題点を検討することにしたい[2)]。

---

りうる。この間に齟齬をきたす可能性ならびにこの問題点については、第２節（124 頁）で、ドイツの制度に関して考察する際にもう一度検討することにする。

2）なお、租税に関する行政的制裁の比較法的研究に関する基礎的な考察については、参照、佐

ここで、すでに明らかなように、日本の制度は上乗せ方式をとるものであるから、同じく上乗せ方式をとるアメリカの制度についての検討は、最初に述べた日本の制度に関する問題意識によく沿うものであるが、振り分け方式をとるドイツの制度の考察は、それと同じ意味でここでの問題意識に対応するものではない。そこでまず、日本のような機能分担の必要性の問題が生じないと考えられるドイツの制度について、そのような制度の概観とその長短について若干の考察とを行なった後（第2節)、アメリカの制度においては、ここで問題となっているような制度の合理性の担保の問題がどのように扱われているのかを検討することにする（第3節)。

# 第2節　ドイツの制度

## Ⅰ　序——本節のねらいと構成

### 1　問題提起

本節では、ドイツの連邦税に関する租税制裁法の制度についての概観と若干の考察を行なう。ここでの論点は二つある。その第一は、第1節で述べたように、租税制裁法の構造という観点からの関心である。すなわち、この後、ⅡおよびⅢでみるように、ドイツの租税制裁法の制度は、租税逋脱行為に関する制裁に限ると「振り分け方式」をとるものであるということができ、したがって、日本の制度について提起された、刑事罰と行政罰との機能分担という点に関しては問題を生じない構造となっている。そこで、本節では、そのような刑事罰と行政罰との「振り分け」が実際の制度としてどのようになされているのか、また、そのような「振り分け方式」は、租税制裁法の制度としてどのような問題を含んでいるのか、ということを検討することとしたい。その際、考察の対象は、租税制裁の実体的な制度のみならず、それを動かす手続きにも及ぶこととなる。

ドイツの租税制裁法に関する第二の論点は、租税制裁の対象、とりわけ、

藤英明「西ドイツおよびアメリカにおける加算税制度」日税研論集13号（1990年）173～177頁。

その中心たる逋脱罪はどのような罪として理解され、またその保護法益はどのようなものとされているか、という点である。第1章第1節（15頁）において述べたように、租税制裁法の機能を考えるときには、それと表裏一体をなす、その法理論的側面についての考察は欠くことができないものであるから、その意味で、ここでの議論は、わが国における租税制裁法に関して考察を進める上で興味深い素材を提供するものと考えられる。

### 2　議論の対象

さて、現行の1977年租税通則法（以下、本節においては、1977年租税通則法は条文番号のみを記すこととする。）369条1項によれば、租税刑事行為（Steuerstraftat）とは、「第1号　租税法律によって処罰される罪、第2号　禁制違反、第3号　収入印紙にかかる印紙偽造およびその予備、第4号　以上三つの犯罪の犯人の援助」をいう。したがって、租税に関する罪でも、たとえば、租税秘密違反罪（刑法355条）などは租税刑事行為ではない[3]。このうち、第1号にあたるものとして、租税通則法にはその370条以下に、租税逋脱罪（370条）、禁制違反罪（372条）、職業的・暴力的および集団的密輸罪（373条）、租税贓物罪（374条）の四つの罪が規定されている。

同様に、377条1項によれば、租税秩序違反行為とは、租税法律によって過料を課すことができる違反行為をいう。これにあたるものとして、378条以下に、重過失租税逋脱（378条）、租税危殆（379条）、源泉徴収税危殆（380条）、消費税危殆（381条）、輸入税危殆（382条）、租税還付請求権および払戻請求権の不法取得（383条）の六つの租税秩序違反行為が定められている。

このうち、第1章第2節（51頁）および**1**で述べた問題意識に沿う、脱税に直接関係する制裁は、故意の租税逋脱行為に対する刑事罰と重過失による租税逋脱に対する過料であるから、本節におけるドイツの制度に関する紹介、議論は、直接には、この二つの制裁のみを対象とすることとしたい。上述したような本書の関心からは、それで十分であると考えられるし[4]、また、

---

3）Günter Kohlmann, Steuerstraf- und Steuerordnungswidrigkeitenrecht einschlißlich Verfahrensrecht, Kommentar zu §§ 369-412 AO 1977, 4 Aufl. 1988（以下、本書は、“Kohlmann” として引用する。）, § 369 Rdn. 4.

4）同様に、本書の問題関心からやや離れるので、「租税不誠実」の概念の歴史的展開と構成要件の明確化、租税逋脱犯の錯誤論、法的見解についての欺罔行為による租税逋脱と異見附記義

このように議論の対象をしぼることにより、ドイツの制度の特徴をより明確に捉えることができると考えられる。

そこで、以下では、租税逋脱罪、重過失租税逋脱の実体的要件、効果、手続き等、および、租税逋脱罪の法的性格等を概観した後、二つの制裁の関係について簡単な考察を試みることとしたい[5)]。

# Ⅱ　租税逋脱罪

## 第1　租税逋脱罪の概要

### 1　序

以下では、まず、租税逋脱罪として刑事罰を科される行為とそれに科される罰およびそれらに関連する問題についての概観を行なう。特に、この罪の基本的な構成要素に関しては、Ⅲで述べる重過失租税逋脱行為との対比に注意しながら述べることとしたい。

租税逋脱行為の個々の要件について説明する前に、租税逋脱罪とその規定の位置付けについて簡単にみておこう。現在、租税逋脱罪は370条に規定されており、これは、「租税法律によって可罰的な行為」であるから、369条1項1号により、租税刑事行為（Steuerstraftat）である。したがって、その法的規律としては、同条2項が定めるところにより、「租税法律の刑事規定が異なった定めをしない限り、刑法に関する一般の法律が適用される」。

このようにして、租税逋脱罪に関する規定は刑法の特別法にあたり、したがって、特に断らない限り、考察の枠組みも一般の刑事法のそれに従うことになる。以下の説明でも、租税逋脱罪に特殊ではない刑事法一般の問題については、原則として割愛することとしたい。

---

務、逋脱額の証明、などの個別の論点の検討は、本書では割愛した。

5）なお、以下で引用する1977年租税通則法の条文の邦訳については、「西ドイツの1977年AOの邦訳および研究⑽」税法学314号（1977年）〔152条：熊本敬一郎〕、「同⑾」同315号（1977年）〔169条～171条：中川一郎〕、「同⒃」同322号（1977年）〔233条～240条：熊本敬一郎〕、および「同⒅」同324号（1977年）〔369条～412条：清永敬次〕の各条文の邦訳を参照した。

## 2　構成要件該当行為

⑴　現行の370条1項は、「1号　財務官庁又はその他の官庁に対し、租税上重要な事実に関して、不正又は不完全な申し立てを行なうこと、2号　財務官庁又はその他の官庁に対し、義務に反して、租税上重要な事実に関して、これを知らせないこと、3号　義務に反して、収入印紙又は収入証紙を用いないこと」のいずれかによって、租税を免れまたは、自己もしくは他人のために不正な租税上の利益を受けること、を基本的な逋脱罪としている。すなわち、ここでは、三つの行為のうちのどれかによって、二つの結果のどちらかを生ぜしめるという、合計六つの行為が基本的な逋脱罪として規定されていることになる[6)]。

そこで、まず、列挙されている三つの行為類型からみることにしよう。ここで、この規定の意義を理解するためには、この370条に歴史的に先立つ諸規定について知ることが役に立つと思われる[7)]。

租税逋脱罪がドイツにおいて初めて統一的に規定されたのは、1919年ライヒ租税通則法（Reichsabgabenordnung）359条においてであった。そこでは、逋脱罪は、「自分の利益または他人の利益のために不正な租税利益を詐取し、または、租税収入が減少することを故意に効果する」こととして規定されていた。この規定はその後数回の改正を経たが、1976年の改正までは、その内容には実質的に変更は加えられなかった。

ところで、ここからわかるように、この規定は、「租税の減少を効果する」ことを基本的な構成要件とし、文言上、その適用範囲はきわめて広範であった。そこで、帝国大審院は、そこから生じる不都合を避けるために、ここに「租税不誠実（Steuerunehrlichkeit）」という「書かれていない構成要件要素」を持ち込んでこの規定を明確にし、かつ、その適用範囲を限定しようと試みた。なぜなら、この「効果する」を「原因となる」と解すると、ここには、すでに課税庁に知られている租税の単純な――その多くは支払能力の

6）Franzen / Gast / Samson, § 370 Rdn. 9.

7）370条の沿革についての邦語文献としては、参照、清永敬次「1977年AO租税処罰法の概要」日本税法学会「中川一郎先生古稀祝賀税法学論文集」刊行委員会 編『中川一郎先生古稀祝賀税法学論文集』（日本税法学会本部・1979年）186～188頁、板倉宏『租税刑法の基本問題〔増補版〕』（勁草書房・1966年）34～41頁。

以下の記述は、Kohlmann, § 370 Rdn. 1-8, Franzen, in Franzen / Gast / Samson, Einl. Rdn. 27-57による。

欠如による——不納付や、脅迫・暴力による租税債務の徴収妨害も含まれることになるが、そのような行為は、租税逋脱罪として罰するにはふさわしくないと考えられたからである[8)]。

しかし、この「租税不誠実」という書かれていない構成要件要素の意味するところは、判例上、二転三転した。すなわち、帝国大審院がこの概念を導入した当初は、これは詐欺的行為に限らず、単に、租税上重要な事項に関して財務官庁が不知のうちにする行為を指し、故意か過失かを問わず、行為を特徴付けるのに用いられたのであるが、後期の帝国大審院の判例においては、「租税不誠実」の概念の下で、詐欺的行為のみが理解され、それに対応した財務官庁の錯誤が要求されたにもかかわらず、他方では、納税者の不作為による場合には、そのような課税庁の錯誤を確定することは要求されなかったのである。戦後、連邦通常最高裁は、はじめは後期の帝国大審院の判例を踏襲していたが、後に、大審院の最初の見解に戻った。これに対して、学説は「租税不誠実」という概念を用いることに批判的であった[9)]。

このような判例の動揺と学説による批判の中で、租税逋脱罪の規定の整備が強く望まれ、その結果として作られたのが、上述の現行法370条である。そこでは、1号に詐欺的な積極的行為が、2号に義務に反した不作為（消極的行為）が規定されている。これによって、それまで約半世紀にわたって争われてきた逋脱罪の構成要件が明確に規定され、「租税不誠実」という「書かれていない構成要件要素」はもはや不必要になったと考えられている[10)]。

(2)　そこで、370条1項各号に規定されている構成要件的行為についての説明に移ろう。1号に規定されているのは、「財務官庁又はその他の官庁に対し、租税上重要な事実に関して、不正又は不完全な申立てを行なうこと」である。この行為は、簡単にいえば、租税の基礎となる事実または租税を増額する事実を秘匿し、それによって課税標準等を低く申告するか、または、租税を減らす事実を虚偽に述べることによって成立する。

まず、1号に規定されている構成要件的行為をなしうる者の範囲には限定はない。本号の罪は、租税義務者のみが犯しうる身分犯とは考えられていな

---

8）Kohlmann, § 370 Rdn. 6.2.
9）Kohlmann, § 370 Rdn. 6.3.
10）Kohlmann, § 370 Rdn. 18.3, Samson, in Franzen / Gast / Samson, § 370 Rdn. 10, 76.

い。[11)]

次に、ここにいう「租税上重要な事実」とは、判例上は、単に事実上、租税の確定・徴収に意味をもちうる事実でよいとされている。この考え方によれば、担当の財務官吏がある租税事件の処理にあたって自らの職務上の義務を遵守したかどうかということも、租税上重要な事実であるとされることになる。[12)]

しかし、この考え方には学説上有力な反対があり、それによれば、租税上重要な事実とは、租税法にもとづいて、租税に関して意味のある事実、すなわち、具体的な租税事件に適用される租税法規範の構成要件を充足する事実を指し、単に事実上、租税の確定・徴収に意味をもちうる事実ではないとされている。[13)]

どちらの意見に従っても、租税上重要な事実とは、租税の確定に関するもののみならず、租税の計算、徴収・納付、租税利益の供与等に関する事実も含むものである。[14)]

第三に、この罪の成立には、財務官庁その他の官庁に対する申立てを必要とするので、それを欠く場合、たとえば、不正な記帳をしただけでは、この罪にはあたらない。[15)]

第四に、ここにいう申立てにあたるのは、租税確定手続においては、課税標準申告や納税申告であるが、租税逋脱罪は租税徴収手続においても成立しうると考えられているので、それらの申告の他の協力義務、情報開示・鑑定義務、その他の届出義務についても本号の適用がある。

第五に、不完全な申立てとは、裏からいえば、一定の事実を財務官庁等に知らせないでおくことにあたるので、本条１項２号の行為との区別が問題となる。なぜならば、１項は２項と違って、行為義務を要求しておらず、その

---

11）Kohlmann, § 370 Rdn. 13.1, Samson, in Franzen / Gast / Samson, § 370 Rdn. 11, Werner Göggerle, Lutz Müller, Fallkommentar zum Steuerstraf- und Steuerordnungswidrigkeitenrecht, 2. Aufl. 1986（以下、本書は、“Göggerle / Müller” として引用する。）, S. 16.

12）Kohlmann, § 370 Rdn. 33.

13）Kohlmann, § 370 Rdn. 32-33. その根拠は、370条の規定に倣って作られた補助金詐欺罪の規定（刑法264条）において、「補助金に重要な（subventionserheblich）」という語が、補助金が法律上関わっている事実のみを指すものとして定義されている（７項）ことに求められている。

14）Kohlmann, § 370 Rdn. 32.

15）Kohlmann, § 370 Rdn. 42.

分だけ適用範囲が広いからである。この場合の区別は、行為者の行なった意思表示が、一定の事実関係に対する完全な言明を含んでいると評価されるべき場合に、不完全な申立てがあるとされる、という形でなされる。これにより不完全な申立てがあるとされる場合、事実の黙秘は、開示されるべき事実は存在しないという積極的な意思表示とされる[16)]。

最後に、1号の場合も、財務官庁等が不完全な申立てにより、一定の事実を知らされなかったということを要件とすると考えられる。したがって、不完全な申立てが行なわれたが官庁は別の情報源からそれに関する完全な事実を知っていた場合には、本号の罪の未遂しか成立しないこととなる[17)]。

⑶　370条1項2号に規定されているのは、「財務官庁又はその他の官庁に対して、義務に反して、租税上重要な事実に関して、これを知らせないこと」という不作為である。これは不作為犯であるから、「義務に反して」の「義務」の内容が重要な問題となる。判例はここでの行為義務を法律から導かれるものに限定せず、行為者の先行行為や保護の役割の事実上の引受けからも導いている。したがって、租税義務者から租税事務を事実上引き受けた者や自分の義務に違反した先行行為から租税逋脱の危険を生ぜしめた者も、本号の行為者にあたることになる[18)]。

このような行為義務のほか、本号の罪の成立には、期待されている行為をすることが行為者にとって可能であることが必要である。ただし、本号で問題とされている租税上重要な事実の開示は、行為者にとって通常可能である[19)]。

2号の罪に関するこれらの議論は、同じく不作為犯である3号の罪についても同様にあてはまる。

「租税上重要な事実」の意義は、1号に関して述べたところと同じである。

なお、これも1号の場合と同じく、2号に関しても、相手方官庁が秘匿された事実を知らないということが要件になると考えられている。したがっ

---

16）Kohlmann, § 370 Rdn. 37-38.

17）Göggerle / Müller, S. 23, Kohlmann, § 370 Rdn. 44. 財務官庁等が真実を知っている場合には、租税収入に対する危険が生じないからである。しかし、多数説は財務官庁等の不知は必要ないとしている。

18）Kohlmann, § 370 Rdn. 14.2.

19）Kohlmann, § 370 Rdn. 81.

て、この場合も、相手方の課税庁等がすでに知っている事実を義務に違反して秘匿すれば、本号の罪の未遂が成立するものと考えられる。[20]

⑷　以上の説明からわかるように、370条1項2号の罪は、わが国や後にみるアメリカで争われてきたいわゆる単純不申告の場合を含むほか、逋脱の結果および量刑との関連でドイツで特に注目されている点としては、一時的租税逋脱――法定の期限に遅れて申告・納付をする場合、および、後に正確な申告・納付をするつもりがあり、逋脱行為によって免れた租税を最終的に自分のもとに保っておく意図がない場合――も、当然に含んでいる。

また、370条の罪が対象とする租税義務にはわが国の徴収納付義務にあたるものも含まれているので、わが国の不納付罪、さらには、単純不申告による不納付罪にあたる類型も本条の罪に含まれる。

⑸　以上の基本的な構成要件該当行為のほかに、370条3項は、特に悪質な場合についての特別な刑の加重類型を定めている。ここには、著しく利己的な場合（1号)、公務員の地位の濫用（2号)、公務員の地位の濫用の幇助（3号)、偽造ないし虚偽の資料を利用して連続して逋脱等を行なった場合（4号）の四つが例示として列挙されており、これらに該当すると、法定刑が「5年以下の自由刑または罰金」から、「6月以上10年以下の自由刑」に引き上げられる。ただし、これらは構成要件要素ではなく量刑要素であるから、これらにあたっても刑を加重しなければならないということにはならず、逆に、これらの列挙にあたらなくても、特に悪質な場合には、刑の加重は可能である。[21]

## 3　構成要件的結果

⑴　構成要件的結果は、その発生によって犯罪を未遂から既遂へと高めるものであるから、理論的には、犯罪の重要な要素である。また、既遂時期の決定という点から、犯罪の結果に関しては、その意味するところのほかに、それがいつ発生するか、ということにも注意を払わねばならない。

現行の370条は、租税逋脱罪の結果として、租税の逋脱（Steuerverkürz-

---

20）参照、前掲注13)。

21）Kohlmann, § 370 Rdn. 328, Samson, in Franzen / Gast / Samson, § 370 Rdn. 207, Göggerle / Müller, S. 24.

ung）と不正の租税利益（Steuervorteil）の獲得とを挙げている。

⑵（i）通説は、「租税の逋脱」を、納期限に租税が納付されないこと、と解しているといわれている[22)]。そして、この納期限に結果の発生があることになる。しかし、この定義は実際上はあまり意味をもっていない。租税逋脱の発生時期やその内容に関して実務上意味があるのは――前述の通説の定義に対する――次の三つの例外である。

第一に、370条4項1文前段は、「租税は、それがまったく確定されないか、十全な額でもしくは正しい時期に確定されない時に、逋脱される」と定め、租税逋脱という結果はその納期限ではなく、それが不正に確定された時に発生するとしている。

第二に、査定税の場合には不正な行為によって査定そのものを免れると課税決定がなされず、したがって租税の納期限が到来しないので、最初に掲げた定義によればこの場合は租税逋脱が既遂になることがなくなり、不都合である。そこで通説・判例は、このような場合には適法な状況下では確定がなされていたであろうと考えられる時点に結果の発生があるものとしている[23)]。具体的には、納税者に最も有利なように、その納税者の申告が最後に処理されたものとして扱われ、その地区の査定事務が「ほとんど終わった時点」に結果の発生があるものとされている[24)]。

以上の二つの例外により、結果の発生時期について、通説が働く余地は著しく狭められているといいうる。

さらに第三に、「補正禁止規定（Kompensationsverbot）」ないしは「利益調整禁止規定（Vorteilsausgleichsverbot）」などと呼ばれる370条4項3文が、通説の考え方に対する重大な例外をなしている。この規定は、「第1文……に定める要件は、当該犯行にかかる租税がその他の理由によって減少しうるものである場合……にも、満たされる」と規定している。すなわち、この規定によれば、逋脱したとされている租税債権が別の理由によって消滅する場合であっても、犯罪が成立することになる。たとえば、所得額を不法に低く

22）Samson, in Franzen / Gast / Samson, § 370 Rdn. 23-24.
23）Samson, in Franzen / Gast / Samson, § 370 Rdn. 24, Kohlmann, § 370 Rdn. 37.
24）Göggerle / Müller, S. 24, Samson, in Franzen / Gast / Samson, § 370 Rdn. 24, Kohlmann, § 370 Rdn. 137.

申告したが、実際には申告していない控除額が存在し、それを控除すればその年度の所得税額がなくなる場合でも、そのような控除は逋脱罪の成立の有無を考える上では考慮されず、その結果、他の要件を満たせば逋脱罪は成立するとされるのである。ここからわかるように、この規定は、前提となる租税債権がない場合でも犯罪の成立を認める――結果の発生ありとするものであるから、納付されるべき税額の存在を前提としている通説の定義とは相容れないものであると言うほかはない[25)]。

以上の三点、特に370条4項1文・3文と整合的な「租税逋脱」の概念を形成しようとする努力は、学説上の激しい対立を生み、それはひいては租税逋脱罪の保護法益や性格にも及ぶ議論とも関連している。それらの議論は理論的には興味深いものであるが、しかしながら、結果の発生時期や補正禁止についての上述のような明文の規定があるため、実務上、解釈論の結論に大きな影響があるものとは言いがたい。そこで、「租税逋脱」の意義についての理論的な検討は後述（82頁）の議論に譲ることにしたい。

---

25）370条4項3文に関する学説には後に（82頁）触れるが、この条項に関する判例については、ここで簡単に解説しておこう。

この条項は、1919年法以来存在する規定である（1919年法359条3項2文、1931年法396条3項2文、1968年法392条3項2文）。

帝国大審院はこの規定を主観的に解釈し、犯人が行為時に知っていたすべての事情には故意が及ぶので、そのような事情は犯人に有利なものもすべて逋脱額算定の際に考慮され、犯人が行為時に知らなかった自分に有利な事情のみが、この規定により考慮されなくなると解していたといわれる（Samson, in Franzen / Gast / Samson, § 370 Rdn. 46a, Meine, Das Vorteilsausgleichsverbot in § 370 Abs. 4 Satz 3 AO 1977, wistra 1982, S. 129(130)）。

これに対して、連邦通常最高裁は、客観的な解釈をとり、これを、刑事裁判官は、租税事件を全体として解明しなくてもよい、という規定であると解釈している（BGH, 1954. 6. 3. BGHSt. 7, 336, 345）。すなわち、刑事裁判官は、租税事件に関しては、提出された租税申告において、逋脱行為を構成する部分を正しい事実と差し替えるだけで足り、その他の部分については申告書どおりの事実があったとすべきであるというのである。ただし、これには例外があり、隠匿された「租税を増加させる要素」と「直接の経済的関係」をもつ要素は、犯人に有利なものでも考慮するとしている（BGH, 1978. 4. 18 GA 1978, 307）。つまり、このような関係がある場合には、その要素は、同条項にいう「他の理由」にあたらないとされるのである（vgl. Meine, a. a. O.）。

どのような場合にこの「直接の経済的関係」があるとされるかについての一般的な基準は判例によっては明らかにされていない（Kohlmann, § 370 Rdn. 162）。一般には、たとえば、秘匿された売上げに対応する仕入れのように、そのような有利な申立てを行なうと不正な申告等の存在が明らかになるような場合がこれにあたる、と解されている（Kohlmann, § 370 Rdn. 160. 3, Samson, in Franzen / Gast / Samson, § 370 Rdn. 461）。

ここからわかるように、この規定は、実務上は、逋脱額を調査する範囲を限定する規定として重要な役割を果たしているのである（Kohlmann, § 370 Rdn. 160）。

(ii)　逋脱の結果は、正当な税額と実際の確定額ないし納付額との差額のうち、故意の及ぶ範囲において成立する[26)]。その算定にあたって、補正禁止規定（370条4項3文）が働くことはすでに述べた。

(iii)　ドイツにおいては、租税逋脱は、逋脱の結果が犯人のもとに最終的に残る場合と、逋脱の結果が犯人のもとに存するのは一時的なものである場合とに分けられている。後者は「一時的租税逋脱（“zeitliche Steuerverkürzung” あるいは “Steuerverkürzung auf Zeit”）」と呼ばれ、犯人が遅れて確定または納付した場合、および、そうするつもりであった場合がこれにあたる。ただし、最終的な租税逋脱といっても、捜査と並行して行なわれる税務調査等にもとづき逋脱税額が徴収されることが原則であるから、自主的な確定・納付がなされる前に事件が明らかになった場合には、両者の区別は、結局は、犯人の故意の内容によるしかないことになる[27)]。

この二者には、逋脱の結果の考え方に差がある。前者の場合はいわゆる逋脱額がそのまま逋脱の結果に他ならないが、後者の場合には、遅滞損失、すなわち、納付されるべき時点から実際に納付された時点までの間の、逋脱額に対する利子が、逋脱の結果となるからである[28)]。

ドイツにおいては、租税逋脱罪の量刑に逋脱額が決定的な役割を果たすので、このような結果の違いをどのように考えるかは、実務上は非常に重要な問題である[29)]。

(3)　租税逋脱罪の要素となりうるもう一つの結果は、不正な租税利益の獲

---

26）参照、後述69頁。

27）Kohlmann, § 370 Rdn. 156.

なお、この点について若干の補足をしておきたい。

この「一時的逋脱」という概念には本文で述べたように単に遅れて確定ないし納付した場合も含まれる（無論、この場合も故意は要求される）。しかし、このような単純な故意の確定・納付遅滞は刑事処罰に値するほどの悪質性をもたないから、故意・過失による確定・納付遅滞を新たに租税秩序違反として過料の対象とし、逋脱犯として刑事罰を加えるものは最終的な逋脱に限るべきだとする立法論も根強い（Kohlmann, Steuerstrafrecht in der Bewährung, wistra, 1982 S. 2）。

しかし、これにはさらに、現行法下でも実際に遅れて確定・納付した者のほとんどは後述する自首不問責規定（371条）により処罰を免れているのであり、論者のような新規定を設けることは、実際にはかえって制裁の対象の範囲を拡げ、執行側に過大な負担をかけるので望ましくないという反対論もある（Ulmer, Die verspätete Abgabe von Sterererklärungen im Steuerstrafrecht, wistra, 1982 S. 22）。

28）Kohlmann, § 370 Rdn. 324.

29）参照、後述73頁。

得である。ところで、租税逋脱の場合にも租税を少なくしか払わなくて済むという租税上の利益を得ているといいうるから、ここにいう「租税利益」がそれと区別された、どのような独自の意義をもっているのか、がここでの問題となる。

これについては、害されたものが「通常の租税」であるか否かで区別しようとする説（「通常の租税」を害するものが租税逋脱であり、それ以外の例外的な許可等があったときに生じるものが租税利益[30)]）や、それを得るのに申立てを必要とするか否かで区別しようとする説（申立てを必要とする方が租税利益[31)]）や、調査・確定手続中に得られた利益かその後の徴収・納付手続中に得られた利益かで区別しようとする説（後者が租税利益[32)]）などがあるが、このようないわば積極的な概念規定はいずれも成功しているとは言いがたい。まず、第一の説については、問題が「通常の租税」とは何かということとすり代わっただけであるし[33)]、第二の説については、申告書によって明示的に主張しておかなければならない租税減少事由を用いた明らかな租税逋脱も存在しうる[34)]。第三の説は明確であるが、これは、租税徴収手続中も租税逋脱罪が成立しうるという確定判例と真っ向から衝突することとなる[35)]。

そこで結局、Kohlmann のいわば消極的な定義に従わざるをえないことになる。それによれば、「租税利益」とは、①租税が納期限に低くもしくは遅く確定されまたは確定されないことの反射としての利益以外のもので、②納税義務者に対して課税庁が与える利益のことである[36)]。

このような租税利益の例としては、猶予（222 条）、支払延期（223 条）、免除（227 条）、執行の停止（361 条）などが挙げられる[37)]。また、370 条 4 項 2 文前段の規定により、租税の還付も租税利益にあたる。

逋脱罪の結果となるためには、このような租税利益が「不正な」ものでなければならない。租税利益は、それを与える法律上の要件が存在しないとき

---

30) Kohlmann, § 370 Rdn. 173.
31) Kohlmann, § 370 Rdn. 174.
32) Kohlmann, § 370 Rdn. 175.
33) Kohlmann, § 370 Rdn. 273.
34) Kohlmann, § 370 Rdn. 174.
35) Kohlmann, § 370 Rdn. 175.
36) Kohlmann, § 370 Rdn. 176.
37) Kohlmann, § 370 Rdn. 178, Göggerle / Müller, S. 19.

に与えられると、不正なものとなる。[38)]

370条4項2文後段は「不正な租税上の利益は、それが不正に与えられ又は与えられたままにおかれている時に、これを受けることになる」と定め、租税利益は、それが不正に許可され、または供与された時点で取得されることになっている。

このような不正な租税利益は詐取されることが必要か否かが争われているが、不正な租税利益を得るには課税庁の行為の介入が必要なため、通常は詐欺的な行為が存在するので、この争いが実際上もつ意義はそう大きくはない。[39)]

### 4　違法性

構成要件に該当する行為は、通常、違法である。租税逋脱罪に関して、この違法性を阻却する事由として考えられるものに課税庁の同意がある。すなわち、ある取扱いをすることにつき事前に課税庁の同意が得られている場合には、そのような行為は違法ではありえないとされている。[40)]

その他、実際上しばしば主張される違法性阻却事由は緊急避難である。これがあるとされる状況は二つある。その一つは、適法な申告によって先行する犯罪が明らかになり、自らが刑事訴追を受けることになるというものであり、もう一つは、租税逋脱をしなければ企業が倒産し、自らの生存が脅かされるというものである。しかし、重罪でない限り納税者は租税秘密（Steuergeheimnis）によって訴追から免れているから前者の主張は多くの場合理由がなく、後者の主張が緊急避難の要件を充足しえないことは明らかであろう。[41)]

このようにして、緊急避難による違法性阻却は頻繁に主張されるが、その主張が認められることはほとんどない、といわれている。[42)]

### 5　故　　意

⑴　租税逋脱罪は故意犯である（369条2項、刑法16条）。したがって、故

---

38）Kohlmann, § 370 Rdn. 180.
39）Kohlmann, § 370 Rdn. 182-182. 2.
40）Kohlmann, § 370 Rdn. 195, Göggerle / Müller, S. 21.
41）Kohlmann, § 370 Rdn. 198-199, Carola Seckel, Die Steuerhinterziehung（1979）, SS. 65-66.
42）Kohlmann, a. a. O., Seckel, a. a. O..

意がなければ逋脱罪は成立しない。後にみるように、「故意」は租税刑事行為たる租税逋脱罪と租税秩序違反たる重過失租税逋脱とを区別する最大のメルクマールである。その意味で、これは、法理論的な犯罪の成立要件としてのみならず、租税制裁法の構造という機能的な観点からも、非常に重要な要素であると考えられる。

(2)　さて、故意があるとされるためには、規範的要素を含む、構成要件を満たすすべての事実の認識が必要である。租税逋脱罪の故意として具体的にどのような認識が必要とされるかについては、意見の対立がみられる。この点に関し、狭く解するSamsonの説によれば、370条1項1号の故意のためには、犯人が①自分が詐欺的な行為をしていること、②それによって租税債権が害されることないしはそれによって不正な租税利益が得られること、を知り、かつ、③租税債権が存在することを「素人のパラレルな評価」として知っていれば足り[43)]、また、同項2号の罪の故意のためには、これらに加えて、④税務署の解明義務の基礎となる事実をも犯人が知っていなければならないとされている[44)]。

これに対して、故意の成立を厳しく解するKohlmannの説によれば、1号の罪の場合には、①不正なまたは不完全な申告を作成していること、②この申告が租税上重要な事実に関わること、③この申告を税務署または他の官庁に対してなすこと、④官庁が申告が偽りであることを知らないこと、⑤この行為によって租税が逋脱されまたは自分もしくは他人が不正な租税利益を得ること、を犯人が知っていなければならないとされ[45)]、同じく2号の罪の場合には、①租税上重要な事実に関して税務署に知らせないでいること、②自分にこの事実を開示する法律上の義務があること、③この義務が自分の行為によって違反されること、④自分の行為によって租税が逋脱されまたは自分もしくは他人が正当でない租税利益を得ること、を犯人が知っていることが必要だとされる[46)]。

---

43) Samson, in Franzen / Gast / Samson, § 370 Rdn. 187. ただし、正確な請求の基礎やどのような租税に関わるか、ということを知っていることは、必要ないとされる。Vgl. Göggerle / Müller, S. 21.

44) Samson, in Franzen / Gast / Samson, § 370 Rdn. 188. ただし、税務署の解明義務そのものを知っている必要はないとされる。

45) Kohlmann, § 370 Rdn. 203.

46) Kohlmann, § 370 Rdn. 204.

判例はこの点、故意の内容には、行為者が、理由と額とによって特定された租税請求権を知っているか、または、少なくともそれがありうると考えており、かつ、財務官庁に対してそれを逋脱しようとすること、が含まれる、としている[47]。また、故意ありとするためには、行為者がどの程度特定して租税請求権を知っていなければならないか、ということについては、反対の趣旨のカールスルーエ上級地方裁判所の決定があるが[48]、連邦通常最高裁は、行為者が具体的な租税上の義務と詳細な租税の種類を知っていることが、故意の成立のために必要であるとしている[49]。

租税刑事事件においては、錯誤の問題がしばしば問題となるが、この点に関しては一般の刑事法と同じ考えが妥当する。判例によれば、租税債権の存在に関する租税義務者の錯誤は、故意を阻却する[50]。

(3)　逋脱罪の故意について特徴的なことは、ドイツにおいてもわが国と同様、故意が租税の納付ないし申告不足額の一部にのみ及ぶことがあるとされており、それにより、故意の及ぶ範囲が租税逋脱の結果の範囲を限定する機能をもちうるということである。すなわち、適法に計算された税額と申告された税額との差額は故意による部分、重過失による部分、軽過失による部分に区分可能とされ、そのうち、故意による部分のみが逋脱額とされるのである[51]。このことは、当然、逋脱の結果や逋脱行為による損害の認定に対してきわめて重要な意義をもつ。

---

47）BGH 1978. 4. 7.（5 StR 48/78, StRKAO 1977 §370 Rdn. 4）.（この判決は、Kohlmann, §370 Rdn. 207 に引用されている。）

48）OLG Karlsruhe 1973. 8. 17, StRKAO 1977 §370 Rdn. 7.（この判決は、Kohlmann, §370 Rdn. 208, Frick, Vorsätzliche, leichtfertige und leichtfahrlässige Steuerverkürzung, Kohlmann (Hrsg.), Strafverfolgung und Strafverteidigung im Steuerstrafrecht（1983）27, 34 に引用されている。）

49）BGH 1979. 3. 20, 1StR 677/78, StRKAO 1977 §370 Rdn. 9, S. 23.（この判決は、Kohlmann, §370 Rdn. 208 に引用されている。）

50）BGH 1986. 3. 5, 2StR 666/85, wistra 1986.
　なお、ドイツにおいても、租税逋脱犯の錯誤について、興味深い議論が展開されている。これについては、さしあたり、参照、Welzel, Irrtumsfragen im Steuerstrafrecht, NJW 1953, 486; Manfred Maiwald, Unrechtskenntnis und Vorsatz im Steuerstrafrecht（1984）.

51）Kohlmann, §370 Rdn. 155. 3, Samson, in Franzen / Gast / Samson, §370 Rdn. 43, Göggerle / Müller, S. 20.

## 6　未遂処罰と租税危殆

租税逋脱罪の未遂は処罰される（370条2項）。未遂の意義は一般の刑法犯の場合と同様である。いつ実行の着手があったとされるかは、それぞれの税目の課税手続にてらして決定されるべき問題である。

この関係で重要だと思われるのは、379条1項の租税危殆である。すなわち、このような不可罰的な予備行為のうち、事実に関して不正な証明資料を作ること、および、法律上記帳または記録作成義務のある取引上の事実または事業上の事実につき、これを記帳せずもしくは事実に関して不正な記帳をなし、または、これらをなさしめる行為は、これが故意または重過失で行なわれ、それが租税逋脱または不正な租税利益の獲得を可能にする場合には、租税秩序違反行為として、1万マルク以下の過料を課せられる（租税危殆。379条1項）。これは、租税秩序違反による租税逋脱罪の補完という点で、租税制裁法の構造論上興味深い問題であるが、ここではこれ以上は立ち入らない[52)]。

## 7　自首不問責規定

⑴　租税逋脱罪に関しては、自首（Selbstanzeige）という特殊な制度がある。すなわち、371条によると、370条の場合において、租税逋脱罪を犯した者が、刑事もしくは過料手続の開始通知または捜査のための立入り等の時以前に、財務官庁に対する不正な申告の訂正・補完等を行ない、かつ、逋脱した租税や獲得した租税利益を返還した場合には、その者は処罰を免れる。犯罪を悔悟したことは要件ではない。このような、犯罪が既遂に達した後になされる処罰の免除は、ドイツの刑事法上他に類を見ない独特の制度である[53)]。

この自首は、人的処罰阻却事由と考えられている[54)]。

この規定の根拠を刑事法的な考察から知ることはできない。それは明らか

---

52）租税危殆が租税逋脱罪、重過失租税逋脱の予備にあたる行為を制裁の対象としていることについては、参照、Kohlmann, § 379 Rdn. 3, Samson, in Franzen / Gast / Samson, § 379 Rdn. 5, Göggerle / Müller, S. 136.

53）Kohlmann, § 371 Rdn. 14, Franzen, in Franzen / Gast / Samson, § 371 Rdn. 11.

54）Franzen, in Franzen / Gast / Samson, § 371 Rdn. 9.

に、詐欺罪の場合などと比べて不均衡を生じている[55]。

そこで、この規定の根拠は、次の二点に求められている。その第一は、租税政策上の考慮である。すなわち、自首を促すために刑事処罰を免れさせることは、犯行により隠されている租税の源泉を国家が知るための必要悪であると考えるのである[56]。また、自首がなされて逋脱税額等が返還されれば、均衡負担利益や公正な競争[57]も回復され、長い目で見れば、国民も得をすることになるともいわれている[58]。

その第二は、租税逋脱犯は知能犯であり、かつ、その行為と結果とは目に見える痕跡を残さないため、その捜査が非常に困難で、知られていない租税逋脱罪の解明については、自首を促すことが必要である、という刑事政策的な理由である[59]。さらには、一旦自首をした者は、今後は適法な租税協力をすると期待されるし、財務官庁もその者の申告書等を今後は注意して調べるであろうから、犯罪の再発を防げると考えられることも、刑事政策的な理由に加えられている[60]。

(2)　この規定が納税倫理——または租税逋脱の発生——に与える影響については争いがある。しかし、Franzenによれば、納税倫理の形成——逋脱の防止——に役立つという意見も、納税倫理を破壊する——逋脱を促進する——ものであるという意見も、そのどちらか一方にのみ与することはできないとされる。

まず、実務上は悔悟による自首はほとんどなく、もっぱら、近く行なわれる可能性のある捜査によって犯罪が露顕することを恐れる者や、他人による密告を恐れる者が大多数を占めている。その意味で、この規定が納税倫理の形成に役立っているとは言いがたい[61]。他方、租税逋脱をするという決断にとっては犯行が発見される可能性をどのように考えるか、ということが決定

55）Franzen, in Franzen / Gast / Samson, § 371 Rdn. 12.
56）Franzen, in Franzen / Gast / Samson, § 371 Rdn. 13.
57）脱税者は、脱税額を無利子で借り入れているのと同じ経済的効果を得ているから、同額の資本の借入れのために市場金利を支払っている他の正直な納税者よりも競争上有利である。その意味で、脱税は、公正な競争——を少なくとも間接的に——害する罪であるということができる。
58）Kohlmann, § 370 Rdn. 26.
59）Franzen, in Franzen / Gast / Samson, § 371 Rdn. 14.
60）Franzen, a. a. O..
61）Franzen, in Franzen / Gast / Samson, § 371 Rdn. 17.

的であり、犯行の決断と自首不問責規定との間には、多くの場合因果関係がないとされている[62]。

このような自首不問責規定の効果については、さらに突っ込んだ検討が必要であろう。なぜなら、自首不問責規定は、確かに、一方で、自首を促し、隠れた租税逋脱の発見に資すると考えられるが、他方、見つかりそうなら自首すれば処罰を免れるという考えを生み、租税逋脱を増やす効果をもちうるとも考えられるからである。これはまた、自首不問責規定を設けることを前提とした場合も、処罰を免れうる範囲が狭すぎれば、自首を促す効果が小さいし、処罰を免れうる範囲が広すぎれば、それがかえって租税逋脱を誘引する結果となる、という自首不問責規定に関する「緊張関係」として問題となりうる点である。

この点につきKohlmannは、「最悪の場合には自首すればよい」という考えがかえって租税逋脱を誘引しないか、という問題を考察するにあたって、371条2項が自首をなしうる一定の時間的限界を設けていることに着目し、このような限界は一方で処罰を免れうる範囲を狭めている――その限りでは自首を促す効果を減少させていると考えられる――が、他方、このような限界があるから、犯人は「最悪の事態」まで待つことができず、自首するにいたるという面もあることを指摘し、2項の要件を緩和しすぎる解釈に警鐘を鳴らしている[63]。

## 8　租税逋脱の効果

### (1)　刑　　罰

(i)　租税逋脱罪の直接的な効果は、刑罰である。逋脱罪を犯した者は、5年以下の自由刑または罰金刑に処せられる（370条1項）。罰金刑については租税通則法に特段の定めがないので刑法40条によることになる[64]。

---

62）Franzen, a. a. O..

63）Kohlmann, § 371 Rdn. 22-24.

64）同条は、いわゆる日数罰金制をとっており、これによると、罰金刑の額を定めるには、まず科されるべき日数を定め（1項）、次にその1日当たりの罰金額を定めることになる。1日当たりの罰金を定めるにあたっては犯人の個人的、経済的な事情を考慮し、通常は、その平均的な1日分の純所得を1日当たりの罰金額とする（2項）。定めうる日数は5日分から360日分、1日分の罰金額は2マルクから1万マルクであるから、最終的な法定刑の範囲は、10マルクから360万マルクである。旧刑法27条bには、犯罪から得た利益の額まで罰金額を引き上げうると

前述したように、租税通則法370条3項の加重類型にあたる場合には、法定刑は、6月以上10年以下の自由刑に引き上げられる。この場合でも刑法41条により、罰金刑を併科しうることはもちろんである。

その他、かつてわが国の租税法にあった併合罪の規定の排除などの科刑に関する特別規定は存在しない。

(ii)　量刑にとって最も重要な考慮要素は、逋脱税額ないし得られた不正な租税利益の大きさである[65]。そのうち、特に問題があるのは租税逋脱の場合である。なぜなら、前述したように、ドイツにおいては、租税逋脱には一時的なものと最終的なものとがあると考えられており、後者については逋脱税額の全額が逋脱の結果すなわち国庫の損害であるが、前者については逋脱税額そのままではなく、納付が遅れた期間に対応する遅延損害のみが、量刑上考慮されるべきであると考えられているからである。

上級裁判所はこの点を十分に考慮しているといわれる。このことは、たとえば、「租税逋脱事件における責任に応じた刑の重さにとって本質的なものは、逋脱税額であり、その成果は逋脱利益の中に存する。……被告人は、『一時的』な租税逋脱しかしなかったという限りで、有利に扱われる。……しかしながら、『逋脱税額が大きいということ』は彼に不利に考慮される。……他方、判決理由は国庫が被った遅延損害の範囲について何ら述べていない。……結局、地裁刑事部が考慮した租税逋脱の額は不明確なままである。特に、事件の状況によれば遅延損害のみが問題となるにもかかわらず、事実審裁判官が、遅れた納付された租税の全額を……前提とした、ということがないとはいえない」として、地裁の判決を破棄した連邦通常最高裁判所の判決[66]によく表れているといえよう。

しかし、一部の下級裁判所や、特に行政庁は、逋脱税額以外の、逋脱の態様、逋脱された租税の性質や逋脱されていた期間の長さなどをほとんど考慮しておらず、逋脱税額のみを基準として設けられた「量刑基準」によって量刑を考えている[67]。このため、後述するように、財務官庁が申し立てた量刑

---

規定されていたが、現行の刑法にはこのような規定はなく、その代わり、41条が、犯人が利益を得ている範囲で懲役刑に加えて罰金刑を科しうることを定めているのみである。

65）Kohlmann, § 370 Rdn. 323.

66）BGH 1978. 9. 26, 1StR 239/78, HFR 1979, 10, DB 1979, 1025.

67）行政庁は次頁の**【表2-1】**のような「量刑基準（Strafrahmenkatalog）」を用いているといわ

に裁判所が原則として拘束される略式命令の場合には、量刑がきわめて硬直的であるという問題が生じている。[68)][69)]

### ⑵　付加刑

裁判所は、被告人を逋脱罪によって１年以上の懲役刑に処する場合には、あわせて、被告人から、それ以後２年ないし５年の間、公職に就く権利および公職選挙から受ける権利（選挙権、被選挙権）を奪うことができる（375条1項柱書および1号、刑法45条）。さらに消費税または関税の逋脱の場合には、一定のものが没収されうる（375条2項）。

以前はこのほかにさらに二つの副次的な効果が逋脱罪の有罪判決に付されうることとなっていた。その第一は、一定の要件下で逋脱罪の犯人と共犯者に事業の継続を禁止しうるというもの（1931年法401条1項）。その第二は、500マルク以上の罰金刑または懲役刑に処せられた者は、犯人の費用で、処罰の事実を公表されうるというものである（同法399条）。しかし、前者は、一旦適用されれば犯人の経済的存在を奪う効果をもつものであってあまりに苛酷であり、また、実際にも適用されることがなくなったため1966年に削除され、[70)]後者は、重大な事件は公開の公判手続によって処理されるので改め

---

れる（Göggerle / Müller, S. 230）。

68）参照、後述88頁。

69）なお、このほかにGöggerleは期間税（Fälligkeitssteuern）の逋脱と査定税（Veranlagungssteuern）の逋脱とを分け、前者は多く一時的な逋脱だから、遅延損害のみを考慮すべきであり、この点で後者とは量刑上異なる配慮が必要であるとする（Göggerle / Müller, SS. 232–239）。これは、ドイツにおける期間税は、売上税の予納・賃金税の予納（これはわが国の源泉徴収・納付にあたる。）や消費税であり、事業の存在が課税庁に知られているので、不申告・不納付の発見が課税庁によって容易であることを、その根拠とする（なお、Göggerle / Müller, SS. 227-240 は Göggerle, Summum ius summa iniuria ; Problem der Strafzumessung bei den Hinterziehungstatbestanden des §370 AO, DStR 1981, S. 308 とほぼ同じ内容である）。

しかし、これに対しては、量刑上は逋脱額（損害）のみならず、犯人の主観的な要素を中心として、具体の事件に則した様々な要素が考慮されるべきであるから、逋脱の対象が期間税か査定税かということは決定的な要素ではないという反論がなされている（Birmanns, Strafzumessung im Steuerstrafverfahren; Aus der Praxis eines Strafrichters, DStR 1981, S. 637 (649)）。

**【表2-1】**（西）ドイツの財務官庁で用いられている逋脱罪の求刑に際しての量刑基準

| 逋脱額（DM） | 罰金日数（日分） |
|---|---|
| 1,000 ～ 2,000 | 5 － 10 |
| 2,000 ～ 5,000 | 10 － 30 |
| 5,000 ～ 10,000 | 30 － 60 |
| 10,000 ～ 15,000 | 60 － 90 |
| 15,000 ～ 25,000 | 90 － 120 |
| 25,000 ～ 40,000 | 120 － 180 |
| 40,000 ～ 60,000 | 180 － 240 |
| 60,000 ～ 100,000 | 240 － 360 |

（Göggerle / Müller, S.230 による）

て公表する必要はないとの理由で1962年に削除された[71]。しかし、この後者の削除には立法論としては強い反対がある[72]。

### (3)　副次的な効果

このほか、逋脱罪は行政手続上、次の四つの効果をもつ。

その第一は、逋脱税額ないし不正な租税利益およびそれらに対する利子に関する課税手続上の責任である。71条によれば、租税逋脱犯およびその共犯は、これらの額につき責任を負う。納税義務者たる租税逋脱犯がこれらの額につき責任を負うことは自明であるから、この規定が意味をもつのは、納税義務者ではない租税逋脱犯およびその共犯に関する場合である。たとえば、租税逋脱に関与した従業員、税理士などがこれにあたる[73]。

この制度の性質は付加刑でも損害賠償でもなく、逋脱税額の保証であるとされており[74]、その点で第二次納税義務に似ているが、規定されている義務者の責任が補充的ではないところに相違点が見出せる。本来の租税債務者に関して確定権の除斥期間や徴収権の消滅時効が完成しても、この保証債務に影響しない（191条5項2号）。この債務の確定権の除斥期間は10年間である（同条3項2文）。

第二に、租税逋脱がなされた場合は、確定権の除斥期間が長くなる。通常の場合、関税、消費税とその還付金の確定権の除斥期間が1年間（169条2項1文1号）、それ以外の租税の除斥期間は4年間（同2号）であるが、租税逋脱がなされると、これが10年間に延長される（同項2文）。この例外は、租税義務者やその使用人による逋脱でなくとも適用されるが、その行為から租税義務者が何らの利益も得ておらず、かつ、租税逋脱を阻止するために通常必要とされる予防を怠っていなかったことが証明されたときは、この限りではない（同項3文）。

租税債権の一部のみが逋脱の対象となっている場合には、その逋脱された

70）Kohlmann / Sandermann, Die Strafrechtliche Bekämpfung von Steuerverkürzungen, StW 1974, 221, 248.
71）Kohlmann / Sandermann, op. cit., S. 249.
72）Kohlmann / Sandermann, op. cit., SS. 249-250.
73）Franz Klein, Gerd Orlopp, Abgabenordnung Kommentar, 3. Aufl. 1986（以下、本書は、“Klein / Orlopp” として引用する。）, S. 177.
74）Klein / Orlopp, S. 179.

部分にのみこの除斥期間の延長が適用される[75]。

このような除斥期間の延長は、租税逋脱の事件がしばしば、租税債権の成立から長い時間がたってから発見されることに鑑みて規定されているものである[76]。したがって、一旦確定すれば、その確定した租税債権は、通常の5年間の消滅時効にかかる[77]。

第三に、租税逋脱罪の場合、それが公訴時効にかかるまでは、逋脱税額に対する確定権の除斥期間は完成しない（171条7項）。これは、刑事告発はできたが租税を追徴することはできない、という事態を避けるための規定である[78]。ただし、租税逋脱罪の法定刑は最高5年以下の懲役刑であるから、その公訴時効は刑法78条3項4号によって5年間であり、これは、前述した169条2項2文による10年間の確定権の除斥期間よりも短いから、この規定は、いわゆる連続犯（fortgesetzten Handlungen）についてのみ意味のある規定であるとされている。なぜなら、連続犯の場合は、連続した最後の行為から犯罪全体に対して公訴時効が進行を開始するため、最初に述べたような事態が起こる可能性があるからである[79]。

最後に、租税逋脱の課税行政上の効果としては、逋脱税額に対する利子の付加がある。すなわち、逋脱された税額に対しては、逋脱の結果の発生の時から納付の時まで、1ヶ月0.5%の割合で利子が付加される（235条1項1文・2項・3項1文）。利子債務の債務者は、租税義務者であるが（同条1項2文）、前述したように71条の責任はこの利子の額にも及ぶ。

この利子の付加は、逋脱犯が租税逋脱行為から得た利子分の利益——捜査により租税逋脱が発見されて結局もともとの税額を納めたとしても、これは、法定納期限から実際に納付した日までの間、逋脱犯が国から、逋脱額と同額の融資を無利子で受けていたのと同じ経済的効果を得ていることになり、したがって、それと同じ額を一般の金融市場から借り入れたなら支払っていたはずの利子分の利益を得たままになっている——を奪うことを目的としているといわれている[80]。罰金にその機能を期待することも一応可能ではあ

75) Klein / Orlopp, S. 389.
76) BFH, BStBl. 1957 Ⅲ 231.
77) Klein / Orlopp, S. 389.
78) Klein / Orlopp, S. 404.
79) Klein / Orlopp, a. a. O.. Vgl. BFH 1977. 12. 2, BStBl Ⅱ 1978, 359.

るが、371条の自首等により処罰されない場合もありうるから、それでは不十分なのである[81]。

しかしながら、１ヶ月0.5％、１年６％という利率ではこの目的には不十分である。この利率は、わが国の延滞税にあたる延滞加算金（Säumniszuschlage. 240条）の１ヶ月１％の利率の半分でしかなく、一般の金融市場の利率よりもかなり低いからである[82]。そのため、この目的を果たすためには、10～12％に利率を引き上げるべきである[83]、または、市中金利に運動させるべきである[84]、などという立法論が主張されている。

この逋脱利子の性格については、逋脱罪の客観的および主観的要件がすべて備わったときにのみ課される、換言すれば、逋脱利子の付加に有責性が要件となっている限り、その付加刑的性格は拭えないとする説もあるが[85]（したがって、立法論としては有責性は要件からはずすべきであるとする[86]。）、延滞加算金が付加される場合にはこの利子は付加されない（235条３項２文）ことをも考えあわせると、前述の立法理由どおり、逋脱によって獲得された利子利益の――その利率にてらすと不完全な――剝奪のためのものとみるのが妥当であろう。その意味では、これはいわば租税病理法上の制度であり、租税制裁ではないと考えることができる。

以上述べた四つの「副次的効果」は、正確にいえば「租税逋脱罪」の副次的効果ではなく、「租税逋脱」の副次的効果である。なぜなら、これらの効果は租税逋脱罪の有罪判決があったことを要件としていないからである。この点で、⑵に述べた付加刑とは性格を大きく異にする。これらの規定を適用するにあたっては、租税逋脱罪の主観的および客観的要件を具備していることを財務官庁が課税手続上認定すること――刑事訴訟法の規定によるのではない――で足りる[87]。この際に財務官庁は刑事裁判所の判断には拘束されな

80）Tipke / Kruse, Abgabenordnung, Komm.（1985. 11）（以下、本書は、“Tipke / Kruse” として引用する。）§235 Rdn. 1, Kohlmann / Sandermann, op. cit., S. 245.

81）Kohlmann / Sandermann, op. cit., S. 246.

82）Tipke / Kruse, §235 Rdn. 1.

83）Tipke / Kruse, a. a. O..

84）Kohlmann / Sandermann, op. cit., S. 248. この論文の筆者たちは、暦年始めの公定歩合に２％を加えたものをその年の利率として適用することを提案している。

85）Kohlmann / Sandermann, op. cit., S. 247.

86）Id. S. 248.

87）Klein / Orlopp, SS. 177（§71）, 389（§169）, 615（§235）.

い[88]。これは、租税逋脱の存否についてのほか、たとえば、逋脱利子の決定にあたっての逋脱額の認定においても同様である[89]。

## 第2　租税逋脱罪の保護法益・租税逋脱の概念・租税逋脱罪の性格

ここでは、**第1**において触れなかった、ドイツにおける租税逋脱罪の保護法益と租税逋脱の概念についての議論を概観し、さらに、租税逋脱罪の性格についての学説をも紹介することにしたい。これは、本書の中心的な論点である租税制裁法の機能論や構造論からは少し離れる問題点であるが、第1章でも述べたように、そのような法理論的な観点は、制裁制度の機能論を支える重要な論点であり、次章の議論においても——特に租税逋脱罪の法的性格やその財産犯としての特殊性という点で——問題となる点であるからである。

### 1　租税逋脱罪の保護法益と租税逋脱行為の対象

#### (1)　租税逋脱罪の保護法益

租税逋脱罪の保護法益について考察するにあたっては、これと、租税逋脱行為の対象とを区別して考える必要がある。一般に刑罰構成要件規定は、その保護法益を具体化した「行為の対象」を定め、それが構成要件の明確化に役立っている。たとえば、わが国において、窃盗罪の保護法益は、財産権であるが、その行為の対象は、「他人の財物」であるとされて、その明確化、具体化が図られているのである。ところが、ドイツにおける租税逋脱罪に関しては、この保護法益と逋脱行為の対象とが明確に区別されていないことが、議論の混乱を招いたと指摘されている[90]。このことを念頭に置きつつ、ここではまず、租税逋脱罪の保護法益に関する議論を概観してみよう。

この点に関する通説は、「個々の租税の適時かつ完全な収入に対する国家の利益」が、租税逋脱罪の保護法益であるとしてきた[91]。

これに対して、有力な少数説は、「租税の確定、徴収にとって重要なすべ

---

88）Klein / Orlopp, SS. 177 (§71), 615 (§235).
89）Klein / Orlopp, S. 615.
90）Schleeh, Rechtsgut und Handlungsobjekt beim Tatbestand der Steuerhinterziehung, NJW 1971, 739.
91）Kohlmann, §370 Rdn. 9.2, 9.6.

ての事実の、義務に合致した開示に対する、租税（執行）高権の担い手の請求権」が保護法益であるとしていた[92]。この法益の内容は、短く、「国家の情報開示利益」と呼ぶことができよう。この説によると、租税債権は、要件が充足されれば法律の規定にもとづいて直ちに発生するので、この面では刑法的な保護を必要としないし、他方、確定された後は、普通の債権と同様に詐欺罪等によって保護されれば足りるから、結局、租税債権は、それが正しく確定されるという点に関してのみ、逋脱罪による保護が必要とされることとなる。そして、この正しい確定のためには、財務官庁がすでに発生している租税債権について正しい情報を得ることが必要であり、そのために、租税法律に様々な協力義務が規定されている。そこで、そのような協力義務の違反は租税が完全に得られることを危険にするので、刑罰等の制裁を受けることとなる、とされている[93]。その反面、財務官庁に対して正確な事実を伝達する法的義務の履行とこの履行の法的保護は、直ちに、「租税債権の完全かつ適時の確定」を保証するから、これ以上のもの――租税収入それ自体――を考える必要はないとされるのである[94]。この説は、いわゆる補正禁止規定――より具体的には、それにより、実際に租税収入の減少がなくても逋脱罪が既遂となること――とも整合的であったが[95]、他方で、この説の主張者は、「租税逋脱」を後に述べる判例や通説と同様に考え、租税逋脱罪を結果犯と考えていたので[96]、彼らが、自らの保護法益の理解と「租税逋脱」の概念との関係をどのように捉えていたかは、必ずしも明確ではない。

この説に対する批判としては、この最後の点を捉えたものが、おそらく、決定的であろう。それは、このように国家の情報開示利益を保護法益とすることは、義務違反のほかに、租税逋脱の結果の発生が条文上求められていることと整合的ではない、という批判である[97]。情報開示利益説からこの批判に対する有効な反論はなされておらず、現在では、この説の有力な主張者の

---

92）Franzen, in Klaus Franzen, Brigitte Gast-de Haan, Steuerstrafrecht (1969)（この本はFranzen / Gast / Samsonの初版である。以下、Franzen / Gastとして引用する。）, Einl., Rdn. 8, Ehlers / Lohmeyer, Steuerstraf- und Steuerordnungswidrigkeitenrecht 4. Aufl. (1969), S. 7.

93）Franzen, a. a. O., Ehlers / Lohmeyer, op. cit., SS. 5–6.

94）Ehlers / Lohmeyer, op. cit., S. 6.

95）Id. S. 17.

96）Id. SS. 6, 10, Franzen, in Franzen / Gast, §392 Rdn. 12.

97）Kohlmann, §370 Rdn. 9.4.

一人であったFranzenも、協力義務違反は構成要件行為の要件にすぎず、情報開示利益は租税逋脱罪の保護法益とはいえない、と改説するにいたっている[98]。したがって、現在では、「個々の租税の適時かつ完全な収入に対する国家の利益（ないし公益）」が租税逋脱罪の保護法益であることに、ほぼ異論はないといいうる。

このようにして、情報開示利益説は現在では主張されていないが、この説には、租税逋脱罪の理解に関して重要な示唆が含まれていると思われる。それは、次のような点においてである。

すなわち、現在の租税債務関係説の下では、租税債権は本質的には私債権と異ならないものとされている。にもかかわらず、租税債権が私債権とは異なった刑法的保護を受けるとすれば、その根拠は、租税債権と私債権とが――本質的にではないにしろ――性格を異にする点に求められなければならない。この点、この情報開示利益説は、債務者たる納税者のみが債権の存在や額を知っており、債権者たる国家はこれを知らないため、債務者の協力なくしてはその実現が不可能であることが多い、という租税債権の特殊性の認識に立脚していると考えられる点で[99]、正当なものを含んでいると考えられるのである。この点については、第3章第4節（292頁）において財産犯としての租税逋脱罪の特殊性に関して考察する際に、もう一度触れることとしたい。

### ⑵　租税逋脱行為の対象

このようにして、適時、適正な額の租税収入に対する国家の利益が租税逋脱罪の保護法益であるという点では一致を見ても、さらに、具体的な租税逋脱行為の対象は何であるか、ということについては、学説上、かなりの争いがあった。それは、租税逋脱行為の対象を「租税債権（Steueranspruch）」とする説と、「租税収入（Steuereinnahmen）とする説との対立である。

租税収入説は租税債権説を、租税債権は構成要件の充足によって直ちに成立するので、それを後の行為によって侵害することは不可能である、と批判し[100]、他方、租税債権説は、租税収入説を、租税収入とは財務官庁が事実と

98）Franzen, in Franzen / Gast / Samson, Einl., Rdn. 8.
99）Vgl. Göggerle / Müller, S. 3.
100）Franzen, in Franzen / Gast, §392 Rdn. 12.

して受け取る金員であって、その侵害をなしうるのは、財務官庁の官吏のみであると批判していた。[101] この両説はまた、租税債権確定後、租税徴収手続において租税逋脱罪が成立するか、という問題についても対立していた。[102] 租税収入説からはこれが肯定されるのに対して、租税債権説はこれを否定するからである。

しかし、この対立は言葉尻を捉えた実のない議論であり、結論的には、両説の説くところは同じであるという点で、現在の学説は一致を見ている。[103] このことは、債権説論者のSchleehが、租税逋脱とは客観的、法的な存在を侵害しようとするものではなく、査定官庁による租税債権の執行、したがって、債権者としての国庫の（存在する租税債権についての）知識の形成に対するものである、[104] としている一方で、収入説論者のFranzenが、後続の作為不作為によって、租税債権の具体化、その納期限またはその実現が害される、[105] としていることからも理解することができる。

以上に述べたところからわかるように、現在では、租税逋脱の対象は、負われている租税またはあるべき国庫収入であり、租税逋脱行為は租税債権の法的状態ではなく、租税債権の実現を対象とする――広い意味で侵害する――ものであるという見解が通説であるといってよい。[106]

ここで述べられている「あるべき国庫収入」という租税逋脱の対象が、保護法益たる「適時適正な額の租税収入に対する国家の利益」と異なる点は、この逋脱行為の対象は、いわば国家の租税収入全体ではなく、特定の者が直面する個別の租税の要求であり、その意味でそれは、租税収入に対する国家の利益の具体化であるといいうる点であると考えられる。[107]

---

101）Welzel, op. cit.(n. 50). なお、このような学説の状況については、参照、Kohlmann, § 370 Rdn. 106-106.3, Samson, in Franzen / Gast / Samson, § 370 Rdn. 14-15.

102）Kohlmann, § 370 Rdn. 106.3.

103）Kohlmann, § 370 Rdn. 107.2, Samson, in Franzen / Gast / Samson, § 370 Rdn. 14.

104）Schleeh, op. cit., S. 740.

105）Franzen, in Franzen / Gast, § 392 Rdn. 12.

106）参照、前掲注91)。

107）この点は、つとにSchleehによって指摘されていた点である。Schleeh, op. cit., SS. 739-740. ただし、彼は、保護法益を具体化した逋脱行為の対象は、租税債権であると考えていた。

## 2　租税逋脱の概念

1で述べた保護法益に関する議論も租税逋脱罪の実定規定についての議論であったが、以下に述べる租税逋脱の概念に関する議論は、ある意味でさらに、特殊ドイツ実定法的であるともいいうる。なぜなら、それは、「逋脱した」という現行370条1項と、不正な確定または納税申告のあった時に逋脱がなされたとする同条4項1文およびいわゆる補正禁止を定めた同項3文との関係という、実定法の解釈論として争われてきたからである[108]。しかし、他方、この問題は、租税逋脱犯を危険犯と考えるか、侵害犯と考えるかという、基本的な理解の対立に関わっており、その意味で、ここでこの点に触れておくことにも意味はあると考えられる。

さて、「逋脱した」ということが構成要件とされているにもかかわらず、4項で、不正な確定等があれば後に正当な租税の納付があっても、また、虚偽の申告とは異なる理由で実際の正当な租税債権が減少し、実際には納税不足額が存在しなくても、租税逋脱罪が成立するとされていることを、どのように整合的に理解するか、ということが、ここでの問題である。

この問題に対応するには、370条4項は1項の内容を補足しているものであり、両者は一体として解釈されるべきであると考える考え方と、1項の「逋脱」の内容は4項とは別に定まっているのであり、4項はその特別な場合について規定したものであると考える考え方とがありうる[109]。前者の考え方をとるのが通説ともいえるKohlmannの見解であり、後者の考え方をとるのが、有力少数説たるSamsonやGöggerleの見解である。

すなわち、Kohlmannは、「逋脱」という語がともに使われていることから、1項と4項とを統一的に解釈すべきとし、それを前提として、4項によって「保護法益が侵害されていないのに逋脱の結果が生じるなら、その逋脱の結果は保護法益の危険の中に存する[110]」から、租税逋脱とは、租税収入を減少させる、という日常用語的な意味ではなく、保護法益たる個々の租税

108)　これら三者にあたる規定は、1977年法に先行する法律にも存在していた。たとえば、1956年改正後396条1項・3項。1969年改正後392条1項・3項など。

109)　Vgl. Göggerle / Müller, SS. 4-5.（なお、租税逋脱罪の保護法益に関するGöggerle / Müller, SS. 1-13は、Göggerle, Zur Frage des geschützten Rechtsgut im Tatbestand der Steuerhinterziehung, BB 1982, 1851 ff. とほぼ同じ内容である。）

110)　Kohlmann, § 370 Rdn. 159.

の完全な収入を危険にすることとして解釈されるべきである、とするのである[111]。これにより、租税逋脱罪は危険犯として構成されることになる。

これに対して、租税逋脱罪を基本的には侵害犯として理解しようとするのが、Samson や Göggerle らの説である。この説は、租税逋脱罪が、4項1文の定める確定手続のほかに、租税徴収手続においても成立するとされていることに着目し、租税逋脱の概念をひとまず4項とは無関係に定めた上で、4項は、租税逋脱罪が確定手続ないし納税申告にかかる場合——実際にはこれらの場合が大部分であるが——についての特則を定めたものであると理解するのである。すると、「逋脱」という語の日常的な意味およびそれが逋脱の対象——租税債権の実現——を侵害するということに忠実に、租税逋脱とは、あるべき租税収入と現実の租税収入との間に差額を作り出すこと、と定義される[112]。そして、4項1文は、租税逋脱罪が確定手続等にかかる場合に、特別にそれを危険犯——そこには、財産の侵害と同視すべき程度のものから、具体的な危険を欠くものまで様々なものが含まれる——として規定したものであると考えるのである[113]。

**第1**で述べたように、このような理解の差は実定法の規定がある限りは結論に違いをもたらさないが、その範囲外の場面では、実は、結論が異なりうる。その第一は、徴収手続における租税逋脱である。この場合、通説は、租税義務者の無資力は犯罪の成否に関係ないとしているが、Samson の説では、租税義務者が無資力の場合は、欺罔行為と逋脱の結果との間に因果関係がないから逋脱罪は成立しないことになる[114]。第二に、納期限に適正な納付がなく、遅れて納付がなされた場合にも違いが出る。この場合には、遅滞損失、すなわち、納付されるべきであった時点から実際に納付された時点までの間の逸失利子が損害であり、この損害額を求めるには納付されるべきであった時点を決定しなければならない。通説はこの時点を納期限としているが、Samson によると、これでは、欺罔行為と納期限の徒過との因果関係が確定できないし、徴収手続における遅滞損失に関しては、適用可能な始点を定め

111） Kohlmann, § 370 Rdn. 128.
112） Samson, in Franzen / Gast / Samson, § 370 Rdn. 26-27.
113） Samson, in Franzen / Gast / Samson, § 370 Rdn. 31-34.
114） Samson, in Franzen / Gast / Samson, § 370 Rdn. 28.

えない。また猶予のように、欺罔行為によって納期限そのものを延ばす場合にも適用できない。したがって、この場合には、欺罔行為がなければ租税が納付されていたはずの日と実際の納付の日との間で遅滞損失を計算すべきであり、つまり、欺罔行為がなければ徴収手続が成功していたはずの日を基準とすべきとされるのである[115]。そしてすでに明らかなように、この説に従うと、適法な確定の後、欺罔行為によって納期限に納付をしなくても、ありうべき徴収手続の終了時までの間に納付する意図があったなら、租税逋脱の故意はなかったとされることになる[116]。

4項3文についてのSamsonの解釈は、さらにユニークである。彼はこれを、それ自体は租税侵害を引き起こさないが、後続の真実の申立てによって租税侵害を引き起こす可能性のある行為を対象としていると考えている[117]。たとえば、この補正禁止規定がないと、1,000マルクの還付を請求しうる者が、これを請求しうることを隠して、ある月の売上税の予納申告を1,000マルク少なく申告し、翌月1,000マルクの還付請求をすると、最初の申告の時点では、逋脱行為はあるが損害がないので逋脱罪は成立せず（補正禁止規定がないとすると、1,000マルクの過少申告分は実際には存在している還付請求権と相殺される）、翌月の還付請求は適法なものであるので、どちらについても逋脱罪の成立を認めることはできないが、二つの申告をあわせみれば、結局、逋脱の結果を招来しているものと考えられる。補正禁止規定は、このような行為による租税債権の侵害が逋脱罪の対象から漏れることを防いでいる規定と考えられるのである[118]。

### 3　租税逋脱罪の性格

以上で、租税逋脱罪の保護法益、逋脱行為の対象、租税逋脱の概念についての学説を概観した。そこで最後に、租税逋脱罪の性格についての議論をみておこう。ここでは、逋脱罪の保護法益、逋脱行為の対象について、現在の

---

115）Samson, in Franzen / Gast / Samson, §370 Rdn. 29.

116）Samson, in Franzen / Gast / Samson, §370 Rdn. 30.
　ほかに、未遂とされる期間が長くなるということも、通説に従う場合との違いとして挙げられている。

117）Samson, in Franzen / Gast / Samson, §370 Rdn. 46k.

118）Vgl. Samson, in Franzen / Gast / Samson, §370 Rdn. 46i.

学説がほぼ一致しているということを念頭に置く必要がある。

これに関しては、従来、Kohlmannは、保護法益が、租税収入に対する「国家の利益ないし公益」であるという点に重点を置き、それを公益に対する罪として理解していたものと思われる。これはまた、租税逋脱罪を基本的には行政犯の一種とみる伝統的な考え方に従うものであるともいいうるであろう。彼のコンメンタールの1978年版の370条についての記述には直接にこの罪の性格について論じたところはないが、後述するように、1983年版の398条について述べている箇所で、370条以下の罪は財産に向けられた犯罪ではないから、財産犯に適用される刑事訴訟法153条1項2文の規定は370条に適用がないと述べているところからも[119)]、そのような考えを見て取ることができる。

しかし、370条に関する1986年の改訂では、この点に変更がみられる。この版では、Kohlmannは、保護法益について従来どおりの説を述べた後で、「370条は国家の租税債権を保護しているので、租税逋脱罪は、特別な種類の財産犯である」と述べているのである[120)]。

一方、保護法益に関してはKohlmannと同じ理解を示しているSamsonは、「租税逋脱罪は——租税を徴収する——国家の財産的利益に対する侵害である。したがって、それは財産犯である」と述べ、明確に、租税逋脱罪を財産犯として性格付けている[121)]。

この二者に共通していることは、租税逋脱罪を、国家の、租税を徴収する特別な——ないしは「権力的」な——権限に着目するのではなく、徴収される租税そのものに着目して理解しているということである。これはすでに、租税逋脱罪の保護法益を、適時適正な額による租税収入（に対する国家の利益）としたときに、方向付けられていたものであると考えられる。そして、前述のように、租税債権を本質的には私債権と異ならないものであると考えるなら、このような理解は正当であると考えられる。このことも、第3章第4節（277頁）での議論において、重要な論点になる。

119）Kohlmann, §398 Rdn. 6. 参照、後述95頁、後掲注149）。
120）Kohlmann, §370 Rdn. 9.7.
121）Samson, in Franzen / Gast / Samson, §370 Rdn. 10a.

## 第3　租税刑事事件に関する手続き

### 1　手続きの概要

#### (1)　刑事手続法の一般規定の適用

385条1項は、租税通則法に別段の定めがない限り、租税刑事事件に関しても、刑事手続に関する一般法（刑事訴訟法、裁判所構成法、少年裁判所法等）が適用されると定めている。したがって、租税刑事事件においても、捜査手続、起訴手続、中間手続、公判手続、権利救済手続等において、原則として、一般の刑事手続の場合と同様の規定や法理論上の諸原則が適用される。そこで、以下では、租税通則法に定められた、財務官庁に与えられた特別の権限を中心とする手続上の特則と、一般の手続規定のうち、租税刑事事件において特に注目すべきいくつかのものについて、簡単に概観を試みることとする。

#### (2)　財務官庁の権限

(i)　租税刑事事件に関する手続きにおける最も重要な特則は、財務官庁に刑事手続上の捜査等の権限が認められていることである。すなわち、財務官庁は租税刑事事件に関しては単独で刑事手続上の捜査を行なうことができ（386条2項）、その際には刑事訴訟法上検察官に与えられているのと同じ権限を行使することができる（399条1項）。さらに、財務官庁は、捜査が終結した際には、適当と考えるなら、裁判所に略式命令の発給を申し立てる権限をも有している（400条）。

このように財務官庁が租税刑事事件につき捜査をする場合の管轄については、387条～390条が定めているが、実務上は、このような租税刑事事件の処理は中央刑罰・過料事件局（zentrale Straf- und Bußgeldsachenstellen）が行う。ただし、399条2項の押収等をなす権限は、もともと事件を管轄する税務署に残っている[122)]。

これに対して、捜査手続においても、検察官が捜査を行なう場合には、財務官庁には刑事訴訟法上の警察官および検察官の補助官吏と同じ権限しか認められない（402条1項、399条2項2文）。また、被疑者に対して勾留命令な

122）　Göggerle / Müller, S. 154.

いしは収容命令が発給された場合には、それ以後、財務官庁は単独で捜査をする権限を失う（386条3項）。

(ii)　このように、捜査に関しては財務官庁は大きな権限をもつが、被疑者を起訴することおよび公判を維持することは、依然として検察官のみに与えられた権限である。したがって、捜査が終了して犯罪の嫌疑が十分であり、かつ、略式命令による処罰では不十分であると財務官庁が考える場合には、事件を検察官に送付して、検察官による起訴を待たねばならない。この場合、検察官は自ら補充捜査をすることもできるし、財務官庁の意見を聞いた上で、犯罪の嫌疑なしとして事件を終結させることもできる[123]。

これに関連して、どのような場合に略式命令では不十分であると考えられるか、という問題がある。これには、略式命令では懲役刑を科しえないということ（刑訴407条2項）が、重要な考慮要素になろう。実務上は、司法省と財務省との合意で、少なくとも、逋脱税額が10万マルクを超える場合には略式命令に適さないものとされているといわれている[124]。

このほか、略式命令の発給を申し立てたが公判が開かれた場合にも、事件は検察官による処理に委ねられることになる。これには、略式命令の申立てを受けた裁判官が公判なしの事件処理に疑問をもった場合、裁判所が異なる意見をもっているのに、財務官庁または検察官が自分が申し立てた略式命令の内容に固執した場合など、裁判官の職権によって公判が開かれる場合（刑訴法408条2項）と、発給された略式命令に対して被疑者が適法な異議申立てをしたために公判が開かれる場合（刑訴409条1項7号・411条）とがある。

(iii)　公判手続においては、財務官庁はそれほど多くの特別の権利を与えられているわけではない。そこでの財務官庁の権利の主なものは、裁判所に対して意見を申し立てる権利、通知を受ける権利、尋問権（407条）等である。

公判手続が終了すると、裁判官は判決によって裁判をする。略式命令の申立てを経てなされた公判であっても、当初申し立てられた略式命令の求刑は裁判官を拘束しない（刑訴411条2項）。

(iv)　被疑者の側と関わる点についていうと、刑事手続を財務官庁のみに

123）Göggerle / Müller, S. 162.
124）Göggerle / Müller, S. 155.

よって行なっている間は、弁護人として選任されうる者の範囲が広い。すなわち、刑事訴訟法138条1項に定められた弁護士またはドイツの大学の法学教師のほか、税理士、税務代理人、会計士、帳簿検査士も弁護人として選任されうる。しかしながら、この者たちは、検察官が捜査に加わったり、事件が裁判所に係属したりした後は、弁護士または大学の法学教師と一緒にしか弁護をなしえない（392条1項）。

(3)　裁判所の権限

(i)　はじめに述べたように、租税刑事事件における裁判所の権限は、原則として、通常の刑事事件におけるそれと違いはない。しかし、一般の刑事手続について定められている規定の中で、次の二つの点は租税刑事事件の手続に関する考察に対して、特に重要な意味をもっていると思われる。

第一に、刑事訴訟法408条1項によれば、略式命令の発給が申し立てられた場合、裁判官にはそれを認めるか認めないかという余地しかなく、その内容を変更して略式命令を発給することはできない。裁判官が内容の異なる略式命令を出したいと考えているのに略式命令を申し立てた側が申し立てた内容に固執する場合は、前述したように裁判官は改めて公判を開くしかない（刑訴408条2項）。このことによって、結果的に、実際上は、略式命令を申し立てる者が、かなりの程度、科される罰金の額を決定することができることとなる。そして、租税刑事事件の場合、財務官庁が略式命令を申し立てうるため、結局、財務官庁が略式命令という手続きを通して、比較的軽い租税事件についての量刑までをも、かなりの程度行なっていることとなる。前述のように、このことは、財務官庁が逋脱税額のみにもとづく量刑基準を用いていることと相俟って、略式命令における量刑の画一化・硬直化を生じている。

第二に、秩序違反法82条によれば、刑事手続において裁判所は、当該行為が秩序違反ではないかということについても判断する。他方、一つの行為が観念的に犯罪行為と秩序違反行為との双方に該当する場合には、刑事法のみが適用されるから（秩序違反法21条）、この規定が意味をもつのは、犯罪は不成立だが秩序違反行為として評価されうる場合である。

これを租税逋脱の場合にあてはめると、ある行為が逋脱罪として起訴されたときに、被告人に故意があったとまでは認定できないが、重過失の存在は認めうるとすると、他の要件を満たしているならば、改めて別の手続きによることなく、裁判所は、その行為を秩序違反行為たる重過失租税逋脱として、被告人にしかるべき過料を課すことができることになる[125]。この点は、振り分け方式の租税制裁法がもつ可能性がある手続的な問題点を巧みに回避したものと考えうる。なぜなら、刑事手続と秩序違反手続とがもっと融通性がなく独立に構成されており、たとえば、ひとたび刑事手続に乗ると、実体的に秩序違反であると判明した場合には、秩序違反としての手続きを最初からやり直さなければならないとしたら、重過失と故意という、概念的にはまったく別のものでありながら実態としては連続的であり、その判別が困難であるような要件によって両者を区別している租税制裁法においては、そこから生じる手続的な無駄は非常に大きなものになると考えられるからである。このことについては、後に再び触れる（123頁）こととしよう。

(ii)　前述のように、現在では、租税刑事事件の裁判においては、刑事訴訟法の一般原則がそのまま妥当しており、自由心証主義もその一つである。ゆえに、租税債権・租税利益の存否や逋脱税額の認定においても、刑事裁判官は何らの拘束も受けずに、自分の自由な心証に従って判断することができる[126]。具体的にいえば、それらの事項に関する行政的な決定ないしは財政裁判所の判断は、租税刑事事件を扱う刑事裁判官を拘束しない。このことは、租税法律の解釈についても同様である。これは、ごく当たり前のことのように思われるかもしれないが、実は、歴史的にはそれほど自明のこととはいえない。

そもそも、ここで問題とされたのは、ある事件における租税債権の存否等について、国家の意思が、財務官庁や財政裁判所と刑事裁判所とで異なること――ないしはその可能性――を容認するか、また、それが認められないとするなら、そのような判断の抵触をどのようにして回避するか、ということであった。この問題に対して、もともとドイツの租税刑事法は、刑事裁判官

125)　Cf. Kohlmann, §§ 409-410 Rdn. 30, Beispiel 21.
　なお、裁判所が当該行為を租税秩序違反として罰しようとする際には、刑事訴訟法265条に従って、そのことを被告人に告知しなければならない。この告知があっても、刑事手続は残る。
　これに対して、裁判所が秩序違反としてのみ公判手続を行なおうとする場合には、それ以後の手続きには、過料手続の特則（例、秩序違反法72条～80条・48条）が適用されうる。Kohlmann, §§ 409-410 Rdn. 30.

126)　Kohlmann, § 370 Rdn. 154.

を財政裁判所、場合によっては財務官庁の判断に拘束することによって対処しており、歴史的には、その拘束が緩む方向に進んできた[127)]。

この点を少し詳しくみると、1919年ライヒ租税通則法433条、同1931年法468条では、刑事裁判官はライヒ財政裁判所の判断に拘束されるほか、下級財政裁判所の判断や財務官庁の決定にも拘束され（これらの判断が確定するまで刑事手続を義務的に停止しなければならない。）、刑事裁判官が租税法律に関してこれらと異なる判断をする際には、ライヒ財政裁判所の判断を仰がねばならないとされていた。この状況は1965年に468条が改正されるまで続いた。この改正によっても、刑事裁判官の連邦財政裁判所の判断による拘束は残ったが、下級財政裁判所や財務官庁の判断による拘束はなくなり、代わって、それらの判断が下されるまでの間、刑事裁判官の裁量で刑事手続を停止する権限が与えられた。現在のように、刑事裁判官が租税法律の問題に関してまったく自由に判断を下せるようになったのは、1968年の改正以後（442条）のことである。

先にみたように、この規定に関する理論的な問題点は、それが刑事裁判官の自由な判断を奪うということであった。しかし、Kohlmannによれば、この規定に先行する規定が段々と無力化されていく際に最も考慮を払われたのは、そのような理論的な問題ではなく、課税手続の終了を待っていたのでは、刑事手続に時間がかかりすぎる、という点であった[128)]。

この規定は現在の396条となっているので、ここでの議論は、後に同条について述べるところで続けることにする。

## 2　手続上の特則

### (1)　課税手続と刑事手続との調整

現行の租税通則法には、刑事手続に関連したいくつかの特別規定が含まれている。その中で注意を引くのは、課税手続と刑事手続との調整のための規定である。そのような規定のうち、重要なものは、租税秘密に関する393条

127）以下の記述は、Kohlmann, Aussetzung des Steuerstrafverfahren gemäß §396 AO und prozessuale Fürsorgepflicht, Festschrift für Ulrich Klug (1983)（以下、“Kohlmann, Aussetzung”として引用。）, SS. 507, 511-515, Kohlmann, §396 Rdn. 1-9, Joecks, in Franzen / Gast / Samson, §396 Rdn. 1-4による。

128）Kohlmann, Aussetzung, SS. 514-515.

と刑事手続の停止に関する396条である。

(i)　393条1項は、課税手続と刑事手続とはそれぞれの規定に従って独立に進められるが、課税手続上の協力義務を果たすと先行する自らの租税刑事行為ないしは租税秩序違反行為が明らかになるおそれがある場合には、課税手続において強制金の賦課、代執行、直接強制などの強制手段（参照、328条以下）を用いてそのような協力義務の履行を強制してはならないことを定め、同条2項は、刑事手続の開始前またはその開始を知らないで納税義務者が財務官庁に対して租税法上の義務に従って明らかにした事実については、その訴追につき重大な公益が存在しない限り、その事実をその納税者に対する訴追に用いてはならないと定めている。同条には、このほかに、このような保証を確かなものにするための教示義務等が規定されている。

この規定は、租税法上の情報開示義務と刑事法上の自己負罪拒否の権利との調整を図ったものである[129)]。租税法律には、適法な税額を算出するために、租税申告を代表とする様々な情報開示義務が規定されている。他方、刑事法上は自己負罪拒否の権利が認められている。このため、租税義務者が租税法上求められる情報の開示がその租税義務者に対する刑事訴追に資するような場合においては、その両者の間に何らかの調整が必要とされる。このことは特に、実務上しばしばそうであるように、課税手続のための調査と刑事手続のための捜査とが時間的に並行して、しかも、同一人物——官吏——の手によって行なわれる場合には、特に重大な問題となる[130)]。

これらのうち、憲法上の要請ともいえる刑事法上の自己負罪禁止を優先すべきであるとすると、この衝突の解決としては、租税法上の協力義務を全面的に免除することが根本的な対処方法であるが、それでは、脱税者を善良な市民よりも有利な地位に置くことになるので、不合理である[131)]。そこで、本条は、租税法上の協力義務を残したままで——課税手続と刑事手続とはそれぞれの規定に従って行なわれる——、ただ、その協力義務の確保のために強制手段を用いえないという形で、この問題の解決を図ったのである[132)]。2項

129)　Kohlmann, § 393 Rdn. 2, Joecks, in Franzen / Gast / Samson, § 393 Rdn. 3, Göggerle / Müller, S. 158.

130)　Kohlmann, § 393 Rdn. 2, Joecks, in Franzen / Gast / Samson, § 393 Rdn. 4.

131)　Kohlmann, § 393 Rdn. 13, Joecks, in Franzen / Gast / Samson, § 393 Rdn. 5.

132)　この解決には、この場合も納税者に協力義務を残したことにより、濫用の危険が残った、

はそのような保証をより確かなものとするために、一定の条件下での開示された情報の刑事手続における利用を禁止したものである。ただし、「その訴追に重大な公益が存在する」ときは例外とされていることには注意を要する。

393条1項の下では、租税刑事行為や租税秩序違反行為のおそれがある場合には、租税法上の協力が拒否されても、そのような義務の履行を強制する手段が財務官庁にはない。しかし、この場合も納税義務者の協力義務は否定されていないので、財務官庁は162条により、課税標準等の推計を行なうことができる[133)]。

なお、393条は租税秘密（Steuergeheimnis）に優越的な地位を認めたものではなく、憲法上の自己負罪禁止原則を担保するためのものであると考えられている[134)]。

(ii)　396条は、「行為の逋脱罪としての判断が、租税請求権の存否、租税の逋脱の有無、または、不正な租税利益の獲得の有無にかかる場合」、すなわち、いわば逋脱罪の基礎となる租税債権についての問題が逋脱に関する刑事裁判の前提問題として争われている場合に、課税手続の終了まで刑事手続を停止させうることを定めている。これは、**1**で述べた諸規定の流れを汲む規定である[135)]。

前述したように、これらの規定のもともとの意義は、租税法律に関する裁判所どうしまたは裁判所と財務官庁との判断の抵触を避けることにあった[136)]。

---

という批判がある。この説によれば、自己負罪のおそれがある場合には、納税者の協力義務を否定しつつ、協力義務の存在を前提とする162条を改正してこの場合にも推計をなしうるようにすれば十分であったとされている（Joecks, in Franzen / Gast / Samson, § 393 Rdn. 6）。

133）Joecks, in Franzen / Gast / Samson, § 393 Rdn. 6, Göggerle / Müller, S. 159.

134）Joecks, in Franzen / Gast / Samson, § 393 Rdn. 19.

135）ここで、他の手続きにおける、同様の裁判手続停止規定について触れておこう。

まず、刑事裁判以外で、関連する刑事事件の終結まで裁判手続を停止するという規定はかなりある（民訴148条・149条・151条以下、財政裁判所74条、行政裁判所94条、社会裁判所114条）。これらは主として、職権主義が適用される刑事裁判の方がより良い解明をする、という考えにもとづくものである。

次に、刑事手続に関しては、刑事訴訟法262条がある。これは、刑事手続の停止とともに他の手続きで争うことを命じうるという点からもわかるように、刑事手続が他の権利の実行のために濫用されることを防ぐことを主目的とした規定であり、その点でこの租税通則法369条とは目的を異にしている。

136）参照、前述89頁。

しかしながら、396条が、この目的のために果たしうるところはあまり大きくない。なぜなら、刑事手続の停止は裁判官または検察官の裁量にかかるものであるし、立法者は刑事裁判官が財政裁判官の専門的知識に敬意を払うことを期待するのみで、法律上は、財政裁判所の判断によって刑事裁判官を拘束していないからである[137)]。したがって、この規定は実務上ほとんど適用されることがない。逆に、実務上は、財務官庁の方が刑事手続の終了まで課税手続を停止する傾向にあるとさえいわれている[138)]。

このようにして、この規定は、歴史的にも無力化され、現在では、ほとんど適用されることもない規定であるが、実は、単にそのような方向にのみ進んできたとは言い切れない。立法者は1977年法を立法するにあたってこの規定を削除しなかったばかりか、その適用範囲を起訴以後の裁判手続から、それ以前の捜査手続にまで拡げているからである（396条2項前段[139)]）。そこでこのような刑事手続の停止に関する裁量の際に考慮されるべき要素としてどのようなものがあるかを考えることは、まったく無益なことではなかろう。前述したように、この規定に歴史的に先行する諸規定が冷たく扱われてきたのが刑事手続の遅延を招くという理由によるものであったとしても、それをも考慮の対象とすればよいのである。

この点を再びKohlmannによれば、①刑事裁判官の判断と財政裁判官や財務官庁の判断とが抵触するおそれ。②財政裁判所の方が租税法の問題に詳しく、正しい判断をしやすいこと。手続経済上の問題、すなわち、③刑事手続が遅延するという点と、④同じ問題について重複した手続きを行なう必要がなく刑事裁判官の負担を軽減できること。⑤被告人の負担――刑事手続を停止すれば、後になって避けられたかもしれないとわかる負担を被告人に負わせなくて済むこと――、などが、この考慮にあたって重視されるべき要素であるとされている[140)]。

なお、396条は逋脱罪の基礎となる租税債権の存否についての問題が前提問題となっている場合にのみ適用され、単に逋脱額が問題となっているにす

---

137）Kohlmann, § 396 Rdn. 11, Gast-de Haan, in Franzen / Gast / Samson, § 396 Rdn. 5.
138）Kohlmann, Aussetzung S. 511.
139）Id. SS. 514-515 がこの点を指摘している。
140）Kohlmann, § 396 Rdn. 16.

ぎないときには適用されない。その場合には、刑事裁判官は自ら逋脱額を認定しなければならないのである[141]。

また、396条が適用されて刑事手続が停止している間は、公訴時効の期間は進行しない（同条3項）。

396条の適用範囲については不明な点がある。それは、この規定は法律問題についてのみ適用されるのか、それとも事実認定についても適用があるのか、という点である。

前述のように、この規定の前身にあたる諸規定に寄せられた理論的な批判が、刑事裁判官の自由な証拠評価の原則を侵害するということであったこと[142]、1939年の改正で定倍額罰金制が廃止されたのでこの規定は逋脱額に関しては意味を失ったとされていること[143]、また、468条（1931年法）の廃止以前から、推計にもとづく決定には刑事裁判官は拘束されないとされていた、といわれていること[144]から、少なくとも1939年法の下では、ここでいう「尊重されるべき財政裁判官の判断」とは事実認定に関するものも含まれていたと考えられる。

しかし、他方、課税手続や行政訴訟の場合と刑事裁判の場合とでは要求される心証の程度が後者の方が高いのであるから、事実認定に関してまで、刑事裁判官が財政裁判官の判断を尊重することを求められるのはそもそもおかしいといいうるし、実際にも、現在では、刑事裁判においては、審理なしに課税手続で決定された課税基礎を刑事裁判の基礎としてはならないとされている[145]。これらの点から、おそらく、本規定――1977年法396条――の適用範囲は法律問題、特に租税法律に関する法律問題に限られるものと考えられる。また、もともとの、判断の抵触ないし国家意思の不統一という問題には、それで、十分に対処しうるものといえよう[146]。

---

141） Kohlmann, § 396 Rdn. 36, Göggerle / Müller, S. 159.

142） Kohlmann, Aussetzung SS. 510, 514.

143） Gast-de Haan, in Franzen / Gast / Samson, § 396 Rdn. 1.

144） Samson, in Franzen / Gast / Samson, § 370 Rdn. 39.

145） Kohlmann, § 370 Rdn. 154.

146） 369条の適用範囲についてのもう一つの問題は、この規定が租税義務者本人以外を被告人とする刑事手続にも適用があるか、ということである。これについては、課税手続の拘束力が強かった時代の判例は、規定の適用範囲をできるだけ狭くするため、課税手続の客体と被告人との同一性を要求していた。しかし、現在の規定の下では、そのように解する必要はないので、通説は、この規定が適用されるのは、租税義務者自身が被告人となっている場合に限らないと

### (2)　起訴法定主義の例外

(i)　周知のように、ドイツの刑事訴訟法は起訴法定主義を採用している(刑訴152条)。しかし、これには、同法153条以下にいくつかの例外がある。その主なものは、(a)責任が小さく、訴追が公益をもたない場合の、裁判所と検察官の合意による不訴追（同153条1項1文・2項)、(b)(a)の要件に加え軽微な財産犯の場合の、裁判所の同意を必要としない、検察官による不訴追（同153条1項2文)、および、(c)犯人の責任は小さいが訴追の公益は否定できない場合の、負担と指示を課しての不訴追（同153条a）である。租税通則法398条は、このうち、(b)刑事訴訟法153条1項2文に相当する内容を、逋脱罪について規定している。すなわちそれは、「少額の租税逋脱しかなされていないかまたは軽微な租税利益しか獲得されていない場合には、犯人の責任が小さいと考えられ、かつ、その訴追について公の利益が存在しないならば、検察官は、公判手続の開始につき管轄権を有する裁判所の同意なしに、その訴追を中止することができる」と定めている[147]。この規定は、逋脱罪を財産犯と考える立場からは刑事訴訟法153条1項2文と重複する不要な規定ということになるが[148]、逋脱罪を純粋な財産犯とは考えていない立場からは、この規定は、逋脱罪が詐欺罪と類似する性格をもつことに鑑みて、刑事訴訟法153条1項2文と同じ効果をもたらすために作られた規定であると考えられている[149]。なお、前述した刑事訴訟法上の(a)と(c)の規定が逋脱罪の場

---

している（Kohlmann, § 396 Rdn. 25, Gast-de Haan, in Franzen / Gast / Samson, § 396 Rdn. 8）。

147)　この規定は、1974年の法改正で導入された432条aを引き継いだものである。これ以前は477条2項により、責任が小さいとき（被害が小さいことは要件ではない。）には財務官庁は手続きを停止しうるが、この規定は租税逋脱罪、租税贓物罪、禁制違反には適用されないとされていた。すなわち、この規定の主要な適用対象は(重)過失租税逋脱罪であったのである。そして、租税逋脱罪などの477条2項の適用がない犯罪には刑事訴訟法153条の適用があるのみであった。

そこで、現在の398条のような規定を設けるべきか否か、財務官庁が刑事訴訟法153条により手続きを停止するときには、その2項（検察官に関する規定）によるのか3項（裁判官に関する規定）によるのか、などが争われていた（この当時の財務官庁は刑の決定や服従行為によって罰金刑を科する権限をもっていた)。以上の点については、参照、Joecks, in Franzen / Gast / Samson, § 398 Rdn. 1, Fuchs, § 153 Abs. 2 und 3 StPO im Verwaltungs-Steuerstrafverfahren, NJW, 1957, 213, Lohmeyer, Die Einstellung des Verwaltungs-Steuerstrafverfahrens nach § 477 Abs. 2 AO und § 153 StPO, NJW, 1960, 183.

148)　Joecks, in Franzen / Gast / Samson, § 398 Rdn. 4.

149)　Kohlmann, § 398 Rdn. 9, Joecks, in Franzen / Gast / Samson, § 398 Rdn. 4.

ただし、85頁で述べたように、1986年の改訂で、Kohlmannは370条以下の罪を財産犯の一種と性格付けているので、この点と、1983年のこの398条に関する記述との整合性が問題とな

合にも直接に適用されることには争いはない。[150]

(ii)　398条の規定を適用しうるのは検察官である。[151] 財務官庁が単独で捜査をしている場合には、財務官庁もこの規定を適用することができる。また、本条が適用されうるのは捜査手続においてのみである。起訴がなされた後は、刑事訴訟法153条2項により、裁判所の同意があるときのみ、手続きを中止しうる。

この規定によって手続きが中止されると、それ以上の捜査は行なわれない。ただし、その後いつでも、新たな手がかり等がなくても、捜査を再開しうる。[152] また、租税刑事手続の中止後に租税秩序違反として過料手続の対象となることはありうる。[153]

(iii)　では、この規定の適用のための個々の要件について簡単にみておきたい。398条はきわめて例外的な規定であり、その過剰な適用は厳に慎むべきものと考えられているため、[154] 学説上は、その要件がかなり厳しく解されている。

この規定を適用するにあたって、最も重要な要件は、逋脱額ないしは不正な租税利益が僅少であることである。逋脱額が少額かどうかという判断は、その絶対額を基準としてなし、正当税額に対する割合を考慮することは許されない。そのような相対的な評価をすると、富裕でもともとの正当税額が大きな者ほど、多額の租税逋脱を刑罰を科されずに試みることができることになるからである。[155] 刑事訴訟法153条の適用においては、実務上、被害額が50マルクの場合が上限とされているが、[156] この基準をそのまま租税逋脱罪の場合に転用したのでは本条の適用範囲がなくなってしまうので、学説上は、

---

る。

150）一般法適用についてのもう一つの問題は、検察官または財務官庁は裁判所の同意なしに被疑者に負担と指示を課して手続きを終結させうるか、ということである。これは、刑事訴訟法153条a1項6文が、153条1項2文を準用していることから生じる問題であるが、有力説はこれを消極に解している（Kohlmann, § 398 Rdn. 7）。

151）Joecksは、398条の「中止できる」とは起訴法定主義の例外を定めたものであって、検察官の裁量を認める意味ではなく、要件が存在する限り、手続きを中止しなければならない、と解している。

152）Joecks, in Franzen / Gast / Samson, § 398 Rdn. 8.

153）Joecks, a. a. O..

154）Kohlmann, § 398 Rdn. 13.

155）Kohlmann, § 398 Rdn. 15, Joecks, in Franzen / Gast / Samson, § 398 Rdn. 14.

156）Kleinknecht / Meyer, Strafprozeßordnung, Komm., 37. Aufl.（1985）§ 153 Rdn. 15-16.

50マルクまたは100マルクを基準とし、それ以下の場合は無条件に少額だと考え、逋脱税額がそれ以上の場合には、限定的に犯人側の事情も考慮して判断するという判断の方法が主張されている[157)]。しかし、実務では、起訴されたないし略式命令の発給が申し立てられた場合、逋脱税額が1,000マルク程度の事件に最低の罰金刑が科されていることに鑑みて、1,000マルク以下の事件が少額であるとされているといわれている[158)]。これについては、どのように犯人側の事情を考慮するとしても、所得税や流通税の分野で逋脱税額が500マルクを超える事件が少額事件として扱われているのはおかしいという批判がある[159)]。

なお、遅れた租税の納付などによって、租税逋脱行為から生じた損害が回復されているかどうかということは、本条の判断には関係ない[160)]。

398条を適用するためのもう一つの要件は、犯人の責任が小さいと考えられることである。これは、「同様の犯罪に比べて著しく平均よりも悪くはないときに、責任が小さいというべきである」とされている[161)]。しかし、一般には、逋脱税額が少ない場合に責任が小さいと考えられるから、この要件も結局は逋脱税額によって決まることになる[162)]。それだけに、逋脱税額（ないしは不正な租税利益）の大きさは重要なのである。

最後に、訴追をすることについて公益が存在してはならない。この公益の存否には、有責性判断の際に用いられた逋脱税額等の事情、一般および特殊予防の観点、訴追手続に要する期間と費用などが考慮される[163)]。

このほか、398条を適用する論理的な前提として、同条に挙げられている租税逋脱罪等の犯罪の嫌疑が存在していなければならない。これには公判手続を開始するのに必要とされるほどの嫌疑（刑訴203条）は必要なく、有罪

157）50マルク基準説をとるものとしてKohlmann, § 398 Rdn. 15-16. 100マルク基準説をとるものとしてJoecks, in Franzen / Gast / Samson, § 398 Rdn. 15-16. Göggerle / Müller, S. 160も租税刑事法の分野では50マルクを上限とすることはできないとしている。

158）Göggerle / Müller, S. 160.

159）Joecks, in Franzen / Gast / Samson, § 398 Rdn. 16.

160）Kohlmann, § 398 Rdn. 16.

161）Kohlmann, § 398 Rdn. 19, Joecks, in Franzen / Gast / Samson, § 398 Rdn. 23, Göggerle / Müller, S. 160.

162）Joecks, in Franzen / Gast / Samson, § 398 Rdn. 23.

163）Kohlmann, § 398 Rdn. 20.

の蓋然性があれば足りる。[164)]

# Ⅲ　重過失租税逋脱

## 第１　重過失租税逋脱の要件と効果

### １　序

378条によれば、租税義務者（Steuerpflichtiger）としてまたは租税義務者の事務を執行する際に、重過失によって、370条１項に掲げられたいずれかの行為をなす者は、秩序違反（Ordnungswidrigkeit）とし、10万マルク以下の過料（Geldbuße）を課される。これがいわゆる、重過失租税逋脱の規定である。

本節の最初に挙げたその他の租税秩序違反行為は、383条を除き、この規定が適用されない場合にのみ、補充的に適用される（379条４項２文、380条２項２文、381条２項２文、382条３項２文）。その意味で、この規定は租税秩序違反行為の中心的な規定であるということができる。[165)]

### ２　重過失租税逋脱規定の沿革

租税義務者、租税義務者の代理人または租税義務者の事務を行なう者が、過失により租税逋脱をなした場合に罰金刑を科する旨の規定は1919年法367条に存在し、それ以後、40年弱の間、その内容に実質的な改正はなかった。[166)]その後、この規定の内容が実質的に改正されたのは、1956年法によって、その主観的要件が限定され、軽過失の場合が制裁の対象から除かれたのが初めてである。

他方、過失租税逋脱に関する改正の必要性は、それ自体の実体的要件に関してではなく、以下のような租税刑事手続全般の問題から生じた。[167)]すなわち、1919年法以来財務官庁は租税犯の捜査権限のほか、刑の決定（Straf-

164）Kohlmann, § 398 Rdn. 18.

165）なお、秩序違反法21条により、一つの行為に刑事上の規定と秩序違反の規定との両方が適用されうるときには刑事法のみが適用されるから、378条以下の規定は、租税逋脱罪の規定に対して補充的な地位を占めることになる。

166）Kohlmann, § 378 Rdn. 1.

167）以下に述べるところについては、清永・前掲注７）189～192頁に詳しい記述があるので、詳細はそちらに譲ることとする。

bescheid）や服従行為（Unterwerfungsverhandlung）によって罰金刑を科する権限を有していたが、戦後、基本法の下で、司法権は裁判官に委託される旨の規定（基本法92条）との関係で、このことの合憲性が問題とされ始めたのである。学説はこれにつき、1956年以後は反対説が有力であったが[168]、連邦政府は、Klein〔Friedlich Klein〕の、「行政刑事手続は、『直列手続（Vorschalt-verfahren）』として、法適合的である」という鑑定にもとづき、合憲説をとっており[169]、連邦通常最高裁も、この説に従って、行政庁の科罰手続を合憲としていた[170]。

これに対して、連邦憲法裁判所は、1967年6月6日判決で、行政庁が罰金刑を科することは違憲であると判示した[171]。その理由は、基本法は刑罰が市民の権利に対してきわめて重大な侵害であることに鑑みて、それは裁判官によってのみ科されうるものとしており、この権限は、立法者が操作することのできないものである、ということである。

この判決を受けた議会は、それ以前から続けられていた立法作業を急ぎ、まず、1967年中に、「租税通則法の刑事規定その他の法律の改正に関する法律（AOStrafÄndG: Gesetz zur Änderung strafrechtlicher Vorschriften der Reichsabgabenordnung und anderer Gesetze）」によって行政刑罰手続を廃止し、次いで、翌年、新秩序違反法（OWiG）とともに、「第二次租税通則法の刑事規定その他の法律の改正に関する法律（2. AOStrafÄndG）」を立法して、新たに、重過失租税逋脱等の行為を秩序違反行為とし、過料による制裁を加えることとしたのである。これが、現在の378条に直接引き継がれている規定である。

### 3　重過失租税逋脱の要件

#### ⑴　主　　体

現行法において重過失租税逋脱の主体となりうるのは、租税義務者およびその事務の執行者のみである[172]。この点で、370条に規定された租税逋脱罪

168）Franzen, in Franzen / Gast / Samson, Einl. Rdn. 64.
169）Franzen, in Franzen / Gast / Samson, Einl. Rdn. 65.
170）Franzen, in Franzen / Gast / Samson, Einl. Rdn. 66. BGH 1959. 4. 21, BGHSt. 13, 102.
171）BVerfG 1967. 6. 6, BVerfGE 22, 49.
172）したがって、財務官庁の係官が重過失で租税を低く確定しても、378条により過料を課され

と異なる。前述したように、租税逋脱罪に関しては、その主体の範囲に限定がないからである。

租税義務者については33条1項に定めがある。これは実際に納税する義務を負う者に限らず、「租税法律によって彼に負わされた義務を履行しなければならない」者すべてを含む非常に広い概念である。たとえば、納税義務を負わず単に責任を負うにすぎない者、源泉徴収納付義務者、租税申告義務者、担保の提供者などもこれに含まれる。

租税義務者の事務の執行者とは、広く解されるべき概念である[173)]。意識的で独立の行動が必要であり、租税義務者の言うとおりに書き取るだけというような場合はこれにあたらないが[174)]、その他には、弁護士や税理士のように職業的なものであること[175)]、租税秩序違反とされた行為をする権限をもっていること[176)]、租税義務者から代理権、委任、指示などを受けていること[177)]、外部すなわち財務官庁に対して租税義務者の補助的な地位にあることが示されていること[178)]、支配人のような指導的な地位にあること[179)]、などはいずれも必要とされない。

### (2) 行　為

重過失租税逋脱となる行為は、370条1項に掲げられている三つの行為である。このように規定されていることによって、租税逋脱罪と重過失租税逋脱とが客観的には同じ行為を対象としており、両者が、主として、故意か重過失かという主観的要件によって「振り分け」られていることが明らかである。

このように、重過失租税逋脱が対象とする行為は、客観的には租税逋脱罪の場合と同じであるから、ここではその意義についての説明を繰り返すこと

---

ることはない。

173) Kohlmann, § 378 Rdn. 15, Samson, in Franzen / Gast / Samson, § 378 Rdn. 10, Göggerle / Müller, S. 116.

174) Kohlmann, § 378 Rdn. 18.

175) Samson, in Franzen / Gast / Samson, § 378 Rdn. 11, Göggerle / Müller, S. 116.

176) Samson, in Franzen / Gast / Samson, § 378 Rdn. 12, Göggerle / Müller, S. 117.

177) Kohlmann, § 378 Rdn. 19, Samson, in Franzen / Gast / Samson, § 378 Rdn. 13, Göggerle / Müller, a. a. O..

178) Kohlmann, § 378 Rdn. 17, Samson, in Franzen / Gast / Samson, § 378 Rdn. 14, Göggerle / Müller, a. a. O..

179) Samson, in Franzen / Gast / Samson, § 378 Rdn. 15.

はしない。[180]

### (3) 主観的要件――重過失（Leichtfertigkeit）

(i)「重過失」という文言は1956年の改正で初めて採用されたものであ[181]り、それ以来、この概念の内容については、学説・判例上かなりの争いがある。

まず、学説・判例が一致して認めているのは、第一に、これが、単なる過失または軽過失とは異なる、程度の高い過失を指しているということ、第二に、この「重過失」とは、意識的な過失とは異なる概念であるということある。[182]

通説・判例は、この重過失を「民事法における重大な過失のようなもの（daß die Leichtfertigkeit "etwa" der groben Fahrlässigkeit des bürgerlichen Rechts entspreche）」と考えてきた。[183]これは、刑法における「重過失」の概念に関して形成されてきた判例法を租税刑事法の分野にもあてはめたものである。[184]しかし、この「重過失租税逋脱（罪）」における「重過失」という概念の内容に関しては、このほかに、次のような異説もあった。

第一に、Kopaceckは、重過失と通常の過失とを分けるのは不注意の程度ではなく、要求される注意義務の程度であると考え、これは客観的に判断しうるものであると主張した。そして彼は、この客観的な注意義務の程度によって通常の過失と特別の過失とを区別し、後者に該当するのが重過失であるとした。たとえば、事業主が売上税の申告を補助者に手伝わせており、そ

---

180) Samsonは378条が不作為によって犯される場合の行為義務につき、財務官庁に対する義務ではなく、租税義務者に対する契約上の義務を負っているにすぎない者は不作為犯の主体となるか、ということを特に問題としている。

なぜこのことが問題となるかというと、この問いを肯定しないと、「租税義務者の業務の執行に際して」という文言が370条1項2号・3号に適用されなくなるので不合理である反面、従業員のすべてが財務官庁に対して解明義務をもつとは解しがたいからである。

この問題に対する彼の解釈論的な答えは、違反された義務が労働ないし委任契約の主要義務であるときのみ、378条の適用がある、というものであり、これにあたる例としては、税理士が挙げられている（Samson, in Franzen / Gast / Samson, § 378 Rdn. 19）。

181) Kohlmann, § 378 Rdn. 3, Samson, in Franzen / Gast / Samson, § 378 Rdn. 22.

182) Kohlmann, § 378 Rdn. 42, Samson, in Franzen / Gast / Samson, § 378 Rdn. 23, 29, Pfaff, § 378AO: Leichtfertige Steuerverkürzung, Bußgeldbefreiende Selbstanzeige, StBp 1981, 259.

183) Kohlmann, § 378 Rdn. 43, Samson, in Franzen / Gast / Samson, § 378 Rdn. 23, Göggerle / Müller, S. 118, Pfaff, a. a. O..

184) Kohlmann, a. a. O., Samson, a. a. O., Pfaff, a. a. O..

の補助者の間違いにより租税逋脱が生じた場合、補助者の選任・監督に関する過失は通常の過失であるが、その補助者の作成した書類を事業主が見たとき、他方で営業成績として売上げが減っていないことを知っていながら、申告された売上税額が前月よりも減っていることをおかしいと思わなかったことは重過失にあたるとされている[185)]。しかし、通説の立場からは、この見解は、重過失という概念を特別の過失と言い換えたにすぎず、何ら客観的な判断基準を示したものではないと批判されている[186)]。

第二に、Kühn〔Rolf Kühn〕が主張しEhlersによって強力に支持された、重過失とは無謀と紙一重といいうるような（an Gewissenlosigkeit grenzende）、過失の極端な場合に限られる、という説がある。Ehlersによれば、通説は一般刑法における重過失と租税刑法における重過失とを同義に考えているが、重過失租税逋脱罪（1967年改正前）の場合は、一般の刑法犯とは異なり、犯人の責任が小さければ訴追しないことができるから、この点において手続的に両者には重大な差異があり、したがって、責任の内容を両者で同じと考えることはできない。また、刑罰の対象を過失による租税逋脱全体からleichtfertigな租税逋脱に制限した改正において、立法者が単に重大な過失による租税逋脱に対象をしぼりたかったのであれば、「過失で（fahrlässig）」という文言の前に「重大な（groß）」という文言を挿入すれば足りたのであり、そうではなく、「過失で」を「重過失で（leichtfertig）」と置き換えたということはそれ以上の内容をもっているはずである。最後に、通説・判例のように、「重大な過失のようなもの」と言うことは、犯罪の要件を不明確にし、許されない。このような考察から、Ehlersは、この改正が過失による租税逋脱が犯罪となる範囲をごく狭く制限したものであると考え、その内容を前述のように解したのである[187)]。

しかし、民事法における「重大な過失」を刑事法において「重過失」ということは、当時一般的な法令上の用語法であったことをも考えあわせると、「重過失」をこのように制限的に解すべき根拠はないといわれている[188)]。

---

185)　Kopaceck, Die Leichtfertigkeit bei Steuerverkürzungen, BB 1961, 447.
186)　Kohlmann, § 378 Rdn. 46.　また、Ehlersも同様の批判を加えている。Ehlers, infra S. 234.
187)　Ehlers, Der Begriff der Leichtfertigkeit im Steuerstrafrecht, StW 1965, 225.
188)　Kohlmann, § 378 Rdn. 46, Samson, in Franzen / Gast / Samson, § 378 Rdn. 25.

第三に、Lohmeyer による、「故意に隣接した重大な過失（eine an Vorsatz grenzende grobe Fahrlässigkeit)」という定式化があ[189]る。これは通説を批判するものというよりは、その一種としてその意味を述べたものとして位置付けるのが適当であろう。この定式化に対しては、Samson の言うように、故意を過失とは別の責任形式ではなく、過失の程度の高いものとして位置付けたことになる点で理論的な問題がある、という批判があたっていよ[190]う。しかし、これも Samson が言うよう[191]に、この定式化が、ここでの「重過失」という要件が、実際上は、到底、過失とは考えられず、むしろ故意の疑いがあるときを対象としていることを念頭に置いたものであることには、十分注意を要すると考えられ[192]る。

(ii)　さて、このように、現在では、ここでの「重過失」を民事法における「重大な過失」の対応物であるとする通説には異論はないと考えられるが——ただし、民事法における過失は一般人を判断の基準とした客観的な過失であるが、秩序違反に関する過失は純粋に行為者を判断の基準とした主観的な過失である点で、この両者はまったく同じものではないという留保は付けられてい[193]る——このように言い換えてみても、重過失という不確定法概念を重大な過失という不確定法概念に言い換えただけで、重過失という概念の内容が明らかになったとは言いがた[194]い。そこで、この内容をより詳しく説明することが必要となる。

現在の有力説は、378 条にいう重過失ありとするためには、①租税法律により義務付けられており、個人的な知識・能力からして可能な、注意を、行為者が怠ったこと、および、②行為者が、自分の行為が租税逋脱を結果するだろうということに思いいたったに違いなかったであろう事情があったこと、の証明が必要であるとしてい[195]る。なぜなら、行為者に向けられる非難

---

189）Lohmeyer, Was ist “leichtfertig” iS des §402 RAbgO?, NJW 1968, 1798, ders, Die Leichtfertigkeit bei Steuervergehen iS des §402 AO, FR 1964, 374.

190）Samson, in Franzen / Gast / Samson, §378 Rdn. 24.

191）Samson, a. a. O..

192）この点は、制度の合理性を検討する際（後述 123 頁）に、重要な点である。

193）Kohlmann, a. a. O..

194）Kohlmann, a. a. O..

195）Kohlmann, §378 Rdn. 49, Göggerle / Müller, S. 119. Samson, in Franzen / Gast / Samson, §378 Rdn. 27 もこの定式化に賛成している。

は回避可能性によって決まり、その回避可能性は予測可能性の大きさによって決定されるべきであるから、この予測可能性を示す事情が、重過失の有無の判断に際して重視されるべきだからである。[196)]

(iii)　この重過失は租税逋脱に対する過料は、計算違いや課税標準の申告などに関する間違いに適用されることが多い。この場合には、しばしば主張される「租税法律の複雑性」という言い訳はほとんど通用しない。収入金額や事業用財産を完全に把握するにあたっては、租税法律に関する特別な知識はほとんど必要ないからである。[197)]

また、未収債権をどれだけ貸倒れとするか、というような判断についても、これまでの実績からすると、現在1～2年経ている未収債権も2～3年のうちにはその多くが回収されうるであろうし、また、より努力すれば、この回収率を上げることができるであろうと知っているにもかかわらず、未収債権のほとんどを貸倒れとしたような場合には、その判断が重過失にあたるとされることがありうる。[198)]

この重過失の有無の判断にあたっては、理論的には、逋脱された税額は関係ないが、実際には、逋脱税額が大きければ、過失が重大なものであるとされやすいといわれている。[199)]

重過失の有無の判断に関連して各論的に問題となるものとしては、第一に、調査義務（Erkundigungspflicht）がある。すなわち、租税義務者は、租税法律の内容等に関して疑問を抱いた場合には、専門家の意見を聞くなどしてその正しい答えを調査する義務を負い、それを怠った場合には、場合によっては、重過失ありとされることがあるのである。[200)] 特に、判例は、行為者の職業に関連する知識の欠如による租税法律違反を重過失によるものと考える傾向にあるといわれている。[201)] ただし、行為者が自分の行動に疑問を抱かな

196）Kohlmann, § 378 Rdn. 48.
197）Samson, in Franzen / Gast / Samson, § 378 Rdn. 32.
198）Cf. Lohmeyer, Fahrlässige Steuerverkürzung durch zu hohe Abschreibung zweifelhafter Forderungen, StBp 1963, 136.
199）Samson, in Franzen / Gast / Samson, § 378 Rdn. 30.
200）Samson, in Franzen / Gast / Samson, § 378 Rdn. 33, Göggerle / Müller, S. 119.
201）Kohlmann, § 378 Rdn. 51.
たとえば、石油税が増税されたが、改正後も消費者の手持ちの石油のうちの「1ヶ月分」は非課税とされる場合に、正しくは、最近3ヶ月の消費量の平均をこの「1ヶ月分」とするのであるが、これを、卸売業者の言を信じて、1年間の消費量の12分の1とし、規定によるよりも

いことが不自然ではない場合には、調査義務違反として重過失ありとはされない。[202]

このように租税法律の内容等に疑問を抱いたような場合には、租税義務者は、税理士に依頼したというだけでは、注意義務を果たしたことにならない。租税義務者は、さらに、税理士に充分な情報を与える義務を果たさなければならない。[203]

第二に、租税上の義務の履行の補助者の選任・監督についても、重過失ありとされることがありうる。[204] ただし、このような監督義務違反が重過失となるのは、補助者の能力を疑ったに違いない、というような特別の場合に限られる。[205] 反対に、補助者の能力について一般的な注意をしていれば、個々の場合にそれ以上の監督をしなくても、通常は、重過失とはされない。[206]

第三に、誤った記帳やいい加減な記帳は、それ自体が重過失とされることはない。[207] ただし、租税義務者本人が十分な記帳ができない場合には、それをなしうる者に依頼しなければならず、それを依頼した相手が十分な専門的な知識をもっていなかったような場合には、そのような者に依頼した点が補助者の選任監督義務違反となり、重過失ありとされる可能性はある。[208]

第四に、本人が事業に忙しすぎたり、交通事故にあったりしたことは、重過失でないことの理由とはならない。このような場合には、税理士等に依頼して申告書を作成してもらえばよいからである。[209]

第五に、以上述べたこととは、分析の視角がやや異なるが、ここで触れて

---

多めに非課税の扱いにした運送業者の行為は重過失にあたるとされる。彼は、自分の職業に関する租税義務を自ら調べるべきであったからである（Kohlmann, a. a. O. Beispiel 9）。

202）たとえば、1953年以来ごく狭い範囲のみで自動遊戯具の卸売り、小売業を営んでいた者が1958年から長距離輸送によって顧客に商品を届け始めたが、これに運送税がかかることは知らなかった場合、この不知は調査義務違反ではなく、したがって重過失にあたらない。なぜなら、1958年からの事業の拡大は、この者の事業において特別で決定的な変更ではなくこれまでの事業にてらして当然にこの活動によって運送税の納税義務が発生すると考えるとはいえないからである（Kohlmann, a. a. O. Beispiel 10）。

203）Samson, in Franzen / Gast / Samson, § 378 Rdn. 34.

204）Samson, in Franzen / Gast / Samson, § 378 Rdn. 35-36, Göggerle / Müller, S. 119.

205）Kohlmann, § 378 Rdn. 53.

206）Kohlmann, § 378 Rdn. 54.

207）Kohlmann, § 378 Rdn. 55.

208）Kohlmann, § 378 Rdn. 56.

209）Kohlmann, § 378 Rdn. 58.

おくべきものに、異見附記義務がある。[210)]

ドイツにおいては、確定した判例や財務官庁の取扱いと異なる法的意見に従って租税申告書等を作成した場合にはその旨を附記しなければならない、という異見附記義務が通説・判例上認められている。そこで、重過失でこの義務に違反して租税逋脱等の結果を生じさせると、重過失租税逋脱に問われるのである。[211)]この異見附記義務違反を重過失の要件の中に取り込むことにより、重過失租税逋脱はいわゆる「調査くじ」――これは第3節（147頁）でみるようにアメリカにおいて重大な問題となっている――に対する重要かつ有効な制裁となりうるものと思われる。

(iv)　378条は、重過失租税逋脱の主体として、租税義務者のほか、租税義務者の事務の執行者をも挙げているから、職業的に他人の租税事務を処理している税理士等[212)]も、この租税秩序違反の主体となりうる。そこで、このような税理士等の重過失の有無の判断について、問題が生じうる。

まず、原則として税理士等の場合でも、注意義務を判断する原則は、租税義務者自身の場合と同じであり[213)]、同様の調査義務や――補助者を用いる場合には――選任監督義務を負う。[214)]ただし、税理士等は、租税に関する専門的知識が要求される職業であるから、調査義務の程度は、一般の場合よりも高く、継続的に判例を知り、場合によっては、専門文献等を知らなければならない。したがって、前述の異見附記義務の程度も当然に、一般人の場合よりも高くなる。[215)]

また、税理士等の重過失の有無の判断にあたっては、彼が契約によって負う任務の範囲が重要である。この任務の範囲は直接に注意義務の高さを左右するものではないが、それは実際上の活動の範囲を限定するから、特に不作

210）この義務について詳しくは、参照、Klaus Hanßen, Steuerhinterziehung und leichtfertige Steuerverkürzung durch Abweichen von der Höchstrichterlichen Finanzrechtssprechung-insbesondere durch Steuerberater?（1984）. この書物の紹介としては、佐藤英明「学会展望」国家学会雑誌100巻5=6号（1987年）564頁。

211）Kohlmann, § 378 Rdn. 59.

212）以下で、「税理士等」という場合には、狭い意味での「税理士」に限らず、租税義務者の義務の履行を補助する役割を職業的に果たしているものすべてを含む。これには、会社の税務を担当している会計係なども含まれる。

213）Kohlmann, § 378 Rdn. 61.

214）Kohlmann, § 378 Rdn. 62, Samson, in Franzen / Gast / Samson, § 378 Rdn. 44.

215）Kohlmann, a. a. O., Samson, in Franzen / Gast / Samson, § 378 Rdn. 37, 42.

為の場合の注意義務に関しては重要な点となる[216]。このことを裏からいうと、税理士等は、依頼人たる租税義務者と同様な包括的な義務を無条件に負っているのではない、ということである[217]。

税理士等は租税義務者たる依頼人と課税庁との間に立つ立場にあるから、彼らに関する問題としては、次の二点が重要である。それはすなわち、税理士は、申告書等を作成するにあたって、どのような場合にどの程度、依頼人から渡された以外の基礎資料等を調査しなければならないか、またそのような基礎資料等の再調査等を依頼人たる租税義務者が望まない場合にはどうすればよいのか、という問題である。

これらの問題については、一般には、税理士は、そのことが契約の内容である場合はもちろん、そうでない場合にも、基礎資料等に誤りや欠落があるのではないかと疑問をもった場合には、基礎資料等を再調査する義務を負い、基礎資料等の誤りなどに税理士が気付いたに違いないという場合に、漫然と租税義務者から与えられた資料のみで申告書等を作成した場合などには、重過失ありとされることがありうると考えられている[218][219]。そして、原則的には、税理士は、正しい申告書等の作成のためにあらゆる手段を用いなければ、重過失ありとされる[220]。

しかし、その場合にも、依頼人との信頼関係がこの義務の限界をなすのであり、依頼人の非協力などによって正しい申告ができない場合でも、依頼人の記帳が信頼できないものであることなどを課税庁に伝える義務までは負わないと解されている[221]。

---

216） Samson, in Franzen / Gast / Samson, § 378 Rdn. 38.

217） Samson, in Franzen / Gast / Samson, § 378 Rdn. 39. Vgl. Lohmeyer, Umfang und Grenzen der steuerstraf- und bußgeldrechtlichen Haftung der Angehörigen der rechts- und steuerberatenden Berufe, GA 1973, 97, 106.

218） Kohlmann, § 378 Rdn. 73, Samson, in Franzen / Gast / Samson, § 378 Rdn. 39, Lohmeyer, id. S. 102.

219） ただし、このように考える根拠としては、Samson（Samson, in Franzen / Gast / Samson, § 378 Rdn. 38-39）や Lohmeyer（Lohmeyer, id. S. 100）のように、この義務の根拠と限界を税務顧問契約に求める考え方と、Kohlmann のように、税理士法の規定（「税理士は自らの責任で行動する（22条1項）」「〔税理士は〕租税義務者の租税義務の履行に際し、援助する（2条）」など）にもとづいて税務顧問契約が解釈されるべきであるとし、ここから、税理士が正しい申告書を作る義務を導く考え方（Kohlmann, § 378 Rdn. 72）とがある。

220） Kohlmann, § 378 Rdn. 76, Lohmeyer, id. S. 101.

221） Kohlmann, a. a. O., Samson, in Franzen / Gast / Samson, § 378 Rdn. 40.

#### (4) 結　果

重過失租税逋脱の成立のために必要な結果は、それが370条1項を引用して規定しているところからわかるように、租税逋脱罪の場合と同様、租税の逋脱または不正な租税利益の獲得である。これらの意味するところは租税逋脱罪の場合と同じであり、また、その保護法益も租税逋脱罪の場合と同じである。

ただし、378条は370条2項を準用していないので、重過失租税逋脱の未遂は秩序違反行為ではない。秩序違反行為たる重過失租税逋脱となるためには、それが既遂に達していること、すなわち、結果の発生を必要とするのである。このため、重過失租税逋脱に関しては、既遂か未遂かという点は、租税逋脱罪の場合よりも重要な意義をもつことになる。

378条1項2文により370条4項が準用されていることには注意を要する。租税逋脱罪について述べたように、この規定によって、租税逋脱の結果の発生の時期はその確定の時とされ、また、実際には別の理由で租税債権が減少すべきであったとしても、その事実は租税逋脱の結果の発生に影響しない。

#### (5) 自首不問責規定

重過失租税逋脱についても、租税逋脱罪の場合と同様の自首不問責規定がある（378条3項1文）。ここでは、371条3項・4項の規定も準用されており、この制度に関する基本的な論点は租税逋脱罪について前述したところと同様である。

ただし、重過失租税逋脱における自首は、消極的要件の面で租税逋脱罪の場合よりも狭い――自首を広く認める――ものとなっている。その第一は、租税逋脱罪の場合は、371条2項1号aによって、「租税法上の検査または租税刑事行為もしくは租税秩序違反行為の調査のための、財務官庁の職員による臨場（Erscheinung）」の後ではもはや自首はできないとされているのに対して、重過失租税逋脱の場合にはこのような制限がないことである。

しかし、故意による租税逋脱罪の場合と異なり、重過失の場合は、臨場があり、そこで調査に協力している過程で、初めて行為者が自らの過誤に気付くことが一般的であるし[222)]、臨場して調査したとしても、正しい租税決定を

222）Kohlmann, § 378 Rdn. 97, Samson, in Franzen / Gast / Samson, § 378 Rdn. 57.

するためには、さらに多大な労力を必要とするのであるから、いまだ、自主的に訂正させる利益が財務官庁の側にもあると考えられるので[223]、このような規定は適当であると考えられる。

これに対して、第二に、371条2項2号のように、すでに犯行が発覚していることを予期して訂正がなされるような場合には自首を許さないという制限が重過失租税逋脱については存在しないことには正当な根拠がなく、立法論的には誤りであるという指摘がなされている[224]。

訂正と認められるためには、行為者は、税務官庁が、手間のかかる調査なしに、十分な租税決定をなしうるように、租税申告を訂正しなければならない[225]。その方法は、口頭でも、書面でも構わないが、関係の書類等をすべて開示するというだけではここでの訂正にはあたらないと解される[226]。

重過失租税逋脱の場合税務職員の臨場の後にも自首ができることから、その調査の結果を自首に使うことが許されるか、ということが問題となる。つまり、調査の結果の全部または一部を認めることを、自首として扱いうるか、という問題である。しかし、この点は税務官庁に知られなかった租税源泉の開示という制度目的からしても[227]、「訂正」、「補完」という文言の解釈からしても[228]、税務職員の調査結果をただ利用するだけでは足らず、訂正は調査とは無関係の独自の行為でなければならないという点で、学説は一致している[229]。

### 4　重過失租税逋脱の効果

(1)　重過失租税逋脱は秩序違反行為として、10万マルク以下の過料を課される（378条2項）。過料は原則として、秩序違反行為から得られた利益を奪うべきであるから、この過料の額の上限は、事案によっては、不法な利益の額まで引き上げられうる（秩序違反法17条4項）が、通常は、重過失租税逋脱の場合の過料としては、逋脱税額の10～20％の額が課されているといわ

223）Kohlmann, a. a. O..
224）Kohlmann, § 378 Rdn. 98.
225）Kohlmann, § 378 Rdn. 101.
226）Samson, in Franzen / Gast / Samson, § 378 Rdn. 58.
227）Id.
228）Kohlmann, § 378 Rdn. 103-104.
229）Kohlmann, a. a. O., Samson, a. a. O..

れている。[230]

なお、一般に、一つの構成要件に故意と過失との二つの主観的態様による秩序違反が規定されているときには、過失の場合の過料の限度額は故意の場合の半分であり（秩序違反法17条2項)、重過失も過失の一種なのでこの規定の適用を受けるが、[231] 378条の場合には、故意の場合が一緒に規定されていないので、この規定は適用されず、10万マルクがそのまま重過失の場合の限度額となる。

過料が実定法上罰金刑と異なる点としては、第一に過料だと支払不能でも代替的に自由を奪われることがないこと、第二に、過料の決定は、累犯の基礎とならないことが挙げられる。[232]

(2)　その他、重過失租税逋脱の場合にも、租税逋脱罪の場合と類似の効果が課税手続上生じる。すなわち、この場合には、租税確定権の除斥期間が5年間に延長され（169条2項2文)、かつ秩序違反行為として訴追できなくなるまで租税確定権の除斥期間は完成しない（171条7項)。

これに対して、租税逋脱の場合の71条の逋脱税額に対する逋脱犯の責任の規定、および、235条の逋脱利息の規定は、重過失租税逋脱の場合には適用がない。[233]

---

230)　Göggerle / Müller, S. 239.

231)　Kohlmann, § 377 Rdn. 33.

232)　Kohlmann, § 377 Rdn. 18.

233)　Klein / Orlopp, S. 614. ただし、Kohlmann / Sandermann, op. cit. (n. 70) 245 ff. は、重過失租税逋脱に逋脱利子が課されないことを強く批判している。

まず、現行法賛成説が挙げる第一の理由である、重過失の場合まで含めると行政コストがかかりすぎるということは理由にならないし、第二の、租税秩序違反の場合には訴追便宜主義が働いているという理由に対しては、398条、刑事訴訟法153条・153条aなどにより、起訴便宜主義的要素は刑罰の際にもあるといいうる。

そして、過料によって利益が奪えるとしても、それは過料が課される場合に限るので、訴追便宜主義の適用や自首によって過料が課されない場合には及ばない。

最後に、有責性を要件とするところから様々な不均衡が生じているし、財産的利益の帰属に有責性は必要ないと考えられる。

したがって、利子の適用には構成要件該当性と違法性とがあれば足りるので、それは重過失の場合をも適用範囲に含めるべきである。こうして拡大された適用範囲に対して、公定歩合に連動する利率の適用が主張されている（参照、前掲注84))。

また、Franzenは、猶予の場合にも利子が付加されるのに（234条)、重過失租税逋脱の場合には利子が付加されていないことの不均衡を指摘し、現在の制度は、違法に租税決定を免れておいて、故意の租税逋脱が証明できないことを期待することを助長すると批判している(Franzen, in Franzen / Gast / Samson, Einl., Rdn. 82)。

## 第2　重過失租税逋脱（租税秩序違反）に関する手続き

### 1　手続きの概観

租税秩序違反に関する過料手続には、租税通則法のほか、秩序違反法の手続規定が適用される（410条1項）。ここではまず、これらに従って、租税秩序違反行為に関する過料手続を概観してみよう。

多くの場合、過料手続は行政手続として行なわれる。その捜査、訴追の権限は財務官庁にある（秩序違反法35条1項）。管轄行政庁は409条および387条1項によって決定されるが、実務上は中央刑罰・過料事件局の役割が大きい[234]。財務官庁は捜査が終了した時点で、租税秩序違反行為の立証があり、かつ、当該事件の関係人に過料を課すことが望ましいと考えたときには、自ら過料決定によって過料を課すことができる（秩序違反法35条2項）。

この過料決定を受けた関係人は、管轄の財務官庁に異議を申し立てることができる（秩序違反法67条）。行政処分として取消訴訟を提起するのではない。異議申立てを受けた財務官庁は、これを機にもう一度、自分の決定を見直し、新たに、過料決定をなしうる。この場合、不利益変更禁止原則は働かないので、新たな過料決定が先行する過料決定よりも関係人にとって不利なこともありうる。他方、申し立てられた異議に理由はないが、それが合目的的であるなら、再審理にもとづいて過料決定を取り消しうる[235]。

異議申立てがなされても財務官庁が過料決定を取り消さない場合には、事案は検察官に送付される（秩序違反法69条1項1文）。ここで検察官は秩序違反の疑いは十分か、訴追は望ましいか、手続的な障害はないか、等の事項について審査を行ない、異議申立てに理由があるとするときには、財務官庁の意見を聞いた上で、手続きを終了させる。そうでなければ、事案を裁判官に提出する[236]。

事案が裁判官に提出され、適法なものとされたなら、以後は、略式命令に対する異議申立てと同じ刑事訴訟法の規定が適用される（秩序違反法71条）。通常は公判期日が指定され、命令（同法72条）による場合はほとんどないと

---

234）Göggerle / Müller, S. 200.
235）Göggerle / Müller, S. 203. 参照、秩序違反法69条1項2文。
236）Göggerle / Müller, S. 204.

いわれている。[237)]

重過失租税逋脱に対する訴追権の公訴時効は、原則規定である秩序違反法31条2項1号によれば3年間であるが、これには特則があり、384条によって5年間と定められている。このように長い公訴時効期間が定められているのは、重過失租税逋脱の捜査が非常に困難であること、また、それが故意の租税逋脱犯と同じく、行為後何年もたってから発見されることが多いことを考慮したものであるとされている。[238)]

過料手続に関する一般的な規定の中で、本書の関心から重要と思われるものに、刑事手続と過料手続との融通性がある。すなわち、刑事事件に関する公判中に裁判官が当該行為を秩序違反と判断することができるのと同様に、裁判官は、秩序違反行為についての公判によって、問題となっている行為が過料を課されるべき秩序違反行為ではなく、刑事罰の対象となるべき犯罪であると判断することができる。ただし、このように判断する場合は、不意討ち防止のため、その事実を関係人に指示しなければならない（秩序違反法81条2項1文）。それにより、関係人は刑事被告人の地位を得（同項2文）、その後は手続きの簡略化のための秩序違反法の手続上の特則は用いえない（同条3項1文）。ただし、これまでの証明で、被告人出席の下に行なわれたものは、犯罪の証明に用いうる（同項2文）。これは、手続きをまったくやり直さねばならなくなるのを防ぐための規定である。

### 2　刑事手続との異同

租税秩序違反に関する手続きは、裁判官に事件が送付された後は通常の刑事手続と同様の手続きとなることはすでに述べたが、それ以前の捜査、訴追手続の段階でも、過料手続は刑事手続と類似する点が多い。そのかなりの部分は、捜査、訴追にあたる財務官庁が、刑事手続における検察官と同様の権限を有する（秩序違反法46条2項）という点に由来すると考えられる。

その他、410条1項による租税刑事手続の過料手続に対する準用も、この類似性を一層高めている。本書において租税刑事手続の説明に関して触れた規定に限っても、財務官庁の管轄権（409条1項1号、388条～390条）、裁判所

---

237）Göggerle / Müller, a. a. O..
238）Kohlmann, § 377 Rdn. 48; § 384 Rdn. 2.

の管轄権（409条1項2号、391条）、弁護（409条1項3号、392条）、刑事手続の課税手続に対する関係（409条1項4号、393条）、手続きの停止（409条1項5号、396条）、財務官庁の権利および義務（409条1項7号、399条2項）、検察官の手続きにおける財務官庁の地位（409条1項8号、402条、403条1項・3項・4項）および財務官庁の関与（409条1項11号、407条）など、租税刑事手続に関する主要な規定のほとんどすべてが、過料手続に準用されている[239)]。

しかしながら、過料手続に独自の点もある。その中で重要なのは、次の三点である。

第一に、租税刑事手続に関しては、財務官庁のほかに検察官も独自に捜査をすることができたが、過料手続においては、検察官が捜査をなしうるのは、刑事事件に関連がある場合など、例外的な場合に限られている。

第二に、刑事手続においては、公判が開かれる場合はもちろん、略式命令による場合でも、被告人は聴聞を受ける権利を有しているが、過料手続においては、関係人が意見を述べる機会を与えられれば足り、過料決定前の聴聞は必要的ではない。

第三に、租税制裁法のシステム論に深く関わる問題として、租税刑事手続においては、原則として起訴法定主義がとられ、訴追権者の裁量の範囲はごく狭いものであるのに対し、過料手続においては、訴追便宜主義（Opportunitätsprinzip）がとられ、租税秩序違反の証明がある場合でも、実際に訴追するかどうかについて、訴追権者――通常は財務官庁――に広い裁量権が与えられている（秩序違反法47条1項）。

このように過料手続において訴追便宜主義がとられているのは、秩序違反行為は刑事行為に比べて法秩序に対する危険と違法性とが小さいから、処罰が不適当ないし不必要と考えられるものがあるからであると説明されている[240)]。

この訴追するかどうかという裁量は義務に合致したもの（pflichtgemäßig）でなければならない（秩序違反法47条1項）。この判断には、平等原則、比例

239）398条が準用されていないのは、すぐ後で述べるように、過料手続にはそもそも、訴追便宜主義が適用されるからである。

240）Göhler, Ordnungswidrigkeitengesetz, Komm., 6. Aufl.（1980）§47 Rdn. 2, Göggerle / Müller, S. 201.

原則、過剰禁止原則、行為の意味、非難される程度、および訴追する公益などが考慮される[241]。訴追することの意義に比べて解明すべき事実関係が複雑すぎるときにも訴追は行われない[242]。

このような判断において、逋脱税額が重要な意味をもつことは、租税逋脱罪についての考察からも明らかであろう。実務上は、逋脱税額が3,000マルク以下だと、通常、訴追されないといわれている[243]。この額は、実務上、略式命令を申し立てられる事案の最低額——約1,000マルク。しかも、この金額自体が、学説が主張している最低額よりも相当高い——に比べて、かなり高い。このことから、重過失の場合には、かなり高額の租税逋脱が、何らの制裁も受けずに済まされていることがわかる[244]。

---

241） Göggerle / Müller, a. a. O..

242） Göggerle / Müller, a. a. O., Göhler, op. cit., §47 Rdn. 4.

243） Göggerle / Müller, SS. 201-202.

244） このことは、後掲注266）で述べるように、ドイツの租税制裁法の制度の一つの問題点である。しかし、重過失租税逋脱で過料を課されない場合や軽過失の租税逋脱の場合には、実は、まったく何らの不利益をも課されないというわけではない。その場合には、逋脱利子（235条）、延滞加算金（Säumniszuschlag）(240条）、遅滞加算金（Verspätungszuschlag）(152条）、強制金（Zwangsgeld）(329条）などの、行政上の金銭的負担が課される可能性がある。このうち、逋脱利子については租税逋脱の効果について述べた所で前に若干触れたので、ここではその他の三つの制度について、簡単に説明しておこう。

まず、納期限を5日間以上過ぎても納付がなされない場合には、延滞期間1ヶ月当たり延滞税額（ただし100マルク未満は切捨て）の1％の額の延滞加算金が課される。この延滞は、租税が確定され、または申告されるまでは生じない（返還すべき還付金についても同様の加算金が課される。240条）。

この延滞加算金は、「納期限が来た租税の貫徹のための強圧手段である。それは利子でもなければ刑罰でもなく、納税義務者に正確な納付を促すための手段である」とされている（Tipke / Kruse, §248 Rdn. 1）。しかし、それが、財務官庁の裁量なしに直接に法律によって発生すること、納税義務者の責任を考慮することなく発生すること、月利1％という比較的低い率であること、利子利益剝奪のためとされる逋脱利子がこの延滞加算金とは併課されないこと、などを勘案すると、むしろ、この延滞加算金は、利子利益剝奪のためのものであると考える方が適当であるように思われる。したがって、それが納税義務者が市場から資金を調達する際の利率を超えない範囲では、この加算金は租税病理法上の制度であり、第1章で述べたような「制裁」とはいいえないであろう。

次に、遅滞加算金とは、不申告および期限を守らない申告に対して課される制裁である（152条1項1文)。不申告・期限後申告につき納税者に責任がないときには、この加算金は課されない（同項2文)。この遅滞加算金の額は確定される租税の額の10％以下で、かつ1万マルクを超えない（2項1文)。課されるべき加算金の額の決定に際しては、遅れた期間の長さ、租税確定から生じた納付請求権の額、遅れた申告から得られた利益、責任と納税者の支払能力が考慮される（同項2文)。

この加算金は刑罰ではなく、ある種の強圧手段であると解されている（BVerfG, BStBl 1967 II 166)。この加算金は強制金や延滞加算金の賦課、逋脱罪としての処罰、推計（162条）の利用、自首の場合にも課しうる。

## Ⅳ　租税逋脱罪と重過失租税逋脱との関係

本節の最後に、租税逋脱罪と重過失租税逋脱との関係について簡単に検討を加えておきたい。なお、ここでは、租税制裁法の効率性および構造論の観点から検討することとし、本節Ⅱ**第２**で触れた、保護法益、逋脱罪の性格などには触れない。これらに関する検討は、第３章第４節で行なう。

### 第１　ドイツにおける租税制裁の運用の状況

では租税逋脱罪と重過失租税逋脱との機能的・構造的な関係を論じる前に、それらの運用の状況について簡単に概観ないしまとめをしておこう。

#### １　ドイツにおける租税制裁の適用状況の概観

はじめに、ドイツにおいて租税逋脱罪、重過失租税逋脱などの制裁がどの程度実際に用いられているかをみてみる。 再び、**【表 1-4】**（44 頁）を参照すると、まず、租税秩序違反事件が漸減傾向にあることがわかる。これに対して、有罪となった租税逋脱罪の件数は若干の増減はあるものの、大まかには安定しており、近年では年間１万件弱である。この判決と略式命令を含む租税逋脱罪の有罪総数は、わが国の年間 200 件弱はもとより、租税刑事事件全体の有罪件数が年間 2,000 件弱のアメリカと比べても非常に多いが、これは、振り分け方式をとっているドイツの制度においては、故意の租税逋脱罪に対する制裁は刑事罰しか存在しないことを考えると、ある意味では当然の

---

この加算金が課されうる額はそう大きなものではないが、さらに、限度額の引上げが実務上問題とならないとされていること（Klein / Orlopp, S. 331）からすると、多くは、限度額以下の額しか課されていないものと考えられる。加えて、遅滞加算金の賦課にあたっては、上述した多くの事情を考慮しなければならないので、その額が非常にまちまちであり、争いが起こりやすい（id. S. 330. ただし、遅滞加算金の賦課は裁量的処分であるから、その処分を争う場合には、裁量的処分の審査の原則が適用される（id. SS. 333-334））。これらのことからすると、この遅滞加算金は、行政上の制裁としてあまり強力なものではないと思われる。

最後に、強制金は、課税手続において財務官庁が法律の基礎によって発した命令の不履行の際に、5,000 マルクを上限として課されうる。これは求められた納付がなされるまで、何度でも課しうる（Tipke, Steuerrecht 11 Aufl. S. 644）。この強制金は、いわゆる執行罰にあたるものである。しかし、実務上は、協力義務違反があれば、直ちに推計を行うため、強制金を含めた強制手続はほとんど用いられないといわれている（id. S. 643）。

**【表 2-2】　西ドイツにおける検察官による租税逋脱罪の捜査・起訴状況**

| 年度 | 捜査件数（件） | 起訴件数（件） | 起 訴 率（%） |
|---|---|---|---|
| 1975 | 670 | 467 | 69.7 |
| 1976 | 995 | 779 | 78.3 |
| 1977 | 1086 | 849 | 78.2 |
| 1978 | 996 | 785 | 78.8 |
| 1979 | 905 | 695 | 76.8 |
| 1980 | 1122 | 805 | 71.1 |

（Liebl, Tabelle Ⅰ, Ⅱ, Ⅲによる）

ことといえよう。[245]

事件数に関してもう一つ目を引くことは、軽微な事件であるはずの租税秩序違反事件が、租税逋脱罪の有罪総数に比べて、最近ではかなり少なくなってきていることである。即断はできないが、このことの一つの合理的な解釈は、わが国同様、ドイツにおいても、当局の調査・訴追の力点が、軽微な租税秩序違反行為よりも、重大な故意による租税逋脱罪に向けられているということであろう。

この統計は、最終的に課された制裁に関するものであるが、それでは、訴追レベルでは、どの程度租税制裁法が適用されているのであろうか。これについては、Liebl の詳細な論文がある。[246] これは、検察官による訴追レベルにおける租税逋脱罪の処理状況をその他の経済犯罪と比較した論文である。そこに掲出されている資料にもとづいて作成した**【表 2-2】**によると、1976～1980 年の調査期間中に、租税逋脱罪の捜査件数、起訴件数が激増した 1976 年以降においては、1979 年を除くと、概ね年間 1,000 件程度の租税逋脱事件が検察官によって捜査され、平均してその 75%が起訴されている。この数を他の経済犯罪と比べると、捜査数においては詐欺罪に次いで二番目、起訴数

245）この点については、たとえば、わが国においては、法人税法に関するものだけで重加算税事案が年間約５万件あるし、アメリカにおいても民事詐欺罰の事案が年間約１万件存在する。ドイツにおいては、これらに属する事件もすべて、租税逋脱罪としてしか制裁の対象とならないのである。

246）Liebl, Das Erscheinungsbild der Steuerhinterziehung in der Wirtschaftskriminalität―Eine empirisch Kriminologische Untersuchung zum Umfang dieses Deliktes, wistra, 1982, 15, 50.

**【表 2-3】　西ドイツにおける検察官による経済犯罪の捜査・起訴状況**

（件・%）

| | | 不正競争防止法違反 | 有限会社法違反 | 破産犯罪 | 詐欺罪 | 背任罪 | 補助金詐欺罪 | 横領罪 | 社会保険法違反 | 刑法267条 | 租税逋脱罪 |
|---|---|---|---|---|---|---|---|---|---|---|---|
| 1975年 | 捜査件数 | 228 | 419 | 1296 | 1557 | 573 | — | 310 | 324 | 260 | 670 |
| | 起訴件数 | 71 | 178 | 270 | 685 | 263 | — | 111 | 189 | 163 | 467 |
| | 起訴率 | 31.1 | 42.5 | 20.8 | 44.0 | 45.9 | — | 35.8 | 58.3 | 62.7 | 69.7 |
| 1976年 | 捜査件数 | 237 | 512 | 1396 | 1676 | 603 | 1 | 304 | 503 | 275 | 995 |
| | 起訴件数 | 82 | 208 | 412 | 750 | 251 | — | 113 | 297 | 168 | 779 |
| | 起訴率 | 34.6 | 39.9 | 29.5 | 44.7 | 41.6 | — | 37.2 | 59.0 | 61.1 | 78.3 |
| 1977年 | 捜査件数 | 232 | 638 | 843 | 1687 | 611 | 12 | 322 | 570 | 302 | 1086 |
| | 起訴件数 | 65 | 296 | 259 | 833 | 292 | 6 | 144 | 360 | 216 | 849 |
| | 起訴率 | 28.0 | 46.4 | 30.7 | 49.4 | 47.8 | 50.0 | 44.7 | 63.2 | 71.5 | 78.2 |
| 1978年 | 捜査件数 | 198 | 638 | 748 | 1689 | 582 | 25 | 301 | 644 | 254 | 996 |
| | 起訴件数 | 38 | 326 | 235 | 808 | 255 | 15 | 123 | 394 | 168 | 785 |
| | 起訴率 | 19.2 | 51.1 | 31.4 | 47.8 | 43.8 | 60.0 | 40.9 | 61.2 | 66.1 | 78.8 |
| 1979年 | 捜査件数 | 142 | 578 | 632 | 1449 | 532 | 39 | 253 | 512 | 257 | 905 |
| | 起訴件数 | 44 | 190 | 131 | 597 | 212 | 16 | 79 | 258 | 114 | 695 |
| | 起訴率 | 31.0 | 32.9 | 20.7 | 41.2 | 39.8 | 41.0 | 31.2 | 50.4 | 44.3 | 76.8 |
| 1980年 | 捜査件数 | 128 | 646 | 530 | 1506 | 540 | 80 | 218 | 447 | 311 | 1122 |
| | 起訴件数 | 40 | 300 | 160 | 700 | 253 | 33 | 80 | 267 | 216 | 805 |
| | 起訴率 | 31.3 | 46.4 | 30.2 | 46.5 | 46.9 | 41.3 | 36.7 | 59.7 | 69.5 | 71.7 |

（Liebl, Tabelle Ⅰ, Ⅱ, Ⅲによる）

においては1975年と1978年が二番目であるほかは一番多く（**【表 2-3】**）、検察官による制裁の適用数からみると、租税逋脱罪は、経済犯罪の中でも中心的な位置を占めていると考えられる（ただし、損害額からみると、次頁の**【表 2-4】**からわかるように、逋脱罪が飛び抜けて大きな割合を占めているわけではない）。

次に、再び**【表 1-4】**（44頁）に戻って、課された制裁をみると、刑事罰に関しては厳罰化の傾向が注意を引く。この傾向は、特に、自由刑に関して顕著である。たとえば、1976年と1985年とでは有罪総数は1.13倍にしかなっていないのに、罰金総額は2.53倍、自由刑の刑期の総和は3.57倍にもなっており（同じ比較では、1件当たりの過料額は1.87倍にしかなっていない。）、1976

**【表2-4】 西ドイツにおける経済犯罪および租税逋脱罪における損害額**

(1,000DM)

| 年度 | 経済犯罪による総損害額 | 起訴された総損害額 | 租税逋脱罪による損害額 | | |
|---|---|---|---|---|---|
| | | | 捜査された損害額 | 推計された損害額 | 起訴された損害額 |
| 1975 | 3,085,753 | 1,341,802 | 610,487 | ―― | 452,988 |
| 1976 | 3,721,986 | 2,376,540 | 792,709 | ―― | 142,451 |
| 1977 | 4,598,810 | 2,287,402 | 384,657 | 176,049 | 285,904 |
| 1978 | 5,447,435 | 1,574,259 | 450,544 | 80,891 | 319,987 |
| 1979 | 3,933,602 | 1,444,095 | 343,314 | 459,403 | 226,592 |
| 1980 | 2,616,000 | 1,231,898 | 586,279 | 21,903 | 163,694 |

(Liebl, Tabelle Ⅳによる)

年と1989年とを比べると、後者は件数においても約2％少ないにもかかわらず、自由刑の刑期の総和では前者の4倍以上にも達しているのである。このような変化が、自由刑を科される事件1件当たりの刑期が長くなったことによるものか、そもそも自由刑を科される事件数が大幅に増えたことによるものかは残念ながら不明だが、ドイツにおいても、租税逋脱罪に自由刑を科するという傾向が強まりつつあることは、この統計からうかがえるのではなかろうか。ただし、これも残念なことに、第3章で議論する租税逋脱罪に対する自由刑の実刑率については、明らかにすることができなかった。

## 2　訴追提起および量刑の基準

次に、ドイツの租税制裁の運用上、用いられているといわれている訴追提起および量刑の基準についてまとめておく。これらについてはそれぞれの制裁についてすでに述べたが、ここでまとめて繰り返しておくことが便宜であろうと思われる。

第一に、租税逋脱罪にせよ重過失租税逋脱にせよ、租税法違反行為として訴追が提起される際に最も重要な要素は逋脱税額である。その際に租税逋脱罪として略式命令が請求されるのは、一般に、逋脱税額が1,000マルク以上の場合である[247]。また、少なくとも逋脱税額が10万マルクを超えている事案

247) 参照、前述97頁。

**【表 2-5】　西ドイツにおいて 1980 年に捜査された租税逋脱事件の処理状況と逋脱税額**

| 逋脱額(1,000DM) | 0 − 3 | 4 − 11 | 12-29 | 30-56 | 57-101 | 102-189 | 190-338 | 338-900 | 900- |
|---|---|---|---|---|---|---|---|---|---|
| 起訴分(件) | 122 | 76 | 72 | 81 | 89 | 101 | 85 | 89 | 67 |
| 不起訴分(件) | 61 | 31 | 20 | 21 | 22 | 20 | 30 | 29 | 40 |

（Liebl, Tabelle Ⅷによる）

は、略式命令が求められるのではなく正式に起訴されるといわれている[248]。ただし、これは、それ以下の逋脱税額では正式起訴されることがないというのではない。再び Liebl によると、1980 年に提起された事案のうち、約 56％は逋脱税額が 10 万 1,000 マルク以下であった（参照、**【表 2-5】**[249]）。

重過失租税逋脱の場合は租税逋脱罪に比べてさらに訴追される下限が高く、一般には、逋脱税額が 3,000 マルク以下だと過料を課せられることはないといわれている[250]。

第二に、租税逋脱罪の量刑に関しては、多くの判断要素が考慮されるといわれており[251]、それは事実であろうが、この場合も、逋脱税額が最も重要な考慮要素となる[252]。特に行政庁が略式命令を申し立てる際には、一定の表により、ほとんど逋脱税額のみで申し立てる罰金額が決定されるといわれている[253]。裁判所も逋脱税額を最も重要な考慮要素として量刑していると考えられるが、上級裁判所は、それが一時的逋脱か終極的な逋脱か、換言すれば逋脱による実際の損害は何かということを考慮するといわれている[254]。重過失租税逋脱に対する過料としては、逋脱税額の 10～20％が通常であるといわ

248）参照、前述 87 頁。

249）ただし、この表においては起訴総数が 782 件となり、**【表 2-3】**（117 頁）における 1980 年の 805 件という数と一致していない。Liebl 論文においては、ほかに wistra, 1982, 18 の表Ⅲにおいても 1980 年の起訴総数が 804 件となるなど、数字が一致しない点がみられるが、その理由は筆者には不明である。

250）参照、前述 114 頁。

251）Birmanns, op. cit. (n. 69) S. 649. なお、参照、小林敬和「租税逋脱罪に関する量刑の問題」徳山大学総合経済研究所紀要 11 号（1989 年）37 頁。

252）参照、前述 73 頁。

253）参照、**【表 2-1】**（74 頁）。また、Pfaff, Aktuelle Fragen aus der Praxis der Außenprüfung, Stßp, 1985 S. 230 によれば、逋脱税額 1,000 マルクにつき 3 日分の罰金が標準であり、累犯などの加刑要素と逋脱期間が短い、損害分を直ちに返したなどの減刑要素がそれに加えて考慮されるといわれている。

254）参照、前述 73 頁。

れている。[255)]

## 第2　過料の位置付け

さて、租税逋脱罪には罰金または自由刑という刑事罰が科されるが、重過失租税逋脱に対して課される制裁は過料である。ここで、この過料は行政罰的な性格と、刑事罰的な性格の両方をもっているから[256)]、租税逋脱罪と重過失租税逋脱との関係について考察するにあたって最初に考察しておくべきことは、租税逋脱罪に対する制裁である刑事罰と重過失租税逋脱に対して課される過料との関係、換言すれば、過料の位置付けないし性格付けであろう。言葉を換えて言えば、租税制裁法の機能論、構造論という観点からは、過料の行政罰的な面と刑事罰的な面とのどちらに重きをおいて考察を進めるべきであるかを、最初に検討する必要があるのである。

無論、ここでの「性格付け」としては、それが法理論的にいかなる性格の

255）参照、前述109頁。

256）過料の刑事罰的な性格が最も強く表れているのは、その実体面、すなわち、過料を課される秩序違反行為（Ordnungswidrigkeit）に関する面である。この秩序違反行為と犯罪行為との関係は様々に論じられ、いまだ決着を見ない難問であって、その議論全般について述べることは筆者の能力の範囲を超えるが（ドイツにおけるいわゆる犯罪行為と秩序違反行為との「限界問題」については、神山敏雄「経済犯罪行為と秩序違反行為との限界(1)〜（3・完））刑法雑誌24巻2号（1981年）149頁・同26巻2号（1984年）256頁・同27巻1号（1986年）21頁に詳細な研究がある。）、現在の通説は、犯罪と秩序違反行為とを、質的な差ではなく、行為の悪性の量的な差異にもとづいて区別しているといわれる（Kohlmann, vor §377 Rdn. 4）。つまり、犯罪として刑罰によって制裁を加えるに値しない軽微な違法行為を、秩序違反行為として過料の対象としているとするのである。また、犯罪と秩序違反行為との成立要件の構造の類似性も、両者の類似点として挙げられよう。犯罪が、構成要件該当性、違法性、有責性、という三段階の成立要件をもつのに対して、秩序違反行為は、これとよく似た、構成要件該当性、違法性、非難可能性（Vorwerfbarkeit）という成立要件をもつ。さらに、刑法の総則と秩序違反法の総則とが多くの類似の規定を置いていることも、両者の類似性を基礎付けるものである。

手続きに関しては、過料が行政庁によって課され、しかも、その訴追には訴追便宜主義が適用されて、訴追が訴追行政庁の義務的裁量にかからしめられている点で、たとえ略式命令による場合でも裁判所の手を経ることが必要とされ、かつ、その起訴には、原則として起訴法定主義が働く刑罰とは異なっているが、反面、その不服申立てが刑事裁判所によって裁判され、通常の行政処分のように行政訴訟によるものではない点で、過料は刑罰に類似している。

最後に、効果の点では、過料は刑罰とは相当異なっているということができる。その最たるものは、過料が金銭的な不利益に限られるという点である。これは、秩序違反行為に過料以外の自由刑が課されないという意味のほかに、罰金刑の場合と違って、過料はそれを課された者が支払不能になっても代替的に自由を奪われる——労役場に留置される——ことがないということをも含んでいる。また、副次的な効果としては、過料は前科にも累犯の根拠にもならないことが挙げられる。

ものか、ということを論じる必要はない。もともと、本書の関心は、「租税逋脱を防止する効果をもつ不利益を与える制度」にあり、その限りでこの制裁の法的な性格——「倫理的非難」としての性格をもつかどうか、など——は考慮の範囲外に置かれているからである。そこで、検討される必要があるのは、端的に、租税制裁としての制度の合理性・効率性を考えるにあたって、この過料は刑事罰として扱えばよいのか、それとも、刑事罰との関係が問題とされる余地のあるその他の制裁として扱えばよいのか、という問題である。そして、ここで刑事罰との関係が問題となる余地があるかどうかということは、刑事罰とは手続き・効果を異にし、その実体的要件の定め方を含めた制度の構成いかんによっては、租税制裁法の制度の効率性に影響を与えるものと考えられるかどうかということによって判断されると考えられる。この反対に、刑事罰と同視されうるのであれば、残るのは、ひとえに実体的な要件の内容の問題のみということになる。

このような観点からみたとき、過料をどのように位置付けるかという基準は、それが形式的な刑罰概念にあたるか否か、という点であると考えられる。なぜなら、形式的な刑罰概念にあたる制裁（すなわち刑罰）には二重処罰の禁止や刑事手続などの実定的な効果があり、他の刑事罰に対して、その制裁の制度全体がもつ仕組みを論じる余地はほとんどないからである。これと異なり、形式的な刑罰概念にあたらない制裁制度を構成するにあたっての制約が少なく、少なくとも立法論的にみた場合には、柔軟な要素を多く含んでいるため、制裁に関する手続き・効果等の制度の仕組み全体を論じる余地が大きく、また、そのことに意味があると考えられる。

この基準にてらせば、ここでは、過料を非刑事罰として扱うべきであることは明らかであろう。このように過料が非刑事罰として性格付けられることにより、この後で議論する、刑事手続と過料手続との融通性や、制裁の間隙が問題点となりうるのである。また、必要であれば、さらにさかのぼってドイツの租税制裁法が振り分け方式をとっていることそのものの当否をも問題としうる。

それでは、機能的にみた場合、このような租税逋脱罪に対する制裁と重過失租税逋脱に対する制裁とはどのような関係にあり、それらは効率的な仕組みであるといいうるであろうか。

## 第3　租税制裁法の効率性および構造論の観点からの検討

### 1　機能論的検討

さて、これまでみてきたように、ドイツにおける租税制裁法は、直接、租税逋脱に関するものに限ると、行政罰たる過料と刑事罰たる刑罰（その主たるものは罰金刑および懲役刑。）の二つの制裁を擁している[257)]。そして、この二つの制裁の要件は、主として、主体の範囲と行為者の主観的要件の点で異なっている。

このうち、主体の範囲の問題は確かに重要な問題ではあるが、それがより狭く規定されている重過失租税逋脱においても、その主体の範囲には納税義務者自身のほか、納税義務者の事務の執行者が含まれ、しかも前述のようにその概念が広く解されていることから、結局、租税逋脱罪が対象とする主要な範囲をカバーしていると考えられるので、重視されるべき要件の差は、その主観的要件の差、すなわち、租税逋脱罪の場合は故意の租税逋脱を対象としているのに対し、重過失租税逋脱は重過失の租税逋脱を対象としているという点に求められる。

この点に関しては、ある者が特定の行為について故意であるとともに重過失であるということは実際上ありえたとしてもきわめて稀なことであろうし、かつ、その場合には秩序違反法21条により刑事法のみが適用されるから、結局、この二つの制裁が同じ行為に対して課されることはないといいうる。

また、効果の面を考えると、重過失という比較的悪質性の低い主観的要素をもって行為した者に対しては金銭的制裁に限られた過料を課し、故意という、より悪質な主観的要素による場合には、罰金刑または自由刑をもってこれに対処するという効果の差が存する。

このように考えると、このドイツの制度は、刑事罰と行政罰との機能分担を、ほぼ完全に果たしている制度であると考えられる。

---

257）正確にいえば、この二つのほかに、前掲注244）で述べた遅滞加算金が租税逋脱の場合に適用されうる制裁として存在する。その意味では、ドイツの制度は完全な振り分け方式とはいえない。しかし、この遅滞加算金は、制裁としてはかなり弱いものであり、かつ、租税逋脱の場合を特に対象として作られているものではないので、ここではあえて触れないこととした。

しかしながら、ドイツの制度に関しては、さらに、その手続的な面にも目を向ける必要がある。その必要は、実は、ここでとられている実体的要件の内容から生じている。

このように振り分け方式の制度を採用すると、そこでは二つの（ないしはそれ以上の）制裁が並立することになる。この場合、ある行為がそのどちらの制裁にあたるかが一見して明白であるように実体的な要件が作られているならば、その二つの制裁の手続きの関係を問題にする必要はあまりないかもしれない。しかし、ドイツでは、実体的要件の差が「故意」と「重過失」という主観的要件に求められているので、この手続きの点が、制度の効率性に重大な影響をもたらす。なぜなら、そもそも、このような主観的要件は、多くの場合、それほど明らかなものではないのに加えて、「故意」と「重過失」とは――法理論上はまったく異なるものであるにせよ――区分が非常に難しい要件であり、ある具体的な行為がそのどちらにあたるのかを判断することは、実際上はそれほど容易なことではないからである[258)]。そこで、もしも、刑事罰の制度と過料の制度が厳格に区別して作られており、相互の融通性がないとしたら、はじめは重過失の行為であるとして過料の手続きにより審理されたが、そこで、当該行為は故意によるものと認定されて、過料は課されず、さらに改めて刑事罰に関する手続きが開始される、という場合が数多く生じることが予想される。逆の場合も、無論、多く起こるであろう。これでは、要件・効果の面で振り分け方式をとっても、課されるべき制裁が実際に決定されるまでにしばしば二つの手続きを要することになり、手続きの重複の回避という振り分け方式の利点を大きく損なうことになる[259)]。

ところが、実際のドイツの制度は、過料の賦課が裁判で争われた場合および刑事罰に関して公判が開かれた場合には、裁判官は申し立てられた制裁の種類にかかわらず、自らの心証に従って裁判しうるとすることにより、このような問題を巧みに回避している。もちろん、その場合、過料手続として

258)　この点に関しては、378条の「重過失（leichtfertig）」の意味を、Lohmeyerが「故意に隣接した重大な過失」と言っていたことが注目される。また、この定式化を、故意と過失の峻別という理論的な面から批判したSamsonも、この制裁は実際には、到底過失とは考えられず、むしろ故意の疑いがあるような場合に適用されるとし、Lohmeyerの定式化が、実態としては正しいものを含んでいると考えていたことを指摘しておく必要がある。参照、前述103頁。

259)　さらに、制度の作り方によっては、制裁の間に消極的抵触が生じるおそれもある。

行っていた手続きのすべてを直ちに刑事手続において有効なものとすることはできないが、被告人出席の下で行なわれた手続きを刑事手続においても有効とすることにより、手続きを完全にやり直さねばならなくなることを防いでいることは、前述のとおりである。このように、手続上、容易に刑事手続と過料手続とを切り換えることができるとされていることが、ドイツの振り分け方式の租税制裁法の制度を合理性あらしめている点には十分な注意を要すると思われる[260)]。

## 2 「振り分け方式」としての位置付けに関する問題点

さて、しかしながら、以上のようにドイツの制度を振り分け方式として整理することには、次のような批判がありうる。それは、ここで振り分け方式といわれている制度は、日本やアメリカでは制裁の対象となっていない部分——重過失租税逋脱——に過料による制裁を加えているのであり、対象を同じく故意による租税逋脱に限れば、ドイツでは刑事罰しか科していないことになる。その意味で、ドイツの制度を振り分け方式と整理することは、日

260)　なお、手続きに関して、あと二点付け加えておきたい。第一に、ここでドイツの制度に関して検討した問題は、すでに明らかなように、振り分け方式をとるドイツの制度に特殊なものである。少なくとも、後述の第3節（222頁）でにみるように、上乗せ方式をとる日本やアメリカの制度において、同じレベルでこのような問題が生じる余地はない。しかし、同様の問題がまったく生じていないわけではない。

ここで問題にしたような、異なる種類の制裁間の「乗り換え」の問題は、振り分け方式をとる日本やアメリカにおいては、異なる行政罰の間で生じている。たとえば、賦課された重加算税を裁決段階や裁判段階で過少申告加算税に変更しうるか、または、民事詐偽罰の賦課を取り消す際に、要件を満たしていれば、裁判所が遅滞罰則金を課してよいか、というような問題である。周知のように、わが国では、この問題は判例上、審判所や裁判所が変更できる、とされているが（国税不服審判所での取消しにつき、最判昭和58年10月27日民集37巻8号1196頁、裁判所による取消しにつき、東京高判昭和60年4月24日訟月32巻2号182頁）、アメリカではこのような裁判所の権限が否定されており、この点が制度の問題点として指摘されている。

第二に、逆に、日本やアメリカの制度の手続上の問題である制裁間の手続きの重複の問題は、ドイツでは、制裁の手続きどうしの問題としてではなく、課税手続と過料ないし刑事手続との重複の問題として現れる。この点については、396条と410条とによって——アメリカとは逆に——刑事・過料手続の停止、すなわち、行政手続の先行が制度上可能であるとされているが、これが実際上はほとんど用いられていないことはすでに述べたとおりである。したがって、この点は制度の不備として問題となりうる点である。しかし、要求される心証の程度が違うために事実認定は刑事裁判官が独自になさねばならないとすると、法律解釈に関してのみ、行政庁や財政裁判所の判断を待つことに、どれだけ意義があるかには疑問もある。その意味で、Kohlmannの主張するような要素を考慮の対象として利益衡量を行うのであれば、この点の調整を刑事裁判官の裁量に任せることにも、一定の合理性を見出すことができるように思われる。

本やアメリカの制度を上乗せ方式と整理することと厳密な対応を欠いており、正確ではない、という批判である。この意見に従えば、ドイツの制度は、脱税に対する租税制裁として刑事罰のみを用いている制度と整理すべきことになろう。この批判には、ドイツの制度を振り分け方式と整理することを批判するもののほか、このようなドイツの制度が振り分け方式と分類されることから、本書で提示した振り分け方式—上乗せ方式という考察の枠組み自体を批判するものがあると考えられる。

しかし、この批判には、次のように答えられる。第一に、本書が意図しているのは、租税制裁法の制度を全体として理解することであるから、その意味では、考察の対象を予め故意による租税逋脱に限ることは適当ではない。また、そのように租税制裁法を全体として捉え、その比較法的研究を試みるにあたっては、当然、どのような範囲の行為が制裁の対象となっているかも考察の対象となるのであるから、その意味でも、考察の枠組みは、故意・重過失の場合を広く含みうるものでなければならないと考えられる。

また、筆者が「振り分け方式」「上乗せ方式」という分類によって意図したのは、租税に関する行政制裁と刑事制裁との関係を明らかにすること——それはいわば、租税制裁を制裁制度の側からみることを意味する——であるから、その意味では、ドイツの制度を振り分け方式と分類することには何らの問題もない。先に挙げた批判は、租税制裁を制裁制度の側からではなく、制裁の対象の側からみる立場に立つものであって、ここでは当を得た批判ではない。

さらに、確かに、日本やアメリカの制度と有効な比較を試みるためには、考察の対象を故意の租税逋脱に限定しなければならないという主張にも一理あるようにみえるが、実は必ずしもそうとはいえない。なぜなら、故意の租税逋脱を対象とする制裁のほかに重過失の租税逋脱を対象とする制裁が存在することが、故意の租税逋脱を対象とする制裁に何らかの影響を与えている可能性があるからである。もしも、このような影響があるとすれば、故意の租税逋脱に対する制裁のみを比較したのでは、かえって正当な比較とはいえないであろう。

そのような影響として最も重要なものは、重過失租税逋脱の「受け皿」機能ないし、「受け皿構成要件」としての機能である。これは、読んで字のごとく、故意の制裁の要件から漏れたものを、重過失の要件が受け止めるということである。このことは、故意と重過失の理論的な峻別を前提にすると、まったく当たり前のことにすぎないが、Kohlmann によって、故意の租税逋脱の嫌疑があるが、故意が証明されないときに、この機能が働くとされているのをみてもわかるように[261]、故意と重過失とが実際上はきわめて近いものであることを考えると、無視できない点である。

このことを故意の租税逋脱に与える影響として言い換えると、まず、故意が認定できなくても過料による制裁が控えているから、限界的な事例で無理に故意を認定する必要がない、ということがいえる。これは、事実認定に際しての事実上の影響であるが、さらに、故意に関する議論に対する理論的な影響も考えられる。たとえば、錯誤に関する議論において、重過失の租税逋脱が過料の対象とされているので、ある認識の食い違いが構成要件の錯誤とされてもその行為がまったく制裁を免れるものではないという点でドイツでは日本と異なり、このことが、錯誤論の内容に影響を与えている可能性を否定できないのではなかろうか[262]。少なくとも、ドイツにおける錯誤に関する議論を参照する際には、このことを念頭に置く必要があるように思われる。

このように考えると、本書の立場からは、ドイツの制度を振り分け方式と理解することは許されるであろう。

### 3　ドイツの制度の問題点

(1)　では、行政罰と刑事罰との機能分担、両者の手続的調整などの点で優れているこのようなドイツの租税制裁法の制度は、租税制裁法の制度として理想的なものといいうるであろうか。この点の評価に関しては、さらに若干の検討を必要とする。なぜなら、この制度においては、法律上の要件による振り分けと行為の悪質性とが必ずしも対応しないため、制裁の間隙が生じていると考える余地があるからである。

まず、この制度においては、重過失租税逋脱が秩序違反行為にあたり、故

261)　Kohlmann, §378 Rdn. 8.

262)　確かに、日本でも、重過失の租税逋脱は過少申告加算税ないし無申告加算税の対象となるが、これらの加算税がドイツにおける過料と同じ意味で、租税逋脱罪の「受け皿機能」を果たしているとはいえないと思われる。

意の租税逋脱が犯罪にあたるとされている。これは、法律によって、定型的に故意の租税逋脱が重過失の場合よりも重大な違法行為であるとされているということである[263)]。ところが、重過失租税逋脱が制裁を受けるのに、故意の租税逋脱が、悪質性が低いとして処罰されないということがありうる。たとえば、故意の租税逋脱で逋脱税額が僅少な場合——実務上は、逋脱税額が1,000マルク以下の場合——がこれにあたる。これは、制度のそもそもの前提と食い違う事態である。

この事態を避ける一つの方法は、実務上、悪質性の低いものを重過失と認定するようにすることである。しかし、そのようなことが行なわれねばならないとしたら、それは、取りも直さず、そもそも、そのような振り分けの実体的要件の作り方に問題があるということを示すことになる。

このような矛盾を回避するもう一つの方法は、重過失の租税逋脱のうち悪質性の高いものが——訴追便宜主義が適用される範囲で選ばれて——訴追される以上、故意の租税逋脱はそのすべてを処罰する、というやり方である。この場合、確かに、問題となる処罰の間隙は生じない。しかし、このような起訴法定主義の徹底が、租税逋脱罪という犯罪の性格に適するものであるか、という問題はさらに残る。特に、租税逋脱は一旦発覚すると、被害者たる国家に強大な徴収権限があること、現在の法意識では租税逋脱罪は重大な犯罪とは考えられていないこと[264)]、などを勘案すると、どんなに少額でも故意の租税逋脱は必ず刑罰によって処罰するということは、この犯罪の実態に適していないことを認めざるをえないのではなかろうか。また、ドイツでは起訴法定主義が原則ではあるが、責任が小さくかつ訴追に公益のない場合にはこの例外とされていること、それが特に財産犯については要件が緩められていること、などを考えると、重過失の場合に制裁を受けることとの均衡を保つためにすべての故意の租税逋脱を処罰するというのは、無理な主張であろう。

---

263)　参照、前述122頁。

264)　Franzenはこの点について、租税逋脱罪においては、人格化された「課税庁」か非人格的な「国家」が被害者であるとされて、その犯罪の結果が結局は善良な納税者に及ぶことが考えられておらず、その結果、犯人の方が同情され、最も軽い犯罪者と考えられること、すなわち租税犯罪は、有体の法益に対する侵害に比べ、目に見えないために、その行為と結果とが、より侵害的でないと考えられやすいという心理的な事実が問題であること、を指摘している（Franzen, in Franzen / Gast / Samson, Einl. Rdn. 20）。

また、実際にも、制度上、軽微な故意の租税逋脱を訴追しないで済ますことが認められており、かつ、学説は批判的であるが、実務上、かなり広く、この「猶予」が与えられていることは、すでにみたとおりである。すると、やはり、実際にも、ここで述べたような、処罰の間隙という不均衡が生じていることになる。

念のため付け加えると、この問題は両手続きの融通性によって解決されうる問題ではない。この手続きの融通性は、一旦起訴ないし訴追された後に初めて機能するものであり、ここで問題としているのはそれ以前の点だからである。

このような問題が生じた原因としては、故意・重過失という実体的要件による振り分けが租税逋脱罪という犯罪の性格にそぐわないものであったということが考えられる。すなわち、租税逋脱という違法行為は実体的に適法な行為――節税ないし租税回避――との限界がかなり曖昧な場合がありうること、違法な場合でもその違法性が一般にはあまり強く認識されていないこと、一旦発覚すれば国の強大な徴収権限により被害の回復が容易な場合があること、などの理由から、それを「可罰的違法性」ないしは「当罰性」と呼ぶかどうかはともかく、刑罰の対象とするに値する悪質性があるかどうかということについては、多くの要素の総合的な判断を要するものであると考えられる。換言すれば、それは、刑事罰の対象とするにあたって、行為の悪質性の「程度」を考慮する必要が大きい犯罪であると考えられるのである。しかしながら、ドイツの制度は、租税逋脱行為のうち刑事罰の対象となるものとそうでないものとを故意か重過失かという主観的要件のみによって区別しようとしたために、その要件に含み切れなかった要素に関して実体的な制度と犯罪の実態とが不一致をきたし、そして、起訴法定主義の例外という形で、手続きにおいてこのような租税逋脱罪の実態が考慮されていることにより、このような矛盾が顕在化したのである。

⑵　このように、ドイツの租税制裁法の制度においては、制裁の間隙という問題が存在していると考えられるが、さらに考えると、この問題をそう重視する必要はないともいいうる。なぜなら、ここで制裁の間隙と考えたのは、比喩的にいえば、具体的な行為の悪質性の判断が定型的な行為の悪質性の判断に優先した場合であると考えられるからである。

この点を少し敷衍すると、先に述べたように、確かに、故意の租税逋脱が定型的に重過失の租税逋脱よりも悪質であるとするのが制度の基本的な論理であるが、たとえ故意であっても逋脱税額が僅少である場合には、その具体的な行為に関しては、それよりもかなり多額の重過失による租税逋脱よりも悪質性が低いと解する余地があろう。したがって、故意の租税逋脱が制裁を受けない場合も、逋脱税額が十分に僅少であるとするならば、あえてここに制裁の間隙があるとして問題とするには足らないと考えることができる[265)]。

このように考えると、ドイツにおいて、⑴で指摘したような制裁の間隙が問題とされていない反面、最低1,000マルクという起訴の下限となる逋脱税額が多額に過ぎるという批判が強くなされ、無条件に少額と考えられるのは100マルク、約8,000円以下の場合のみであるとして、非常に低い額が最低限として主張されていることを理解することができる[266)]。

＊　＊　＊

このようにして、①ドイツは、刑事罰と行政罰とで客観的に同一の行為を対象とし、その両者の対象を基本的には故意か重過失かという主観的要件で区別する振り分け方式の制度をとるものであるといえること、②この制度は、行政罰と刑事罰との機能分担という面からは高く評価されうるものであり、かつ、③手続的にも両者の間の調整を緻密に図っていること、④その反面、不合理な制裁の間隙を生じるおそれがあるが、これは故意の租税逋脱が起訴されない場合を逋脱税額が僅少である場合に限ることによって避けるこ

265）起訴される事案の逋脱税額の下限が1,000マルクという現在の状況下においては――この金額はわが国の場合に比べてはるかに少額であるが――やはり、制裁の間隙が問題になる余地もあるかもしれない。

266）このほかに、これは振り分け方式の制度をとっていることと必ずしも直接に関係することではないが、ドイツの制度の欠点として、その制裁の対象となる行為の範囲が、比較的狭いことが挙げられる。これは、故意または重過失の場合は、各種の租税逋脱の予備行為を「租税危殆」という形で秩序違反行為とし過料の対象としているものの、逋脱税額の小さな重過失租税逋脱と軽過失の租税逋脱の場合には、きわめて不十分にしか機能しない遅延加算金が課されるのみであり、ほとんど何らの制裁も受けないという点についての批判である。このことは、日本においては、過少申告ないし無申告加算税によって、無過失でない限り何らかの制裁が加えられ、また特に、アメリカにおいては、この場合を広く民事罰でカバーしようと努力されているのと対象的である。この点は、脱税行為を未然に予防することを目的とする租税制裁法の制度としては、大きな欠陥であるといわねばならない。

とができること（ただし、現状には問題がある。）がわかった。

それでは次に、上乗せ方式の制度は実際の制度としてはどのように構成され、かつそこから、どのような問題が生じうるのであろうか。第3節ではこの点について、アメリカの制度を素材に、さらに検討を進めることにしたい。

## 第3節　アメリカの制度

### I　序——本節のねらいと構成

本節では、脱税に対する制裁を中心としてアメリカの租税制裁法の概要を紹介し、それについて若干の考察を加えることにする。すでに触れ、また、後に詳しく述べるように、アメリカの制度は、特に脱税行為に対する制裁に関しては、行政罰（民事罰）と刑事罰との要件がほぼ重なる、筆者のいわゆる「上乗せ方式」をとっている。これは、わが国の制度と基本的に同じ仕組みである。したがって、ここでの最大の関心は、アメリカにおいては、第1章で現在の日本の租税制裁法の問題点として指摘した、行政罰と刑事罰との不合理な重複というような問題が生じていないのか、換言すれば、アメリカにおいては、どのようにして行政罰と刑事罰との機能分担が図られ、上乗せ方式の租税制裁法の制度の合理性をどのようにして担保しているのか、ということである。

本節では、このような点を検討する前提として、まず、アメリカの民事罰および刑事罰の主なものについての紹介を行なう。その場合、民事罰に関しては、脱税行為に対する制裁である民事詐偽罰を中心とし、租税収入の減少に直接関わる行為に対する罰のうち比較的一般的なものを取り上げて、それぞれの罰の要件や、必要であればその手続きについても触れることとする。また、刑事罰に関しては、逋脱罪の要件を明らかにすることを主たる目的とするが、その他に、起訴までの過程や公判における証明の問題の一部などの手続的な側面にも若干の注意を払いたい。ただし、アメリカにおける、逋脱罪の証明に関する包括的な検討は、本書の直接の関心からややずれるため、今回は割愛することにする（なお、本節においては、特に必要のない限り、内国歳入法典は条文番号のみで引用する）。

# Ⅱ　民事罰

## 第1　序　論

### 1　序

現行の内国歳入法典が1954年に立法された時点では、この法律には詐偽罰、懈怠罰、遅滞罰など13個の一般的な民事罰が規定されていたのみであったが、租税法の複雑化に伴い個別の行為を対象にした民事罰規定が増え、1967年には25個にすぎなかった民事罰規定は1976年には64個にまで増えた。さらに、議会が、タックス・シェルターと呼ばれる大がかりな租税回避行為やタックス・プロテスターと呼ばれる反税運動家の出現、さらには利子や配当等の不申告・情報申告の不履行といった納税協力の低下に対して民事罰規定を増やすことによって対応しようとしたため民事罰規定は増え続け、特に1980年代に入ってからその傾向が著しくなった。租税民事罰の数は1984年には75個以上あったといわれ、さらに1987年には実に150個の民事罰が内国歳入法典に規定されていたといわれている。実際の賦課の状況を見ても、1978年には計1,540万件の民事罰賦課により13億ドルの民事罰が賦課されていたが、これがわずか9年後の1987年には2,700万件、140億ドルの規模に膨れあがった[267)]。そして、このようなきわめて多数の民事罰賦課の背後には、納税者番号制度を軸とした申告・情報申告等のコンピュータによる処理――それはしばしば画一的な処理を招く結果となる――があることも忘れてはならない。

このような民事罰規定の増加は主として個別的な租税法違反行為を特定し

267) Asimow, Civil Penalties for Inaccurate and Delinquent Tax Returns, 23 UCLA L. Rev. 637, n. 2 (1976), 2 Tax Reform for Fairness, Simplicity, and Economic Growth, The Treasury Department Report to the President 406 (1984) および、Report on Civil Tax Penalties by Executive Task Force, Commissioner's Penalty Study, Internal Revenue Service (V-1) (1989)（この報告は Tax Notes Microfiche Database Dec. 89-1586 に収録されている。以下、本報告は "Task Force Report" として引用する。）による。

た民事罰を規定することによって行なわれたため、民事罰規定を全体としてみた場合には、このような制度は大きな不合理を抱え込む結果となった。たとえば、ある一つの行為に対して複数の民事罰がそれぞれの観点から賦課されたり[268]、民事罰の金額算出の基礎となる税額の範囲[269]や宥恕事由が民事罰ごとに合理的な理由もなく異なっていたり[270]、さらには、当初は同様の行為を対象にしていたはずの二つの民事罰のうち片方のみが「合理化」の改正の対象となりもう一方は取り残されたりしていたのである[271]。また、このように多数にのぼる煩瑣な民事罰規定は課税行政に多大な負担をかけるとともに、議会が採用する新しい基準は必ずしも統一的な執行上の基準を生み出さず、執行の不統一という問題も生じた[272]。

このような事態に直面し、内国歳入庁は1987年から2年間の準備期間を経て民事罰規定の合理化に着手し、1989年に内国歳入法典の民事罰規定は一新されることとなった。これが現行の民事罰規定である。議会が採用した新たな民事罰規定は必ずしも内国歳入庁が構想したものと同一ではないが、それにより、民事罰相互の矛盾や抵触を防ぎ、執行の統一を目指したものであるといわれている[273]。

この1989年改正後も内国歳入法典には依然としてかなり多数にのぼる民事罰が規定されており[274]、その中には租税収入とは直接の関係をもたない、行政法上の義務違反に対する制裁の性格が強いものから、租税収入の減少の予防を直接的に目的としていると考えられる規定まで様々なものがある。そ

---

268）Task Force Report Ⅷ-27.

269）Task Force Report Ⅷ-26.

270）Task Force Report Ⅷ-31.

271）Task Force Report Ⅷ-20.

272）Task Force Report Ⅷ-31-34.

273）The Omnibus Budget Reconciliation Act of 1989, House Report（Budget Committee）101-247, to accompany H. R. 3299（本報告は以下、第1部において、“H. R. 3299”として引用する。）at 909, 951-952, 1388.

274）ただし、第1章第1節（14頁）で述べたように、ここに規定されている“penalties”のすべてが、租税制裁法上の「制裁」にあたるとは限らない。

なお、内国歳入法典第68章の章名には「租税への付加金、付加額、および付加すべき罰則金（additions to the tax, additional amounts, and assessable penalties）」として三つのものが区別して挙げられているが、条文上はこの三つの語が区別して用いられているわけではない（Boris I. Bittker, Federal Taxation of Income, Estate and Gifts（1981）〔以下、本書は“Bittker”として引用する〕, ch. 114 at 7）。

して、これら多くの民事罰規定の中で最も厳しいものが、いわゆる民事詐偽罰（civil fraud penalty）である。

以下では、前述したような本書の興味に応じ、直接に租税収入の減少をもたらす行為に対する民事罰のうち、民事詐偽罰を含め、いくつかの比較的一般的な民事罰の概観を試みることとしたい。考察の順序としては、まず**第2**で詐偽罰以外の民事罰について簡単な概観を行ない、その後で**第3**で民事詐偽罰について比較的詳細な考察を加えることとするが、そのような個別の考察に入る前に、以下では序論として、本節の議論の理解を助けるような点について若干の言及を行なっておきたい。そのような論点としては、民事罰が賦課され、それが争われる場合の手続きの概観、および、民事罰と同様、租税の延滞等の場合に本税額に加算して賦課される利子（税）の制度についての簡単な考察、の二点が挙げられる。

### 2　課税庁による課税手続およびその争い方

#### ⑴　序

ところで、アメリカにおける租税に関する民事罰は、一般的に罰則金（penalty）と呼ばれるが、わが国と同じく、原則として、租税と同じ賦課、徴収手続に服することとされている（6665条、6671条）。その理由も、わが国と同じく、賦課徴収の便宜によるものとされている[275]。したがって、個々の民事罰規定の説明に入る前に、租税に関する民事罰の原則的な賦課手続およびその争い方としての、アメリカにおける、通常の場合の租税の賦課手続およびそれに対する争い方について略述しておく方が便宜であろう。いくつかの重要な例外については、それぞれの民事罰規定について述べる箇所で触れることとする[276]。

#### ⑵　調査、賦課、および行政上の不服申立手続

周知のように、アメリカにおいては、所得税等の主要な連邦税には申告納

---

275）Mertens, Law of Federal Income Taxation（以下、本書は“Mertens”として引用する。), ch. 55 at 4.

なお、このように租税と同じ賦課・徴収手続による点で、内国歳入法典に定められた民事罰は他の規制的法律の民事罰と異なる（Bittker, ch. 114 at 7）。

276）6671条は、賦課すべき罰則金（assessable penalties）にも、以下に述べる通常の賦課手続の適用があると一般的に規定しているが、これには例外が多い。

税（self-assessment）方式がとられており、納税者は原則として納税申告書（return）を提出して、自ら税額を確定する。内国歳入庁長官（Commissioner of Internal Revenue. 以下、本節では単に「長官」ともいう。）の賦課権限は、納税申告書の提出がない場合、および、提出された申告書の内容が正しくないときにのみ発動される。

長官の賦課権限の発動は、まず、auditと呼ばれる調査手続から始まる。この調査の結果、先に提出された申告書に記載された以上の税額が納付されるべき場合には、その不足分について、「30日間通知書（30day-letter）」が発給される[277)]。これを受け取った納税義務者は、30日以内に、そこに示された不足額を納付するか、不服申立てをするかを決めなければならない。30日たっても納税義務者から連絡がないときには、原則として、長官によって、正式な不足額の通知たる、「90日間通知書（90day-letter）」が発給される[278)]。

このような長官の賦課に不満な納税者は、30日間通知書を受け取った時点以降、いつでも行政上の不服申立てをすることができる。

ここで、この90日間通知書が課税庁の最終的な意思表示であり、正式な納税不足額の通知である。その他のものは、行政実務における事実上の請求にすぎない。この通知が「90日間」通知書と呼ばれるのは、この通知が発給されてから90日以内に租税裁判所に出訴しなければ、租税裁判所への出訴権がなくなるとともに納税不足額が確定し、告知と請求（notice and demand）がなされて、徴収手続に移行するからである（6213条(a)(c)）。逆に、90日間通知書によって請求された不足税額を認める場合には、「賦課と徴収の制約の放棄」をすれば、放棄の日から30日後以降、告知と請求の発給までの間の利子の発生を停止させることができる（6213条(d)、6601条(c)）。この場合は、租税裁判所への出訴権はなくなるが、還付請求訴訟を提起することは、原則としては妨げられない。

この90日間通知書を発給して、納税者に租税裁判所への出訴の機会を与える手続きは、一般に、「不足額手続（deficiency procedure）」と呼ばれている。

---

277）I. L. Shafiroff, Internal Revenue Service Practice and Procedure Deskbook 2nd. ed., 46 (1989).
278）Id. at 47.

なお、行政上の不服申立手続をしている間も、納税者はいつでも、請求された不足税額を納付してその還付を長官に請求し、それが拒否された場合もしくは6ヶ月間以内に応答がない場合に、連邦地裁または請求裁判所に還付請求訴訟を提起するという手続きを行なうことができる。また、租税裁判所に訴訟を提起しても、事実審理以前であれば、行政上の不服申立手続によって事件を終結させることができる。

以上のような長官による賦課は、一定の期間制限に服する。これが賦課権の消滅時効（statute of limitations）である。賦課権の通常の消滅時効は、申告書提出後3年間であり、申告すべき期限か実際に申告された時かいずれかの遅い方から進行する（6501条(a)）。一旦賦課があれば、その時点から6年間は徴収することができる（6502条(a)）。賦課権の消滅時効も、徴収権の消滅時効も、長官と納税者との合意によって延長することができる（6501条(c)(4)、6502条(a)(2)）。

これに対して、無申告の場合には、賦課を妨げる消滅時効はない（6501条(c)(3)）。したがって、この場面では、不完全な申告書が提出された場合に、そもそも申告があったかどうかが、しばしば課税庁と納税者の間で争われる。[279)]

以上の原則に対して、内国歳入法典6501条(e)(1)(A)が重要な例外をなしている。これによると、「納税者が、総所得から、申告書に記載されていた総所得の25%を超える、正しくは総所得に含まれる額を省いて」申告した場合には、賦課権の消滅時効は6年間に延長される。この規定を適用するにあたっては、納税者の主観的要件は問わないが[280)]、挙げられている要件の存在の立証責任は課税庁側にある。[281)]

### (3)　還付請求訴訟

長官に賦課された不足税額を司法手続によって争う一つの方法は、一旦、請求された税額を納付した後、還付請求訴訟を提起することである。この場合は、連邦地裁または請求裁判所に出訴する。請求裁判所[282)]に出訴する場合

279)　参照、後述151頁。

280)　Harry G. Balter, Tax Fraud and Evasion, 5th ed. (1982) with 1991 Cumulative Supplement No. 2（以下、第1部において、本書は、“Balter”として引用する。）, ch. 8 at 34.

281)　Id.

282)　1982年連邦裁判所改革法（The Federal Court Improvement Act of 1982）により、United

は、事実審理に陪審を用いえないこと等を除くと、連邦地裁に出訴する場合とほぼ同じであるから、ここでは、連邦地裁に出訴する場合について簡単に説明する。

連邦地裁に出訴する際に最も重要な訴訟条件は、長官から請求された税額が全額納付されていることである。請求額の一部のみを支払った後、その還付請求訴訟を連邦地裁に提起することは、原則として認められない[283)]。この支払われるべき税額の中には、本来の不足税額と同様に賦課された民事罰や利子も含まれると考えられている[284)]。その他の訴訟条件としては、①適法な還付請求が、納付後２年間以内と申告後３年間以内のどちらか長い方の間（6511条(a)）に提起されていること（7422条(a)）、②長官に対する還付請求が拒否されるかまたは６ヶ月間応答がないこと、③長官による②の拒否から２年間以内であること（6532条(a)）、④最初の請求または適正にそれを修正したものと同じ理由による還付請求であること[285)]、の四つがある。

連邦地裁に提起される還付請求訴訟は、通常の民事訴訟であるから、連邦民事手続規則によって裁判が行なわれ、事実審理には陪審を用いることができる。

後に問題となる証明責任については、還付請求訴訟においては、納税者が原告であるから、彼が、通常の証明責任を負う。加えて、後述する長官の決定が正しいとの推定も受ける。さらに、租税裁判所での審理の場合と異なり、納税者は長官の決定が誤りであることを示すのみならず、還付されるべき額の基礎についての説得的な証拠も出さなければならない[286)]。この点において、還付請求訴訟によって賦課額を争う場合の方が、租税裁判所においてそれを直接に争う場合よりも、納税者の証明責任が重いといいうる。

還付請求訴訟による場合は、上訴の手続きも通常の民事訴訟の場合と同じ

States Court of Claims は Court of Customs と Patent Appeals と統合され、Claims Court と連邦巡回控訴裁判所に再編成された。現在、連邦税の還付請求訴訟は、Claims Court に提起することができる。ここでの手続きは以前の United States Court of Claims の時とほぼ同じである。Balter, ch. 9 at S-10.

283）Flora v. United States, 362 U. S. 145 (1960).

284）Balter, ch. 9 at 7.　ただし、利子の納付が連邦地裁に還付請求訴訟を提起することの前提条件であるかどうかには、疑問が残るとされている。Id. n. 24.

285）Broadway Open Air Theater v. United States, 208 F. 2d 257 (4th Cir. 1953).

286）Balter, ch. 9 at 11-12.

である。

### (4)　租税裁判所[287)]

連邦地裁または請求裁判所に対する還付訴訟のほかに、長官による納税不足額の主張を争う方法としては、90日間通知書の発給を待って、賦課額を納付せずに、租税裁判所（United States Tax Court）に出訴するという方法がある。この出訴がなされると、事案の終結まで租税の徴収は行なわれないが(6213条(a))、納付するまでの間、利子は継続して付加される。

租税裁判所における手続きについてはすでにわが国にも詳しい紹介がなされているところなので、本書では割愛するが[288)]、ただ、租税裁判所での裁判における証明責任については、それが民事罰規定の実効性に与える影響が大きく、したがって、後に触れる民事罰（特に民事詐偽罰）の特則との関係で重要だと思われるので、ここでも若干触れておきたい。

まず、原則として、租税裁判所においては、納税者が、長官の決定が誤りであるという証明責任を負う[289)]。これに加えて、長官の決定は正しいとの推定（presumption of correctness）を受ける。そのため、最初に納税者が、長官の決定が恣意的で誤っており（arbitrary and erroneous）無効（invalid）であることを証明しなければ、賦課決定は維持される[290)]。この際には、単に賦課決定中の一つの項目が誤りであることを証明しただけでは決定に対する正しいとの推定は破られない。租税裁判所は、このような場合には、決定が正しいとの推定が働いていても、決定の中の特定の項目のみを修正することができる。換言すれば、この推定が働いているからといって、租税裁判所が長官の決定を全体として受け入れなければならないというのではない[291)]。

次に、納税者が、決定が重要な項目につき誤っていることを証明するなどして、決定が「無効」であることを証明すると、決定が正しいとの推定は破られ、長官が、決定額が正しいことを証明しなければならない。この場合

287)　租税裁判所の沿革および1969年法による改正後の地位については、斎藤明「合衆国租税裁判所の歴史的沿革と最近の動向」租税法研究2号（1974年）31頁による紹介がある。

288)　たとえば、岸田貞夫「合衆国連邦租税法における争訟制度について」租税法研究3号（1975年）158頁。

289)　連邦租税裁判所規則142条(a)。

290)　Balter, ch. 10 at 80-81, Helvering v. Taylor, 293 U. S. 507 (1935).

291)　Zeddies v. Commissioner of Internal Revenue, 264 F. 2d 120, 126 (7th Cir. 1959).

は、納税者は正確な税額がいくらであるかを証明する責任を負わない[292]。一旦、正しいとの推定が破られた以上は、推定される最大限の所得額を算出し、実際の所得がそれ以下であることを納税者が証明しえないという理由で、その最大限の所得を所得として扱う、という方法は許されない[293]。長官が正確な税額の証明に失敗すると、税額は納税者の主張額のとおりに確定し、長官による証明が真偽不明の場合には、原則に戻って、納税者側が敗訴すると考えられる。

なお、以上のような証明責任を果たすためには、「証拠の優越」の程度に証明すれば足りる[294]。

ここで述べたところからわかるように、長官の決定が「正しいとの推定」とは、日本で通常いわれている「推定」とは内容を異にする。アメリカにおいても、これは、納税者に、長官の決定を否定するに十分な適法な証拠の提示を求める公式にすぎず、それ自体が徹底的な分析に堪えるものではない、といわれている[295]。あえていえば、この推定は、「実際上の意味としては、証明責任が納税者によって果たされたかどうかを決定するにあたって、納税者によって出された証拠に対して、租税裁判所が考慮する証拠の力をもっている[296]」ということができよう。したがって、実際の訴訟の場においては、納税者がこの推定を破るのは非常に困難であり[297]、そのため、長官の決定がこの推定を受けるか否かは重要な問題となる。

長官に証明責任がある事項に関しては、この推定は働かない[298]。

### 3　アメリカの利子（税）制度

租税の納付が延滞された場合に、もともとの税額に付加される「利子（税）」は、それが実際に利子の範囲にとどまっている限りは、それを付加し

292)　Helvering v. Taylor, supra n. 290, at 514.
293)　Cohe v. Commissioner of Internal Revenue, 266 F. 2d 5 (9th Cir. 1959).
294)　Balter, ch. 10 at 89.
295)　Balter, ch. 10 at 86.
296)　Ness, The Role of Statutory Presumption in Determining Federal Tax Liability, 12 Tax L. Rev. 321, 331 (1957).
297)　Balter, ch. 10 at 86, Hoffman, Overcoming the Prima-Facie Presumption of Correctness of the Commissioner's Determination, 4. N. Y. U. Inst. Fed. Tax. 240, 241 (1945).
298)　たとえば、民事詐偽罰の要件についての証明がこの典型である。参照、後述165頁。

た額がその時点での税額であるから、「制裁」と呼ぶことはできない[299]。にもかかわらず、ここでアメリカの利子（税）について言及しておくのは、第一に、後述するように、それが、懈怠罰や詐欺罰との関係でしばしば議論されてきたからであり[300]、第二に、それが名目のみならず、実際にも「利子（税）」というにふさわしいものであるかどうかを検討しておく必要があるからである。たとえ、「利子（税）」と呼ばれていても、それが通常の利子の範囲を著しく超えているような場合には、もはやそれは制裁であり、租税制裁法の研究の検討対象とならざるをえないであろう。

アメリカの租税法上は、租税の延滞の場合および還付の場合には、それぞれの延滞額および還付額に加えて、納付すべき日から納付された日までの期間（還付の場合はそれに対応する期間）に対応する利子（税）(interest) が付加されてきた。判例は、早くから、この利子（税）を、延滞された期間中に国がその金銭を使えなかったことに対する補償であり、罰則金とは異なるものであるとしていた[301]。

ここで、利子（税）が付加される期間の始期、終期についての問題はしばらく措くとすると、この利子（税）が、制裁としての性格をもつか、通常の利子の範囲にとどまるかは、その利率によって決まると考えられる。それでは、「利子（税）」の利率は、そのような性格付けにふさわしいものであろうか。

1921年以来、利子率は、延滞の場合も還付の場合も、年利6％とされ、これは市場利率よりも高かった。それは、納税者には早く納税するインセンティブを、国には早く還付させるインセンティブを与えるためであった。ところが、1975年以前の数年間は、市場利子率が6％よりも高くなり、この利子率では本来の目的を果たせなくなったため、1975年に、利子率が市場利子率に連動させられるようになった[302]。立法当時は、9月中の平均プライムレートの90％の率を利子率として用いることとしていたが、この点は、

---

299） 第1章第1節（12頁・27頁）。

300） 参照、後述144頁・153頁。

301） この点に関するリーディング・ケースは、United States v. Childs, 266 U. S. 304 (1924) である。このほかにも、参照、Manning v. Seeley Tube & Box Co., 388 U. S. 561 (1950), Ross v. United States, 148 F. Supp. 330 (1950).

302） Mertens, ch. 55 at 17.

1981年の改正で平均プライムレートをそのまま用いることとされた。[303]

1982年法による改正後は、毎年10月1日から3月31日までの間のプライムレートの平均値が同年7月1日から12月31日までの利子率、4月1日から9月30日までの間のプライムレートの平均値が翌年1月1日から6月30日までの間の利子率とされることとなり（ただし、1％未満は四捨五入する）、加えて、この利子率は日ごとの複利で適用されることとなった（6622条）。[304]

さらに、利子率の決定方法は、1986年法によって大きく変更された。それによると、租税の延滞の場合に用いられる利子率は、1274条(d)の下で長官によって決定される「連邦短期利率（Federal short-term rate）」（6621条(b)(3)）に3％を加えた率であり（同条(a)(2)）、この率は四半期ごとに決定される（同条(b)(1)）。この連邦短期利率は、市場性のある、外部に対する合衆国の債務で、満期までの期間が3年間以下のものの平均利回りにもとづいて、長官によって決定されるものである。[305] 逆に還付の場合には、用いられる利子率は、延滞の場合よりも1％低い（同条(a)(1)）。複利による適用については変更はない。

このように、アメリカにおける利子（税）の制度は、その当初は市場利子率よりも利子率を高く設定することにより、租税制裁法上の制度としての性格もあわせもっていたと考えられるが[306]、1975年の改正以後は、利子税の利子率を市場利子率にできるだけ近付けることにより、納税者が、国の不利益において投資をすること——利子率が市場利子率よりも低ければ、納付を遅らせてその間に資金を運用し、利子率が市場利率よりも高ければ、過大に納付して還付金に多くの利子を得る——を防ぐことに強い関心が払われているように思われる。

1981年、および、1982年における改正も、この方向を押し進めたものと評価することができる。たとえば、利子率を1年間に2回決定することは、

303）P. L. 97-34, Economic Recovery Tax Act of 1981, §711(b).

304）P. L. 97-248, Tax Equity and Fiscal Responsibility Act of 1982, §345(a).

305）Tax Reform of Act 1986, House Conference Report No. 99-841 at II-784-5.

306）ただし、前掲注301）に挙げたように、判例は当初から、利子の全額が、制裁とは性格を異にするものであると考えていた。反対の判例として、Childs事件控訴審判決（In re Menist & Co., Inc., 290 F. 2d 947, Cir. 1923）は、当時の利子率、年12％のうち、法定利率6％を超える部分は罰則金であるとしていたが、前掲注301）の同事件最高裁判決によって破棄された。

市場利子率の変動が激しいことに鑑みて、適用されている利子率と実際の市場利率との乖離をできるだけ防ぐための措置であるとされているし[307)]、利子率を日ごとの複利で適用することは、負担の増大によって、納付・還付の促進を図る意図があることは明らかであるが、それも、市場利率よりも有利な利子率（低利）になることを避けるという限度で考えられているということができる。このことは、複利にしたのもむしろ、その方が一般の利率に近付くからであるとされていることからも明らかである[308)]。もっとも、納税者のうちでプライムレートで資金を借り入れることができる者は少数であろうから、やはりこれでも、多くの納税者にとっては、「国から資金を借り入れる」方が市場で資金を調達するよりも安くつくことがありうることは否定できないと考えられるが、この当時の議会は、「プライムレートが真実の経済的利率を測定する最も正確な方法である」と考えていた[309)]。

それ以前からとられてきた、還付の場合と延滞の場合とで利子率を同じにするという立場と、利子率をプライムレートと連動させるという立場とを退けた1986年の改正においても、考慮されている問題は同じである。下院歳入委員会の報告書はこの改正理由として、現行法が経済における他の利率を十分正確に反映していないことを挙げ、具体的には、①還付と延滞とで同じ利子率を用いているが、貸付けと借入れとで利率を同じにする金融機関はなく、この点で現行法が一般の経済からズレていること。②プライムレートは政府を含む取引における実際の市場利率を反映していないこと、を挙げている[310)]。また、利率の決定を年2回から年4回に増やしたのも、利子率に市場利率をよりよく反映させようという考慮からであることは明らかであろう。

繰返しになるが、市場利率による利子こそが、その期間に資金を借り入れたときのコストであり、そのような利子を付加したものが、延滞した場合の、納付の時点でのもともとの税額であるということができるので、そのような利子（税）には制裁としての性格はない。したがって、このように、延

307）Tax Equity and Fiscal Responsibility Act of 1982, The Senate Report（Finance Committee）97-494（以下、本報告は、“TEFRA, Senate Report”として引用する。）at 306.

308）Id. at 305.

309）Id. at 306.

310）Tax Reform Act of 1985, Report of the Committee on Ways and Means, House of Representatives on H. R. 3838（以下、本報告は、“H. R. 3838”として引用する。）at 849.

滞および還付の際に付加される利子（税）の利子率に市場利率を反映させようとすることは、理論的には、利子（税）の制度を、制裁と切り離して純粋に構成しようとするものであるということができる。

わが国の延滞税を考えれば明らかなように、租税の納付が延滞されたときに付加される金額のうち、その時点でのもともとの税額の一部と考えるべきものと、それを超えて制裁と考えるべきものとは、実定制度上は必ずしも截然と区別されうるものではない[311)]。その中にあって、ここで簡単に紹介したアメリカの利子（税）の制度は、かなり忠実に、制裁と切り離して利子（税）の制度を構成したものとして、注目に値すると思われる。

このように、延滞の場合の利子が制裁とは異なるものとして構成されていることの解釈論上の帰結としては、第一に、利子の発生が妨げられる場合が非常に限られてくることが挙げられる。たとえば、純損失の繰戻しによって納税不足額がなくなっても利子（税）の支払いは免れないし[312)]、還付がまったく課税庁側の過失による場合でも、利子（税）の賦課は認められる[313)]。実際上は、戦場にいる将兵のための規定（7508条）のほかには、利子の発生を妨げるに十分な「合理的な理由」は存在しないといわれている[314)]。

さらに、チャイルズ事件[315)]で争われたように、罰則金は破産債権にならないが、債権の利子は破産債権になるとされているような場合には、この「利子（税）」の性質決定が重要な意味をもつことになる。この点は現在のわが国では問題とはならないが、法改正のときなどには、十分考慮に値するであろう。

以上の検討からわかるように、アメリカの利子（税）は、かなり厳密に遅延損害の塡補を目的としているので、これは租税病理法上の制度として考察すれば足り、租税制裁法の研究において独立に、これに触れる必要はないと思われる[316)]。そして、このような、いわば純粋な「利子」に加えて、一定の

---

311）参照、第1章第1節注31）（27頁）。
312）Manning v. Seeley Tube & Box Co., supra n. 301.
313）Ross v. United States, supra n. 301.
314）Mertens, ch. 55 at 21.
315）United States v. Childs, supra n. 301.
316）ただし、1989年以前は、このような利率の決定には、重要な例外があった。それは、架空取引などの「租税を動機とする取引」に帰すべき納付不足額が年間に1,000ドルを超える場合には、適用される利率が通常の120%になるというものである（旧6621条(c)）。この場合、通常の

要件が存在する場合には、金銭的制裁たる民事罰が課されるのである。この民事罰こそは、まぎれもなく、租税制裁法の研究対象となるものである。そこで次に、これらに関する制度についての概観と考察を行なうこととする。

## 第2　非詐偽的民事罰

### 1　序

1989年改正以前の内国歳入法典には直接に租税収入の減少をもたらす行為に対する民事罰として、懈怠罰（6653条(a))、詐偽罰（6653条(b))、所得税の実質的申告不足罰（6661条)、資産の過大評価による税額減少に対する罰(6659条および6659A条)、贈与税・遺産税に関する資産の過少評価による税額減少に対する罰（6660条）および、不申告罰（6651条）が存在した。これらの罰則金は要件が微妙に異なっていたりその課される税率も異なっていたりして、前述したような多くの問題を生じていたが、1989年の改正で詐偽罰、遅滞罰以外はすべて6662条に統一的に規定され、他方、不申告による詐偽以外の詐偽に対する罰則金が6663条に規定され、さらに不申告による詐偽は不申告罰とともに6651条に規定されることとなった[317)]。本書では、このうち、資産の評価に関する罰則金以外の四つの罰則金を紹介することとし、以下ではそのうち、詐偽罰を除いた三つの罰則金について簡単な概観を行う。

### 2　懈怠罰

現行の6662条(a)によれば、納付された税額に不足額があり、その一部が懈怠または故意による法令・通達の無視（同条(b)(1))、所得税の何らかの実質的な過少申告（同(2))、歳入法典第1章の下での実質的な評価の申告の誤り（同(3))、年金債務の何らかの実質的な過大申告（同(4)）または贈与税・

---

利子を超える部分は、理論的には、制裁とみられる余地があったし、現実に、Task Force Reportもこの「利子」を制裁の一種と考え（Ⅰ-3)、民事罰合理化の見地からはその存在に批判的であった（Ⅷ-27)。この規定は1989年改正で削除された。

317)　1989年改正以前のこれらの罰則金の紹介としては、参照、第1章第2節注79)（51頁)。
　また、1989年改正についての簡単な概説としては、Stark, IMPACT Makes Fundamental Changes in Civil Penalties, 72 j. Tax. 132 (1990) がある。

遺産税の評価の何らかの実質的な過少申告（同(5)）による場合には、その納税不足額のうちこれらの事由による部分の20%の額の罰則金が課せられることとされている。これらの罰則金は詐偽罰が適用される部分には適用されない（同条(b)）。この規定により、これらの罰則金には一応統一的な規定がなされたといいうるであろう。このうち、最初に挙げられているのが、いわゆる懈怠罰である。

すでに条文から明らかなように、罰則金の計算の基礎は納付不足額の金額ではなく、そのうち「懈怠」による部分に限られる。この点は1989年改正によって大きく変更された点である[318]。

懈怠による納税不足の場合には、さらに、1981年の改正で、従来の罰則金（当時は懈怠による部分に限られない全納税不足額の5%。）に加えて、納期限から賦課の日までの間の、納付不足額に対する利子の50%にあたる額を、付加的罰則金として課することとされたが、これは1988年の改正で削除され、代わりに懈怠罰・詐偽罰等のいくつかの罰則金に関してはその罰則金に対する利子の付加は、一般の罰則金に対する利子の賦課の原則に従いその罰則金が実際に賦課された日から開始されるのではなく、その基礎となった申告書が提出された日から開始されることとなった（6601条(e)(2)(B)）。この立場は1989年法によっても変更されていない。その理由は、罰則金の対象となった行為は申告書に現れているのであるから、この日を基準に利子を付加することは納税者が後述（147頁）のような「調査くじ」を行うインセンティブを減らすと考えられるからである[319]。

長官は、租税裁判所において、詐偽罰と選択的にこの罰則金を主張できるし、詐偽罰を懈怠罰に変更することもできるが[320]、租税裁判所は、長官の主張なくして、この罰則金を課することはできない[321]。このことは、特に、長官が詐偽罰のみを主張し、裁判所が、詐偽の事実はないが、この罰則金を課するに適当な事実はあると考えた場合に問題となる。

---

318）この点に関連して、1986年法の立法過程において、上院財政委員会は、懈怠罰の計算の基礎を納付不足額のうち懈怠に帰すべき部分に限るとともに、その税率を10%に引き上げようとしたが、実現しなかったという経緯があった（Tax Reform Act of 1986, House Conference Report No. 99-841 at II-782）。

319）H. R. 3299, at 1394.

320）Balter, ch. 8 n. at 3.

321）Id. ch. 8 at 9, Mertens, ch. 55 at 181.

この罰則金は、手続上は、一般の納税不足額の場合と同様に扱われる。すなわち、この罰則金が課される場合でも、賦課権の消滅時効には影響はないし、賦課が争われた場合には、長官の決定が正しいとの推定を受け、正しい注意を払っていたことを納税者が証明しない限り、罰則金の賦課が維持される[322]。

ここで用いられている「懈怠」、「無視」などの要件の内容は曖昧である。1986年法によって、懈怠とは「この法律の条項に服そうとする合理的な試みをしないことのすべてを含む」とされ、無視とは「すべての、不注意な、無謀な、または意図的な無視を含む」とされていたところ、この規定は1989年改正後の6652条(c)にも引き継がれている。ただし、これは限定的な定義ではない[323]。

この罰則金が賦課されるのは、記帳類が不注意・不十分で、正確な税額を明らかにするための合理的な努力が何ら払われていない場合が、その典型である。逆に、長年の習慣として、違法にも現金主義で記帳していたが、発生主義に変更するのに十分な記録があるときには、この罰則金は課されない[324]。

代理人、使用人に責任を転嫁することによって、この罰則金を避けることはできないというのが、一般原則である。代理人等には正確な情報が提供されており、不正確な申告が彼らの誤りによるものである場合は、例外的に罰則金が課されないが、その証明責任は納税者が負う[325]。

1983年法によって旧6653条(g)が加えられ、納税者が、支払者から支払調査書が提出されている利子・配当を申告書において総所得に含めていない場合には、それは懈怠によるものと推定されることとなったが、1986年法によって、その推定の範囲は、支払者から支払調書が提出されたすべての支払いに及ぶこととなった。この場合、そのような脱漏が懈怠によるものでないという納税者の証明は、通常の「証拠の優越」の程度では足りず、「明白で説得的（clear and convincing）」なものであることを要する。なお、1984年法によって、同様の推定規定が同条(h)にも設けられた。これらの推定規定は

322）　Balter, ch. 8 at 5, Mertens, supra at 180.
323）　H. R. 3838, at 834-5.
324）　Balter, ch. 8 at 6. Cf. Bittker, ch. 114 at 15.
325）　Balter, ch. 8 at S-10-11, Mertens, ch. 55 at 183.

1989年の作業委員会報告によって「現場担当官の判断を議会が代替しようとするもの」として厳しく批判され[326)]、1989年改正によってこのような懈怠の推定規定は削除された[327)]。

過少申告が「詐偽の意図はないが故意による法令の無視による場合」に対する罰則金は、通常は、懈怠罰の一部と考えられているが、実際には、それが対象とする事案は、懈怠とは異なり[328)]、意図的に、規則と違う法解釈をする場合などがこれにあたる[329)]。明らかに課税所得となるものを所得に含めていない場合などがこの典型である。しかし、真剣に主張され、明らかに維持しえないものでなければ、納税者は自らの法律解釈に従って行動しても懈怠罰は課されないとされているから[330)]、この場合との区別が、事案によっては、微妙なものとなろう。

1989年改正によって、「納税不足について合理的な理由があり、かつ、納税者が善意（good faith）で行動した場合」には罰則金は課されないという免除事由が設けられた（6664条(c)(1)）。この規定は6662条、6663条のすべての罰則金に効果が及ぶ統一的な規定である。これにより、議会は、これらの罰則金に共通の免除の基準を裁判所および内国歳入庁が確立することを容易にし、かつ裁判所による司法審査の範囲を増大させたものであるとされている。なぜならば、旧法の「放棄」の規定の下では、司法審査がこの点に及びうるのは、長官の側に権限の濫用があった場合に限られると考えられていたからである[331)]。

この罰則金については、「不足額が、きわめて詐偽に近い納税者の行為によるものであるが、酌量すべき事情があったり、争訟になったときの証明に

---

326） Task Force Report, Ⅷ-34.

327） 下院の報告書によれば、これらの規定を削除することによって納税者の挙証責任を軽減することが適当だと考えられ、かつ、このような推定規定がなくても実際問題としては、このような事情の存在は依然として懈怠であるということの強力な証拠になると考えられるとされている（H. R. 3299, at 1394, 1389）。

328） このため、「故意による法令の無視」という類型を懈怠罰から削り、懈怠罰と詐偽罰との中間的な罰則金として、故意による虚偽申告に対する25％罰則金を設けるべきであるという立法論が主張されていた（Asimow, supra n. 267, at 651-652, 655-657, 659-661）。この点につき、詳しくは、参照、佐藤・前掲注317）218頁以下。

329） Balter, ch. 8 at 4.

330） Mertens, ch. 55 at 181-182. Cf. Bittker, ch. 114 at 17-18.

331） H. R. 3299 at 1392-1393, Mailman v. Commissioner of Internal Revenue, 91 T. C. 1079 (1988).

困難が予想されたりし、しかしながら、単に不足額を賦課するのみでは寛大にすぎると考えられる場合が、しばしばある。このような場合には、健全な裁量権の行使によって、長官やその部下は、咎めるべき性質が軽いように思われるなら、5％の懈怠罰則金を課して事案を終結させようとすることが、よくある[332]」といわれている。

### 3 実質的過少申告に対する罰則金

アメリカにおいても納税者が内国歳入庁の調査を受ける率は非常に低いため[333]、1970年代半ば以降、実際には調査を受けないことを予想し、懈怠にも詐偽にもあたらないがきわめて疑問のある立場によって申告書を作成するという「調査くじ（audit lottery）」が数多く行なわれるようになった。そして、このような調査くじはたとえそれが発見されても正当税額との差額と利子とを納付すれば済むためこれを行う納税者は大した危険を負っているわけではなく、それだけにこれを抑止する要素は少ないと考えられた[334]。

このため、このような調査くじに対応するため、1982年改正により、新たな罰則金が導入された。それは、所得税に関し、過少申告による納付不足税額が正当税額の10％か5,000ドル（法人の場合は1万ドル）の大きい方以上であるならば、実質的な過少申告があったとし、過少申告分の10％を罰則金として課するというものであった（旧6661条）。この罰則金の率は、1986年改正によって25％に引き上げられた。

この旧6661条は最も争われた民事罰規定だといわれているが、それは、実質的な過少申告額を決定するにあたって、過少申告の金額から、①その取扱いをするのに納税者が実質的な根拠（substantial authority）をもっている項目と、②タックス・シェルター以外の場合で、その取扱いに重要な事実が申告書で開示されている項目に帰せられるべき部分を除くとされていたからである（旧6661条(b)(2)(B)）。この「実質的な根拠の有無」という基準はこれまで用いられたことがなく、議会は、この文言が、裁判所によって、この規定

332) Balter, ch. 8 at 3.
333) この率は、一説には5％以下といわれている。Balter, ch. 8 at S-50.
334) TEFRA, Senate Report 272-273.

の趣旨に沿った解釈をされることを期待して、この文言を採用した[335]。その際には、従来から存在した民事罰が用いている「懈怠」「詐偽」等の主観的な要件を判断、立証することが困難であることにも注意が払われ、できるだけ客観的な基準を用いようとしたものだとされている[336]。この「実質的な根拠」の基準はある見解を採用する際のその正当性の確かさの基準であり、「どちらかといえばあるの基準（a more likely than not standard）」と「合理的な基礎の基準（reasonable basis standard）」の中間的なものであるとされている。そこには、法令、通達はもちろん、判例、議会報告により示された議会の意図などが含まれる反面、プライベート・ルーリングやプロポーズド・レギュレーションなどは含まれないと解されていた（財務省規則1.6661-3）。

しかし、何が納税者が申告書において一定の見解を採用する場合の「実質的な根拠」になるかについては見解の相違がありえ、結局多くの争いがここから生じることとなった。また、旧規定には過少申告に合理的な理由があり、かつ、納税者が善意で行動したときには、長官は罰則金の一部または全部を放棄しうる旨の規定（旧6661条(c)）があったが、この規定の運用についても不統一がみられた。

このような様々な問題があったにもかかわらず、1989年改正はこの規定に関してそれほど大きな改正を行なったわけではない。新規定では、前述のようにこの規定も6662条「正確な額に関連する罰則金の賦課」の中に取り込まれ、統一的に規定された結果、その率が20％になり、免除規定も他の罰則金の場合と統一されたほか、多くの納税者に関係があり、内国歳入庁が実質的な根拠ありとは考えないもののリストを少なくとも1年に1回は公開することを求めた規定（同条(d)(2)(D)）が新たに挿入されたのみである。無論、このリストは法律と同様の効力をもつわけではなく、その意味では終局的なものではないが、議会としてはこれにより、納税者が実質的な根拠と考えうるものの範囲を拡げ、かつそれに関する争いが減ることを期待したものである[337]。

335）Mertens, ch. 55 at 200-201.
336）Task Force Report, Ⅷ-25.
337）H. R. 3299 at 1389-1390.

### 4　25%不申告・不納付罰則金（遅滞罰則金）

不申告および不納付には、それぞれ別の罰則金が課されるが、その総額は相互依存的である。すなわち、規定された期日に納税申告書を提出しない場合には、申告がなされるまでの各月に、申告されるべき税額の5％の罰則金が課され（6651条(a)(1)）、規定された期日までに申告書に示された税額を納付しない場合、および、告知・請求の日から10日以内に不足税額を納付しない場合には、不納付の続く各月に、毎月0.5%の罰則金が課されるが（同条(a)(2)(3)）、それらの総額は、合わせて、納付されるべき税額の25%を超えることができない（同前）。これらの罰則金はまとめて、25%罰則金、遅滞罰則金（delinquent penalty）などと呼ばれることもある。

1989年改正によって詐偽による不申告が民事詐偽罰の対象から除かれて6651条(f)に規定され、6662条および6663条の罰則金との平仄を合わせることが意図された[338)]。この6651条(f)によると、詐偽による不申告の場合には、1ヶ月当たりの民事罰の割合は15%に引き上げられ、その上限は通常の民事詐偽罰と同じ75%である。ここでの「詐偽」の要件はこれまで民事詐偽罰についていわれてきたものと同様である[339)]。

この罰則金は、その基礎となる不足税額とともに賦課される場合は、前述した通常の不足額手続によって賦課・徴収されるが、遅れて提出された申告書が正当であり、不申告（遅滞）罰則金のほかに賦課されるべき不足税額がない部分に関しては、その遅滞罰の賦課には通常の不足額手続は適用されない（6665条(b)(1)）。たとえば、法定申告期限よりも1ヶ月遅れて1,000ドルの税額を示した申告書を提出し、同時に1,000ドルを納付したところ、実際の正当税額が1,500ドルであったなら、申告不足税額500ドルとその1ヶ月分の遅滞罰25ドルの計525ドルについては不足額手続の適用があるが、遅れたが正当に申告された1,000ドルについての遅滞罰50ドルには不足額手続の適用はない（財務省規則301.6659-1(c)(ii)）[340)]。

---

338)　H. R. 3299 at 1402-1403.

339)　Id.

340)　Asimow論文はこの点を批判している。それによると、本税額に納税不足額がない場合に納税不足額手続がとれないとすると、課された遅滞罰を争うためには、一旦その罰則金を納付し、その後に還付請求訴訟を提起しなければならない。しかし、これでは、納付を強制されることによる不利益や、租税裁判所に出訴できないことによる不利益（代理人の問題、少額手続の問題）などを受け、納税不足額がある場合と不均衡であるから、立法論としては、遅滞罰に

この罰則金も、長官によって主張されることが必要であり、裁判所が独自に課することはできない[341]。詐偽的な場合を除き、この罰則金の賦課も正しいとの推定を受けるので、賦課を争う場合には、その賦課が誤りであることを納税者が証明しない限り、賦課は維持される[342]。

不申告罰則金は、適時の申告がなされないか、または申告がまったくなされない場合で、①納税者の事情には詐偽の要素がみられるが、詐偽の罰則金を主張すると長官の証明責任を果たすのには十分ではないと考えられる場合、または、②その他の理由から、詐偽罰よりも軽い制裁で事件を終結させることが賢明である場合、に課されるといわれている[343]。

従来の制度では、少額の税負担しか負っていない者が申告を怠るケースが多かったので、1982年の改正により、罰則金の最低額の規定が加えられた[344]。それによると、規定された日から60日以内に申告がなされないと、罰則金の額は、申告されるべき税額の100%と100ドルとの少ない方よりも少なくはならない（6651条(a)）。

不申告が合理的な理由にもとづくものであり、申告義務を故意に無視したのでなければ、不申告罰則金は課されない（6651条(a)）。このことの証明責任は納税者にある。合理的な理由とは、規則によれば、「納税者が通常の事業上の注意と考慮を払い、それにもかかわらず申告書を規定の期間内に提出することができなかったのであれば、その遅滞は合理的な理由によるものである」とされている（財務省規則301.6651-1(c)）。後は事実認定の問題であるが、複数の事実の組み合わせが合理的理由の有無を決定するし、連邦地裁、租税裁判所、内国歳入庁のルール相互間で矛盾した判断もみられるので、事

---

関しても常に不足額手続によることができるようにし、租税裁判所への出訴の途を開くべきであるとされる（Asimow, supra n. 267, at 682）。

この問題は、1989年改正で詐偽的な場合が6651条に含まれるようになったため、今後、一層重要な論点となりうると考えられる。

341）Mertens, ch. 55 at 142.

342）Balter, ch. 8 at S-26-27.

343）Balter, ch. 8 at 11.

344）Merterns, ch. 55 at 139.

Cf. TEFRA, Senate Report at 236. これによると、年間500万人以上の納税者が申告書を提出していない。また、不申告者の確認には平均75ドルのコストがかかるので、課せられる罰則金は、最低でもこれを上回らねばならないと主張されている。

態はかなり混乱しているとされている。[345)]

申告書と称する何らかのものが提出されている場合には、それが不申告罰を免れるのに十分な「申告書」にあたるかどうかが争われることがある。そのような適格な申告書の提出は、前述（135頁）のように、賦課権の消滅時効を開始させる要素でもあるので、両者は同様の争いとなる。[346)]

Mertensによれば、適格な申告書とは、納税者の総所得、控除、税額控除の諸項目に関して実質的な情報を与えるものでなければならない。また、収入の源泉や経費、控除項目の詳細を示していないものは、申告書とはいえない。申告として宣誓され、法に従う真摯で正直な努力が表れていれば、完全に正確でなくても、無効ではない。法人の責任者や個人の署名のない申告書は無効である。[347)]

## 第3　民事詐偽罰

### 1　民事詐偽罰規定の沿革

#### (1)　1954年法以前[348)]

初期の連邦税は主として消費税および流通税であり、ここには、詐偽的申告に関する従額罰[349)]規定はなかった。所得税が1861年に、相続税が1862年に制定されても、従額の民事罰は規定されなかった。

所得税と相続税とは、その後、1864年法、1865年法、1866年法にも規定されたが、連邦歳入法に初めて従額の詐偽罰が規定されたのは、この1864年法であった。この法律の14条は次のように規定している。

> 「虚偽のまたは詐偽的な表（list）ないし評価の申告がなされたなら、賦課権者は、そのような税額の100％を加える。」

1870年に相続税が廃止され、1872年に所得税が廃止された後も、この罰則金規定は、一般的な執行規定として、他の内国税に適用され、1878年法

345）Balter, ch. 8 at 16.
346）Balter, ch. 8 at 12-15.
347）Mertens, ch. 55 at 151-152.
348）Cf. Commissioner of Internal Revenue v. Estate of Leyman, 344 F. 2d 763 (6th Cir, 1965).
349）*ad valorem* penaltyの訳語で、基礎となる税額に応じて罰則金の額が変化する罰則金のことを指す。143頁で紹介した懈怠罰なども従額罰である。

を経て、1939年内国歳入法3621条(d)(2)となった。この条項は、次のようなものである。

「3612条(d)　加算税
(2)詐偽――虚偽または詐偽的な申告または表が、故意に（willfully）作成された場合には、長官はその額の50%を税額に加える。
(3)参照（Cross References）――所得税の場合の加算税については、291条、293条を参照。贈与税の不足額の場合については、1019条を参照。」

ところで、周知のように、連邦所得税は1894年に再度制定されたが、1895年の有名なPollock事件判決[350]でこれが無効とされたので、所得税の制定のために1913年に憲法改正が行なわれ、この後、改めて所得税が制定された。そして、1918年には、新しい所得税のために独立した執行規定が作られ、そこに、虚偽で詐偽的な所得税の申告の場合には、不足額の50%の従額罰を課するという規定が入れられた[351]。これが、次に掲げる、1939年法293条(b)となるものである。

「詐偽――不足額のある一部が、脱税の意図をもった詐偽によるものであるなら、3612条(d)(2)に規定された50%加算税に代えて、（その不足額に加えて）その不足額の全額の50%が賦課される。」

なお、前掲の3612条(d)(3)にあるように、贈与税に関しては、293条(b)と同じ規定が、1019条に入っている。

### (2)　1954年内国歳入法典

1954年法は、加算税等の民事罰の規定を整理し、詐偽に関する前述の三つの民事罰も、6653条(b)に統一された。それによれば、申告書に示されるべき税額の納付不足のある一部が詐偽による場合には、不足額全体の50%が加算されることとなっていた。

### (3)　1971年法による改正

アメリカでは、1948年以来、夫婦は所得税の共同申告（joint return）をすることが認められていたが、この場合には、夫婦は租税に関する債務を共同でかつ個々的に（joint and several）負うので（6013条(d)(3)）、夫婦の一方のみが詐偽を行ない、他の配偶者がまったくそれに関与していない場合でも、そ

350）　Pollock v. Farmers' Loan & Trust Co., 157 U. S. 429 (1895), rehearing, 158 U. S. 601 (1895).
351）　Revenue Act of 1918, §250, ch. 18, 40 Stat. 1057, 1083.

の無実の配偶者の租税に関しても罰則金が課されることとなるため、これを不合理とする意見が強かった。[352] そこで、1971年になってやっと法律が改正され、6013条(e)の新設と6653条(b)の改正によって、[353] 詐偽に関与しなかった配偶者の分の租税には、詐偽罰を課さないこととされた。[354]

### ⑷　1982年法による改正

前述したように、1981年経済回復税法によって、懈怠罰に、支払われるべき利子の50%が加えられた。[355] そこで、これに対応して、1982年法は、詐偽罰にもこのような、期間によって増加する部分（time-sensitive component）を加えた。それは、支払われるべき利子のうち、詐偽による不足額に対応する分の50%である。[356]

この利子の半分という加算額は、一見大したことがないようであるが、アメリカにおいては、公定歩合等と連動する利子の利率が高かったこと（前述139頁）と、詐偽の場合には賦課権の消滅時効が働かず、かなり前の年度の租税に関する詐偽罰が賦課されることが往々にしてあること（後述157頁）とを考えあわせると、この改正による負担増加は軽視できないものであると考えられる。また、理論的には、この改正は、これまで、不足額のうち詐偽による部分とそうでない部分とを区別するということをしてこなかったアメリカにおいて、初めてその区別を行ったものであり、次の1986年改正への途を開いたものと評価してよいであろう。

### ⑸　1986年法による改正

連邦の租税に関して大改革を行った1986年法は、詐偽罰についても大きな変更を加えた。それは、第一に、内国歳入法典の歴史上初めて、詐偽罰の計算の基礎を、不足額のうち詐偽による部分に限ったこと。第二に、それと引き換えに、詐偽罰の税率を75%に引き上げたことである。[357]

---

352）たとえば、The Section of Taxation, ABA, Council and Committee Recommendations, Committee on Civil and Criminal Tax Penalties, 22 Tax Law, 965-966 (1969).（以下、第1部において “ABA, Council and Committee Recommendations” として引用する。）

353）P. L. 91-679, §1 (6013(e)), §2 (6553(b)).

354）この点は詐偽罰の規定の不備な点として、改正されるまでしばしば論じられてきた点であるが、夫婦共同申告制を採用していない日本においては、それほど興味を引く点ではないので、ここでは、詳しく扱うことはしない。参照、第2部第4章（378頁）。

355）P. L. 97-34 Economic Recovery Act of 1981, §722(b)(1). 参照、前述144頁。

356）P. L. 97-248 Tax Equity and Fiscal Responsibility Act of 1982, §325(a).

357）P. L. 99-514, §1503(a).

この第一の部分は、以前から制度の欠点としてしばしば指摘されていたにもかかわらず、立法が動いてこなかったところであるが、この改正でようやくその指摘が陽の目を見ることとなった。この結果、1986年法による改正後の旧6653条(b)(1)は次のように定めることとなった。

「申告書に示されるべき租税の（(c)項で定義するような）過少納付額のある部分が詐偽によるものであるときには、次の合計額に等しい額が租税に加算される。――

(A)　過少納付のうち詐偽に帰すべき部分の75％の額、と

(B)　そのような部分に関して、（いかなる猶予も考慮に入れずに定められた）そのような過少納付の支払いについて法が規定した最終日に始まり、その租税の賦課の日、またはもしもこの方が早ければ、その租税の支払いの日に終わる期間に対して、6601条の下で支払われるべき利子の50％に等しい額。」

### (6)　1988年法による改正

1988年法は、前述したように、懈怠罰と民事詐偽罰に関して、その利子に連動する部分を削除し、代わりに、罰則金に付加される利子の開始時を従来の民事罰賦課の日から、その基礎となった申告書の提出日へと変更した。この点については懈怠罰に関連してすでに述べた（144頁）。

### (7)　1989年法による改正

前述したように、内国歳入法典の民事罰規定は1989年に大改正を受けたが、民事詐偽罰に関していえば、規定の体裁はともかく、内容的には大きな変更はなかった。詐偽罰に加えられた形式上の変更は、詐偽的な不申告が民事詐偽罰の対象から離れて遅滞罰の特例の対象となったことと、納税不足額のうち詐偽に帰せられない部分の納税者による証明責任の程度が明確になったことの二点であるが、このどちらも、実質的な変更ではない。

## 2　詐偽罰賦課の要件と効果および手続き

### (1)　要　　件

1989年法による改正後の現行法6663条は次のように定めている。

「6663条　詐偽罰の賦課

(a)　罰則金の賦課

申告書に示されるべき租税の納付不足の何らかの部分が詐偽によるものである場合には、納付不足額のうち詐偽に帰せられるべき部分の金額の75％に相当する金額を加える。」

また、この規定は申告書が提出された場合に限られるので（6664条(b)）、詐偽的な不申告については6651条(f)が、そのような不申告には、1ヶ月当たり不申告にかかる納税不足額の15％を罰則金として課し、最高75％（すなわち5ヶ月間分）に達することを定めている。

ところで、6663条によれば、詐偽罰を賦課するための要件は、過少納付額があることと、その過少納付額の一部が詐偽によるものであることの二つである。

ここでいう過少納付額の存在は、詐偽罰を賦課するための不可欠の要件であるとともに、詐偽罰の額を計算するための基礎ともなるものであるから、その内容については、詐偽の効果のところで一括して述べることとしたい。また、「詐偽」という要件については、後に少し詳しく述べることとする。

⑵　効　　果

(i)　**詐偽罰の賦課**　　(イ)　⑴の二つの要件が満たされると、詐偽罰が賦課される。この詐偽罰の額は、1982年から1988年まで課されていた利子に連動する部分を除くと、1986年法以前は、不足額全額の50％であった。

この場合、もともとの詐偽罰の計算については、不足額のうちどれだけが詐偽によるものであるかは考慮しないとされていた。たとえば、不足額の中に、善意無過失で申告しなかった部分と、過失により申告しなかった部分と、詐偽により申告しなかった部分とがあったとすると、詐偽による部分がどんなに小さくても、詐偽罰の計算の基礎は善意無過失や過失による不足額にも及び、不足額全額の50％の額の加算税が詐偽罰として賦課されることになっていたのである[358)]。

しかし、この方法には、詐偽罰の額が必ずしも詐偽による不足額によって決まらないという、不合理な点があった。これはつとに、アメリカ法律家協会の税制部会の勧告により、次のように批判されていた点である。「理論的には、詐偽罰は裁判所によって、救済的な性質のものであり、侵害された租税を調査・徴収するために要した余分な費用を政府に補償するために作られているとされてきた。……しかしながら、実際には、それは懲罰的なものである。……詐偽罰を詐偽の大きさに釣り合ったものにすることが、より公平

358)　Cf. Mertens, ch. 55 at 101.

であると考えられる。[359]」

また、後述する判例[360]のように詐偽罰を救済的なものと考えた場合にも、本来ならば過失や無過失による不足額の調査・徴収費用は納税者に負担させることができないのに、たまたま他の一部が詐偽によるものであったために、それを回収できるとすべき合理的な理由はないように思われる。[361]

このような長年にわたる批判を受けて、下院歳入委員会は、1985年の報告書において、過少納付額が同じであれば、詐偽による部分の多少にかかわらず同額の詐偽罰を課されるというのでは、詐偽をする者への抑制効果に乏しいことを理由に、詐偽罰の計算の基礎となる納税不足額を、詐偽による部分に限るとともに、その代わりに、税率を50%から75%に引き上げることとした。[362] 1986年法においては、この提案がそのまま立法化され、現行法に引き継がれている。

(ロ)　詐偽罰は、詐偽に帰すべき過少納付額を基礎として計算される。ここで言う過少納付額とは、単純にいえば、正当な税額と当初申告によって申告・納付された税額との差額である（6664条(a)）。当初申告がなされた後でなされた修正申告による税額の増加は考慮されない。[363]

法定申告期限内に二つの申告がなされた場合には、後者のみを考慮する。[364]

しかしながら、従来から、申告書の提出は、必ずしも詐偽罰を賦課するための要件ではなく、不申告の場合でも、不申告が詐偽的なら、課されるべき税額の全額を基礎として、この罰則金を賦課しうるとされていた。[365] この点は1989年法により整理、変更され、本則としての民事詐偽罰（6663条）は申告書が提出された場合のみに適用され（6664条(b)）、詐偽による不申告の場合には、通常の遅滞罰に代えて特別の遅滞罰が適用されることとなった（6651条(f)）。その内容はすでに述べたとおりである（149頁）。

---

359）ABA, Council and Committee Recommendations, 24 Tax Law., 893-894 (1971).

360）Helvering v. Mitchell, 303 U. S. 391 (1938).

361）Darrell McGowen et al., Criminal and Civil Tax Fraud with 1991 Cumulative Supplement（以下、本書は "Criminal Tax Fraud" として引用する。), 982-986 (1986) は、この点を捉えて、改正前の6663条には憲法第5修正違反のおそれがあったとする。Cf. id. 2 1991 Cumulative Supplement 23.

362）H. R. 3838 at 834.

363）Balter, ch. 8 at 41, Mertens, ch. 55 at 35.

364）Balter, ch. 8 at 39.

365）Balter, ch. 8 at 38, Mertens, ch. 55 at 36.

過少納付額の存在は、純損失の繰戻しによっても影響を受けない。すなわち、詐偽的な申告がなされた翌年にその納税者が純損失を出し、これを繰り戻した結果前年分の租税債権がなくなった場合でも、純損失の繰戻しを考慮することなく、過少納付額の有無を決定し、詐偽罰を賦課することができる[366)]。Seeley Tube and Box 会社事件判決[367)]は、利子についてこのことを述べたものであるが、同じことが詐偽罰の場合にもあてはまるとされている[368)]。

(ii)　懈怠罰等の排除

詐偽罰が賦課される場合には、他の金額の正確性に関する罰則金の適用が制限される。すなわち、不足額のうち詐偽罰の対象となる部分については6662条の罰則金は課されない（6662条(b)）。これも詐偽の付随的な効果の一つであると考えられる。なお、従来は遅滞罰に関しても同様の問題があったが、前述したように1989年改正によって詐偽的遅滞は遅滞罰の特例の対象となったので、この問題はもはや存在しない。

(iii)　賦課権の消滅時効の例外

厳密にいえば「詐偽罰」の効果ではないが、「詐偽」の効果としてしばしば一緒に論じられるものに、長官の賦課権の消滅時効（statute of limitations）の例外がある。

前述（135頁）のように、通常、長官の賦課権は3年間の消滅時効にかかる。しかし、脱税の意図をもった虚偽のまたは詐偽的な申告がなされた場合には、賦課権の消滅時効は適用されない（6501条(c)(1)）。このような消滅時効の不適用は、申告書の一部が詐偽であれば、その申告書によって申告された租税の全体に及び、詐偽による部分に限定されるものではない[369)]。

また、この賦課権は詐偽罰の賦課のみならず、申告・納付されなかった本税に関する賦課権をも含む。したがって、通常の賦課権の消滅時効の期間を過ぎて、納税不足額と詐偽罰とを賦課する場合には、詐偽罰の賦課の可否のみならず、納税不足額の賦課をなしうるかどうか自体が、詐偽の有無にかかっていることになる。詐偽なしとされれば、賦課権の消滅時効により、納

---

366)　Mertens, id.
367)　Manning v. Seeley Tube and Box Co., supra n. 301.
368)　Balter, ch. 8 at 44, Criminal Tax Fraud 972.
369)　Balter, ch. 8 at 35.

税不足額の賦課そのものが妨げられるからである。

一旦詐偽的な申告をした後に正当な税額を示す適法な修正申告をした場合には、原則に戻ってその修正申告から3年間の消滅時効が働くのか、それとも一度詐偽がなされた以上は消滅時効はまったく働かないのか、という問題がある。この問題については下級審の意見が分かれており、また、各判決においても裁判官の意見が往々にして分かれていたが、連邦最高裁は、Badaracco事件判決[370]において、法律の文言にもとづいて、すなわち、法の文言は、疑問の余地なく、一旦詐偽的な申告がなされればその後の賦課には時間的な制約がないとしており、後の適正な修正申告の有無にこの点をかからしめてはいないことを主たる理由として、このような場合にも、長官の賦課権に消滅時効の適用はない、と判示した。

このように、一旦詐偽ありとされると、長官の賦課権に時間的な制限がなくなるとされている理由は、Badaracco事件最高裁判決の示す実質論を参考にすると、第一に、詐偽の事案は発見および調査が通常の事案に比べて非常に困難であり、加えて、後述するように、詐偽に関する長官の立証責任は通常の不足額の賦課の場合よりも重いものであるから、そのような調査ないし立証の準備のためには長い時間がかかること、第二に、民事詐偽罰の対象となるような事案の一部は、民事詐偽罰の賦課に先立って刑事訴追が行なわれるので、その間に民事罰を課しえなくなることは不合理であること、などが考えられる[371]。

詐偽の事案において、長官の賦課権に消滅時効が働かないことは、非常に昔の租税に関する賦課が行なわれうることを意味する。そのような場合は、利子や1988年改正前に規定されていた詐偽罰のうち利子に連動する部分の

---

370）Badaracco v. Commissioner of Internal Revenue, 464 U. S. 386 (1984).

371）Cf. id. at 764-765.

なお、Badaracco事件判決以前には、詐偽的な申告があった場合でも、後に真実の修正申告がなされた時から長官の賦課権の消滅時効が進行すると解する考えが、判例上有力であった。その理由として、これらの一連の判決の先例となったDowell事件判決は、詐偽的申告の場合に長官の賦課権の消滅時効が進行しないのは長官に賦課徴収に必要な情報を集める時間を与えるためであるから、後に真実の修正申告がなされると、長官にもはやそのような時間を与える必要がなくなることを挙げていた（Dowell v. Commissioner Internal Revenue, 614 F. 2d 1263, 1266 (1980)）。Cf. Note, Amended Returns and the Limitations Period for Tax Fraud, 51 Geo. Wash. L. Rev. 600 (1983), Brennan, The Uncertain Status of Amended Tax Returns, 7 Rev. Tax Indv. 235, 252 (1983).

額が莫大なものとなりうるし、逋脱罪の刑事訴追にすら一般に6年間の公訴時効があることとの均衡も問題となるため、この制度には批判も多い[372]。Badaracco 事件判決の争点に関して下級審の判決や裁判官の意見が分かれた裏には、この点に関する制定法上の厳しさを若干緩和しようとする考慮があったのではないかと推測される。しかし、このような批判にもかかわらず、この点に関しては法改正もなされておらず、また、同判決にもみられるように、最高裁もかなり強い態度でこの問題に臨んでいるように思われる。

#### ⑶　手続き

詐偽罰は税額の一部として、前述の不足額手続によって賦課・徴収される。また、詐偽罰は長官によって賦課・主張されねばならず、租税裁判所が自らの判断でこれを課することはできない（6655条⒜）。

### 3　「詐偽」の意義

⑴　詐偽罰賦課の要件の中心となるものが、詐偽の存在という要件である。これは、前述のように、1939年法においては「脱税の意図をもった詐偽」とされていたのが、1954年法において単に「詐偽」とされたものであるが、その内容に変化はないと考えられている[373]。

では、「詐偽」とはどのようなものであるのか。この点につき、詐偽の意義を述べたものとしてしばしば引用される Mitchell v. CIR 事件判決[374]は、「詐偽とは、実際の、意図的な非行（actual, intentional wrongdoing）であり、必要な意図は、課されていると考えられている租税を侵害する特別の意思である」と述べており、また、Balter は、詐偽とは、「実際の悪い動機もしくは政府に帰すべき租税を逋脱する意図、または、納税者が知る限りにおいて真実に反する故意の行為を意味する」としている[375]。

このように、詐偽とは一定の悪質な心理的状態ないしはそれを伴った行為を指しているものである。そのため、どのような場合に詐偽とされるのかを

372）Cf. Balter, ch. 8 at 36, Kahn, The Supreme Court's Misconstruction of a Procedural Statute, 82 Mich. L. Rev. 461 (1983).

373）一般にいわれていることであるが、たとえば、Slack, Trial and Appellate Techniques in Civil Fraud Cases, 16 N. Y. U. Inst. Fed. Tax. 1179 (1985).

374）Mitchell v. Commissioner of Internal Revenue, 118 F. 2d 308, 310 (1st Cir. 1941).

375）Balter, ch. 8 at 68.

一義的、明確に述べることは非常に困難である。[376)]

また、実際上は、詐偽とされる場合を形式的な要素で限定すると、実質的な考慮からは詐偽罰の対象とすべきものに詐偽罰を課せなくなる事態を生じるおそれがあるため、裁判所は、詐偽の有無について明確かつ限定的な定義をすることに消極的であるといわれている。[377)]

したがって、詐偽は、納税者の行為その他のいくつかの外形的な事情の組み合わせから認定されることとなる。この点につき、よく引用される今一つの判決であるGano事件判決[378)]は次のように述べている。

「詐偽を、意図の直接証拠によって証明することはほとんどできない。通常、それは、問題となるいくつかの取引とそれに関連する納税者の行動とから確かめられねばならない。」

「たった一つの矛盾の例や、法が期待する正確な責任からたまたまはずれたというだけでは、多分見過ごされるだろう。しかし、原告の税務会計の全体的な構造が重大な誤りに侵されている場合、求められる結果を達成するために入念な細工がなされている場合、説明に引用される証拠が場合によって変わり、すべて信用できない場合、宣誓した言明が記録によって虚偽であると証明された場合、事実および法律に関する誤りがすべて、明白な租税債権を減らすことに向かっている場合、そのような場合には、状況は単なる偶然の一致ないしは意図的でない誤りを超えている。そのような状況は、逋脱の意図を証明している。」

また、後に（172頁）詳しく紹介するMitchell事件の第一審判決[379)]は次のように述べている。

「すべての証拠が一つの方向を向いているということは稀である。通常、事件における原告の理論を支持するような、すなわち、詐偽的な意図を否定するような事実と、それと反対の方向を向いており、詐偽を証明するような事実とが存在する。同様に、ある一つの行為を引用する詐偽の証明は、ほとんど不可能である。それは通常、多くの事実と推論とを含む行動の過程全体をみて決定される。この分析の過程においては、棒の束の強さについての古いたとえ話が似ている。ばらばらの事実は説明され、受け入れうる説明によってその力を失うかもしれないが、弱い力がまとまれば、それらは、反駁を許さないようなまとまった力を生み出すかもしれないのである。」

---

376）Cf. Task Force Report, Ⅷ-16.

377）Balter, ch. 8 at 68.

378）M. Rea Gano v. Commissioner of Internal Revenue, 19 B. T. A. 518, 533 (1930).

379）Mitchell v. Commissioner of Internal Revenue, 328 B. T. A. 1093 (1935).

そこで、以下では、詐偽を認定する際に考慮の対象となる要素を検討することによって、間接的に詐偽の意義を説明することにしたい[380)]。

⑵　Balterは、しばしば詐偽を示す事実として、次の10項目を挙げている[381)]。

(a)　それ自体が実質的な額であるか、全所得に対して実質的な額であるような額の所得の、意図的な過少申告。

(b)　それ自体が実質的な額であるか、申告された全所得に対して実質的な額であるような額の意図的な過大控除。

(c)　一課税年度を超えて続く、所得の過少申告または控除の過大申告の繰返し。

(d)　所得のための秘密口座または、架空ないしダミーの名前によって作られた銀行口座。

(e)　開示されていない所得源泉と納税者の通常の事業以外からの所得。または、事実は納税者のものであるが、架空またはダミーの名前で行なわれた事業ないし取引からの、開示されていない所得。

(f)　納税者によって行なわれた違法な事業または不法な取引からの、開示されていない所得。特に、後者が散発的なものではなく、恒常的なものである場合。

(g)　納税者の事業上の経験、教育、簿記や記録に関する知識にもとづいて、特定の納税者に期待されうる十分な帳簿や記録がないこと。

(h)　納税者が保持していた帳簿や記録、または政府の職員によって提出を求められた帳簿や記録に、虚偽の記載や変造があること。

(i)　虚偽が申告書に現れた理由について、納税者が、調査官または租税裁判所に対して、合理的な納得しうる説明を何らなさないこと。

(j)　刑事逋脱罪に関する納税者の有罪。

無論、詐偽ありという判断が、ここに挙げられたような要素のどれか一つのみによるという場合はごく稀であり、そのような判断は、むしろ、多くの要素を考慮してなされると考えるべきである。

では、ここで挙げられている要素のいくつかについて、若干のコメントを付しておこう。

(i)　かつては、詐偽罰の賦課には、実質的な額の納税不足が必要であるとされていたが、この基準は緩和されたといわれている[382)]。現在では、長官

---

380)　Mertensも、「『詐偽』という語の一般的な定義は不可能でも、詐偽の有無の決定に際して考慮されるべきいくつかの要素を述べることはできる」としている（Mertens, ch. 55 at 48）。

381)　Balter, ch. 8 at 70.

382)　Balter, The Line Between Negligence and Fraud（以下、“Balter, Negligence and Fraud” として引用する。), 12 N. Y. U. Inst. Fed. Tax. 15, 29 (1953).

も、租税裁判所も、対象となっている納税不足額が僅少であるというだけの理由で詐偽罰の賦課を否定することはないから、詐偽罰の賦課のために必要な「実質的な納税不足額」という基準はあまり働かないと考えるべきである[383]。

逆に、確かに理論的には、不足額の証明のほかに、独立した、詐偽を示す証拠が必要であるが、多額の過少申告は、それ自体で、詐偽の存在に傾く事情である。特に、そのような過少申告が数課税年度にわたって繰り返し行なわれている場合には、詐偽の存在が肯定されやすい[384]。そのような過少申告は、「単なる過少申告」ではないからである[385]。

無論、過少申告の繰返しのみから詐偽ありとすることはできないが、「しかし、実際には、数年間にわたって、繰り返し、所得の実質的な過少申告がある場合に、不足額それ自体の証拠のほかに詐偽の意図の証拠が、脱漏や過少申告のパターンに本質的に織り込まれていないということは、あまりない[386]」。

しかし、そのような過少申告の繰返しが、財産増減法などによって間接的に証明されている場合には、この効果は弱まり、詐偽を認定するためには、さらに詐偽を示すような何らかの事実が要求される[387]。

納税者の所得源泉は、一般には詐偽の有無とは関係がないが、不法な事業から得られた所得が秘匿されている場合には、詐偽ありとされやすいと考えられる[388]。

(ii)　所得の計算に必要な記録や帳簿類の保存状態や偽造・変造の有無、またはそれが毀損されているかどうかということは、詐偽の認定にとって非常に重要な考慮要素である。そのような帳簿等に変造がある場合、またはそれらが毀損されている場合は、その合理的な理由が説明されない限り、詐偽が肯定される[389]。

逆に、申告ないし納付不足額があっても、正しい税額を計算するのに必要な情報がすべて開示されているような場合には、通常、詐偽ありとはされな

383）Id. Balter, ch. 8 at 87.
384）Balter, ch. 8 at 88.
385）Cf. Mertens, ch. 55 at 57.
386）Balter, ch. 8 at 85.
387）Balter, ch. 8 at 89.
388）Balter, ch. 8 at 96.
389）Balter, ch. 8 at 97-99.

い[390]。また、正しい税額を示した上で、宗教上の理由などから納付しない場合も、詐偽とはされない[391]。

ただし、帳簿等が正確に作成されていても、それによって、詐偽が必ず否定されるとは限らない[392]。

(iii)　理論上は、申告があった場合には、申告書のみが詐偽の有無の判断の対象となる。それ以外の書類や納税者の行動において詐偽的なものがあっても、詐偽罰を賦課する理由とはならない[393]。したがって、申告以後の行為は詐偽とはされない。しかし、租税裁判所は、申告にあたって詐偽があったか否かを判断する上で、申告がなされた後に行なわれる調査官等による調査に対する納税者の協力の程度ないしは調査が行なわれている間の納税者の態度を、非常に重視しているといわれている[394]。

(iv)　ある租税に関して逋脱罪によって起訴され、無罪判決を得ていても、その同じ租税に関して民事詐偽罰を賦課することができる[395]。後述するように、逋脱罪の有罪を得るための立証責任の方が、民事詐偽罰の賦課を維持するために長官が果たさねばならない証明責任よりも重いからである。

これに反して、同じ租税について、先に逋脱罪の有罪判決がある場合には、それは、後続の民事詐偽罰の賦課において強力な詐偽の証拠となるだけではなく、コーラテラル・エストッペルの法理によって、後続の民事手続では、納税者は詐偽の存在を争えないとするのが判例である。この点については後にもう一度詳しく触れることにしたい[396]。

(v)　前に掲げた(a)〜(j)には挙げられていなかったが、租税裁判所が詐偽罰賦課の正当性を検討するにあたっては、詐偽罰を主張する長官の態度も考慮に入れられる。すなわち、長官が、不足額通知の段階から詐偽罰を主張しているのではなく、訴訟の段階にいたって初めて訴答によって詐偽罰を主張した場合や、訴訟の場において、詐偽罰と懈怠罰とを選択的に主張している

390)　Balter, ch. 8 at 90, Mertens, ch. 55 at 97.
391)　Mertens, ch. 55 at 46.
392)　Owens v. United States, 98 F. Supp. 621 (W. D. Ark. 1951).
393)　Balter, ch. 8 at 38.
394)　Balter, Negligence and Fraud 34, Balter, ch. 8 at 104-105. Cf. Nessen, The Line Between Negligence and Civil Fraud 20 N. Y. U. Inst. Fed. Tax. 1117, 1128 (1962).
395)　Helvering v. Mitchell, supra n. 360.
396)　参照、後述221頁。

場合は、長官の側も詐偽罰の主張に自信がないものと考えられ、詐偽罰が否定されやすいといわれている。[397]

(3)　(1)で述べたように、詐偽には特定の個人の心理的な要素という面が強いので、詐欺の有無の認定に際しては、以下に挙げるようなことも問題となる。

(i)　詐偽罰を主張されている納税者の個人的な属性も、詐偽の存在の判断については重要な要素である。この第一に挙げられるのが、その納税者の教育や商習慣、簿記などへの習熟の程度である。[398] 詐偽の存在は、あくまでもその個人に特殊なものとして検討されるからである。

次に、問題となっている納税者の人格的な評判も、限界的な事例では重視される。[399]

最後に、場合によっては、納税者の健康も考慮の対象となる。これはあまりない事例であるが、申告すべき時期に納税者が重病にかかっていたということは、詐偽を否定する要素となりうる。[400]

(ii)　詐偽にとって重要なのは、脱税しようとする特定的な意図であるから、ある行為がこのような意図をまったく含まず、他の意図のみによってなされたなら、詐偽は否定される。しかし、他の意図と並んで脱税の意図もあった場合には、詐偽は否定されない。

このように、他の動機の抗弁は、理論的には可能だが、あまり成功しない。[401]

(iii)　ある行為が、他人を信頼してなされたものであることは、詐偽を否定する要素となる場合がある。

まず、使用人や代理人などの他人が納税者の申告書を作成した場合、それは納税者に詐偽の意図がなかったことの判断の要素とはなるが、他人が申告書を作成したからといって、そうでなければ課せられたはずの詐偽罰を、納税者が免れることはできない。[402]

---

397)　Balter, Negligence and Fraud 36, Balter, ch. 8 at 79.

398)　Balter, ch. 8 at 100, Balter, Negligence and Fraud 31-32, Mertens, ch. 55 at 54. Cf. Nessen, supra, at 1128. Bittker, ch. 114 at 19.

399)　Balter, ch. 8 at 102, Balter, Negligence and Fraud 33.

400)　Balter, ch. 8 at 103, Mertens, ch. 55 at 55.

401)　Balter, ch. 8 at 72-73.

402)　Balter, ch. 8 at 106, Mertens, ch. 55 at 49.

次に、申告書における特定の事項について、会計士や弁護士などの専門家の意見を聞いた場合は、このような処置をとったということが、詐偽がなかったことを推認させる事情の一つとはなる。また、納税者も助言者も善意で行動しており、相談を求められたことについて助言者が合理的に有能であるということができ、助言者が公正に問題を判断しうるように納税者が事実を十分に開示しており、かつ、問題の解決が助言者が与えたないしは意見を述べたことの範囲に属していれば、たとえ助言が誤りであったとしても、納税者は詐偽罰から逃れることができる[403)]。

(iv)　以上述べてきたように、詐偽の有無は、主として、関係する個人の心理的な事情にかかっている。このため、納税者が法人である場合には、役員や一人株主の行動が着目される。そのような者は、大抵、法人のために行動するからである。したがって、この前提が成り立たない場合には、そのような役員等の行動から、法人の詐偽を認定することはできない[404)]。

### 4　詐偽罰賦課の証明責任

#### (1)　序

何らかの罰の適用が争われ、訴訟になった場合の、その罰の要件についての証明責任の問題はどのような罰に関しても重要な問題であるが、前述のように詐偽の有無は多くの事実の総合的な判断によるものであるため、詐偽罰については、一層、証明責任の問題が重要となってくる[405)]。

詐偽罰の賦課に関する証明責任の問題は、Pigman 事件判決[406)]の次のような判示に集約されている。

> 「詐偽に関する証明責任は被告にあり、被告は原告の側における詐偽を明白で説得的な証拠によって立証しなければならない。
> 　まず最初に、この点に関する我々の結論は、適法に提出されたすべての証拠を考慮して行なわれ、考慮は被告の積極的な証拠に限定されないということを確認しておかねばならない。」

---

403)　Balter, ch. 8 at 109. Cf. Mertens, ch. 55 at 56.
404)　Mertens, ch. 55 at 52-53.
405)　Mertensによれば、「実際上は、政府の証明責任を常に、意識的かつ明白に考慮することなく、租税の考察において、適切な、民事詐偽罰の概念はありえない」、といわれている（Mertens, ch. 55 at 44）。
406)　Pigman v. Commissioner of Internal Revenue, 31 T. C. 354 (1969).

ここで述べられていることは、第一に、詐偽に関する証明責任が被告長官の側にあること、第二に、その証明は明白で説得的な程度に行なわれねばならないということ、第三に、適法に提出されたすべての証拠が考慮の対象となることである。このうち、前者の二点はいずれも、納税不足額や、懈怠罰・遅滞罰等の賦課が争われる場合の証明責任とは異なる点であり、詐偽罰の賦課に特有な点である。そこで、以下ではこの二点について、簡単に分説することにしたい。

なお、以下では特別に触れることはしないが、ここで第三点として述べられている、裁判所は適法に提出されたすべての証拠により詐偽の有無を判断する、ということも、しばしば言及される点である[407)]。3で述べた詐偽の判断方法を考えれば、けだし当然といえよう。

また、詐偽的で虚偽の申告書が提出されたかどうかは事実問題である。したがって、事実審で詐偽ありとされた場合に控訴審に残された問題は、そのような認定を支持する証拠が記録の中にあるかどうか、ということに限られることになる[408)]。

### ⑵　証明責任の所在とその内容

(i)　詐偽罰を賦課するための要件は、前述のように、納税不足額の存在と詐偽の存在であるから、訴訟の場で証明されるべきも、この二つの要素である。まず、詐偽の証明責任から検討しよう。

詐偽の証明責任については、「詐偽は推定されない」というスローガンがしばしば用いられる。この意味するところは、詐偽はそれを主張する被告長官が証明責任を負うということである。このことは、行政処分の適法性を証明する責任は被告行政庁にあると考える現在のわが国の考え方からすれば当然のことのように思われるかもしれないが、アメリカの税務訴訟においては、納税不足額を争う場合には、その賦課処分が誤っていることの証明責任が原告納税者側にあるとされているから[409)]、これは重要な例外であることになる。このように、詐偽の証明責任が長官の側にあることについては、現在では7454条(a)、および、これを受けた租税裁判所規則142条(b)に明文の規

407)　Mertens, ch. 55 at 45, 105.
408)　Slack, supra n. 373, at 1086. Cf. Criminal Tax Fraud 966.
409)　参照、前述137頁。

定があるが、これは、確認的な規定にすぎないと解されている。この点に関するリーディング・ケースは、次のBudd事件[410]である。

この事件は、原告納税者が被告長官による詐偽罰の賦課を争った事件である。第一審にあたる租税不服委員会（Board of Tax Appeals）では、長官は積極的に詐偽の存在を証明しなかったが、租税不服委員会は、「原告は、被告の決定が誤りであることを証明する責任を果たさなかった」として、原告を敗訴させた。この当時の租税不服委員会の規則には、「被告が訴答の中で述べた何らかの新しい事項を除くと、証明責任は原告にある」とされていた。第三巡回控訴裁判所は、次のように述べて、原決定を取り消した。

「詐偽は推定されず、それを主張する者がその証明責任を負うということは、一般原則である。……すでに確立された法の原則が租税の事件については異なるというのでなければ、長官は詐偽の存在を、明白な証拠によって証明する責任を負う。」

この事件の審理のあった当時の内国歳入法は、租税不服委員会が、その「実務と手続き（practice and procedure）」について規則を制定する権限を認めていたが、証明責任の問題は、「実務と手続き」の問題ではなく、「証拠（evidence）」の問題である。

「したがって、証拠の一般原則が適用され、詐偽を主張する者が、それを証明しなければならない。上述の委員会の規則は詐偽には適用されず、もしも適用されたなら、それは権限なくして制定されたもので、しかも、法に反している。1924年歳入法907条の改正によって特別にこの実務を修正した1928年歳入法601条は次のように規定している。

『原告が脱税の意図を伴う詐偽について有責であるかどうかという争点を含む手続きにおいては、1928年歳入法の制定以前に審理がなされていない場合には、そのような争点に関する証明責任は長官にある。』

これは、単に、何が法であるかを宣言したにすぎない。」

以上は詐偽罰の賦課が租税裁判所で争われた場合の証明責任であるが、詐偽罰の賦課を、還付請求訴訟の形で争った場合も、制定法上の根拠はないが、同様に、法の一般原則から、長官が詐偽の証明責任を負うと解されている[411]。この点からも、租税裁判所における長官の詐偽の証明責任が、内国歳入法典によって創設されたものでないことを見て取ることができよう。

---

410）Budd v. Commissioner of Internal Revenue, 43 F. 2d 509 (3d Cir. 1930).

411）Ohlinger v. Commissioner of Internal Revenue, 219 F. 2d 310 (9th Cir. 1955).

なお、詐偽の存在は、課税年度ごとに証明されなければならない[412]。

(ii) もう一つの要件である納税不足額の存在については、慎重な検討を必要とする。一般に詐偽罰の賦課が争われる場合には、それと同時に、当該年度分の納税不足額の賦課も争われていることが多い。この場合、そのような納税不足額の賦課に関する争いについては、詐偽罰が争われていない場合と同様に、長官の決定が正しいとの推定が働き、納税者は、長官の決定が誤りであることを証明しない限り、敗訴する。しかし、そのような納税不足額の存在は、同時に、詐偽罰賦課の要件でもある。この観点からは、納税不足額の存在は、長官によって証明されなければならない。すなわち、詐偽罰の要件としての不足額の存在には、長官の決定が正しいとの推定は及ばないのである[413]。

このため、不足額の存在について、納税者も長官も証明責任を果たさない場合には、不足額の賦課については、長官の決定が維持され、詐偽罰の賦課については、不足額の証明がなかったことを理由に、罰の賦課が取り消されることとなる。

このことは、先に引用したPigman事件判決[414]が、「被告は、詐偽を証明する自分の証明責任を、不足額の決定における誤りを証明する責任を原告が果たさなかったことによって果たすことはできない」とし、これを引用するMetas事件判決[415]が、より明確に、「何らかの過少納付の、明白で説得的な証拠による証明は、被告の積極的な主張の不可欠の要素であり、単なる詐偽的な意図の間接的な証拠ではない。……被告は、納税者が長官の不足額の決定の誤りを証明できなかったことを、この要素を証明するために証拠として用いてはならない」としていることからも明らかである。これと反対のことを示すように思われる判決もなくはない[416]が、詐偽罰賦課の要件としての不足

412) Balter, ch. 8 at 40, Criminal Tax Fraud 972.
413) Balter, ch. 10 at S-46, Mertens, ch. 55 at 111. これに対してBittkerは詐偽罰の場合にも正確性の推定が働くと解しているようであるが（Bittker, ch. 114 at 23)、これは誤りであろう。
414) Pigman v. Commissioner of Internal Revenue, supra n. 406.
415) Metas v. Commissioner of Internal Revenue, 43 T. C. M. 386 (1982).
416) Estate of Helen May Wheeler v. Commissioner of Internal Revenue, 37 T. C. M. 51 (1978) は、長官は賦課権の消滅時効によって詐偽がなければ賦課が妨げられる年度についてはその不足額の証明に正しいとの推定に頼ることはできないとした後、「消滅時効によって妨げられない期間内については、被告の不足額の決定は正しいと推定されるが、被告は詐偽罰の賦課を維持するためには、決定された不足額の少なくとも一部が詐偽によるものであることを証明しなけ

額の存在の証明責任は長官にあるということは、確立した判例であると考えられる。

(iii) このように、詐偽罰の賦課に関しては、長官は納税不足額の証明責任を負うのであるが、そのうちどれだけが詐偽による不足額であるかということを証明する責任までは負っていないとされている[417]。これは、一つには、これまで、詐偽罰について規定した法律の文言が、その賦課の要件としても、また、従額罰の算定の基礎としても、脱税額を特定する必要がない形になっていたからである。

前述のように、1986年法は詐偽による不足額のみを詐偽罰の計算の基礎とするとしたが、この点についての長官の証明責任に変更はないとされている。すなわち、長官が、一旦、納税不足額の存在とその一部が詐偽によるものであることを証明すると、証明された不足額のうちどれだけが詐偽によるものでないのかを証明する責任が納税者に移り、この証明に失敗すると、従来と同様に、納税不足額全体を基礎として詐偽罰が賦課されることとなるのである(6653条(b)(2))。このような証明責任の分配は、不足額のうち詐偽によらない部分を示すような事実は、一般に、納税者の支配下にあるという考慮にもとづいている[418]。さらに、1989年改正によって、納税者によるそのような証明は「証拠の優越」の程度で足りることが明記されたが(6663条(b))、これもルールを明らかにしただけで、内容に実質的な変更はないとされている[419]。

### (3) 証明の程度

納税不足額の賦課や懈怠罰、遅滞罰の賦課が争われている場合には、長官と納税者のどちらがその証明責任を負うにせよ、その証明はいわゆる「証拠の優越」の程度で足りる[420]。しかし、詐偽罰に関する証明は、明白で説得的な(clear and convincing)程度になされなければならないとするのが判例であ

---

ればならない」とする。

417) Balter, ch. 10 at S-15, Mertens, ch. 55 at 110(判例については、n. 87 at 123).

418) Id.

419) H. R. 3299 at 1392.

なお、後述の議論との関係で付言しておくと、この報告は、詐偽罰に関する場面では長官には納税者よりも重い挙証責任を課するのが適当であると明言している(id.)。

420) 参照、前述138頁。

る[421]。このことは、現在では、租税裁判所規則142条(b)にも規定されている。

「規則142条　証明責任

(b)　詐偽：租税を侵害する意図を伴った詐偽の争点を含む事件においては、その争点に関する証明責任は被告にあり、その証明責任は、明白で説得的な証拠によって果たされなければならない。」

この「明白で説得的」な程度の証明とは、詐偽罰の事件に特有な定式化ではない。それは、通常の民事事件においても、詐欺、不当威圧、滅失した証書や遺言状の内容、口頭の贈与や契約などの証明について例外的に求められ[422]、「元来はエクイティで生まれたものであるが、現在では拡張されて、陪審の付くコモン・ロー上の事件にも適用があ〔る〕[423]」とされている。この定式によって要求される証明度は、刑事事件で要求される「合理的な疑いを超える」程度より低く、通常の「証拠の優越」よりは高いとされているが、どのような場合にその証明があったとされるかを一般的に述べることはできない。ただ、租税詐偽罰に関していいうることは、この定式によって要求されている証明度は非常に高く、それが、詐偽罰が容易に賦課されない理由の一つとなっているということである[424]。

### (4)　考　察

このように、詐偽罰に関する手続きは、証明責任の所在および、そこで要求される証明度の双方について、これを賦課する長官の側に厳しいものとなっている。このことは、たとえば、懈怠罰については、その賦課が要件を欠くものであることを証拠の優越によって証明する責任が納税者側にあり、たとえこの罰が長官の訴答によって初めて主張されたためにその証明責任を長官が負う場合でも、要求される証明は証拠の優越の程度にとどまること[425]、さらに、1989年改正以前は一定の場合には不足額が懈怠によることが推定され、納税者がこの推定を破るためには、明白で説得的な証明が必要と

---

421)　Balter, ch. 10 at 89.　これまでに引用した、Budd v. Commissioner of Internal Revenue, Estate of Wheeler v. Commissioner of Internal Revenue, Metas v. Commissioner of Internal Revenue, Pigman v. Commissioner of Internal Revenue, Kerbaugh v. Commissioner of Internal Revenue, なども、すべて、このことを述べている。

422)　小林秀之『アメリカ民事訴訟法』（弘文堂・1985年）236頁。

423)　小林・前掲注422)。

424)　Balter, ch. 10 at 89, Nessen, supra, at 1134.

425)　参照、前述145頁。

されていたこと[426]と比べると、まさに、詐偽罰に特有の点であるということができる。では、このように、詐偽罰の賦課に関しては格段に手続きが厳しいものとされる理由はどこにあるのであろうか。この点は判例・学説上、自明のものとして扱われている感があり、あまり明確には論じられていないが、何人かの論者はこの点に言及している。

たとえば、Slack は、政府は、詐偽を主張する場合にはその証拠をもっているはずであるから、政府がその証明責任を負うと述べている[427]。しかし、これでは、納税不足額の賦課や懈怠罰・遅滞罰の賦課の場合に、納税者が証明責任を負うことが説明できないであろう。ここからわかるように、このような理由付けは、懈怠や遅滞と区別された、詐偽に特有の性質から説明されねばならない。

判例において、この点について最も詳しく判示しているのは、Budd 事件の判決である。それは、前述のように、詐偽に関する法の一般原則から、この結論を導いている。

また、学説においては、Mertens が、詐偽に関する証明責任規定を、「イギリスおよびアメリカ法に深く根差している、人は高度に説得的な証拠によって有罪と証明されるまでは無実である、という考え方に対応する」ものとしている点[428]が注意を引く。

これらの点および、「詐偽」が、悪質な意図ないしそれを伴う行為を指すとされていることから考えると、「民事詐偽」は、形式的には民事上の制度であり、後述するように、判例上、その性格は「救済的（remedial）」なものであるとされている[429]にもかかわらず、他方では、それを刑事処罰に準じる制裁と考える考え方が存在し、それが、このような厳格な手続きを要求する根拠となっていると考えるのが最も妥当であるように思われる[430]。この点は、民事詐偽罰の性格付けにおいて、重要になってくる点である。

---

426）前掲注 425）。
427）Slack, supra n. 373, at 1084-1085.
428）Mertens, ch. 55 at 103-104.
429）Helvering v. Mitchell, supra n. 360.
430）Asimow によれば、5％懈怠罰や ACUS が提案する 25％故意罰（参照、前掲注 328））の証明責任が納税者にあるのは、納税者は自らの心理状態についての証拠をもっていると考えられるからであり、これとは異なり、50％詐偽罰に関する証明責任が政府側にあるのは、それが準刑事的性格をもっているからである（Asimow, supra n. 267 at 657）。

### 5　民事詐偽罰の法的性格

では、このような民事詐偽罰は、どのような法的性格のものとして考えられているのであろうか。民事詐偽罰の検討の最後に、この問題を考えてみたい。

#### (1)　Mitchell 事件判決

詐偽罰の性格が争われる場面は、二つある。その一つは、納税者が死亡した場合に、その納税者が生前になした詐偽的申告にもとづいて、死後に詐偽罰を賦課・徴収することができるか、ということが問題となる場面であり、もう一つは、一旦逋脱罪で起訴し、または有罪判決が出された後で、さらに詐偽罰を賦課することが、二重の危険（二重処罰）にあたらないか、ということが問題となる場面である。

まず、前者の問題について、連邦所得税の初期には、内国歳入庁長官は、詐偽罰の規定は刑事的な性格のものであり、したがって、詐偽的な申告をした納税者が死亡した場合、死後に詐偽罰を賦課・徴収することはできないとしていた[431]。

しかし、このような詐偽罰の性格付けは、Mitchell 事件判決[432]で決定的に変えられることになる。この事件は、詐偽罰を「救済的制裁（remedial sanction)」として性格付けた非常に重要な判決であるので、次にこれを少し詳しくみておきたい。

**【事実】**　原告（控訴人・被上告人）Mitchell は、1933 年に、逋脱罪の容疑で起訴されたが、審理の結果、無罪の評決を受けた。

この後、被告（被控訴人・上告人）内国歳入庁長官 Helvering は 1929 年分の不足税額と、それに加えて、この不足税額が詐偽によるものであるとして、50%詐偽罰則金とを賦課した。Mitchell がこの処分を争ったのが、本件民事訴訟である。

第一審にあたる租税不服委員会は、先行する起訴によって主張されたのと同じ内容の事実を認定し、長官による不足税額および民事詐偽罰の賦課を維持した[433]。

この決定を不服として Mitchell は控訴し、第二巡回控訴裁判所は、1929 年分の不足税額 72 万 8,709 ドル 84 セントの賦課決定を維持するとともに、これに対する

431）Estate of Reimer v. Commissioner of Internal Revenue, 12 T. C. 913, 916 (1949). 後述のように ABA, Council and Committee Recommendations, 22 Tax Law., 965, 970 は、「刑事的」とはしないが、「本質的に懲罰的」としている。

432）Helvering v. Mitchell, supra n. 360.

433）Mitchell v. Commissioner of Internal Revenue, supra n. 379.

民事詐偽罰36万4,354ドル92セントの賦課決定を取り消す判決をした。[434)]

詐偽罰の賦課を取り消した理由は、要約すると、逋脱罪と民事詐偽罰とでは構成要件が重なっており、50%詐偽罰は租税の形を借りた処罰であるから、本質的には刑事的な後続民事手続は先行刑事手続における無罪判決によって妨げられるとした最高裁判決に従えば、50%詐偽罰の賦課は妨げられる、というものである。

この判決に対して控訴人、被控訴人の双方が上告し、長官にサーシオレアライが認められて下されたのが、本件判決である。

**【判旨】**　原判決破棄。

第一点。後続の民事詐偽罰賦課は、先行する無罪判決の既判力に触れるか。

この点については、判決は、民事と刑事の手続きにおいて要求される証明度が異なることを根拠に、既判力は及ばないとした。なぜならば、先行する無罪判決は単に、有罪が合理的な疑いを超える程度に証明されなかったことを示すにすぎず、Mitchellが故意の租税侵害をしなかったことを決定したわけではないからである。

第二点。先行する無罪判決の後に、50%詐偽罰を課することは、二重の危険の法理により排除されないか。

「議会は同じ作為、不作為に関して、民事、刑事両方の制裁を科することができる。なぜなら、〔憲法の〕二重の危険条項は、単に、同じ違反を刑事的に二度処罰すること、ないしは二度目の処罰をしようとすることを禁じているにすぎないからである。決定のための問題は、このように293条b項が刑事制裁を科しているか否か、ということである。これは制定法の構成の問題である。」

「救済的な制裁（remedial sanction）にはいくつもの種類がありうる。」

「財産ないしはその価額の没収と定額ないしは可変的な額の金銭の支払いは、1789年の最初の歳入法以来、民事的に執行しうるものとして認められてきた、他の制裁である。……比較的に厳しいものであるにもかかわらず、そのような制裁は、それらは本質的には刑事的であり、刑事訴追を支配するルールに従う、という議論に対して支持されてきた。」

「租税に付加金を賦課する制裁の救済的な性格は、同様の立法を認めることにより、本裁判所によって明らかにされてきた。それらは、第一に、歳入を守るための自己防衛と、非常に費用がかかる調査および納税者の詐偽から生じた損失を政府に賠償するためのものとして、規定されている。」

そして、裁判所は、民事詐偽罰の賦課・徴収のために議会が採用した手続きが民事的なものであることを根拠に、この50%民事詐偽罰は民事的な制裁であり、二重の危険はない、と結論した。

また、1928年歳入法が制裁に関して、「罰（Penalties）」の項目と、「税の付加金」の項目とに分けて規定しており、民事詐偽罰は後者に規定されているという点も、この性格付けを支持するとしている。〔第三点は省略する。〕

---

434)　Mitchell v. Commissioner of Internal Revenue, 89 F. 2d 837 (2d Cir. 1937).

### (2) Mitchell事件判決の帰結

このMitchell事件判決は、明確に、詐偽罰を刑事とは区別された、民事的なものであると性格付けた。このことによって、一旦刑事訴追が行なわれた後でも、それによって無罪判決が得られた場合はもちろん、有罪判決がなされた場合であっても、さらに、民事詐偽罰を課することは、二重の危険にはあたらず、憲法上禁じられたものではないことが確定した。このことは、突っ込んだ言い方をすれば、脱税に関する刑事罰と民事罰とは、少なくとも実体法上は無関係であり、両者の間には何らの調整も必要とされないことを明らかにしたものと考えられる。

第二に、この判決を受けて、長官は従来の実務を改め、納税者の死後に、生前になされた詐偽的申告にもとづいて、その遺産に対して詐偽罰を賦課・徴収することとした[435]。この点は、Reimer遺産事件判決[436]において、租税裁判所が詳しく再述したところである。それによれば、コモン・ロー上、不法行為による債権は、それが財産権の侵害に基礎をもつ場合には、不法行為者の死亡によってもなくならないとされているところ、詐偽的申告は、国の得るべき租税債権を失わせるとともに、その適正な額の徴収のために国に余分な費用を費やさせるものであり、まさしく合衆国の財産を侵害するものであるから、申告者の死後に遺産に対して詐偽罰を課することは許されるとされている。

### (3) 考　　察

このように、Mitchell事件判決は、詐偽罰を、政府に対する調査費用等の賠償であり、本質的に民事的な性格のものであると位置付けた。前述したように、民事的か刑事的かという議論は決め手を欠くものであるからここでは措くとしよう。ここで最初に問題としたいのは、詐偽罰の性質が、損害賠償的なものであるとして説明しきれるのか、という点である。

この点については、詐偽罰を政府への賠償として位置付けることはできない、とは言い切れないように思われる。先に引用したReimer遺産事件判決[437]

435) ABA, Council and Committee Recommendations, 22 Tax Law., 965, 970, Estate of Reimer v. Commissioner of Internal Revenue, supra, at 916.
436) Estate of Reimer v. Commissioner of Internal Revenue, supra n. 431.
437) Id.

が言うように、詐偽の事案の調査・徴収に、通常の事案以上の費用がかかることは、常識的にも理解しうるところであり、その特別の費用を、一般的な行政の費用からではなく、特別にその原因となった行為者から取ることは、制度として不合理なものとはいえないからである。

しかし、そのように考える場合には、やはり、その額が問題となろう。後述するアメリカ法律家協会租税部会勧告にもあるように、実際の執行費用と詐偽罰の金額との間には少なくとも明確な関係はない。実際の執行費用の実費を計算することは、それ自体が煩瑣であり、場合によっては不可能なので、概算で徴収するということは制度としては可能なものであるが、その場合にも、一定の根拠は必要なのではなかろうか[438]。また、この点は1986年に改正されたとはいえ、長い間、詐偽罰の基礎が詐偽による納税不足額に限られず、不足額全体がその計算の基礎とされていたことも、賠償という考え方のみによる詐偽罰の正当化を困難にすると思われる。

さらに、立法の際の態度をみても、1986年法により罰則金の金額の算定の基礎の限定と税率の引上げをするにあたって、問題とされているのは罰則金としての効率性のみであり、それと政府の特別な調査費用との関連はまったく問題とされていない[439]。

以上の諸点からすると、たとえ詐偽罰の制度目的として、費用等の賠償ということを考えることができるとしても、それは限定的なものであり、それのみによって詐偽罰を正当化することはできないように思われる[440]。

---

438）たとえば、60日間以上の申告遅れの場合の罰則金の最低額を100ドルと定める際には、不申告者を確認するのに、1件当たり平均75ドルの費用がかかることに言及されていた。参照、前掲注344）。

また、これに関連して、納税者が遅延させることを主たる目的として訴えを起こした場合等には、租税裁判所は、上限を1万ドルとして、納税者に内国歳入庁の損害を賠償すべきことを命令することができるが（1989年改正前6673条）、この場合、法律の文言上は「損害の賠償」であるにもかかわらず、これは実際には罰則金であるので、損害額を実際に計算する必要はないとされていた（Balter, ch. 10 at S-21, Sauer v. Commissioner of Internal Revenue, 771 F. 2d 64, 3d Cir. 1985）ことも指摘しておきたい。なお、この規定は1989年改正により上限が2万5,000ドルに引き上げられ、要件も多少変えられたほか、文言も、「損害の賠償」から「罰則金（penalty）」に変えられた。

439）H. R. 3838 at 384-386.

440）1989年の作業委員会報告も、詐偽罰を含む民事罰の目的として執行費用の徴収を含めることは、自発的納税協力の促進という租税民事罰本来の目的と相容れない面があるとしている（Task Force Report, Ⅱ-4）。

それでは、次に、民事詐偽罰の性格はどのように考えられるべきであろうか。

この点については、まず、アメリカ法律家協会租税部会の勧告が、再度にわたって興味深い指摘を行なっている。第一に、それは、死亡した納税者に対する罰則金賦課の禁止を勧告した勧告において、その理由として、①徴収される罰則金の額と、罰則金を課する事案で政府が負った追加的な費用との間には、証明しうる関係はないので、賠償ということでその賦課を正当化することはできないこと、②誤った行為をしたことに責任のある納税者は死亡しているので、懲罰ないし矯正機能またはこの行為を繰り返させないという機能も働く余地はないこと、を挙げている[441)]。この①で、Mitchell 事件判決の根拠付けが批判されているとともに、②は詐偽罰が懲罰・矯正・特別予防などの機能をもつことを暗黙の了解としているとも考えられる。

第二に、詐偽罰の計算の基礎について述べる際に引用したように（155頁）、租税部会は、詐偽罰を、「実際には、懲罰的なものである」としている[442)]。

このように、民事詐偽罰が、懲罰・矯正・特別予防といった、刑事罰と同じ機能をもつと考えられることを、以下では、その「準刑事的（quasi-criminal）」性格と呼ぶことにする。ところで、民事詐偽罰にこのような準刑事的性格があるなら、それは、その適用の面にも制約を加えているはずである。なぜなら、実体的にも手続的にも、そのような罰を加えるのにふさわしい行為を、その対象として選び出さなければならないからである。

たとえば、Asimow によれば、民事詐偽罰の賦課件数が少ないことは、詐偽罰に準刑事的な性格があることと密接に関連している。確かに、アメリカにおける民事詐偽罰の賦課件数は年間1万件程度であり、アメリカにおける租税犯の有罪総数が2,000件程度であることや、わが国の法人税に関する重加算税の賦課件数が年間約6万件にものぼることと比較するとかなり少ないということができる[443)]。Asimow によれば、この原因は、主として、裁判所が、民事詐偽罰を単なる故意の虚偽申告には適用せず、逋脱罪にあたるかまたはそれに準じるような、非常に悪質な事案に、その適用を限定しているこ

441）ABA, Council and Committee Recommendations, 22 Tax Law., 965, 970-971.
442）ABA, Council and Committee Recommendations, 24 Tax Law., 893-894.
443）参照、**【表1-3】**（44頁）。

とに求められる。[444]

また、民事詐偽罰の適用が少ない、もう一つの原因は、訴訟になった際の証明責任が長官側にあり、しかもその証明が単なる証拠の優越では足りず、明白で説得的な程度の証明を要求されることであるが、このような証明責任について特別の扱いがなされるのも、それが準刑事的な性格をもっているからであるとされている。[445]

最後に、内国歳入庁自身も民事詐偽罰を刑事罰類似のものと考えていることは、民事詐偽罰を課すべき事案は、刑事罰を科すべき事案を調査する査察部による調査を受けなければならないとされていることにも表れている。[446]

このように民事詐偽罰に準刑事的性格があると理解することは、詐偽罰が、特に悪質な意図をその本質的な要件としていること、そして、その税率が著しく高いことからしても、自然なもののように思われる。逆に、ある意味での準刑事的性格を認めるからこそ、1986年法による改正のように、75%という、あえていえば法外な税率をも正当化することができるのではなかろうか。この点は、わが国の国税通則法の立法において、追徴税と同じ50%という税率では懲罰的な意義を拭えないため、重加算税の税率を現行の30～35%に引き下げたこと[447]とも比較することができよう。[448]

また、詐偽罰に準刑事的性格があることは、Asimowが指摘し、筆者も指摘しておいたように（171頁）、その証明に関する規制からもうかがうことができる。詐偽罰の証明に関する要求の厳しさは、それが準刑事的性格をもつとして初めて、理解しうるものであるからである。

ところで、ここでさらに注目されるのは、このような詐偽罰の準刑事的性格をなくす方向ではなく、それを明確にする方向を推す立法論が、アメリカにおいて強く展開されていることである。そのような立法論としては、1975年12月にアメリカ行政会議（the Administrative Conference of the United States

---

444）Asimow, supra n. 267, at 644, 646.

445）Asimow, supra n. 267, at 645, 657.　参照、前掲注430）。

446）Asimow, supra n. 267, at 644, 646.

447）参照、「国税通則法の制定に関する答申（税制調査会第二次答申）」ジュリ251号（1962年）39頁。

448）事実、217頁で述べるように、刑事事件の量刑について考えるときには、裁判官も、民事詐偽罰の懲罰的な意義を重視しているといいうる。

: ACUS）による連邦租税法に関する民事罰の改正についての勧告[449]、およびその勧告のために報告書を書いたAsimowの論文[450]が挙げられる。ここでは民事詐偽罰の規定の文言を逋脱罪を定めた7201条と同じにすべきであると主張されている。なぜこのような方向の立法論が注目されるかというと、このように民事詐偽罰に準刑事的性格を認めることは、同じ逋脱行為に対する制裁を二つ用意することに他ならないから、そこで制度の合理性を保つためには、民事罰と刑事罰との機能分担がより強く求められることになるからである。しかも、Mitchell事件判決が、民事詐偽罰は実体法的には刑事罰とはまったく無関係のものであるとしたから、両者の間に機能分担のための何らかの「調整」が行なわれるとしたら、それは、もっぱら適用に関する手続的な場面か、または、制裁としての効果の面で行なうしかないのである。それでは、そのような機能分担はどのようになされているのか。この点は刑事罰についての概観の後、Ⅳで検討することとしよう。

# Ⅲ　刑事罰

## 第1　刑事罰の概要

### 1　序　　論

#### (1)　序

租税収入を害する行為およびそれに隣接する行為に対して用いられる刑事罰は、内国歳入法典7201条以下および、政府を欺く罰（18 U. S. C. §§287, 1001）などに規定されている。そのうち、ここでは、逋脱罪（7201条）、不申告罪（7203条）、虚偽申告罪（7206条(1)）など、内国歳入法典に規定されている罪のうち主なものについて述べることとする。

租税犯の構成要素は、Bishop事件判決[451]によって、租税犯に共通する「故意」という要件と、各々の租税犯に特別の個別的な要件とからなっていると

449）Internal Revenue Service Procedures: Civil Penalties（Recommendation No. 75-7）41 F. R. 3934（1976）. なおこの勧告は、Asimow論文の末尾にも付録として掲出されている。
450）Asimow, supra, at 651-652, 656.
451）United States v. Bishop, 412 U. S. 346（1973）.

いわれている。そこで、ここでは、各租税犯に共通の「故意」という要件は後でまとめて論じることとし、以下では、まず、それぞれの罪の個別の要件から述べることとしたい。しかし、その前に、各犯罪に共通する二つの問題について触れておくこととしよう。

### (2) 犯罪の主体

租税犯の主体は納税義務者に限られず、実際にそのような行為をした者（または謀議に加わった者）が租税犯の主体となる。

犯罪の主体たる「者（Person）」という語について、7343条は次のように規定している。「本章〔租税に関する刑事罰を定めた75章〕において用いられた『者』という語は、そのような役員、従業員または組合員として、その行為に関して犯罪が生じた行為をする義務があった、法人の役員もしくは従業員、または、組合の組合員もしくは従業員を含む。」

法人は従業員の行なった行為に責任があるから、しばしば、実際の行為者の共同被告人とされる。[452)]

犯罪の主体は個人的に要件を満たしていなければならない。たとえば、法人の代表者が簿記係の資料を信頼していた場合には、故意が否定されることがある。[453)]

### (3) 公訴時効

内国歳入法典に規定されている罪の公訴時効は原則として3年間である。しかし、実際には、重要な罪のほとんどは、例外として、6年間の公訴時効に服している。[454)] 例外のうち、重要なものは次の三つである（6531条）。

「6531条(2)　いかなる方法にしろ、故意に租税ないしはその支払いを免れようとする罪
(4)　故意に租税を納付せず、または申告をしない罪
(6)　7206条(1)、7207条の罪」

## 2 逋脱罪（7201条）

### (1) 序——Spies判決

現在、逋脱罪の規定は、内国歳入法典の7201条に次のように規定されて

452) Balter, ch. 11 n. 125 at 35.
453) Id.
454) Balter, ch. 12 at 2.

いる。

「いかなる方法によっても、この法律によって課せられた何らかの租税またはその納付を、故意に逋脱しもしくは侵害しようとした者は、法律に規定されたその他の罰に加えて、重罪とし、その有罪に対しては、10万ドル以下（法人の場合は50万ドル以下）の罰金もしくは5年以下の懲役またはそれらを併科し、加えて訴追の費用を科する。」

この規定は、実質的には1939年法145条(b)と同じ形で1954年法に規定され、その後も長い間改正を受けなかったが、インフレのために当初と同じ抑制効果をあげえなくなってきたので[455)]、1982年法（TEFRA）によって、罰金の上限が1万ドルから現在の額に引き上げられた。この点を除くと、この規定は約半世紀の間、実質的な変更を受けていない。

この逋脱犯の規定に関して最も重要な判決は、Spies事件判決[456)]である。この判決は、租税制裁法の体系的な理解、逋脱罪の故意、逋脱罪の既遂時期、積極的行為等、様々な論点において、その後の数十年間の逋脱罪に関する判例に影響を与えたものである。そこで、逋脱罪に関する説明の導入の意味を含めて、次にこの判決を少し詳しく紹介することにしよう。

この事件においては、被告人Spiesに、申告をし租税を納付すべき額の所得があったこと、および、被告人がそのような申告・納付をしなかったことには争いがない。この行為に関して、被告人は、一個の逋脱罪によって起訴された。被告人は、第一審で有罪判決を受け、第二審もこれを維持したので、上告した。

被告人が上告審で主張したことは、自分の行為は、故意の不申告罪および故意の不納付罪という二つの軽罪にあたり、逋脱罪という重罪にはあたらないということである。

これに対して最高裁は、以下のように述べて、軽罪にあたる二つの行為のみによっては逋脱罪という重罪は成立しないとし、軽罪にあたる以上の行為を認定せずに逋脱罪で有罪とした原判決を破棄した（以下(a)～(d)の見出しは筆者が付けたものである）。

---

455）Silet, TEFRA Penalties in Action, 43 N. Y. U. Inst. Fed. Tax. 9-1 at 83 (1985).
456）Spies v. United States, 317 U. S. 492 (1943).

(a)　租税制裁法の体系的理解

「租税の納付を確保するための制裁は、不履行の原因の多様性に応じて、もう少し多様ですらある。……あけっぴろげな意見の違いや、適切な注意が払われたにもかかわらずなされた罪のない間違いを罰することは、法の目的ではない。そのような間違いは、租税の不足額の賦課とその遅延に対する利子の徴収によって、矯正される。……もしも不足額の一部が、懈怠や詐偽の意図はないが規則・通達の意図的な無視によるものであるなら、その不足額の5％がこれに加えられる。もしも不足額の一部が租税を逋脱する意図をもった詐偽によるものであるなら、加えられるのは、その額の50％である。……納付すべき時に租税を故意に納付しないことは軽罪として処罰されうる。……この多様な制裁の頂点は、いかなる方法によっても、故意に租税を逋脱しようとすることからなると定義されている、重大で包括的な重罪である。」

議会が、軽罪に定められているのと同じ義務違反を重罪にも定めたとは考えにくい。「この重罪を、単独でまたは複合的に所得税法の下でのすべての義務の即時かつ率直な履行を誘引し、すべての程度の遅滞に適当な罰を定めようとしている制裁のシステムの頂点として考えると、そのような解釈は、もっと受け入れがたいものとなる。」

(b)　逋脱罪の故意について

「〔故意の不納付と故意に逋脱をしようとすることとの〕両方の罪は故意でなければならず、そして、故意は、我々が述べたように、しばしばその文脈によってその意味が影響を受ける、多くの意味をもった語である。……偶然ではなく、単に自発的かつ目的的に適時の申告をしないことは、故意の要件を満たすかもしれない。しかし、……議会の意思の非常に明白な表現なしには、我々は、故意に債務を開示しないことがなされていない場合には、単なる、情を知った（knowingly）、意図的な租税の不納付は、いかなる犯罪も構成するとはされていないと考える。そのような場合には、故意とは、何らかの悪質な動機という要素と、納税者の財政的なすべての事情にてらして正当化することができないということとを必要とすると考えられる。……

そのような行動において、逋脱の動機が何らかの役割を果たしているのであれば、その行為が他の犯罪の隠蔽のような、他の目的に資するものであったとしても、〔逋脱罪という〕犯罪は成立する。」

(c)　逋脱罪の既遂について

「二つの犯罪の違いは、重罪の条項に用いられている『しようとすること（attempt)』という語から意味される積極的な行為に求められるように思われる。……この条項によって犯罪とされている試みは、完遂ができなかったことや邪魔や妨害がなければもっと重大な犯罪になったような行為によって構成されているのではない。これは、独立の犯罪であり、試みが完遂されたときに最も重大な形で完成するものであり、たとえば、殺人未遂の場合のように、成功ないし完成によってその犯罪性に何かが付け加わるものではないのである。試みは租税の逋脱に成功するが、そのような犯罪は成立せず、単に試みに対しての訴追がなされうる。」

(d)　積極的行為という要件について

「故意だが受動的な法律上の義務の懈怠はより軽い罪を構成するであろう。しかし、それが何らかの方法で租税を逋脱しまたはそれを侵害しようとする積極的な試みと結び付くと、犯罪は重罪の程度に上昇するのである。」

「我々は、積極的な故意の試みは次のような行為から推認することができると考える。すなわち、それは、二重帳簿を付けること、虚偽の記載や変造、虚偽のインボイスや書類を作ること、帳簿や記録の毀損、財産の隠匿や所得の源泉の隠蔽、通常そのような取引においては作成される記録を作成しないように事件を操作すること、そして、これらと同様に、誤解や隠蔽の効果をもつすべての行為である。」

### (2)　逋脱罪の要件――Sansone 事件判決

逋脱罪の要件はSansone事件判決によって、故意、納税の不足、租税の逋脱ないし企図された逋脱を構成する積極的な行為の三つであるとされている。[457]

これを受けて、逋脱罪による起訴に必要な申立ては、①被告人が、情を知って、故意に、不法に、虚偽で詐偽的な申告書を提出したこと、②申告書の内容が虚偽で詐偽的であること、通常、被告人が自分の所得額や税額はこの額であるというが、実際の所得額や税額はそれとは異なる、より高い額であるということを知っていること、の二つであるとされている。[458] ただし、起訴状には、逋脱額が数額的に示されなくてもよい。[459]

逋脱が虚偽申告によるときには、それとあわせて用いられた他の欺罔手段は示さなくてよいが、虚偽申告によらない他の行為による逋脱の場合には、その方法を示さねばならないとされている。[460]

では、以下で逋脱罪の要件たる積極的行為と、租税の不足額について若干詳しくみておこう。

---

457)　Sansone v. United States, 380 U. S. 343 (1965), Criminal Tax Fraud 531.
458)　Balter, ch. 12 at 21.
459)　United States v. Bucker, 610 F. 2d 570 (9th Cir. 1979), United States v. Harrold, 796 F. 2d 1275 (10th Cir. 1986).
460)　Balter, ch. 12 at 22.

### (3)　積極的行為

(i)　逋脱罪が成立するためには、何らかの方法で租税を逋脱しまたはそれを侵害しようとする何らかの「積極的な行為（affirmative act）」ないし「積極的な試み（affirmative attempt）」が必要である。これは、前述のSpies事件判決によって示され、Sansone事件判決によって確認されて、確定判例となっている。

ここでの第一の問題は、何がこの「積極的な行為」にあたるか、ということである。この点については、積極的な逋脱の「試み（attempt）」とそれを達成するための「手段（means）」とを区別しなければならない。逋脱罪の成立に必要なのは積極的な試みであり、Spies事件判決は、前に引用したように、積極的な故意の試みは二重帳簿などの行為から推認することができるとしているが、ここで挙げられている二重帳簿の作成や財産の隠匿などは、逋脱の試みを達成するための手段にすぎず、逋脱罪の成立に不可欠の要素ではないのである。このように考えれば、アメリカの司法省が、Spies事件判決後、虚偽の申告書を提出すること自体もここでいう積極的な行為にあたると主張したのに対して、判例がこれを認めた[461)]ことも、整合的に理解することができる。なぜなら、前述の「試み」と「手段」との区別に従えば、単純虚偽申告は逋脱のための手段を欠くが、そのような試みとしては十分であると考えることができるからである。

結局、この積極的な行為とは、単なる故意の不納付や不申告ではなく、租税を逋脱しようとする意図を直接に体現している行為、と考えるべきであろう。

この判例にてらすと、単純不申告は逋脱罪にはあたらず、7203条の不申告罪に問われるのみである。この点についてもわが国同様に、不申告は虚偽申告よりも税務行政上厄介なものであるという、行政側からの反対がある[462)]。

しかし、すでに明らかなように、逋脱罪の成立には申告書の提出は不可欠の要件ではない。不申告の場合でも、納付されていない租税債権があり、不

---

461)　Balter, ch. 11 at 43, Criminal Tax Fraud 538. Cf. Achilli v. United States, 353 U. S. 373 (1957).

462)　Lyon, The Crime of Income Tax Fraud: Its present Status and Function, 53 Colum. L. Rev. 476 (1953).

申告が故意によるものであり、かつ、単なる不申告に加えて、何らかの積極的な悪い行為か、租税を逋脱する特定の意図を示す行為があったなら、逋脱罪が成立する[463)]。ただし、ある不申告を逋脱罪で起訴したら、同じ行為を不申告罪で起訴することはできない[464)]。

また、不申告や虚偽申告以外の行為が「試み」とされることもある。たとえば、調査官に虚偽の申立てをすることや、一旦申告をした後に、虚偽の修正申告をすることなどがこれにあたりうる[465)]。

裁判所は、民事詐偽罰の場合と同様に、逋脱罪についても、不用意にその適用範囲を狭めることを恐れて、この概念の限界を示すことを拒否している。Balter によれば、これまで、次のような行為が逋脱にあたるとされてきた[466)]。

・被告人の資金から得られた財産を隠匿することによる逋脱
・通常所得ではなく、キャピタルゲインとして申告することによる逋脱
・資産を売ってその代金をスイスの銀行に預金し、政府の手の届かない所にやってしまうことによる逋脱
・不動産のキャピタルゲインの決定のための取得価額の過大申告による逋脱
・所得の過少申告による逋脱

このように、逋脱罪にあたる行為は司法的に非常に広く解釈されているので、起訴するか否かという判決について、政策的考慮にもとづく広い裁量権が存在することになる[467)]。

なお、7206条⑷に強制執行免脱のための財産隠匿罪が別個に規定されていることから、この行為は、ここでいう「試み」にあたらないと解されている[468)]。

(ii)　逋脱罪の成立時期について、Spies 事件判決は前述のように、逋脱罪は「試みが完遂されたときに……完成する」としていた。この意味をめぐって、逋脱罪の既遂時期が争われたのが、Petti 事件[469)]である。これは、次

463)　Balter, ch. 11 at 41, Boris Kostelanetz and Louis Bender, Criminal Aspects of Tax Fraud Cases, 3rd ed. (以下、本書は、“Kostelanetz and Bender” として引用する。), 10 (1980).
464)　Balter, id.
465)　Balter, ch. 11 at 40, Criminal Tax Fraud 538, United States v. Beacon Brass Co., 344 U. S. 43 (1952).
466)　Balter, ch. 11 at 39.
467)　Balter, ch. 11 at 40.
468)　Kostelanetz and Bender, 31.
469)　United States v. Petti, 448 F. 2d 1257 (1951).

のような事件である。

この当時、一定の要件を満たした競馬の配当金を受け取るためには、1099書式の書類によりそのことを申告しなければならないとされていた。これは、所得税申告書においてそのような配当金が正確に申告されるかどうかを確かめるためのものである。しかし、もともとの当たり馬券の持ち主から10％の手数料を受け取ってこれを現金化する仲介業者が多数存在し、そのためにこの1099書式の実効性は著しく害されていた。この場合、真実の所得者ではなく、仲介業者が1099書式に署名するからである。被告人はこの仲介業者で、当たり馬券を提示して1,200ドル余を受け取り1099書式に署名した後、Aに多額の金銭を渡し、そのうち少額をAから受け取ったことが、Aの租税の納付を免れたことにあたるとして、逋脱罪により起訴された。政府は、被告人が当たり馬券を現金化して1099書式に署名し、Aに現金を渡した時に、「逋脱しようとした」ということは完了したと主張した。

この点に関して、判決は、「政府は、Spies事件判決における、この規定の下での起訴は、試みに対してのみ可能であり、犯罪は『試みが完了した時』に完成する、とした最高裁の文言によっている。……簡単な答えは、Sansone対合衆国事件において、裁判所は、租税の不足額が7201条の下での有罪判決に必要だと言うために、Spies事件判決を引用しているということである」と述べて、政府の主張を退けた。この判決によれば、7201条の犯罪は、「試み」を罰することとされているが、それが犯罪として成立するのは、何らかの形で租税（ないしはその納付）が逋脱された時であるということになろう[470)]。

このような犯罪の成立時期は、公訴時効の始点としても重要である。この点に関しては、まず、不申告の場合には申告がなされるべき日ではなく、不申告が故意になった日から、公訴時効が進行する[471)]。次に虚偽申告、遅滞申告の場合には、申告すべき日ではなく、実際に申告した日から公訴時効が進行する[472)]。そう解さなければ、遅滞申告の場合には、犯罪があった日よりも

470）このような試み（attempt）という語の解釈が普通の場合と異なっていることは、もちろんである。しかし、Bittkerによれば、その理由は明らかではないとされている（Bittker, ch. 114 at 38）。
471）Balter, ch. 12 at 4.
472）Balter, ch. 12 at 12.

先に公訴時効が進行し始めることになり、不都合だからである。[473)]

公訴時効は、必ずしも申告と関連して決定されるわけではない。たとえば、虚偽の申告の後に、調査官に対して虚偽の申立てをした場合には、その虚偽の申立てから公訴時効が進行する。[474)] しかし、申告から6年間以上たってから行なわれた調査に対する虚偽の申立てから新たに公訴時効が進行することに対しては、強い反対意見がある。[475)]

逋脱罪の成立時期との関連でもう一点重要な論点は、その犯罪が成立した時以後の事情は犯罪の成立を左右しないということである。ここでは、具体的には、修正申告と純損失の繰戻しが問題となる。

アメリカにおいては、修正申告は、内国歳入法典ないし財務省規則上の制度ではないが、実務上はその提出が認められている。[476)] しかし、虚偽の申告の後になされた修正申告は、故意の認定については影響を与える余地があるものの、それは、当初申告の税額の不足を治癒することはできない。[477)] また、同様に、純損失の繰戻税額控除によって、起訴されている年度に実際にあった不足税額が減ることはない。[478)]

(iii)　逋脱犯の罪数は、「試み」の数によって決まり、[479)] それを達成するための「手段」の数によるのではない。なぜなら、納税者の義務は、定められた時になされた、または、なされなかったことを基準として決定され、そのような義務の侵害に対して、逋脱罪が立法されているからである。この場面で、「試み」と「手段」とを混同することから混乱が生じる。しかし、そのような「手段」とは「試み」自体ではない。[480)]「反対に解釈すれば、用いられた複数のごまかしにもとづいて、一つの課税年度に別々の『試み』の多くの訴因が生じるが、これはまったく意図されていないことである。[481)]」

473)　United States v. Habig, 390 U. S. 222 (1968).
474)　United States v. Beacon Brass Co., supra, Balter, ch. 12 at 6, Criminal Tax Fraud 543.
475)　Balter, id.は、虚偽申告後6年間以上たってからなされた行為によって公訴時効の利益が失われるのは、公訴時効を設けた議会の意思と合致しないとする。
476)　Badaracco v. Commissioner of Internal Revenue, supra n. 370.
477)　Balter, ch. 11 at 40.
478)　Id. Criminal Tax Fraud 533.
479)　Criminal Tax Fraud 538.
480)　Kostelanetz and Bender, 11.
481)　Id.

### ⑷　納税不足額

(i)　納税不足額ないし追加税額、すなわち、すでに納付した税額と正当税額との差額が存在することは、逋脱罪の成立にとって不可欠の要件である[482)]。ただし、租税を逋脱しようとする罪に関して有罪とするためには、行政上の賦課処分が先行する必要はない[483)]。この不足税額の有無を争うことは被告人の権利である[484)]。また、行政上の手続きや民事訴訟において主張されていなくても、被告人は納税不足額を争うことができる[485)]。

逋脱罪の刑事訴追においては、この納税不足額は決定的な要件であるといわれる。それは一つには、納税不足額の存在が反復している場合などは、それが逋脱の故意の存在の有力な傍証となるからである[486)]。

(ii)　判例は、逋脱罪の成立には、単なる納税不足額ではなく、「実質的な納税不足額（substantial deficiency）」が必要であるとしているとされている[487)]。しかし、実際に起訴される事件はかなり多額の納税不足額を含むものがほとんどであるから、「実質的」か否かの基準はそれほど重視されてこなかった[488)]。これが問題化するのは、1960年代の初めに、ごく少額の不足額しか含まない脱税が起訴されたためであるが[489)]、このような時代的背景を別としても、この点は、逋脱罪成立のための要件として、理論的な興味のもたれる点である。そこで、以下では、Lipton と Petrie の論文[490)]によりながら、この「実質的な納税不足額」原則についても若干の紹介をしておくことにしよう。

---

482)　Lawn v. United States, 355 U. S. 339 (1958), Sansone v. United States, supra n. 457, United States v. Ramsdell, 450 F. 2d 130 (10th Cir. 1971), United States v. Garber, 589 F. 2d 843 (5th Cir. 1979), Kostelanetz and Bender, 6.

483)　Balter, ch. 13 at S-5, Criminal Tax Fraud 536.

484)　Moody v. United States, 339 F. 2d 161 (1964), Criminal Tax Fraud 533.

485)　Koontz v. United States, 277 F. 2d 53 (1960).

486)　Balter, ch. 13 at 9.

487)　Balter, ch. 13 at 12, Lipton and Petrie, infra, Criminal Tax Fraud 537.

488)　Kostelanetz and Bender, 6-7, Lipton and Petrie, infra n. 490, at 1175.

489)　たとえば、United States v. O'Day, 186 F. Supp. 572 (1960) では、被告人が第一審において認めた正当税額が895.42ドル、被告人の申告した税額は218ドルであった。また、Janko v. United States, 281 F. 2d 156 (8th Cir. 1960) では、2ヶ年の正当税額がそれぞれ549ドル、450ドルで、脱税額はともに264ドルずつであった。

490)　Lipton and Petrie, The Substantial Understatement Requirement in Criminal Tax Fraud Cases, 19 N. Y. U. Inst. Fed. Tax. 1175 (1960).

まず、この原則の根拠は何かという問題であるが、これについて第一に考えられるのは、法は瑣末事には関わらない、という de minimis rule である。しかし、このルールは伝統的には民事事件にのみ適用されてきたものである。また、このルールの趣旨は刑事事件においても考慮されうると考えられるが、それはあくまでも僅少な額が問題になるときに限られるのに対し、実質的納税不足額が問題になる場合は、税額がやや大きいときも含まれており、この de minimis rule によって実質的納税不足額原則を根拠付けることはできないように思われる[491)]。

そこで、Lipton らによれば、次に考えられる根拠は、誤った有罪判決を防ぐという考慮である。すなわち、納税不足額が少額のときには、実際には、不足額が存在していない可能性もある。たとえば、実際には存在していた控除項目が証明されなかった場合などである。これは、特に不足額の証明が間接証拠による場合にその可能性が大きい[492)]。また、故意の証明は、間接証拠によるから、実質的な不足額がないことが故意なしということの証明に働く、ということも重要である[493)]。

最後に、脱税に関する刑事訴追における公正さの確保という考慮も、この原則の根拠として考えられるとされる。現状では、逋脱事件の調査と起訴とに統一性を求めることは無理であり、このことは、特に少額の事件において問題となる。なぜなら、その場合は、同じことをしている多数の者の中の一部のみが罰せられることになるし、行為者も犯罪とは思っておらず、そこには、重罪に値する悪い意図もないからである。したがって、少額事件の起訴が歳入の防衛にあまり役立つものではない以上、刑事訴追は実質的な納税不足額がある場合のみに限るべきであるとされるのである[494)]。

判例は、以前は、実質的な納税不足額があれば、正確な不足額の証明は不要である、というような、消極的な表現をしていたが、近時の判例は、「逋脱罪による有罪の判決には、実質的な納税不足額の証明が必要である」というような、積極的な表現をとっているといわれている[495)]。

---

491）Lipton and Petrie, supra, at 1178-1179.
492）Lipton and Petrie, supra, at 1180-1181.
493）Id.
494）Id.
495）Lipton and Petrie, supra, at 1182-1185.

この原則に関して最も問題となるのは、納税不足額が「実質的」か否かを判断する基準であるが、判例上、この基準はあまり明らかではない。文言上は、絶対額として僅少ではないことという、絶対額による基準と、正当税額に対して逋脱額が僅少な部分ではないことという、割合による基準とがある。しかし、起訴されるのはかなりの納税不足額があるものがほとんどであるから、実際の裁判例においては、この二つの基準に有意差はない[496]。

これらに対して、第三の基準として、Nunan 事件判決[497]が示した、不足額の割合のみに頼らず、存在するすべての事情を考慮する、という基準も用いられている[498]。

Lipton らは「実質的」か否かの基準の形成を後の判例に委ねたが、その後二十数年を経て、なお、この基準は明らかにはされていないように思われる。その理由は、おそらく、その後も逋脱犯の訴追はかなりの納税不足額を含むものがほとんどであり、この基準が問題となるような少額の事件はほとんどなかったからであろう[499]。

この「実質的」納税不足額という要件は、多くの判例において触れられているにもかかわらず、その意味するところはあまり明らかではない。それは、判例がこの基準に触れるのは、実質的納税不足額がある、という形でのみであって、実質的納税不足額がないことを理由として無罪とした判決や有罪判決を取り消した判決がないこと[500]からも知ることができる。また、実質的納税不足額がないと故意なしとの推定を受ける[501]、ということもいわれるが、そもそも、故意の存在は政府側が完全に証明すべき事柄であるし、加えて、実質的納税不足額という要件がそのように働くのであれば、それは故意の立証という問題の枠内で考えれば済むことであって、ことさらにそれを一つの要件とする意義には乏しいというべきであろう。

---

496）Lipton and Petrie, supra, at 1187-1188.

497）United States v. Nunan, 236 F. 2d 576 (1956).

498）United States v. Nunan, supra, at 585, Lipton and Petrie, supra, at 1189. しかし、本判決が何をして「すべての事情」としているのかは明らかではない。

499）Kostelanetz and Bender, 6-7 は 1980 年の第3版においても、「IRS によって勧告される起訴のほとんどは実質的な租税の不足を含んでいるから、この問題〔実質的かどうかの基準が不明確であること〕は概して、理論的なものである」としている。

500）Balter, ch. 13 n. 36 at 12.

501）Kostelanetz and Bender, 6.

このような、この要件の「積極的」な定式化の意義の乏しさは、その根拠付けの曖昧さとも関連があるように思われる。Lipton らが挙げた根拠は、いずれも納税不足額の立証、故意の立証、起訴の決定のそれぞれの場面で考慮されるべき事柄であって、逋脱の故意と、少額ではあるが実際の不足税額が立証された場合に、なお、納税不足額が実質的でないとして無罪とする理由となりうるものではないと考えられるのである。

すると、むしろ、この基準は、そのような積極的な定式化においてではなく、「実質的な納税不足額が証明されれば、正確な不足額が立証されることも、起訴状において主張されたとおりの不足額が立証されることも必要ない」という、「消極的」な定式化において意味をもっているものではなかろうか、と考える余地はあるように思われる。しかし、この「正確な納税不足額が証明される必要はない」という定式化がどのような内容をもっているのかということ自体が、現在ではまだあまり明確ではなく、さらに今後の研究を必要とする点である。

なお、証明された納税不足額が「実質的」か否かという問題は、陪審に委ねられるべき問題であるとされている[502)]。

⒤ 納税不足税額に関する他の重要な論点は、その証明に関する問題である。租税犯の刑事訴追においても、当然、犯罪の成立を合理的な疑いを超える程度に証明する責任を政府が負うのであるが、その原則に変更はないとしつつも、納税不足額の証明に関しては少し特殊な判例法が形成されているように思われる。それは、特に申告書に開示されていない控除の立証についてである。

現在の判例によれば、政府が不申告所得の存在を証明すると、申告されていない控除項目の存在やその金額の証明責任が被告人に移る[503)]。その根拠は、第一に、そのような消極的な事実の証明を政府がすることは不可能であること、第二に、経験則上、納税者はすべての控除を申告書において主張すると考えられるから、控除はすべて申告されているとの推定が働くことであ

---

502) Balter, ch. 13 at 13, United States v. Gross, 286 F. 2d 59 (2d Cir. 1961), Criminal Tax Fraud 537.

503) United States v. Bender, 218 F. 2d 869 (9th Cir. 1955), Elwert v. United States, 213 F. 2d 928 (9th Cir. 1950).

る。[504] このように、これは、両当事者間の公正と証拠への距離についての考慮にもとづくルールだから、申告がなされておらず、したがって何らの控除も被告人によって主張されていない事案においても、このルールが適用され、一旦政府が不申告所得の存在を証明すれば、そこで証明されていない控除項目の存在とその額とを証明する責任は被告人にある。[505]

このような控除はすべて証明されているという推定は、何らかの実質的な証拠によって反論されうる。[506] これをするのが被告人の責任である。ここで被告人が負う責任は、民事事件において、長官の賦課を争う場合よりは軽いものとされている。民事事件においては、納税者は長官の決定が誤っていることを証明しなければならないが、刑事事件においては、そこまでの証明は求められていないからである。[507] 被告人が費用が存在するという証拠を出したら、その費用は控除されないということについて陪審を説得する責任は政府が負うとされている。[508]

また、財産増減法によって納税不足額が証明されている事案には、政府は被告人が示した手がかり（lead）をすべて調査する義務を負う、という手がかり原則が適用される。[509] しかし、この原則の適用は、財産増減法による事案に限られ、脱漏された特定の項目を証明する方法によって不足税額が証明されている事件には適用されない。[510]

なお、ここで、「証明責任」と言っているものは、「証明の責任（burden of proof)」といわれている場合と、「証拠提出責任（burden of going forward with evidence)」といわれている場合とがあるが、この点における両者の使い分けは、あまり厳格ではないように思われる。[511]

### ⑸　租税の納付の逋脱

最初に示したように、7201条には、租税を逋脱しまたは侵害しようとす

504)　United States v. Bender, supra n. 503.
505)　Siravo v. United States, 377 F. 2d 469（1st Cir. 1967).
506)　United States v. Bender, supra n. 503, Small v. United States, 255 F. 2d 604（1st Cir. 1958).
507)　Small v. United States, supra.
508)　Siravo v. United States, supra.
509)　Holland v. United States, 384 U. S. 121（1954).
510)　Swallow v. United States, 307 F. 2d 81（10th Cir. 1962), United States v. Shavin, 320 F. 2d 308（7th Cir. 1963).
511)　たとえば、United States v. Bender, supra n. 503 は、申告書に書かれていない追加的な控除につき、両方の語を用いている。

る罪と、租税の納付を逋脱しまたは侵害しようとする罪との二つが規定されている。前述したように、租税を逋脱しようとする罪の場合には、申告されるべき日に、納付されるべき税額が存在していれば、その額について行政上の賦課があったことは犯罪成立の要件ではないが、租税の納付を逋脱しようとする罪は、有効な租税の賦課が先行しなければ成立しない[512]。また、租税の納付の逋脱となるためには、確定された税額の単なる不納付では足りず、財産の隠匿などの「積極的な行為」が必要とされる[513]。実際には、この罪で起訴されることは、非常に稀である[514]。

### 3　不申告・不納付罪（7203条）

申告ないし租税の納付をする義務があるのにそれを故意に怠った者は、7203条の軽罪にあたり、その罪によって有罪とされると、2万5,000ドル以下（法人の場合は10万ドル以下）の罰金もしくは1年以下の懲役または、それらを併科され、加えて訴追の費用を科される。この罪に関しても、TEFRAにより、一般予防効果の増大を期待して、罰金刑の上限が1万ドルから現行の額に引き上げられた。

この罪の基本的な構成要素は、申告が義務であり、有効な申告がなされていないこと、または、申告の有無にかかわらず租税が納付されていないこと、かつ、そのような不作為が故意になされたこと、である[515]。

この要件を若干敷衍すると、第一に、この罪で有罪にするためには、申告義務を負うだけの総所得が存在したことを証明すれば足り、純所得や租税債権の存在を証明する必要はない[516]。この点が、逋脱罪の規定と大きく異なる点である。ただし、実際には、かなりの額の納税不足額が存在する蓋然性がなければ、この罪によっても起訴されないといわれている[517]。第二に、この

---

512）Balter, ch. 13 at S-5, Kostelanetz and Bender, 14, Criminal Tax Fraud 545, United States v. England, 347 F. 2d 425 (7th Cir. 1965).

513）Criminal Tax Fraud 530, 545-546.

514）Id. at 529-530.

515）Balter, ch. 11 at 21, Criminal Tax Fraud 575.
　なお、TEFRAによるもう一つの改正点は、民事罰の適用がない場合には、見積税の不納付に対して7203条を適用しないとしたことである。

516）Balter, ch. 11 at 23, Kostelanetz and Bender, 15.

517）Kostelanetz and Bender, 21.

罪で有罪とするには、詐偽の意図は必要ではない。[518)]

不納付・不申告がある場合には、政府は第一義的に逋脱罪による起訴を考えるものであり、主として証明上の問題から、それがうまくいかないときにのみ、補完的にこの罪による起訴をするといわれている。いわば、この罪は逋脱罪の規定を補完する機能をもたされているのである。[519)]

総所得額を争う場合には、逋脱罪の場合と同様に、申告書に示されていない控除の存在やその額の証明責任は被告人にある。[520)]

7203条はこのほか、法律によって義務付けられている記録の不保持や情報の不提供も同様の軽罪としており、これらの罪と自己負罪拒否の特権を定めた合衆国憲法第5修正との関係が問題となりうる。[521)]

### 4　虚偽申告罪（7206条(1)）

故意に虚偽の申告書を提出することは、7206条(1)に定める重罪となる。TEFRAによって罰金刑の上限を引き上げられた後の同条は次のように規定している。

「それが偽証の罰の下に作成されたという書面による宣言を含むかもしくはそれによって保証されており、申告者がすべての重要な事項について真実で正確であるとは信じていない何らかの申告書、叙述もしくはその他の書類を故意に作成し署名した者は、……重罪とし、その有罪に対しては、10万ドル以下の罰金（法人の場合には50万ドル以下）もしくは3年以下の懲役またはそれらを併科し、加えて訴追の費用を科する。」

この罪の基本的な構成要素は、①内国歳入庁に提出されようとした申告書その他の書類が、実際に被告人によって署名されていること、②重要な虚偽の事項が含まれていること、③自分が申告した重要な事項が正しいと被告人が思っていなかったこと、④正しくない申告が故意になされたこと、の四つである。[522)] ただし、詐偽の意図は必要ではない。

---

518)　Balter, ch. 11 at 22.

519)　Balter, ch. 11 at 23, Kostelanetz and Bender, 15.

520)　Siravo v. United States, supra n. 505.

521)　この点については、参照、金子宏「行政手続と自己負罪拒否の特権—租税手続を中心とするアメリカ判例法理の検討」国家学会編『国家と市民 第1巻』（有斐閣・1987年）105頁。
　また、判例の状況を簡潔にまとめたものとしては、Raabe, Section 7203 and the Fifth Amendment Privilege; New Developments Discourage Taxpayers, 1981 Taxes 33（1981）がある。

522)　Balter, ch. 11 at 24.

このように、7206条(1)は、虚偽の申告を重罪とする一方で租税債権の存在をその成立要件としていないので、7201条による逋脱罪の代替物としての効果をもっているといわれている。具体的には、租税債権の証明が難しいが虚偽の申告の証明はできるときや、純損失の繰戻しによって当該年度の租税がないなど、技術的には租税債権の存在を証明できても、納税者が陪審に対して有利な訴えかけをすると考えられるときなどに、その機能が発揮される[523)]。また、7201条の罪の防御をしていると、それには成功したが、7206条(1)の罪には問われたというケースもしばしばありうるともいわれている[524)]。

ただし、この虚偽申告罪の逋脱罪の代替効果という点については、租税の不足額は虚偽申告罪の要件ではないが、「故意」や「重要性」の要件を通じて7201条に関連する防御が7206条の起訴にもあてはまるのであり、7206条(1)が7201条を代替する効果は小さいという意見もある[525)]。しかし、この論者も、7206条(1)にもとづく起訴が多いということは認めている[526)]。

本罪の目的は、直接には、租税債権の保護ではなく、行政の円滑な活動を守ること、ないしは、申告納税制度の適正な機能を維持することである[527)]。したがって、ここにいう「重要な事項」とは、租税の金額に関わるものに限られない。特に、1954年法は申告書の形式を法定したから、これにおける記載すべてが虚偽申告罪との関係で重要な事項であると考えられる[528)]。たとえば、所得額には関係なくても、所得源泉を偽ることは、重要な事項に関する虚偽の申告にあたる[529)][530)]。

---

Criminal Tax Fraud 548, 554は、しばしば見落とされがちだが、問題となる書類が「偽証の罰の下に作成された」ということも7206条(1)の重罪と7207条の軽罪とを区別する重要な要件だとしている。

523) Balter, id.

524) Balter, ch. 11 at 28.

525) Kostelanetz and Bender, 26.

526) Kostelanetz and Bender, 25.

527) Wright v. Commissioner of Internal Revenue, 84 T. C. 636 (1985), United States v. DiVarco, 343 F. Supp. 101 (N. D. Ill., 1972).

528) Kostelanetz and Bender, 27.

529) United States v. DiVarco, supra n. 527.

530) Bittkerはこの点につき、次のように述べている。「〔7206条(1)の有罪の場合〕欠落は『重要』なものでなければならないが、政府はIRSがその申立てを信頼したかまたは、納税不足額があることを証明する必要はない。虚偽の申立ては、それがIRSがその業務を執行する際に影響を与える可能性があれば、罰せられうる。なぜなら、『7206条(1)の下での重要性は、その申立ての実際の効果というよりは、その潜在的な効果によって、客観的に測られるべきだからであ

虚偽の申告とは、ある事項に関して虚偽の申立てをすることに限られず、ある事項を完全に省略してしまうことも含む。[531]

### 5　故意の問題

#### (1)　問題の所在

以上の概説からも明らかなように、租税犯のほとんどは故意犯であるため、故意は多くの租税犯に横断的な問題として考察する必要がある。故意に関して長い間争われてきた問題は、①不申告罪などの軽罪と逋脱罪、虚偽申告罪などの重罪とでは、故意の意義が違うのかそれとも両者は同じなのか、②故意とは、「知っている法的義務の意図的な違反」で足りるのか、それとも、それ以上に「悪い目的、悪質な動機」が必要なのか、ということである。そこで以下ではまず、この二点についての概観を試みよう。

#### (2)　重罪における故意と軽罪における故意

Spies事件判決における判示は、2(1)（181頁）で引用したように、重罪における故意と軽罪における故意とを違うものとしているように読むことができたため、[532]これに従って、重罪の故意は「悪い目的、悪質な動機」であり、軽罪における故意は「知っている法的義務の意図的な違反」であるとする判決が多数出された。[533]ここでは、逋脱罪は、いわば、目的犯のように考えられていたのである。たとえば、ある判決は「〔政府を欺く〕特定の意図という要件は〔逋脱罪の規定〕における『故意に』という語の解釈から生じ、合衆国に対して、通常の刑事事件において要求されている以上に困難な証明責任を課している」と述べていた。[534]しかし、重罪と軽罪とで故意を同義に

---

る』」（Bittker, ch. 114 at 40）。Cf. Criminal Tax Fraud 557.

531）Siravo v. United States, supra n. 505, Bittker, ch. 114 at 40.

532）この点についてBishop事件判決は脚注の中で、次のように述べている。

「（注8）裁判所が、7201条における『侵害しようとすること』という明白な要件を、それがその条文の『故意』という語に内在するものであるかのように議論するとき、時折、意味上の混乱が生じてきた。このタイプの分析は、7201条における『故意』が7203条における同じ語とは異なる意味をもつという意見を生む。本裁判所もこの不正確さに、やや責任があるかもしれない。なぜなら、同様の分析をSpies事件においてとったからである。7201条に規定された『侵害しようとすること』というような明白な要素を、共通の故意という要件から区別するという分析は、事態を大きく明らかにするであろう。」

533）たとえば、United States v. Fahey, 411 F. 2d 1213 (1969), United States v. Schipani, 362 F. 2d 825 (1969). これらは、いずれも7203条の軽罪に関する事案である。

534）Elwert v. United States, supra n. 503.

解する判例も多数あり、ここにはかなりの混乱が生じていた。

この混乱に終止符を打ったのが、Bishop 事件判決[535]である。この事件は、7206条(1)の罪で起訴された被告人が、重罪と軽罪とでは要求される故意の内容が異なり、その故意の内容にてらして、自分の行為は7207条の軽罪にしかあたらないと主張したことに対して判断を下したものである。最高裁は、重罪と軽罪とで「故意」が同じに解されると、7206条(1)と7207条とが同じ行為を罰することになるのでおかしいという主張に対して、故意を同じに解しても両条の規定はまったく同じ行為を罰することにはならないこと、租税犯法規が、「租税を逋脱しようとすること」というような、違反の一定の明白な要素の指定と故意という要素とを同時に要求していることから、議会が「故意」という語を租税犯の定式化において、すべて同じ意味で使っていると考えられること、の二点を挙げ、重罪と軽罪とでは、故意の内容に差はないと判示した。

この判決により、すべての租税犯において、「故意」は同じ意義に解されるべきこととなったが、その内容については、さらに上述の二つの定式化のどちらに従う判決も存在していた。

**(3)　故意の意義**

租税犯の故意の意義について長い間リーディング・ケースであったのが、Murdock 事件判決[536]である。この判決は、「本裁判所は、事業を行なう方法に関する指示が租税の損失を防ぐために歳入法律に規定され、その指示を故意に遵守しないと犯罪となると法が規定している場合には、悪質な動機は犯罪の構成要素であるとしてきた」と判示し、たとえ義務違反であることを知っていても、それが租税を免れる意図によるものではないときには、犯罪は成立しないとした。これと、Ⅲ（180頁）で引用したSpies事件判決があわせ読まれることにより、重罪の故意には悪質な動機が必要であり、これに対して、軽罪の故意は、義務違反であることを知っていることで足りるとされてきたのである。

重罪と軽罪とで故意の内容は変わらないと判示したBishop事件判決も、故意の内容については、曖昧な点を残した。すなわち、それは、「裁判所

535)　United States v. Bishop, supra n. 451.
536)　United States v. Murdock, 290 U. S. 389 (1933).

は、これらの法規〔租税犯規定〕において『故意』が、知られている法的義務の意思的、意図的な違反であると考える。また、故意とは、Murdock 事件判決によれば、『悪い目的ないし悪質な動機』である」と判示したのである。このため、上述のように、Bishop 事件判決以後にも、重罪と軽罪との双方について、「悪質な動機」を故意の要件とした判決と、それまでは求めず、知られている義務の意図的な違反で足りるとする判決とが出されることになった。

この問題を解決したのは、Pomponio 事件判決[537)]である。この事件においては、7206 条⑴違反で起訴された被告人の裁判にあたり、第一審の裁判官は陪審に、故意とは、「自発的に、意図的に」、ということであり、法によって禁じられている何かをしようとする意図をもっていることで、動機は故意とは無関係であると説示し、陪審はこの説示にもとづいて、有罪の評決をした。第二審は、法は悪い目的か悪質な動機を要件としているとして被告人の控訴を容れたので、国側が上告した。

最高裁は次のように述べて、上告を認容した。いわく、「Bishop 事件において我々は、歳入法典における重罪規定と軽罪規定とで『故意』という語が同じ意味をもっていること、および、それは真実を不注意に見逃したことの証明以上のものを必要とすることを示した。しかし、我々は、その語が、知られている法的義務の意図的な違反（intentional violation of a known legal duty）以外の何らかの動機の証明を要するとはしなかった」のであり、Bishop 事件判決における判例の引用は、この定式化を変更するものではない。

この判決によって、故意の内容についても一定の明確化が行なわれ、故意に関する長年の問題は、ここに一応の決着を見ることになった。

**⑷　逋脱の故意の有無の判断**

故意の内容の抽象的な定義は以上のとおりであり、そのような故意の有無は間接的な証拠による事実認定の問題である[538)]。しかし、故意の認定に関しては、さらにいくつかの問題が生じる。そこで、最後に、逋脱罪の故意に関するいくつかの問題をここで検討しておくことにする。

第一に、申告書が虚偽であると知っていることは、逋脱の故意の要件であ

537)　United States v. Pomponio, 429 U. S. 12 (1976).
538)　Balter, ch. 13 at 53, Kostelanetz and Bender, 10.

る。[539]

第二に、他の動機があっても、同時に逋脱の意図もあるなら、故意ありとされる。[540]

第三に、納税義務がなかったと思っていたなら、故意は阻却される。[541] ただし、租税犯の事件においても、「刑事事件において、被告人は法を知っていたものと推定される」という原則は適用されるので、この推定を破る証明を被告人側がしなければならない。[542]

その他、逋脱の故意の認定に関しては、民事詐偽罰の要件としての詐欺の認定に関して考慮されたことが同様に考慮される。「故意に租税を逋脱しようとすること」は民事上の「詐偽」の要素をすべて含むと解されているからである。[543]

したがって、納税不足額のみから故意の認定を導くことはできないが、その反復したパターンは、故意の有力な傍証となる。その他、修正申告、納税不足額の大きさ、帳簿・記録が不十分であること、存在していないこと、毀損されていること、現金取引と仮装取引、調査が始まってからの納税者の行動、起訴前の年度に関する類似の行動パターン、被告人の個人的な属性、被告人の精神的・情緒的状態、他人の助言への信頼などが、詐偽の場合と同様に重要な要素となる。[544]

なお、前述したが（193頁）、不申告罪・不納付罪、虚偽申告罪の場合には、詐偽の意図は必要ない。この点は、特に7206条(1)については一時争われたところであるが、現在の判例はこのように解している。[545] これは、後述するように、7206条(1)の有罪とその後に行なわれる同一年度に関する民事

539） Balter, ch. 13 at 54.

540） Spies v. United States, supra n. 456, Balter, id.

541） Balter, ch. 13 at 58.

542） Id.

543） Tomlinson v. Lefkowitz, 334 F. 2d 262 (5th Cir. 1964)、および、Goodwin v. Commissioner of Internal Revenue, 73 T. C. 215 (1979) における Featherston 反対意見、Wright v. Commissioner of Internal Revenue, supra n. 527.

544） これらの諸点については、Criminal Tax Fraud 497-528 に詳しい紹介と分析がある。

545） Wright v. Commissioner of Internal Revenue, supra n. 527, Considine v. United States, 683 F. 2d 1285, 1287 (9th Cir. 1982), United States v. Tsanas, 572 F. 2d 340, 343 (2d Cir. 1978), United States v. Beasley, 519 F. 2d 233, 245 (5th Cir. 1975), United States v. DiVarco, 484 F. 2d 670, 673-674 (7th Cir. 1973), Siravo v. United States, supra n. 505.

詐偽罰の賦課とに関して重要な論点となってくるところである。

### 6 小　括

ここで、アメリカにおける租税刑事罰の特徴について、若干の考察を試みてみよう。

アメリカの租税刑事罰について考えるとき、まず気が付くのは、これらの構成要件がきわめて曖昧、ないしは無限定に思えることである。様々な文献や判例をみてみても、これらの罪の要件は、分析的に考察されるというよりは、どのような行為がこの罪にあたるか、というような形で説明がなされており、その罪——たとえば逋脱罪——についての一定のイメージは描けるものの、そこにはっきりした輪郭を見出すことは非常に困難である。その理由は、アメリカの租税刑事罰の第一の特徴として挙げられる、主観的要素の重視ということに求められるように思われる。

この点については、Bishop 事件判決[546)]が「租税犯の法規の体系は、違反者の心理的状態を罰を科する指標として用いており、この心理状態は、行為が『故意』になされたものでなければならないことと、違反の一定の明白な要素の指定という二点によってなされている」と述べていることが注目される。すなわち、この判決の理解に従えば、租税刑事罰を科すための要件は、「租税を免れようとすること」や「重要な事項について、書類が詐偽的または虚偽であることを知っていること」というような、納税者の主観的な要素であり、何らかの特定の行為ではない。逋脱罪において「積極的な行為」が、結局、「租税を免れる意図」を示すものとされたように、このような理解の下では、具体的な行為は、納税者の内心を表すものとしてのみ、意味をもつことになる。そして、このような主観的な要素の重視こそが、ただでさえ不明確な租税犯——特に逋脱罪——の要件を、より不明確なものとしていると考えられるのである。

アメリカの租税刑事罰の第二の特徴は、租税犯、特に逋脱犯の処罰において、抑制ないしは一般予防の効果が重視されていることである。すなわち、刑事罰を科する目的と考えられる、懲罰、社会からの隔離、矯正、抑制（一

---

546） Supra n. 451.

般予防）のうち、特に最後の抑制ということが、租税刑事罰を科する目的として強調されているのである。[547)]

この理由は、あまり明確ではないが、一応次のような理由が考えられる。

第一に、逋脱罪の場合には、非常に厳しい民事詐偽罰の制度が存在しているし、また、社会的地位の高い多くの脱税者にとっては、起訴され、有罪判決を受けたことが公表されるだけで破滅的であるから、それらによって十分に懲罰、矯正の効果が果たされており、その上になお、刑事罰を科する目的は、悪くいえば一種のみせしめ効果を狙ってのことであり、すなわち、抑制の効果を期待してのものであると考えられるのである。[548)]

第二に、アメリカでとられている申告納税制度という制度は、脱税が少ない——大部分は正確に申告、納付されている——という基本的な前提にもとづいており、逋脱罪はこの前提を崩し、また、この制度に対する国民の信頼を害し、ひいては国家の活動能力を害する非常に重大な犯罪であるから、これを抑制する必要が大きく、したがって、逋脱犯の処罰においては、その抑制効果を重視しなければならない、ということがしばしばいわれている。[549)]

しかし、このように考える際の前提となる、刑事罰には実際に逋脱行為を抑制する効果があるのか、という点については、残念ながら、明確な答えはない。この問題については、実証的な資料がないことを認めつつ、自分はそのような効果があると思うとか、「〔刑事罰の抑制効果を正確に測定する方法はないが〕それにもかかわらず、合理的で実質的な有罪判決が、それがなければ租税債務の自己賦課をごまかしたいと思っていたかもしれない者が脱税をしないようにする重要な効果をもつということは、議会、執行部、司法部の大多数および一般公衆によって信じられてきたところである[550)]」などといわれており、アメリカにおいては、少なくとも、内国歳入庁や司法省などの訴追側および裁判官の間には、この点についての一定のコンセンサスがあることは確かなようである。

---

547）Lyon, supra n. 462, at 478, Wright, report, 30 F. R. D. 185, 304-305 (1961).

548）Boldt, report, 26 R. R. D. 231, 269-270 (1959). なお、このレポートについては、参照、後掲注 607)。

Henkel, Government Problems in Dealing with Tax Fraud, Tax Fraud (Holmes & Cox, eds., 1973), 23, 28.

549）Boldt, id. at 268, Miller, report, 30 F. R. D. 185, 313-314 (1961).

550）Boldt, id. at 270.

最後に、アメリカの租税刑事罰の第三の特徴として、逋脱罪中心主義ともいうべき、逋脱罪の重視ということが挙げられる。それは、すなわち、租税犯として処罰されるべきは、逋脱罪であり、その他の罪は、逋脱の疑いがあるがその証明ができないときに、逋脱罪に代えてその罪によって訴追がなされるという、逋脱罪の代替的ないし補完的機能を果たすものであるという理解である。しかし、これは、租税に関する民事詐偽罰との関係をも含めた、アメリカの租税制裁法の全体的な理解に関わる問題であるから、これについては、**第2**で訴追決定の過程について概観してから、Ⅳで述べることにしよう。

## 第2　逋脱罪の訴追決定の過程

### 1　序

アメリカにおいても、逋脱犯として起訴されるものと民事詐偽罰の適用対象とが完全に重なっているわけではない。このことはたとえば、**【表1-3】**（44頁）によると、逋脱犯を含めた租税犯の有罪総数が年間2,000人程度であるのに、民事詐偽罰を課された個人は年間約1万人もいることからも明らかである。他方、前述した逋脱罪の要件と民事詐偽罰の要件とを比べてみれば明らかなように、両者の要件はほとんど同じである。[551)] そうであれば、それにもかかわらず、両者の対象となる行為が、現実には完全に重なってはいないということは、逋脱犯として訴追の対象となる行為と、民事詐偽罰の対象にしかならない行為とは、司法段階ではなく、訴追決定以前の執行段階（administrative level）において区別されているということを意味している。しかも、この点に関しては、前述したように、逋脱罪の要件が、司法段階ではきわめて広く解されているので、逋脱犯として起訴するかどうかについては、執行段階に非常に広い裁量権が存するのである。[552)]

そこで以下では、さらに進んで、起訴される事案が選ばれる過程、すなわち、捜査から起訴までの事案の処理についてみてみることとしたい。その際

---

551）Criminal Tax Fraud 968は、両者において求められている「特別な意図」はまったく同じだとしている。

552）Balter, ch. 11 at 40.

の主たる関心は、どのような基準で訴追される事案が選ばれるか、という点である。しかし、この刑事訴追するかどうかという判断については、明確な一般的基準はないといわれているから、むしろ、その際の考慮要素に注意を向けることになる[553]。

## 2　刑事訴追の一般的基準

具体的な訴追の可否の判断の過程をみる前に、刑事制裁ないし訴追勧告のための一般的な基準についてみておこう。

Balterによれば、民事罰に加えて刑事制裁も受けるのは、①虚偽の申告書が提出され、②含まれる税額が僅少ではないか、僅少であっても類似の場合への警告になり、③酌量すべき事情がなく、④裁判所または陪審が、その行為が故意によるものだと認定すると考えられる、というような場合であるとされている。しかし、このような事案を選ぶための、より具体的かつ明確な基準は存在しない。事案としての重大性が重視されるべきであるが、他の点も考慮される。特に、証明の程度、換言すれば、合理的な疑いを容れない程度に有罪を証明できるか、ということが決定的な要素であるともいいうる。その他に、年令、教育、経歴、所得源泉や事業の合法性、納税者の評判などの個人的な要素も考慮される[554]。では、このような判断がどのような過程でなされているのか。次にそれをみることにしよう。

---

553）逋脱容疑の事案の処理をみる前に、連邦租税法を執行している内国歳入庁の組織について述べることが便宜であろう。

内国歳入庁はその最高の組織として、ワシントンに本部をもっている。この下で、全州が七つの地方に分けられ、そのそれぞれに地方国税局（regional office）がある。さらにこの下に、最小の税務執行単位である地区税務署（district office）がある。若干わかりにくいのは、このそれぞれの段階に対応して、法律顧問官事務所があり、法律顧問官がいることである。すなわち、地区税務署レベルには、地区法律顧問官（district counsel）がおり、地方国税局レベルには、地方法律顧問官（regional counsel）がいる。そして、中央の本部に対応するものとしては、首席法律顧問官（chief counsel）がおり、すべての法律顧問官を統轄している。

それぞれの法律顧問官の事務所には、法律顧問官のほかに数名の法律家がいて、法律家として、税務執行に関する種々の法律問題を担当している。

554）Balter, ch. 3 at 9.

## 3　訴追決定の過程[555)]

### (1)　査察官（special agent）による調査・決定と査察部内での審査

連邦租税に関する逋脱犯の調査の責任を第一義的に負っているのは、内国歳入庁（IRS）の査察官である[556)]。査察官はその属する地区税務署の調査部・徴収部によって見つかったものおよび、その他の行政組織の報告や一般の報道などから逋脱事件の端緒をつかみ、出動する[557)]。出動した査察官は原則として、調査部の調査官（revenue agent）と共同して調査にあたり[558)]、詐偽・逋脱の有無と、刑事事件を立件できるかどうかという点を調査する[559)]。逋脱された税額の調査は調査官の役割である。また、1970年代初め以降、この段階でも、査察官は、法律問題に関しては、地区（ないしは地方）法律顧問官事務所の助言を受けるようになった[560)]。このように、査察官はもっぱら刑事的な調査を行なうものであるから、その調査の着手にあたっては、黙秘権、弁護を受ける権利などについて納税者に対して告知しなければならないとされている[561)]。

調査を終えた段階で、実質的な納税不足額がある場合に、刑事告発をするか否か、ないしは刑事告発はしないが民事罰を課すかどうか、を決める責任は査察官のみにある[562)]。この場合の判断の基準も明確ではないが、次のような要素も考慮されるといわれている。

①　教育、経歴、知識、納税者の人格に関する評判などにてらして、過失と認めら

---

555)　以下に略述するのは、最も原則的な場合における手続きの流れである。もとより実務上のことであるから、実際の事件の内容の多様性に応じて、事案が簡単なものか複雑なものか、他の刑事事件と併合される事案か否か、大陪審の調査権限を使うか否か、さらには一連の事案処理の流れの中で上司と部下の意見が一致しない場合の処理等、事案の処理過程は実際には様々に枝分かれするのであるが、ここでは本書の関心に応じ、最も原則的な場合のみを述べることとしたい。なお、これらの手続きの詳細については、参照、Criminal Tax Fraud, ch. 2, 5-8.

556)　査察官の人数は1974年には約2,500人（Walters, IRS Intelligence Division Operating Procedures, 32 N. Y. U. Inst. Tax., 1195, 1206 (1974)）、1985年には2,860人であった（Commissioner of Internal Revenue: 1985 Annual Report 73）。

557)　Walters, supra, at 1195-1196. なお、この点に関しては、Balter, ch. 3 at 3-7に詳しい記述がある。

558)　Balter, ch. 3 at 13.

559)　Id.

560)　Fuller, The Regional Counsel Office, Tax Fraud (Holmes & Cox, esds., 1973), 35-36.

561)　Walters, supra, at 1198-1199, McCall, The Dimensions of Tax Fraud, supra, at 15, 19-20, Fuller, supra, at 40-45.

562)　Balter, ch. 3 at 13, Criminal Tax Fraud 959. Cf. Walters, supra, at 1199-1200.

れるか。

② 過失とされなくても、(a)他人の誤った助言に従い、(b)それによって過少申告がなされているのではないか。

③ 納税者の弁護士が詐偽の事件に詳しく、有能で、訴追側の弱点を突いてくるようなことはないか。

④ 理論上、刑事事件での方が高い立証責任を果たすことができるか。[563)]

この段階で、査察官が訴追勧告を拒否したら、事件は調査部で通常の納税不足額事件として扱われることになる。ただし、査察官が民事詐偽罰を勧告したのであれば、この意見は調査部の決定を拘束する。[564)]

反対に、査察官が刑事訴追を勧告したら、事案は査察官の直接の上司(“Group Chief”、“Group Manager” などと呼ばれる。)、地区税務署の査察部長、およびそのスタッフによって、事実調査は十分か、また、法的な要件を満たしているか、ということについての技術的な審査を受けた後、地区法律顧問官に送付される。[565)]

以上に述べたところからわかるように、査察官は刑事訴追をするか否かを最初に決定する役割を担っている。そこで、査察官がそのような役割を果たすのに適当な者であるか、ということが問題となる。この問題には、二つの面がある。その一つは、一旦、ここで刑事手続から落とされると、その事件は二度と刑事手続に乗ることがないということである。第二に、査察官はいわば調査官と裁判官を兼ねることになるため、訴追を勧告する方に判断が傾きやすいと考えられることである。[566)]この後にみるように、ここで訴追を勧告されても不適当なものを起訴の対象から除く手続きは幾重にも作られているから、より重要なのは、前者の問題であるように思われる。

### (2) 地区法律顧問官事務所での審査

地区法律顧問官は地区税務署査察部からの事案の送付を受けて、刑事告発に同意するか否かを決定する。これは、告発に対する、初めての、法律家による十全な審査である。[567)]なお、以前は、事案は地区税務署から地方法律顧

---

563) Balter, ch. 3 at 16.
564) Balter, ch. 3 at 18-19.
565) Balter, id., McCall, supra, at 21-22. なお、事案を地区法律顧問官に送付するか否かを最終的に決定する権限をもっているのは、地区税務署の査察部長である。Cf. Criminal Tax Fraud 42.
566) Balter, ch. 3 at 17.
567) Balter, ch. 3 at 20.

問官事務所に送付されていたが、現在では、これは、地区法律顧問官事務所の任務となっている。

法律顧問官事務所での審査の目的は、一つには、回付された事案が起訴しうるものであるかどうかを再度判断することであるが、より重要な目的としては、起訴に値する重大な事案のみを選り分けるということが挙げられる。これについては、「地方法律顧問官の仕事は、納税者を刑事事件に巻き込まないようにすることである。我々は、脱税をしている者すべてを訴追することは望めない。そうではなく、内国歳入庁は、最も甚だしい違反を選り分け、それを最後まで訴追しようとする[568]」、「我々の事務所の目的はすべての事件を起訴することではない。起訴の基準を満たしたもののみが起訴されるべきである[569]」、といわれている。換言すれば、これ以前の「技術的」とされる審査が主として「起訴しうるか」に焦点を当てていると考えられるのに対して、この段階での審査は、より広い見地から「起訴すべきか」という判断をするものであるということができよう。法律顧問官による審査の過程においては、納税者側が望めば、最終決定前に、納税者およびその弁護士と担当官が会談をもつ[570]ということも、この目的に沿うものであると考えられる。

この段階で用いられる基準は、以下の二つであるとされている[571]。

① 政府が用いうる証拠は、納税者が故意の逋脱（ないしは他の租税犯）について有罪であることを示しているか。

② ありうる弁護を含めたすべての証拠を考慮に入れて、納税者が審理を受けた場合に有罪とされる、合理的な可能性があるか。

### (3) 司法省での審査と連邦検察官

地区法律顧問官事務所での審査において、告発の勧告の全部または一部の罪の訴追が認められれば、事案は司法省に送付される。通常、本部の首席法律顧問官は、もともとの訴追勧告には関与しない[572]。

---

568) Balter, supra, at 36.

569) Id. at 39.

570) Balter, ch. 3 at 21, Fuller, supra, at 37-39, Criminal Tax Fraud 167.

571) Balter, id., Criminal Tax Fraud 165.

572) 首席法律顧問官事務所が関与するのは、ここにいたるまでの過程で担当者間で意見の不一致が生じた場合である（Criminal Tax Fraud 175）。

なお、訴追勧告に関して最終的な決定権をもっているのは、首席法律顧問官である（財務長官は、内国歳入法違反のすべての訴追についての内国歳入庁内での最終的な権限を首席法律顧

司法省には、租税部（Tax Division）に刑事課（Criminal Section）があり、租税刑事事件の処理を担当している。この司法省租税部刑事課の役割は、①租税犯の事件を起訴するかどうかの最終決定をすること、②起訴に関する政府側の方針を決定し事案処理の統一を図ること、および、③実際に起訴する場合に、担当の連邦検察官を援助することである。

租税部刑事課の担当官は、最初から（de novo）事件を判断し直す。ここでの考慮要素には、地区法律顧問官事務所の場合と同じ、①合理的な疑いを超えた有罪の証拠があるか、②有罪としうる合理的な見込みがあるか、という二点に加え[573)]、③租税法の統一的な執行方針に沿っているか、という観点が加えられる[574)]。

租税部での審査は、①政治的・経済的な影響を排除して公正さを保つことと、②往々にして解釈が分かれうる複雑な租税法を対象とすることから生じる執行の不統一を排し、租税刑事事件を統一的に運用することがその直接的な目的であるが[575)]、IRSの審査に加え租税部でも二重に審査することは、それにより実際に不公正な起訴を排除するというよりは、手続きをより公正にみえるようにするという機能をもっているといわれている[576)]。

租税部の審査を経て、訴追が決定された事件は、担当の地域の連邦検察官（United States Attorney）に送付され、起訴されることになる。しかし、複雑でない事案については租税部での審査はごく簡単なものであり、連邦検察官は改めて事案を審査し、訴追の可否を決定しなければならないし[577)]、特に陪審の状況が訴追の成功・不成功を決定するような事案については、連邦検察官が地方的な事情や政府側証人の信頼性等を考慮して、訴追の可否を最終的に決定する場合もある[578)]。

前述したように、司法省租税部は、租税事件の刑事訴追に関する政府側の方針を定める権限ももっている。ここではそのうち答弁に関するものと求刑

---

問官に委任している（Balter, ch. 3 n. 57 at 23)）。

573）Balter, ch. 3 at 25, Walters, supra, at 1201 によれば、租税部では、①状況と証拠とは起訴を正当化しているか、②事案の訴追が成功する見込みがあるか、の二点が特に考慮される。

574）Criminal Tax Fraud 191.

575）Criminal Tax Fraud 178-179, Balter, ch. 3 at 26.

576）Criminal Tax Fraud 178.

577）Criminal Tax Fraud 215.

578）Criminal Tax Fraud 189.

に関するものとをみておこう。

答弁取引については租税部は最も重要な訴因についてのみ答弁を受け入れるという方針と、有罪の答弁のみを受け入れ、不抗争の答弁（plea of nolo contendere）といわゆるアルフォード答弁（Alford-pleas）には反対するという方針を採用している。後者の方針の理由は、①そのような答弁では最大限の予防効果をあげられないこと、また②特に不抗争の答弁の場合は、後続の民事罰訴訟においてエストッペルの効果をもちえないこと、がいわれている。[579)]

求刑については、租税部の方針では、連邦検察官は懲役刑と罰金刑の双方を求めることとされている。ここで懲役刑を求めるのは、実際に訴追されるのは潜在的な租税刑事事件のごく一部にすぎないから、懲役刑の率が高いことによって最も大きな一般予防効果が得られると租税部が考えていることによるものである。[580)]

### ⑷　小　　括

以上のように、租税事件はその起訴までに長い時間を要し、その間納税者を不安定な地位に置く。そこで、起訴までの時間短縮のために、この審査の段階を減らすことが試みられてきた。その一つは、すでに述べたように、法律顧問官に回付される前に行なわれていた、地方国税局査察担当次長補によるスタッフ・レビューの廃止であるが、その他に、1986年から、所得源泉が適法で、被告人が有罪の答弁を望んでいる事案は、地区法律顧問官事務所から、司法省租税部と担当の連邦検察官事務所に同時に送付されるという手続きが実験的に一部の地域で始められている。[581)]

さらに進んで、租税部による審査をやめるべきであるという意見もあった。その理由は、租税部における審査が事案の処理を著しく遅らせていること、および、ワシントンにある租税部はかえって政治的な影響を受けやすい

---

579）Criminal Tax Fraud 208-209. なお、アルフォード答弁とは、North Carolina v. Alford 400 U. S. 27（1970）において、「答弁に強力な事実の基礎があることが州によって証明された場合」には、被告人は「仮に犯罪を構成する行為への参加を認めたくなく、または認めることができないとしても、懲役刑に対して、自発的に、事情を理解して同意することができる」とされたことに由来する答弁である。

580）Criminal Tax Fraud 210.

581）Criminal Tax Fraud189. Cf. Balter, ch. 3 at S-15. ただし、Criminal Tax Fraud 182は、この後の各段階の審査で訴追が取りやめられる可能性もあることを考えると、このように早期に答弁してしまうことには被疑者に何の利益もないと述べている。

ことの二点であった。[582] しかし、これには、その両方ともが実証されておらず、かつ、租税犯の扱いに関して全国的な統一をとるためには、租税部による審査が是非必要であるという有力な反対がなされている。[583] 現実には、前述のとおり、現在でも、司法省租税部による審査は行われている。

### (5)「自主開示に関する方針（Voluntary Disclosure Policy）」と「健康に関する方針（Healthy Policy）」

ここで、有名な「自主開示に関する方針」と「健康に関する方針」に触れておく必要があろう。自主開示に関する方針とは、調査の着手以前に逋脱罪の自首をし、十分な情報を開示した者については起訴しない、という実務上の取扱いであり、[584] 健康に関する方針とは、訴追が被疑者の生命に実質的な危険を生じさせるときには訴追は行われない、という実務上の取扱いのことである。[585]

しかし、まず、これらの取扱いには、制定法上の根拠がなく、また、それらが正式に表明されたこともなかったので、適用上、不明確な点が多くあり、そのため、濫用の危険があった。[586] 特に、それは、汚職の危険と結び付くことによって、重大な問題を生じた。[587] [588]

さらに根本的には、これらはともに、逋脱罪はいわゆるホワイトカラー犯罪であり、処罰される者は少ない方がよい、という基本的な考え方にもとづいた方針であったため、[589] 逋脱罪が重大な犯罪であるという考えを害するという批判を受けた。[590]

---

582）Lyon, supra n. 462 at 501.
583）Id. at 500-502.
584）Id. at 491, Balter, ch. 4 at 2.
585）Lyon, id. at 496.
586）Id. at 493-494, 496-497. たとえば、Balterは、自主開示政策は、①何が開示か、②どのような事柄について開示がなされたとみるべきか、③どのような場合に開示は自主的か、④どのような場合に自主的な開示が調査の開始前になされたとみられるか、⑤誰に対して自主的な開示がなされねばならないか、⑥遅滞した税額と罰則金の現実の支払いまたは支払いの提供は、有効な自主的開示の要件か、などの点につき、不明確であるとしている（Balter, ch. 4 at 3）。
587）Lyon, id. at 493-494.
588）ここでは、前述した査察官に関する二つの問題のうち、より重要であると指摘した方、すなわち、一旦査察官によって不訴追の決定がなされると、再びその事案が逋脱罪として訴追される可能性が低いという点（前述204頁）を思い起こす必要がある。
589）Lyon, supra n. 462 at 494, 497.
590）Id. at 494.

以上のような批判を受けて、これらの方針は1952年に廃止され、自首して十分な情報の開示をしたことや健康状態が著しく悪いことは、訴追を決定する際の一考慮要素にすぎないとされた[591)]。その後、アメリカ法律家協会を中心に、これらの政策の復活を望む意見もあるが、現在まで、これらは廃止されたままである[592)]。

## 4　考　察

(1)　以上の検討から、刑事訴追の可否を執行段階で決定する基準としては、起訴できるか、すなわち、合理的な疑いを容れない程度に有罪を証明することができるだけの証拠が存在しているか、ということと、起訴すべきか、ということの二つがあることが明らかになったと思われる。そこで、これらを手がかりに、民事罰と刑事罰に共通の要件を満たしているものの中で、民事罰のみを課される事案と、さらに加えて刑事訴追をも受ける事案との区別の基準を考えてみることにしよう。

まず、起訴の可否の決定にあたっては、有罪を十分に証明できるか、ということが重要な考慮要素である。これは、民事罰の対象にしかならないものと、刑事訴追までをも受けるものとの区別の基準という観点からは、民事詐偽罰を課し、それが争われた場合にはその決定を訴訟において維持するのに必要な「明白で説得的」な程度の証明と、刑事罰を科すのに必要な「合理的な疑いを容れない」程度の証明との違いということになる。一般には前者の方が後者よりも程度が低くてもよいとされていることは、すでに述べたとおりである[593)]。

この証明の程度の差は、民事罰と刑事罰とが明示的に違う点としてしばしば触れられてきた点である。これは、両者が違うということを説明している限度では、つまり、民事罰を課し、それを維持するためには、刑事罰の場合よりも低い証明で足りるという意味では、もちろん、正当である。ただし、

591）Id. at 491, Balter, ch. 4 at 2, Bittker, ch. 114 at 37.  Cf. Criminal Tax Fraud 49, 55, 197-198.

592）Balter, ch. 4 at 5-6.

ただし、Criminal Tax Fraud id.は、実際に自主的に逋脱の事実を開示した者が起訴された例はほとんどないし、被疑者が死病にかかっていることが重要な考慮要素とならないとも考えられないとしている。

593）ただしBalterは、民事詐偽罰に関して必要とされる証明の程度は非常に高く、現実に両者の間に差があるかどうかは疑問であるという（Balter, ch. 3 n. 43 at 16）。

その場合には、その事案は、低い証明に対応する罰で足りる、という判断が先行していると考えられるから、すでに、この後(2)で述べる「悪質性」の基準が前提とされていることになる。

しかし、理論的には、この証明の程度の差によって民事罰の対象にしかならないものと刑事罰の対象ともなるものとを分けることはできないように思われる。なぜなら、どの程度証明できるかは事案の実体的な性質と直接には関連しないものであり、この基準の下では、非常に悪質な事案でも、巧妙で、高度に証明できないものは、刑事訴追できないことを積極的に容認することになるからである。このような基準が合理的でないことは明白であろう。また、この証明の程度が民事罰のみを課される事案と刑事罰をも科される事案とを振り分ける基準であるとしたら、逆に、有罪を合理的な疑いを容れない程度に証明しうる事案はすべて起訴しなければならなくなる。しかし、このようには考えられていないことは、前述したとおりである。

ただし、逋脱罪の実体要件との関連において、この「証明できるか」ということも、基準としての一定の合理性をもたないわけではない。それは、重大、悪質な事案ほど、積極的な行為があったことや、行為が故意であったことを認定しやすいという点においてである。しかし、事案によっては、悪質性が軽微であっても十分に有罪に足ることを証明しうるであろうし、逆に、重大な事案でも、きわめて巧妙に工作等が行なわれているために、証明ができないことがあると考えられるから、やはり、この基準が十分に機能するものであるとは考えにくい。

また、事実として、証明ができないことを理由に民事罰にとどめられる事案があることを否定することはできず、その意味で、民事罰がもつある種の「受け皿機能」は認めざるをえない。しかし、それはあくまで消極的な意義にとどまるのであって、要求される証明の程度は、民事罰の対象からさらに刑事罰の対象となるものを選び出すための積極的な基準とはならないと考えるべきであろう。

そこで進んで、第二の、起訴すべきか、という基準について検討してみることとする。

(2)　この、起訴すべきか、という基準とは、換言すれば、起訴に値するほど重大で悪質な事案か、ということである。このような基準は、法律顧問官事務所における審査に際して、重大な事案のみを選り分けるということが、起訴しうるかという「技術的」な審査に対置されていることから導かれる。この点は、前に概観したところによれば、地区法律顧問官事務所における審査以降の審査において、特に重視される点である[594)]。この点に関し、前述のように、Balterは、証拠の十分性に、「有罪とされる合理的な可能性」を対置させている[595)]。しかし、証拠の十分性と切り離された「有罪の可能性」の意味するものは、裁判官や特に陪審に、当該事案が可罰的であることを説得しうるに足る、事案の重大性、悪質性であると考えてよいのではなかろうか[596)]。

そうすると、ここでみられるのは、起訴しうるものはすべて起訴するというのではなく、重大、悪質なもののみを起訴するという基本的な姿勢である。そして、これこそが、上述の証拠の十分性に加えて、刑事罰の対象となるものを選び出す、積極的な基準となるものであるといってよいであろう。それは、日本で用いられている用語によれば、可罰的違法性ともいうべきものである。

このように考えると、起訴するか否かの基準が明確に立てられないということも容易に理解できる。どのような事案が悪質で可罰的であるかを、一般的にいうことはできないからである。それは、逋脱のために用いられた工作などの行為や、逋脱額、また、逋脱額の正当税額に対する割合などを総合的に考慮して判断されるものなのである。

このようにして、刑事罰と民事罰の違いとしてしばしば言及される証明の程度ではなく、より実体的な、事案の重大性、悪質性が、刑事罰の対象とし

---

594)　Fuller, supra n. 560, at 36.

595)　Balter, ch. 3 at 21.

596)　地区法律顧問官事務所での審査の際に「有罪判決の合理的な可能性」の判断に影響を与える要素としては被疑者が特に高齢または若年であること、被疑者の健康状態が著しく悪いこと、逋脱額が些少であることなどがあるが、不法な活動から利益を得、その利益について逋脱したような場合には、これらの事情があっても訴追する方に判断が傾きやすいといわれており(Criminal Tax Fraud 165-166)、また、純損失の繰戻しにより結果的に逋脱額がなくなった場合には、理論的には逋脱罪が消滅するわけではないが、このような場合には陪審に訴える力が減り、合理的な有罪の可能性が小さくなるといわれている(id. 533)。

また、Fullerも、「合理的な疑いを超えて有罪を示すに十分な証拠があり、かつ、有罪の合理的な見込みがあるのでなければ、事件は告発されないであろう」としている(Fuller, supra n. 560, at 38)。

て訴追を受けるものを区別する基準となることがわかった。無論、往々にして、証明の観点が両者の区別として重視されるのもまた事実である。たとえば、Balterが起訴の判断に関して、行為の咎められるべき性質、悪質性（culpability）が基準となるべきであるが、他の要素も考慮され、特に、証明の問題が決定的である、というときには[597]、このような事案の重大性、悪質性よりも、有罪とするだけの証拠があるかということの方が重視される傾向にあるということをいっているものであろう。

しかし、翻ってみると、上乗せ方式の下で、このような事案の重大性、悪質性を刑事訴追すべきものの基準としている点では、わが国も同じであり、日本においては、このような、刑事処罰に値するもののみを刑事処罰の対象とすべきである、という考え方は「刑罰の謙抑性」として力説されているところである。とすれば、この点においては、わが国と変わらない制度ないし方法を用いているアメリカは、上乗せ方式の租税制裁法の制度の合理性をどのようにして担保しているのであろうか。本節の最後に、それを検討しておかなければならない。

## Ⅳ　考　　察

### 第1　アメリカの租税制裁法の特徴

以上でアメリカの租税に関する民事罰および刑事罰についての概観を終えた。そこで、ここでは、以上に述べたアメリカの租税制裁法の特徴について考えてみることとしたい。その考察の手がかりは、Ⅲ（180頁）で引用したSpies事件判決の(a)の部分にある。ここでいわれていることは、要するに、租税に関する制裁の体系は、民事罰と刑事罰をあわせて、一体のものであると理解されているということである。するとここでは、このように、手続きや性質が法的に異なる民事罰と刑事罰という二つの制裁を統一的に考察することを可能にする視点はどのようなものかという点と、各々の民事罰ないし刑事罰をつなぐ、いわばパラメーターの役割をしている概念はどのようなも

---

597） Balter, ch. 3 at 9.

のか、という点とが問題となろう。さらにこのことは、二つの場面において検討される必要がある。その第一は同じ行為――不申告、虚偽申告、脱税行為等々――に対する民事罰と刑事罰との関係であり、その第二は別々の行為を対象とする民事罰どうしまたは刑事罰どうしの関係である。

この第一の問題の答えは、すでに述べたところから明らかなように、租税法違反行為を抑制する、という機能的な視点である。Spies 事件判決においても、「所得税法の下でのすべての義務の即時かつ率直な履行を誘引」することが、この制裁のシステムの目的として挙げられている。この視点からみたときに、民事罰と刑事罰とは、その法的な仕組みの差を超えて、統一的に考察されることができるのである。民事罰がこのように、違反行為の抑制ということを主眼として作られているということには特に問題はないと考えられるから、ここで注意すべきなのは、前述のように刑事罰においても、そのような抑制（一般予防）機能が第一義的に考えられているということであろう。

第二に、各々の民事罰や刑事罰を統一的なものとして結び付けているのは、culpability――行為の咎められるべき性質、悪質性――であると考えられる。このような性質の大小によって、それぞれの制裁が相互に関連し、位置付けられているのである。このことは、抽象的にいってもわかりにくいので、次に、前述した二つの「場面」に分けてこのことをみてみることとしたい。

まず、第一に、同じ行為に民事罰と刑事罰とが科せられている場合については、このことは比較的わかりやすいと思われる。たとえば、脱税行為については、逋脱罪として刑事訴追されるものが選ばれる過程について述べたように、結局のところ、行為の悪質性、重大性、換言すれば、行為の咎められるべき性質が、訴追されるものを選別する基準として働いている。

また、不申告罪については、Spies 事件判決[598]の判示が問題を正確に指摘している。いわく、

「適時に申告をする義務の懈怠は、そのような懈怠が合理的な理由によるものであり、故意の無視によるものではないと証明されない限り、租税に、その懈怠が続いている期間に応じて、その5～25％を付加することによって罰せられる。……しかし、割合遅滞罰の適用の基礎となる租税債務がないときや、懈怠が特定の期間の租税に特定できない事項に関係するときや、**違反が民事罰事件よりも重大であると**

598）Spies v. United States, supra n. 456 at 496.

きにも、義務は存在する。したがって、それらの義務があるときの、故意の不申告、記録不保持、情報不提供は、租税債務の存在にかかわらず、軽罪とされているのである。」（傍点筆者）

このようにして、同じ行為に関する民事罰と刑事罰とは、原則として、行為の咎められるべき性質が高いものが刑事罰に服するという関係にあり、その意味で、両者の対象となる行為を選び出す「要件」はいわば「程度の差」ともいうべきものであるということができよう。

第二に、民事罰ないし刑事罰どうしの関係が問題となる。たとえば懈怠による過少申告に関する民事罰と詐偽に関する民事罰との関係である。これは、前述した同じ行為に関する民事罰と民事罰との関係とは異なり、明確に「要件」が違うのであり、その意味で、「行為の咎められるべき性質」などというパラメーターの入り込む余地はないように思われる。しかし、そうではない。確かに、懈怠による過少申告と民事詐偽とは異なる行為であるが、両者の違いは、その要件の意味するものについて前述したところから明らかなように、結局は、その悪質性の違いであると考えるべきである。このことは、過少申告が詐偽によるものであるように思われる場合でも、酌量の余地があるなど、咎むべき性質が少ない事案には懈怠罰が課せられるとされていることからも明らかである。同じことは、単なる不申告と不申告による詐偽の場合にもいうことができる。この場合は、明確に違う、納税不足額の存在という要件ですら、後者の悪質性を高める要素として理解することができるのである。

同様のことが、7206条⑴の虚偽申告罪と逋脱罪、または、7203条の不申告罪と逋脱罪との関係においてもいうことができるということは、明らかであろう。刑事罰の概観の終わりに指摘しておいた、刑事罰における逋脱罪中心主義とは、実はこのことを指していたのである。また、このように行為の悪質性を要件の中核的な要素と考えると、先に（199頁）Bishop事件判決を引用して指摘したように、アメリカの租税刑事罰が主観的要素を重視していることの理由も理解することができよう。そのような悪質性の大きさは、結果無価値的な考え方をとれば、逋脱された税額の大きさや虚偽申告によって生じた行政上の混乱の規模によって決まることになるが、そのような要素から離れるとすると、前述したような主観的要素こそが最も直截に行為の悪質性を表わしているものと考えることができるからである。

このようにして、アメリカの租税制裁法の体系は、租税収入を害する行為の抑制効果という視点から、そのような行為の悪質性に着目して、統一的に構成されている、ということができる。そして、その制度の「頂点」に位置付けられているものが、「逋脱罪」の規定なのである[599)]。このように、基本的に等質的な行為を対象とし、そのいわば悪質性の濃淡の差によって科する罰を変えようとしている制度であると理解することによって、初めて、アメリカの租税制裁法においては、民事、刑事のそれぞれの罰の適用の場面における限界が曖昧であり、要件に明確な差がある場合にも、その適用が連続的であると解されることの理由を理解することができる。いわば、アメリカの租税制裁は不定形なのである。同時に、このような制度は、第2節（128頁）において指摘したように、「可罰的違法性」というような、程度の観念を強く入れることを要求する租税法違反行為に対する罰として、その限りでは、柔軟で合理的な制度であるということができよう[600)]。

しかし、このように考えると、たとえば、脱税行為の抑制という目的と脱税行為という要件とを同じくする制裁を、手続きを異にする刑事罰と民事罰という形で併置しておく合理性をどのようにして担保するか、という問題が、非常に大きなものとなってくる。なぜなら、その違いが基本的に程度の差である以上、要件を同じくする範囲で一つの制裁およびその手続きがあれば十分であるように思われるからである。しかも、このような調整は、前述の Mitchell 事件判決[601)]によって刑事罰と民事罰とが実体法上無関係であるとされているため、実体法上の問題として扱うことはできないのである。

ここで考えられる一つの答えは、民事罰と刑事罰との要求される証明の程度に着目することであろう。しかし、すでに述べたように、これによって両

599）Spies 事件判決は、逋脱罪の規定を、“the climax of this variety of sanctions”、“the capstone of a system of sanctions” などと呼んでいる。

600）Bittker よれば、租税に関する刑事罰規定はきわめて混乱したものであり、その要件が重複した罰則の中から、IRS と司法省にとってその非行がどのくらい咎められるべきであると考えられるかによって、適用される罰が選ばれるのである。したがって、その適用の「結果が〔Spies 事件判決の言うように〕『すべての程度の遅滞に対する適当な罰』であるなら、それは、訴追者達が賢明にも常に正しい罰則を拾い上げたからであって、議会が、狭く定義され、ただ一つの目的をもった一連の刑事制裁を定めたからではないのである」（Bittker, ch. 114 at 32）。

601）Helvering v. Mitchell, supra n. 360. 参照、前述 172 頁。

者の機能分担を図ろうとすることは、まったく不十分であるというしかない。それでは、この問題はどのようにして解決を試みられ、解決され、または解決されていないのであろうか。アメリカの租税制裁法に関する考察の最後に、その問題を検討することにしたい。

## 第2　アメリカの租税制裁法における民事罰と刑事罰との機能分担 ——民事詐偽罰と逋脱罪

### 1　手続的振り分け方式の不採用

ここでは、アメリカの租税制裁法に関する検討の最後として、その民事罰と刑事罰との機能分担の問題を取り上げる。議論が煩雑になりすぎるのを防ぐため、以下の議論ではその対象を、最も重要な租税法違反行為である脱税行為に限ることとしたい。

さて、ここまでの議論をまとめると、①アメリカにおいては民事詐偽罰と逋脱罪の要件がほとんど同じであり、ただ、逋脱罪として起訴、処罰される事案は悪質性が高いものに限られている、②この両者は実体法上は無関係であるとされており、その調整を実体法上行なうことはできない、ということになる。そこで、アメリカの制度・実務の運用は、このような状況の下で生じる不合理な制裁の重複をどのようにして回避しているのか、または回避しえていないのか、がここでの問題である。

この前提条件の下で考えられる一つの解決方法は、この両者の制裁を、手続きのレベル——執行段階——で振り分けるということである。すなわち、詐偽ないし逋脱の要件を満たすもののうち、悪質性の高いものには刑事罰のみを科し、それに値しないものには民事詐偽罰のみを課すというやり方をとるのである。

しかしながら、すでにここまでの記述で明らかなように、アメリカにおいてはそのような方法はとられていない。刑事罰が悪質性の高い事案に科されるということは、民事詐偽罰を賦課した上に刑事処罰をも行なう、ということを意味しているのである。このことは、あまりに自明なことであるようで、この点を正面から議論した判例・学説は見当たらないが、たとえば、逋脱罪によって起訴されたことは後続の民事詐偽罰の賦課を妨げないとした前述のMitchell事件判決[602]は、先行する刑事手続の結果が有罪であっても構わないという趣旨に読めるし、より直接的には、Badaracco事件判決[603]は、刑事手続の後に民事詐偽罰の賦課が行なわれることを前提としていた。また、学説では、たとえばBalterは先に（202頁）触れたように、「……というような場合には、刑事制裁が、民事罰の賦課に加えて、行われるであろう[604]」というように書いており、ここでも、刑事制裁を受ける事案は民事罰をも課されているということが前提とされている[605]。

では、アメリカでは、このような手続的な振り分けを用いずに、どのようにして、不合理な制裁の重複という問題に対処しているのであろうか。以下では、これを、制裁の効果の面、および、手続的な調整という面の二つの面から検討することとしたい。

## 2　刑事罰における実刑中心主義

さて、これまでに繰り返し述べてきたように、民事詐偽罰と逋脱罪の要件はほとんど同じであるから、その両者の機能分担は、第一に、その効果の面でなされるべきこととなろう。現実にも、両者の機能分担はその効果の面でなされている。それは、逋脱犯の処罰における実刑中心主義ともいうべきものによってである。この実刑中心主義は、実際の実刑率がかなり高いということと[606]、内国歳入庁や司法省などの訴追側および裁判官の意識において、逋脱罪を訴追処罰する目的はその被告人に実刑を科すことにあると考えられ

---

602）Helvering v. Mitchell, supra n. 360.

603）Badaracco v. Commissioner of Internal Revenue, supra n. 370.

604）Balter, ch. 3 at 9.

605）このように、現在の制度の下で手続的な振り分けができない理由としては、民事詐偽罰を定めた6663条の規定が、「……であるときには、次の金額に等しい額が租税に加算される（shall be added）」とされ、民事詐偽罰の賦課を長官の裁量にかからしめていないことが挙げられる。

しかし、立法論的には、刑事訴追を受けた事案を民事詐偽罰の対象からはずすことは可能なのであるから、その意味で、アメリカの制度は、手続的な振り分け方式をとっていない制度である、ということができよう。

606）参照、**【表1-3】**（44頁）。これによると、1980〜1985年の6年間は、暴力団・麻薬関係事件等を除いた普通の租税犯の事件に関しても、実刑率の平均値は55%に達し、特に、1983年以降の3年間はほぼ60%弱となっている。

なお、この表は租税犯すべてについてのものであるから、逋脱犯に限ると、実刑率はもっと高くなると考えられる。

ているということとの[607]、互いに関係しあう二つの局面からなる。言うまでもなく、民事詐偽罰として課することができるのは金銭的制裁のみであるから、このように逋脱罪処罰の目的が実刑にあるとすると、両者は実際上の効果において異なったものであることになる。

このような考え方を支えているのは、悪質性の高いものに刑事罰を科すという選別の基準と、租税逋脱に対する刑事制裁の第一の目的は同様の違反行為の一般予防にあるという制度の理解であると考えられる。

前者については、もうここで多くをいう必要はなかろう。ここで注意を引くのは、後者の点である。ここでは、逋脱罪処罰の一般予防効果ということが非常に強調されている。それは、刑事罰を科するその他の目的――処罰や矯正――は厳しい民事罰や訴追、有罪判決を受けたということですでに十分果たされているが、なお、被告人本人ではなく、一般的な抑制効果のために重い処罰――実刑が必要であるとされていることに明白に表れている[608]。

では、一般予防のためには、なぜ、実刑が必要とされるのであろうか。それは、第一に、罰金という金銭的な制裁では、それをも計算に入れた脱税を防ぐことができないからであり[609]、第二に、悪質な脱税をして訴追の対象となる者のかなりの部分は社会的に高い地位にある者であるから、実際に刑務所に入れられるということが、大きな抑制効果をもつとされているからである[610]。加えて、納税不足額と民事罰則金の納付を条件とするプロベーションや執行猶予は、かえって、租税刑事罰は租税の徴収のためのものであり、税金さえ納付すれば刑事罰を免れることができるという意識を助長するので刑事罰の抑制効果に対して有害であるとされていることも挙げられる[611]。以上

---

607） Henkel, supra n. 548, at 28, the Report of the Pilot Institute on Sentencing, 26 F. R. D. 231, 264（1959）以下、および、the Report of the Sentencing Institute and Joint Council for the Fifth Circuit, 30 F. R. D. 185, 302（1962）以下の報告。

608） Boldt, supra n. 548, at 270, Wright, 30 F. R. D. 304, Henkel, id. 参照、答弁および求刑についての司法省租税部の方針（前述207頁）。Cf. Criminal Tax Fraud 208-210.

609） Henkel, supra n. 548, at 29. Henkelは、このほか、民事詐偽罰ではそのような処分がなされたことが公表されないため、抑制効果が低いとしている。この点については前述したACUSの勧告が、抑制効果を高めるために民事詐偽罰を賦課した場合にも、その事実を公表すべきであるとしていることが参考となる。

610） 逆に、McIvine, 26 F. D. R. 231, 279は、実刑判決をこのタイプの逋脱罪に限定し、ウエイターやバーテンダーなどが扶養家族の数をごまかしてするような逋脱には罰金やプロベーションで臨むべきだとしている。

611） Boldt, supra n. 548, at 271.

のような考慮から、刑事罰としては実刑を科することが必要であるとされるのであるが、その場合でも特に、刑期の長さよりも実刑を科すこと自体が重視されることになるのである[612]。

確かに、このように考えたとしても、実刑判決に実際に一般予防効果があるかどうかは、明らかではなく、事実、この点を疑う意見も存在する[613]。しかし、一般には、この点は、効果があるということで、合意がみられているように思われる。たとえば、1970年になされた連邦地裁判事へのアンケート調査によると、脱税事件の実刑判決が被告人本人に有効な抑制効果をもつと考えている判事は、37%にすぎないが、一般公衆に対する抑制効果があると答えた者は、全体の75%にも及んでいる[614]。

無論、このような考え方には、反論もある。1950年代の終わりから1960年代の初めにかけて非常に問題とされた逋脱罪の量刑の地域的な著しい不均衡はそれを端的に表している。たとえば、1958年に、ある六つの地裁においては計39件の逋脱罪の事件のうち34件が実刑判決を受けているが、別の五つの地裁においては、計70件中13件しか実刑判決を受けていないといわれている[615]。このような不均衡の原因としては、一般の裁判官は制裁の制度が全体としてもつ効果よりも個別具体の事件について考慮する傾向にあること、横領や一般の詐欺などと違い被害が明確でないこと、民事罰が非常に重いためそれに加えて重い刑事罰を科することがためらわれることなどが挙げられていたほか、重要な原因として、逋脱罪をあまり重大な犯罪とは考えない傾向が一部にあったことが指摘されていた[616]。

しかし、このような不均衡はいまだ完全に解消されてはいないものの[617]、逋脱罪の重大性に対する認識と実刑判決が脱税の一般予防効果をもつという認識とが一般的になるにつれて、逋脱罪に実刑を科すという実務は非常に広

---

612）Henkel, supra n. 548, at 29. この場合、適当な刑期は10日～3ヶ月間（McIvine, supra, at 279）とも、2ヶ月～10ヶ月間（Miller, 30 F. R. D. 185, 314）ともいわれている。

613）参照、26 F. D. R. 231, 289以下。
　また、参照、Craig, Sentencing in Federal Tax Fraud Cases, 24 Tax Law., 49, 56（1971）以下。

614）Craig, supra, at 53.

615）Boldt, supra n. 548, at 265によると、次頁の**【表2-6】**のとおり。

616）Miller, supra, at 312-313.

617）Balter, ch. 13 at 90には、まだ量刑の不均衡が問題点として指摘されている。

く行われるようになりつつあると考えられる。これは、前述のアンケート調査の結果や、1973年にすでにそのような考え方が連邦裁判官の間でも一般的になりつつあるといわれていること[618]、および、1974年以降租税犯の実刑率が確実に上昇していることから[619]、そのように考えることができよう。

1984年包括的犯罪統制法（Comprehensive Crime Control Act of 1984）によって設けられた合衆国科刑委員会（the United States Sentencing Commission）が作成した量刑ガイドライン[620]は、租税犯罪の量刑についても大きな影響を及ぼしたと考えられる。委員会によれば、ガイドライン作成以前には逋脱罪で有罪となった被告人の約半分が実刑判決を受け、その刑期の平均は12ヶ月

---

618）Henkel, supra n. 548, at 29.
619）参照、【表1-3】（44頁）。
620）このガイドラインは逋脱額を基礎として逋脱犯を逋脱額2,000ドル以下（刑期6月以下）から8,000万ドル超（刑期51月〜60月）の19段階に分け、さらに、逋脱の方法が巧妙であったか等の事情を加味した上で、これと犯罪歴とから刑期を算出することとしている。たとえば、犯罪歴が他にない場合、逋脱額2,000ドル以下の場合は刑期6月以下、同8,000万ドル超の場合は刑期51月〜60月とされている（United States Sentencing Commission, Sentencing Guidelines and Policy Statements, §§2T1. 1, 2T4. 1, Sentencing Table）。裁判官はこのガイドラインの範囲外の刑を宣告することもできるが、その場合は、その理由を明らかにしなければならない（Criminal Tax Fraud 921）。各レベルの刑期は互いに隣のレベルと刑期が重なっているため（たとえば、逋脱額が4万ドル超7万ドル以下の場合は8月〜14月、7万ドル超12万ドル以下の場合は10月〜16月（いずれも他に犯罪歴がない場合）というように）、逋脱額の認定をめぐって無用の争いは避けられるとされている（id. §2T1. 1 Commentary）。

このガイドラインについてもう一点触れておきたいのは、横領、窃盗等の基本的な財産犯に適用されるガイドラインにおいても犯罪の対象となった財産の損失を基礎として量刑が定められることになっており（ただし、火器を用いたか等、色々な修正要素が挙げられている）、その財産損失の額が2,000ドルを超える部分については、逋脱罪の場合とまったく同じ量刑がなされるものとされている点である（id. §2B1. 1）。このことは、アメリカにおける一つの逋脱罪観を示すものとして興味深いと考えられる。

なお、このように量刑にガイドラインを定めることについては、アメリカにおいても法曹を中心に批判が多い。この点については、さしあたり、2 Criminal Tax Fraud, 1991 Cumulative Supplement 13以下参照。

また、このガイドラインに関する邦語文献としては、参照、鈴木義男・岡上雅美「アメリカ合衆国量刑委員会制度とその合意性」ジュリ986号（1991年）64頁。

**【表2-6】** 1958年における逋脱罪の処罰状況（実刑数）——抜粋——

| 地　域 | 有罪（人） | 実刑（人）（実刑率） |
|---|---|---|
| コロラド | 7 | 6 |
| イリノイ | 6 | 6 |
| ユタ | 5 | 5 |
| オレゴン | 3 | 3 |
| ワシントン（州） | 5 | 4 |
| ケンタッキー | 12 | 9 |
| 小　計 | 39 | 34（87%） |
| ミシガン | 24 | 8 |
| 南ミシシッピ | 6 | 1 |
| 西ニューヨーク | 14 | 1 |
| 東ヴァージニア | 17 | 3 |
| 北オクラホマ | 9 | 0 |
| 小　計 | 70 | 13（20%） |

（Boldt, report, 26 F. R. D. 27による）

であったが、このガイドラインにより刑期が若干長期化し、また、実刑判決も増えるであろうとされている。[621)][622)]

## 3　コーラテラル・エストッペルによる手続きの重複の回避

(1)　以上のような効果の面における民事罰と刑事罰との機能分担に加えて、上乗せ方式をとるアメリカの租税制裁法の合理性を担保しているものに、手続きの重複の回避ということが挙げられる。

1（216頁）で述べたように、実体的に上乗せ方式をとるアメリカの制度は、手続的にも刑事罰の対象と民事罰の対象とを振り分けることをしていないから、刑事訴追を受けて「逋脱」の有無を審理された事案がさらに民事罰を課される際には、再び「詐偽」の有無を判断しなければならないことになる。ここで「逋脱」と「詐偽」とが意味するところは――これまでの別々の説明からもわかるように――少なくとも、ほとんど同じである。したがって、ここに、同じ要件の有無の判断を手続きを変えて二度行なわなければならないという、手続きの重複が生じるのである。

このような手続きの重複は上乗せ方式の制度の不合理性――無駄――の最たるものであるから、この短所を除去することは、制度の合理性を確保する上で非常に重要なことである。アメリカの制度はこの問題点をかなりうまく解決しているように思われる。

この手続的な「調整」は、第一に、原則として刑事手続が先行されること、第二に、そのようにして先行した刑事手続における有罪判決に、後続の民事手続に対するコーラテラル・エストッペル（付随的禁反言）の効果を与えること、によってなされている。[623)] そこで、これについて以下に分説しよ

621）United States Sentencing Commission, id. § 2T1. 1 Commentary.

622）この点については、参照、2 Criminal Tax Fraud, 1991 Cumulative Supplement 17.

623）ここで、コーラテラル・エストッペルの法理について簡単に説明を加えておこう。コーラテラル・エストッペルの法理とは、後述するAmos事件判決によれば、ある事実の決定が前訴の結論にとって不可欠のものであり、しかもそれが後訴の判断について決定的なものである場合には、同じ当事者間においては、その事実についての前訴での判断が拘束的であり、その当事者は後訴において、それと異なる主張をすることができない、というものである。

この法理の目的は、後述するArmstrong事件判決によれば、審理の繰返しと判断の抵触を避けることである。

ただし、前述したように、逋脱罪の有罪判決には逋脱額の正確な認定は必要ないから、この点に関してはコーラテラル・エストッペルは働かない。コーラテラル・エストッペルが働くの

う。

(2)　まず第一に、原則として、刑事訴追を民事的な賦課よりも優先させるのが、実務上の慣行である。すなわち、ある事案が刑事訴追に適当とされると、判決が確定してその刑事手続が終了するまでは、その事案に対する一切の民事手続が停止させられ、訴追された年度に関する納税不足額や民事罰の賦課は、刑事手続が終了してから改めてなされるのである[624)]。これには概ね次の四つの理由が考えられる。

① 刑事罰が、過大な租税の支払いを強要するために用いられるのを防ぐこと[625)]。

② 要求される証明度が高いことと、懲役刑を科しうることのゆえに、政府は刑事罰が最高の制裁であると考えており、そのため、政策の問題としては、先に重大な罰が処理されるべきであると考えていること[626)]。

③ 罰を科せられても脱税が引き合うと考えるような者に対しては、犯罪と有罪の公表とは時間的な間隔が開いていない方がよいこと[627)]。

④ 民事裁判が先行すると、そこで開示された資料が陪審の判断に影響を与えるおそれがあること[628)]。

判例は、この点に関しては、民事罰と刑事罰とは無関係であるとして、この実務を特に考慮しない態度をとっていたが[629)]、前述の Badaracco 事件判決[630)]

---

は、詐偽の存在に関してのみである。

なお、この場面におけるコーラテラル・エストッペルに関しては、参照、Kapiloff, Collateral Estoppel and the Civil Fraud Penalty, Bull. of Section of Tax. ABA, vol. XX, No. 2 Jan. 1967 および Criminal Tax Fraud 973 以下。

624) Schmidt, Civil or Criminal trial First? 128 J. Tax. 347 (1960), Lipton, The Relationship Between the Civil and Criminal Penalties for Tax Frauds, 1968 U. Ill. L. F. 527, 532 (1968), Walters, supra n. 556, at 1204, Balter, ch. 11 at 3.

625) Schmidt, id., Walters, id.

626) Lipton, supra, at 532, Schmidt, id.

627) Schmidt, id.

628) Lipton, supra, at 532.

629) 判例は、これまで、逋脱罪に関する刑事裁判と、同じ年度の租税の賦課に関する民事裁判とは無関係だとしていた。したがって、民事訴訟が提起されたことを理由とする刑事裁判の延期は認められなかったし（O'Brien v. United States, 51 F. 2d 193 (7th Cir. 1931)）、繰上保全差押によって租税裁判所への出訴を余儀なくさせられ、そこでの納税者の証言が自己負罪拒否の特権に触れるかもしれなくとも、後の起訴は有効である（United States v. Blue, 384, U. S. 251 (1966)）――証拠排除を申し立てればよい――とされてきた。この考え方は、政府側に不利にも働きうる。納税不足額と詐偽罰の賦課の根拠を明らかにすると別に進行している刑事訴訟での反対尋問等に悪影響を及ぼすことを理由に、租税裁判所での民事訴訟においてそれらを明らかにしないということは許されない（Commissioner of Internal Revenue v. Licavoli, 252 F. 2d 268 (6th Cir. 1958)）。

630) Badaracco v. Commissioner of Internal Revenue, supra n. 370.

では、この実務を「民事の側に対するよく知られた制約（well known restraints on the civil side）」であるとし、これに肯定的に触れた。前述のように、この判決は、詐偽の場合には賦課権の消滅時効が働かないとされていることとの関連で、詐偽的申告の後に適正な修正申告をした場合にはその修正申告から賦課権の消滅時効が進行するか、という問題に対して否定的に答えたものである。最高裁はこの判決の中で、傍論ではあるが、その結論を支える実質論の一つとしてこの実務を挙げ、このような実務の下では、反対に解釈すると刑事手続を行っている間に賦課権が消滅時効にかかることがありうることになり、不当であるとした。これによって、この刑事手続優先という実務も判例上認知されたものと考えることができよう。

(3)　さて、民事罰と刑事罰との手続的な調整として挙げられるのは、このようにして先行した刑事事件の有罪判決が後の民事事件に対してコーラテラル・エストッペルとして働き、一旦逋脱罪で有罪となった者は、当該年度の租税に関する民事詐偽罰の賦課を、詐偽がなかったとして争うことはできないとされていることである[631)]。その根拠は、第一に、先行する有罪判決は、故意に脱税をしようとした、という事実を肯定する決定的な司法的判断であり、第二に、故意に脱税をしようとしたということは、民事詐偽罰の賦課の要件たる「詐偽」のすべての要素を含むということである。実際には、民事詐偽罰の要件たる「詐偽」と、逋脱罪の要件たる「故意に租税を侵害しようとすること」とが同義であるか否かという点は、判例上は、このコーラテラル・エストッペルの適用という点をめぐって最も争われてきた問題なのである。

では、この点に関する判例を、次に少し詳しくみてみよう。

まず、当初は、租税裁判所は、Vassallo 事件[632)]において先行する刑事裁判の有罪は後続の民事裁判に対して詐偽の点でも納税不足額の点でも既判力をもたないとし、また、Safra 事件[633)]においては、刑事罰と民事罰とは実体法上

631）ただし、逆に、先行する刑事事件における無罪判決はこのような効果をもたず、政府は、無罪判決の後でも民事詐偽罰を賦課しうることについては、Helvering v. Mitchell, supra n. 360. 参照、前述 172 頁。

632）Vassallo v. Commissioner of Internal Revenue, 23 T. C. 656 (1955).

633）Safra v. Commissioner of Internal Revenue, 30 T. C. 1026 (1958).

無関係であるとした前述の Mitchell 事件判決[634]において、最高裁によって、逋脱罪に対して刑事罰を定めた146条(b)と民事詐偽に対して加算税を定めた293条(b)とは本質的に性格を異にしまったく異なる目的のために立法されたのであり、文言においても大きく異なることが指摘されているから、コーラテラル・エストッペルの適用を認めることはこの最高裁の見解と矛盾するとしていた。また、コーラテラル・エストッペルの適用が争われた事件ではないが、この点に関するコーラテラル・エストッペルの適用を否定する根拠としてしばしば引用されていたのは、逋脱罪には、「合衆国……を欺きまたは欺こうとすることを含む犯罪」に対して適用される公訴時効の例外の適用がないとした Scharton 事件判決[635]である。これにより、逋脱罪には「欺く(defraud)」という要素がなく、そのため、その有罪判決も「欺く＝詐偽」の要素を欠くから、コーラテラル・エストッペルはその適用の基礎を欠くとされたのである。

この時代の判例は、Vassallo 事件判決にみられるように、先行する有罪判決は詐偽ありとする重要な証拠であるが、それは決定的なものではなく、原告はその反対証明をすることが許される、と解していた。

しかし、このような判例は、1964年から翌1965年にかけて変更される[636]。その先鞭をつけたのが、第五巡回控訴裁判所による Lefkowitz 事件判決[637]である。この判決は、145条(b)の「故意」とは、「租税の支払いを免れ、侵害しようとする悪い目的と悪質な動機を含む特別な意図」であり、293条(b)の「詐偽」とは、課せられていると知っている租税を逃れる特別な意図ないしは、租税を免れようとする特定の意図をもった積極的かつ意図的な非行である。「この両者の構成要素を調べてみると、『故意』は『詐偽』のすべての要素を含んでいることがわかる。……両方とも、政府から租税を奪う悪い意図を要求している」と述べて、この場面におけるコーラテラル・エストッペルの適用を肯定し、先行する刑事裁判において逋脱罪について有罪となった者

634) Helvering v. Mitchell, supra n. 360.

635) United States v. Scharton, 285 U. S. 518 (1932).

636) 以下で引用する判例は1973年に出された、前述のビショップ事件判決よりも前のものであるから、ここでは、逋脱罪の「故意」と、民事詐偽罰の「詐偽」とが比較されている点には注意を要する。参照、前述195頁。

637) Tomlison v. Lefkowitz, supra n. 543.

は、後続の還付請求訴訟において民事詐偽罰の賦課に関し、詐偽の不存在を主張しえないと判示した。

これに続いて、租税裁判所における判例変更がなされる。それは同日に言い渡されたAmos事件およびArtic Ice Cream会社事件判決によってである。

Amos事件判決[638]は、以下のように述べて判例を変更し、この場面におけるコーラテラル・エストッペルの適用を肯定した。いわく、第一に、起訴は原告が故意に脱税をしようとした方法を、自分の所得と税額が過少申告されていると知っている虚偽で詐偽的な所得税申告を作成、提出することによった、と特定している。この訴因に関する有罪判決は、この点を肯定する決定的な司法的な事実の判断である。第二に、有罪判決は、必然的に、生じた不足額が「詐偽によるものである」という決定的な事実の判断をもたらす。なぜなら、「故意」は詐偽のすべての要素を含むと定義されてきたからである。「本件においては、6653条(b)によって規定されている民事罰の賦課は、1955年から1958年までの原告の租税の過少納付が詐偽によるものであるという究極的な事実の決定にかかっている。ここにおけるこの究極的な決定のための事実は先行する刑事訴訟において原告に不利に決定された事実と同じ、究極的な事実である。」

また、先行する判例との関係においては、既判力について述べたVassallo事件は正当であるが、コーラテラル・エストッペルについての本件の先例とはならず、本件の直接の先例たるSafra事件においてコーラテラル・エストッペルの適用を否定したことは、誤りであったとしている。また、最高裁の判決に関しては、Mitchell事件判決は、より厳しい立証責任を国が負っている刑事事件での無罪判決の後に民事罰を課することも構わないというものであり、被告長官の主張は、この判決と何ら矛盾するものではないし、Scharton事件においては、最高裁の関心は、もっぱら公訴時効にあり、この判決もコーラテラル・エストッペルの適用を妨げるものではないとされている。

この判決には5人の裁判官が反対しているが、これについては後述する。

---

638)　Amos v. Commissioner of Internal Revenue, 43 T. C. 50 (1964).

同日付けで言い渡されたArtic Ice Cream会社事件判決[639]は、先行する有罪判決が有罪の答弁にもとづいてなされたものであったが、租税裁判所は「他の目的と同様に、コーラテラル・エストッペルの法理の適用のためにも、そのような〔有罪の〕答弁にもとづく有罪判決と、審理の後で下される有罪判決とに差はない」ことを理由に、この場合にもコーラテラル・エストッペルの適用を肯定した。

1965年には同様の理由で第四巡回控訴裁判所がコーラテラル・エストッペルの適用を肯定して、判例変更の事実を一層明らかなものとした[640]。

一連の判例変更を決定的なものとしたのは、請求裁判所におけるArmstrong事件判決である[641]。この事件は、判例変更の過渡期の事件として非常に興味深い事件である。本件の事実審理が行なわれた時点では先行する有罪判決は後続の民事裁判に対してコーラテラル・エストッペルの効果をもたないというのが判例であり、Lefkowitz事件判決が唯一の例外であった。そのため、民事詐偽罰の賦課に関する論点として、詐偽の有無についても事実審理がなされ、補助裁判官（trial commissioner）は原告には詐偽の意図はなかったと認定した。ところが、事実審理の終了から判決までの間に、租税裁判所は上述のとおり判例を変更した。そこで、本件においては、租税裁判所の判例変更に従い、先行する刑事事件において有罪の判決が出されている以上、原告は詐偽の不存在を主張することはできないから民事詐偽罰の賦課は維持されるとするか、補助裁判官の認定に従い、原告には詐偽はなかったから民事詐偽罰の賦課は違法であり、還付請求は理由があるとするかにつき、非常に深刻な問題が生じたのである。結局、この判決は、次のように述べて、コーラテラル・エストッペルの適用を肯定した。

> 始審的審理が行なわれたことは、コーラテラル・エストッペルの適用を拒否する十分な理由とはならない。「この法理は審理の繰返しを避けるということのみならず、争いを終わらせるということと同様に、同じ当事者を含む判断の抵触を避ける

639）Artic Ice Cream Co. v. Commissioner of Internal Revenue, 43 T. C. 68 (1964).

640）Moore v. united States, 360 F. 2d 353 (4th Cir. 1965). この事件は、夫婦共同申告がなされた場合に、先行する刑事裁判で夫のみが起訴され、有罪とされた場合に、この有罪判決が後訴で妻をも拘束するか、という重要な問題を含んでいる。本判決は、一旦は先行する有罪判決は妻をも拘束するとした後、判決を修正して、前訴において妻が当事者でなかったことを理由に、改めてこれを否定した。

641）Armstrong v. Commissioner of Internal Revenue, 354 F. 2d 274 (Ct. Cl. 1965).

必要にも、確固として根ざしているのである。」

「先行する判断への服従が適正に拒否される事案もあるかもしれないが、本件はそうではない。〔刑事事件の裁判をした〕地方裁判所に提出された証拠は〔全部ではないが〕多くは我々に提出されたものと同じであるし、陪審と事実補助裁判官の対立する判断はほとんど同じ価値をもっている。刑事の審理に含まれた年度について納税者を陪審に従わせることは、不当ではない。」

「Lefkowitz、Amos、Artic 判決に述べられている理由によって、詐偽は、必ず、刑事事件において争われ、判断されると考える。」

このようなコーラテラル・エストッペルの適用は、Amos 事件判決における反対意見やその後の学説によって強い批判を受けた。それらは次のような批判である。

ⓘ　6653条(b)（現行6663条）と7201条とは文言が異なり、両者は別々の行為に対する制裁を定めたものである[642]。

ⓘⓘ　民事事件と刑事事件とでは証拠法則が異なり、判断の基礎となる事実が異なる[643]。

ⓘⓘⓘ　国側は刑事事件で負けてももう一度民事事件で争えるが、納税者は刑事事件で有罪とされるとその後の民事裁判においては詐偽の点を争えないから、国と納税者との間に不公平をもたらす[644]。

ⓘⓥ　長官の詐偽罰賦課という行政決定を司法的に争う途を閉ざす。先行する有罪判決が有罪の答弁によっているときは特にこの問題が大きいが、さらに、そのような答弁がバーゲニング（答弁取引）によることもあることをも考慮に入れなければならない[645]。

ⓥ　民事詐偽罰が争われている数ヶ年度のうち一部についてのみ有罪判決があるときには、他年度の詐偽の存在は争いうるし、また、納税不足額にはコーラテラル・エストッペルは働かないから、これが争われれば、結局、詐偽が争われたのと同様の証拠が提出されることになり、コーラ

642）Amos 事件判決における Withey 反対意見、Drennen・Scott 反対意見。

643）Amos 事件判決における Withey 反対意見。Lipton, supra, at 536.

644）Amos 事件判決における Pierce 反対意見。

645）Amos 事件判決における Withey 反対意見、Pierce 反対意見。Lipton, supra, at 536, Kapiloff, supra, at 147 は、有罪答弁による有罪判決がコーラテラル・エストッペルを適用する基礎となるとすると、納税者は事実をまったく明らかにされないまま、複合的に処罰されることになると指摘している。

テラル・エストッペルは実際には審理の負担軽減に役立っていない。[646]

ⓥⓘ　コーラテラル・エストッペルを適用しないことが議会の意思に沿うものである。これには、民事罰を含めた租税債務を、それを納付せずに争うために租税裁判所が設けられているのであるという考えや、コーラテラル・エストッペルを適用したと同様の効果をもつような手続きを設けることは議会にとってたやすいことであるから、それをしなかったということは、議会はそのような手続上の限定を望んでいないと解すべきである。[647]

しかし、このような反対論にもかかわらず、この判例は確立し、現在にいたっている。その最大の理由は、やはり、このようなやり方が民事詐偽罰に関する審理の負担の軽減に実質的に役立っているからだと考えてよいであろう。特に、前に詳しく述べたように、民事罰の対象となる詐偽の認定が非常に多くの要素の総合的で複雑な判断によるものであることに鑑みると、その効果は軽視できないように思われる。

ところで、このようなコーラテラル・エストッペルの適用による手続きの重複の回避ということを支えている制度的な要素は、民事詐偽の事案の民事罰および納税不足額の賦課には賦課権の消滅時効が働かないということであることは、指摘しておくべきであろう。そうでなければ、原則として刑事手続を先行させることが困難になるからである。このことは、前述したBadaracco事件判決からも理解することができる。しかし逆に、このような調整が、常に、民事詐偽事案に賦課権の消滅時効が働かないことを前提としなければ成り立たないというわけではない。たとえば、刑事事件として係属している期間は時効の進行を停止させるとか、刑事事件の公訴時効に比べて合理的に長い消滅時効の期間を定めるなどの制度の下でも、コーラテラル・エストッペルを用いた手続的重複の回避は可能である。このことは、民事詐偽罰の賦課に時間的制限がないことが必ずしも合理的とは言いがたいことを考えると、重要なことであるといえよう。

最後に、このようなコーラテラル・エストッペルの適用の範囲について、なお、二点触れておきたい。その第一は、先行する有罪判決がどのような基

---

646）Lipton, supra, at 536, Kapiloff, supra, at 148.

647）Amos事件判決におけるWithey反対意見、Pierce反対意見。

礎を有しているか、ということに関する問題である。この点については、すでに述べたように、Artic Ice Cream 会社事件判決が有罪の答弁にもとづく有罪判決も後続の民事裁判においてはコーラテラル・エストッペルの効果をもつとしていたが、さらに、Plunkett 事件判決[648]によって、そのような有罪の答弁が被告人の妻に対する起訴を取り消すということと交換になされたバーゲニングによるものであってもコーラテラル・エストッペルの効果は働くとされ、先行する有罪判決がどのような基礎を有している場合でもこの法理の適用はあるとされている。

したがって、有罪判決のうちコーラテラル・エストッペルの適用の基礎とならないのは、不抗争の答弁（plea of nolo contendere）（前述 207 頁）にもとづくもののみであることになる[649]。この答弁は当該刑事手続以外に効果をもたないことをその本質としているから、コーラテラル・エストッペルの適用の基礎ともならないのである。

コーラテラル・エストッペルの法理の適用の範囲に関する第二の問題は、7206 条(1)の虚偽申告罪の有罪も、後続の民事訴訟において民事詐偽罰の賦課が争われた場合にコーラテラル・エストッペルとして働くのか、ということである。これについては、一旦は、Considine 事件[650]、および Goodwin 事件[651]の二つの判決が、① 7201 条の「故意」は 6653 条(b)の「詐偽」と同義に解されており（Amos 事件判決）、②「故意」は 7201 条と 7206 条(1)とで同義に解されている（Pomponio 事件判決）から、③ 7206 条(1)の「故意」は 6653 条(b)の「詐偽」と同義である、という理由付けによって、この適用を肯定した。しかし、この判例は、Wright 事件判決[652]によって変更された。その理由は、① Considine、Goodwin 両事件判決の後に出された多くの判決が 7206 条(1)の罪の有罪のためには「詐偽の意図」を必要としておらず（前述 193 頁・198 頁）、② Amos 事件判決が民事の「詐偽」と同視したのは「租税を免れようとすること」であって、単なる「故意」ではないから、③したがって、「詐偽」という論点は、7206 条(1)の有罪判決においては判断されていないこ

---

648）Plunkett v. Commissioner of Internal Revenue, 465 F. 2d 299（7th Cir. 1972）.
649）Kapiloff, supra, at 147.
650）Considine v. Commissioner of Internal Revenue, 68 T. C. 52（1977）.
651）Goodwin v. Commissioner of Internal Revenue, supra n. 543.
652）Wright v. Commissioner of Internal Revenue, supra n. 527.

と、である。

＊　＊　＊

以上でアメリカの租税制裁法に関する簡単な検討を終わることとする。ここでわかったことを繰り返しておくと、次のとおりである。

① アメリカの租税制裁法は民事罰と刑事罰の二種類の制裁をもっており、しかも特に脱税に関しては、それら二つの制裁の要件がほとんど重なる「上乗せ方式」の構造をとっている。

② これらの罰は、租税法違反行為の一般予防効果という機能を中心として考えられており、民事罰、刑事罰をあわせて全体として一つの制裁制度を構成していると考えられている。

③ この制裁制度は、対象となる違法行為の悪質性に着目して構成されていると理解することができる。

④ このような上乗せ方式の制度の合理性を担保している要素は、特に脱税行為を対象とする場合には、刑事訴追の目的が実刑を科することであると考えられているという効果（制裁の内容）の面での機能分担と、原則として刑事手続が先行し、そこで得られた有罪判決が後続の民事裁判においてコーラテラル・エストッペルとして働くため、その限りで詐偽の争点が二度争われることにならず、手続的な重複がかなり避けられているということとの二点である。

# 第3章

# 日本の租税制裁法についての検討

## 第1節　序――問題の整理・本章のねらいと構成

本章では、第2章での比較法的な研究を参照しつつ、わが国の租税制裁法の問題点について考察する。すでに第1章において述べたように、わが国の租税制裁法の重要な問題点は、最も重大な租税法違反行為たる脱税に関する二つの制裁――行政罰たる重加算税と刑事罰たる逋税罪処罰――が、要件・効果の両方を同じくする重複した制度であり、そのことが租税制裁法の制度の合理性を損なっているということであった。

そこで、以下では、この問題を検討するにあたり、考えうる解決方法としてはどのようなものがあるか、また、そのような解決方法をとる際に必要とされる条件はどのようなものか、ということについて検討することとしたい。

ここでは、まず、現在のわが国の租税制裁法の制度においてとられている上乗せ方式を維持するか否かが、一つの大きな考え方の分かれ目になると考えられる。したがって、本章における検討の順序としては、第一に、現在の租税制裁法を構造的に変化させるという考え方について考察し（第2節）、第二に、上乗せ方式を維持することを前提とする場合のうち、基本的に現行の制度の枠内で、運用により、制裁の不合理な重複を防ぐ方法を検討する（第3節Ⅱ）。さらに、上乗せ方式を維持しつつ、現在の制度の不合理な点に対応する立法論について検討し（第3節Ⅲ）、最後に第3節において得られた結論を法理論的な観点から検討してみることとしたい（第4節）。

# 第2節　上乗せ方式放棄論の検討

## 1　序

さて、繰返しになるが、ここで取り上げる「制度の不合理」という問題は、重加算税と逋脱罪とが要件を同じくし、さらにそれらの効果も、実際上、金銭的制裁という点でほぼ同じであることから生じている。ここで効果の面をしばらく措くとすると、この要件の重複という問題は、実は、第1章でみたように、現在のわが国の租税制裁法が、脱税に関して上乗せ方式をとっていることから必然的に生じる問題である。したがって、現在の重加算税と逋脱罪のあり方が不合理だとするなら、その第一の解決法は、租税制裁法として上乗せ方式を用いるのをやめ、この両者の構造を根本的に変えてしまうことであろう。そこでまずこの点、すなわち、脱税に関するわが国の租税制裁法として現在の上乗せ方式を放棄するとした場合には、どのような構造をもつ制度を採用するのがよいか、その場合には、制度の合理性を保つためにどのような条件が必要なのか、という点の検討から始めよう。

ただし、言うまでもないことであるが、租税制裁法もわが国の法制度の一部として存在するのであるから、そのような制度のあり方を考えるにあたっては、租税制裁法をとりまく、行政法や刑事法などの諸々の諸制度との整合性を考慮することが重要である。ここでは特に、刑事法――刑事実体法のみならず、刑事手続法も――との関わりに注意する必要がある。

## 2　重加算税廃止論の検討

⑴　本書と必ずしも問題関心を同じくするものではないが、これまでにもわが国の租税制裁法を改革すべきであるという議論は行なわれてきた。その最たるものは、重加算税を廃止せよという主張である。そのような重加算税廃止論の根拠の第一は、第1章で述べたように、重加算税と逋脱罪とが二重処罰にあたることを理由に主張されてきた重加算税の違憲性である。しかし、この点の議論は、前述したように[1)]、その前提を欠くものであると言うほ

1）参照、第1章第2節（47頁）。

かないので、本書では、特に検討の対象として取り上げることはしない。

そこで、ここでは、二重処罰論以外の観点から重加算税の廃止論を説いておられる福家俊朗教授の説と、二重処罰論を前提とする北野弘久教授の説のうち、その解決として特に重加算税の方を廃止すべきとされる理由とを検討することにしよう。

まず、福家教授の説から検討する。福家教授によれば、重加算税の理論的な問題は、「重加算税の機能的刑罰性という実質（目的）と附帯税という租税の法形式との間に不可避的に内在する矛盾をどのように評価すべきか[2]」ということである。すなわち、加算税制度の意義は、制裁を加えること自体ではなく、制裁ないしはその可能性によって租税行政上の義務履行を確保することにあるが、申告義務等の不履行の直接的・実質的な是正手段は更正・決定、強制徴収権限であり、間接的強制手段としての加算税の意義は補充的・間接的なものにとどまる。いわば、それは第二義的なものでしかないのである[3]。そこで、加算税、特に重加算税は、実際には、高率の附帯税という租税的機能（国庫収入となるということ。）と、逋脱罪処罰に代替するという機能をもつことになる[4]。そして、ここでは特に、重加算税の課税要件の不明確さないしはその恣意性が問題となる[5]。このように、加算税は租税法上の義務履行確保という目的に最適な手段ではない上、実際には、制度的に予定されていない機能をもつことになるので、それは廃止されるべきであるとされるのである[6]。

この見解に対する最大の疑問は、教授が、更正・決定、強制徴収と加算税の賦課とを平面的に並べ、前者を租税法上の義務の履行の確保の直接的・実質的な手段とし、後者をその補充的・間接的な手段としておられる点に存する。なぜなら、第1章で述べたように、この前者——筆者のいわゆる租税病理法——と後者——租税制裁法——とは、その目的・機能を異にするからである。繰返しになるが、租税病理法の目的は違法行為から生じた結果の是正

2）福家俊朗「加算税制度の意義と重加算税—法的論理と機能の相剋」税理29巻3号（1986年）8頁。
3）福家・前掲注2）11頁。
4）福家・前掲注2）12頁。
5）福家・前掲注2）13頁。
6）福家・前掲注2）13～14頁。

であり、租税制裁法の目的は違法行為自体の予防である。つまり、同じく租税法上の義務履行確保といっても、更正・決定や強制徴収に関していわれる場合と、加算税に関していわれる場合とでは、その内容が異なるのである。したがって、教授が言われるような意味で、加算税が第二義的な意味しかもちえないとはいえないように思われる。

このことは、教授が加算税が第二義的な意味しかもちえないことの証拠として挙げておられる二つの点について検討してみるとより明らかになる。教授は、加算税が第二義的な意義しかもちえないことを示すものとして、第一に、義務の不履行に関して「正当な理由」がある場合や所定の要件の下で修正申告書の提出があった場合に課税の軽減や課税免除が認められていること、第二に、重加算税の課税対象が納税不足額全体ではなく、そのうち隠蔽または仮装にかかる部分のみに限定されていることを挙げておられる。しかし、第一に、「正当な理由」のある義務不履行は予防する必要がないかないしはそれが適当でないから、結果の是正のみにとどめられているだけであり、自発的な修正申告に関しては、ドイツの自首不問責規定に関して指摘したように、それによって明らかになった脱税には制裁を加えないことにするか、または制裁を加えないことにするとしてもどの範囲でそうするかは、脱税の予防と自首の促進との「緊張関係」——自首した場合には脱税に制裁を加えないとすることにより脱税の自発的な修正を期待しうる反面、発覚しそうになれば自首すれば制裁を免れることから脱税を誘引することになる。また、同様に、制裁を加えない範囲が広すぎると脱税を誘引するが、それが狭すぎると自首不問責規定を設けた意義が減殺される——の中で決定されるべき立法的な問題であって、何らそれが重加算税の第二義性を示すものではない。第二に、重加算税の課税対象に関しては、アメリカの民事詐偽罰の対象について1986年改正に関連して述べたように（154頁）、そのように対象が限定されている方が、脱税を予防する制度として効果的ないしは公正であることからも、そのような限定を根拠付けることができるのであり、それが重加算税の義務履行確保手段としての第二義性を示すものとはいいえないであろう。

また、この点に関して、教授は、「言うまでもなく、適法な申告義務等の履行を確保することにつき、重加算税の存在がその予防的機能を果たすであろうことは誰も否定できないが、実際の課税がこのような〔租税〕行政上の義務履行を確保することにはならないのである[7]」とされる。ここでは、義務履行確保とは、義務違反から生じる違法な結果の是正のみが考えられているが、仮に義務履行確保ということをそのように狭く考えるとしても、さらに、義務違反を予防することの必要性は否定できないはずである。特に、大量かつ回帰的に処理がなされる租税行政においては、義務違反が行なわれる以前にそれを予防する必要性は大きいといいうるであろう。そして、そのような予防効果が発揮されるためには、単に制度が「ある」というだけではなく、それが実際に機能していることが必要なのは言うまでもない。つまり、加算税は実際にすでに起こってしまった当該事件が惹起した違法な結果の是正とは関係ないばかりか、一旦事件が起こった以上脱税を予防する意義も当該事件に関してはすでに失われているのであるが、それにもかかわらず、それは、将来の脱税を予防するという観点から、実際に課されなければならないのである。

以上の検討から、福家教授の説に従って重加算税廃止論に賛成することはできないように思われる。では、北野教授の見解はどうであろうか。

⑵　北野教授は二重処罰排除論を強力に主張しておられるが、その際に、逋脱罪に対する刑事処罰ではなく、重加算税の方を廃止すべき理由として、重加算税は脱税に対する刑事訴追を簡易な行政制裁で代替するためのものであるから、脱税に対する刑事訴追を徹底し重加算税を廃止するのが筋であるとされる[8]。この考え方は、シャウプ勧告にいう、「すべての事件に刑事訴追をなす必要から免れるため」ということが重加算税の立法理由とされていることを根拠としており、納税倫理が著しく低下した戦後の混乱期が終わり、納税倫理の向上がみられる現在においては、もはや刑事訴追を徹底するのに何らの障害もない、という認識にもとづくものであると考えられる[9]。

この見解は、納税倫理、特にあるべき納税倫理という観点からは、支持しうるものであるようにもみえる。それは、窃盗が過料で済まされてはならな

7）福家・前掲注２）12～13頁。
8）北野弘久「国税通則法批判」シュト４号（1962年）22～23頁。参照、同「加算税制度の再検討」税法学249号（1971年）20頁。
9）北野・前掲注８）。

いのと同じように、脱税も重加算税で済まされてはならないというものだと理解しうるからである。しかし、さらに検討すると、この説にも従いがたいと考えられる。その理由としては、次の三つの点が挙げられる。

第一に、実際に刑事処罰の対象となる行為の範囲の問題である。北野説に従って重加算税を廃止した場合、逋脱罪として刑事訴追を受ける事件の数を考えると、単純にいえば、それは、現在よりも飛躍的に増えるか増えないかのどちらかである[10)]。もしも、逋脱罪として刑事訴追を受ける事件の数が現在よりもあまり増えないとすると、第1章でみたような逋脱罪事案と重加算税事案の件数の差からみて、現在重加算税のみを課されているタイプの事案の多くは過少申告加算税ないしは無申告加算税を課されるにとどまるかまたは延滞税を課されるのみとなる。もしそうなれば、租税制裁法の機能という点から考えると、逋脱罪として刑事訴追されないことをあてにして脱税する者にとっては現在よりも有利になるのであり、脱税予防の観点からは制度の重大な改悪であるというしかない。

逆に、逋脱罪として刑事訴追される範囲が現在重加算税だけしか課されていない行為にまで広く及び、刑事処罰の範囲が飛躍的に拡がることも、理論的には考えられる。もともと北野説はこうすべきであるという主張である。しかしこのように実際の刑事処罰の範囲を拡大することには、刑罰の謙抑性という点からみてかなりの疑問がある。すなわち、この説は、現在、法律の文言上は逋脱罪に該当するにもかかわらず重加算税しか課されていない行為のほとんどすべてが刑事処罰に値する実質的な悪質性を有しているかという点については何ら述べるところがないが、形式的に逋脱罪の構成要件を満たす行為の中にも刑事処罰に値しない程度のものがあると考えられるから、この点を考慮することなく、形式的に刑事処罰の範囲の拡大を説くことは処罰権の濫用につながるおそれがあるので、賛成しがたいのである[11)]。

第二に、この処罰範囲の問題は、アメリカの制度と比較してみた場合にも

---

10）**【表 1-1 (a)(b)】**（38～39頁）にみられるように、両者の数に重加算税数万件対逋脱罪百数十件という格差がある以上、中間的な場合というのは考えにくい。

11）さらに、実際上の問題として、序章（4頁）でも指摘したように、告発分1件当たりの脱税額・脱税所得額の変化にもかかわらず、処理件数・告発件数がほぼ一定であることからみて、現在の刑事訴追の事案数は現在の検察・査察の陣容での限界に近いと解する余地があるから、この数が急激に増えることは期待できないのではなかろうか。

問題である。第2章第3節（201頁）で述べたように、アメリカにおいても逋脱罪として起訴されるのはすべての脱税事案ではなく、その中で特に悪質なものに限られる。逆にいうと、行為の悪質性という点からみて刑事処罰に値しない脱税を対象とすることが民事詐偽罰の重要な役割であると考えられるのである。

このように、北野教授が引用される「すべての事案に刑事訴追をなす必要から免れるために」というシャウプ勧告の文言は単に便宜として民事詐偽罰によるとするものではなく、脱税の中には刑事訴追の対象となるほどの実質的な悪質性は備えていないものもあるので、そのようなものは刑事訴追は受けないが民事詐偽罰の対象となる、と解する方が正当であると思われる。このことは、同じシャウプ勧告がその第二次報告の中で、「租税法に服さない納税者への民事罰（penalty）の適用と、より悪質な脱税者への刑事訴追とを厳格に実施する計画を、直ちに開始すべきである[12]」（傍点筆者）と述べていることからもわかる。ここではかなり明確に民事罰で済まされるか刑事罰をも科されるかが違反行為の悪質性によって分けられているからである。

最後に、このように、脱税にも悪質性の点で様々なものがあり、それに対応するために逋脱罪のほかに重加算税があると考えると、重加算税を過渡的な性格のものと考える点も疑わしい。それは、戦後の混乱期よりも納税倫理の強化が進んだ時期においても、それ自体の独立した意義をもちうるのである。この点は、シャウプ勧告がなされた時点でも、アメリカにおいて、民事罰——特に民事詐偽罰——が立法されてから約半世紀を過ぎており、さらにその後40年以上経た現在もなお、民事罰全体としては膨張・拡大を続け、民事詐偽罰に限ってもその対象が限定される方向には進んでいないことからも理解することができよう。このようなアメリカにおける沿革をみても、民事詐偽罰ないし重加算税が過渡的な性格のものであるとは考えられない。

このように考えると、この北野説にも従いがたいと考える。

(3)　以上の福家教授および北野教授の説の検討からわかったことは、現在の制度の下で、重加算税は、更正・決定や強制徴収に対しては、脱税行為の予防という独自の機能を、また、逋脱罪処罰に対しては、脱税行為のうち悪

---

12）シャウプ使節団第二次報告 C-5。

質性の低いものに対する制裁という独自の機能を、有しており、したがって、現在の上乗せ方式を放棄することを前提とする場合でも、その具体的な方法として、重加算税を廃止すべきである、という考え方には賛成できない、ということである。

## 3　振り分け方式導入論の検討

(1)　ところで北野教授は、以上に述べた重加算税廃止論のほかに、わが国の租税制裁法の合理化の選択肢として、刑罰の謙抑性に鑑みて逋脱罪処罰の範囲の拡大はせず、加算税の存続を前提とした場合も挙げておられる。それによれば、逋脱の態様に応じて刑事制裁による場合と重加算税による場合とを区分し、刑事制裁による場合は重加算税を課さないようにするとされる[13)]。これはまさに、日本の租税制裁法を振り分け方式にすべきであるとの主張である。そこで次に、このような主張について検討する。

ドイツの制度について検討した際にわかったように、このような振り分け方式について考察するときに問題となるのは、振り分けの基準とそこで用いられている複数の制裁間の手続的な調整であるから、以下の考察においても、この二点に重点を置きたい。

(2)　ドイツの制度に関して検討した際に指摘したように、振り分け方式は制裁間の機能分担という観点からは優れたものである。しかし、ドイツの制度においては、少なくとも理論的には、不合理な処罰の間隙が生じることもすでに指摘した。したがって、わが国において、振り分け方式を採用するとすれば、どのような振り分けの基準を用いれば、このような制裁の間隙が生じることを防ぐことができるか、ということが最大の問題となる。

ここで、わが国において振り分け方式を採用した場合に、制裁の間隙が生じると考える理由は次の点にある。すなわち、脱税をその態様などの何らかの基準で行政罰と刑事罰とに振り分けるとすれば、それは、より悪質性の高いものを刑事罰の対象とし、悪質性の低いものを行政罰の対象とする、ということが制度的に前提とされていると考えられる。ところが、日本の刑事訴追に関してとられている起訴便宜主義の下では、具体的な犯罪行為の悪質性

---

13)　北野・前掲注8）税法学2425頁および注(2)、同「租税刑事制裁論」兼子仁ほか編『高柳信一先生古稀記念論集　行政法学の現状分析』（勁草書房・1991年）390頁。

や刑事訴追の必要性が刑事訴追の可否を決定する最も重要な要素となるから、形式的に逋脱罪の要件を満たした行為がすべて刑事訴追を受けるとは限らない。しかも、ドイツの制度の欠点に関連して述べ、またすぐ前に北野説に関連して触れたように、逋脱罪は行為の悪質性の程度ということを考慮する余地が大きい犯罪なのである。そこで、振り分け方式の制度を用いた場合には、刑事罰の要件を満たし、行政罰の対象よりも制度的には悪質であるとされつつも刑事訴追を受けず、実際には何らの制裁も受けない行為が、ほぼ必ず現れると考えられるのである。

では、このような制裁の間隙との関係で、用いうる振り分けの基準について考えてみよう。そのような基準としては、大きく分けると、客観的な基準と主観的な基準とがありうる。主観的な基準については、第２章第２節（122頁）でドイツの制度について考察したので、ここでは、客観的な基準について考察する。たとえば、逋脱額がその例として挙げられる。これがかなりの程度違法行為の悪質性を示すものであることは理解されうると思う。そこでたとえば、逋脱額が2,500万円未満の場合には行政罰を課し、それ以上の場合には刑事罰を科すという制度を作ったとすると、起訴便宜主義をとるわが国の刑事手続の下では、逋脱額2,400万円の事案が行政罰――おそらくは高額の金銭的制裁――を課されるのに対して、逋脱額2,600万円の事案が刑事訴追されない――したがって何らの制裁も受けない――ということは容易に生じうる。これは不合理な制裁の間隙と言わざるをえない。この場合、ドイツの過料のように行政罰に関して訴追便宜主義をとらず、重加算税のように行政庁が裁量の余地なく違反行為には行政罰を課さねばならないとするなら、この不合理は一層大きなものとなる。

また、帳簿改竄や虚偽答弁など、一定の行為類型を挙げ、それを伴う租税逋脱には刑事罰を科し、そうでないものは行政罰の対象とするという方法もある。しかし、この方法においても、列挙された行為と特定の犯罪の具体的な悪質性とが乖離する限度で必ず制裁の間隙を生じると考えられるし、また、アメリカにおける判例の態度を想起するまでもなく、必ずしも定型的な犯罪とは言いにくい逋脱罪に関して、行為類型を形式的に限定列挙することの困難を考えると、この方法は現実的とは言いがたいように思われる。

したがって、わが国において振り分け方式の租税制裁法を導入しようとする際には、その振り分けの基準は、ドイツの制度のように、主観的なものでなければならない。この場合には、ドイツに関して検討したように、客観的な悪質性が相当に低い事案まで刑事訴追されるならば[14)]、理論的には認識される制裁の間隙を、具体的な悪質性の判断が定型的なそれに優先する場合として、容認しうる可能性があるからである[15)]。

では、以上の議論とは少し発想を変えて、行為の悪質性と振り分けの基準が乖離しないようにすればどうか。つまり、悪質性そのものを振り分けの基準として用いるのである。しかし、実体的要件によって行政罰の対象と刑事罰の対象とを区別する振り分け方式の下でこのように行為の悪質性を振り分けの基準として用いるには、「偽りその他不正の行為により租税を免れた場合、その行為が刑事処罰に適する場合にはこれに5年以下の懲役又は……」ないし、「……その行為が悪質である場合には……」のように定めることになるが、このような刑罰構成要件はあまりに不明確であり、違憲の疑いが濃厚である。また、制度の効率性の観点からしても、このような文言では執行上も争いが多く、効率的とはいえないであろう。

(3)　第二の制裁間の手続的調整という点に関しても、この主張には問題がある。前述のように、ドイツの制度の合理性を担保している重要な要素として、ドイツにおいては、故意の逋脱犯の刑事訴追と重過失租税逋脱に対する過料手続とが、柔軟に融通しうることがあった。これにより、故意として起訴されたものが重過失であった場合やその逆の場合にも、手続的なロスを最小限にとどめて、正当な制裁を加えることができたのである[16)]。しかしながら、わが国において、現在の逋脱罪に対する刑事罰と重加算税とを前提とする限りは、そのような手続的な調整は不可能である。したがって、わが国に振り分け方式を導入するためには、重加算税の制度を変更し、刑事罰と手続

14）この点に関し、ドイツにおいては、逋脱罪として刑事追訴される最低限は、略式手続も含め、逋脱額にして約1,000マルク（約8万円）であり、これさえも、学説によって高すぎると批判されていることに、注意しなければならない。参照、第2章第2節（97頁・127頁）。わが国においては、逋脱犯として刑事訴追を受ける事案の平均逋脱額が2億円を超えていることを考えると、この点もかなり重要な問題点となろう。

15）ただし、このような主観的な基準として、ドイツのように故意・重過失という基準を用いると、現在の重加算税には逋脱罪とほぼ同様の故意が必要とされているから、そのような制度改革は制裁の範囲を大きく拡大することになることには、注意を要する。

16）参照、第2章第2節（123頁）。

的な調整が可能な形にしなければならない。ここで必要とされるのは、第一義的には、行政庁によって課され、かつ、裁判官も自分のイニシアティブで課しうるような行政罰である。しかし、そのような行政罰はわが国においてほとんど例がなく、租税に関してのみそのような制度を作ることには、かなりの困難が予想される[17)]。

これに対しては、ドイツにおいて刑事手続と過料手続との間に調整が必要なのは、そこでとられている故意か重過失かという要件が、一見して明白なものではないからであり、これは振り分けの基準の問題として解決しうるのではないか、という反論が考えられる。しかし、そのような解決は非常に困難であると思われる。

たとえば、そのような一見明白な基準としてまず考えられるのは、逋脱額であるが、ここでは逋脱額を振り分けの基準とすることには、(2)の考察からして賛成できない。のみならず、逋脱額は起訴された全額が必ずしも判決において容認されるとは限らないから、たとえば、前述の2,500万円を基準とする例で、3,000万円の逋脱として起訴したが2,200万円しか証明ありとされなければ、この被告人は無罪とされ、改めて、行政罰の賦課手続が開始されなければならなくなる。この意味で、逋脱額でさえ、一見明白な基準とは言いがたいのである[18)]。

この点に関しては、さらに次のような意見もありうる。それは、たとえば、ドイツにおけると同じく、主観的要件によって、重過失による逋脱には行政罰を課し、故意による逋脱には刑事罰を科すとした場合、手続的な重複の調整といっても、わが国においては、刑事事件、殊に逋脱罪に関する刑事事件が、重過失はあるが故意なしとして無罪となる可能性は非常に低いから、問題となるのは、主として、行政罰の賦課が争われ、裁判においてそれが故意による逋脱であるとされた場合である。しかし、実際には、重過失で

---

17) 例外的に、「法廷等の秩序維持に関する法律」2条・3条には裁判所が自ら課す過料が定められているが、これは裁判所の面前で行なわれた違法行為に対する制裁であり、ここで問題としているような行政罰とはまったく性質を異にするものであることは明らかである。

18) ここで、数億円というような場合にはこのような基準を下回るという問題が生じる可能性は低いという反論も考えうるが、239頁で述べたように、基準額に非常に近い部分まで刑事訴追されるというのでなければ、そもそも、制裁の間隙論からしてそのような制度は採用できないのであり、そのような面から制度の合理性を保とうとすれば、結果として、ボーダーライン上の事案に関しては不合理な手続的重複の可能性が増えるのである。

あるとして行政罰を課された納税者が、重過失ではなく故意であるとして、より重い制裁を受ける態様であることを主張することはほとんど考えられないし、また、他の論点との関連でその点が問題となった場合でも、裁判による行政処分のレビューの方法としては、故意があるなら、重過失ありとして行った処分は違法とはいえないとすることができるから、結局、手続的な調整はそれほど必要とはされないという考え方である。

この見解は、紛争の実態を捉えている点で一定の説得力をもつ。しかし、確かに、責任の程度という点では故意の事案の方が重過失の場合よりも重いといいうるが、たとえ行政訴訟の場においてとはいえ、この意見のように、制裁の要件として責任形式の異なるものを前述のような包含関係にあると考えることには、理論上、問題が残ると言わざるをえないであろう。

⑷　以上の考察から、結論としていいうることは、わが国に振り分け方式の租税制裁法を導入する場合には、①振り分けの基準としては、主観的な要件を用いること、②構成要件を満たす以上、客観的に悪質性のかなり低いものまで刑事訴追を受けること、③行政罰としては、現在の重加算税ではなく、刑事罰と手続的に調整可能な、新しいタイプの制裁を用いること、の三点が必要である、ということである。しかし、立法論・運用論として、この三つの条件をすべて満たすことは、控え目にいっても、かなり難しいのではないかと思われる。

## 第３節　日本の租税制裁法の合理化

### Ⅰ　序――上乗せ方式の維持

第２節における考察から、重加算税を廃止して、脱税行為に対する制裁を刑事罰のみに限ることは妥当ではないこと、両者を併置した上で振り分け方式をとることは、実際上困難であるし、この方法には、色々な理論的な問題点もあること、がわかった。すると、次に考えられるのは、わが国における租税制裁法は、現行法どおり、上乗せ方式をとるということである。

また、上乗せ方式の採用は、このような消去法から根拠付けられるのみならず、より積極的にこれを支持すべき理由もある。その第一は、上乗せ方式の制度においては、不合理な制裁の間隙を生じないということである。これは、単に制度の合理性を担保しうるにとどまらず、脱税行為の予防という観点からも重要な点である。なぜなら、そのような制裁の間隙の存在は、それを利用した脱税を誘引するからである。第二に、振り分け方式に関して特に問題となった脱税行為の悪質性の幅への対応という点からも、上乗せ方式は優れている。すでに明らかなように、この方式によれば、重加算税ないし逋脱罪の要件を満たす行為のうち、悪質性の程度の低いものは重加算税の賦課にとどめ、悪質性の高いものにはさらに刑事処罰を科する、ということが可能だからである。

しかし、このようにして、わが国における租税制裁法の基本的な構造として、現在用いられている上乗せ方式を維持するとしても、現在、この構造をもつ租税制裁法の下で、何度も述べている制裁の重複による制度の不合理の問題が生じていることも、また事実である。したがって、上乗せ方式という制度の基本的な構造を変えないまま、わが国の租税制裁法の合理性を担保することが、次の課題となるのである。そこで、本節で、その問題について、さらに検討を進めることとしよう。

## Ⅱ　制裁の内容による機能分担

### １　序

⑴　さて、Ⅰで述べたように、実体的な要件に関しては上乗せ方式をとりつつ、わが国の租税制裁法の合理性を担保する方法についての考察を行なうことが、本節の目的である。すでにみたようにアメリカ法はこの問題に、コーラテラル・エストッペルによる両者の手続的な調整と、実刑を中心とした刑事処罰という効果の面での機能分担によって対応している。そこでわが国においても、この制裁間の手続的調整と制裁の内容（効果）という二つの観点からこの問題を検討することが適当であるといえよう。

このように考えるとき、現在のわが国の制度を前提とすると、刑事処罰と重加算税との間に何らかの手続的な調整を試みることは非常に困難であると思われるから、この問題に対する、制度の運用論、法解釈論的な対応としては、まず、制裁の内容による機能分担について考察することが適当である。そこで、以下では、この問題について検討を加えよう。

⑵　この「制裁の内容による機能分担」とは、行政罰と刑事罰とが別の種類の制裁を科すことを目的とすることにより、それぞれが実効的な制裁として機能することをいう。要件を同じくする刑事罰と行政罰とは、この場合に初めて、併置されることが合理的であるといいうる。第1章でも述べたように、要件と法的効果（制裁の内容）とを同じくする制裁が併置されることの合理性は見出しがたいからである。

ここで、このためには、行政罰たる重加算税は金銭的制裁であるから、刑事罰としては非金銭的制裁を加えなければならないことになる。ここで重要なことは、すぐ前で述べたことから明らかなように、合理的な機能分担といいうるためには、単に刑事罰として非金銭的な制裁が用いられるだけでは足りず、そのような制裁が、実効的でなければならないということである。もしも、この刑事罰として非金銭的制裁を加えたとしても、それが実効的でなければ、換言すれば、重加算税の実効性に付け加えるものがないのであれば、それは、制裁の内容によって行政罰と刑事罰との機能分担を図ったことにはならず、結局、本書のとる機能論の観点からは、重加算税のほかに刑事罰を別建てにしておく合理性はない。すなわち、その場合は、脱税に対する制裁は、重加算税一本にまとめられるべきであるということになる。

そして、もちろん、ここで「実効性」とは、一般予防の効果における実効性に他ならない。機能論の立場から制裁の機能を一般予防効果に求めた以上、それ以外の効果は少なくともここでは問題とはならない。

加えて、機能論を離れ、法理論的な観点からみたときには、そのような制裁の実効性を考えることは、その制裁を科する正当化根拠を考えることでもある。なぜなら、制裁を加えることが正当とされるためには、それが納税者に与える不利益に鑑みて、その制裁が実効的であることと、対象となる違反行為と釣り合いのとれたものであることとが必要であると考えられ、無論、このような法理論的な観点からすれば、そのような実効性とは必ずしも一般予防効果には限られないが、ここで問題となる制裁に脱税の一般予防効果があるなら、少なくともそれにより、そのような制裁を加える必要条件は満たしたことになると考えられるからである。

以上の議論をまとめると、ここで検討すべきことは、刑事罰として非金銭的制裁を加えることに実効的な一般予防効果が期待できるか、できるとすればどのような制裁を科すときか、という問題であることになる。ここからわかるように、以下の議論においては、明示的な制裁法の構造論ではなく、制裁の実効性が議論の中心となるが、それはとりもなおさず、ここでの構造論の意義をもつものなのである。

(3)　以上のような問題を検討するにあたって、非金銭的制裁たる刑事罰として、執行猶予付懲役刑および懲役刑の実刑を取り上げねばならないことは言うまでもないが、さらに、金銭的制裁たる罰金刑についても考察を加えることにする。その理由は、第一に、罰金刑は逋脱罪処罰において現在最も多用されている刑事罰であるから、それについて考察することによりわが国の逋脱罪処罰の現状をより正確に描出することができるということであり、第二に、金銭的制裁たる罰金刑が執行猶予付懲役刑や実刑と併科され、もしくは金銭的制裁が刑罰として科せられること自体により、単なる金銭的制裁とは質的に異なった効果をもつ可能性をも検討の対象とするためである。

## 2　現状の分析

### (1)　序

ある刑事罰が一般予防効果をもつかどうかはその刑事罰の性質のみによるのではなく、それをとりまく様々な条件に左右されるので、ここでも、わが国の逋脱罪処罰が置かれている状況と切り離して刑事罰の効果の問題を論じることはできない。それゆえ刑事罰の効果について考察するには現状の分析から始めるのが適当である。第1章で述べたように、現在のわが国においては、直接国税法違反事件によって有罪とされる者は、それが納税義務者自身であれば、そのほとんどに執行猶予付きの懲役刑と高額の罰金刑が併科され、納税義務者の補助者など納税義務者ではない犯人に対しては、そのほとんどに執行猶予付きの懲役刑のみが科されているから[19]、日本の租税制裁法の現状、特に、その運用と効果について概観し、現在の逋脱罪に対する刑事罰がどのような効果を有しているかを検討することは、同時に、わが国にお

19) 参照、第1章第2節（36頁）。

いて執行猶予付懲役刑および罰金刑が、実効的な一般予防効果をもっているかどうかを検討することを意味する。

そこで以下ではまず、第1章で述べたところと重複する点もあるが、わが国の逋脱罪処罰の現状を概観しつつ、執行猶予付懲役刑および罰金刑がもつ一般予防効果について考察する。

### (2) 執行猶予付懲役刑の効果

まず、現在ほとんどの逋脱犯に対して科せられている執行猶予付懲役刑の一般予防効果について検討してみよう。

この執行猶予付懲役刑は、あえて単純化していえば、有罪とはされるものの、その後一定期間、一定の条件に違反しないようにすれば――しかも、この条件は特殊なものではないから、通常は普通の市民生活を適法に送っていれば――前科が問題となるなど一定の場合を除くと、結局何らの制裁も受けないのと同じなのであり、もともと、その一般予防効果は小さいものと考えられる。このことは、そもそも執行猶予の制度の意義が、「科刑による弊害を避けるとともに、条件に違反した場合には刑が執行されるという心理強制によって、犯人の自覚に基づく改善更生を図るものであって、刑の言渡しによる応報的効果を維持しながら、無用の刑の執行を避け、刑の目的、ことに犯罪者の自力更生の促進を合理的に追求する特別予防にある[20]」とされていることからも、明らかであろう。したがって、その一般予防効果が働くのは、執行猶予付懲役刑が科されると、その取消しを恐れて多大な心理的強制が加わる場合、または、刑の言渡し、すなわち犯罪行為が正式に認定され非難されることによって、犯罪者本人が深く感銘を受け、それを知った犯罪者の周りの社会――地域社会および取引社会――にも彼に対する非難を生ぜしめる場合であると考えられる。その双方が重なれば、一層の一般予防効果を生じることは言うまでもない。では、逋脱罪に対する執行猶予付懲役刑はそのような条件を満たしているのであろうか。

しかし、この点については、筆者は否定的にならざるをえない。その理由としては、以下の二点が挙げられる。すなわち、第一に、第1章にも引用した大分地裁判決[21]が指摘するように、逋脱罪を重大な犯罪とする法意識がい

---

20）大谷実『刑事政策講義』（弘文堂・1987年）190頁。

21）第1章注66）（37頁）で引用した大分地判昭和50年1月23日判時786号113頁。

まだ一般的ではないため、刑の言渡しのみによる感銘力は、犯罪者本人に対しても彼をとりまく人々に対しても、決して大きなものとはいえないと思われる。[22] 第二に、逋脱罪の主体は通常はいわゆる「普通の市民」であり[23]、執行猶予の取消しを恐れて日常生活が不自由になる心配もあまりないし、また、猶予が取り消される可能性もあまりないと考えられる。

さらに、執行猶予から生じる重大な結果として一定の資格制限があるが、犯罪者が国家公務員や税理士である場合はともかく[24]、通常の事業主等であればこの点もほとんど問題とはならない。この点に関しては、特に、逋脱罪について懲役刑を科せられて執行猶予期間中であることは、商法上、取締役の資格に影響しないことが重要であろう[25]。

このようにして、現在逋脱犯に対して多用されている執行猶予付懲役刑は、一般予防の見地からみたときには、ほとんど効果のないものであると考えられる。そのことは同時に、執行猶予付懲役刑以外の刑罰が科されることがほとんどない納税義務者以外の犯人に対しては、刑事処罰は一般予防効果をほとんどもっていないということを意味している。刑事処罰だと納税義務者以外に対しても制裁を課しうることが刑事処罰と重加算税との明示的な相違点の一つであるので、この点は、逋脱罪に対する刑事処罰の意義を大きく損なうものであるということができる[26]。

また、確かに、執行猶予の取消しのおそれという点からしても、刑事被告人となることの損失や不安からしても[27]、執行猶予付懲役刑に特別予防の効果を認めることはできるであろうが、それらの不利益が十分な一般予防の効果までをももっているとはいいえないように思われる。

---

22）板倉宏教授も、脱税に対する法的対応が必要な理由としてではあるが、「窃盗とか性犯罪などの場合とちがって、家族とか地域社会におけるコントロールが脱税などの租税犯罪防止のために効力をあげることはほとんど期待できない」とされている（同「租税犯に対する刑事制裁の機能とその限界」判タ205号（1967年）28頁）。
23）板倉・前掲注22）27～29頁はこのことは自明のこととして扱っている。
24）参照、第1章第2節（36頁）。
25）参照、第1章第2節（36頁）。
26）参照、第1章第2節（37頁）。
27）このような事実上の不利益のうち最も重要なものは逮捕・拘留などの身柄の拘束であろう。参照、第1章注69）（41頁）。

### (3) 高額罰金刑の効果

では、租税逋脱に対する罰金刑のもつ一般予防効果はどうであろうか。

まず、罰金刑一般についてみると、一般に、現在のわが国においては、罰金刑が多用され、その効果が薄くなっているとされている[28)]。その理由は、主として、現在の罰金刑はそのほとんどが略式手続によって科され、正式の公判手続によるものはごく一部であるため、重大な手続きに付されることから生じる感銘力がないこと、額がきわめて少額であること、の二点にあるとされている[29)]。

しかし、このような一般の罰金刑との比較から考えると、逋脱罪に対する罰金刑は効果がないとはいえないようにも思われる。なぜなら、逋脱罪の事件は一般に複雑で略式手続には適さず、そのほとんどが公判手続によるものであると考えられるし[30)]、また、すでに第１章で指摘したように、逋脱罪について科される罰金は非常に高額であるからである[31)]。後者についていえば、たとえば、かなり悪質な傷害罪でも罰金の平均額が約５万 8,000 円であるのに対し[32)]、逋脱罪の罰金は平均約 2,000 万～3,000 万円と 400 倍以上の格差がある[33)]。したがって、その他の条件が同じであれば、逋脱罪に対する罰

28) 大谷・前掲注 20) 138～139 頁、河上和雄「現在の刑罰は機能しているか」判タ 609 号（1986 年）16 頁・18 頁。

29) 大谷・前掲注 20) 138～139 頁、河上・前掲注 28) 16 頁・18 頁

30) 筆者が【表 1-2 (a) (b) (c)】(40～42 頁) を作成する過程で調べた昭和 55 年から平成元年確定分までの直接国税関係刑事事件のうち略式命令によるものは、昭和 63 年に所得税法違反幇助事件につき罰金 20 万円を科した事件が２件あったのみである。

31) 参照、【表 3-1】。

32) 河上・前掲注 28) 18 頁。

なお、周知のように、刑法典における罰金多額は平成３年に引き上げられたが、本書で引用されている資料等の数値は、特に断らない限り、改正前の法律をもとにしたものである。

33) 参照、【表 3-1】。

**【表 3-1】** 直接国税違反事件における罰金平均額

（万円）

| 年度 | 所得税（個人罰金） | 相続税（個人罰金） | 法人税（法人罰金） |
|---|---|---|---|
| 昭和55 | 1516.4 | ― | 1259.3 |
| 56 | 1904.6 | ― | 1213.5 |
| 57 | 2438.9 | ― | 1695.8 |
| 58 | 3341.8 | ― | 1672.4 |
| 59 | 3235.8 | ― | 2027.0 |
| 60 | 2562.3 | 1020.0 | 2501.7 |
| 61 | 1942.3 | 2280.0 | 2245.4 |
| 62 | 3140.9 | 1280.0 | 2107.4 |
| 63 | 2971.7 | 1540.0 | 2896.2 |
| 平成元 | 4163.3 | 2500.0 | 2774.4 |

（税務訴訟資料により作成）

※所得税法違反、相続税法違反については、他の税法違反事件との併合罪の場合も含まれている。

金刑は、一般の事件に比べて、はるかに効果のあるものであるはずである。特に、実際にこのような高額の罰金刑を科せられた者に対しては、この刑は大きな特別予防の効果をもつであろう。

しかし、このような特別予防という観点からみればともかく、一般予防という点からは、ここで述べたような罰金刑も、その効果を過大に評価することはできないであろう。その理由は次の点に存する。

逋脱罪が計算された犯罪という性格を強くもつことは、大方の賛同を得られよう。ここで「計算する」とは、見込まれるないし期待される犯罪の成果と科されるかもしれない制裁とを比較し、犯罪を行なった方が得か行なわない方が得かを考えることを意味する。そして、ある者が一旦逋脱を思い立ったなら、逋脱によって期待される成果の方が予想される制裁による不利益よりも大きいと考えられる限り逋脱は行なわれると考えられる。これを逆の面からいうと、逋脱が「引き合う」ものである限り、科される制裁に一般予防の効果はあまり期待できないということになる。したがって、スローガン的にいえば、租税制裁法の目的は、租税逋脱にリスクを加え、それを「引き合わない」ビジネスにすることであるといいうるのである。では、現在の罰金制度は、この点に加えるものがあるのであろうか。

この場合注目すべきことは、当然ながら租税逋脱は金銭的価値の獲得を目的とする利欲犯であり、罰金刑は反対に金銭的損失をもたらすものであるから、この両者は容易に犯罪の成果の見込みとして、「計算」の対象となるということである。この場合の考慮要素は、租税逋脱が発覚した場合の予想される罰金額と、それを科される可能性――刑罰の確実性――である。前者がかなり多額であることはすでに述べた。これが犯罪の実行に対してマイナスの要素であることはもちろんである。では、後者の点はどうであろうか。

まず、第一に租税逋脱は明確な被害者がいないため、そもそも発覚しにくい犯罪であることに注意しなければならない。したがって、この犯罪の発見は、もっぱら税務官庁の調査によらねばならないことになる。無論、刑法上も贈収賄罪など、明確な被害者のいない犯罪があるが、そのような犯罪と比べてはるかに多数の者が犯しうるという点で、租税逋脱はより発見の難しい犯罪であるということができよう。

そこで、問題となるのは、租税逋脱の捜査の端緒となる税務調査が実際にはどのくらいなされているか、ということである。この点に関しては、事態はまったく悲観的と言うほかはない。やや古い資料であるが、昭和58年度に、申告所得税の申告義務を負った者は、農業所得者を除いて約670万人であるが、同年中に調査を受けたのはその約2.5%にあたる約17万人にすぎないし[34)]、法人税に関しては、約190万件の年間処理件数のうち、せいぜい1割が調査を受けたにすぎない[35)]。もっとも、全法人の約1%を占める大法人は、その約2割が調査を受けているが[36)]、その反面、中小法人は実は1割以下しか調査を受けていないということになる。

このように、租税逋脱は非常に発覚しにくい犯罪なのであるが、それに加えて、重加算税を課された事案と罰金を科された事案との数の格差をみれば容易に理解できるように[37)]、発覚しても刑事訴追を受け、実際に罰金を科されることがほとんどない。むしろ、逋脱額が一定額以下であれば、罰金刑を科されないことを期待できるとさえいいうる。逋脱額が事件の悪質性を示す唯一のものではないことはもちろんであるが、**【表0-1】**（3頁）からわかるように、刑事訴追を受ける事件は逋脱額がかなり多額にのぼる事件に限られているからである。

このようにして、租税逋脱罪は、とりわけ刑罰の確実性が低い犯罪であることがわかる。このことは脱税を企む者には、著しく有利な要素として考慮される。ここにおいて、罰金刑は、確かに科された例をみると高額であるが、それが科される可能性が非常に小さいため、それが実際に科された場合の特別予防効果はともかく、その一般予防効果が大きいとは考えることができない。さらに、脱税に対する同種の金銭的制裁としては重加算税があり、これが課される可能性は罰金刑よりもずっと大きいし、額においてはそれほどひけをとらない額であるから[38)]、結局、現在の罰金刑は、逋脱罪の一般予

---

34）国税庁「第33回事務年報（昭和58年度）」126頁第2表および12頁表1より計算。

35）国税庁・前掲注34）22頁表9。

36）国税庁・前掲注34）「調査課所轄法人」の欄。

37）たとえば、参照、**【表1-1(b)】**（39頁）。

38）この点は、筆者が統計的に調べたのではなく、佐藤文哉判事が判例評釈の中で「罰金刑は、実務上、所得税法69条3項の加算税または追徴税の徴収がすんでいなければ同条2項の趣旨により逋脱額相当額、徴収済であれば、逋脱額の3割程度を情状によって科するのが通例である」（同・警察研究36巻3号（1965年）107頁）（傍点筆者）と述べておられること、および、鶴田六郎「脱税事犯の最近の実態と傾向」ひろば35巻6号（1982年）4頁・16頁によると、直接国税違反事件における罰金率（罰金の脱税額に対する割合）は20～30%あたりが一般的であ

防に大きく貢献しているとは言いがたい。

### (4)　まとめ

以上の考察からわかったことは、現在、租税逋脱罪に科されている刑事処罰は、一般予防という点においてはほとんど効果をもっていない、ということである。したがって、現在のままでは、少なくとも一般予防の見地からみる限り[39)]、脱税に対する制裁として、重加算税のほかに、それと実体的な要件をほぼ同じくする逋脱罪を併置しておくことに合理的な理由は見出しがたいと言わざるをえない。また、確かに、現在、実際に科される罰金刑は非常に高額であるから、それは、たとえ科される可能性がごくわずかでも、一定限度では一般予防効果をもっているといいうるかもしれないが、この程度の追加的・高額の金銭的制裁であれば、重加算税の強化によることもできるし、その方が手続的コストが小さいという点で利点もある。

このような現在の問題を解決する最も直接的な方法は、税務調査を徹底して脱税の発見を容易にするとともに、見つかった脱税に対しては厳しく刑事訴追をなすことであろう。これによって刑罰の確実性が高まれば、現在のような罰金を中心とする刑事処罰もある程度は一般予防効果をもつと思われ

---

るとされていることによったものである（周知のように、これに対して、重加算税の税率は、昭和61年以前は税額の30～35%、昭和62年改正以後は35～40%である）。

39) 逋脱犯処罰における実刑以外の判決の特別予防効果に関して付け加えておくと、最近、逋脱犯の前科をもつ者が再び同様の罪を犯して実刑判決を受けるケースが目に付く。筆者の調べた限りでは、

① 東京地判昭和58年2月28日判時1090号183頁（東京高判昭和59年3月19日高刑速(昭59)号157頁を経て最決昭和62年12月10日税資162号2124頁で確定）
前科：法人税逋脱罪（懲役8月執行猶予3年）
今回：法人税逋脱罪（代表取締役個人の懲役1年）

② 東京地判昭和59年2月15日税資167号375頁（東京高判昭和60年2月27日同264頁を経て最決昭和63年3月3日同244頁で確定）
前科：所得税逋脱罪（懲役4月執行猶予2年罰金250万円）
今回：所得税逋脱罪（3年度分の総計で懲役2年4月罰金9,000万円）

③ 山口地判昭和62年11月13日税資168号2270頁（広島高判昭和63年12月13日同2241頁で確定）
前科：法人税逋脱罪（懲役1年6月執行猶予3年）
今回：法人税逋脱罪（代表取締役個人の懲役10月）

④ 浦和地判昭和63年2月15日税資171号31頁（東京高判平成元年1月18日同1頁で確定）
前科：所得税逋脱罪（懲役6月執行猶予2年罰金600万円）
今回：法人税逋脱罪（代表取締役の懲役6月）

の計4名がこれにあたる。

参照、**【表1-2(a)(b)(c)】**（40～42頁）。

る。[40] ただし、その場合でも、重加算税と性格を同じくするそのような追加的・高額の金銭的制裁を、相対的に手続的コストの大きい刑事罰の形で行なわなければならないか、という問題は残ることには注意を要する。

## 3　実刑中心主義の検討

### (1)　実刑中心主義

このように執行猶予付懲役刑に実効的な一般予防効果がなく、罰金刑にも金銭的制裁以外の性格を期待できない以上、**1**（244頁）に述べた非金銭的制裁による刑事処罰の必要性という観点からは、逋脱犯には自由刑の実刑を科すべきである、という結論が導かれる。これを、逋脱犯処罰に関する「実刑中心主義」と呼ぶことができよう。これは、前述のように、アメリカの実務が指向している方法である。すると、次に問題となるのは、逋脱犯に対する実刑に一般予防効果があるか、という点である。しかし、しばしばいわれるように、そのような一般予防効果を実証することはほとんど不可能である。そこで、ここでは、この点に関するいくつかの傍証を挙げ、さらに考えられる反論に反駁を試みることとしたい。

### (2)　実刑中心主義を支持する要素

逋脱犯に実刑を科することが、他の潜在的な脱税者に対して一般予防効果をもつと考えられる第一の理由としては、次のような理論的な考察が挙げられる。

第一に、実刑は金銭的制裁である罰金とは異なり、前述したような犯罪に

---

40）McIvaine, report, 26 F.R.D. 231, 281 (1959).

これに関連する論点として、本書において、脱税に関する調査を厳しくする、という考え方を独立に考察の対象としなかったことについて付言しておきたい。

本書において、この考え方を独立に取り上げなかったのは、この案がこれまで検討し、またこの後に検討するような諸説と矛盾するものではなく、むしろ、それらのどれとでも結び付いて、制裁制度の実効性を大なり小なり高めると考えられるからである。それは、租税制裁法という考え方においては、自明のことなのである（参照、第1章第1節（24頁））。

しかし、調査を強化すればよいという意見は定性的にはそのとおりであるが、一方で、そこから、どのくらい調査人員を増やせばよいのか、といった定量的な結論は導きえないし、他方、税務調査に投入する資源には、理論とは別に、現実的な制約があることも、容易に理解される。

以上のような考えから、本書においては、原則として調査の状況は所与のものとし、考察の範囲を純粋に制裁法に限定している。したがって、「逋脱犯に対して実刑を用いるよりも税務調査を強化する方が脱税は減る」というような議論は、ここでは筋違いである。

関する危険の「計算」に別の種類の考慮要素を持ち込むものであるといいうることである。たとえば、実際に税務調査が行なわれるのは全事業者の１割だから、10年間に１回しか発覚しないと考えて、その際に課される重加算税および罰金額を考慮しても脱税は引き合うと考える者であっても、その１回について刑務所に入れられるのであれば、これを思いとどまる可能性があると考えられる。筆者は、先ほど、租税制裁法の目的は、脱税を引き合わないビジネスにすることだと述べた。ここで再び同様の比喩を用いるなら、実刑中心主義は脱税というビジネスをロシアン・ルーレットのような危険なギャンブルに変えるのである。このことは、次に述べるような、予想される逋脱犯人の一般的な犯人像と相俟って、一般予防効果をもつと考えられる。

理論的理由の第二は、逋脱罪は「ホワイトカラー・クライム」であり、予想される逋脱犯の一般的な犯人像が、いわゆる古典的な犯罪者、すなわち、社会的不適応者、異常者ではなく、「普通の市民」であることである[41]。なぜなら、このような人々にとっては、実際に刑務所に入れられることおよびそれに伴う不名誉に対する恐怖は、重加算税や罰金を支払わされることとは桁違いに大きいと考えられるからである。このことは、一般に多額の所得を得、したがって多額の脱税を行なう可能性のある社会的地位の高い人々にほど、あてはまるものといえよう。

逋脱罪に対する実刑が一般予防効果をもっていると考えられる第二の理由は、比較法的考察の結果である。この問題については、ドイツの実刑率や実務の取扱いについては不明な点が多いので、議論の対象をアメリカに限ると、第２章で述べたように、アメリカでは逋脱罪の刑事処罰は実刑を中心に行なわれていることが注目される。そこでは、刑罰を科す目的のうち、懲罰・無力化・矯正は、重い民事罰と起訴および有罪の汚名によって果たされているから、実際に刑罰を科す唯一の目的は一般予防であり、このような一般予防のためには、罰金ではなく、実刑が必要であるとされるのである[42]。ここでも、実刑の一般予防効果についての実証的な証明はないが、そのような効果があることは、一般に承認されているといわれている[43]。

41）参照、前掲注23）。
42）Boldt, report, 26 F.R.D. 231, 270-271 (1959), Wright, report, 30 F.R.D. 185, 304 (1961).
43）Boldt, id., Miller, report, 30 F.R.D. 185, 314 (1961), Henkel Jr., Government Problems in

実刑中心主義を主張する第三の理由は、その立法に際しての事情である。この点は、必ずしも実刑の一般予防効果を直接的に示すものではないが、現在の制度が立法関係者によってどのように運用されることを期待されていたかは、現在における制度の運用にとっても重要な考慮要素であると考えられる。

周知のように、現在の重加算税・逋脱罪の二本立ての制度が導入されたのは、昭和25年の租税法律改正の時である。それ以前のわが国の租税法は、逋脱罪に対する制裁として、刑事罰のみを用いていた。この改正にあたっても、日本の当局者は従来どおりの刑事罰一本かつ高額の罰金刑中心の処罰を考えていたのであるが、結局は、シャウプ勧告に示されていた民事詐偽罰——現在の重加算税——が導入され、さらに、連合国軍最高司令官総司令部（GHQ）側の強い主張により、逋脱額の数倍というような非常に高額の罰金刑は見送らざるをえなくなったのである[44]。この時、GHQ側は、罰金刑の上限の高額化に強く反対し、実刑中心の運用を主張していた[45]。これは、おそらく、金銭的制裁は新たに導入した重加算税によって行ない、刑事罰は実刑を中心とすることによって、要件的には対象を同じくする二つの制裁の機能分担を図ろうとしたものと考えられる。したがって、立法当時の500万円という罰金の上限もGHQ側からみると高すぎるものであり、将来的には、実刑中心の刑事処罰に変わることが期待されていたのである[46]。このことからしても、逋脱罪と重加算税の二本立ての制裁を擁する現行制度の下では、逋脱罪の処罰には実刑を用いるべきであるという主張は必ずしも理由のないものではない。

以上の三点の理由から、現在の上乗せ方式の租税制裁法の下では、逋脱罪の処罰は、罰金刑や執行猶予付懲役刑ではなく、懲役刑の実刑を中心として

---

Dealing with Tax Fraud (Tax Fraud, Holmes & Cox eds. 1973) 28-29.

44）津田実「改正所得税法案その他税関係法令の罰則について」刑事裁判資料46号（1950年）248頁・266～269頁。

45）津田・前掲注44）266頁。

46）津田・前掲注44）269頁には次のように述べられている。「ただ、この制度〔罰金スライド制〕を採用いたしまする上において、総司令部〔GHQ〕は将来あくまでも罰金刑に重点を置かずに、実刑に重点をおくべきであるということで、しばしば私どもは係官からいわれたわけであります。従って総司令部側においては、500万円という法定額も若干高いのではないかというように考えておるようであります。」

行なわれるべきであると考えられる[47]。

ところで、このように考えると、実刑は、それがある程度実効的に科されれば足り、その刑期よりは科されること自体が重要であると考えられる。このことは、前述の第一の理由にてらして明らかであるし、また、比較法的には、アメリカにおいて、このような主張が一般的になされている[48]。すなわち、逋脱罪の処罰は短期自由刑を中心とすべきであるということになるのである。しかし、刑事政策上は、短期自由刑は何よりも避けるべきものとするのが通説と考えられるから[49]、この点が、この主張の最大の問題点といえよう。

### (3)　実刑中心主義への批判と再反論

このような実刑中心主義に対しては、いくつかの批判が考えられる。その第一は、租税逋脱がまったく引き合わなくなるような金銭的制裁を実刑の代わりに用いるのではどうか、という意見である。これは罰金刑によってもよいし、重加算税のような行政罰の形をとるものでもよいであろう。この意見の根底には、前述したように、短期自由刑の弊害を重視する刑事政策的考慮

---

47) 結論同旨、松沢智「逋脱犯の訴追・公判をめぐる諸問題」租税法研究9号（1981年）93頁以下。

なお、もう一点、参考として付け加えれば、昭和54年8月および同56年10月に総理府が行なった税金についての世論調査においても、脱税に対する厳罰化を支持する意見が多数を占めていることが挙げられる。

まず、昭和54年8月の世論調査では、脱税防止策として、「みせしめのため悪質脱税者を厳罰に処する」を選んだ回答者が48.5%と最も多く、「納税者の所得をは握できうるよう、多くの資料が税務署に集まるようにする（28.3%）」「税務署の職員を増やして厳しく調査する（26.3%）」を大きく上回っているし（ただし、二つまでの複数回答）、脱税額1億円の場合に対する処罰（ママ）として適当なものはどれか、という問いに対しては、「懲役」43.3%、「罰金」17.0%、「加算税」12.3%、という回答がなされている（内閣総理大臣官房広報室編「昭和55年度版 世論調査年鑑」（1981年）145頁）。また、昭和56年10月の調査では、脱税をなくし正しい申告をしてもらうためにどうしたらよいか、という問いに対して、「脱税者の罰則を重くする」に「はい」と答えた回答者が82.9%と最も多かった（同編「昭和57年度版 世論調査年鑑」（1983年）148頁）。

これらの調査からみる限りでは、わが国においても、脱税に対する厳罰、特に懲役刑が脱税の一般予防効果をもつことは、一般に承認されているといいうるのではないかと思われる。

ただし、鶴田・前掲注27）21頁が正当に指摘するように、脱税の現状等に対する回答者の認識が実態とどの程度合致しているか等の問題が残っているので、この結果を額面どおりに受け取ることには疑問があり、その意味で、参考にとどめるが、これも本文で述べた実刑中心主義を支持する考慮要素の一つと考えることができるのではなかろうか。

48) Boldt, op. cit., 271, Henkel, op. cit., 29.

49) 大谷・前掲注20）120頁。

があるものと考えられる。[50)]

しかし、この意見は理論的には可能かもしれないが、実際には、どのくらいの額の制裁であれば――実際に調査される可能性との関係で――脱税を引き合わなくしうるか、ということは不明であるし、仮にそれがわかったとしても、そのような高額の金銭的制裁は、対象となる脱税者の生活を苛酷に破壊することにかけては、短期自由刑と同じかそれを凌ぐものであろう。[51)]そうなれば、この主張のメリットは、せいぜい、短期に刑務所に入ってより悪いことを覚えるのを防げるということに限られる。この程度のことであれば、刑務所内の処遇によって十分対処できるのではなかろうか。

また、わが国の重加算税は昭和37年以来逋脱額の30～35％であるから、[52)]金銭的制裁を拡大するという主張もなされやすいが、アメリカにおいては民事詐偽罰が全納税不足額の50％ないし逋脱税額の75％という高額であってさえ、一般予防には不十分であり、さらに刑事罰――これは実刑を中心とす

---

50) この点について若干補足しておくと、短期自由刑の問題を特殊なものとせず、自由刑一般の弊害を強調される瀬川晃教授は、「短期収容所や少年拘禁に関する一連のリサーチが明らかにしたところによれば、三S主義の有効なグループは、〈非行歴がなくて家庭環境も良く、かつ施設経験のない者〉であったが、このようなグループには拘禁処遇をできるだけ回避するというのが現代刑事政策の基本原則であると思われる」（同「短期自由刑論の一試稿」法学論叢99巻1号（1976年）72頁）とされ、また、本書のように短期自由刑の必要性を一般予防効果の点から基礎付けようとすることに対しては、交通事犯についてであるが、「現在の実証的研究を前提とするかぎり、交通刑法における短期自由刑の一般予防効果も、『部分的には否定されながら、なお全面的には否定されていない常識』であるとせざるをえないであろう。しかし、全面的には否定されないにせよ、部分的には否定されしかも明確な実証のなされていない一般予防機能を過度に重視して、交通事犯者に短期自由刑を適用することは厳につつしむべきである」（同78頁）とされている。

しかし、第一に、予想される逋脱犯の犯人像は概ねこの〈非行歴がなくて家庭環境も良く、かつ施設経験のない者〉であるから、短期自由刑による特別予防の効果を期待しうるし、第二に、実証されてはいないとしてもその犯罪としての性格から逋脱罪に対して自由刑による一般予防効果が期待され、かつ、必要ともされているならば、このような実刑中心主義を自由刑一般に関する議論のみから退けることはできないように思われる。特に瀬川教授が指摘されるように、三S主義が懲罰的、威嚇的なものであると考えられることは、逆に、その一般予防効果を強調する立場には有利に働くであろう。

なお、ここでの議論の基礎となる、一般予防効果を期待して逋脱罪に実刑を科することは罪刑均衡の範囲を超えた「みせしめ刑」とはならないか、また、逋脱罪は他の同種の犯罪に比べてなぜ一般予防を特に必要とするのか、という点については、第4節で検討する。

51) 特に、この場合に、罰金刑によるのであれば、完納できない場合には労役場に留置されることになり、実際上は短期自由刑とあまり変わらないことになる。

52) なお、この税率は、昭和62年改正によりそれぞれ5％ずつ引き上げられ、過少申告重加算税および不納付重加算税は35％、無申告重加算税は40％となった。

る——を必要とするとされていることを考えると、一般予防には、金銭的制裁以外の、性格の違う制裁を必要とするという主張には正当性があると考えられる[53]。

第二に、近年わが国でもみられるように、暴力団などによる脱税請負などが拡がると、実刑中心主義が前提としていた「犯人像」がそもそもあてはまらなくなるのではないか、という批判もありうる。しかし、そのような場合には、確かに、実刑により大きな一般予防効果は期待できないかもしれないが、それとは別に、犯人の社会からの隔離や、（その効果に疑問はあるものの）特別予防の観点から、一層実刑を科すことが必要となるであろう[54]。

---

53）ただし、この点については、アメリカの民事詐偽罰は日本の重加算税よりもずっと賦課件数が少なく、この点は一般予防効果に不利に働くことには留意しなければならない。参照、**【表1-1 (b)】**（39頁）、**【表1-3】**（44頁）。

54）この点に関連して、昭和60年確定分以降、最近の逋脱事件においてはそれ以前の事件とは性格を異にする共犯（共同正犯を含む）が関わっている事案が増えている点には興味がもたれる。

従来の逋脱事件における共犯は、所得税法違反事件においては納税者本人の会計係等が共犯となり、法人税法違反事件においては納税者本人たる会社の代表取締役や経理担当者が共犯となることが多かったし、また、そこで中心的な役割を果たしているのは所得税法違反事件においては納税者本人であることが多く、法人税法違反事件においても代表取締役個人が法人税逋脱から直接的な利益を得てはいない場合が多かった。そして、当然、そこでの処罰の重点は納税者本人——特に所得税法違反事件の場合——にあったといいうる。

このような従来からの共犯タイプを仮に「本人中心型」と呼ぶならば、最近散見されるようになった新しいタイプの事案は「関与者中心型」とでも呼ぶべきものである。すなわち、このタイプの事案は、何らかの形で租税法や租税実務に比較的詳しい知識をもち、必ずしも特定の納税者と強い結び付きをもたない者が、自分自身の利益を目的として他人の脱税に関与し、加えて、その関与者が当該事案において非常に大きな役割を果たしている点にその特徴がある。その典型的な例は暴力団員等による脱税請負である。

では、関与者中心型の逋脱罪は現行の裁判実務においてはどのように処罰されているのであろうか。この点については、関与者中心型の事案を多く含む相続税法違反事件の状況が参考になる。

相続税法違反事件における有罪者の処罰状況を関与者と本人とに分けて示した次頁の**【表3-2】**のうち、まず、関与者についての**【表3-2 (a)】**をみると、最初に気付くのは、ここでの実刑の多さである。特に、懲役刑のみを科せられた者のうち半数以上が実刑に処せられており、さらに罰金刑を併科された者も合わせると、5年間で56名中4割弱にあたる21人が実刑判決を受けているのである。本人中心型の事案の場合、第1章第2節（37頁）で述べたように関与者は執行猶予付きの懲役刑のみを科せられる場合が多かったのと比べると、両者は科刑の状況をまったく異にする。

第二に、関与者に懲役刑に加え罰金刑をも科している事案が多いことに気付く。従来の本人中心型の事案においては、関与者に罰金刑が科せられるのはごく稀な場合であった——法人税法違反において代表取締役等に罰金刑が科せられる事案には特殊の事情があることが多いことは、参照、第1章注67）（37頁）——のに比べ、この点も大きな違いである。そして、**【表3-2 (b)】**と比べるとやや少ないとはいえ、その罰金がかなり高額であることにも注意が必要であろう。

**【表 3-2】 相続税法違反事件における関与者・本人別科刑状況**

〔表 3-2 (a)〕 関与者　（人）

| 年度 | 有罪総数 | 懲役刑総数 | 懲役刑のみ | | 懲役刑・罰金刑併科 | | | 罰金刑のみ |
|---|---|---|---|---|---|---|---|---|
| | | | 実刑 | 執行猶予付 | 実刑 | 執行猶予付 | 罰金平均額（万円） | |
| 昭和60 | 3 | 3 | 3 | 0 | 0 | 0 | 0.0 | 0 |
| 61 | 19 | 19 | 2 | 7 | 0 | 10 | 766.0 | 0 |
| 62 | 15 | 15 | 7 | 2 | 1 | 5 | 666.7 | 0 |
| 63 | 11 | 11 | 4 | 3 | 1 | 3 | 502.8 | 0 |
| 平成元 | 8 | 8 | 1 | 1 | 2 | 4 | 1,366.7 | 0 |
| 小計 | 56 | 56 | 17 | 13 | 4 | 22 | —— | 0 |

〔表 3-2 (b)〕 本人　（人）

| 年度 | 有罪総数 | 懲役刑総数 | 懲役刑のみ | | 懲役刑・罰金刑併科 | | | 罰金刑のみ |
|---|---|---|---|---|---|---|---|---|
| | | | 実刑 | 執行猶予付 | 実刑 | 執行猶予付 | 罰金平均額（万円） | |
| 昭和60 | 8 | 8 | 0 | 0 | 0 | 8 | 1020 | 0 |
| 61 | 12 | 10 | 0 | 0 | 0 | 10 | 2280 | 2 |
| 62 | 9 | 9 | 0 | 0 | 0 | 9 | 1280 | 0 |
| 63 | 5 | 5 | 0 | 0 | 0 | 5 | 1540 | 0 |
| 平成元 | 5 | 5 | 0 | 1 | 1 | 3 | 2500 | 0 |
| 小計 | 39 | 37 | 0 | 1 | 1 | 35 | —— | 2 |

（税務訴訟資料により作成）

---

これに対して、**【表 3-2 (b)】**によると、本人に関しては、従来の逋脱犯の場合と同様、逋脱をした納税者本人については執行猶予付懲役刑と高額の罰金刑を併科するという傾向にある。

第1章注 68）（39 頁）でも指摘したようにと、関与者中心型の事案においては関与者が非常に高額の「謝礼」を受け取っている場合が多く、この点を捉えて罰金刑をも併科するか、行為が悪質であるという点を重視して懲役刑の実刑のみで臨むかという点については、まだ裁判所内部でも統一的な見解に欠くようにも思われ、この関与者中心型における関与者の処罰の内容については、さらに今後の判例の集積が待たれるところである。

なお、ここで特に指摘しておきたいのは、罰金刑を併科するかどうかはともかくとして、前述したような関与者中心型の事案における関与者に対する実刑判決の多さは、本文でも述べたとおり、このような場合にも実刑判決が有効かつ適当な刑罰であると現行の裁判実務においても考えられていると思われるという点である。

### ⑷　まとめ

以上の考察から明らかなように、逋脱犯に対する刑事処罰は、それが制裁として実刑を用いるときに、かつそのときにのみ、実効的な一般予防効果をもちうると考えられる。このことは、刑事制裁として実刑を科すことを中心的な意義とするときにのみ、機能論の観点から、重加算税と別建ての逋脱罪が合理性をもちうるということを示している。

このようにして、重加算税と逋脱罪処罰との制裁の内容による機能分担は、逋脱罪処罰において、第一義的に実刑が用いられることにより果たされるべきであり、そうすることにより初めて、重加算税と逋脱罪処罰とは、金銭的制裁と非金銭的制裁という性格の異なる制裁がそれぞれ実効的な一般予防効果をもつものとして、それらが併置されることに合理性があるといいうるのである[55]。

## 4　罰金スライド制の批判的検討

### ⑴　序

以上で、租税逋脱罪に対する刑事処罰は一般予防効果をもっているか、また、どのような場合にそれは一般予防効果をもつといえるか、という問題についての検討は終わることにする。ここで得られた結論は、実刑――短期自由刑――を中心とする刑事処罰の運用によれば、租税逋脱に対する刑事処罰が一般予防効果をもちうるであろう、ということであった。これより進んで具体的な事案に対してどのような刑事罰を加えるかは、量刑の問題であり、具体の事件に直面した裁判官の問題であるから、本書の考察の対象外であるといわねばならない。

しかしながら、本書においても再三指摘し、また、【表1-1⒜】～【表1-2⒝】(38～41頁）をみれば明らかなように、現在の裁判実務においては、租税逋脱罪に実刑が科せられることは非常に少ない。そこで、ここでの検討の最後に、このように実刑が科されることが少ない理由について若干の考察を試み

55）このような実刑中心主義に対する直観的な批判は、脱税は強い金銭的指向をもつ者による犯罪という色彩が強いから自由刑ではなく高額の金銭刑を科する方が一般予防効果が大きいというものであろう。しかし、ここでの検討から明らかなように、そのような考え方は、あまりに直観的にすぎるように思われる。

たい。

### (2)　租税逋脱犯に対して実刑が少ない理由の考察

まず、わが国において租税逋脱犯に対して、裁判官が実刑判決を下しにくい理由としては、次の二つのものが考えられる。その第一は、日本においては、まだ、租税逋脱罪が一般にそれほど重大な犯罪と考えられておらず、そのような一般的な法意識が裁判官に影響して実刑判決が下されにくいというものである。第二に、租税逋脱罪の処罰においては一般予防効果を重視すべきであり、それに加えて、そのような効果をもたせるためには、実刑を科すことが必要であるという認識が裁判官の間であまり一般的ではないことが挙げられる。さらに、アメリカにおいては、この点に関連し、裁判官は制度の一般的な効果よりも個別具体の事件に則して判断する傾向があり、このことが、実刑判決の増加を妨げる要因となっていることが指摘されていた[56]。同じことは、わが国の裁判官についてもいいうることであろう。

しかし、これらの点は、早急に変革しうるものではないし、また、そのことについてここで論じることが適当であるとも思われない。ただ、一般的には、租税逋脱罪の重大性の認識が一般的になるにつれて、第一の点は変わっていくであろうし、第二の点については、本書の結論が正しいとすれば、実刑の必要性が広く認識されるようになることを待つしかない。

では、このほかに、実刑判決を妨げている制度的な要因はないであろうか。この点に関しては、他の犯罪に比べて非常に高額の罰金刑が、実刑をいわば「吸収」しているのではないか、ということが考えられる。すなわち、そうでなければ実刑が科されるべきところで、罰金刑が非常に高額なために、それが実刑を代替しているのではないか、と考えられるのである。これは、前述したように、たとえば、傷害罪と比べて平均で約400倍という格差があることを考えると、あながち想像にすぎないとも言い切れないように思われる[57]。

---

56）Miller, op. cit. n. 41 at 313.

57）これについては、参照、所得税法違反事件における実刑数と罰金平均額の推移を示した、次頁の【図3-1】。

このグラフによると、共犯関係が本人中心型であり、また実刑数が比較的少なかった昭和60年までは、罰金平均額が伸びても実刑数は依然少ないままで、罰金額の引上げには積極的だが実刑の適用に消極的な態度が支配的であったことがうかがえる。

これに対して共犯中心型の事案が現れ、かつ、実刑数が飛躍的に増えた昭和60年度以降は罰

このような高額の罰金刑を可能にしているのは、いわゆる罰金スライド制といわれる、情状により罰金額を逋脱額まで引き上げることを認める規定である[58]。確かに、直接国税の逋脱罪で500万円というもともとの上限そのも

**【図3-1】　実刑数と罰金平均額の推移（所得税逋脱事件）**

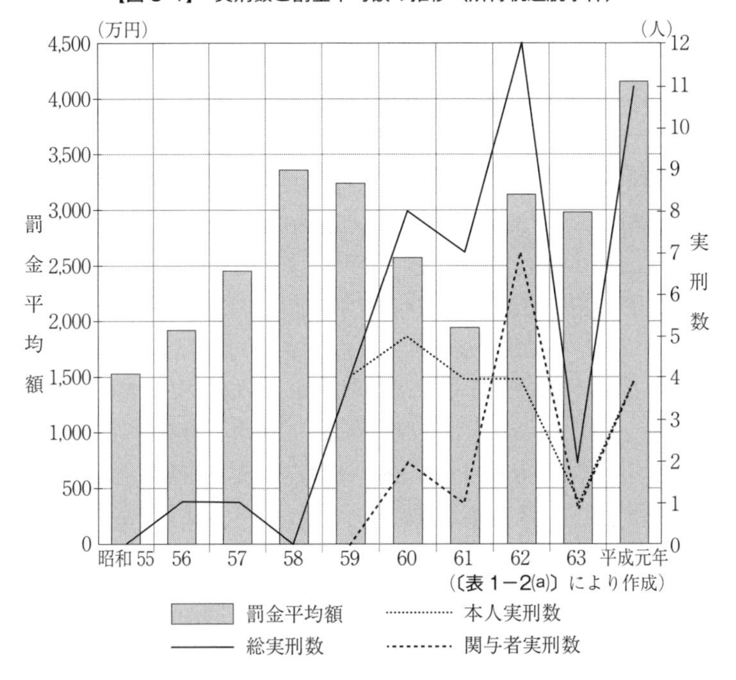


（〔表1－2(a)〕により作成）

金平均額と実刑数との関係がややわかりにくくなっている。そこで、実刑数を関与者(イ)と本人(ロ)（ただし詐欺、業務上横領、常習賭博等との併合罪の事業を除く。）とに分けて示すと、前者(イ)は罰金の平均額とほぼ同様の動きをしており、事案の悪質化に伴い悪質な関与者には実刑が科されていることがうかがわれるが、後者(ロ)については、非常に悪質な場合には本人に対しても実刑を科すケースが若干増えてはいるものの、依然、罰金平均額が非常な高額で推移していることとの関連でみれば、それほど明確な実刑指向は現れていないように思われる。

これらの諸点からも、本人処罰に関しては高額罰金額のさらなる引上げによって対処することにより実刑の適用を回避しようという傾向が読み取れるということはできないであろうか。

ただし、このような分析は実刑の適用数があまりに少ないため統計的にも有意なものと考えることはできず、単なる印象にすぎないことを特に強調しておきたい。

58）とりあえずここでは、直接国税の逋脱罪を例にとって考察を進めることにする。所得税法238条２項、法人税法159条２項、相続税法68条２項。

のも、一般の刑法犯に比べるとはるかに高額であるといいうるが、平均額で2,000万～3,000万円という罰金額は、この罰金スライド制が適用された結果である。

そこで、高額の罰金刑が実刑を吸収しているという仮説が正しいなら、この罰金スライド制は、租税逋脱罪処罰の一般予防効果という点からは問題のある制度であるということになる。では、この罰金スライド制にはどのような意義があるのであろうか。

### (3) 罰金スライド制の検討

租税逋脱罪の罰金刑についてみるとき、まず気が付くのは、もともと法定された罰金額の上限が500万円であり、普通の刑法犯に比べて非常に高額であるということである[59]。この点は、たとえば、傷害罪および脅迫罪の罰金刑の上限が30万円、業務上過失致死傷罪の上限が50万円であることを考えると明らかであろう[60]。独禁法などには同様の500万円を上限とする罰金刑の規定があるので異例とはいえないかもしれないが[61]、これが罰金刑としてはかなり高い上限であることには疑いがない。特に、両者が完全に比例するものではないことはもちろんであるが、刑の重さが責任と密接な関連がある以上、罰金額と責任とも密接な関係があるといいうるはずであるから、その観点からしても、刑法犯の場合と比して、500万円という上限はかなり高いといいうるであろう。

このように、ただでさえ高額の罰金刑の上限を引き上げることは、それ自体かなり疑問なことであるといいうる。特に、責任と罰金額との均衡という点から考えると、刑法犯との比較において、数億円というような罰金はほとんどナンセンスとさえいいうる[62]。したがってこのような結果を生ぜしめる罰金スライド制には、何らかの合理的な根拠が必要であると考えられる。では、この罰金スライド制はどのような目的で設けられ、いかなる意義をもつことを期待されているのであろうか。

---

59）所得税法238条1項、法人税法159条1項、相続税法68条1項。

60）刑法204条（傷害罪）、222条（脅迫罪）、211条（業務上過失致死罪）。
なお、平成3年改正前はそれぞれ10万円と20万円が罰金多額であった。

61）独禁法89条。

62）この点に関しては、執行罰ですら罰金との均衡を考えるとあまり高額にはできないという議論さえあることが指摘されうる（雄川一郎ほか「行政強制」ジュリ増刊（1977年）87～89頁。以下、本書は、「行政強制」として引用する）。

この点で第一に問題となるのは、それ以前にとられていた逋脱罪の罰金刑の上限を逋脱額の数倍とする、ないし、逋脱罪の罰金刑は量刑の余地なく逋脱額の数倍とするという制度との関係である。このような制度の下では、逋脱罪に対する罰金刑は、実質的には租税逋脱によって国家が被った損害に対する賠償であると考えられていた[63)]。現在の罰金スライド制は罰金額の上限が逋脱額と連動する点で、このような先行する制度と、少なくとも外見的には類似している。しかし、そのような定額罰金制は租税逋脱罪の本質を見誤るものとして、つとに板倉教授によって厳しく批判されてきたところである[64)]。したがって、もしも、現在の罰金スライド制が定額罰金制の名残りであるのなら、その合理性は疑わしいものとなる。

これに対し、金子教授は、「これは、戦前の租税罰を国庫に対する損害賠償とみる考え方の名残りではなく、租税罰の実効性を高めるための措置であると解すべきであろう」とされている[65)]。

そこで、この点を明らかにするために現在の罰金スライド制が導入された昭和25年改正時の立法過程を参照すると、この時にそれまでのような罰金の上限を逋脱額の数倍とする制度をやめ、一応の上限を500万円とし、情状により逋脱額までそれを引き上げるという形にした理由として、第一に重加算税が導入されたこと[66)]、第二に、高額の罰金刑は納付状況が必ずしも良くないことの二点が挙げられている[67)]。前述（254頁）のように、GHQ側は、この時、罰金よりも実刑をもって租税逋脱罪に臨むべきであると強く主張していたのであるが[68)]、それにもかかわらず、500万円という高額の上限およびさらにそれを引き上げる規定が入れられたのは、数億円という規模の逋脱が現実にあり、「それから見ても、50万円の確定の法定刑などは法人についてはナンセンスである」と考えられたからであるとされている[69)]。

ここからわかるように、昭和25年当時の立法理由では、罰金刑の上限を

63）美濃部達吉『行政刑法概論』（岩波書店・1939年）171～172頁。
64）板倉宏『租税刑法の基本問題〔増補版〕』（勁草書房・1965年）111頁（以下、本書は、「板倉」として引用する）。
65）金子・641頁。
66）津田・前掲注44）267頁。
67）津田・前掲注44）268頁。
68）津田・前掲注44）266頁。
69）津田・前掲注44）267頁。

逋脱額の数倍にせず、それと同額、いわば逋脱額の１倍にとどめた理由は明らかであるが、そもそも、なぜ逋脱額が科される罰金刑の基準となるのか、ということには触れられていない。このことは、いわば暗黙の前提となっているのである。ここに、少なくとも思想的には、このような罰金を国庫に対する損害賠償とみる考え方とのつながりをみることができるであろう。

ただし、罰金額を引き上げうるとした直接の目的は、金子説が指摘するとおり、罰金刑の効果を高めるためであったことは、この理由から理解することができる。また、ここで、法人に対する刑事罰の効果が特に言及されていることは注目に値する。

しかしながら、このような罰金の高額化が必ずしも罰金刑の一般予防効果を増大させているとは考えられないことは、前述したとおりである。とすれば、後は特別予防の効果がこれによりどの程度あがっているかが、検討されねばならないであろう。この点について実証的な検討は不可能であるが、ここで問題となるのは、罰金スライド制による罰金額の引上げによって特別予防効果がどれだけあるかという点よりも、むしろ高額の罰金刑が実刑を代替することによって短期自由刑の弊害がどのくらい回避されているか、ということである点には注意を要する[70]。このように考えると、前述したように、ここで問題としているような高額の罰金刑に関しては、この効果はそれほど大きくないといいうるであろう。

無論、立法理由にもあるように、法人に対しては、これが現実の苦痛を生じさせ、一般予防効果を高める可能性があることは否定できない。しかし、この問題は、法人処罰の問題一般として考えるべきことであり、租税逋脱罪に特有の問題とはいえないと考えられる。換言すれば、法人に対して非常に高額の罰金刑を科す必要性は認められるとしても、それが逋脱額を基準とすることに合理的な理由は見出せないのである[71]。

---

70）なぜなら、逋脱罪に対する短期自由刑には特別予防効果は当然にあると考えられるからである。

なお、この点に関しては、参照、板倉・前掲注 22）29 頁、瀬川・前掲注 50）72 頁。

71）前述したように、アメリカでは法人と個人とで罰金刑の上限が異なる。このような方法なども、検討に値しよう。

なお、直接国税逋脱罪に関しては、法人税逋脱罪で法人に科される罰金額は、全体としてみれば、所得税逋脱罪等で個人に科される罰金額を下回っている。参照、**【表 3-1】**（248 頁）。

わが国の所得税法はこれまで厳しい累進税率構造をもっていたため、最高税率付近では所得

罰金スライド制に期待されたと考えられる別の効果は、租税逋脱によって犯人が得た不法な利益の剝奪である。この説によれば、罰金の上限が逋脱額と一致させられることにも理由があるように思われる。このような考えは、たとえば、刑事訴訟法491条が「租税その他の公課……に関する法令の規定により言い渡した罰金若しくは追徴は、刑の言渡を受けた者が判決の確定した後死亡した場合には、相続財産についてこれを執行することができる」としていることの立法理由が、「租税等に関する法令の規定により科せられる罰金刑は、国又は地方公共団体の財政の確保と課税等の公平・適正を図ることを目的とするものであ〔る〕[72]」とか、「本条所定の罰金・追徴は国家財政上の理由により国庫の収入を目的とするものである[73]」などといわれていることと相通じるものがある[74]。

しかし、この点については、直接の被害者たる国または地方公共団体が、租税の確保に関して様々な特権を有していることに注意しなければならない。この点で、租税逋脱罪は、窃盗罪などとは異なる。たとえば窃盗の場合には、犯人が逮捕・起訴された時に被害者が損害賠償訴訟や物の返還訴訟を起こすことは滅多にないと考えられる。これに対して、租税の場合は、たとえ修正申告がなされていなくとも、逋脱罪として起訴されるまでの段階で、ほとんどの場合、更正ないし決定処分によって、免れようとした税額は延滞利子たる延滞税とともに賦課されているし、さらに、行政罰たる重加算税も賦課されているであろう。しかも、この税額が任意に納付されないなら、国

---

税率が法人税率をはるかに上回り、同額の逋脱所得に対しては所得税逋脱の方が法人税逋脱よりも逋脱税額が多額になる場合が多かったし、また、法人税逋脱の場合は同一人が支配する複数の会社に逋脱所得を分散させることができるため、1法人当たりの逋脱税額が少なくなることもありうるとはいうものの、この調査結果は、①個人に対する罰金額は多額にすぎるのではないか、②罰金スライド制を法人に対する高額罰金の必要性から基礎付けることは適当か、という二つの疑問を抱かせるように思われる。

72) 青柳文雄＝伊藤栄樹＝柏木千秋＝佐々木史朗＝西原春夫著者代表『註釈刑事訴訟法 第4巻』（立花書房・1981年）631頁。

73) 小野清一郎＝栗本和夫＝横川敏雄＝横井大三『刑事訴訟法㊦〔新版〕』（有斐閣・1986年）1229頁。

74) なお、この刑事訴訟法491条につき板倉教授は、租税犯のように利得罪的性質を有する犯罪にあっては犯人に利得を保持させないことが取締上必要であり、そのためには罰金の執行を厳格にしなければならないが、このことのみから相続財産に対する罰金刑の執行を十分に根拠付けることはできないのであり、「やはり、租税犯に対する罰金を国庫の収入を確保するためにも利用しようとする国庫主義的思想が立法者の脳裡に残存していると推察するほかないであろう」（板倉・172〜173頁）とされている。

等は滞納処分などの強制徴収手続に訴えることができるのである。したがって、租税逋脱罪の有罪判決を下す時点では、犯人のもとに租税逋脱による利益が残っていることはほとんどないと考えられるし、また、更正処分等が争われていていまだ決着を見ていないため利益が残っているとしても、そのような利益は課税行政のチャンネルによって取り戻されるべきものなのであって、罰金刑がその役割を果たす必要はなく、またそうすべきでもないといいうるのである。ゆえに、この観点から罰金スライド制を理由付けることはできないといわねばならない。

さらに、昭和60年代以降に現れたいわゆる脱税請負業者等に対しても懲役刑のほかに高額の罰金が科されることがあり、これを可能にしているのも罰金スライド制である。この場合、科刑の実質的な根拠は、このような関与者が脱税により利益を得た納税者本人から高額の「謝礼」等を得て受益している点にあるのであろうが、脱税に関与して利益を得た者に対する罰金刑の上限を納税者本人の逋脱額に求めることは、本人の場合以上に合理的な理由に欠くと言わざるをえない。

以上の検討からわかるように、便宜的にせよ罰金スライド制の適用に合理的な理由が見出せるのは、それが法人に対して用いられる場合と、ごく例外的に、個人に対して、有罪判決がなされるまでに更正処分や重加算税の賦課がなされておらず、それらがなされる見込みもないときに限られる。それ以外の場合には、租税逋脱罪を他の犯罪と区別して、もともと高額の罰金額を逋脱額まで引き上げうるとする根拠はない。したがって、それが高額の罰金刑によって実刑判決の代替効果を生み、租税逋脱罪に対する刑事処罰の一般予防効果を害しているならば、立法論的には廃止すべきであるし、運用論としても、この制度の適用は控えるべきであろう。つまり、租税逋脱罪に対する罰金は原則どおり500万円を上限とし、それで足りないと考えられる場合には、懲役刑をもって臨むべきであると考えられるのである。

この結論には、罰金の額が引き下げられれば、その分だけ猶予期間や言い渡される懲役刑の刑期が長くなるだけであり、かえって刑事処罰の一般予防効果は小さくなる、という批判がありうる。確かに、たとえば、平成元年に確定した所得税法違反事件の有罪判決において、執行猶予付懲役刑と罰金刑とを併科された者の平均的な刑期は、1年3月強、執行猶予の期間の平均は

3年強、罰金額の平均は約3,000万円であるから[75]、刑期も猶予期間も延ばされる余地は十分にある。しかし、罰金スライド制を適用しなければ、罰金額は平均でも4分の1〜6分の1になるのであり、はなはだしい場合には、数億円の罰金が500万円になるのであるから、この処罰の緩和を補うために実刑が用いられることは考えられるのではなかろうか。それゆえ、限定的ではあるが、罰金スライド制の不適用が実刑判決を促す効果はあるといいうるように思われる。

また、それに加えて、罰金スライド制に他の面での合理性があるのであればともかく、そうはいいえないのであるから、やはり、罰金スライド制は少なくとも個人に対しては原則としてそれを適用すべきではないし、立法論としては、この制度は廃止すべきであると考えられる。

## Ⅲ　手続的振り分け方式の検討

### 1　手続的振り分け方式

Ⅲでは、Ⅱでの考察に引き続き、わが国の租税制裁法の機能分担の問題について、立法論的な考察を行なうこととする。その手がかりは、Ⅱの最初に述べたように、上乗せ方式の租税制裁法の合理化の方法としては、制裁間の手続的な調整と、制裁の内容による機能分担との二つの方向性が考えられることにある。Ⅱにおいては、現行法を前提とし、手続的な調整についてはしばらく措き、後者の点についてのみ考察を加えた。そこで、以下では、この前者の点をも考慮に入れた議論を行なうべきであるということになる。

このように考えるとき、わが国にも、重加算税と逋脱罪の関係の合理化と

75）筆者の計算による。なお、近年のこれらの値については、参照、【表3-3】。

【表3-3】所得税違反事件における執行猶予付懲役刑・罰金刑併科者の刑期および罰金額の平均

| 年度 | 懲役刑期平均 | 執行猶予期間平均 | 罰金平均額（万円） |
| --- | --- | --- | --- |
| 昭和61 | 1年0.7月 | 2年10.1月 | 1,675 |
| 62 | 1年3.1月 | 3年0.2月 | 2,902 |
| 63 | 1年3.5月 | 3年1.8月 | 2,948 |
| 平成元 | 1年3.8月 | 3年0.6月 | 2,982 |

（税務訴訟資料により作成）

いう問題についての注目すべき見解がある。それは、以下に述べるような金子宏教授の説である。

金子教授は、通告処分の制度があって重加算税のない間接税に比べて直接税では重加算税と逋脱罪とが「二重」になっているので、これを通告処分や交通反則金の例に倣って選択的なものにすることを提案しておられる。これは具体的には、「多くの場合は重加算税で処理するとしても、懲役の刑に処すべきような場合には重加算税は課さないで告発するという方法も一つ考えうる[76]」とされている。この考えを支えているのは、刑罰の方がハードな制裁手段であり、したがってより実効性があるというイメージで考えがちだが必ずしもそうではなく、むしろ選択制にした方が社会統制の手段として実効性があるのではないか、という考慮である[77]。

この考え方に大きな長所があることは否定しえない。金子説によれば、重加算税は金銭的制裁であり、逋脱罪処罰は懲役刑を目的とするものであるから、この両者はその効果（課されるべき制裁）という点で明確に機能分担がなされる可能性があるし、しかも制度の効率性の観点から問題となる手続きの重複の問題の一部を回避しうるからである。また、実体的な要件に関して上乗せ方式をとっているため、振り分け方式をとった場合に生じる問題として第2節で取り上げたような制裁の間隙も生じない仕組みになっている。さらに、科される制裁が懲役刑に処すべきか否かという基準で手続的に選択されることにより、脱税行為の悪質性の程度という問題に対しても十分な対応をしているものと評価しうる。すなわち、本書のコンテクストにおいては、この見解は、アメリカにおけると同様に、実体的には上乗せ方式をとりつつ、二つの制裁の手続きおよび効果の面で調整を加え、制度の合理性を担保しようとするものであるといいうるのである。

金子説の第一のポイントは、実体的には同じ要件をもつ二つの制裁のどちらを科すかを手続的に振り分ける点にあるから、この説を手続的振り分け方式とも呼ぶことができよう。しかし、二つの制裁の手続的な振り分けにもいくつかの問題点がある。そこで、基本的に金子説に従いつつ、この説が立法論的に合理的なものとされるためには、どのような条件が付け加えられなけ

---

76）行政強制・104頁〔金子発言〕。
77）行政強制・102頁〔金子発言〕。

ればならないかを、以下で検討することにしよう。

### 2　手続的振り分け方式の検討

#### ⑴　制裁の間隙と手続きの重複

二つの制裁間の手続的な調整に対する第一の疑問は、重加算税の賦課・争訟手続と逋脱罪に関する刑事訴追という、現在の制度における手続きの重複を回避しうる反面、新たに、不合理な制裁の間隙を生むか、または手続的なロスを生じるおそれがあるのではないか、ということである。

すなわち、金子説の下では、ある事件は告発されたことによって重加算税の賦課を免れることになる。しかし、告発された場合、重加算税の要件を満たしつつも刑事制裁を受けない場合がありうる。その第一は、告発は受理されたが起訴されない場合であり、その第二は、重加算税を課しうる程度には違法行為を証明できるが、刑事処罰を正当化するほどにはそれを証明できなかった場合である。このことは、要求される証明度が刑事処罰の場合の方が高いことから生じる。これら、特に後者は理論的な問題にとどまると考えられるかもしれないが、現在の通説・判例では逋脱罪の証明には逋脱額の証明が必要であるとされており[78]、しかも、それは単なる推計では足りないとされているから[79]、推計による税額を基礎として課しうる重加算税賦課と逋脱罪の証明とに大きな違いが出ることは実際にもあるものと考えられる。

このような場合に、刑事処罰の試みが失敗に終わった後で再び重加算税を課すことができなければ、告発されなければ重加算税を課されるはずであった事案が結局何らの制裁も受けることなく済まされることになり、不合理な制裁の間隙を生むことになる。逆に、ここで重加算税を課しうるとすると、この処分が今度は行政訴訟で争われる可能性もあり、せっかく選択制によって避けたはずの制裁手続の重複が、より顕著な形で生じることになる。

それでは、告発によって重加算税の対象からはずすのではなく、有罪判決が出るまでは重加算税の賦課手続を停止するにとどめ、有罪判決があればその手続きを終了させ、それが得られなければさらに重加算税を課すという方

---

78）最判昭和 38 年 12 月 2 日刑集 17 巻 12 号 2460 頁。
79）佐藤文哉・最判解刑事昭和 54 年度 316 頁・320 頁。

法をとればどうであろうか。[80)]

この方法によるときには制度の機能論の観点からいうと、先に指摘したような手続きの重複の問題が避けられない点が批判の対象となる。それに加えて、実際上の問題として、処理すべき案件が大量かつ回帰的に生じる第一線の税務署で、刑事裁判が確定するまで、何年間も一つの事件をとどめておくことがはたしてできるか、という点にも疑問がもたれる。この刑事訴追を行政罰の賦課に原則として先行させるというやり方は、第2章第3節（222頁）で述べたようにアメリカで用いられているものであるが、この場合、一般的にいって、わが国の刑事裁判がアメリカのそれよりもはるかに長期間を要するということにも注意を払う必要があろう。その上、租税事件は、ごく一般的にいえば、通常の刑事事件よりも複雑で、事案の終結までにより長い期間を必要とする場合が多いと考えられるのである。[81)]

しかしながら、このような処罰の間隙ないし手続きの重複の可能性は、実務ではそれほど大きな問題とはならないという意見もありうる。それは、実際上は税務官庁の告発は検察庁との密接な連絡の下になされるであろうから告発された事件が起訴されないということはほとんどありえないし、また、「精密司法」と呼ばれるわが国の刑事裁判実務の下では、一旦起訴されると無罪判決もほとんどないと考えられるからである。[82)] そこでこの説をこの観点から批判することはこれくらいにし、他の観点からさらに検討してみることにしよう。

### (2)　手続的振り分けの人的・組織的主体

手続的振り分け方式に対する第二の疑問は、現在の税務官庁の組織を前提とした上で、この説が説くような、刑事訴追を行なうものと重加算税の賦課にとどめるものとの振り分けを課税庁が行なうという制度の運営が可能であ

---

80）これに類似した重加算税の徴収猶予は、つとに北野教授によって主張されていたところである。北野・前掲注8）シュト4号23頁。

81）このため、重加算税賦課手続を停止している間に賦課権の除斥期間が完成しないように、何らかの方策を講じなければならない。参照、第2章第3節（228頁）。

82）これについては、「直接国税脱税事件の起訴率が高いのは、個別事例の告発にあたって、国税査察官が適宜検察官と協議しつつ、証拠関係を十分吟味し、かつ、訴追に値するものを選定しているためと思われる」といわれている（鶴田・前掲注38）11頁注(3))。

また、このことは、**【表1-1(a)】**（38頁）からも推察することができる。これによると、昭和55年から平成元年までの10年間に直接国税法違反事件で有罪となった個人がのべ1,700人いるのに対して、無罪となったのは5人にすぎない。

ろうか、という点に存する。この点をアメリカの場合と比較してみよう。

第2章第3節（203頁）で述べたように、アメリカでは調査官（revenue agent）の税務調査中に詐偽の疑いがもたれた場合には、査察官（special agent）が出動し、彼が、民事詐偽罰を課すか否か、さらに、刑事訴追をするか、ということを最初に決定することとされている。いわば、二つの租税制裁は実務上も統一的に運営されているのである。

これに対して現在のわが国の課税の実務では、重加算税の賦課を決定するのはアメリカの調査官にあたる法人税や所得税を担当する調査担当者であり、告発の決定に携わるのは刑事事件を専門とする査察官である。このような組織において、当該事件が刑事罰を科されるべきかどうか、さらに進んで懲役刑を科されるべき事案であるかどうかを、どこで、誰が、どのようにして判断するのかは、この説を主張するにあたっては、重要なポイントになる。また、その際に、課税部門と査察部門との情報の融通には納税者の秘密保護の観点から厳密な検討を必要とすることを指摘しておかねばならない。特に、課税手続上の申告義務等と刑事手続上の黙秘権との衝突の問題は重要である[83)]。

### ⑶　行政罰の理論的性質

さらに、手続的振り分け方式には理論的な問題点もある。それは、告発ないし有罪判決があると重加算税が課されないことをどのようにして理論的に説明するのか、という点である。

これに対する一つの説明は、重加算税の賦課を税務署長の裁量に任せることとし、その範囲内で裁量権が行使された結果として、重加算税が賦課されないのだ、というものであろう。しかし、有罪判決によって租税法違反の事

---

83）この点については、所得税や法人税の調査と過料・刑事事件の捜査とをしばしば同一の官吏が同時に行なっているといわれるドイツの制度の運営について、さらに研究する必要があると考えられる。ただし、ドイツの場合は、少なくとも制度の建前としては、過料が課されるか刑事罰が科されるかは重過失か故意かという要件によって振り分けられ、ここで問題としているように、懲役刑に処すべき悪質な事案かどうか、というような点とは判断の性格を異にすると考えられる点には注意を要しよう。

また、納税者の秘密保護の問題については、もちろんアメリカにおいても憲法の第5修正との関係で議論されているところであるが、特にドイツにおいては前述した393条との関係で議論がなされているところであり、比較法的な一層の研究の余地が大きいといえよう。

なお、この点に関するアメリカの判例の動向に関する文献については、参照、第2章注521）（193頁）。

実とそれが悪質であるということが認定されたにもかかわらず、重加算税を賦課しないのであれば、その裁量権は重加算税賦課の必要性を非常に広い範囲にわたる事実を基礎として考慮することを認めるものであり、理論的には、そのような裁量を認めるとすると、この場合の行政罰は、もはや租税の形式をとることはできないと考えられる。つまり、この考え方では、現在の重加算税を前提にすることはできないのである。さらに立法政策の問題としても、そのような広範な裁量権を税務署長に与えることが、はたして適当かどうかということが、問題となりうるように思われる。

では、重加算税の賦課は現在のとおり義務的なものとし、ただ、明文の規定をもって、有罪判決のあったことを重加算税賦課の除外事由とするのではどうか。この場合はまさに、そのようにする理論的な根拠が問題となる。そのような説明として考えうるのは、重加算税の賦課と逋脱罪の処罰の機能的な一体性に着目して前者を「科罰的行政処分」として捉えることである。しかし、この場合も、いくら徴収の便宜によるものとしても、そのようなものに租税の形式を与えることには無理があるであろう。

#### ⑷　手続的振り分け方式の実効性

以上の議論とは少し角度が異なるが、立法論として手続的振り分け方式を支持するためには、それが脱税行為の防止に実効性をもつかどうかについて考察しておく必要がある。

この点について考察する際に、一つ重要と考えられることは、この説は、金子教授によって、刑事訴追の目的を「懲役刑」を科することとされているが、ここで、「懲役刑」とは「実刑」を意味しなければならないと考えられることである。なぜなら、もしも、刑事訴追を受けたほとんどの事件に対して、現在のように懲役刑には執行猶予が付され、それに高額の罰金刑が併科されるのであれば、それは結局、高額の金銭的制裁としてしか機能しないため、わざわざこれを重加算税の課税対象と区別して刑事訴追の対象とする理由は見出しがたいからである。つまり、1（268頁）で述べたように、制裁間の手続的な調整のみならず、制裁の内容における機能分担をも図ろうとすれば、ここでは、実刑か金銭的制裁か、が手続的に振り分けられることとされるべきなのである。

そこで、このことを念頭に置いて、手続的振り分け方式の制度の実効性を考えると、ここで問題となるのは、第一に、ここで主張されている手続的な振り分けが、行政罰で済まされるものと刑事訴追を受けるものとの比率・数に与える影響であり、第二に、この説に従った場合には、現在刑事訴追と重加算税との両方を受けている事案が、重加算税を課されることがなくなり、刑事罰のみを科されることになることの影響である。

これらの点には不確定な要素が多く、その結果には不明な点が多いと言わざるをえないが、金銭的制裁としての新しい行政罰の額が現在の重加算税と同じであるとした場合、最も問題となる、脱税の一部に重加算税に代えて実刑で臨むという点について、Ⅱ（252頁）で検討したように、逋脱犯に対する実刑には金銭的制裁以上の一定の実効性が期待できると考えられることなどを考えあわせると、少なくとも、このような制度が、現行の制度よりも著しく実効性の点で劣るとはいえないように思われる[84]。

### 3　手続的振り分け方式導入の条件

このようにして、わが国の租税制裁法を手続的振り分け方式に変更するためには、実体的には上乗せ方式という制度の骨組みは残しながらも、現在の重加算税の制度を、一般の課税行政のあり方を含めて、根本から変える必要があると考えられる。

まず、第一に、現在の重加算税は、租税の形をとるのではなく、その賦課が科罰的行政行為と考えられるような行政罰に変えられなければならない。そうでなければ、刑事罰と選択的に科されるということを説明できないからである。また、その際には、新しい行政罰の構成要件は、逋脱罪の構成要件と同一であることが望ましい。そうすれば、両者の関係が明確であるし、事案としては刑事処罰にふさわしいが逋脱罪の要件にあてはまらない、というような、制度の構造と矛盾する制裁の「消極的抵触」が生じることをも妨げるからである。

第二に、刑事罰と執行レベルで選択されるためには、この行政罰は、人

---

84）なお、前述のように、金子教授御自身は、選択制にした方が社会統制の手段としては、実効的なのではないか、と言っておられる。これはオール・オア・ナッシングではなく、柔軟で段階的な対応によって、違反行為を予防しようとする意図であろうが、対象を租税逋脱罪に限り、行政罰と刑事罰の実体的な要件を同じくした場合にも、このように選択制の方がより実効的であるといいうるかどうかには、若干の疑問の余地がありえよう。

的・組織的な面で、税務官庁による捜査の段階から、すでに、一般税務調査とは分けられ、刑事罰と同様に扱われることが、絶対に必要とはいえないまでも、非常に望ましい。

第三に、執行レベルにおける振り分けの基準は、具体的な事案が実刑を科すのにふさわしいものかどうか、であり、刑事裁判においても、第一義的には、実刑の適用が考えられなければならない。無論、制度的には、量刑はあくまでも裁判官の権限に属するものであり、この点を制度的に拘束することは避けるべきであるが、Ⅱにおける考察の結果から考えて、現在の罰金スライド制は原則として廃止すべきであり、それを存続させる場合には、前述した二つの例外的な場合――法人に関する罰金と個人が逋脱した税額を徴収されておらず、かつ、手続的な原因などから、これ以後徴収される見込みがないとき――にその適用が限定されるべきである。

第四に、このような選択制の下で不合理な制裁の間隙を生じさせないためには、刑事告発をすれば直ちに行政罰を課さないこととするのではなく、刑事訴訟の結果が確定するまでその手続きを停止させるにとどめるべきである。そして、有罪判決があればそのまま行政罰は課されずに済まされるが、無罪判決があった場合には、事案によってはさらに行政罰を課しうるようにしなければならない。このためには、少なくとも、同一事件に関して刑事手続が進行している間は、行政罰を課する権限の消滅時効が進行しないようにすべきである。この期間制限を除斥期間として構成するならば、この期間を期間計算に算入しないなど、何らかの立法技術的な手当てが望まれる。

最後に、重加算税に代えて作られるべき新しい行政罰の内容に関わる問題としては、それを現在の重加算税やアメリカの民事詐偽罰のように、逋脱額等の一定割合とするか、ドイツの過料のように、限度額を定めて、その範囲内で課税庁の裁量にかからしめるか、という問題がある。ここからは、さらに、一定割合とするとすれば、何の一定割合か、また、どれくらいの割合にするか。限度額方式にするならそれは、定額にするか、逋脱額によって変化させるか、などの問題が生じうる。

これらの点についてはこれまでの考察から一義的に答えが出るものではないが、現在の重加算税事案数が非常に多く、基本的には新しい行政罰がこれを引き継ぐであろうことを考えると、事務の簡易迅速ということを重視した、割合方式が望ましいように思われる。その基礎としては、アメリカ法における経験から考えて、脱税額を用いることが適当であると思われる。適用される割合については、ここで結論を出すことは差し控えたいが、アメリカにおいて75%という高率が用いられていること、手続的な振り分けにより、二重処罰のおそれがあるとの批判からも解放されたことを考えると、現行法よりも高く、50%くらいにすることも、一つの考え方であろう。

さて、制度の効率性の問題とは離れるが、ここで、一点付け加えておきたいことがある。それは、この手続的振り分け方式を導入するにあたっては、さらに、そこで課される行政罰は、通告処分のように刑事訴訟で争われるのではなく、行政訴訟のルートで争われるものでなければならないと考えられるということである。この要件は、通告処分に関する次のような考察から得られる。

通告処分の制度は、間接税逋脱をした者でも通告処分の内容（罰金・科料相当額の納付）を履行すればそこで手続きが終了し、それ以上の刑事処分は受けないこととしたものである。これを納税者の側からいえば、一定の場合には、納税者には刑事罰を受けず、すなわち、前科を得ずに手続きを終了させる利益があるものというべきである。ところが、周知のように判例は[85)]、「通告の対象となった犯則事実の有無等」はすべて刑事手続で争うべきであるとして、通告処分自体に対する抗告訴訟は不適法なものであるとしている。これでは、たとえば、実際には50万円しか逋脱していない者に100万円逋脱したとして通告処分が発せられた場合には、納税者は通告処分で手続きを終了させる利益を放棄しなければ――刑事裁判になれば、50万円の逋脱に関しては有罪判決を受けることになる――違法な行政処分の内容を争うことができないのである[86)]。

85）最判昭和47年4月20日民集26巻3号507頁。

86）この点で、通告処分は交通反則手続と異なる。交通反則手続においては、たとえば、制限速度を16km毎時違反したとして制限速度を15km毎時以上20km毎時未満違反した場合の反則金を課せられた場合、刑事裁判手続においてその違反が10km毎時にすぎず、したがって15km毎時未満の違反の場合の反則金にしかあたらないとされると、最初の通告は、本件の事実に及ばないから、反則金の通告を受けずに公訴が提起されたことになるとして公訴棄却となるからである（東京高判昭和59年11月30日高刑速（昭59）号359頁。なお、昭和63年5月16日毎日新聞夕刊、および翌日朝日新聞朝刊に報道されている、名古屋地判昭和63年5月16日判例集等未登載も参照）。

このような不合理な不利益を納税者に負わせないためには、科罰的処分は、行政訴訟によってそれ自体の内容を争いうるものでなければならない。[87)88)]これには手続きの重複の観点からの懸念もあるかもしれないが、手続的振り分け方式の下では行政罰と刑事罰の実体的な要件は同じであるから、処分を争った行政訴訟において、これは刑事訴追を受けるべき事案であるとして処分が取り消される可能性はないため、この点に関する心配はいらないと考えられる。

## Ⅳ　小括と問題提起

以上の考察から、上乗せ方式の租税制裁法の合理性を担保する方法として考えられる、制裁間の手続的調整と、制裁の内容による機能分担のうち、後者は、現在の制度を前提としてもなしうること、さらに前者をも含めて合理的な租税制裁法の制度を構想するためには、手続的振り分け方式を導入することが適当であること、この場合にも、前者と同様、制裁の内容による機能分担が行なわれなければならないこと、がわかった。ここでは、この両方の場合においてなされなければならない「制裁の内容による機能分担」とは、ここでは、逋脱犯に対しては、非金銭的制裁たる自由刑の実刑が科されなければならないということを意味している。なぜなら、その場合においてのみ、逋脱罪に対する刑事処罰が、行政罰とは異なる、実効的な一般予防効果

---

87) 通告処分に関して主張されているように、一旦罰金として納付させておいて、後に取消訴訟ないしは、不当利得返還訴訟を認めるという方法もあるが（金子・652頁、小早川光郎「判評」ジュリ524号（1973年）135頁)、新しく制度を構想する際には、迂遠なものというべきである。

88) このような考慮を行なっても、なお、告発・訴追を決定した税務行政官・検察官の事実認定や法適用の誤りの結果、納税者が不利益を受けることはありうる。たとえば、懲役刑に値するとして巨額の逋脱容疑で起訴されたところ、実際の逋脱額はごく少額であったと認定された場合、もともとその額しか認定されないのであれば刑事訴追を受けなかったであろうに、結局前科を得てしまうという不利益を被ることになる。このようなことは、たとえば、巨額の仮名預金の帰属が納税者本人か納税者が主要な株主である会社かが争われるような事例ではありうるであろう。

今のところ、筆者にはこのような事態をも制度として防ぐことはできないように思われる。たとえば、刑事裁判官に、行政罰を課する権限までをも与え、このような場合には、行政罰にとどめさせればよいという意見があるかもしれないが、それでは、「刑事罰（ないしは懲役刑）に値するか」という実体的な基準による振り分け方式になってしまい、しかもそのような基準を用いえないことは、前述したとおりである。

をもちうるからである。そして、これに関連して、現在、合理的な理由なく罰金額を大幅に引き上げ、実刑が罰金刑によって代替されることを助長していると考えられる罰金スライド制は廃止すべきであると結論された。

しかし、比喩的にいえば、ここでは実刑を用いることの必要条件が示されたにすぎない。科刑の目的として一般予防の効果を考慮することは罪刑が均衡する限度でのみ許されるべきであり、その範囲を超えて一般予防の効果を目的として刑事処罰を行なうことは、人権尊重の立場から厳に慎まねばならないことなのである。

しかしながら、第1章第1節（15頁）で指摘したように、「租税制裁法」という機能的な枠組みにおいては、そのような問題を十分に考察することができない。

そこで、ここで得られた結論の正当性を確かめるには、これまでの機能的な枠組みから一旦離れて、租税逋脱罪に対する実刑の適用は罪刑の均衡を破るものではないのか、このような実刑の適用には機能論から導かれる根拠のほかに法理論的な根拠はあるのか、という、いわば実刑適用の十分条件の存在を検討しなければならない。それは罪刑均衡の有無を考察することであるから、必然的に、租税逋脱罪の性質ないしその罪質という法理論的な問題について検討することになる。

## 第4節　租税逋脱罪の法的性質とその特殊性

### I　序

本節においては、これまでの租税制裁法の機能論から離れて、租税逋脱罪はいかなる性質の罪であるかという問題について考察する。具体的には、ここでの第一の問題は、租税逋脱罪は罪刑の均衡の観点からみて、第3節で主張したように実刑による処罰にふさわしい性質の罪であるかという点である。第二に、筆者はこれまで、逋脱罪処罰の一般予防効果の側面を特に重視して論じてきたが、逋脱罪に関して、そのように他の犯罪に比べて一般予防効果を強調する理由がはたしてあるのか、換言すれば、逋脱罪はそのような考慮を正当化するような性質の犯罪であるのか、ということを検討しなければならない。第三に、これは附随的な問題点であるが、逋脱罪の性質について検討する過程で、性質の類似した他の犯罪との関係についても検討する必要があろう。具体的には、以下では租税逋脱罪は偽りその他不正な行為を用いた財産犯の一種と性質付けられるから、詐欺利得罪との関係が問題となる。

## Ⅱ　逋脱罪の性質

### 1　序

Ⅱにおいては、租税逋脱罪はいかなる性質の犯罪であるかについて検討を加える。この「犯罪の性質」という言葉が意味するところは多義的でありうるが、ここで最終的に考察したいことは、逋脱罪が実刑をもって処罰するのにふさわしい罪質ないし悪質性をもった犯罪であるか否かということであるから、ここでは問題へのアプローチの仕方として、租税逋脱罪の保護法益について検討することが適当であろう。

### 2　学説の概観と検討

#### (1)　美濃部説

租税逋脱罪の性質に関する学説としては、まず、戦前の代表的な学説として、美濃部達吉博士の説を挙げなければならない。博士は「それ〔逋脱罪に対する罰金刑〕は形式的には勿論刑罰の一種であるが、実質的には寧ろ不法行為に基づく損害賠償に類するもので、納税義務者が其の義務に違反して不正に其の義務を逋脱することに因り、国庫に及ぼすべき金銭上の損失を防止することが、其の唯一の目的とする所である[89]」とされ、逋脱罪の犯罪としての性質を否定される。このことは、この箇所に続く、「其の処罰を科せらるる所以は、其の行為の罪悪性に在るのではなく、一に国家に金銭上の損失を加ふることに在る[90]」という叙述から、より明瞭にわかる。

博士の説の特徴は、後述するように歴史的にみると逆説的ではあるが、納税義務を租税債務という面から捉え、国庫と納税義務者との関係を徹底的に

89）美濃部・前掲注63）172頁。
90）美濃部・前掲注63）172頁。

私人間の債権債務関係と同視しようとしたかのようにみえる点にある。このことは、逋脱罪の主体となりうるのは納税義務者のみであり[91]、かつ連帯義務者の共同脱税犯に対しては「連帯義務者の全員に対して単個の罰を科し、其の全員をして其の義務を負わしむるか、然らざれば連帯義務者中の一人を其の代表としてこれにその罰を科すべきもので〔ある〕とされる点[92]から明らかに見て取ることができる。

この説に関して最も疑問と思われる点は、なぜ、国庫に損害を与える行為は罪悪性をもたないのかという点について何らの説明もない点である。無論、私人間においても単なる債務不履行は刑事罰の対象とはならない。しかし、ここで問題となっているのは、「詐偽其ノ他不正ノ行為ニ依リ」租税を免れる行為であり、単なる債務不履行ではない。ここで、博士が逋脱罪に対する罰金刑を「債務不履行に対する損害賠償に類するもの」とせずに「不法行為に対する損害賠償に類するもの」とされているのは、この点を考慮したものとも考えうる。つまり、詐欺的行為により損害を被った者が不法行為による損害賠償を相手方に求めることができるのと対比させられたのである。しかし、そのような場合は、私人間で損害賠償の請求をなしうるほかに、詐欺罪として刑事処罰の対象ともなりうるのであり、一般的に、それが罪悪性を欠く行為であるということはできない。それでは、なぜ、国庫に対する場合だけは、詐欺的な行為によって債務を免れても罪悪性がないのかが問題となるが、前述したように、美濃部説はこの点に関する説明を何ら行なっていない。

以上に述べたところから、美濃部説には当時の法制度を整合的に説明したものとの評価もあるが[93]、それ自体の中でも完全に整合的とはいいえない点があるように思われる。ただし、この説が逋脱罪の性質を国庫と納税義務者の関係において捉えようとしていること、より具体的にいえば、私債権に類似した租税債権を逋脱罪の対象と捉え、国庫の被った損害のみを逋脱の結果として考えている点は注目に値すると思われる。

---

91）美濃部・前掲注 63）174 頁・176 頁以下。

92）美濃部・前掲注 63）181 頁。

93）行政強制・104 頁において金子教授は、「〔美濃部説は〕自由刑がなかった時代のことですから、そういう意味では一応制度を説明する理論としては成り立っていたと思いますね」と発言しておられる。

この説は周知のように、逋脱罪に対する刑法総則の大幅な適用除外の廃止および定額罰金刑の廃止と自由刑の導入によりその主張を支える実定法的根拠を失い、現在ではそのままの形で主張されることは、もはやないと考えられる。

### (2) 板倉説

次に検討の対象としなければならないのは、板倉宏教授の説である。この説は逋脱罪の反倫理性を正面から肯定し、わが国における逋脱罪の自然犯化を決定付けたエポックメーキングな学説であるので、慎重な検討を要する。

板倉教授が逋脱罪に反倫理性を肯定されるおもな理由は二つある。それは、第一に逋脱罪は国民全体の犠牲において不当に利得をする犯罪であること[94]、第二に、納税義務は国民の当然の義務であり、しかも現在の国家は積極的な役割を認められた福祉国家であるから、それを支える租税は倫理性を有することである[95]。

しかし、教授は逋脱罪の保護法益としてはこのような逋脱罪の反倫理性を基礎付ける要素を挙げてはおられない。すなわち、「刑法246条は、本来、個人的財産権の保護をはかるものであるのに対し、逋脱行為は課税権という国家的法益の侵害を対象としている[96]」とし、「国家的法益たる課税権」が逋脱罪の保護法益であるとされるのである。

そこで検討してみると、教授の説において逋脱罪の保護法益と考えられるものは二つある。その第一は、保護法益として明示的には挙げられていないが、いわゆる均衡負担利益であり、その第二は、教授が明示的に保護法益としておられる「課税権」である。このうち、まず前者から検討しよう。

前述したように、板倉教授は逋脱罪が「国民全体の犠牲において不当な利得をする」犯罪である点にその反倫理性を認めておられる。このことは次のように説明される。いわく、「不正な方法によって納税義務を免れる者があると、国家としては一定額の租税収入を必要とするのであるから、結局、他の納税義務者の租税負担を増大させる。それは、不正な方法で義務を免れる者の数が多ければ多いだけ重くなる。このように義務に忠実な者が義務に忠

---

94) 板倉・89頁・92～93頁。
95) 板倉・90～91頁。
96) 板倉・106頁。

実でない者によって不利益を蒙るということは正義に反する[97]」。そして、逆に、国民がその能力（担税力）に応じて公平に租税を課せられる利益を均衡負担利益と呼ばれるもののようである。教授は明確には述べておられないが、このような均衡負担利益を害するものとして租税逋脱罪を捉えておられる以上、この均衡負担利益が租税逋脱罪の保護法益であると考える余地はあろう。

しかし、このように考えることにはかなり大きな疑問がある。第一に、このような均衡負担利益は仮にそれが租税逋脱によって害されるとしても、そのことは租税逋脱罪の間接的な結果でしかない。これはたとえば、詐欺罪の保護法益が取引の信用であるというがごときものである。確かに詐欺罪が取引の信用を害するという面はあるかもしれないが、それはあくまでも間接的な結果でしかなく、その直接の保護法益が個人の財産であることには現在では異論がなかろう。同様に、租税逋脱罪においても国民一般の租税の均衡負担利益を保護法益と解することはできない。もっとも、放火罪のように、一見個人の財産を保護法益とするようにみえて実は社会全体の危険を保護法益としている罪もないではない。しかし、租税逋脱罪がそのような罪であるという根拠は教授によっては何ら示されていない。

さらに、より根本的には、租税逋脱がこのように均衡負担利益を害する罪であるということもあまり確実なことではない。確かに、教授が説かれるような因果の筋道をたどって結果が発生する可能性はある。しかし、それはあくまでも可能性であって、ある者が脱税をしたから他の者の税金が重くなるとストレートにいうことはできない。増税には政治的な抵抗もあるのであり、歳入が足りない分だけ直ちに租税が重くなるというわけではない。租税の不足は歳出削減という形で解消されることもありうるし、また国債の発行によってとりあえず歳入の不足が補われる可能性もあろう。租税の額が決定される社会的なメカニズムはそれほど簡単ではないのである。教授の説は「出ずるを計って、入るを制する」という財政の原理に忠実ではあるが、架空の因果関係を設定するものではないかとの疑問を免れないのである。このように、租税逋脱が均衡負担利益を当然に侵害するものであるとはいえない

97）板倉・88頁。

以上、それを逋脱罪の保護法益と考えることはできない。

しかし、この考え方には、次のような反論があろう。それは、板倉教授の言われるような均衡負担利益ではないとしても、租税逋脱によって租税負担の不公平が生じることは確かではないのか、という意見である。しかし、第一に、教授は「義務に忠実な者が義務に忠実でない者によって不利益を蒙る」点に租税逋脱罪の反倫理性を認めておられたのであり、単に不公平が生じるという点を考えておられたのではない。第二に、このような「不公平」は確かに生じるが、それは、ある者が脱税をしたことの当然の結果として反射的に生じたものにすぎない。このような不公平が逋脱罪の保護法益であるというのであれば、窃盗罪でも詐欺罪でも、同様のことになろう。これらの場合も、ある者が不正に利益を得たことにより、他の善良な市民は相対的に不利な立場に置かれることになるからである。このような議論が非常識であることは一見して明らかであろう。そうであれば、この論が租税逋脱罪に関してのみ通用するという根拠は見出しがたいと考えられる。

では、このような不公平が逋脱罪の反射的な結果であるとすると、その直接的な結果は何か。それは、社会ないし国民一般の側に求めえない以上、直接、脱税者に対している国家に生じる何らかの不利益であると考えることができよう。そこで逋脱罪の保護法益は一般に「国家の課税権」などと呼ばれているものであるという考え方が出てくる。前述のように、板倉教授も直接的にはこのような考えに立っておられるもののように思われる。そこで次に、この考え方を検討する。

**(3)　課税権保護法益説**

逋脱罪の保護法益が国家的法益たる課税権である、とはよくいわれることである[98]。明確に「課税権」という用語を用いなくても、同様に、逋脱罪を国家の権力的な作用を害する罪と理解し、その保護法益を「個人的法益」と区別された「国家的法益」に求める見解は、刑法学においてはむしろ通説であるように思われる[99]。しかし、そこで課税権ないし権力的作用という語に

98）たとえば、最近の判決でこれを述べたものとして、東京地判昭和61年3月19日判時1206号130頁。

99）団藤重光『刑法綱要各論〔改訂版〕』（創文社・1985年）586～587頁、大塚仁『刑法概説（各論）〔増補２版〕』（有斐閣・1980年）201頁注(4)。ただし後者は、脱税を「公共的法益の侵害を目ざして行われる欺罔行為」としておられるので、この「公共的法益」はいわゆる均衡負担利

よって具体的にいかなる権利ないし権限が意味されているかということは、必ずしも明らかではない。そこで、考えられる「課税権」の内容をいくつか挙げ、それらについて、この主張を検討してみることにしよう。

「課税権」として第一に考えられるのは、国家が課税を行なう権限自体である。しかし、直ちに明らかなように、このような意味での課税権は、抽象的には国家にもともと備わっているかまたは、憲法によって初めて認められたものであり、具体的には、立法によって国家――特に行政権――に対して与えられたものなのであって、それは、租税逋脱行為によって侵害しうる性質のものでもなければ、逋脱罪の規定によって保護されうるようなものでもない。したがって、この意味での課税権は逋脱罪の保護法益とはなりえない。

「課税権」として第二に考えられるのは、租税に関して国家が有する権力的な諸権利ないし諸権能である。このようなものとしては、更正・決定権、質問・検査権、自力執行権などがある。これらは私人には与えられていないものである。しかし、わが国の主要な国税に関して採用されている申告納税制度の下では、租税の確定・納付は第一義的には納税者の責任であり、このような国家の権力的な諸権利は、補充的・第二義的なものとされているので、現在の逋脱罪の規定の「租税を免れる」という構成要件をこのような権利の侵害と解釈することは困難であると考えられる。そのため、この意味での課税権も逋脱罪の保護法益と考えることはできない。

課税権の第三の内容は、国家が租税を納入させて収入を得る権利である[100]。このような権利が逋脱罪の保護法益であると考えることは十分にできる。しかし、他方、これは国家が私人に一定の額の金銭の給付を請求する権利であるから、租税債権を意味していると考えられる。ここで、このような租税債権は本質的には私債権と異ならないものであると考えられるから[101]、この場合には、このような権利をことさら国家に特有の権利ないしは「権力

---

益を指すものとも解されうる。

なお、参照、中森喜彦「国家的法益と詐欺罪の成否」刑法判例百選Ⅱ〔第２版〕（1984年）90頁。

100）参照、関税逋脱罪の保護法益を「関税収入」であるとしたものとして、最決昭和33年10月27日刑集12巻14号3413頁。

101）金子・26頁・30頁注⑴。

的」な権能と考えるべき根拠はない。それは確かに国家の法益ではあるが、「国家的」法益とはいえないのである。

このようにして、国家的法益としての課税権は逋脱罪の保護法益とはならないと考えられる。課税権が保護法益であるというのは、それが租税債権を意味する限度でのみ肯定できる見解であり、その場合には、もはや課税権は「国家的法益」とはいいえないと考えられるからである。

#### (4) ドイツの学説

租税逋脱罪の保護法益に関する見解の概観の最後に、第２章で述べたドイツの学説についてもう一度簡単に触れておこう[102)]。

現在のドイツにおいては、租税逋脱罪の保護法益は「適時適正な額の租税収入に対する国家の権利」と考えられている。そして、具体的な租税逋脱行為の侵害の対象については、これを抽象的な租税債権と考える説と具体的な租税収入と考える説とが対立していたが、実際には、その両者の意見は異ならないものであり、「租税債権の実現」が租税逋脱行為の具体的な対象であると考えられているのである。

ここで注目に値すると考えられるのは、ドイツの学説が、租税逋脱行為を租税に関する国家の権能という面からではなく、その中身とも言うべき租税自体に着目して理解しようとしている点である。このとき、租税は国家が私人に金銭の給付を請求する権利、すなわち租税債権として理解され、このような租税債権は本質的には私債権と異ならないものであるため、結局、租税逋脱罪は租税債権という国家の財産を侵害する財産犯と考えられているのである。

このような理解は、前述の均衡負担利益保護法益説および課税権保護法益説の検討から得た結果と一致する。すなわち、現在の租税逋脱罪は国家の財産権を侵害する犯罪としてしか理解されえないのである。そこで、最後にこの点についてまとめてみよう。

### 3　逋脱罪の性質と保護法益

租税逋脱罪は納税者が国家を偽って租税の納付を免れる罪である。した

102)　この点については、参照、第２章第２節（78頁）。

がって、この場合、侵害される法益は国家の側か、または脱税者以外の国民にある。しかし、板倉説の検討の際に述べたように、一般国民は逋脱行為から直接の被害を受けることはない。強いていえば、脱税により自らの租税負担が増大する抽象的危険があるのみである。しかし、租税逋脱罪がこのような抽象的危険犯でないことは、明らかであろう。

したがって、消去法により、逋脱罪は国家のもつ法益に対する直接的な侵害であるということになる。ここで、逋脱行為を理論的に分析すると、それは二つの側面をもつことがわかる。それは、行政上の義務違反たる納税義務違反という面と、租税債権の侵害という面とである。逋脱罪を前者として理解するならば、その保護法益は租税行政の円滑な執行ということになり、後者のように解するならば、その保護法益は租税債権であるということになる。

ここでは、逋脱罪の規定が逋脱の結果を明確に要求している点が重要となる。そこでは単なる虚偽申告そのものが処罰の対象とされているのではないのである。しかるに、もしも租税行政の円滑な執行を保護するためであれば、租税が減少する場合に限らず、少なくとも虚偽申告を一般的に処罰の対象とするのでなければ不十分である。また、租税の目的は国家を運営する財政的な基礎たる租税収入を得ることであるから、それを保護するのであれば租税収入ないし租税債権そのものを保護の対象とすべきであり、それを確保する租税行政を保護するのは迂遠で合理性に乏しいと考えられる。したがって、租税逋脱罪の保護法益は租税行政の円滑な執行ではなく、租税債権であるということができよう。

また、このように考えると、租税債権・債務を中心として体系化された租税法において[103]、租税処罰法の中心的な規定たる逋脱罪が端的に租税債権を保護していると考えられる点で、体系的な整合性を得ることができる。無論、このような体系化の見地から実定租税法に関する結論を軽々に導くことはできないが[104]、逋脱罪の保護法益を租税債権であると考えることの体系上のメリットは大きいと考えられる。

以上の考察から、租税逋脱罪の保護法益は租税債権であると考えられる。

---

103)　金子・27〜28頁。筆者も、租税法の法的な体系としては、金子教授に従っている。
104)　金子・27頁注(4)はこの点を厳しく戒めておられる。

ところで、現在の租税法学においては、租税債権はその発生の点や、その手続的な面において違いはあるものの、本質的に私債権と異ならないものと考えられているから[105]、結局、租税逋脱罪は租税債権という国の財産権を侵害する犯罪であり、それは本質的には財産犯である。そして、その侵害の方法が、「偽りその他不正な行為」によるという点からすると、詐欺罪（詐欺利得罪）と同じ性質の罪であると考えられる[106]。

## 4　結　論

以上の考察から、租税逋脱罪の保護法益は租税債権という国家の財産権であり、それを偽りその他不正な行為によって侵害する点で、租税逋脱罪は詐欺罪と類似の性質をもつ犯罪であるということができる。

このように、逋脱罪を詐欺罪に類似した財産犯として性質付けることにより、逋脱罪に実刑を用いることの根拠が与えられると考えられる。なぜなら、それは、数千万円ないし数億円の利得を図った詐欺罪に比すべき犯罪であるからである。

これまでの見解の多くは逋脱罪を国家の権力的な作用を害する罪であると考えていたため、その反倫理性についても多くの迂遠な考察を重ねざるをえなかったと考えられる。この点で、逋脱罪の反倫理性を最もストレートに認めているようにみえる板倉説でさえ、逋脱罪を国家の課税権を侵害する罪であると考えており、それゆえに、そのような国家の権力的作用を侵害する罪の反倫理性を国民の「均衡負担利益」の侵害や現代国家における租税の積極的意義によって基礎付けねばならなかったのである。

これに対して、筆者のように、逋脱罪を財産犯の一種と考えるなら、その反倫理性は明らかである。このような考察は、直接に逋脱罪を自然犯として位置付けることを可能にするからである。そしてさらに、詐欺利得罪との罪質の類似性から考えて、逋脱罪の処罰に実刑を用いることも、原則的には是認されるものと考えてよいであろう[107]。

---

105）参照、前掲注101）。

106）この点に関しては、金子・637頁も「逋脱犯のうち、納税義務者のそれは詐欺利得罪（刑法246条2項）と罪質を同じく〔する〕、としておられる。

107）詐欺罪の近年の科刑状況については、参照、次頁の**【表3-4(a)(b)】**。
これらの表を**【表1-1(a)】**（38頁）、**【表1-2(b)】**（41頁）と比較すると、詐欺罪においては、

**【表 3-4　詐欺罪の科刑状況】**

**〔表 3-4 ⓐ〕　刑期・執行猶予の有無**　（人）

| 刑期・執行猶予の有無 | 15年以下 | 10年以下 | 7年以下 | 5年以下 | 3年 | | 2年以上 | | 1年以上 | | 6月以上 | | 6月未満 | | 総計 |
|---|---|---|---|---|---|---|---|---|---|---|---|---|---|---|---|
| | | | | | 実刑 | 執行猶予 | 実刑 | 執行猶予 | 実刑 | 執行猶予 | 実刑 | 執行猶予 | 実刑 | 執行猶予 | |
| 昭和62年度 | 0 | 2 | 12 | 145 | 98 | 67 | 417 | 329 | 1,141 | 1,320 | 509 | 241 | 12 | 1 | 4,294 |
| 63年度 | 0 | 1 | 24 | 174 | 120 | 91 | 421 | 367 | 1,037 | 1,007 | 414 | 170 | 10 | 1 | 3,837 |
| 平成元年度 | 4 | 1 | 17 | 132 | 78 | 71 | 370 | 320 | 904 | 1,024 | 326 | 165 | 13 | 2 | 3,427 |

（司法統計年報による）

**〔表 3-4 ⓑ〕　実刑率**

| 刑　期 | 全実刑率 | 3年超 | 3年以下全体 | 2年以上3年以下 | 1年以上2年未満 | 1年未満 |
|---|---|---|---|---|---|---|
| 昭和62年度 | 54.4% | 159人 | 52.6% | 56.5% | 46.4% | 68.3% |
| 63年度 | 57.4% | 199人 | 55.0% | 54.2% | 50.7% | 71.3% |
| 平成元年度 | 53.8% | 154人 | 51.7% | 53.4% | 46.9% | 67.0% |

（〔表3－4ⓐ〕により作成）
※　全実刑率＝実刑総数÷有罪総数×100
ただし、この実刑総数の中には、執行猶予を付しえない、刑期が３年以上のものも含まれている。

ただし、このような考察が、租税法学の発展に伴って初めて可能になったものであるということは、指摘しておかねばならない。すなわち、租税法学が納税義務を租税行政上の義務——それは国家の権力的作用を裏からいったものである——としてのみではなく、租税債務として理解して初めて、逋脱罪を財産犯として位置付けることが可能になったのである。逆にいえば、これまでの見解は、それぞれの置かれた学説史的な状況に限界付けられたものであったといいうるであろう。この点で、前述したように、逋脱罪の反倫理

逋脱罪よりも実刑率がはるかに高いことがわかる。しかも、逋脱罪として起訴される事案の平均逋脱額は１億円を超えているから、詐欺罪の場合の１件当たりの被害額は逋脱罪よりも低いであろうと想像される。また、**【表 3-4 ⓑ】**から、詐欺罪の処罰としては、刑期１年未満の場合に実刑率が高いことがわかる。ただし、累犯の状況などが不明なので、この比較のみから、直接に何らかの結論を引き出すことはできないであろう。

性を完全に否定した美濃部博士が租税債権という考え方に最も近かったのは、まさに逆説的といいうるように思われる。

しかし、租税債権が「本質的に」私債権と異ならないとしても、それはまったく私債権と同じ性質のものではないこともまた明らかである。このことはその手続的な面に少し思いを致しただけで明らかであろう。もちろん、租税債権と私債権との違いはこの点だけに限られるものではない。したがって、租税債権が私債権と異なる範囲で、かつその限度で、租税逋脱罪は詐欺利得罪と異なった性質をもつことになる。

このような「違い」はすぐ前に述べた逋脱罪に実刑を用いることの根拠にも影響を与えるかもしれないし、また、本節の第二の論点たる、一般予防効果の重視という側面についても、大きな考慮要素となる。では、租税債権は私債権とどのように異なった性質をもち、そのため、逋脱罪は詐欺利得罪とどのように異なった扱いを受けるべきであるのか。本節の最後に、Ⅲではこの問題を検討することにしたい。

## Ⅲ　逋脱罪の特殊性

### 1　序

Ⅱにおいて、逋脱罪は財産犯として性質付けられるべきであることを述べた。しかし、一般の財産犯がそれぞれの構成要件に従いつつ、物、財物、財産上の利益など比較的一般的な財産権をその侵害の対象としているのに対して、逋脱罪は国家の租税債権という特殊な財産権のみを保護法益ないしは侵害の対象としている。加えて、この租税債権という財産権は、いくつかの点で一般の財産権とは性質を異にするのである。したがって、逋脱罪は一応財産犯として位置付けられたものの、その保護法益たる租税債権が一般の財産権と性質を異にする範囲では、一般の財産犯とは別の扱いをする必要性もあると考えられる。そこで、Ⅲでは、租税債権という財産権の特殊性から、財産犯としての逋脱罪にどのような特別の性質を認めるべきであるかという問題について、簡単に検討しておくことにしたい。その際に、具体的には、同じ財産犯であり侵害の態様もほぼ類似している詐欺罪との関係、および、これまで本書がとってきた刑事処罰の一般予防効果を重視する立場を支持する考慮要素があるか、という点に、特に注意を払うこととする。

### 2　法定債務・公法上の法律関係

金子教授は、租税法律関係を基本的・原理的には債務関係としつつ、それが私法上の法律関係と異なる点として、租税債権が法定債権であること、租税法律関係は現行法の枠組みにおいては公法上の法律関係であること、債権者たる国が優越的な地位を有していること、の三点を挙げておられる[108]。そこで、ここでも、まずこれらの点から順に検討する。

租税法律関係が私法上の法律関係と異なる第一の点は、租税債務が法定債務であること、すなわち、当事者の合意によってその内容が決まるのではなく、法律の規定により、その要件を満たす事案が起これば当然に発生する債務である点である[109]。

このように、債務の発生に債務者（納税者）が主体的・積極的に関与していないということは、特に軽微な事件の場合には、行為の罪悪性に対する行為者の認識に影響を与えると考えられるから、刑事訴追の必要性を考えるにあたっては考慮要素の一つとなりうる。逆にいえば、このことは、逋脱罪の刑事訴追に関しては行為の悪質性の程度を考える余地が大きいことの理由の一つともなりうると考えられるのである[110]。

しかし、逋脱罪の性格を考察するにあたってここで問題となるのは、逋脱罪の保護法益ないしは逋脱行為による侵害の対象としての租税債権であるから、このような債権の発生原因の違いは、その性質に影響を与えないといいうる。なぜなら、その債権がいかなる原因にもとづくものであるとしても、一旦発生した債権が侵害されたときに国が財産的損害を被るという事実には、変わりないからである。

次に、租税法律関係の第二の特殊性として、それが公法上の法律関係である点が挙げられる。これは具体的には、租税をめぐる争訟が行政事件訴訟法

108）　金子・29頁。
109）　このことに関連する点として、租税債務が対価関係にもとづかない債務であるということも挙げられるであろう。これらの点は、このような租税の強制的性格ゆえに逋脱罪の反倫理性が否定されるか、という形で議論がなされてきたところである。参照、板倉・94～95頁。
110）　逋脱罪の刑事訴追において、行為の悪質性を考慮する必要性が高いことについては、すでに本書においても何度か触れた。参照、第2章第2節（127頁）、本章第2節（238頁）。

の適用を受けるということを意味している。[111]

この点も、財産犯としての逋脱罪の性質に影響を与えるものではない。確かに、公法上の法律関係とされることによって、租税をめぐるシステム全体としては、債権者たる国に有利になっている。たとえば、法律関係の早期安定のため出訴期間が短く限定されている点などがその例である。しかし、逋脱罪の対象としての租税債権の存在や額についての決定は租税行政上の決定に拘束されるものではないから、この点も考慮する必要はないのである。[112]

### 3　国の優越的地位と違法性

租税法律関係の第三の特殊性は、私債権に関しては債権者と債務者が法的には平等な立場にいるのに対して、租税債権に関しては、租税の徴収の確保のために、国が様々な特権を有し、債務者たる納税者に対して優越的な地位にあることである。このような特権とはたとえば、更正・決定権、質問・検査権、自力執行権、民事執行の際の一般的な優先権などである。[113]

国が租税債権に関してこのように種々の特権を有していることは、逋脱罪の性質に影響を与える。なぜなら、それにより、租税債権が侵害された場合に、一旦その侵害が発見されれば、その被害の回復は一般の私債権の場合よりもはるかに容易であると考えられるからである。このことは、同じように詐欺的な行為によって侵害されても、租税債権の場合は私債権の場合よりも侵害の度合いが小さいと考えられることを意味している。したがって、租税債権を侵害する行為は、私債権を侵害する行為よりも違法性が低いと考えられるのである。

このようにして、逋脱罪と詐欺罪（詐欺利得罪）とは、同じく詐欺的な行為によって債権を侵害する行為であるが、逋脱罪の方が違法性が低いと考えられる。つまり、逋脱罪は詐欺罪の違法性減軽類型なのである。逋脱罪の刑の上限が懲役5年であり、詐欺罪のそれの懲役10年よりも短いことは、こ

---

111)　金子・29頁。

112)　このように国家が有利な点は次に述べる違法性減軽事由と考えるべきであるとの意見もあるかもしれないが、3で述べる国家の特権と異なり、このように行訴法上国家に有利な取扱いが認められていることは、逋脱行為による侵害の回復に直接関わるものではないので、やはり、本文のように解すべきだと考えられる。

113)　金子・29頁。

の点から説明することができる。[114)][115)]

### ４　財産権としての「管理密度」
#### ――逋脱罪の容易性・伝播性と一般予防の必要性

さて、金子教授の挙げられる租税法律関係の特殊性は以上の三点であるが、租税債権の債権としての特殊性について考察する際には、注目すべき見解がもう一つある。それは、租税逋脱罪の保護法益に関してドイツにおいてかつて有力説であった情報開示利益説である。本書のように租税逋脱罪を財産犯と考える立場からは、この説は国の情報開示利益を租税逋脱罪の保護法益と考える点においては支持しえないものであるが、それが指摘した租税債権の特殊性、すなわち、租税債権は債務者のみが債権の存在や額を知っている債権であり、債務者の協力なしにはその実現が著しく困難である[116)]、という点には正当な認識が含まれていると考えられる。この指摘は、これまでも触れたように逋脱罪が見つかりにくい犯罪であるということを理論的に説明する手がかりとなる。そこで、このような観点から、さらに考察を進めてみよう。

まず、犯罪捜査の端緒ないしは国の犯罪捜査への関わり方という点からみると、租税逋脱罪は、一般の財産犯とはかなり異なっている。

一般の財産犯の場合には、私人によって犯罪が発見された時点で国が犯罪に関与を始め、そこでの目的はもっぱら犯人の捜査に限られる。ところが、

---

114)　このように逋脱罪を詐欺罪の減軽類型と考えることは、一部の刑法学者によっては認められてきた。たとえば、木村静子「判評」刑事判例評釈集 38 巻（1982 年）71 頁・75 頁、内田文昭『刑法各論〔第２版〕（青林書院新社・1984 年）305 頁、寺澤榮・最判解刑事昭和 51 年度（1980 年）123 頁。その他の学説に関しては、この寺澤解説を参照。また、租税法学者の説としては、前掲注 106）参照。

115)　逋脱罪が詐欺罪の違法性減軽類型であるというためには、本文で述べたことのほかに、処分行為について考察することが必要である。しかし、この点は、一般の租税逋脱の場合にも国（税務署長）に黙示の（ないしは無意識的）処分行為があったと考えられるし、特に、虚偽の更正の請求により誤った更正処分を得ようとする類型においては明確に更正処分という処分行為が存在しうるので、問題はないと考えられる。

さらに、このように考えると、ある行為が詐欺罪にあたるか逋脱罪にあたるか、という問題は、侵害の対象となる債権に本文で述べたような国家の特権が及ぶかどうかによって決定されることとなる。

以上の点については、参照、佐藤英明「判評」ジュリ 890 号（1987 年）113 頁。

116)　以上の点については、参照、第２章第２節（80 頁）。

逋脱罪の場合には、国は犯人のみならず、まず犯罪の存在それ自体から捜さなければならないのである。

しかし、この点を強調しすぎることは、事態の本質を見失わせるおそれがある。なぜなら、ここでは、被害者が犯罪を発見し、国がその犯人を捜査するという役割分担がなされていると考えられるのであり、そうであれば、逋脱罪の場合も、被害者としての国――これを国庫ということもできよう――が逋脱罪の発生を発見し、捜査権力としての国がこれを捜査するのであって、一般の財産犯の場合と同じ図式があてはまるからである。

ここでの問題はこのような役割分担の図式そのものではなく、むしろ、この被害を発見する役割を担った国の、財産管理能力にある。ここで、前述した情報開示利益説が指摘するように、国は租税債権という財産権を十全には管理していない――できない――ため、それに対する侵害の発見が困難なのである。これを一般の財産権の場合と比較すると、一般の財産権の場合には、通常はその権利者がかなりの程度その財産権を管理しており、少なくとも被害すなわち犯罪自体の発見はかなり容易であると考えられるので、この点が租税債権と一般の財産権との大きく違う点になる。このような租税債権の状況を比喩的に「管理密度が小さい」と呼ぶことができよう。

このように租税債権が管理密度が小さい財産権であることは、その侵害が発覚しにくいということを意味している。すると、発覚しにくい犯罪がそうでない犯罪よりも、心理的に犯しやすい犯罪であることは明らかであろう。したがって、少なくとも心理的には、逋脱罪は犯しやすい犯罪であることがわかる。

加えて、現在の大衆課税の状況下では、非常に多くの者が納税義務を負っている。つまり、逋脱罪を犯す機会をもっているのである。無論、この点は源泉徴収制度等の徴収制度のあり方によってかなり変わるものではあるが、理論的にも、またわが国の現状を考えてみても、なお、多くの納税者が脱税の機会をもちうるものであることは首肯しうると思われる[117]。

以上の考察から、租税債権は管理密度の低い財産権であるからそれに対する侵害が発覚しにくく、したがって侵害しやすいこと、かつ、それを侵害す

117）ただし、このように多くの国民が犯しうる機会をもった犯罪であるということ自体は、逋脱罪に特殊なことではない。

る機会を多くの者がもっていることがわかった。ここから導かれる結論は、すでに明らかなように、逋脱罪は相対的に犯されやすい犯罪であるということである。一般に逋脱罪は伝播性の強い犯罪であるといわれるが[118]、このことは、ここで述べたような理論的な考察からも支持することができる[119]。

問題は、このような相対的に犯されやすいという逋脱罪の性質をどのように評価するか、ないしはどのようにこれに対応するか、ということである。ここで、犯罪を放置するのでなければ、犯されやすい犯罪はそうでない犯罪よりも強力に予防しなければならないといえよう。その場合には、再犯の予防はもちろんのこと、さらに一般的な予防にも力点が置かれることになる。このようにして、租税債権が管理密度の低い財産権であるという点から、逋脱罪に関して、一般の財産犯に関する以上に、その刑事処罰において一般予防効果を重視する必要性を導くことができるのである。

＊　＊　＊

以上で租税逋脱罪の性質と特殊性についての考察を終わる。もともと、本節に与えられた問題は、第３節において導かれた逋脱罪処罰における実刑の必要性を支持する法理論的な根拠があるか、換言すれば、罪刑の均衡の見地からみて実刑を科するにふさわしい罪質を逋脱罪が有しているか、という問題であった。

この問題に対して、本節において得られた結論は次のとおりである。

① 逋脱罪は、租税の均衡負担利益という社会ないし国民一般の利益を犯す犯罪としても、課税権と呼ばれるような国家の権力的作用を害する犯罪としても、理論的に説明することはできない。それは、国家が国民に租税と呼ばれる金銭の給付を請求する権利、すなわち租税債権を侵害する犯罪としてのみ、理解することができる。そして、この租税債権は本質的には私債権と異ならないものと考えられるから、結局、逋脱罪は財

---

118) ただし、これまでの見解は、この理由を、逋脱罪が均衡負担利益を害する罪であることに求めていた（板倉・92頁）。しかし、このような理由付けは、認められるとしても、逋脱罪が事実上納税者間の租税負担の公平を害する限度に限られると考えられる。

119) 無論、このほかに、逋脱罪が重大かつ悪質な犯罪とはあまり考えられていないという法意識の問題を軽視することはできない。

産犯の一種であると考えられる。

② 逋脱罪が財産犯の一種であるなら、通常の財産犯の処罰に対する考え方からして、それに実刑を科すことは、罪刑均衡の見地からみても首肯しうるものである。

③ このように財産犯として性質付けられた逋脱罪は、その保護法益ないし侵害の対象たる租税債権が一般の財産犯のそれと性質を異にする範囲では、特殊な性質をもつ。

④ そのような特殊な性質の第一は、逋脱罪の違法性が一般の財産犯よりも低いと考えられることである。これは、国が租税債権の確保に関して種々の特権を有しているため、租税債権は侵害された場合にその被害の回復が比較的容易であることから導かれる。これにより、逋脱罪は同じく詐欺的な行為によって財産的利益を得る犯罪である詐欺罪に対して、違法性減軽類型としての地位を占めるものと考えられる。

⑤ 租税債権はその債権者たる国が十全に管理できないという特質をもっており、これは逋脱罪が相対的に犯されやすい犯罪であるということを意味する。ここから、逋脱罪の処罰に関しては、相対的に一般予防効果を重視する必要性が導かれる。

# 終　章

1　以上をもって、租税制裁法に関する考察を終わる。そこで最後に、本書の結論をまとめ、若干の今後の展望を示して、結びに代えることとしたい。

2　まず第一に、租税法学の立場からは、これまで租税処罰法として取り上げられてきた逋脱罪を中心とする諸制度は、重加算税等の加算税の制度と一体として考察の対象とするのが有益である。従来、租税処罰法は租税法の中心的な領域である租税実体法とは関係が薄いものと考えられていたと思われるが、ここで述べたような視点からそれらを租税制裁法として考察することにより、それは脱税を予防する制度として、租税実体法と同じく租税負担の公平を追求するものであり、ただ、租税実体法がこれを租税法の実体要件の面から実現しようとするのに対して、租税制裁法はこれを法執行の面から支える機能をもつものであるといいうるのである。そのため、ここでは、制裁の一般予防効果が重視されることとなる。

第二に、このように租税法違反行為の予防という機能に着目し、行政罰たる加算税と刑事処罰たる逋脱罪とを一体として考察する場合には、その両者の関係が問題となる。具体的な両者の関係としては、ドイツのように行政罰と刑事罰とを実体要件の上で振り分ける振り分け方式の制度と、アメリカや日本のように実体要件の上ではその両者が重なっている上乗せ方式制度とがありうる。

第三に、ドイツにおける過料のような刑事手続と柔軟に融通しうる行政罰をもたず、また、刑事訴追の決定に関して検察官の裁量範囲の大きい起訴便宜主義をとるわが国の法制度としては、不合理な手続きの重複や制裁の間隙を生じさせないという観点から、租税制裁法の基本的な制度の構造としては、実体的には、現行の上乗せ方式を維持すべきである。

第四に、わが国において、現在の制度の運用によって、合理的な租税制裁法の実現を試みるのであれば、逋脱犯は高額の罰金刑によってではなく、自由刑の実刑によって処罰すべきである。

この理由は、第一に、逋脱犯の処罰として実刑を中心に考えるときにのみ逋脱犯の刑事処罰に実効的な一般予防効果を期待することができること、第二に、この逋脱犯処罰における実刑中心主義の下で、初めて要件を同じくする二つの制裁が併置されていることに合理性を見出すことができることである。後者の点を補足すると、この場合には、脱税行為は一般的に金銭的制裁たる重加算税を課せられ、特に悪質なものには、さらにそれに加えて非金銭的制裁たる実刑が科されるということになるので、要件を同じくする二つの制裁の間に制裁の内容における機能分担がなされるからである。

さらに、立法論的に租税制裁法を整備するのであれば、脱税に関する行政罰と刑事罰が実体的要件を同じくし税務官庁による捜査の段階で、実刑に処すべきものは行政罰に代えて刑事訴追を行ない、そうでないものには行政罰のみを課すという、手続的振り分け方式の制度の導入を試みるべきである。その際に、制度を合理的なものとするためには、税務官庁における租税逋脱事案の取扱いや行政罰の賦課権の消滅時効などについて、いくつかの条件を満たす必要がある。

最後に、法理論的には、逋脱罪は租税債権という国の財産権を侵害する財産犯であり、詐欺利得罪の違法性減軽類型にあたると解すべきである。このように考えると、租税債権を中心とした租税法の体系の中で、逋脱罪を中心とする租税処罰法を整合的に位置付けることができるし、逋脱罪に対する実刑の適用を理論的に基礎付けることもできる。また、このような位置付けは、租税処罰法と租税実体法との密接な理論的関連性をも示すこととなる。租税実体法は、侵害の対象となる租税債権の内容を決定するものであるからである。

3　以上のような考察を進める過程で種々の理由から検討を加えなかった問題がいくつかある。その第一は、課税行政と逋脱犯処罰との関係において問題となる、租税法上の申告・協力義務と黙秘権との衝突の問題である。これは単に個人の義務と権利との衝突の問題に限られず、課税部門が入手した情報をどの程度刑事訴追に用いうるか、という国側の問題でもある。

第二に、制裁の一般予防効果に関連して、制裁を課したことの公表という問題がある。すなわち、制裁が課された事実およびその対象となった個人の名前を公表すると制裁のもつ一般予防効果が一層高まると考えられるため、その当否や方法が問題となるのである。比較法的にみても、この問題は、ドイツにおいては刑事処罰の公表が、アメリカにおいては民事詐偽罰の賦課の公表が問題として取り上げられており、わが国においても、重要な検討課題であるといいうる。この問題を考察する際には、行政法の分野においてなされている、義務履行確保の手段としてのいわゆる公表制度に関する議論をも視野に入れる必要があろう。

さらに、これら二つの検討課題に比べてはるかに重要であると考えられる問題点は、わが国において、逋脱罪の刑事訴追が非常に少ないことへの対応である。このように実際に刑事訴追される可能性が低いということは、逋脱罪の一般予防効果を著しく減殺する。この状況の原因の一つとして考えられるのは、逋脱罪の事案が一般に非常に専門的かつ複雑であるため、あまり多くの事案を訴追することが実際上できないのではないか、ということである。もしもこの仮説が正しいとすると、納税者の権利とのバランスをとりつつ、そのような訴追機関の負担をどのようにして軽減するかが次の問題となる。そこで検討されるべき主要な問題の一つは逋脱罪の証明の問題であろう。具体的には、逋脱罪の証明を複雑にしている要素の一つであると考えられる逋脱額の証明の内容および程度が問題として考えられる。これは、どの程度訴因として特定しなければならないか、という問題とも関連する。特に、現在逋脱額の証明が詳細に求められているのは、一つには、罰金スライド制の下では逋脱額が罰金刑の上限となりうるためであるから、この罰金スライド制に合理性がなく、立法論的には、この制度は廃止されるべきであると考えられることは、逋脱額の証明内容・程度の問題にも影響を与える可能性がある。また、この問題に関しても、特に控除項目の立証に関するアメリカの判例やドイツのいわゆる補正禁止規定を題材とした比較法的研究の余地が大きいと考えられる。

最後に、以上のような具体的な問題点ではないが、本書においてはわが国の租税制裁法を考察する際に、考察の対象が直接国税の脱税に限られ、その他の態様の租税法違反や、間接税、地方税の脱税に関する考察を行なうことがほとんどなかった。特に、現在、間接税について行なわれている通告処分は、現時点ではすでに合理性のないものであり、立法論的には、間接税と直接税とで、脱税の扱いに差がある必要はないと考えられるが、この点については、別の機会に論じることとしたい。

**4**　本書では、逋脱罪に関する規定を、一方で納税義務違反を予防する制度として考察し、他方で租税債権を侵害する罪として財産犯と性質付けた。この前者は逋脱罪を機能的な観点からみたものであり、後者はそれを法理論的な観点から考察したものであって、これらは無論、矛盾するものではない。しかし、さらに考えると、このことは租税法の構成に関してある示唆を与えてくれる。すなわち、それは租税法を法的な観点とは別に機能的な観点から構成する可能性について示唆しているのである。

もとより、現在通説ともいうべき金子宏教授の租税法の体系は、租税債権を中心とした法的な体系としてきわめて優れたものであり、筆者もこれに従う者である。前述のような逋脱罪の性質付けもこれを前提としている。しかし、これとともに、ここで述べたような機能的な観点からの考察も、租税法を多面的に考察する際には一定の有用性をもつもののように思われる。本書はそのような租税法の機能的な考察の一つの試みであると位置付けることができよう。

# 第 2 部

# 租税制裁法の具体的展開

# 第1章
# いわゆる青色申告取消益と逋脱犯

## I　はじめに

周知のように、現在の主要な国税は申告納税方式を採用しており、この方式の下では、理論上は、課税行政庁の権限は補充的、第二次的なものと位置付けられる。しかし、実際には、納付すべき税額が決定され、それが納付される過程において、課税庁が――事実上のみならず――法律上、これに関与する場面は多く、それらの行為は重要な意義を有している。その代表的な方法は、更正・決定等の税額を確定する処分を行なうことであるが、その他にも、各種の「承認」を与えることなどがこれに含まれる。

このような税額決定過程における課税庁の行為の重要性にもかかわらず、その対象となった納税者が当該租税につき、後に逋脱罪で起訴された場合の刑事裁判において、課税庁が行なうこれらの行政処分等がどのような意義をもつかという問題については、これまであまり議論されてこなかったように思われる。この問題については、申告納税方式にかかる国税に関して定められている逋脱罪の成立時期がその租税の法定申告期限であると解されることから[1)]、法定申告期限が徒過する時に一旦逋脱犯が成立した以上は、それ以後に行なわれる更正処分等によっては逋脱罪の成否が影響を受けることはない、という一般論が述べられるにとどまっていたといっても過言ではない。

本章ではこの課税行政上の手続きと逋脱犯との関係という問題について考察する手がかりを得るために、租税法学の観点から、若干の検討を試みる。ここでは素材として、青色申告承認取消処分が後の逋脱犯の裁判に影響を与

1）金子宏『租税法〔第3版〕』（弘文堂・1990年）609頁。

えるかという問題を取り上げることにしたい。これは、所得税法および法人税法のみに存在する「青色申告」という制度に関する問題であり、そのため議論を特殊な場面に限定するおそれがあるが、反面、課税上の手続きと逋脱罪というテーマに関連して、判例・学説上最も争われてきた問題であるといいうるし、また、前述したような一般論が主張されている中で、この処分のみは、当該所得税等の法定申告期限後に行なわれたものであっても、なお後の逋脱犯の裁判に影響を与えるとする判例が確定しており、検討の対象として興味深いものであると考えられるからである[2)]。

---

2）本章では当初、青色申告承認取消処分の取消処分が後の逋脱犯の裁判に影響するかという問題も取り上げる予定であった。この問題は、しばしば直接に有罪と無罪とを分ける論点であり、その意味ではここで対象とする青色申告取消益の問題以上に重要な論点であるともいいうる。そこで、紙幅の制限から検討を割愛するにあたり、問題点の所在のみを指摘しておきたい。

青色申告承認取消処分が取り消され――特に手続的な瑕疵により取り消され――それにもとづき、青色申告承認取消処分を基礎とする更正処分も取り消されたが、再更正の除斥期間が経過していたため、結局、課税行政上は当初の申告税額のとおりに税額が確定した場合、最初の申告に関する逋脱犯は成立するかという問題に関する判決は、後に挙げるように（＊）、筆者が調べた限りでは７件あるが、これらはすべて、承認取消の取消処分は逋脱犯の成立に影響しないと判示しており、その理由の要旨はほとんど同一である。それは、(f)判決が、「税法の定める確定申告、更正、決定等の確定手続制度そのものは徴税行政上の手段として設けられたものであつて、これが租税債権成立のため必要不可欠のものでないばかりか、確定手続を離れて課税要件を認定することは勿論、不正の手段等により抽象的租税債権を侵害することも十分可能であるから、税の確定手続を経なければ逋脱犯が成立しないというものではない。……〔税務署長がすることができる〕更正は徴収すべき国税を確定するための行政手続にすぎない。このように逋脱犯は、一次的には国の課税権を保護法益とする犯罪であるから、偽りその他不正の行為により抽象的租税債権を侵害している以上、国において納税義務者の申告した申告税額を更正するなどの徴税行政上国税の確定手続を尽すことができなくなつたため、結局、徴収すべき税額が申告税額のとおりに確定したとしても、そのことから直ちに、その目的、性質を異にする刑事裁判の場において、罰則を発動することができなくなるものとは到底考えられない」と述べるところに代表させることができるであろう（なお、この(f)判決および、(b)判決は弁護側から上告され、いずれも単なる法令違反の主張にすぎず適法な上告理由にあたらないとして、上告を棄却されているので、この解決は、最高裁の是認を得ていると考えてよいと思われる）。

ここに紹介した現在の判例の結論の最大の問題点は、この見解によれば更正・決定権の除斥期間も徒過し、国がもはや享受しえない租税債権についてまで逋脱犯の成立を認めることになる点である。この結論の問題性は、この説において考えられている「抽象的租税債権」の意義についての次のような考察から導かれる。

すなわち、この説において逋脱されたとされる抽象的租税債権の額については、それに相当する納付を納税者がしようとしても国はこれを受理することはできない。換言すれば、それは抽象的租税「債権」と呼ばれてはいるものの、債権の最低限の効力である給付保持力さえもっていないのである。ここからわかるように、抽象的租税債権と呼ばれているものの実体は、将来確定手続を経れば債権として請求しうるものになるという、一種の期待的利益にすぎない。そのため、この期待的利益が実現する可能性がまったくない場合にも、なおもその侵害を観念し、それを逋脱罪として処罰することの妥当性が問題とされるべきではないかと考えられるのである。

## Ⅱ　青色申告承認取消処分と逋脱額の算定に関する判例

### 1　序

所得税法、法人税法上の特典、ないしは納税者に有利な所得・税額計算方法の中には青色申告を条件としているものが多い。これらの特典を利用している納税者が、さかのぼってその年度の青色申告の承認を取り消された場合には、その提出した申告書はいわゆる白色申告とみなされる結果（所法150条、法法127条)、これらの特典等を利用することはできなくなり、結果的に納付すべき税額が増加することがありうる。この増加分が通常、「青色申告取消益」と呼ばれているものである。

ところで、青色申告を行なった納税者が、実は逋脱行為をしていたため、それを理由に青色申告の承認を取り消された場合の青色申告取消益が逋脱額を構成するかどうかという問題[3)]については、かなりの数の裁判例がみられ

＊これらの判決は、以下のとおりである。

(a)　千葉地判昭和51年3月26日税資92号564頁

(b)　広島高岡山支判昭和51年4月22日税資99号191頁（上告審：最決昭和52年2月23日集刑203号191頁)

(c)　神戸地判昭和53年3月2日税資148号83頁（(g)の第一審)

(d)　東京地判昭和55年12月24日判時1006号117頁（(f)の第一審)

(e)　東京地判昭和56年10月29日判タ464号188頁

(f)　東京高判昭和58年1月26日高裁刑集36巻1号14頁（(d)の控訴審。上告審：最決昭和61年12月11日税資156号2233頁

(g)　大阪高判昭和60年1月25日高刑速（昭60）号279頁（(c)の控訴審)

3）この問題を取り上げることについては、逋脱額は量刑に関する資料にすぎず、研究の対象とする重要性に乏しいという意見もありうる（無論、このほかに、逋脱罪の規定においては、いわゆる罰金スライド制が採用されているため、逋脱額は逋脱犯に対する罰金刑の上限をなすという意味ももっている〔この点を強調するものとして、参照、寺西輝泰・ひろば27巻12号(1974年）49頁・54頁（後掲⑪c判決の評釈)〕。しかし、現実にはこの上限いっぱいの罰金刑が科されることはほとんどないと考えられるから、この点も、実際上は大きな意味をもつものではないであろう)。事実、逋脱罪で起訴されるのは非常に悪質なケースに限定される傾向があることもあって、逋脱額に占める青色申告取消益の割合は通常は微々たるものであり、それ自体は量刑にも影響を及ぼさない場合が多い。たとえば、消極説をとっていた第一審判決を覆した控訴審判決では青色申告取消益の分だけ逋脱額が増額するのであるが、⑨b判決では第一審に比べて青色申告取消益の分だけ逋脱額が増額しているが量刑に変化はないし、⑫b判決は原判決の認定した本件各事業年度における逋脱金額（税額930万円程度）に比し、青色申告取消益を第一審で逋脱額に算入しなかったことによる誤差（3万～5万円）は比較的少額であるから、原判決のこの点に関する誤りは、判決に影響を及ぼすことが明らかな誤りということはできないとした上で、逋脱額の認定額を増加させつつ、他の情状を考慮して、かえって第一審よ

る[4]。そこで以下では、これらの判例の展開を概観することから、考察を始

---

りも軽い刑を言い渡している。これらの例をみると、青色申告取消益が逋脱額に算入されるか否かは量刑上の資料としての役割をも果たしていないとさえいいうるかもしれない。

しかし、以前から指摘されていたように、理論的には青色申告取消益のみが逋脱額であるような例も考えられる（この点を指摘するものとして、板倉宏・ジュリ 590 号（1970 年）146 頁・148 頁（後掲⑪ c 判決の評釈））。

たとえば、ある青色申告承認を受けている不動産会社 X が棚卸資産たる土地を取得するにあたって、種々の事情から 10 億円のいわゆる裏金を支払っていたとしよう。これは本来ならば原価として損金に算入しうる支出であるが、その性格上これを隠していたとする。また、X がこの 10 億円を損金に算入していたらその法人税額は 5 億円であったと仮定しよう。もしこの裏金支払を損金に算入しないままにしておくと法人税額は約 3 億 7,500 万円増加することになるので、X は他の棚卸資産の原価の水増しや収益隠しを行い、結果として税額が 5 億円となるように帳簿等を操作した上で、税額が 5 億円であるとする確定申告を青色申告で行なったとする。その後、X のこの工作が発覚し青色申告の承認が取り消され、青色申告取消益 1 億円につき更正処分等が行なわれるとともに逋脱罪で起訴されたとするとどうなるであろうか。

この場合、青色申告承認が有効な状態では、X はもともと 5 億円の納税義務を負っており、かつ 5 億円の申告納税を行なったのであるから、申告・納付の不足分となる税額は青色申告取消益の 1 億円のみである。したがって、仮に青色申告取消益は逋脱額を構成しないと考えるならば、逋脱の結果はなく、逋脱罪は成立しないことになるし、逆に青色申告取消益が逋脱額を構成するならば、X は 1 億円の法人税逋脱犯として有罪となる。

このように、青色申告取消益が逋脱額を構成するか否かという問題は、限界的な事例では有罪と無罪とを分ける論点になりうるものである。また、2 以下で述べるように、実務上もしばしば争われてきた問題であることに加えて、本章で提起するように、課税行政上の手続きと逋脱犯との関係という理論的な興味も尽きない問題でもある。このような理由から、この問題を取り上げること自体には、一定の意義を見出しうるものと考えられる。

4）本章で参照した、この問題に関する判例は次のとおりである（なお、＊は消極説を示した判決である）。

＊①　東京高判昭和 36 年 6 月 13 日下刑集 3 巻 5・6 号 422 頁
②a 東京地判昭和 38 年 11 月 22 日税資 43 号 765 頁（② b・② c の第一審）
②b 東京高判昭和 39 年 3 月 26 日税資 43 号 758 頁（② a・② c の控訴審）
③　東京地判昭和 39 年 5 月 27 日税資 42 号 451 頁
②c 最決昭和 39 年 12 月 11 日税資 43 号 754 頁（②・② b の上告審）
④　東京地判昭和 40 年 7 月 20 日税資 49 号 152 頁
⑤a 東京地判昭和 41 年 2 月 11 日判タ 190 号 211 頁（⑤ b・⑤ c の第一審）
⑥　東京地判昭和 43 年 11 月 14 日税資 55 号 693 頁
⑤b 東京高判昭和 44 年 1 月 21 日税資 79 号 1330 頁（⑤ a・⑤ c の控訴審）
⑦　東京地判昭和 44 年 5 月 29 日税資 58 号 624 頁
⑧　東京高判昭和 45 年 2 月 25 日高刑集 23 巻 1 号 182 頁
＊⑨a 東京地判昭和 45 年 4 月 6 日税資 79 号 1629 頁（⑨ b・⑨ c の第一審）
⑩　東京地判昭和 45 年 7 月 20 日税資 64 号 1076 頁
⑪a 甲府地判昭和 46 年 9 月 29 日刑集 28 巻 6 号 319 頁（⑪ b・⑪ c の第一審）
⑨b 東京高判昭和 46 年 12 月 22 日税資 79 号 1544 頁（⑨ a・⑨ c の控訴審）
＊⑪b 東京高判昭和 47 年 5 月 10 日刑集 28 巻 6 号 324 頁（⑪ a・⑪ c の控訴審）
＊⑫a 広島地判昭和 48 年 3 月 29 日税資 86 号 1468 頁（⑫ b の第一審）
＊⑬b 東京高判昭和 49 年 3 月 8 日高刑集 27 巻 1 号 20 頁（⑬ c の控訴審）
⑪c 最判昭和 49 年 9 月 20 日刑集 28 巻 6 号 291 頁（⑪ a・⑪ b の上告審）
⑤c 最決昭和 49 年 9 月 26 日集刑 193 号 185 頁（⑤ a・⑤ b の上告審）

めることとしたい。[5)]

---

⑨c 最判昭和49年10月22日集刑194号31頁（⑨a・⑨bの上告審）
⑬c 最判昭和50年2月20日集刑195号371頁（⑬bの上告審）
⑫b 広島高判昭和50年12月26日税資86号1451頁（⑫aの控訴審）
⑭　盛岡地判昭和52年1月27日税資99号4頁
⑮　東京高判昭和52年2月28日税資107号171頁
⑯　東京地判昭和52年6月23日税資99号681頁
⑰　大阪地判昭和52年12月26日税資100号1965頁
⑱　大阪地判昭和54年8月27日税資124号97頁
⑲　大津地判昭和55年6月9日税資125号1553頁
⑳　大阪地判昭和55年6月18日税資118号788頁
㉑a 東京地判昭和56年12月15日税資132号1514頁（㉑bの第一審）
㉒a 神戸地判昭和56年12月21日税資141号241頁（㉒bの第一審）
㉓　札幌地判昭和56年12月21日税資126号2372頁
㉔　東京高判昭和57年2月3日税資132号1242頁
㉑b 東京高判昭和57年9月27日税資132号1491頁（㉑aの控訴審）
㉕　東京地判昭和57年12月1日税資132号1436頁
㉖　仙台地判昭和58年4月8日税資137号581頁
㉒b 大阪高判昭和58年9月30日税資141号187頁（㉒aの控訴審）
㉗　大阪高判昭和59年9月11日税資143号2455頁
㉘a 静岡地判昭和60年8月20日税資155号278頁（㉘bの第一審）
㉘b 東京高判昭和61年2月21日判時1206号129頁（㉘aの控訴審）

5）この問題に関する議論の多くは、判例の評釈・解説の形で公表されたものであり、学説は、これまであまり活発に議論してきたとは言いがたい。しかし、それらの議論を整理することは、問題の所在を知る上でも重要な意義をもつと思われるので、ここで、この問題に関する学説についての簡単な概観を行なっておくこととしたい。

学説において取り上げられている主要な論点は、故意の範囲に関する点と、逋脱行為を行いつつもいまだ青色申告承認の取消処分を受けていない納税者が、青色申告にのみ許されている特典を利用することそのものが「偽りその他不正の行為」にあたるのかどうかという点の二点である。

故意の範囲に関する論点については、板倉宏「租税犯における故意(上)」判タ191号（1966年）13頁・15頁（ただし、板倉教授は同・前掲注3）においては、⑪c判決に反対の立場に立っておられるように思える。）、松沢智「租税に関する犯罪—ほ税事犯を中心として」石原和彦ほか編『現代刑罰法大系 第2巻』（日本評論社・1983年）75頁・86頁（なお、松沢教授の説としては、ほかに、参照、松沢智『租税判例百選』（1968年）232頁〔⑪c判決の評釈。この評釈において、教授は、逋脱行為を行っている者が青色申告の特典を利用すること自体が「不正な行為」となると主張しておられる（233頁）。〕および同『租税実体法〔増補版〕』（中央経済社・1980年）86頁）が、積極説に立つ代表的なものである。

次に、この問題を、逋脱行為を行っている納税者による特典の利用行為そのものの構成要件該当性の問題として捉え、これを肯定するのが村井正・判評195号（1975年）13頁・14頁（⑪c判決の評釈）、金山丈一「所得税或いは法人税逋脱事件において、いわゆる青色申告取消益は、逋脱所得を構成するか」松山商大論集37巻1号（1986年）103頁・123頁であり（なお、寺西・前掲注3）52頁も、この論点についてはこの考え方を支持している。）、否定するものが、近藤一久「租税刑法をめぐる若干の問題」税大論叢4号（1971年）156頁、清永敬次・シュト128号（1972年）1頁・6頁（⑪b判決の評釈。⑪c判決に対する評釈である、同・シュト154号（1975年）1頁・6頁も同旨。）、波多野弘・シュト150号（1974年）14頁・17頁（⑬b判決の評釈）である。畠山武道・ジュリ596号（1975年）172頁（⑪c判決の評釈）も、⑪c判決

## 2　昭和49年最高裁判決以前

青色申告取消益が逋脱額に含まれるかどうかという問題についての最も早い時期の判例の一つは、①判決である（以下、叙述の便宜上、注4）に掲げた裁判例はすべてその番号のみで引用する）。この判決は、第一審判決後に青色申告承認が取り消された事案について、青色申告取消益を逋脱額に含めた第一審判決を破棄したものである。①判決は、第一審判決時にはいまだ青色申告承認が取り消されていなかった点で、これ以後の判決と事案を異にするのであるが、「被告会社が確定申告をした当時には、未だ青色申告書提出の承認取消しの効果は発生しておらず、従つて被告会社は貸倒準備金並に価格変動、準備金勘定を設け、これを損金に算入する法令上の権利を有していた」、「たまたま確定申告をなした後に、青色申告書提出の承認が取消された結果、納付すべき法人税額が増加したとしても、その部分は、確定申告をなした当時においては法人税法第48条にいわゆる申告すべき法人税に含まれない」（傍点筆者）という、その判示をみると、①判決も、第一審判決時ではなく、確定申告時に青色申告承認取消がなかったことを、判断の決め手としていると考えられる。

①判決以降、筆者の調べた限りでは東京高裁の判決2件を含む4件の判決がこの問題について消極的な判断を示している（このように青色申告取消益が逋脱額に含まれないとする立場を、以下では、「消極説」と呼ぶ）。そのうち代表的なものは⑨a判決と⑪b判決である。⑨a判決は、一般に逋脱税額がいわゆる正当税額と申告税額との差額の範囲で決定されるのは、この正当税額が逋脱による侵害可能な全租税債権額であるからであり、青色申告取消益は当該逋脱行為がなければ徴収できないのに、これを基因とする青色申告承認の取消しの結果、徴収できることになったものであって、当該法人の逋脱行為によって侵害された租税債権額ではない。ゆえに、逋脱税額の決定にあたり、取消し後の所得計算を基礎とすれば、被侵害租税債権額でないものまで

---

に反対される最大の理由は、この点を否定することにあるものと思われる（同174～175頁）。

これらとは異なり、まさに、逋脱行為をした以上青色申告をする余地はないから、その後の承認取消の有無とは無関係に、青色申告取消益は逋脱額に算入すべきだとする見解が、寺西・前掲注3）54頁である。

なお、参照、本吉邦夫・最判解刑事昭和48年度290頁（⑪c判決の解説）、および、堀田力「租税ほ脱犯をめぐる諸問題」曹時23巻2号（1971年）313～314頁。

も、租税債権の侵害を本質とする逋脱犯の犯罪結果に含める矛盾を犯すことになる、と判示している。

また、⑪b判決は、逋脱犯の成否および逋脱税額は犯罪成立の時点、すなわち納期限における納付すべき正当な税額と確定申告にかかる税額との差額によって決まり、犯罪の成否および分量はこの時点で確定する。それゆえ、青色申告の承認を取り消すという行政処分の遡及的効果も過去にさかのぼって逋脱犯を成立せしめ、またはすでに成立した過去の逋脱犯の犯罪の分量を増大させることはできない。青色申告取消益は単なる徴税上の問題にすぎず、この増加した税額の部分は、確定申告当時においては存在しなかったのであるから、そもそも逋脱しようがなく、したがって、犯意の成否を論じる余地はまったくない、と述べている。

さらにここで注目すべきなのは、この⑪b判決が判文中に括弧書で「青色申告者が偽りその他不正の行為によつて税を免がれようとした場合には、その承認の取消を待つまでもなく、当然青色申告承認の効力は消滅し、税務署長の取消は単なる確認行為に過ぎないとでも解するのは別として。当裁判所は、これを否定する」と述べていた点である。この注意書きは、本判決が、後述するようなここでの問題の本質に気付いていたことを示していると考えられる。

これらの消極説の要点は、申告時には有効であった青色申告承認を前提とする限り青色申告取消益は確定申告時には存在しないのであり、この存在しない租税債権を侵害することは不可能である、という点にあったといってよいであろう。

しかし、このような消極説に対して、数の上では当時から多数を占めた積極説（青色申告取消益が逋脱額を構成するとする立場を、以下では「積極説」と呼ぶ。）は十分な反論をしていたとはいえない[6)]。この当時、積極説をとる判決のほとんど（②a・②b・②c・③・⑤a・⑤b・⑧・⑨b）は——弁護人の主張のまずさに応じて——青色申告取消益に逋脱の故意（犯意）が及ぶかどうかのみを問題とし、青色申告承認が取り消されることは被告人に予見可能であった、ないしは逋脱犯に必要な概括的な故意は十分である、ということを

6）参照、堀田・前掲注5）314頁。

判示するにとどまっていたのである。わずかに⑥・⑦・⑩の各判決が、青色申告承認の取消処分は、納税者が法令に規定された義務違反という厳格な要件に該当することによって初めて税務署長に許される処分であるから、納税者の義務違反行為とその取消処分にもとづく効果との間には刑法上の因果関係を認めるのが相当であり、加えて、犯罪の結果の大小はその行為と因果関係が認められる範囲において認定すべきものであるから、結局、この処分にもとづく効果をもその結果として認定しうる、という新たな見解を示していた。しかし、この説も——確かに巧妙な説明ではあるが——後述するように、消極説の問題提起に正確に対応しているとはいえないであろう。

### 3　昭和49年最高裁判決

２でみたように高裁段階での判断が分かれていたため、最高裁による判例の統一が待たれていた。これを行なったのが、⑪ｃ判決である。⑪ｃ判決は、納税者等が所得秘匿工作をした上で「所得を過少に申告する逋脱行為は、青色申告承認の制度とは根本的に相容れないものであるから、ある事業年度の法人税額について逋脱行為をする以上、当該事業年度の確定申告にあたり右承認を受けたものとしての税法上の特典を享受する余地はないのであり、しかも逋脱行為の結果として後に青色申告の承認を取り消されるであろうことは行為時において当然認識できることなのである」と述べて、積極説を採用することとした。

⑪ｃ判決に関する評釈が指摘するように[7)]、⑪ｃ判決の判文中、「しかも」以下の後段はそれ自体が相当因果関係について述べたものか故意について述べたものかが明らかでなく、かつ、後段と前段との論理的な結び付きも不明瞭であるが、その点はしばらく措くとして、ここで特に注意しなければならないのは、やはり、この前段の判示であろう。判示のこの部分は、従来の消極説の判例の主張に、不十分ながら正面から答えたものだからである[8)]。すなわち、消極説はその前提において誤りであり、逋脱行為をした以上は確定申告にあたり青色承認から得られる利益を享受する余地はないというのである。

---

7）たとえば、板倉・前掲注３）148頁。参照、畠山・前掲注５）。
8）参照、寺西・前掲注３）49頁・52頁。

この判示は、⑪ｂ判決が注意を喚起していたように青色申告承認取消処分は単なる確認的処分にすぎないとまで考えるものか、また、青色申告取消益を逋脱額に含めるためには、確定申告後、裁判時までに青色申告承認取消処分がなされることも不必要だとしているのか、等々の点については必ずしも明らかではない。おそらく上記引用に続く結論部分に、「逋脱行為をし、その後その事業年度にさかのぼつてその承認を取り消された場合におけるその事業年度の逋脱税額は」という判示がみられることから、これらの問いに肯定的に答えるところまで、⑪ｃ判決が踏み切ったものとは考えないのが一般的かつ妥当な解釈であろう[9)]。しかし、そうだとすると、「特典を享受する余地はない」とはどういうことなのか、また、なぜそのように判断できるのか、という問題は未解決のまま残ってしまうのである。

## 4　昭和49年最高裁判決以後

３で述べた最高裁第二小法廷判決（⑪ｃ）の後、同じく昭和49年中に第一小法廷が決定により（⑤ｃ）、第三小法廷が判決により（⑨ｃ）、それぞれ同じ結論を是認したので、ここにいたって判例の態度は確定したといいうるであろう。しかし、それは青色申告取消益が逋脱額に含まれるかという論点が法廷で論じられなくなったということを意味しない。⑪ｃ判決以前から係属中だったものを除いても、筆者が調べただけで、17件の事件が、それ以後にもこの問題を扱っている（以下の引用は便宜上、⑪ｃ判決以前から係属中だった事件も含めている）。無論、その多くは想像されるとおり、⑪ｃ判決を引用するのみで特別な理由付けを示さないものであり（⑫ｂ・⑮・⑱・⑳・㉑ｂ・㉒ｂ・㉖）、その他にも、⑪ｃ判決以前から存在した論点である故意の範囲を問題とするもの（⑭・⑯・㉑ａ・㉒ａ・㉓・㉕）、因果関係の点に触れ、裁判時を基準として判断できるとするもの（⑲・㉓）などがあるが、ここで特に注意を要するのは、⑪ｃ判決以後の下級審判決に、この⑪ｃ判決の判示のいわゆる前段の部分を純化する方向で、判例を解釈するものがみられる点である。

たとえば、⑰判決は、逋脱行為が発覚すれば特典を享受しえなくなること

9）参照、本吉・前掲注５）298頁、村井・前掲注５）130頁。

を未必的に認識しながら、あえて逋脱行為を行ない、後に承認を取り消されている場合には、「すでにその確定申告の当時から価格変動準備金の損金算入などの特典はこれを享受しえない関係にあったのであり、その損金算入を否認したからといって、一旦（価格変動準備金を損金に算入して）適法に確定していた逋脱罪の成立範囲（所得金額、税額）をその後に至って覆しこれを加重的に認定しなおしたというような関係にはない（被告人らにおいて価格変動準備金を不当にも損金に算入して所得金額や税額をその分だけ過少扱いしてきた一方的な取扱いを否定し、これを本来あるべき正当な取扱いにもどしたにすぎない）というべきであ〔る〕」（傍点筆者）と述べ、また、㉗判決も、同様に、本件「被告法人の場合にあっては、すでに右確定申告の当時からもともと価格変動準備金等の損金算入などの特典はこれを享受しえない関係にあったのであり、その損金算入を否認したからといって、一旦価格変動準備金等を損金に算入するなどして適法に確定していた逋脱罪の成立範囲（所得金額、各税額）をその後に至って覆しこれを加重的に認定しなおしたというような関係にはないというべきである」と述べている。

もちろん、これらの判決も申告後の青色承認取消を要件として挙げてはいるが、その底流にあるのは、青色申告承認の取消事由にあたる事実を刑事裁判所が認定しうる以上、確定申告時においてすでに、少なくとも刑事裁判の関係では、青色申告承認は効力を失っている、という考えであるように思われるのである。ここにおいて、⑪b判決が表明していた危惧は現実のものとなったといいうる。

このように⑪c判決以降、この問題に関する判例は、課税行政上の手続きの刑事裁判における効力という問題に正面から答えないまま、実際上は、これを無視する方向に進んできているように思われる。それでは、このような方向は理論的に正当なものであり、かつ実際的に妥当なものといいうるであろうか。

## Ⅲ 考 察

### 1 問題の所在

青色申告承認を受けている納税者が逋脱行為を行ない、裁判時までにその青色承認が取り消された場合に、いわゆる青色申告取消益を逋脱額に算入すべきか、という問題についての理論的な検討に移ろう。

Ⅱで概観したように、この問題に関して判断を示した判決のほとんどが、弁護人の主張に応じ、被告人の故意が青色申告取消益に及ぶかという論点に関連して、青色承認が被告人に予見可能であったどうかという点に触れているにもかかわらず、この故意の範囲は、ここでの本質的な問題ではない。消極説をとる判決の紹介のところでも若干述べたように、ここでの最大の問題は、青色申告取消益は逋脱行為の対象となりうるのか、また、なりうるとするとそれはどのような理由付けでそうなるのか、という点である[10)]。

これに対して、青色申告取消益が逋脱行為の対象となることを前提とした上で、それに故意が及ぶかという論点は副次的なものでしかないし、現在の刑法の一般理論および判例のとるいわゆる逋脱犯に関する概括的故意で足りるとする説に従えば、このような故意が肯定されることは明らかであろう。

では、青色申告取消益が逋脱行為の対象となるかという問題に関する積極説の論拠としては、どのようなものが考えられるであろうか。また、それは正当な根拠といいうるであろうか[11)]。

---

10）この点について堀田・前掲注５）314 頁は、「問題は、形式的には、犯罪後における行政庁の処分によりさかのぼって発生したと言わざるを得ない取消益（取消分にかかる租税債権）が、犯罪時において確定・納付すべき正当税額（ほ脱犯の構成要件として税額）といえるかどうかにあると考える」と述べ、きわめて正確な指摘をしている。

11）なお、明示的には表明されていないが、積極説の実質的な根拠としては、青色申告による「特典」が元来政策的にのみ認められたいわば「不当な」ないしは「多すぎる」利益であることを前提とした上で、逋脱行為をした者にそのような利益を与える必要はない、という考慮があると推察される。たとえば、②ａ判決が青色申告にもとづく「恩典」という語を使い、⑲判決が「享受するに由なき特典」と呼ぶ点などから、それがうかがわれるし、学説上は、堀田・前掲注５）314 頁が、青色申告承認処分を「恩恵的に……特例を認める処分」としているのが、最も明示的な例であろう。

確かに、青色申告の制度そのものは正確な帳簿組織にもとづく申告納税の促進のために、正確な記帳をする納税者に所得税・法人税の所得額等の計算の面で利益を与える制度であるし（金子・前掲注１）465 頁）、そのようにして与えられる「利益」、特に租税特別措置法上の特別措置の中には、租税法の理論からは説明し切れないものがあることも否定しえない。しかし、反面、たとえば所得税法上の各種引当金の計上（52 条〜55 条の２）や青色専従者控除（57 条）など、所得計算の理論上は原則的に認められるべきであり、ただ、正確な帳簿組織なしにそれを認めると濫用のおそれがあるところから、その利用を青色申告者のみに限定している制度もあるし（つまり、これらの制度に関しては青色申告における扱いの方がむしろ原則であり、白色申告を行なう納税者が不利に扱われているというべきであろう。）、特別措置法上の特別措置は、青色申告を要件としていても、それがすなわち青色申告を普及させるための政策手段ではなく、一般には他の政策目的のための特別措置の適用が青色申告者に限られている場合が多い

## 2 青色申告承認取消処分の遡及効と逋脱犯

⑪c判決以後の現在の判例は、逋脱をした者は、青色申告承認を受けたものとしての租税法上の特典を享受する余地はないとし、ひいては、「すでに確定申告の当時から……特典はこれを享受しえない関係にあった」と述べて、犯罪成立時の事実関係を認定するという形で青色申告取消益の逋脱額算入を根拠付けている。しかし、犯罪成立時、すなわち確定申告がなされた時点ではいまだ有効な青色申告承認が取り消されていなかったのであるから、何らかの別の理由付けなしには、この論理はそれ自体が矛盾してしまうことになる。では、そのような基礎となる理由付けとしては、どのようなものが考えられているのであろうか。

第一に考えられるのは、青色申告承認取消処分に遡及効があることによって、この点を根拠付けようとすることである。判決の中にも、青色申告承認取消処分に遡及効が認められていることに言及するものがある。[12]

しかし、承認取消処分の遡及効を根拠として判例の結論を根拠付けることはできない。なぜなら、確かに、確定申告の後に行なわれる青色申告承認取消処分には「遡及効」があるが、それは、課税行政上、その処分の効果が遡及するということを意味するだけであり、それによって確定申告の時点で、有効な承認がいまだ取り消されていなかったという事実が変更されるわけではないからである。したがって、承認取消処分に遡及効があるとしても、それを理由に、裁判時に認定しうる確定申告時の事実関係が、「青色承認がなかったもの」となることはないと言わなければならない。

ここで批判した見解と似た考えにもとづくのが、⑥判決以降いくつかの判決においてみられる、相当因果関係の理論によって積極説の結論を根拠付けようとする議論である。これは、犯罪の結果は犯罪成立時に決定するのではなく、その後犯罪行為と相当因果関係が及ぶ範囲の損害は犯罪の結果となるから、青色承認取消処分に遡及効があり、裁判時までに青色申告取消益が租税債権の一部をなすことになっている以上、青色申告取消益も逋脱額に算入

---

といえよう。

このように考えると、青色申告による利益を「恩恵的」ないしは「不当な」利益だと捉える傾向がもしあるとすれば、それは青色申告取消益に関する問題を誤った解決へ導くおそれがあるといわなければならない。

12) たとえば、⑲・⑳判決など。

される、とするものである。しかし、このような議論は犯罪成立当時にすでに存在した客体に対して時の経過とともに損害が拡大していった場合には妥当するかもしれないが、前述したように、ここでの問題は、そもそも犯罪成立時に青色申告取消益が犯罪の客体として存在しているのかという点なのである。それゆえに、消極説の問題提起に対して、相当因果関係を持ち出してする議論は、正確な対応をなしていないと考えるべきである[13)]。

### 3　逋脱犯の裁判における「事実」

#### (1)　手続的事実と手続要件的事実

前述したような「基礎となる理由付け」として次に考えられるのは、刑事裁判においてはすべての事実が考慮の対象となるのであり、青色承認を受ける資格を喪失させる逋脱行為をしているという「事実」も考慮の対象となるから、この事実を認定すれば青色申告の効力を否定しうるという説であろう。だが、この説に対しては、直ちに、当時有効な青色申告承認が存在したということも「事実」であるのに、なぜ、こちらの「事実」は無視しうるのかという反論がなされうる。ここで問題となっているのは、逋脱犯の裁判において考慮の対象とされるべき「事実」とは何かという点なのである。

この点に関して、積極説の立場からは、客観的に存在した事実がここでの事実であり、その誤認にもとづく課税行政上の手続きの有無等は無関係であるという主張がなされるであろう。これは、事実の認定と法の適用はすべて裁判所の役割であるという大原則から導かれると主張されうる[14)]ものと考えられる。

---

13）このような相当因果関係に関する議論は、たとえば、AをBが刺した場合、犯罪成立時には単なる傷害だったのがその1週間後にBがその傷が原因で死亡した場合には、Aの罪は単なる傷害罪ではなく傷害致死罪であるというような刑法の一般的な議論を逋脱罪の場合にあてはめたものと考えうるであろう。

しかし、本文でも述べたように、ここでの問題は犯罪の成立時に犯罪の客体が存在したかどうかという点にあるのである。これに対しては胎児傷害に関する議論を援用して、犯罪行為の当時に犯罪の客体は存在していなくてもよいという反論もあるかもしれない。

しかし、青色申告取消益の問題は、それよりむしろ、卵を産むことを予見しつつ雌鶏を盗んだ場合には、その後産まれた卵も雌鶏の窃盗罪の客体に含まれるか、という例と比較すべき問題であるように思われる。

なお、堀田・前掲注5）314頁は、「因果関係につき特異な解釈をして積極に解するのは、体系的に無理なように思われる」と述べている。参照、畠山・前掲注5）174頁。

14）参照、寺西・前掲注3）54頁。

しかし、この主張は、ある人の所得額がいくらかということが、いわば手でつかめるような「客観的な事実」であり、裁判所はそれを純粋に「客観的」に認定することができるという誤った理解にもとづいている。

所得額は、それに関与する人々の主体的な作用なしに客観的に存在するものではない。ある納税者の所得額がいくらかということは、それに関する法令の適用に加えて、納税義務者や課税庁等の判断や意思にもとづいて変化しうるものである。たとえば、ある小売店主がいかなる棚卸資産の評価方法を用いるか、ある法人が資産の減価償却の方法に定額法を用いるか定率法を用いるか、さらには、ある医師が、社会保険診療報酬に関する必要経費を実額で算出するか概算経費の特例（租特26条）を用いるか等々、このような判断は所得計算のいたる所に見出すことができる。これらの判断と無関係に裁判所が所得額を認定することが不可能なのは当然のことであろう。これを可能であるとする説は、減価償却に定率法を用いて算出した所得額よりも定額法を用いて算出した所得額の方が正しい、などと断じる結果を生むことになるからである。逆に、どちらの方法を用いてもよいことを認めるなら、「客観的に真実」の所得額がいくつも存在することになり、これも背理である。

つまり、所得税・法人税の課税標準となる所得額や税額（これらを以下では単に「所得額等」という。）の算出手続は、客観的に存在する「唯一の真実」たる所得額等を「発見」する手続きではなく、それを現実に「形成」していく手続きなのである。このことを認めた場合には、それらの判断や意思の客観的な表明である課税行政上の諸々の「手続き」を無視して所得額等を算出することはできないということは明らかであろう。

以上の考察から判明するように、逋脱犯の裁判において「事実」として考慮の対象とされるべきであるのは、どういう手続きが存在し、効力をもっていたか、という「事実」であって（これを以下では「手続的事実」と呼ぶ。）、その手続きの要件にあたる「事実」（これを以下では「手続要件的事実」と呼ぶ。）ではない。その手続きが要件を満たしていない場合には、課税行政上、その制度に従って、可能ならば訂正されるべきものにすぎないのである。

### ⑵ 課税上の手続きの役割と逋脱犯

(i) このような議論に対しても、裁判所は手続要件的事実をすべて認定すべきであるし、またそうすることは可能であるという反論がなされうる。

だが、素朴な正義感を満足させるという観点からはこの意見にも傾聴すべき点があるものの、所得額等の算出手続のもつ意義を考えると、やはり、この説には賛成しえない。

これらの課税上の種々の手続きの機能は、その時点で租税債権に関与する納税義務者や課税庁等の判断や意思を明確にし、特に課税庁の側が行なう手続きは、その時点ごとに所得額等の算出方法の正しさを確認することである。これにより、納税者への不意討ちの課税を避けうるとともに、その上に築かれるこれ以後の手続きを安定させることができるのである。ところが、刑事裁判において手続要件的事実が認定され手続的事実が無視されると、課税行政上の手続きがもつこれらの機能が果たされなくなってしまうことになる。

ただし、この不意討ち防止に関する論点との関係では、その論理的な関係が不明だといわれてきた⑪c判決のいわゆる後段部分、すなわち、青色承認取消は確定申告時に予見可能である旨を判示している部分が意味をもちうるかもしれない。そのように予見していた納税者にとっては手続きをくつがえして課税しても――正確にいえば、課税されるものとしてその部分についても罪に問うても――不意討ちにはならない、という主張は可能だからである。

しかし、制度的に**ある**所得算出方法を選択する手続きが定められていることの上述のような趣旨に鑑みると、やはり、単に納税者が予見可能だったというのみで、これらの手続的事実を無視することはできないものというべきであろう[15)]。特にここでは、所得額等の算出過程において必要な判断や選択を、法がある特定の者に委ねた趣旨を軽視すべきではないと考えられる。たとえば、課税庁たる税務署長や納税義務者自身が自らの判断で**ある**承認や選択をすることとされている場合に、裁判所がそれらすべてをやり直せると考えることは困難である。

(ii)　また、青色申告承認の場合には、判例が刑事裁判上これを無視しても、課税行政上もその取消処分に遡及効が認められており、いわば両者の「結果」が一致するためにこの「論理」の不当性が明確ではないが、遡及効

15)　この点については、形式的な面からは、「〔法人税〕法127条1項の……文言に照らしても、取消処分を単なる通知とみることには無理がある」（清水・前掲注5）シュト154号6頁）といわれ、実質的な面からは、「青色申告承認という国民の利益にかかわる行政行為を、何ら明確な意思表示もないにもかかわらず、これをないものとして取り扱うことは許されない」（板倉・前掲注3）147頁）といわれてきた。

をもたない処分にあてはめると、判例の論理の不当性は明らかである。

たとえば、棚卸資産の評価に関する特別な方法の承認の取消処分を例にとろう。事業所得の計算の過程で必要な棚卸資産の評価方法は、政令で定めるところによるが（所法47条、所令99条以下）、納税義務者は所轄税務署長の承認を受ければ、所得税法施行令99条に規定された以外の評価方法を採用することもできる（所令99条の2第1項～3項）。税務署長はこの承認をした後に、その評価方法では不適当であるとする特別の事情が生じた場合にはこの承認を取り消すことができるが（同条4項）、この取消しはそれがあった年以降の年分にしか適用されず、その効果は遡及しない（同条6項）。

そこで、仮に、この特別な評価方法を用いるにつき税務署長の承認を受けていた納税者が実は逋脱行為を行なっており、それが発覚した時点で不正確な帳簿書類等にもとづいてこの特別な評価方法を用いるのは不適当だとされ、逋脱行為が発覚した年度以降について承認が取り消されたとしよう。この場合、前述したように、過去の年度については課税行政上、その承認取消の効果は遡及しない。

ところが、同様の不正を数年度にわたって行なっており、逋脱罪として起訴された年度も承認が取り消された年度と同様の逋脱工作を行なっていたとすると、どうなるであろうか。手続的事実ではなく手続要件的事実に着目する立場からは、この場合も確定申告時においてすでに特別な評価方法による余地はなかったのだとして、棚卸資産の評価方法も刑事裁判においては変更されることになるであろう。しかし、これはあまりにも法的安定を害し、承認という手続きによって所得の算出方法を確認し、安定させていくという制度の趣旨にもとるものだというべきであると思われる。

(iii) さらに、この問題に関しては、手続要件的事実ではなく手続的事実のみを認定の対象とすることには、法政策的なメリットがあるということも指摘しておきたい。それは、手続的事実のみを認定の対象とすることによって、逋脱犯に関する刑事裁判手続の負担がかなり軽減されるということである。

言うまでもなく、判例の論理に従えば、所得額等の算出の過程に存する無数の「分岐点」について、刑事裁判所はそれらを一つ一つ認定し、判断しなければならないことになる。その認定・判断は、所得額等の計算過程において所轄税務署長が与えた「承認」は、発覚した逋脱行為を含め、裁判所に判明しているすべての事実にてらして正当なものか等の点にとどまらず、逆に、税務署長がなした何らかの不承認の正当性、ひいてはある制度の選択について確定申告書に記載がなかったことにつきやむをえない事情があったか[16]等の点にも及び、その数は非常に多数にのぼりうるのである。

これに対して、所得額等の算出に関する場面では手続的事実のみに着目するとしたなら、その手続きのいわば中身にあたる部分については裁判所が判断する必要がなくなり、それだけ裁判所の負担が軽くなると考えられるのである。

わが国における逋脱犯の裁判はしばしば複雑で長期にわたる傾向があり、その主要な原因はいわゆる正当税額、つまり「抽象的租税債権額」を認定することが非常に複雑な過程を経ざるをえない点にあるという仮説[17]が正しいならば、被告人の正当な権利を侵害することなく、それに関する裁判所の負担を少しでも軽減する方向で問題に対処すべきである。

**(3)　判例の評価**

以上の考察から明らかなように、現在の判例を支える論理には、理論的、実際的に賛成しえない問題点が含まれている。これらの点について、筆者は、裁判所がまったく無自覚であったとは考えない。その判決の論理を徹底すれば、後に青色申告承認が現実に取り消されるか否かを問わず、青色申告取消益が逋脱額に算入されるとすべきであるのに、最高裁も、実際は裁判時までに青色承認が現実に取り消されている場合に限って、青色申告取消益を逋脱額に算入するとしていること、さらには、青色申告承認取消処分がさらに取り消された場合には、青色申告取消益は逋脱額から除くと明示した判決も現れている[18]ことからは、現在の判例によって採用されているのは、ここで述べた点について考慮も払った上での、折衷的な解決方法であると解することができる。すなわち、これは、手続要件的事実に着目しつつも、それのみに頼ることをせず、行政手続上、いわば追認（追完）された場合に、判決

16）現行法上このような場合に確定申告書への記載等の要件を緩和している例は多い。たとえば、参照、所法58条４項。
17）参照、第１部第１章（45頁）・終章（297頁）。
18）前掲注２）の(e)判決がこれである。

の論理の適用を限ったものだと理解しうるのである。

確かに、このような限定によって、課税行政手続を正面から無視するという結果や、裁判所の認定に関する難点を回避することが、ある程度可能になっている。しかし、そのような妥協が行なわれていることによって判決の論理が不明確になる一方で、それに内在する問題点は何ら解決されていないということは指摘しておく必要がある。特に、なぜ、現実に承認取消処分があった場合のみ、青色申告取消益相当額が逋脱額を構成することになるのかという点の理由付けは大きな問題となる。これを青色申告承認取消処分の遡及効に求めることができないことは前述したとおりであるし、また、「取消処分がない限り取消益は発生しないが、これは、条件違反に係る事実が認められないことによるものといえる[19]」という見解は、逋脱犯について裁判を行なう刑事裁判所は手続要件的事実の認定にもとづいて裁判をなしうる——逋脱行為を認定すれば「青色申告の特典を享受する余地はない」として青色申告取消益を逋脱額に算入しうる——という、判例のそもそもの論理と矛盾する結果となるであろう[20]。

そしてさらに、昭和49年最高裁判決（⑪c）以降の判例の流れにおいて、下級審判決の中には、手続的事実をより軽視する傾向がみられることも忘れてはならない。このような考え方を突き詰めれば、結局、手続要件的事実の存在をもってその手続きの効力は発生し、課税行政上の手続きはその形式面を充足するにすぎないとする説に行き着く。しかし、それは、すでに昭和40年代後半に、消極説をとる判決が危惧していた方向であり、また、本章でその問題性を指摘した方向なのである。

---

19）堀田・前掲注5）314頁。なお、板倉・前掲注3）148頁も、この説明に「説明しきれないものが残る」と、懐疑的である。

20）このほか、「青色申告承認処分は、その取消処分がない限り、手続的には、一応適法性の推定を受けるものと思われるから、租税逋脱行為が成立するためには、取消処分を必要とする」とする説もある（村井・前掲注5）130頁）。しかし、この場合の、「適法性の推定」の内容は不明確であるし、判例の論理では、手続要件的事実を刑事裁判所が認定しうる場合に、承認取消処分の有無はそもそも問題とならないはずだから、この説明も不十分であると言わざるをえない。

このように考えると、理論的な一貫性を求めるなら、判例を積極的に評価する立場からは、「法律の解釈およびその適用は、裁判所の職務とするところであるから、『税法上の特典を与えた諸規定を適用しない』とし、『青色申告の承認の取り消し処分の有無にかかわらず、青色申告の承認がないものとして計算する』とすべきではなかったのかと考える」（寺西・前掲注3）54頁）と主張せざるをえないであろう。

## Ⅳ　結びに代えて

本章では、課税上の手続きと逋脱犯との関係につき、いわゆる青色申告取消益が逋脱税額を構成するかという問題を取り上げて若干の検討を試みた。それによれば、裁判所は逋脱犯の成立当時にある手続きが有効に存在していたという事実を考慮の対象とすべきであり、その手続きの要件となる事実の存否や手続きそのものの当否を考慮すべきではない。したがって、青色承認取消処分に関していえば、確定申告時にいまだ有効な青色申告承認が取り消されていなかった事実のみが考慮の対象とされるべきであり、その結果、逋脱額を計算する基礎となるいわゆる正当税額は青色申告承認が有効なものとして計算されるから、青色申告取消益は逋脱額に算入されないものと解されるべきである。この結論は昭和40年代後半に判例上も散見された消極説と結論において一致し、昭和49年最高裁判決（⑪c）以来の判例の流れに反対するものである。

本章においては、課税行政上の手続きと逋脱犯との関係という問題意識をもちつつも、実際には、所得額等の算出のための手続きと逋脱犯との関係について試論的な考察を加えたにすぎない。課税上の手続きと逋脱犯との関係を体系的に考察するためには、逋脱犯との関係で課税上の手続きのもつ理論的な意義を明らかにし、これによって諸々の手続きを分類した上で、それらの手続きが逋脱犯に与える影響を決定するという作業が必要となると考えられる。また、場合によっては、行政上の手続きと刑事裁判手続との調整について、解釈論的および立法論的検討を行なうことも必要となりうる。このような展望にてらすと、この「課税上の手続きと逋脱犯との関係」という問題には、検討すべき理論的な課題が数多く残されていると言わなければならないであろう。

# 第２章

# 地方税制における租税制裁
## ——制度の概観に関する研究ノート

## Ⅰ　はじめに

昨今、その重要性が強調されている「地方分権」の動きにおける、地方税制の重要性は改めて説くまでもない。地方公共団体が国から独立して自らの事務を行なうためには、それを可能にする財政的な裏付けが必要であり、地方税はその主たる財源としての機能を有するものだからである[1)]。

ところで、税制が健全な機能を果たすためには、二つの要素、すなわち、その税制が実体的な面で公正であることと、その税制が十全に執行されていることの両方が必要である。その税制の下で課される納税義務の内容が公正でなければならないのは当然であるが、実体的にどれほどに公正な制度であっても、実際には、多くの納税者がこれに従っていないという状況下では、税制はそれに期待される機能を健全に果たすことができないからである。この意味で、税制の実体的な公正さとその正確な執行を担保する諸制度は、いわば車の両輪のようなものだということができよう[2)]。

この観点から地方税制をみた場合には、これまでしばしば議論されてきた国と「地方」との税源分配論や地方公共団体間での税収分配論と並んで、地方税制における税務執行体制の整備という論点が浮かび上がってくる。その主要な論点としては、賦課手続の再検討や当該地方公共団体の域外における徴収のあり方を含む徴収制度の整備、そして、地方税制における租税制裁のあり方を挙げることができる。これらの論点は、いずれも今後の地方税の徴収体制のあり方と深く関わっている。地方税の徴収が将来的に国税のそれと

1）参照、金子宏『租税法〔第６版〕』（弘文堂・1997年）92頁以下。
2）第１部序章（５頁）参照。

何らかの形で一本化される場合には、地方税の手続きと国税の手続きとのすり合わせの問題が生じるし、将来にわたって地方税の徴収が各地方公共団体の責任と権能によって行なわれる場合には、「地方分権」化の流れの中で、賦課・徴収・制裁の体制の強化は地方税制の重要性の増大に伴って必須のものとなろう。

本章においては、このような問題関心から、比較的検討されることが少ないと思われる地方税に関する租税制裁制度につき、簡単な概観を行ない、現状における問題点を摘出することを目的とする。本来、「地方税」は各地方税条例により賦課・徴収されるものであるが、現状では枠法としての地方税法がかなり強力に機能しており、かつ、制度の概観としては全体を総括するこの法律について考察することが適当であると思われること、また、租税制裁の中でも特に刑事罰は、各税目に関する実体的な内容を地方税条例によって補充されつつも、地方税法の規定にもとづいて科されると考えられることから、地方税法上の各制度を考察の対象とすることとしたい[3)]。

また、「地方税」に関する租税制裁制度の考察としては、地方税法上の特定の税目を取り上げそれに関する制裁制度のあり方を詳しく調べることも、もちろん重要であるが、本章では、まず、全体としての制裁制度の概観と問題点の発見に力点を置く。その理由は、一つにはこの問題についての文献が多いとはいえずここでの検討も問題の端緒をつかむものにすぎないことにあるが[4)]、今一つの理由は、「地方分権」という発想と表裏一体をなす国の制度との関わりや対比ということが本章の問題関心として存在することにある。国税については国税通則法に統一的に規定されている各種加算税や延滞税等に相当する制度が、地方税の場合には各税目ごとに規定の有無やその内容に異同がありうることに鑑みれば、このような考察方法を採用する理由は明らかであろう。なお、ここでの問題関心と検討対象が以上に述べたようなものであるため、ここでは、各税目に関する制度について細かな解釈論を行なう

3）中里実「地方税における企業課税」岩村正彦ほか編『岩波講座 現代の法 8　政府と企業』（岩波書店・1997年）233～234頁は従来の議論が「国」と「地方」との二分割で地方税を議論してきたことを鋭く指摘している。その指摘には筆者も賛成であるが、ここでは、その点を念頭に置きつつ制度の概観としてひとまず「地方」税制を一括りにして扱うこととする。

4）この分野に関する重要な先行業績としては、碓井光明『地方税の法理論と実際』（弘文堂・1986年）第6章がある。その他、最近では、税51巻12号（1996年）に地方税における行政制裁に関する特集が組まれている。

ことは目的にせず、立法論的な検討が中心となる。

# Ⅱ　地方税に関する租税制裁の概観と問題点

## 1　制度の特徴と共通する問題点

### (1)　考察の対象

本章で考察の対象とするのは、「当分の間……国が、消費税の賦課徴収の例により、消費税の賦課徴収と併せて行うものとする」（地税附則9条の4）とされている地方消費税を除く、地方税法に規定されているすべての税目である。ただし、賦課徴収手続という観点からみると、道府県目的税のうち入猟税が狩猟者登録税の例によるとされ、市町村目的税のうち都市計画税が固定資産税の例によるとされていることから、入猟税と都市計画税は独立した対象としては扱わない。また、目的税のうち水利地益税、共同施設税、宅地開発税および国民健康保険税は徴収方法等については「水利地益税等」としてまとめて規定されているため（地税706条。以下、地方税法の条文は番号のみで引用する。）、これらは一括して扱う。反対に、住民税と事業税については、それぞれ法人税割・所得割・利子割、法人事業税・個人事業税を分けて考える。これらは徴収方法も関連する租税制裁も異なる場合があるからである。ただし、住民税均等割は法人税割・所得割に含め独立には取り上げない反面、退職所得に関する所得割を個別に取り上げる等の例外的な扱いも、必要に応じて行なう。さらに、市町村が市町村民税の賦課徴収の例により、「市町村民税の賦課徴収と併せて行う」（41条）とされている個人の道府県民税も独立した考察の対象として取り上げないこととする（この場合は、延滞金・加算金の計算については道府県民税と市町村民税の合計額が計算の基礎となり、また、逋脱罪の規定は市町村民税の規定が準用されることになる）。

以下では、これらの地方税すべてについての制裁制度を概観するが、なお、国税との結び付きが強いと考えられる住民税法人税割・所得割および事業税に固有の問題については、2で考察する。

### (2)　制裁制度の概観

#### (i)　刑事罰

地方税法における刑事罰について、各税目に共通な要素という観点からまとめると、【表２-1】（324～325頁）のような結果が得られる。ここから読み取れるのは以下のような点である。

第一に、地方税法上の各税目について共通に規定されている刑事罰は、税務調査における徴税吏員の質問検査権の行使に関する検査拒否等の罪と、滞納処分免脱罪および徴収関係の検査拒否等の罪に対する罰である。ただし、その法定刑をみると、後二者の法定刑は共通である（滞納処分免脱罪は３年以下の懲役または50万円以下の罰金またはその併科、徴収手続に関係する検査拒否等の罪は10万円以下の罰金。）のに対し、質問検査権の行使に関する検査拒否等の罪に対する法定刑には、５万円以下の罰金（ゴルフ場利用税、入湯税、不動産取得税、自動車税、鉱区税、狩猟者登録税、軽自動車税、自動車取得税、水利地益税等）、10万円以下の罰金（道府県たばこ税、市町村たばこ税）、20万円以下の罰金（軽油引取税）、および、１年以下の懲役または20万円以下の罰金（市町村民税、事業税、道府県民税、特別地方消費税、固定資産税、鉱産税、特別土地保有税、事業所税）という４種類が含まれている。また、地方税法上規定されている刑事罰には、必ず両罰規定が付されている。

第二に、「脱税に関する罪」もすべての税目ごとに規定されているが、その内容には、特別徴収を原則とする税目に関する不納付犯の規定と普通徴収または申告納付を原則とする税目に関する逋脱犯の規定とが含まれている。これらの罪に対する法定刑の上限は、軽油引取税の不納付犯と事業税および住民税（法人税割・所得割）の逋脱犯が５年以下の懲役、水利地益税等の逋脱犯・不納付犯が１年以下の懲役、狩猟者登録税および軽自動車税の逋脱犯が10万円の罰金または科料とするほかは、すべて３年以下の懲役である。これと選択的に科され、または併科される罰金刑の上限は50万円（道府県民税利子割、入湯税、不動産取得税、自動車税、鉱区税、自動車取得税）、100万円（ゴルフ場利用税、特別地方消費税、固定資産税、道府県たばこ税、市町村たばこ税、特別土地保有税、事業所税、住民税（法人税割・所得割））、200万円（軽油引取税）、500万円（鉱産税、事業税）と様々であり、また、水利地益税等については10万円以下の罰金または科料とされているが、いずれの場合にも、情状により罰金刑の上限を逋脱税額まで引き上げることができるとする、いわゆる罰金スライド制の定めがある。

第三に、納税管理人の定めのある税目の場合（市町村民税、事業税、道府県民税、ゴルフ場利用税、不動産取得税、自動車税、鉱区税、固定資産税、鉱産税、特別土地保有税、事業所税）には、納税管理人に関する虚偽申告につき、刑事罰が科されている。ただし、このうち鉱区税についてのみ、不申告の場合も刑事罰の対象とされている点が他の税目と異なる。

第四に、狩猟者登録税、軽自動車税、および、水利地益税等を除くすべての税目に、国税犯則取締法の規定（ただし、地税21条の規定と重複する税犯22条と、罰則が必要とされる税目について対応する規定が個別に置かれている同法19条の2とは除く。）が準用されており、特に、消費税にあたる税目（ゴルフ場利用税、特別地方消費税、軽油引取税、入湯税、道府県たばこ税、市町村たばこ税）については、これを間接国税とみなして通告処分の対象とする旨の規定が置かれている。この場合、通告処分の趣旨の履行により納付されたものは当該道府県または市町村の収入とされるとともに、国税犯則取締法1条1項の職務を行なう徴税吏員の検査に対する検査拒否等の罪に対する罰（前述した税犯19条の2に対応する規定。法定刑はすべて3万円以下の罰金。）が定められている。

第五に、普通徴収の手続きが採用されている税目に関しては、通常、課税標準申告義務が課され、それに対応して課税標準申告書虚偽記載罪が規定されている。これらのうちで、市町村民税所得割、個人事業税および固定資産税に関する虚偽申告罪の三つは法定刑が1年以下の懲役または20万円以下の罰金であり、その他の罪は5万円以下の罰金である。

このほか、各税目の実体的性格や手続的な仕組みに応じ、開廃業報告義務（道府県たばこ税、事業所税）、自署押印義務（法人事業税、鉱産税）、特別徴収義務者としての登録申請義務（ゴルフ場利用税、特別地方消費税、軽油引取税）等の租税行政上の個別の義務違反について刑事罰が規定されている例も多い。

#### (ii)　行政罰

地方税法上採用されている行政罰は、**【表2-1】**（324〜325頁）にまとめたとおりである。この概観から以下のような点を指摘することができる。

まず、納付遅滞に対する利子の性格を有するとともに、履行遅滞に対する行政罰の性格をもつと考えられる延滞金[5]が、すべての税目について規定されている。ただし、国税については、一般的に、納税者の偽りその他不正の行

5）延滞金の性質については、参照、第6章。

【表 2-1】 地方税法における租税制裁

| | 徴収手続 | 申告義務違反<br>(虚偽申告罰金5万円以下<br>不申告過料3万円以下) | 納税管理人申告義務違反<br>(虚偽申告罰金3万円以下<br>不申告過料3万円以下) | 検査拒否犯等 g) | 延滞金 | | 加算金 i) | 脱税罪 j) | 滞納処分免脱犯<br>(3年50万円以下) | 徴収関係検査拒否犯等<br>(10万円以下) | 国犯法関係 k)<br>(手続準用間接国税扱い) |
|---|---|---|---|---|---|---|---|---|---|---|---|
| | | | | | 徴収不足額 h) | 期限後納付 | | | | | |
| 市町村民税法人税割 | 申告納付<br>*321-8* | | 虚偽申告 *301*<br>不申告 *302* | 1年20万円以下<br>*299* | *321-12* | *326* | | 逋脱 *324*<br>5年100万円以下 | *332* | *333* | *336* |
| 市町村民税所得割 | 普通徴収<br>*319* | 虚偽申告 *317-4* e)<br>不申告 *317-5* | | | *321-2* | | | | | | |
| | 特別徴収<br>(退職)<br>*328-5* | 不申告 *328-8* | | | *328-10* | | 過小免除なし<br>*328-11、12* | 不納付 *328-16*<br>3年50万円以下 | | | |
| 個人事業税 | 普通徴収<br>*72-24* | 虚偽申告 *72-56* e)<br>不申告 *72-57* | 虚偽申告 *72-10*<br>不申告 *72-11* | 1年20万円以下<br>*72-8、64* | | *72-53* | | 逋脱 *72-60*<br>5年500万円以下 | *72-69* | *72-70* | *72-73* |
| 法人事業税 | 申告納付<br>*72-24* | | | | *72-44* | *72-45* | 過小免除あり<br>*72-46、47* | | | | |
| 道府県民税法人税割 | 申告納付<br>*53* | | 虚偽申告 *30*<br>不申告 *31* | 1年20万円以下<br>*27* | *56* | *64* | | 逋脱 *62*<br>5年100万円以下 | *69* | *70* | *71* |
| 道府県民税利子割 | 特別徴収<br>*71-9* | | | | *71-12* | *71-13* | 過小免除なし<br>*71-14、15* | 不納付 *71-16*<br>3年50万円以下 | *71-20* | *71-21* | *71-22* |
| ゴルフ場利用税 | 特別徴収<br>*82* | | 虚偽申告 *80*<br>不申告 *81* | 5万円以下<br>*78* | *88* | *89* | 過小免除なし<br>*90、91* | 不納付 *86*<br>3年100万円以下 | *95* | *96* | *97*<br>間 *100* |
| 特別地方消費税 | 特別徴収<br>*118* a) | | | 1年20万円以下<br>*117* | *125* | *126* | 過小免除なし<br>*127、128* | 不納付 *122*<br>3年100万円以下 | *135* | *136* | *139*<br>間 *142* |
| 軽油引取税 | 特別徴収<br>*700-10* a) | | | 20万円以下<br>*700-9、26* | *700-31* | *700-32* | 過小免除なし<br>*700-33、34* | 不納付 *700-28*<br>5年200万円以下 | *700-39* | *700-40* | *700-43*<br>間 *700-48* |
| 入湯税 | 特別徴収<br>*701-3* | | | 5万円以下<br>*701-6* | *701-10* | *701-11* | 過小免除なし<br>*701-12、13* | 不納付 *701-7*<br>5年50万円以下 | *701-19* | *701-20* | *701-23*<br>間 *701-27* |
| 不動産取得税 | 普通徴収<br>*73-17* | 虚偽申告 *73-19*<br>不申告 *73-20* | 虚偽申告 *73-11*<br>不申告 *73-12* | 5万円以下<br>*73-9* | | *73-32* | | 逋脱 *73-30*<br>3年50万円以下 | *73-37* | *73-38* | *73-41* |
| 自動車税 | 普通徴収<br>*151* b) | 虚偽申告 *153*<br>不申告 *154* | 虚偽申告 *158*<br>不申告 *159* | 5万円以下<br>*156* | | *163* | | 逋脱 *160*<br>3年50万円以下 | *168* | *169* | *174* |
| 鉱区税 | 普通徴収<br>*184* | 虚偽申告 *186*<br>不申告 *187* | 虚偽申告・不申告<br>*191* f) | 5万円以下<br>*189* | | *196* | | 逋脱 *192*<br>3年50万円以下 | *201* | *202* | *205* |
| 狩猟者登録税 | 普通徴収<br>*239* c) | 虚偽申告 *242*<br>不申告 *243* | | 5万円以下<br>*245* | | *249* | | 逋脱 *326* 罰金・科料10万円以下 | *254* | *255* | |

| | | | | | | | | | | | |
|---|---|---|---|---|---|---|---|---|---|---|---|
| 固定資産税 | 普通徴収<br>364 | 虚偽申告 385[e)]<br>不申告 386 | 虚偽申告 356<br>不申告 357 | 1年20万円以下<br>354、397 | 368 | 369 | | 逋脱 358<br>3年100万円以下 | 374 | 375 | 437 |
| 軽自動車税 | 普通徴収<br>445[b)] | 虚偽申告 448<br>不申告 449 | | 5万円以下<br>451 | | 455 | | 逋脱 452 罰金・科料10万円以下 | 460 | 461 | |
| 道府県たばこ税 | 申告納付<br>74-9[d)] | | | 10万円以下<br>74-8 | 74-21 | 74-22 | 過小免除あり<br>74-23、24 | 逋脱 74-15<br>3年100万円以下 | 74-28 | 74-29 | 74-30<br>間 74-33 |
| 市町村たばこ税 | 申告納付<br>472[d)] | | | 10万円以下<br>471 | 481 | 482 | 過小免除あり<br>483、484 | 逋脱 478<br>3年100万円以下 | 485-4 | 485-5 | 485-6<br>間 485-10 |
| 鉱産税 | 申告納付<br>522 | | 虚偽申告 528<br>不申告 529 | 1年20万円以下<br>526 | 534 | 535 | 過小免除なし<br>536、537 | 逋脱 530<br>3年500万円以下 | 542 | 543 | 546 |
| 特別土地保有税 | 申告納付<br>598 | | 虚偽申告 591<br>不申告 592 | 1年20万円以下<br>589 | 607 | 608 | 過小免除あり<br>609、610 | 逋脱 604<br>3年100万円以下 | 614 | 615 | 616 |
| 自動車取得税 | 申告納付<br>699-10 | | | 5万円以下<br>699-6 | 699-19 | 699-20 | 過小免除あり<br>699-21、22 | 逋脱 699-16<br>3年50万円以下 | 699-26 | 699-27 | 699-28 |
| 事業所税 | 申告納付<br>701-45 | | 虚偽申告 701-38<br>不申告 701-39 | 1年20万円以下<br>701-36 | 701-59 | 701-60 | 過小免除あり<br>701-61、62 | 逋脱 701-56<br>3年100万円以下 | 701-66 | 701-67 | 701-68 |
| 水利地益税等 | 普通徴収<br>706 | 虚偽申告 715<br>不申告 716 | 虚偽申告 710<br>不申告 711 | 5万円以下<br>708 | | 723 | | 逋脱 724 1年罰金・科料10万円以下 | 729 | 730 | |
| | 特別徴収<br>706 | | 虚偽申告 710<br>不申告 711 | 5万円以下<br>708 | 719 | 723 | 過小免除なし<br>721、722 | 不納付 724<br>1年罰金・科料10万円以下 | 729 | 730 | |

＊イタリック体の数字は地方税法の条文番号を示す。

a）申告納付による場合あり。
b）証紙徴収による場合あり。
c）または証紙徴収による。
d）普通徴収の場合あり。
e）この場合、虚偽申告に対する刑事罰の法定刑は1年以下の懲役または20万円以下の罰金。
f）鉱区税の納税管理人についての不申告は、過料ではなく、虚偽申告と同様の刑事罰の対象となる。
g）表中「1年20万円以下」とは、1年以下の懲役または20万円以下の罰金が法定刑の上限であることを示す。他の罪についても同様。
h）更正、修正申告等の場合に生じる不足税額に対する延滞金の規定。
i）「過少免除あり」とは、自発的な修正申告等があった場合に、過少申告加算金を免除する規定があることを示す。
j）「不納付」とは「脱税に関する罪」の実質が不納付犯である（詐偽その他不正の行為が構成要件となっていない。）ことを示し、「逋脱」とはその罪の実質が逋脱犯であることを示す。
k）この欄は、上段が国税犯則取締法の規定を準用する旨の規定の条文番号を示し、「間」の表示は、さらにその税目に関する犯則手続が同法中の間接国税に関する手続きとされている場合に、その条文番号を示す。間接国税に関する手続きとされた場合には、常に、通告処分によって納付された金銭等は当該道府県または市町村の収入となる旨の規定、および、国税犯則取締法1条1項の職務を行う徴税吏員に対する検査拒否等の罪に対する罰の規定が置かれている。

為があった場合を除き、増額更正処分や修正申告が本来の納期限を１年以上過ぎてなされた場合には１年を超える期間を延滞税の計算の基礎から除外する除算期間の定めがあるのに対し（税通61条）、地方税においては除算期間が規定されていないのが通常であり、住民税（法人税割・所得割）および事業税についてのみ除算期間が定められている。なお、普通徴収の手続きをとる税目については、通常、延滞金は期限後納付についてのみ定められているが、固定資産税だけは、登記所への申請義務または市町村長等への申告義務等の違反があった場合に関連した納付不足額について延滞金が課されるという制度が設けられている。

第二に、国税における加算税に対応する過少申告加算金、不申告加算金および重加算金が、特別徴収または住民税法人税割を除く申告納付の手続きを採用している税目につき規定されている。これらの税目については、納入申告を含め、無申告で申告期限を徒過した後に決定があるべきことを予知せずに自発的に申告をした場合等には不申告加算金の割合を15％から５％に引き下げる規定があるが、一旦過少申告をした後にやはり自発的に修正申告をした場合には、鉱産税を除く申告納付による税目については過少申告加算金を免除する規定があるのに対し、鉱産税および特別徴収による税目については自発的修正申告の場合の加算金免除規定が存在しない。

第三に、課税標準申告を必要とする普通徴収の手続きを採用する税目については、すべて、課税標準申告の不申告の場合につき３万円以下の過料を条例で定めうることが規定されており、また、納税管理人を置くべきことが定められている税目のうち鉱区税を除く税目については、納税管理人に関する不申告についても同様の規定が定められている。

### ⑶　特　　徴

⑵で概観したところからも明らかなように、地方税における租税制裁は、賦課徴収手続きのあり方と強く関連している点に特徴があり、とりわけ、行政罰について顕著である。このことを前提としつつ、地方税における租税制裁の特徴を、国税に関する制度との比較を念頭に置きながらまとめてみよう。

第一に、地方税においては、加算金が一般的な制度として採用されていない。これは普通徴収の税目についてあてはまることであるが、普通徴収の税目には固定資産税や個人住民税、個人事業税等の重要な税が含まれていることには注意が必要である。また、2（330頁）で検討するが、申告納付の手続きを採用していながら、住民税法人税割についても加算金の制度は設けられていない。

課税標準申告等の義務違反に関し、加算金に代わって採用されている行政罰が「過料」である。前述したように地方税法は、課税標準申告や納税管理人に関する報告の解怠に対して、条例で3万円以下の過料を課すことを定めうるとしている。しかし、現実の税条例でこの過料の規定が置かれているとしても、たとえば課税標準申告の不申告の場合に、申告されるべき所得額の多寡にかかわらず3万円という過料は、それが手続上租税として賦課・徴収されえないことと相俟って、無申告加算税と同様の租税法違反抑止機能を果たしうるかどうかについては、大きな疑問をもたざるをえない[6)]。

第二に、国税については行政上の制裁である加算税が果たす役割が大きいのに比べ、少なくとも規定の上では、地方税に関しては刑事罰が大きな役割を期待されているように思われる。前述した普通徴収の課税標準申告についても虚偽記載は刑事罰の対象となるし、特別徴収にかかる税目に関し特別徴収義務者としての登録の不申請が制裁の対象となる場合も刑事罰が用いられている。また、納税義務者が国外に移動することに比べ地方公共団体の域外に移動することは可能性がより高いことが理由であると推察されるが、納税管理人に関する規定は地方税法においては国税におけるよりも詳細であり、国税通則法が納税管理人の不申告等に関する制裁を規定していないのに対し、地方税法上納税管理人の定めが置かれる場合には、原則としてその不申告には過料を課すことを定めうることが規定され、かつ、虚偽申告に関しては刑事罰も用意されている。無論、国税においても秩序罰の規定は多数にのぼるが、第一の特徴として述べたように行政上の制裁が弱いため、相対的には刑事罰が大きな地位を占めていると考えることができよう[7)]。

6）過料を課す場合には相手方に事前の告知と弁明の機会を与えることが義務付けられており（自治255条の2）、その手続きは加算金の賦課手続に比べて慎重さを要求するものとなっている。また、碓井・前掲注4）285頁は、「納税管理人に関する不申告に対して実際に過料を科した事例は皆無に等しいものと推測される」と述べており、過料の利用が活発には行なわれていないことを示唆している。

7）たとえば、課税標準申告の重要性が高いと考えられる市町村民税所得割、個人事業税、および、固定資産税（償却資産）についての虚偽申告罪の法定刑が他の税目よりずっと重く定められていることは、その抑止機能に期待したものと解することができよう。

ただし、このような刑事罰が実際にどの程度機能しているかは疑問である。平成6年度から同8年度までの3年間に地方税法違反で終局した事案は全地方裁判所を通じて4件にすぎないという事実からもこのような疑問が裏付けられる。[8)]

上記の二点をまとめると、地方税においては、普通徴収制度を採用しているものを中心として、重要な税目につき、有効な租税制裁制度が存在していない、という問題点を指摘することができる。

第三に、地方税法上の租税制裁には、「合理化」の必要性・可能性が残されていることも、その特徴として挙げることができよう。その一つは、制裁の範囲の合理的な限定である。たとえば、加算金について、国税と同様の除算期間を設けている税目は限られており、徴収手続上、除算期間の規定を必要としない税目もありうるかもしれないが、たとえば、申告納付を原則とする税目については、除算期間を設けることが合理的であろう。他の例としては、特別徴収制度を原則として採用している税目については、一旦過少申告をした後、更正処分等を予知しないで自発的に修正申告をし、差額を納付した場合に過少申告加算金を免除する規定が存在しない。厳密にいえば、特別徴収制度下での納入申告には修正申告の余地が認められておらず、そのため、制裁制度においてもこのようになっていると思われる。

このことは、法定外普通税に関する規定からもうかがい知ることができる。法定外普通税の徴収については、徴収の便宜に従い、普通徴収、申告納付、特別徴収、証紙徴収のいずれの方法を選ぶこともできるとされており（263条。以下、ここでは道府県法定外普通税の規定を引用する。市町村法定外普通税についても同様の規定がある。）、申告納付の場合の申告書と特別徴収の場合の納入申告書はあわせて「納入申告書」と呼ばれ、更正・決定、加算金等の規定がなされているが（276条、278条、279条）、278条1項の条文中に「修正申告書の提出」の文言があるにもかかわらず、更正を予知せずに自発的に修

8）各年度の『司法統計年報 2 刑事編』「表36-1」による。
また、若干古い資料であるが、平成元年度に都道府県で処理の対象となった犯則事件は34件であり（前年度からの繰越し6件、摘発28件）、うち24件が通告処分の対象となり（22件は通告履行、1件が通告不履行による告発、1件が履行未済）、直接告発された事案はない（自治省税務局編『地方税制の現状とその運営の実態』（地方財務協会・1992年）154〜155頁による）。この数字からも、地方団体における犯則調査が活発には行われていないことが推測できよう。

正申告書が提出された場合についての過少申告加算税免除は規定されていない。この規定の作られ方からもわかるように、納入申告書には修正申告書の提出の余地はなく、したがって、自発的な修正申告の際の過少申告加算金の免除の規定も存在しないというのが地方税法の考え方であると思われる。確かに、一般に、特別徴収にかかる場合には納入申告の頻度が高く、過去の納入申告の修正がなされることは考えにくいかもしれないが、その可能性は絶無とはいえず（たとえば、申告納付の手続きが採用され、修正申告の余地があるとされる税目の中で、道府県および市町村のたばこ税は毎月の申告納付が義務付けられており、特別徴収の納入申告と変わらない。）、特に、特別徴収制度については源泉徴収制度による国税がいわゆる自動確定の租税とされているのとは異なり、納入申告による納入すべき税額の確定という手続きを定めて、特別徴収義務者を納税義務者に擬した申告納税方式類似の制度を設けている以上、修正申告の可能性や過少申告加算金についても同様の扱いを定めるべきであろう。

合理化の可能性の第二点として、このように租税制裁の制度を比較対照した場合に、必ずしも合理的とは考えがたいような「差異」が税目によって存在することも指摘しておきたい。たとえば、申告納付の制度を採用する税目の中で、鉱産税のみ、過少申告加算金について自発的な修正申告にかかる加算金免除の規定がないこと、納税管理人の定めをもつ税目の中で鉱区税のみ納税管理人に関する不申告が過料ではなく罰金の対象とされていること等について、合理的な理由があるか否かの検討が必要である。さらに、脱税に関する罪や質問検査拒否等の罪の法定刑の差異も合理的な理由にもとづき統一的に説明しうるかという点には疑問なしとしない。これらの点は、制裁制度の合理化を通じて、その機能――租税法違反行為を抑止すること――を効果的に果たすという観点から、検討を必要とするものと思われる。

### 2　住民税・事業税に関する問題点

1において、地方税法上の各種の税目に関する租税制裁制度の概観を行なったが、利子割・均等割を除く住民税および事業税に関しては、別の観点からの検討が必要となる。それは、これらの税目が実体上または手続上、国税と密接な関係を有しているからである。

まず、個人に関しては、住民税・事業税とも所得税に準じて課税標準が計算される上、普通徴収が適用される場合には、住民税・事業税に関する課税標準申告の義務が課されていても、原則として、前年分の所得税の申告書の提出によって地方税の課税標準申告も提出したものとみなされることから、国税に関する申告書に誤りや詐偽等があれば、その効果は結果的には住民税や事業税にも及ぶことになる。その意味で、これらの地方税と国税とは実体的にはもちろん、手続的にも密接な関係を有している。

これに対して、住民税の法人税割や法人事業税に関しては、申告納付の制度が採用されており、みなす中間申告のような例外を除くと、法人税、法人税割および法人事業税のそれぞれについて別個に申告書を提出し、税額を納付しなければならない。しかし、法人税額を課税標準とする住民税法人税割はもちろん、法人事業税においても、その税額は原則として法人税の課税標準である所得額から導かれることとされており、その結果、やはり、法人税に関する誤りや詐偽等はこれらの地方税にも影響を与えるのである。したがって、これらの租税は実体的に国税と密接な関連を有するということができよう。

これらの租税について採用されている主要な行政上の制裁は各種の加算金であるが、それは、国税において所得税・法人税を通じて各種加算税が適用されるのとは異なり、加算金の適用範囲は全体のごく一部である。具体的には、法人事業税および分離して特別徴収の対象となる退職所得に対する住民税に限られる。国税との密接なつながりを前提として、この点をどのように考えるべきかがここでの問題となる。

まず検討すべきは、これらの制度が租税制裁としての十分な水準・範囲と、統一性を有しているか、という点である。言うまでもないことであるが、租税法上の諸義務、特に租税債権の確保に直接つながる税額の確定手続ないしそれに準じる手続きと税額の納付に関する義務の履行確保は租税制度のあり方を考える上で、その税額の内容と並んで重要な点であり、発覚した義務違反に不利益を課すことにより義務違反行為を抑止することを目的とする租税制裁制度が、その違反行為を抑止するに足る十分な水準を有し、かつ、その抑止すべき違反行為を制裁対象に含んでいるということは、それらの義務の履行確保にとってきわめて重要な仕組みである。反面、制裁制度がまちまちで、統一性を欠く場合には、制裁制度は全体として納税者からみた公正さを欠き、このことは期待された義務違反抑止効果を減殺してしまうであろう。したがって、この問題は非常に重要である。[9)]

まず、前者の点からみた場合、この分野では行政罰の対象とならない義務違反が多い。おそらくは普通徴収を原則としていることに起因していると思われるが、個人の場合、原則として、住民税にも事業税にも加算金の制度は存在しない。また、申告納付を採用しているため、手続的な観点からは問題がないと思われる住民税法人税割についても同様である。

次に、後者の統一性の観点からみた場合、分離して特別徴収の対象となるという手続上の特異性はあるものの、住民税の中で退職所得にかかる所得割のみが特別徴収義務者を対象とした加算金の対象となる（しかも、本来の納税義務者は課税標準申告義務を負うがその違反には過料が課されうるのみである）。これは、給与等に関する通常の特別徴収に関して同様の加算金の規定がないこととの対比で十分に検討を要する点である。さらに、同じ事業税について、個人の納税義務者は隠蔽・仮装行為にもとづく過少申告等であっても加算金の対象とならないのに、法人の納税義務者は過少申告等に対する加算金の対象となる。この点にも、手続上の理由以外に合理的な理由があるかどうかが検討されねばならない。

この法人事業税に関する加算金については、二以上の道府県で事業を行なう法人の分割申告納付との関係で重要な問題がある。二以上の道府県で事業を行なう法人はそれぞれの道府県に対して、事業税を法定の基準により分割して申告納付しなければならない（72条の48）。この分割基準の修正は当該法人の主たる事務所または事業所所在地の道府県知事（以下、「本店所在地道府県知事」と呼ぶ。）が行なうこととされ（72条の49第3項）、本店所在地道府県知事が分割基準を修正した場合には、これはそれぞれ関係道府県知事がした分割基準の修正とみなすこととされている（同条9項）。そこで、ある法人が行なった分割申告納付に関して、事業税の総額は変更されないまま、分割基準が修正された場合には、単純にいって、過大納付となる道府県と過少納付となる道府県とが生じることになる。そこで過少納付となる道府県におい

9）このような意味で制裁制度の適正さ、公正さを強調する考え方については、参照、第3章。

ては当該法人に対して事業税の算定に誤りがあることによる更正（72条の39第1項、72条の41第1項）が行なわれ、これに伴って、過少申告加算金（72条の46）――または具体的な状況に応じて重加算金（72条の47）――が課されることになる。事業税の総額に変更がなければ、本来、過大納付した道府県から還付を受けた税額を過少納付となっていた道府県に納付すればよいはずである（ただし、仮に、加算金が問題とならないとしても、延滞金と還付加算金との関係では問題が生じうる点には注意が必要である）。ところが、現在の制度の下では、それに加えて加算金を納付しなければならない場合が生じうるのである。このような制度の合理性については、詳細な検討が必要であろう。

これらの問題は、単に制裁の十分性と統一性の観点から、すべての税目について加算金ないしそれに類似の制度を設ければ足りると即断することはできない。それは、一つには、前述したようにこれらの税目においては国税との手続的または実体的な関連が非常に強く、国税における制裁の存在も考慮に入れねばならないからである。また、詳しくみると、収益を課税標準とする法人事業税の存在や、国の税務官署が所得税額等について決定を行なわない場合の道府県知事による独自の調査にもとづく個人事業税の賦課等、これらの税目についても内容または手続きが様々であり、それぞれに国税との関連の強弱や、納税者等に課される租税法上の義務の具体的な内容が異なる場合がありうることも重要な考慮要素となる。このため、この問題の検討はⅢで行なうこととする。

### 3　小　括

1および2における検討から、普通徴収による租税に関してどのような形で十分な行政上の制裁を構想すべきか、という問題意識と、所得・収益を課税標準とし国税と密接な関わりを有する税目について、十分かつ公正な制裁制度（特に行政上の制裁）はいかにあるべきか、という問題意識とを得ることができた。もとより、これらは大きな問題であって、簡単に解決しうるものではないが、Ⅲでは、これらの問題について検討し、若干の解決の方向を模索することとしたい。

# Ⅲ　問題点の検討

## 1　普通徴収と租税制裁

現行の地方税法において普通徴収の制度を採用している税目は、すべて、部分的にせよ納税者に課税標準申告を義務付けている。その税目は、住民税、事業税、不動産取得税、自動車税、鉱区税、狩猟者登録税、固定資産税、軽自動車税である。これらの税目は、住民税、事業税、および、償却資産に対する固定資産税を除くと、概ね、課税物件の存在と課税標準とが課税権者に把握しやすい。たとえば、不動産を取得した者は不動産取得税の課税標準申告の義務を負うが、不動産取得の事実そのものは不動産登記簿により明らかであるし、その課税標準は固定資産課税台帳に登録された価格によるから、課税標準の決定に申告を必要とすることはあまり考えられない。したがって、これらの税目を前提とする限り、課税標準申告義務違反に関する租税制裁について議論する意義は比較的乏しいということができる。問題はむしろ、後述する個人の住民税や事業税について新たな租税制裁を導入するか、という点にあるともいえる。

しかし、今後、「地方分権化」の流れの中で、各地方団体による新税の創設等がより柔軟に行なわれるようになる可能性をも考えると、なお、この問題も簡単な検討には値するものと考えられる。各地方団体が地方の実情にあった新税を設け、それを普通徴収により徴収しようとする場合には、そこにおける義務履行確保が重要な問題となるからである。

さて、制裁制度を法定の義務違反を抑止する制度として考えた場合、課税標準申告義務違反に対する制裁としては、虚偽申告や不申告の事実が発見された場合に機動的に課しうることと、申告義務違反行為を抑止するに必要十分な内容であること、の二つの条件を満たすことが必要である。後者については説明を加える余地はないが、前者についても、発見された申告義務違反のうち制裁の対象となる部分を拡大して、制裁の義務違反抑止機能を高めることが期待されるからである[10]。

10）筆者はかつて、重加算税についても、その機動的な賦課手続を維持すべきであるとの見解を示したことがある。その際に懸念される納税者の権利保護は、事後手続において図られること

前者の制裁賦課の機動性という観点からは、主要な制裁は行政上の制裁であり、かつ、租税と同様の手続きで賦課・徴収しうることが望ましいと考えられる。刑事手続はその性格上慎重にならざるをえないし、また、検察官による起訴を必要とするという点で機動性が期待しにくいからである。また、後者の観点からは、課税標準申告義務違反が過少な賦課処分を生じさせる（場合によっては賦課処分自体を不可能にする）おそれがある、という点に着目し、課されるべき制裁とその義務違反によって免れうる税額との間には、何らかの比例関係があることが望ましいと考えられる。なぜなら、定額の制裁では、税額との関係では過少ないし過大となるおそれが大きいからである。

このような観点からみると、課税標準申告義務違反に関し、虚偽申告には刑事罰を科し、不申告には過料を課すという現行法の仕組みは決して十分なものとは考えられない。この制度の趣旨は、課税標準申告はあくまでも賦課処分の一要素にすぎず、それによって税額が確定されるのではないから加算金の対象とはならないが、虚偽申告は正常な確定を危険にするという意味での危殆犯である、というものであろう。しかし、前述したように刑事罰は手続的な機動性に乏しく、用いられにくいものであるし、また、実際にもほとんど用いられていないと推察される。また、3万円以下の過料というのは、税額との関係では少額すぎる場合が多いと考えられるし、かつ、手続的にも租税と同様の賦課・徴収手続でなければ機動性を欠き、実効性に乏しいおそれがある。また、課税物件の発見そのものが困難な場合の不申告は、賦課処分そのものを著しく困難にしうるという点で、虚偽申告と質的に異なる、と一律に断言することは適当ではない。

以上のように考えた場合、課税物件の存在や、特に課税標準の決定について、課税標準申告の重要性が高く、その義務違反が税額決定に与える影響が大きい場合には、申告に従ったら決定されていたであろう税額と課税権者の調査等による正当な税額との差額（虚偽申告の場合）、または賦課決定された正当税額（無申告の場合）にもとづいた制裁は合理的でありうる。申告に税額確定の効果がないことを根拠とする反対論も考えられるが、租税の実体的な内容が上述した条件を満たす場合——現行法において虚偽申告を刑事罰の

---

となる。参照、佐藤英明「更正・決定、課税処分の手続」日税研論集25号（1994年）217頁以下。

対象とすべき実質的な違法性が存在するのはまさにこのような場合であろう――には、なお、制裁制度に合理性があるというべきである。ただし、そもそも課税標準申告に頼らねば賦課決定ができないような税については普通徴収の仕組みを採用すべきではない、という反論はありえよう。

具体的な制裁の内容としては、制度の簡素さという観点から考えても加算金制度を準用することが考えられる。課税標準申告の場合にはそのまま確定されるのではないから、加算金の場合よりも税率を下げるという考え方もありえようが、制度が複雑になる点に問題がある。この点は制裁の対象の限定――あらゆる課税標準申告に対して加算金制度を準用するのではなく、当該申告が有する重要性に鑑みて必要な場合にのみ準用すること――によって対応可能であろう。また、この場合の加算金の上限を定め、道府県知事や市町村長の裁量にかからしめるという制度も構想しうるが、制度の透明性と簡明さという観点からは、やはり加算金制度の準用がよいと思われる。

残された論点としては、制裁の賦課には現実の過少な賦課決定等を必要とするか、という点があるが、あくまでも正当な課税標準申告義務の確保が制裁の目的であり、その内容の決定要素として調査等により判明した正当な税額が用いられるという関係にあるのだから、現実の過少な賦課決定等がなくても制裁の発動は可能であると考えるべきであろう。

## 2　住民税・事業税における租税制裁のあり方

### (1)　現行制度の仕組み

現在の住民税・事業税において、その一部のみに行政上の制裁が採用されているのは、以下のような手続的および実体的な理由によるものと推測される。

第一に、個人住民税・事業税においては、原則として普通徴収（ないし特別徴収でもこれに準じる方法）で賦課徴収がなされるため、加算金のような行政上の制裁を採用する余地がないと考えられる。実体的にも、両税の課税標準は所得税の課税標準等を基準として算定されることになっており、かつ、前年課税主義が原則であるから、国税において正確な所得金額等を把握するための制度が存在する以上、これに加えて制裁制度を設ける必要はないと考えられるということも重要ではあろう。しかし、国の税務官署が所得税額等を決定しない場合や年度中の事業廃止の場合等には道府県知事や市町村長が独自の調査により賦課決定を行なうがこれらの場合にも制裁が課されていないことから、やはり賦課徴収手続上の理由が大きいものと思われる。この結果、現年課税の対象となり、納入申告を基礎とする通常の特別徴収制度を採用している退職所得に対する分離課税についてのみ、特別徴収義務者に関して加算金の制度が設けられるにとどまっている。

第二に、法人に関しては各税が申告納付の制度を採用しているので、手続的には加算金の制度を設けることに問題はないが、住民税法人税割はその実質が法人税の付加税であることから、やはり、課税標準の正確さ等については法人税の制度において担保されることが期待されているため、独自の制裁制度が設けられていないと考えるべきであろう。これに対して、所得を課税標準とする場合には法人税におけるそれと一致することが前提とされている法人事業税（したがって、道府県知事は更正の前提として法人税の更正・決定を国の税務官署に請求しなければならない。）において加算金の制度が採用されているのは不均衡であるが、課税標準が収入金額等の場合が含まれているからだと解すべきであろう。

前述したように、以上のような現行制度は統一性という観点からも、必要性という観点からも不満足な制度であると評価せざるをえない。それでは、現行の課税の内容・手続きを前提とした場合、どのような改革の方向が考えられるであろうか。

### ⑵　制度変更の方向性

現行制度を変更する場合に、第一に考えられるのは、地方税のレベルでも住民税・事業税を通じ独自の租税制裁制度を導入して、全体として国税と二本立てにする、という方向である。普通徴収の場合であっても１で検討したように加算金の準用が可能であるという前提に立てば、このような制度を構想することも可能である。特に、この案は制裁制度の必要性・統一性の要請を形式的に満たす観点からは高く評価されうる。

その反面で、⑴で推測したような現行法の基本的な考え方、特に、個人について前年課税主義・所得税準拠主義により課税される場面や、法人税の付加税としての性格が強い場面では地方税独自の制裁制度を設ける実体的な必要性に乏しいと考える立場からは、必要以上に制裁の対象を拡大するものだという批判が可能である。このことは、比喩的には、1枚の申告書を提出することによって、何回も制裁の対象となりうる、ともいうことができる。みなし申告の制度を有する個人住民税・事業税の場合にはこのことが顕著であるが、法人においても、法人税の申告書に誤りがあれば、多くの場合法人住民税・法人事業税についても同様の誤りがあることになり、加算金と制裁は三重に課せられることになろう。これは、もともと三つの税が関係する場面であるから当然だとの考え方も成り立つとは思われるが、なお、制裁が実体的には必要性の範囲を超えるのではないかとの疑問が生じうる[11]。

この疑問に答えるためには、上記のような制裁の重複の危険性があっても、なお、独自の制裁制度を地方税が採用すべき積極的な意義を示す必要がある。そこでは地方税の納税に関する意識——たとえば、形式上は1枚の申告書だが実質的には3枚分なのだという意識——を強調することが必要であろうし、また、正面から議論しにくい問題ではあるが、加算金が地方団体の収入となることも重要な論点になるであろう[12]。

第二に考えられるのは、第一の場合とは逆に、住民税・事業税に関しては地方税レベルでの租税制裁を廃止し、国税レベルに一本化するという方向である。この考え方は制度相互間の統一性を強調するものであり、実体的には、国税レベルで申告等の適正化を図り、地方税はそれに従うのが全体として効率的な制度設計であるという立場に基礎を置くことになる。現行法の枠組みをなす個人における前年課税主義・所得税準拠主義およびみなし申告の制度と、法人住民税や一部の法人事業税の法人税の付加税的な制度の作り方を前提にすれば、この第二の方向は現行制度と整合的な発想であるということができよう。この考え方に従えば、前に指摘したような分割納付と租税制裁が関連するような問題も回避できることになる。

しかし、現行法を前提とする限りは、この考え方に対しては、なお、国税レベルでの適正さの維持のみでは地方税レベルでの十全な制度執行は確保しえないのではないか、という批判がありえよう。この批判は次の第三の考え方を導くものである。

---

11) このような制裁の重複と制度の公正さという発想については、参照、第3章。
12) 参照、福家俊朗「加算税制度の意義と重加算税—法的論理と機能の相剋」税理29巻3号(1986年)8頁。

すなわち、第三に考えられるのは、制裁制度の対象を謙抑的に、必要性の最少範囲内に限定するという方向である。これには、実体上または手続上、国税と重複する範囲では地方税レベルでの独自の制裁の必要性を否定しつつ、国税と重複しえない範囲に制裁の対象をしぼり、かつ、その範囲では現行法よりも制裁の対象を拡げようとする立場がありうる。

この立場から肯定されうる制裁対象は二種類ある。その一つは、手続的な理由で地方税が国税を利用しえない場合である。典型的な例としては、国の税務官署が決定をしない場合に地方公共団体の長が独自調査により賦課処分を行なう場合や、事業税に関し年度中に事業廃止があった場合などが挙げられる。しかし、これらの場合に関する租税法上の義務違反に制裁を課すことには強力な反対がありうる。なぜなら、この場合に地方税レベルで制裁を課すとすれば、結局、地方公共団体が先に課税に着手した場合にのみ、納税者は二度の制裁にさらされる危険があるからである。たとえば、国が決定処分をしないので地方公共団体が独自調査により地方税の賦課処分をした上、加算金を課したところ、遅れて国が決定処分と無申告加算税賦課処分を行なうような場合が考えられる。国の決定処分が先行していれば、無申告加算税のみで済むとするなら、納税者にとっては、自らコントロールできない事情によって制裁の回数が増える危険性があるのである[13)]。ただし、制裁の必要性という観点からは、年度中の事業廃止の場合の事業税の課税標準申告等は、手続きの上では重要性は大きいと考えられる。

今一つは、実体的にみて国の制度に依存できない場合がありうる。たとえば、収益を課税標準とする法人事業税がその例であるが、事業税において外形標準課税等が行なわれるようになれば、それらもここに含まれることになる。これは国税レベルでの法人税等の申告書の提出のみではなく、独自に事業税の課税標準申告を必要とする場合であると考えられる。その意味で独自の制裁を設ける意義は大きい。しかし、これに対しても、同じ事業税の納税義務者であっても、たとえば事業内容により所得を課税標準とされる場合と外形標準課税の対象となる場合とがあり、前者については制裁の可能性は1

13)　この問題は、国と地方のうち、先に決定処分等を行なった方のみが行政制裁を課するという択一的な制度を構想することによっても、合理的には解決できない。国税と地方税との課税標準額や税額が異なり、新たな不均衡を生じるからである。

回だが、後者だと２回（国税と地方税）というのは制度として統一性を欠くのではないか、という批判はあろう。無論、異なる課税だから仕方がないという対応もありうるが、なお、考慮すべき要素ではあると思われる（同じ申告納付の場合、いわば提出すべき申告書の枚数は同じなのに、一方は誤りが１回の制裁しか引き起こさず、他方は２回の制裁の引き金となるという事態をどのように評価すべきかという問題である）。

このように、第三の方向にもとづく制度設計は、統一性の観点からの批判を招くが、そもそもこの考え方が制裁制度の統一性よりも制裁の必要性に着目していたことに留意すれば、対立は技術レベル以前の問題であると捉えることもできよう。

⑶　小　　括

現行法の住民税・事業税に関する実体的な内容を前提とする限り、考えうる制度変更の可能性はどれも一長一短であり、完全な制度というのは見出しがたい。あえていえば、制裁の対象を単なる課税標準申告書不提出等や課税標準申告書の過少な記載から、さらに、脱税事案等の悪質な義務違反の事案にしぼるという前提の下で、第三の方向にもとづき制度変更を考えることが次善の策であるといえるかもしれない。制裁の対象を悪質性の高いものにしぼれば統一性の観点からの批判を弱め、かつ、最低限必要な制裁制度を維持しうるからである。

しかし、このような次善の策を模索する以上に重要だと思われるのは、今後の地方税のあり方と整合的な租税制裁のあり方を考えることである。⑵の最後でも若干触れたように、地方税の内容が変化する可能性を視野に入れることが、現状では必要であると思われる。

現在においてこの問題に断定的に答えることは筆者の能力からして不可能であるが、もし、制度の効率という点を重視するなら、シャウプ勧告で一旦分離された国税と地方税が手続的には後者が前者に対する依存傾向を強めてきたという制度の沿革や、地域間の交通・通信システムが飛躍的に改善され、所得稼得活動・事業活動が一地域内に限定されることが少なくなっているのに伴い、地方公共団体が域外の納税者に租税の賦課徴収をする必要性が大きくなっていること、国税においては複雑化する経済取引に対して課税を行なう専門家を特化して養成しうるのに対して、人材の養成という側面からも地方公共団体には困難が伴うこと、等を考えあわせれば、所得・収益分野の租税の賦課・徴収手続は国税に対する依存傾向を強めるのではないか、または、効率性の観点からすれば、それが望ましい方向ではないか、と考えられる。この場合には、赤字法人課税を念頭に置いた事業税等の外形標準課税の導入の際にも、法人税の申告書から計算可能な要素（あるいはそれに付記することを義務付けうる要素）が課税に用いられるべきである、ということになろう[14)]。

もしも、このような大胆な想像にもとづくならば、この分野での地方税レベルにおける制裁は国税におけるそれに吸収する方向で考えるべきだということになるものと思われる。

## Ⅳ　結びに代えて

本章では、通常、あまり顧みられることのない地方税における租税制裁制度について、特に行政上の制裁を中心としてごく簡単な概観と検討を行なった。ここでの検討の結果は以下のようにまとめることができる。

①　地方税法上の様々な税目につき、採用されている制裁制度相互間の均衡・不均衡について、調整・合理化を進める必要がある。

②　現行の地方税法においては、特に行政上の租税制裁につき、当該税目で採用されている賦課徴収手続を基準にした制度設計が行なわれている。この結果、特に、普通徴収制度下の課税標準申告義務違反に対する租税制裁制度の整備不足が指摘される。制裁制度の採用は当該税目の賦課徴収制度と直接の結び付きを有するものとして構成される必要はなく、実体的な必要性に応じて、普通徴収制度の下でも加算金を準用した制裁制度の採用は可能である。

③　現行の地方税の中で、所得・収益等を課税標準とする住民税・事業税に関する制裁制度は、制裁制度の必要性および統一性の観点から問題がある。現行法の下では、統一性を犠牲にし必要性に応じた租税制裁制度

---

14）なお、この点については、参照、水野忠恒「大蔵省・国税庁分離と徴収一元化論に対する疑問」税経通信52巻15号（1997年）32頁、阿部泰隆「地方税の賦課徴収の効率化と税務署への委託」税務経理7921号（1997年）2頁。

の拡充が一つの方向であるが、なお、今後のこの分野における税制の発展に応じた、実効的な租税制裁制度の設計が残された課題である。

一方で普通徴収に関連する行政上の租税制裁の必要性を論じ、他方で所得・収益課税分野における租税制裁の縮小・廃止を示唆する上述の結論は矛盾している印象を与えるかもしれないが、仮に、今後の地方税制において、所得・収益分野の課税については国税に依存し、他方、財産税を含めたこれとは異なる税目——現在の法定外普通税にあたるような、ある地方に特殊な事情に応じた特殊な税目を含め——については、地方団体の自由度が増すというような棲み分けがなされていくならば、前者についてはその複雑な執行を国税レベルに委ねるとともに、後者については各地方団体における実効的な執行体制が必要とされることになると思われ、そのような立場に立てば、必ずしも矛盾した結果を示したものとは考えられない[15)]。

本章における検討に残された課題は多いが、特に、ここでほとんど触れなかった問題として、個別の税目の内容に応じた制裁制度の検討という点がある。地方税においてはある税目に固有の問題状況に対応して、他の場合とは異なる制裁制度が採用されることがありうる。たとえば、現行法においては軽油引取税がその例である。この税目に関してはその賦課徴収手続に関する制度設計に対応し、他の税目とは異なる多くの種類の刑事罰が規定されている。また、地方税における制裁制度が、多く、その賦課徴収手続と関連していることから、同じ税目について複数種類の賦課手続が規定されている場合における、租税制裁制度の統一性という問題点も検討すべきである。

本来、地方税の各税目は国税の各税目と同じく独立した租税であり、したがって、その仕組みに応じた固有の制裁制度を有していることは驚くに値しない。たまたま地方税法がその概観を可能にしていることは、税目相互間の比較を可能にするが、それは各税目の特徴を無視するものではないはずである。本章では制裁制度の統一性という観点をやや強調しすぎたきらいがあるが、それは相互に比較可能な制度に関する統一性であり、本来異なる租税間の差異を無視する趣旨ではない。その意味で、各税目の実体的特徴や採用さ

15) 中里・前掲注3）254頁は、所得課税に批判的な立場からの、また、実体的な制度の議論の結論としてではあるが、地方団体の企業課税として望ましいのは、「地域との結びつきの明確なもの（たとえば、不動産や小売）」ではないか、との見通しを示している。

れている固有の手続き等と関連させて各税目が採用している（あるいは、していない）制裁制度の合理性や問題点について研究を行なう必要が大であるといえよう。

# 第３章

# 過少申告加算税を免除する「正当な理由」に関する一考察——IMPACTを手がかりとして

## Ⅰ　はじめに

国税通則法65条に定められた過少申告加算税は、その適用件数は多いもの[1)]の、その比較的「軽い」性格のゆえか、従来、租税法の研究の中ではあまり注目されてこなかった分野であるように思われる。加算税を研究対象とする租税法の領域はその体系により、附帯税[2)]、租税過料法[3)]ないしは租税制裁法等[4)]とされており、その領域の研究もこれまで必ずしも盛んであったわけではないが、さらに、その研究の中心は、どうしても、比較的負担が重く、また制裁としての性格が色濃く現れている各種重加算税に置かれがちであった。それゆえ、過少申告加算税は、いわば、租税法における特殊な領域の中でも、特に「マイナー」なテーマであったのである[5)]。

---

1）たとえば、法人税のみに限定しても、平成２年度に賦課された過少申告加算税は13万8,874件にのぼる。これは、同年度中に課された無申告加算税の１万336件はもちろん、重加算税の６万9,258件をもはるかに上回る。ただし、金額ベースだと過少申告加算税の総額は重加算税の総額の３分の２程度であり、その比較的軽い性格がうかがわれる（統計は国税庁統計年報書による）。

2）このように扱うのが、金子宏教授の体系であり、現在の通説といえよう。参照、同『租税法〔第４版〕』（弘文堂・1992年）459頁以下。この体系に従った附帯税の研究としては、参照、品川芳宣『附帯税の事例研究』（財経詳報社・1989年）。

3）この体系をまとめたものが木村弘之亮教授の労作である。参照、同『租税過料法』（弘文堂・1991年）。

4）制度の機能論という見地からこのように扱うのが筆者の立場である。参照、第１部。

5）筆者自身も第１部における議論の中心を重加算税と逋脱犯処罰に置いており、過少申告加算税の問題を十分に扱ったわけではない。その意味では、本章は第１部の補足ともいうべきものである。

なお、過少申告加算税に関する近年の研究としては、石倉文雄教授の論文がある。参照、同「加算税制度の沿革と目的」日税研論集13号（1990年）３頁、「過少申告加算税・無申告加算税・不納付加算税」同23頁。

本章は、この過少申告加算税につき、アメリカにおける法改正を手がかりにして、問題の所在を探り、できればその解決の方向を見出そうとするものである。このような考察にあたっては、第1部第1章で述べた「機能論的な立場」に立つこととしたい[6)]。この立場からは租税法上の制裁制度は、それが対象とする租税法違反行為をしないようにインセンティブを与え、そのような行為を企図した者に実行を思いとどまらせるために作られる制度であると考えられる。以下では、この立場から、できるだけ効率的に租税法規違反行為を未然に食い止めるにはどのような制度または解釈・運用であるべきか、ということを考えつつ、過少申告加算税に関する具体的な問題を考察していくこととしよう。

## Ⅱ　IMPACTとわが国の制度

### 1　IMPACT成立の経緯とその内容の概観

#### (1)　序

アメリカ合衆国においては、1987年以降、連邦議会は「史上初めて」ともいうべき、内国歳入法典上の民事罰規定の大幅な見直しに乗り出し、その努力は、1989年の歳入復活法（Revenue Reconciliation Act of 1989）の一部である「改正罰則執行及び協力税法」（Improved Penalty Administration and Compliance Tax Act: IMPACT）として実った[7)]。

IMPACTの内容は、申告が不正確な場合の納税者本人に対する民事罰の改正、申告が遅れた場合の納税者本人に対する民事罰の改正、および納税者の補助者や情報申告の提出者等第三者に対する民事罰の改正の三つに大別することができるが、ここで考察の対象とするわが国の過少申告加算税に関係するのは、このうち一つ目の「納税者本人に対する申告が不正確な場合の民事罰（Accuracy-Related Penalties）」であり、より正確にいえば、そのうち、民事詐偽罰以外の民事罰に関する規定の改正である[8)]。しかし、その内容を

6）参照、第1部第1章第1節（7頁）。

7）IMPACTにより改正された主な民事罰規定の内容と、それに先立ち内国歳入庁において作業委員会が行なった民事罰に関する研究については、参照、第1部第2章第3節（143頁）。

8）このうち、民事詐偽罰については、参照、第1部2章第3節（151頁）。

また、無申告加算税およびアメリカの遅滞罰については、これから過少申告加算税を念頭に

みる前に、IMPACT が直面していた問題状況と、IMPACT がいかにそれらの問題に対処したかを概観することが、その詳細を理解する上でも、また、わが国との比較法的研究をする上でも有益であると思われる。[9)]

### ⑵ IMPACT が直面した問題とそれへの対処

第1部で触れたように、アメリカの連邦税に関する民事罰規定は、特に1981年以降増加の一途をたどり、1987年には実に150個の民事罰規定が内国歳入法典に定められていたといわれる。[10)] これらは租税実体法の改正や手続規定の改正に伴い、バラバラに規定されることが多かったため、1987年には全体として多くの問題を含むようになっていた。それらの問題の中でも特に重要なのは、制裁の対象が重複しており一つの行為に複数の制裁規定が重複して適用される可能性があったという点、制裁規定が全体としてあまりに複雑であったという点、および、このような無秩序に規定された制裁が全体として適正さを欠いていたという点である。[11)] これら三つの点について以下で少し詳しく説明しよう。

第一に、これらの民事罰の規定は統一的な見地からではなく、個別に、悪くいえば行きあたりばったりに導入されてきたため、それらの制裁規定の対象が重複しており、一つの行為が合理的な理由もなく複数の民事罰規定の対象となることがありえた。このことは特に、申告額が正当税額を下回る、いわゆる申告不足額が存在する場合に顕著であった。たとえば、あるタックス・シェルターに関係した申告不足の例では、資産の過大評価に対する制裁、実質的過少申告罰、懈怠罰および租税を動機とした罰則的利子という4種類の民事罰関連規定が適用される結果、その総額はもともと納付すべき正当税額を超えることにすらなっていたとされる。

第二に、当然のことながら、このような膨大な民事罰規定は大変に複雑なものとなった。ある研究によれば、これらの民事罰規定に含まれていた罰則の内容やその宥恕に関する「基準」は13種類にものぼったといわれている。

---

置きつつ行なうのとほぼ同様の検討の余地があるが、紙幅の関係から本章ではこの問題は割愛する。

9) なお、叙述の都合上、IMPACT に関する以下の記述は必要なポイントに触れるのみである。いくつかの規定の改正後の包括的な内容については、参照、前掲注7)。

10) 参照、第1部第2章第3節(131頁)。

11) 以下の記述については M. I. Saltzman & B. T. Kaplan, Civil Tax Penalties Reform ch. 1 at 2-3 (1990) による。

第三に、このように重複し、複雑でもある民事罰規定は、全体として適正な制裁の水準を超え、租税法違反行為を未然に防止するどころか、かえって納税者の反発を招く可能性があった。さらに、実体租税法の改正が非常にしばしば行なわれていた時期には[12)]、真面目に納税しようとしている納税者にとっても改正税法を完全に理解し、それに従うことは非常に困難であったという事情も、このような膨大な制裁規定を全体として不適正ならしめる要因であったといいうる。

このような状況を前提として、下院は1987年に歳入委員会に小委員会を設置し、内国歳入法典上の民事罰規定の改正に取り組んだ。この間に内国歳入庁でも同様の作業が進められ、さらにABAやAICPA等の職業団体でも同様の研究が進められた。申告不足に関する民事罰規定に限っても、ABAは評価に関する民事罰と実質的過少申告に対する民事罰とを廃止し、不正確な申告については、それが懈怠による場合、故意に法規等を無視した場合および詐偽の場合にそれぞれ不足税額の25%、50%、100%の民事罰を課すというモデル草案を公表していたし[13)]、内国歳入庁も、詐偽および重過失による不正確な申告には不足税額のそれぞれ100%、50%の民事罰を課し、納税者が正確な申告をするために合理的な注意を払わなかったか、必要な開示を行わなかった場合に申告が不正確であれば、不足税額の20%の民事罰を課するという案を発表していた[14)]。

IMPACTはこれに対して、申告不足に関わる従来の懈怠罰、実質的過少申告罰、資産の実質的過大評価罰、年金債務の実質的過大申告罰、および、遺産ないしは贈与に関する実質的過少評価罰を統一的に規定してその率を一律20%とした上で同一事案にこれらの民事罰規定が重複して適用されることがないようにしたほか、これらの民事罰に関する免除事由も統一した[15)]。これによって、第一に、不合理な制裁の重複や合理的な理由のない制裁内容の相違がほとんどなくなり、第二に、免除事由が制裁ごとに異なるなどの不

12) Id. at 3によれば、1981年から1986年までの間に行われた改正は、内国歳入法典の「項（subsection）」レベルで数えると、実に6006項分にも及ぶといわれている。

13) Id. at 6.

14) Id.

15) 内国歳入法典6662条・6664条に規定されている（以下、本章において、同法の規定であることが明らかな場合は法典名は省略する）。

必要に複雑な規定がかなりの程度簡素化され、さらに、第三に、これらの改正を通じて、制裁規定全体としてかなりの程度適正化が図られたと考えることができよう。

## 2　IMPACTが提起した問題点とわが国の制度――問題点の所在

それでは、IMPACTおよびその立法過程――繰返しになるが、ここではそのうち過少申告に関わる規定に対象を限定している――において明らかになった内国歳入法典上の民事罰規定の欠陥と同様の問題点がわが国の租税法上は存在しないのであろうか。次にそのことが問題となる。

まず第一に、制裁の対象の重複については、現行の国税通則法上の各種の加算税には、この点で何らの問題もないといってよい。確かに、重加算税と逋脱罪の関係については、同一事案にこれらの双方を課するのは憲法上禁止されている二重処罰にあたるのではないかという見地からしばしば問題提起がなされているが[16)]、この問題は、ここで考察している民事的な罰則間の対象の重複という問題とはその本質を異にしていることは明らかである。

また、不足税額の一部が懈怠等の民事罰の要件を満たしている場合に、その不足税額全体が民事罰則金の金額の算定基準となっている場合には、これを不合理とし、民事罰の算定基準となるのはそのような事由が及ぶ不足税額に限られるべきだという見地からの改正――targetingと呼ばれる――もIMPACTには含まれている[17)]。

この点は、周知のように、わが国の重加算税については、不足税額のうち「隠ぺい仮装」によらない部分はその算定基礎としない旨定められている（税通68条1項・2項のそれぞれ三つ目の括弧書、同条3項の二つ目の括弧書）ので、この限りではtargetingも合理的になされているといいうる。これに対して、過少申告加算税については過少申告額のうち「正当な理由」がある部分以外はすべて加算税の対象となるが（同65条）、これはそもそも過少申告加算税が規定上、増差税額の存在以外を賦課要件としていないことによるものであって、ここにはtargetingの問題は存在しない。また、なお残る「正当な理由」の点については後述する（356頁）。

16）この問題をめぐる議論については、参照、第1部第1章第2節（19頁）。
17）特にIMPACTは懈怠罰についてこの問題を解決した。参照、第1部第2章第3節（144頁）。

この制裁の対象の重複の問題は、制度が最低限合理的か、という問題であると考えられるが、以上の考察にてらすと、この点で、現在のわが国の制度には大きな問題はみられないといってよい。

第二に、制度が簡素か、という問題がある。この問題は、制裁の機能論の見地からは、制裁制度が「効率的か」または「合目的的か」という問題であるということができる。なぜなら、制度があまりに複雑で制裁の原因となる（違反）行為とその結果たる制裁との関係が納税者に明確にわからない場合には、違反行為を企図する者に負のインセンティブを与えてその実行を思いとどまらせるという制裁制度の抑止機能が働きえないからである。この意味で、制度の簡素さは、制度の合目的性と一致しているのである。

この点で、わが国の過少申告加算税の制度は、その規定の書き方は必ずしも平易ではないが、その積極要件の意味するところはきわめて単純であり、制裁制度として機能しやすいものとなっている。その限りでは、この制度は合目的的であるということができよう。

しかし、制度が「合目的的か」という観点からは、制度は単に簡素であればあるほど良いということにはならない。それは同時に、それぞれの違反行為に見合った制裁を含む程度には複雑である必要がある。そうでなければ、制度に対するより重大な違反行為を抑止する機能が相対的に弱いことになってしまうからである[18)]。この点に関しては、ABAのモデル草案および内国歳入庁案の双方が故意による法規等の無視または重過失による不正確な申告という、詐偽よりは軽いが単なる過失よりは重大な行為類型に対してこれらの中間的な罰則（どちらも不足税額の50%の民事罰。）を規定していたことが想起される。

周知のように、わが国の過少申告加算税も、当初の申告額が正当税額全体に対してあまりに少額であるような場合には制裁が加重される仕組みとなっており[19)]、この点で一定限度の複雑さを有してはいるものの、これで十分か

---

18）厳密にいえば、これは、制裁制度がより軽い違反行為に対応する軽い制裁のみを規定している場合についての説明にすぎない。「簡素」な制度としてはこの逆、すなわち、重い制裁のみを規定している場合も考えられるが、この場合には、すでにIMPACTの成立経緯について述べたところから明らかなように、制度の「適正さ」の問題が生じることになるであろう。

19）国税通則法65条2項は、不足税額が期限内申告額または50万円のいずれか多い金額を超える場合には、その超える部分については本来の税率よりも5％高い税率で過少申告加算税が課されるべきことを定めている。

どうかについては、前述したABA草案等との比較においても議論の余地はあるように思われる。しかし、IMPACTは結論においてABA草案や内国歳入庁案にあったような意図的な法規の無視または重過失による過少申告に対する加重された制裁を採用せず、従来どおり、これらの事由による過少申告も一般的な懈怠等による過少申告の一種として位置付けたし、制裁の重複を防ぐことに力点があったこともあり、特定の事由による過少申告への制裁の加重はその重要な目的となっているとは言いがたい[20]。このため、IMPACTのみを直接の手がかりにして上記の問題を検討することは必ずしも適当とはいえないであろう。このような考察と紙幅の制約に鑑み、過少申告に対する制裁の加重要件については、ここではその問題点を指摘するにとどめ、詳しい検討は、別の機会に譲ることとしたい。

最後に、制度が「適正か」という問題がある。ここには、制裁の水準や免除事由などのほか、制度自体の問題ではないが、制裁の適用対象の選択のされ方等の執行上の問題までが含まれ、全体として制裁制度が租税法違反行為を抑止し、納税協力の向上に役立つものであるかどうかが問われることになる。

この点に関しては、IMPACTはすでに述べたように、民事罰ごとに内容がバラバラだった免除事由を統一したり（6664条(c)）、（所得税に関する実質的過少申告罰を残したものの）内国歳入庁が「実質的権限」と考えるもののリストの公表を毎年義務付ける（6662条(d)(2)(d)）など、かなりの進歩がみられる。また、立法化はされなかったものの、下院の報告書においては、実質的過少申告罰に関連して、内国歳入庁が日常的なルーティーン・ワークとして適用せず、1件ごとに賦課が適当かどうかを吟味すべきであると指摘している点[21]や、後に触れるように、関連する情報が十分に開示されている場合には制裁を課さないようにすべきだとしていた点[22]など、IMPACTを立法した議会が制度の「適正さ」に非常な関心を払っていたことが推察される。

このような制度の「適正さ」という観点からは、わが国の制度にも、なお

20）ただし、IMPACTによる改正後の6662条(h)にも例外的に過大または過少な財産等の評価にもとづく過少申告について、その基礎となる財産評価があまりにも過大または過少だった場合に関する加重事由が定められている。
21）House Report（Budget Committee）No. 101-247, to accompany H.R. 3299 at 1393.
22）Id.

検討すべき点が残されているように思われる。周知のように、現在の課税実務においては過少申告加算税を免除する「正当な理由」の範囲はきわめて狭く、一旦、過少申告が発見された場合には、過少申告加算税が課されないケースはきわめて稀であるため、ここで、その運用、ひいてはそのような運用を可能にしている制度自体に問題はないかということが疑問に思われてくるからである。この場合、現行法上の手がかりとしては、ここで述べた、過少申告加算税を免除する「正当な理由」の解釈が問題となってくる。

それでは、ここで指摘した制度の「適正さ」を保つ重要な要素の一つである「制裁を免除する条件」に関しては、IMPACTおよびそれに関する財務省規則はどのような考慮を払っているのであろうか。次にこの点を少し詳しくみることとしたい。

## Ⅲ　IMPACTにおける制裁免除事由

### 1　合理的な理由があり善意である場合の制裁の免除

IMPACT後の内国歳入法典および財務省規則上の過少申告に関する民事罰の免除事由は、大別して、民事罰ごとに定められている情報の開示による免除と、関係する全部の民事罰に共通の「合理的な理由があり善意である(reasonable cause and good faith)」場合の免除とに分けられる。本章でもこの二つの場合に分けて、その内容を概観する。まず、後者から取り上げよう。

第1部第2章（143頁）において述べたように、この点に関するIMPACTの改正には二つのポイントがある。その第一は、それぞれの民事罰規定ごとに少しずつ異なっていた制裁免除事由を「合理的な理由があり善意である」場合として統一したこと（6664条(c)(1)）。その第二は、従前、一部の民事罰については過少申告に合理的な理由があるとき等には内国歳入庁長官が民事罰を放棄することができるとされ、これは長官の自由裁量であってその権限の行使に逸脱がない限り、その当不当は司法審査の対象とならないとされていた点を改め、制裁の免除に関する長官の判断を全面的に司法審査の対象としたことである[23]。これにより納税者は要件を満たす場合には、いわば権利

23）参照、第1部第2章第3節（146頁）。

として制裁の免除を法廷で争うことができるようになったのである。

では、この「合理的な理由があり善意である」という要件は、具体的にはどのような場合を指すのであろうか。これについては、IMPACT改正後に発表された財務省規則[24)]が重要な手がかりを提供している。

財務省規則によれば、ある事案が免除事由にあたるかどうかは、関連するすべての事実を考慮した上で事案ごとに決めるべき問題であるが、その中でも最も重要な要素は、「自分の正しい税額を決定しようとした納税者の努力の程度」であるとされている。このことについては、具体的に規則がその内容の例を挙げている箇所でも、たとえば、自分の税額を減らす方法について租税の専門家ではない友人に相談し、その勧めに従っていわゆるタックス・シェルターに投資した場合（Reg.§1.6664-4(b)(2) Ex.2）や、申告書を書くのを面倒がり、期限ぎりぎりに急いで書いたため資料収集等がずさんになり、自分に有利な間違いや不利な間違いを色々として、結局、過少申告となってしまった場合（Reg.§1.6664-4(b)(2) Ex.4）などには、合理的な理由があり善意だったとはいえないとしている点からも、その意図するところはかなり明らかである。

しかし、一方で注目すべきは、ここで財務省規則は、納税者に完璧であることを求めてはいないと思われる点である。たとえば、多数の部署（divisions）に分かれた大会社において、各部署から集まってくるデータの中に、経費や、資産の調整取得価格・使用開始日等に関する誤った情報が不注意にも混じっていた場合に、当該会社がこのような事実に関する誤りを見つけるための合理的な内部監査等の手段を講じていた場合には、そのデータを用いたために生じた過少申告には、通常、合理的な理由があり善意でなされ

---

24) Tres. Reg. §1.6664-4. 以下、財務省規則は、“Reg.”で示す。また、以下でたびたび言及する Reg. §1.6662 および §1.6664 はIMPACTに関連する財務省規則で、1991年12月30日に確定したものであるが（T.D. 8381, 12-30-91)、これには6662条が規定する五つの民事罰のうち、懈怠罰、所得税の実質的過少申告罰および資産の実質的過大評価罰についての規定しかなく、年金債務の実質的過大申告罰、および、遺産ないしは贈与に関する実質的過少評価罰についての財務省規則はまだ発表されていない。

なお、「合理的な理由（reasonable cause)」というのは、IMPACTによる改正後も、依然として「善意」その他の要件と組み合わさって、様々な民事罰の免除事由となっている。内国歳入法典上、民事罰の免除事由としてこの要件が用いられている場合についての概観としては、参照、Kenny & Jaffe, “Reasonable Cause Can Be a Penalty Defense”, 20 Tax. for Law., No. 6, 350 (1992).

たと考えられるとしている（Reg. § 1.6664-4(b)(1)）。また、個人に関しては、たとえば、会社に時間給で雇われ、その勤務時間が週によって異なる納税者の場合、会社がこの納税者に交付した情報申告書には当年度に支払った給与総額は2万9,729ドルだと書いてあったが、これには脱漏があり、実際に支払われた金額よりも1,467ドル少なかった場合に、当該会社から交付された情報申告書に依拠したために生じた過少申告については、この納税者には合理的な理由があり、かつ、彼は善意で行動したと考えられるとしている（Reg. § 1.6664-4(b)(2) Ex.4）。これらの例の中で、内国歳入庁が、通常の監査等では見逃されるような誤りまで完全になくすようには巨大企業に求めておらず、また、通常は正確であると考えられる情報申告書（日本の制度だと使用者から交付される源泉徴収票に類似しているもの）がある以上、毎年50枚程度になる毎週の給与小切手の金額を記録し、申告するにあたってそれを集計した上でその金額を交付された情報申告書と突き合わせることまでは個人の納税者に求めていない点は[25]、類似の問題をわが国について考える際にも、十分考慮すべき点であるように思われる。

### 2　情報の開示による制裁の免除

過少申告に関する民事罰の中でも、懈怠等による過少申告と所得税の実質的過少申告については、一定の情報を開示することによって制裁を免除される場合がある。この免除事由は実質的過少申告については法律に規定があるが、懈怠等による過少申告については法律に直接の規定がなく、財務省規則上の規定によりそれが認められている。このような制裁免除事由はもともとは下院の報告書に存在したものであった。過少申告の情報開示による制裁免除について理解するためには、若干、IMPACT以前の状況に言及する必要がある。

IMPACT以前には、十分な情報を開示した上で過少申告があった場合に、これが民事罰の対象となるかどうかについては議論があった。これは特に、納税者が意図的に財務省規則等と異なる法律解釈をした申告書について問題となった。言うまでもなく、納税者には内国歳入庁による内国歳入法典

---

25）ただし、一方で、この例では、毎週同じ金額の給与を支払われている場合ではなく、かつ、その脱漏金額が当年度給与総額の4.7%程度であるという点は重要な点だと思われる。

の解釈を争う権利があるからである。そこで、もしも法廷で納税者の主張が認められれば、納税不足額の存在自体が否定されるのであるから、当然、民事罰も賦課されない。しかし、ここでは、逆に、法廷が納税者の主張を認めない限り、納税者は内国歳入庁の解釈を争うためには民事罰を賦課される危険を常に負わなければならないか、ということが問題となりえたわけである。

この問題が正面から取り上げられたのがDrunker事件[26)]である。この事件においては、Drunker夫妻は、法律上の結婚をしている夫婦が個別に申告する場合の所得税申告書を提出したにもかかわらず、その税額の計算には未婚の個人に適用される税率を適用した。この申告をするにあたり、夫妻はそれぞれの申告書に、当該税率を用いた理由――所得税の構造は不公正に共働き夫婦を差別しており、平等原則を定めた憲法修正14条に違反している――を示した手紙を添付していた。内国歳入庁は、夫妻が故意に法律を無視したとして改正前の懈怠罰を賦課し、夫妻はこの処分を争って、租税裁判所に出訴した。この事案につき、第一審の租税裁判所は、本税部分については、無論、長官による賦課を正当と認めたものの、夫妻の行為は善意でなされたものであり、かつ、結婚により税額が増加する「結婚罰（marriage penalty）」が広く議論の対象となっていることは周知の事実であるから、それは、「馬鹿げた（frivolous）」主張でもなければ根拠のないものでもないとして懈怠罰の賦課を取り消した。これに対して、控訴審裁判所は、「納税者の行為が合理的なものであったということは確かに懈怠について問われる場合には重要であるが、彼が、自らが十分に理解している適用すべき法規や規則を明白に軽んじた場合には重要ではない」とし、当時の懈怠罰の規定には「合理的な理由」がある場合の民事罰の免除の規定の適用がないと考えられることを指摘して、民事罰の賦課を維持した。

この判決については、ABAやAICPA等の職業団体から強い批判があり、議会はその報告書の中で、情報開示による民事罰の免除の必要性を認めていたのであった[27)]。

---

26）Drunker v. Commissioner of Internal Revenue, 697 F. 2d 46, 2d Cir., 1982, 77 TC 867（1981）.
27）Supra n. 21.
　なお、この報告書によれば、下院の委員会は、関連する情報の十分な開示があった場合や、

現行の内国歳入法典および財務省規則によれば、現在、必要な情報の開示によって民事罰が免除されるのは、以下の場合である。

まず、懈怠罰に関しては、指定の書式を用いることが形式的に必要である[28]が、その他、故意に財務省規則（regulations）と異なる立場をとる場合には、対象となる規定を十分に特定することと、当該規則の有効性を善意で争うことが必要である。財務省規則以外の法規（rules）を争う場合には[29]、対象となる規定を十分明確に特定することは必要であるが、対象となる法規の有効性を善意で争うことまでは要件とはされていない（Reg. § 1.6662-3(c)(1)(2)）。

次に、所得税の実質的過少申告罰に関しては、財務省規則を争う場合には、所定の書式を用いるほか、タックス・シェルター事案でないことが必要とされる。これに対して、財務省規則以外の法規を争う場合には、タックス・シェルター事案でないことは必要であるが、書式については、通常の申告書において十分に情報が開示されていればよいとされている（6662条(d)(2)(b)(ii)、Reg. § 1.6662-4(e)(f)(g)）。

この二つの場合に共通して必要なのは、これらの開示された事実を裏付ける帳簿書類等を納税者が十分に備え付けていることと、ここで開示された納税者の立場が「馬鹿げた（frivolous）」ものでないことである（Reg. §§ 1.6662-3(c)(1)、1.6662-4(e)(2)(i)(iii)）。このため、開示されている納税者の立場が「馬鹿

---

善意で財務省規則を争う場合は、「合理的でありかつ善意である」という制裁免除事由そのものにあたると考えており（id.）、この点で開示による制裁免除を6664条の免除事由とは別に規定した財務省規則の立場とは微妙に食い違う。

28）これは細かくいえば、財務省規則上の規定により、対象となる法規が財務省規則以外の法規である場合に用いるForm8275と財務省規則を争う場合に用いるForm8275-Rとに分かれているが、このやり方には、一般の納税者は自分の立場が財務省規則に反しているのか、それ以外の法規に反しているのか簡単には決められない場合も多いという理由で反対論もある。Cf. Banoff, "Final Regulations on Accuracy-Related Penalties," 70 Taxes No. 3, 178, 199 (1992).

29）なお、故意に無視された法規がrevenue rulingまたはrevenue noticeにすぎない場合には、納税者の主張に「それが維持され得る現実的な可能性（a realistic possibility of being sustained on its merits）」があれば、そもそも法規を無視したことにならないという重要な例外規定がある（Reg. § 1.6662-3(c)(1)(2)）。この「主張が維持されうる現実的な可能性」というのは、本章では触れなかったIMPACTによる申告補助者に対する民事罰の改正に関連して採用されている基準であり、内国歳入庁はこの基準の採用により両者の調整が図られたとしている。これは一応は納税者にとって有利な免除規定である。この基準はおよそ3分の1の確率で主張が認められることを意味するものであるとされている（Reg. § 1.6664-2(b)(1)）が、現実的には、内国歳入庁の職員でもこのような評価は困難であり、いわんや納税者には不可能に近く、実際上は何の意味ももたないという批判も一方ではなされている（Banoff, supra n. 28）。

げた（frivolous)」ものであるかどうかについての判断基準が非常に重要なものとなってくる。これに関しては、財務省規則は「馬鹿げた」とは、「明白に不適切（patently improper)」（Reg. § 1.6662-3(b)(3)）なものと定義しているが、これは広すぎるという批判も多い[30)]。

なお、以上に触れた二つの民事罰以外の6662条に規定された民事罰については、情報の開示による免除に関する規定はない。

## Ⅳ　わが国への示唆

### 1　一般的な場合の「正当な理由」の解釈

それでは、わが国の過少申告加算税に関し当初の税額の計算の基礎とされなかったことについて「正当な理由」がある場合（以下、単に、過少申告加算税を免除されるべき「正当な理由」と呼ぶ。)、の解釈としては、どのような考え方をとるべきであろうか。

そもそも、この過少申告加算税を免除されるべき「正当な理由」について、その重要性はこれまでにも十分認識されてきたところである。この「正当な理由」は租税過料法の体系的な立場からは違法性阻却事由または責任阻却事由として認識されるであろう[31)]し、また、実際の課税実務や裁判例の分析も行なわれてきた[32)]。そして、石倉文雄教授の言を借りれば、「不可抗力説」をとるとされる課税実務の立場[33)]はやや厳しすぎるのではないかというのがこれまでの学説の主要なトーンであったと考えられる[34)]。そこで、ここでは、機能論の立場から、この「正当な理由」の解釈について考えてみた

---

30）Cf. Banoff, supra n. 28, 196-97.

　また、Muller,"Many Aspects of Accuracy Related Penalty Clarified in New Proposed Regulations", 74 J. Tax., No. 6, 332, 337（1991）も、十分な開示を行なった上で馬鹿げていない立場をとることは納税者の権利であるとし、この場合の「馬鹿げている」とは、「法廷で争いうる（litigable）ものではない」と解釈すべきだとしている。

　なお、馬鹿げた主張をする申告は、別個に民事罰の対象となり（6702条）、さらにそのような主張を訴訟の場で行った場合には、別の罰則金の対象ともなりうる（6673条、7482条(c)(4))。このうち、6702条の民事罰については、参照、佐藤英明「西ドイツ及びアメリカにおける加算税」日税研論集13号（1990年）173頁・203頁。

31）参照、木村・前掲注3）2頁・117頁以下。

32）参照、石倉・前掲注5）「過少申告加算税・無申告加算税・不納付加算税」26頁以下。

33）石倉・前掲注32）32頁以下。

34）石倉教授の立場としては、石倉・前掲注32）48頁。

い。

繰返しになるが、機能論的な立場からは過少申告加算税の存在意義は、過少申告加算税を課されないように納税者に過少申告をさせないという点にある。そうであれば、そのような過少申告加算税を免除する理由は、適正な努力をすればたとえ結果として過少申告があっても制裁が課されないとすることにより、納税者の適正な努力を助長する点になければならない。これには、適正な努力をしてなお過少申告があることは考えられないという批判もあるかもしれないが、現在の租税法の複雑さ、および場合によっては経済取引等の事実上の複雑さを考慮すれば、必ずしもそうは言い切れないと考えるべきである。

この観点からすれば、制裁の対象は納税者の合理的な努力が及ぶ範囲に限られるべきだということになる。もしも、いわば結果責任のように、適正な努力の有無にかかわらず過少申告の事実のみによって制裁が課されるならば、納税者の過少申告をしないように真摯な努力を払おうとする意欲をかえって阻害することにさえなりうるからである。したがって、納税者が無過失であることは過少申告加算税の消極要件になるといえよう。すなわち、少なくとも納税者が無過失であった場合は、過少申告加算税を免除される「正当な理由」にあたると解釈すべきである。

さらに、上記の考察から明らかなように、ここでの「無過失」が納税者に文字どおり完璧を期すことを要求するものであったなら、その消極要件としての機能は著しく減殺されることになりかねない[35)]。この点で、前述したように、民事罰の免除事由として、「自分の正しい税額を決定しようとした納税者の努力の程度」を重視しつつ、納税者に完璧であることまでは求めなかったアメリカの財務省規則の立場は、十分に参考とされるべきである。ここから得られる示唆は、この場面で過失の有無を判断する際に要求される注意義務の程度は、「通常人に合理的に期待できる程度のもの」とすることが重要である、ということであろう。

35) もっと平たい言い方をすれば、ここで考えられるべきことは、過少申告加算税を免除されるためになすべきことの程度があまりに高く、納税者がついには、「自分は税金の計算をするために生きているのではない」と放り出してしまうようでは、結局、過少申告を抑止するという過少申告加算税の機能は十分に発揮されなくなる、ということである。

このように述べると、「正当な理由」の範囲は現行実務よりも著しく拡げるべきだと主張しているかのような印象を与えるかもしれないが、実際には、前提となる注意義務を多少緩やかに解したとしても、無過失で過少申告がなされるケースはそれほど多く考えられるものではない。おそらく、現在のわが国で問題となりうるのは、非常に複雑かつ専門的な規定があり、そこで用いられている語を常識的に解釈すると課税実務の理解とは異なる結果を生じるような場合と、経理担当者や税理士等に関する監督者責任に関わる場合[36]、交付された源泉徴収票等の他人から得られた誤った情報に依拠したことが問題となる場合、および、まだ取扱い等が固まっていない新しい問題に関する場合にほぼ限られるのではなかろうか[37]。

このような意見に対しては、無論、制裁の積極要件として「懈怠」や「意図的な規則の無視」等が挙げられているアメリカ連邦税の場合と、過少申告の存在のみが積極的な要件と考えられるわが国の過少申告加算税の場合とで、その消極的要件のあり方に広狭の差があることは十分考えられるべきことであり、現行の国税通則法65条の解釈としては前提となる注意義務を緩やかに解した上で無過失の場合すべてを制裁の対象からはずすのは広きに失するという反論もありうる。しかし、この点は、制裁の積極的要件として故意または過失が規定されているのに比べ、過少申告の事実があれば、少なくとも過失の存在が事実上推定されるのだと考えることもできる。この場合、課税の現場では、納税者に係官を説得する必要があるということになる[38]。

---

36) 特に、必要な情報をすべて開示した上で申告事務を任せた税理士の過失により過少申告が生じた場合、仮に納税者本人に加算税を課したとしても、それは税理士の過失による損害として税理士により賠償されるべきものであるし、さらにこのような場合に備えて税理士が保険に加入しており、その損害賠償金が保険金によって塡補されるとしたら、このような場合に過少申告加算税は制裁として何らの意義ももちえないことになる。

無論、税理士の過失による過少申告も望ましくないことは確かであろうが、もしもそれを何らかの制裁によって防ぎたいと考えるなら、税理士本人を対象とする制裁を別個に創出すべきであって、現在の納税者本人に対する加算税にその機能を期待することは筋違いと言わざるをえない。その場合には、アメリカにおける申告書作成の補助者に対する民事罰規定や、ドイツにおける納税事務の執行者に対する重過失の場合の過料の制度などが参考にされるべきであろう。

37) 筆者にも、現行の規定を前提とする限り、Ⅲ **1**（351頁）でみた財務省規則（Reg. § 1.6664-4(b)(1)）にあったような、多数の部署に分かれている大会社において現場から管理担当部門に送られてきた情報が誤っていたことに起因する過少申告までをも「正当な理由」があったとするのは、無理であるように思われる。

38) これに対して、裁判になった場合には、正当事由の不存在が制裁発動の要件である以上、そ

また、たとえ納税者に過失があったとしても自発的に修正申告をすれば過少申告加算税が課されないとされている以上、このように「正当な理由」の範囲を広く解することは不必要だという意見もあるかもしれないが、実際には、回帰的な通常の経済活動の中で、一度締めてしまった帳簿等を見直すということは困難だと考えられるから、「正当な理由」を自発的修正申告の場合と別個に考察しておくことには、それなりの意義があると考えられる。

以上の考察から、過少申告加算税を課さないこととする「正当な理由」としては、合理的な範囲での納税者自身の無過失をもってすれば足り、いわゆる不可抗力説をとるとされる現行の課税実務は改められるべきであると考えられる。

### 2　情報の開示と「正当な理由」

前述したように、アメリカ連邦税に関しては、色々な議論の末に、納税者が課税庁と異なる立場を明白にとって争う際には民事罰は免除されるという方向に制度が動きつつあると考えられるが、わが国では、このような議論はこれまでほとんどなかった。そこで、次にこの問題も考察しておきたい。

まず、現在のわが国の法制度および法理論上、課税庁の法解釈は最終的に納税者を拘束するものではないし、特に、通達は行政機関内部の意思統一を図るためのものであって、直接に国民を拘束するものではない。したがって、納税者は課税庁による租税法の行政解釈を争って裁判に訴える権利をもっている。これは誰にとっても改めて述べる必要がないほど明らかなことである。この意味では、日本においても納税者は課税庁の通達を争う権利を有しているといってもまったく間違いではない。しかし、ひとたび目を制裁制度に向けると、真摯に行政解釈を争った場合も、何とかして税金をごまかそうとしてコトが露見した場合も、等しく加算税の対象とされている。その意味するところは、いわば課税庁の解釈を争う権利とは結果責任であって、その争いに負ければ加算税まで課されることになるということである。しかし、裁判を起こして争うとしても、確実にそれに勝てるとは誰にもいえない

---

の存在の証明責任が納税者にあるとは考えがたいが、そのような事由の存在についての主張責任は納税者にあると考えられる。なお、金子教授、石倉教授は逆に、正当な理由の証明責任は納税者にあるとされている。参照、金子・前掲注２）465 頁、石倉・前掲注 32）50 頁。

以上、結局、納税者は課税庁の解釈を争う場合には、常に制裁を受ける危険を負っているということになる。このことは、法理論的に考えても問題を含んでいるというべきである。

この問題を機能論的にみれば、その不都合さはより明らかである。制裁を、望ましくない行為を抑止するものだと考えるならば、行政解釈への真摯な挑戦――たとえそれが結果的には誤ったものだと後にわかるにせよ――を望ましくない行為だとして抑止する理由は何ら存在しないからである。

このように考えると、真摯な態度で課税庁による法解釈を争い、その事実を十分に開示している場合には、過少申告加算税を免除する「正当な理由」にあたることがありうるという結論を、まず、認めることが必要である。しかし、他方、どのようなことでも書いておけば制裁を免れるというのでは無論ない。そこで、どのような場合に、課税行政庁への「挑戦」が「正当な理由」と認められるか、という点が次の問題となる。

第一に、この「挑戦」が「正当な理由」と認められるのは、究極的には、それが税務行政の適正さを維持するための納税者の主体的な行動であると考えられることによるのであるから、それは堂々と行なわれなければならない。この反対に、自分に有利な解釈を勝手にしておいて、それをできるだけ隠し、見つかったら、開き直って「挑戦」するというのでは、とても真摯な態度で行政庁と争うという態度とは考えがたく、したがって、制裁を免除する理由とはなりえない[39]。

第二に、そこでの納税者の態度は、堂々と行政解釈を争うというにふさわしいものであることが必要だと考えられる。その場合、「どうにかして自分の税金を減らそうという態度」と対比される「正しい申告をしよう」という態度が納税者に見受けられるか、ということが問題になると思われる。

第三に、堂々ととんでもない解釈をする、というのでは、やはり制裁の免除理由になるとは考えがたい。この点に関し、アメリカにおいても開示された態度が「馬鹿げた」ものでないことが制裁の免除事由として必要であるということはすでに紹介したが、逆にいうとアメリカにおいては、開示すれば制裁が免除されうる主張の「正当さ」とも呼ぶべきものの程度はかなり低

39）制裁の機能論の立場からも、このような「挑戦」は当然、抑止すべきだと考えられる。

い。「馬鹿げた」という語を財務省規則のように「明白に不適切」と解釈するなら、これ以外であれば、つまり一応の筋さえ通っていれば、この要件を満たすことになるのである。

これに対して、わが国においても、明白に維持しえないような立場は、その開示が制裁の免除事由たりえないことはもちろん、であるが、さらに、現行の過少申告加算税が原則としてすべての過少申告を対象とし、「正当な理由」がある場合のみをその対象からはずそうとしているという規定の構造と、「正当な」という日本語の意味からして、開示された場合に過少申告加算税の免除事由となる主張の「正当さ」の程度は、アメリカにおけるよりもかなり高いと解釈されるべきであろう。それはたとえば、「関連する諸規定にてらし、それが主張された時点において十分に維持される可能性があった」という程度の正当さを必要とするものと思われる。このように解することによって、直接に憲法13条や25条を根拠に所得税法の一部を違憲無効と決め付けて行う確定申告などは、そもそもこの事由にあたらないとすることができるであろう[40]。

最後に、アメリカにおいても、情報の開示が制裁の免除事由となるためには、その開示を裏付ける十分な帳簿書類等を納税者が備え付けていることが要件とされていることには注意が必要である。真摯に課税庁の立場を争おうとする者がこの程度の用意をしておくことはまったく当たり前であり、わが国においても、この点は必要であると考えられる[41]。

上記のような意見に対しては、納税者が課税庁の立場を争うことを奨励することに対する感情的な反発のほかに、このような基準では課税実務の第一線で過少申告加算税の制度を円滑に運用できなくなるという実際的な反論がなされることが容易に想像される。筆者も、現行の過少申告加算税の制裁としての有効性は、その構造が単純であり、機動的にそれが運用されうることに大きく関わっていることを十分に認める者である。しかしながら、この点

---

40) また、前述した6673条の下での「馬鹿げた主張」には、すでに判例が固まっている問題について何ら新しい論点を提出せずに訴訟を提起することや、同じ内容の訴訟を毎年繰返し提起することなども含まれている（cf. Saltzman & Kaplan, supra n. 11, ch. 5 at 5-6）。本文に挙げたような基準の下でも、このような点は同様に解することができよう。

41) この点については、わが国においては、所得税法・法人税法に関しては青色申告を要件とすることも考えられてよいと思われる。

については、筆者はかなり楽観的である。

なぜなら、現在のわが国において課税庁の立場を争うことを意図する納税者は最初から審査請求、そして裁判の提起を考えて行動を起こすことが予想されるから、「挑戦」を受けた課税庁は本税部分については無論、加算税についてもこれを賦課した上で、国税不服審判所や裁判所の判断を仰ぐことになるはずだからである。その意味で、この基準を実際に運用するのは課税実務の第一線ではなく、国税不服審判所と裁判所になるであろう。つまり、これまでは、本税部分の更正処分と過少申告加算税の賦課処分の両方の処分の取消しを納税者が求め、これに対して、本税部分で納税者が負ければ、ほぼ自動的に加算税部分も納税者の負けとなっていたのが、本税部分で負けた納税者にさらに加算税を課すべきかを、審判所ないし裁判所が――納税者から主張があれば――別個に判断することになるだけなのである[42]。

このように考えると、過少申告加算税の賦課を回避しつつ法の新しい解釈を主張したり課税庁の解釈を争ったりする手続きの詳細を決定して公表することは現行制度の枠内で可能であり、かつ、実際にもそうすべきであると考えられる。

## V　結びに代えて

本章では、過少申告加算税を免除される「正当な理由」の解釈について検討し、二つの結論を得た。それは、①納税者自身が、合理的に考えて無過失である場合には過少申告に「正当な理由」があると考えられる、②十分な情報を開示して真摯に課税庁の法解釈を争う場合はこの「正当な理由」にあた

42) 筆者としては、この基準は、課税実務に詳しい不服審判所レベルで真に有益に運用できるのではないかと考えている。

なお、この場合に、仮に、筆者が先ほど提示した「関連する諸規定にてらし、それが主張された時点において十分に維持される可能性があった」という基準で判断されるとすると、納税者が争った時点ではある問題に対する会計処理方法が明確に定まっておらず、納税者は甲方法を用いたが課税庁が後に乙方法を主張し、当該業界全体が一般的に乙方法を採用するにいたったというような場合には、納税者は本税部分では負けても、加算税の賦課は免れるということになりうるであろう。このように、この情報開示による加算税の免除という制度運用は、真っ向から課税庁の解釈が争われる場合のみならず、解釈が十分に固まっていない場合に多くの意見を汲み上げる方法として、また、そもそも新しい事案であり問題の所在がはっきりしない場合などにも、有効に働きうると考えられるのである。

りうる、というものである。

これらの結論に対しては、これは過少申告加算税の制度の効力を緩め、課税実務に阻害をきたすものだという反論がなされるかもしれないが、筆者の意見は逆である。周知のように、日本の課税庁は一般的な場合における税務調査の事前通知の励行や抑制的な反面調査の実施など、納税者の納得を得られるような課税行政の方法を模索してきたし、それにより、課税の公正さの維持と納税者の協力の獲得という困難な問題の解決にかなりの程度成功してきたと考えられる。これから、さらにその方向で課税行政を発展させるために必要なのは、何よりも課税に対する納税者の納得である。そのためには、納税者には言うべきことを言わせ、結果的にはその主張が不当なものであっても納税者の挑戦を堂々と受けて課税庁が自らの正しさを証明していくことが、結局は、課税庁にとってプラスになると考えられる。その意味で、件数も多くルーティーンに陥りがちな過少申告加算税の賦課実務が、ここで一度見直されることを切に望みたい。

# 第4章

# 納税者以外の者による隠蔽・仮装工作と重加算税

## Ⅰ　はじめに

国税通則法68条1項は、「納税者が」その国税の課税標準等の基礎となるべき事実の全部または一部を隠蔽・仮装し、その隠蔽・仮装したところにもとづいて納税申告書を提出して過少申告となった場合に、重加算税を賦課すると定めている。しかし、実際には納税者本人以外の者が隠蔽・仮装行為を行なうことも稀ではなく、このことに対応して、納税者以外の者が行なった隠蔽・仮装行為にもとづく過少申告等についても、納税者に対して重加算税を賦課しうるか否かという点はこれまでも議論されてきた。

本章においては、

①　この問題に関する判例・学説を概観して、近時の判例が重加算税の賦課の対象を拡大しすぎている点を指摘し（Ⅱ）、

②　行政上の制裁としての重加算税の性格から、適切な制裁対象の制限を試みる（Ⅲ）とともに、

③　その実行可能なメルクマールについて考察する（Ⅳ）。

## Ⅱ　判例・学説の概観

最初に、納税者本人以外の者によって行なわれた隠蔽・仮装工作等にもとづいた過少申告につき、どのような場合に納税者本人に対して重加算税を賦課しうるか、という問題をめぐる判例[1)]・学説[2)]の状況を概観する（なお、以下

1）納税者以外の者が行なった隠蔽・仮装にもとづく過少申告に対して賦課された重加算税が争われた公刊裁判例・裁決例としては、筆者の知る限りでは以下のものがある。

では、重加算税を賦課されうる納税者自身のことを「納税者本人」または単に「本人」と呼び、隠蔽・仮装行為を行なった者のことを、隠蔽・仮装工作を行なう者という意味で「工作者」とも呼ぶ。また、注1）に掲げた判決については、各々に付した番号で引用する)。

## 1　判例・学説の流れ

この問題の口火を切ったのは、①判決である。事案は、納税者X名義だが実際はXの父Aが管理・処分一切についての実権を握っていた土地の譲渡につき、Aが譲渡収入金額を隠蔽・仮装したものである。有名な判決であるが、煩をいとわずに引用する。

「重加算税の制度の主眼は隠ぺい又は仮装したところに基づく過少申告又は無申告による納税義務違反の発生を防止し、もつて申告納税制度の信用を維持し、その基礎を擁護するところにあり、納税義務者個人の刑事責任を追及するものではないと考えられる。従つて納税義務者個人の行為に問題を限定すべき合理的理由はなく、広くその関係者の行為を問題としても違法ではない。かえつて、納税義務者個人の行為に問題を限定しなければならないとすると、家族使用人等の従業者が経済活動又は所得申告等に関奨〔ママ〕することの決してまれではない実状〔ママ〕に鑑みて重加算税の制度はその機能を十分に発揮しえない結果に陥ることはあきらかである。（従業者の行為によるときは納税義務者の故意を立証することは容易でなく、発覚した

---

① 大阪地判昭和36年8月10日行集12巻8号1608頁
② 鳥取地判昭和47年4月3日訟月18巻9号1480頁
③ 京都地判昭和54年4月27日訟月25巻8号2301頁
④ 国税不服審判所裁決昭和55年10月1日裁集21号13頁
⑤ 札幌地判昭和56年2月25日訟月27巻5号1012頁
⑥ 大阪地判昭和56年2月25日訟月27巻6号1167頁
⑦ 大阪地判昭和58年5月27日判タ534号183頁
⑧ 国税不服審判所裁決昭和62年7月6日裁集34号1頁
⑨ 京都地判平成元年9月22日シュト333号36頁
⑩ 国税不服審判所裁決平成2年8月23日裁集40号8頁
⑪ 大阪高判平成3年4月24日判タ763号216頁
⑫ 国税不服審判所裁決平成3年7月25日裁集42号13頁
⑬ 京都地判平成4年3月23日月報39巻5号899頁
⑭ 名古屋地判平成4年12月24日シュト375号1頁
⑮ 京都地判平成5年3月19日行集44巻3号241頁

2）この問題に関する判例、学説は、木村弘之亮『租税過料法』（弘文堂・1991年）72～81頁・138～147頁、品川芳宣『附帯税の事例研究』（財経詳報社・1989年）245～257頁、伊藤義一「重加算税業務主帰責説試論—隠ぺい・仮装の行為者と重加算税について」TKC税研時報8巻3号（1993年）2頁に詳しく取り上げられている。

ときも従業者自身は重加算税の賦課を受けることはないから、納税義務者が従業者の行為に隠れて不当な利得をはかる虞がある。）したがつて、重加算税の制度上は従業者の行為は納税義務者本人の行為と同視せらるべく、従業者による所得の事実の隠ぺい又は仮装を納税者本人が知らずして右隠ぺい又は仮装したところに基き、所得の過少申告をし又は所得の申告をしなかつたときは、正当なる所得を申告すべき義務を怠つたものとして重加算税が賦課せられるものと解するのが相当である。」

判決のこのような考え方については、学説は当初かなり冷やかであり、その反対論の根拠は、「納税者が」という条文の文理と、そこから発展した重加算税の賦課のためには納税者の隠蔽・仮装行為または過少申告についての認識が必要であるという議論であった[3]。

裁判例の中には、納税者本人の認識という点を重視し、兄Xと弟Aとがパチンコ店を共同経営しており、Aが営業収入の一部を除外していた事案につき、

「本件預金の一部が前記のとおりパチンコ営業収入と認められる以上、その収入金額の2分の1についてXの事業収入となることは、Xらの本件共同営業のたてまえから、否定しがたいところである」

「しかしながら、右認定事実から直ちにXにおいて前記仮装名義預金による事業収入の隠ぺいの事実を承知していたことまでも推認することは困難であり、かつ、他に右事実を認めるに足りる証拠はないから、Xに対し重加算税を賦課したことはその限りにおいて理由がなく、違法というべきである」

としたものもあったが（②）、多くの判決および国税不服審判所の裁決は、工作者が何らかの隠蔽・仮装工作を行ない、それにもとづいて過少申告がなされた場合には、納税者本人が隠蔽・仮装工作または過少申告の事実を知っているか否かにかかわらず、本人に対して重加算税を賦課しうるという結論を維持していた（④・⑤・⑦・⑫）。これらの判決等がそのような結論を導いた理由は、重加算税制度が隠蔽・仮装にもとづく過少申告等による納税義務違反の発生の防止を目的とするという点に尽きる（⑤にいたっては、理由も提

---

3）「この判決による解決は、法律の解釈としては、だいたいはじめから無理である」とされた、須貝脩一「従業者の行為による重加算税の賦課」シュト6号（1962年）45頁（①の評釈）をはじめ、竹下重人「重加算税の賦課と青色申告取消の関連について」税経通信21巻12号（1966年）28頁、吉良実「重加算税の課税要件と逋脱犯の成立要件」税理24巻1号（1981年）71頁、岸田貞夫「重加算税の賦課と、過少申告についての納税者の認識」ジュリ827号（1984年）93頁（後掲注24）の熊本地判昭和57年12月15日の評釈）など。これに対し、早くから判例を支持していた説として、中川一郎「租税判例追補3号の1『従業者の所得隠ぺい行為と重加算税徴収の適否』」税法学130号（1961年）43頁（①の評釈）がある。

示されていない)。

この時期、学説上は、理由から結論までの論理的な道筋は明らかではないものの、

「本稿では、重加算税の賦課要件の内容をなす故意は、隠ぺい又は仮装についての行為の認識で足りると解しており、また、重加算税制度が申告納税制度を維持するための制度であることからしても、『隠ぺい又は仮装の行為』の実行行為者が従業員等であっても、その行為が納税者本人のために行われ、隠ぺい又は仮装したところに基づいて過少申告等がなされている場合には、特段の事情がない限り従業員の行為も納税者本人の行為と同視すべきことになろう[4]」

とし、判決等の立場に一定の理解を示す立場が現れている。ただし、この説においてすら、

「特段の事情とは、例えば従業員等が自己の横領等を隠ぺいするために『隠ぺい又は仮装の行為』をした場合のように、とうてい本人の行為と同視出来ない場合が考えられる[5]」

とされていた点には注意が必要である。

その後、学説からは判例へのさらに有力な歩み寄りがみられた。それは、武田昌輔教授が、判決等における重加算税賦課対象の拡大を批判する場面ではあるが、「利害関係同一集団」という基準を提示され、納税者と工作者がこのような集団に属する場合には、工作者の行為を納税者の行為と同視しうる余地があることを認められたことによる[6]。しかし、この学説は、後述する③・⑭判決および⑩裁決の流れにその影響を垣間見ることができるにとどまり、それ以外のその後の裁判例等に大きな影響を与えた様子はない。

重加算税制度の趣旨・目的を、ほぼ唯一の論拠とする上述の判決等の流れに大きな変化がみられたのは、納税申告等を一任された者が、預かった納税資金を横領するなどして納税者をいわば「喰い物」にする事案が登場するようになってからである。

公刊裁判例でみると、このタイプの事案の最初の事例は⑨判決である。こ

4）池本征男「加算税制度に関する若干の考察」税大論叢14号（1982年）137頁・202頁。
5）池本・前掲注4)。
6）武田昌輔「使用人等による不正行為と租税逋脱に関する若干の考察」税理30巻5号（1987年）2頁。

れは、納税者Xが自己所有の土地の譲渡に関連して申告を一任した相手Aが、納税資金を自ら利得する目的で工作し、Xからは納税資金として1,800万円を得ていながら、所得金額0円と申告して1,800万円全額を着服していた事例である。結局、⑨判決においては別の論点でXに対する重加算税賦課処分は取り消されるのであるが、ここで検討している点については、

「所得税は自己の所得を正しく計算し、自己の判断と責任で自主的に申告納税するという申告納税制度が採用されているが、この制度の下においても納税者の判断と責任において申告手続を第三者に依頼し、同人が納税者の代理人補助者として申告した場合には、その申告はそのまま申告名義人である納税者の申告として取り扱うべきものである。

そうすると、……Xは第三者であるAに本件土地の譲渡所得税の申告手続を一任したのであるから、Aがなした本件申告はXの申告として取り扱われることとなるものである」

と述べられており、申告手続の代理関係を論拠として、代理人等の行為態様が「そのまま」申告名義人の態様として評価されるという考え方が明らかになった。

なお、⑨判決の結論自体は控訴審である⑪判決においても維持されているが、控訴審判決は、ここでの問題につき、

「隠ぺい、又は仮装行為が、申告者本人ないし申告法人の代表者が知らない間に、その家族、従業員等によって行われた場合であっても、特段の事情のないかぎり、原則として、右重加算税を課することができる」

としつつも、本件においては、XはAが架空の経費を計上して脱税を図り、さらに自分から税金という名目で1,800万円を詐取しようとしているとはまったく思いもしないで、Aに本件土地の譲渡所得税の申告手続を依頼したところ、Aが脱税工作をしたのであるから、

「そうとすれば、Xは、本件土地の譲渡所得税として1,800万円を支払う意思で右1,800万円をAに交付したのに、Aが不法に右1,800万円を税務署に納めなかったのであるから、このような場合には、Xとしては、本件土地の譲渡所得について、故意に、その全部又は一部を隠ぺいし、又は仮装をしたものではなく、したがって、〔国税通則〕法68条により、重加算税を賦課することはできない」

と述べていた点は興味深い。

同様の事案で重加算税賦課処分が維持されたのは⑬判決である。これは、

納税者Xが自己所有の土地の譲渡およびそれに関する所得税の申告を「手取額7,500万円となること」を条件としてAに委任し、Aが自分の取り分を増やすために脱税工作をした事案である。判決は以下のように述べている。

「国税通則法68条1項は、重加算税賦課の要件として、『納税者』が隠ぺい又は仮装することを定めている。これは、納税者自身が、隠ぺい、仮装行為を行なうのはもとよりのこと、納税者が他人にその納税申告を一任した場合、その受任者又はその者の受任者が租税を逋脱する目的をもって、故意に前示基礎事実を隠ぺい又は仮装した場合にも、特段の事情がない限り、同条項にいう納税者が『隠ぺいし、又は仮装した』に該当するというべきである。けだし、申告納税制度の下においても、納税義務者の判断とその責任において、申告手続を第三者に依頼して、納税者の代理人ないし補助者に申告をさせることが許される。しかし、納税者が申告を第三者に委任したからといって、納税者自身の申告義務は免れず、その第三者がなした申告の効果、態様はそのまま納税者の申告として取扱われる。……納税者は、誠実に受任者を選任し、受任者の作成した申告書を点検し、自ら署名押印する等して適法に申告するように監視、監督して、自己の申告義務に遺憾のないようにすべきものである。これを怠って、受任者により不正な申告がなされた場合は、特段の事情がない限り、納税者自身の不正な申告として制裁を受ける。」

これと同様の判断を行なった判決（ただし、相続税の事案。）として、①判決を挙げることができる。

このような判例の展開と相俟って、学説上は、むしろ隠蔽・仮装行為の主体を広く解する説が定着してきているといってよい。その理由は、従来の判決等と同じく、重加算税制度の実効性担保のためとするほか、隠蔽・仮装工作や過少申告の事実についての納税者の認識の要件を従来ほど強固に解釈しないことによって、この問題をかなり広く解する説等が有力である。また、近時の判決の説く、申告納税手続の代理関係を根拠として工作者の行為の結果を納税者本人に帰属させようとする論理も学説において一定の支持を得ている[7]。

さらに、このような裁判例の流れを積極的に支持し、理論付けるものとして、業務主帰責説が唱えられている[8]。この説は、従来の解釈は国税通則法

7）高野幸大「代理人による虚偽の申告と重加算税賦課の可否」ジュリ1003号（1992年）115頁（⑪の評釈）。

8）伊藤・前掲注2）。

68条の「納税者が」という文言にこだわっているが、この文言は、所得税法上の「居住者」等と同じく、立法技術上納税者本人に限られないものとして用いられているのであって解釈上従業員等を含めることにつき何らの妨げになるものではないとした上で、形式論としては代理人または履行補助者の行為の効果が本人の知、不知にかかわらず本人に帰属すること、また、実質論としては脱税犯における業務主責任の追及との平仄を合わせる必要があること、重加算税が税の形式をとった一種の損害賠償金であり使用者責任の法理を適用しうること、従業員の不法行為によって重加算税の賦課を受けた場合業務主は当該従業員に対して損害賠償請求をなしうること、を挙げて、従業員等が隠蔽・仮装工作を行なった場合、納税者本人の知、不知にかかわらず本人に重加算税を賦課すべきことを説いている。その根底にある実質論は、おそらく、

> 「業務主の知、不知あるいは脱税目的の立証の困難さ……そして、業務主からはスケープゴートを立てる容易さ等を比較衡量すれば、正に、代理人、補助者等が隠ぺい、仮装をし、業務主がそれを知らず、かつ、知ることについて期待可能性がなくても、重加算税を課すことが正義であり、公平である[9)]」

という、素朴な正義感にあるものと思われる。

### 2 異なる傾向の裁判例等

以上に概観した判決等の主な流れとは別に、やや異なる立場をとる判決等の流れが二つある。その一つは③・⑭判決および⑩裁決（ただし、事案の内容等からみて、⑩と⑭は同一事案であると思われる。）のとる立場である。

③判決の事案は、原告会社Xの現場責任者たる取締役Aが、経理担当役員に収入の一部を報告しなかったため、Xの法人税が過少申告となったものである。これについて、③判決は、

> 「〔本件の〕過少申告の原因は、Aによる所得の一部隠ぺいにあったと認められる。しかもAはX社取締役で訴外B社との取引につき専任担当していたものであり……B社との取引はX社として主要な取引であり、これを担当したAは、X社の主要な義務〔業務の誤りか〕を担当していたものというべきである。してみると、Aの右所得隠ぺい行為については、重加算税制度の目的からして、法人代表者

9）伊藤・前掲注2）41頁。

がその事実を知っていたと否とにかかわらず、納税義務者たる法人が正当な所得を申告すべき義務を怠ったものとして重加算税が賦課されるのもやむをえない」

と述べて、重加算税賦課処分を維持するにあたり、工作者（A）が納税者本人（X）の主要な業務を担当していたことを認定している。同様に、⑭判決においては、会社の常務が横領目的で架空経費を計上した事案につき、重加算税賦課制度の趣旨からすれば、

「会社の営業活動の中心となり、実質的にその経営に参画していた者が隠ぺい・仮装行為をし、かつ、代表者がそれに基づき過少申告をした場合には、納税者たる会社が重加算税の負担を受けることは、法の要請するところであ……り、このことは代表者が納税申告書を提出するに当たり、隠ぺい・仮装行為を知っていたか否かによって左右されない」

とした上で、ⅰ）X社は電子部品等の販売を主たる業務としており、そのP事業所において特機の製造を行なっていたこと、ⅱ）X社代表者は設立以来、X社の代表取締役をしていること、ⅲ）AはX社代表者の実弟で、X社の常務取締役、P事業所長として特機部門の営業・製造業務を総括する責任者であったこと、ⅳ）仕入金額の架空計上は、Aの担当業務に関して行なわれたものであること、を認定した上、

「右の事実によれば、AはX社の経営に参画していた者に当たるということができるところ、右のような地位にあったAが、その担当業務に関して、仕入金額を架空計上することにより隠ぺい・仮装行為を行ったものである以上、仮にそれが同人の私的利益を図るための横領行為の一環として行われたものであっても、納税者による隠ぺい・仮装行為に当たるというべきである」

と結論している（⑩もほぼ同旨）。これらの判決等においては、法人において代表取締役以外の者が隠蔽・仮装行為を行なった結果、法人が重加算税を賦課されるのは、工作者が法人の「経営に参画している者」である場合に限られるという考え方が示されている。

第二に、いずれも相続税事案においてではあるが、⑥判決および⑧裁決においては、共同相続人のうち一人がした隠蔽・仮装行為により他の相続人の相続税負担も不正に軽減された場合、工作者本人は重加算税の対象となるが、その工作行為を知らなかった他の相続人については重加算税を賦課しない（過少申告加算税にとどまる）とされている。たとえば、⑧裁決は、被相続

人の生前から多額の無記名預金があり、これを管理していた相続人の一人Aが、これらの無記名預金を相続財産に含めずに申告した事案において、

「Aを除く請求人らは、本件無記名定期預金の形成の状況からみてそれを了知していたとは認められず、隠ぺいの行為があったものとは認められない」
「これら請求人については過少申告加算税の賦課要件を満たしているものの、重加算税を賦課するのは相当でない」

と判断している。この判断は、重加算税賦課のためには納税者本人につき隠蔽・仮装工作等についての認識があることを必要とするもののようであり、所得税事案である②判決に近い論理構成を有している。このような判断が（法定相続分課税方式をとる）相続税事案についてのみなされていることも、特筆に値しよう。

## Ⅲ 考　察

### 1　重加算税の性質

納税者本人以外の者が隠蔽・仮装行為を行ない、それにもとづいて過少申告が行なわれた場合に、納税者本人に対して重加算税を賦課しうるか、賦課しうるとすればそれはどのような場合か、という問題を考察するにあたっては、重加算税の性質を法的にどのように評価するか、という問題を最初に考えておく必要がある[10]。それは、第一に、判例が長い間拠り所としていたのは、まさに重加算税制度の目的論であったからであり、第二に、判決の中でも重加算税の性質をどう理解するかという点についてはかなりの振幅があると考えられるからである。

たとえば、⑦判決は、重加算税は「刑罰としての罰金でないことはもちろん、行政罰でもなく、税の一種である」としている一方、⑪判決は、「重加算税の実質は、行政秩序罰であり、その性質上、形式犯ではある」とし、「著しく重い税率を定めた」趣旨は「不正行為者を制裁するため」であると解しているのである。しかも、⑦判決が、「Xにおいてその一部の隠ぺい等の事実を知つていたと否とにかかわらず、納税義務者として正当な申告をし

10）この問題については、参照、第1部第1章第2節（25頁）。

なかつたことによる重加算税の賦課決定を受けてもやむを得ない」と結論する一方で、⑪判決が前述したように重加算税賦課処分を取り消したことを考えあわせると、そのような制度の理解の差は、かなりの程度事案の結論を左右しているものと解される。

では、重加算税の法的性質はどのように考えるべきものであろうか。

判例上は、重加算税は、隠蔽・仮装による「納税義務違反の発生を防止し、もつて徴税の実を挙げようとする趣旨に出た行政上の措置であり、違反者の不正行為の反社会性ないし反道徳性に着目してこれに対する制裁として科せられる刑罰と趣旨、性質を異にする」とする最高裁判例の考え方[11)]が確立していると考えられ、また、学説においても通説的な見解であるといってよい。

そこで、なぜ、重加算税がこのように隠蔽・仮装等にもとづく過少申告等による納税義務違反の発生を防止しうるかといえば、それは、そのような納税義務違反等が行なわれる場合には、35～40％という非常に高率の加算税が課されることが明らかにされ、かつ、実際にそのような課税がなされることを納税者が知れば、その賦課を避けるために納税義務違反を行なわなくなることが期待されているからである。重加算税はこのような納税義務違反について負のインセンティブを与える経済的な負担であり、かつ、脱税犯に対する刑事処罰がその行為の反社会性・反道徳性に対する倫理的非難を含むのに対し、倫理的には無色の、そのような非難の意味合いを含まない不利益である。判例・通説の立場を敷衍すればこのように考えることができる。後はこのような経済的な不利益を「制裁」と呼ぶか、呼ばないかは、突き詰めれば言葉の問題にすぎない。

筆者は「制裁」という語を、倫理的非難を含まず、単に法が望まない行為を防止するため人に与えられる不利益と定義した上で、重加算税を制裁と考えており、以下でもこの意味で、重加算税の本質は制裁であるということにする。

重加算税制度の特質は、同様の租税違反行為を対象とする刑事罰の制度が別に存在していることにより、すぐれて目的論的に、別の言い方をすれば機

---

11）最判昭和45年9月11日刑集24巻10号1333頁。

能論的に構成され、理解されている点にある。この点が判例に及ぼした影響については2で述べる。

重加算税の法的性質についてのこのような理解のほかに、重加算税は損害賠償の一種であるという考え方もありうるが、この考え方には賛成しえない[12]。なぜなら、隠蔽・仮装等にもとづく申告に含まれていなかった税額を損害額と考えるならその金額（利子を含む。）を明らかに超える重加算税は懲罰的損害賠償としてわが国の法制がいまだ認めていない種類のものであるし、また、隠蔽・仮装工作を暴き正当税額を徴収するために国が費やした調査費用等を損害額と考えるのであれば、重加算税は賦課される税額と調査費用等との間に何らの合理的関連性も見出せず、また、立法過程においてもそのような配慮がなされているとは認めがたいからである。さらに、判例においても、そのような性格付けが一般的に承認されているとはいいえない。

## 2　判例・学説の検討

1に示した、重加算税は隠蔽・仮装工作を伴う納税義務違反を防止するための——倫理的非難を含まない中立的な意味での——制裁である、とする立場から、Ⅱで概観した判例・学説の内容を検討してみる。

### (1)　重加算税制度の実効性担保論

第一に検討すべきであるのは、重加算税は納税義務違反を防止するための制度であり、従業員・家族等が隠蔽・仮装工作を行なった場合もその対象としなければ制度としての実効性が著しく損なわれるから、納税者本人以外の者が工作者である場合も本人を制裁の対象とするのだ、という判例の論理である。

これはまさに重加算税制度が機能的な制度として構成されているからこそ可能な解釈であったのであり、その指摘する必要性自体は理解しうるものである。

---

12）参照、前掲注11）。なお、付言すれば、国税通則法61条が重加算税の対象となる場合を延滞税の除算期間の適用から除いており（参照、第6章Ⅳ(425頁)）、このように重加算税賦課対象事案はその調査期間中も常にかなり高率の延滞税が発生し続けるとされていることの根拠の一つを、重加算税事案の調査費用等の賠償に求めることも可能である。これとの対比によっても、重加算税自体が調査費用等の損害賠償であると性格付けることは困難であるように思われる。

しかし、この論理はその「必要性」を説くのみで、逆にこの論理自体に一定の限界があることに注意を払っていない。それは、判決も認めるような論理で重加算税が納税義務違反の防止のための制度として機能するためには、納税者本人についてその防止の可能性があったことが必要である、という点である。本人にとってまったく防止不可能であった場合に、制裁回避のための義務違反の防止を期待することは背理であり、その場合を対象に取り込むことは、制裁としての制度の性格付け自体と矛盾するのである。そのことは、ひとえに、重加算税が納税者本人に不利益を与える制度として構成されていることによっている。

重加算税が刑事処罰でないという点もこの欠陥を治癒しない。本人に対する不利益の賦課によってその者にかかる義務違反行為を防止するという制度の基本的な論理がある以上、刑事処罰でないから他人の行為にもとづく場合にも制裁の対象となる、というのは論理の飛躍であり、刑事処罰でないことは、本人が刑事処罰の対象となる場合ほどの納税者本人の、その義務違反への深い関わりを必要としないという結論を導き出しうるにすぎないであろう。だからこそ、一定限度、他人（工作者）の行為にもとづく義務違反についても制裁の対象となりうる場合が生じるのである。

このような判決の論理は重加算税制度の目的論的な解釈という点においてはみるべきものがあるが、しかし、いたずらに制裁の対象を拡大し、ついには本来の前提であった重加算税の機能的本質論そのものと矛盾する結果を生じさせているといわなければならないであろう。

### (2)　代理権授与にもとづく制裁対象の拡大

①判決にみられるように、家族や従業員が納税者本人のために隠蔽・仮装工作等を行なった場合本人の関与の認定は困難だ、という制裁の実効性担保のための必要性論は、申告手続等を委任された者による納税資金の横領など、工作者が自己の利益のために行動し、本人とまったく利益が相反する事例について制裁対象を拡大する論理とはなりえない。この場合、本人を欺くために行なわれた工作者の仮装工作に本人が関与していないことは自明だからである。この場面で新たに登場するのが、前述したように、納税者本人が申告手続を委任した以上、その代理人等の行為は、その態様そのまま、納税者本人に帰属する、という説であった。

確かに、ある年度の所得税の何らかの申告をせよ、という委任の趣旨と、当該年度の所得税の申告書が提出されたという外形は一致しており、その限りにおいて代理人による申告の効果は納税者本人に帰属する。平たくいえば、納税者はその代理人が提出した納税申告書は自らのものではなく自分は無申告だ、と主張しえないということである。これは、課税庁側からみてそのような申告書が一見明白に無効とはいえないという実質的な論拠からも支持されうる。

しかし、内容において代理人は納税者本人の意図とまったく異なった申告を行なっているのであり、この点ではそのような申告は無権代理とも呼ぶべきものである。それにもかかわらず、申告の効果が「そのまま」本人に帰属するというためには、課税庁は、いわば取引法的な意味での保護すべき「第三者」と評価すべき事情がある、または、申告の効果が「そのまま」納税者本人に帰属しないとすると課税手続上重大な阻害となる、などの点が論証されることが必要である。

このうち、重加算税が「制裁」であるとする立場からは、課税庁はこの場面で高い「要保護性」を有しているとはいえない。課税庁が「損失」として観念できるのは本税額の部分であり、これはいずれにせよ納税者に納付させることができる。他方、制裁たる重加算税の「取りはぐれ」を損失として観念することはできないであろう。そもそも、そのような工作者の隠蔽・仮装工作がなければ賦課もされなかった税額なのである。

また、そのような代理人等によって作成された申告が真に納税者の意図に合致しているか否かを課税実務の第一線で調査することは課税庁に多大な負担を強いるという反論があるかもしれない。しかし、単なる過少申告の事案とは異なり、重加算税を賦課する事案においては、課税庁は隠蔽・仮装工作を特定しているのであり、その調査の際にここで問題としているような事情が判明した場合に、それを重加算税の賦課対象から除くことに大きな困難があるとは考えられない。

このような考察からは、代理人が自己の利得を図るために納税者から預かった納税資金を横領したような事案において、その隠蔽・仮装工作を含む過少申告の態様が、代理権授与を根拠として「そのまま」本人の申告の態様とされるというのは適当ではないと考えられる。

### ⑶　業務主責任説

業務主責任説の法理論的な根拠は⑵で検討した判例等の説と同様であるから、これにも同様の批判があてはまる。

その実質論について考察する場合、第一に、不法行為法上の使用者責任を類推する点は、重加算税の本質が損害賠償ではなく、制裁であるという制度の基本的な理解に抵触するため賛成できない。のみならず、このような考え方は、

「労務の供給の仕方において供給者側の自主性・独立性が特徴だとされる委任や請負の関係は、原則として、〔民法〕715条にいう使用関係に該当しない[13)]」

とする民法の通説にてらすと、税理士等が隠蔽・仮装工作を行なった場合に、納税者本人に重加算税を課す根拠とはなりえないであろう[14)]。

重加算税を制裁として考えた場合には刑事罰における両罰規定――それは監督者の過失責任を根拠とする――の存在との均衡が問題となるとの見解に関しては、刑事罰と重加算税における制裁の構造が異なる点を指摘しなければならない。すなわち、脱税に関する刑事罰においては、何よりもまず行為者本人の行為が非難の対象となるのであり、使用者等はそのような非難すべき行為者を監督すべき責務を怠ったことについて、派生的に非難されているのである。これに対し、重加算税においては制裁の対象となるのはあくまで納税者本人のみであり、納税者本人に加担したのか、逆に納税者とは独立して行なったのかを問わず、工作者はどのような形でも制裁の対象となっていない。このことと、制裁が違法状態を現出させないようにさせる措置であるということとを考えあわせると、重加算税を賦課しうるのは、合理的にみて納税者がそのような状態の発現を防止しえた場合のみであり、納税者は何よ

---

13）幾代通著＝徳本伸一補訂『不法行為法』（有斐閣・1993年）197頁。

14）幾代＝徳本・前掲注13）198頁注⑵は、「具体的には、弁護士・執行官・司法書士と依頼者との関係……は、一般に使用関係ではない、というのが通説である」とする。ここには挙げられていないが、その性格からみて、税理士と依頼者との関係も同様に解しうることは明らかである（なお、参照、請負に関する民法716条）。

なお、有償委任と雇用等とが実際上は区別しがたい場合があることは、「市民法上、有償委任と認定するか雇用（あるいは請負）と認定するかによってある問題の解決に極端な差が生ずるような解釈なのは不当なのだということを、示唆するものである」（広中俊雄『債権各論講義〔第6版〕』（有斐閣・1994年）277頁）との見解もあることには注意が必要であろう。

りも——広義の——「自己の行為」について制裁を受けていると解釈すべきである。

このように考える場合、脱税に関する刑事罰に両罰規定があることを根拠に、重加算税についても、同様の業務主責任を認めることは避けるべきであろう。

これと関連して、従業員・代理人等の不法行為に起因して本人が重加算税を賦課された場合は、それら実際の工作者に対して納税者本人が損害賠償請求を行なえばよいという見解がある。しかし、この見解にも賛成しえない。その理由としては、第一に、そのように重加算税の負担を内部的に変更することを前提にすることは制裁の帰着を曖昧にし、論理のレベルで制裁としての重加算税制度の本質を害する。第二に、そのような従業員等が損害賠償請求に応じるだけの資力を有しているか否かによって実質的な制裁の負担も、実際の行為の悪質性等と無関係に変化する点で問題が生じる。

従業員・代理人の不法行為によって行なわれた過少申告に対する制裁の負担を従業員に負わせるべきことを主張するならば、むしろこの点は、現行法において、従業員・代理人等を直接対象とした制裁がないことを批判すべきであるといえよう。

### ⑷ 小　括

以上に検討したところによれば、判例・通説が認める重加算税の性格を前提とする限り、判例・学説上唱えられている、納税者本人と同視しうる工作者の範囲を事実上無制限に拡大する説には、いずれも賛成できない。したがって、判例等が指摘する行為の主体を拡大することの現実的な必要性は認めつつ、工作者を納税者本人と「同視」するにあたっては、何らかの積極的な要素を見出そうとする「利害関係同一集団」説のような考え方に従うべきであろう。その際には、①判決や業務主責任説が制限的な解釈では納税者本人が従業員等の陰に隠れることを許す結果になることを懸念していた点に鑑みても、そこで導入されるメルクマールが実際の課税実務や裁判の場で機能しうるものであることが強く求められていると考えられる。

## Ⅳ　合理的な制裁範囲の確定

### 1　アメリカ連邦所得税における立法の動向

#### (1)　序

わが国の重加算税に関する合理的な制裁範囲の確定について考察する前に、アメリカ連邦所得税における立法の動向を参照しておこう。ここで興味を引くのは、夫婦の一方のみがもっぱら申告に関する事務等を行ない、税額を過少に記載した夫婦共同申告書を提出した場合、他方の配偶者が、不足税額やわが国の加算税と同様の民事罰の賦課を免れる制度が存在する点と、過少申告が行なわれた場合にその申告の補助をした者等を直接の対象とした民事罰が存在することである。以下では、これらの点につき概観する。

#### (2)　善意配偶者をめぐる議論[15)]

周知のように1948年以来、アメリカ連邦所得税において夫婦は共同申告（joint return）をすることが可能であり（内国歳入法典6013条(a)。以下、内国歳入法典であることが明らかな場合は、条文番号のみで引用する。)、その場合、税額については夫婦は連帯してかつ個別に責任を負うこととされている（6013条(d)(3))。このため、典型的には夫婦の一方が申告に関する事務一切を行なっており、他方の配偶者は申告書に署名するだけ、というような場合に、申告書を作成した配偶者が故意または過失で過少申告をした場合に、それに対する民事罰等が他方配偶者にも及ぶか、という問題が生じてきた。特に、一方配偶者が、脱税にあたる詐偽的申告を行なった場合、きわめて重い民事詐偽罰が他方配偶者にも課せられるかどうかということは、アメリカの判例において、先行する脱税罪に関する刑事裁判において有罪となると、民事詐偽罰の賦課も免れないとされているため[16)]、たとえば夫が脱税罪で有罪となると、妻も自分に対する民事詐偽罰の賦課を争うことができなくなることと相

---

15）以下の議論については、H. Balter, Tax Fraud and Evasion, 5th ed. with 1991 Cumulative Supplement No. 2, ch. 8 at 45-52 (1991) による。なお、参照、ABA The Section of Taxation, Committee on Civil and Criminal Tax Penalties, “Committee Recommendations”, 22 Tax Law., No. 4, 965-966 (1969).

16）この点については、参照、第1部第2章第3節（221頁）。

俟って、重大な問題と考えられたのである。

この問題については、判例上も善意の配偶者に民事詐偽罰を賦課することの不合理さが認識されながらも、詐偽を行なっている配偶者が善意の配偶者に申告書への署名を強制したというような例外的な場合などに当該申告書が有効な夫婦共同申告書であることを否定する等の方法を除くと、救済することはできないとされ、結局、1971年に立法によって問題が解決された。1971年法による解決は、民事詐偽罰が課される事案とそれ以外の民事罰、利子税および税額そのものに関する場合との二つの規定に分かれており、数度の改正を経た現在でもその基本的な骨格は変更がない。

現行法（6013条(e)(1)）によると、まず、民事詐偽罰以外の場合に、共同申告を行った配偶者が税額、利子税、民事罰の賦課を免れうるのは、

ア）申告書に一方の配偶者の過誤による実質的な過少申告が存在し、

イ）他方配偶者がその申告書に署名したときに、それに実質的な過少申告があることを知らず、かつ、知るべき理由もなかったことを証明し、

ウ）すべての事情を考慮して、そのような実質的な過少申告に帰せられる納税不足の責任を当該他方配偶者に負わせることが衡平に反する(inequitable)、

という場合である。

これらの要件の解釈にあたっては、特に租税裁判所において厳しい解釈が判例となっており、ある配偶者が過少申告の存在を知るべき理由がなかったとされるためには、

カ）事業に関する事柄または記帳に関与していたか否か

キ）責めを負うべき配偶者が2人の所得について率直に教えることを拒否していたか否か

ク）普通ではない、贅沢な支出の存在があったか否か

というような事柄が重要であるとされている。つまり、夫が家族の金銭的な事柄をすべて処理しており、妻には事業の取引や租税の申告のことを何もさせておらず、妻に署名を求める申告書に関わる取引の扱いについても何ら説明をしようとする努力を払わなかったような場合にのみ、妻は過少申告について知るべき理由がなかったとされるのである。そして、前述したア）〜ウ）の

要件の立証責任はそれを主張する納税者の側にある[17]。

これに対して、民事詐偽罰に関しては、過少申告が当該配偶者の詐偽によるものでない場合には、民事詐偽罰を当該配偶者に賦課することはできないとされており（6663条(c)）、しかも、その立証責任は課税庁の側にあるとされている。したがって、夫が詐偽的な工作を行なって脱税した場合でも、妻は、自分がその詐偽的工作に関与していない限り、もはや民事詐偽罰を賦課される可能性はない。ただし、不足税額や利子税につき責任を免れるためには、上述の6013条(e)の要件を満たしていることを証明する必要があるのは当然である。

別の機会にも明らかにしたように[18]、重加算税の直接的な母法ともいうべき民事詐偽罰の制度は、その実質においてわが国の重加算税よりもはるかに厳しい要件の民事罰ではあるが、民事詐偽罰に関するこのような扱いと、それとは対照的な通常の民事罰等に関する場合の扱い、そして、そこでの要件が単なる内心の知、不知ではなく、いわば「客観化された知、不知」である点は重要であると考えられる。

### (3)　納税申告の補助者等に対する民事罰

別の機会に紹介したように[19]、アメリカ連邦所得税に関しては、いわゆるタックス・シェルターの横行が問題化したため、従来からの申告の補助者に対する民事罰（6694条）に加え、1982年法により、タックス・シェルターを作り、またはその利益を売る者等に対する民事罰（6700条）と過少申告の補助・教唆をした者に対する民事罰（6701条）が立法された。ここでは、このうちの過少申告の補助・教唆に対する民事罰についてみてみる。

現行法の規定では、

サ)　申告書等の何らかの書類の用意等に関して補助・助言等を行ない、

シ)　そのような書類が内国歳入法に関連した事項について用いられることを知り、または知るべき理由があり、

ス)　そのような書類がもし用いられれば他人の租税債務の過少申告を生じるであろうと知っていた者は、

---

17)　Balter, supra note 15, S-8 at 97-101.
18)　アメリカ連邦税に関する民事詐偽罰については、参照、第1部第2章第3節（151頁）。
19)　佐藤英明「西ドイツ及びアメリカにおける加算税」日税研論集13号（1990年）206頁以下。

1,000ドル（当該申告書等が法人の租税債務に関する場合には1万ドル）の民事罰を賦課される。この場合、そのような申告についての納税義務者本人が過少申告の事実を知っていたか否かは問われず、また、自分の部下を通じて上記のような補助・助言等の行為を行なった場合および自分の部下がそのようなことをしようとしていることを知りながらそれを防止しようとしなかった場合にも、この民事罰が賦課される。

このうち、シ)において「知るべき理由があり」というのは、1989年における内国歳入法典上の民事罰の大改正（Improved Penalty Administration: IMPACT and Compliance Tax Act）[20]によって挿入された新たな要件で、タックス・シェルターの場合の民事罰における同様の文言についての説明からして、「知っていたか否か」という心理的な事実のみならず、心理状態の立証についての客観的な証拠を考慮することを可能にしたものである[21]。その目的は、民事罰賦課において心理的な事実の認定の困難さを緩和することであると考えられ、制裁要件の客観化という観点から興味を引く点である[22]。

## 2　合理的な制裁範囲の確定のための基準

### (1)　一般的な基準

それでは、納税者以外の者が隠蔽・仮装工作を行ない、それにもとづいて過少申告がなされたとすると、どのような場合に納税者本人への重加算税が認められるべきであろうか。この問題については、前述したような制裁としての重加算税の性格付けが最も重要なポイントとなる。重加算税が、納税者本人を対象とした——前述したような意味での——制裁である以上、問題は、納税者本人に納税義務違反行為（状態）とどの程度の「関わり合い」があれば重加算税の対象となるか、ということであり、重加算税の目的からすれば、それは、客観的にみて、納税者本人に義務違反状態を防止しうる可能

20）この改正については、参照、第3章。

21）M. I. Saltzman & B. T. Kaplan, Civil Tax Penalties Reform, ch. 4 at 5 (1990).

22）なお、この6700条および6701条の民事罰については、内国歳入庁は民事詐偽罰の場合と同じく、罰の賦課権は消滅時効にかからないものと解しており、判例もほぼこれに従っている点にも注意が必要である。内国歳入庁の見解では、これらの民事罰は何らかの申告に関連したものではなく、補助者の行為に関連するものであるから、納税者本人の申告時から消滅時効の期間が開始するとしなければならない理由はないからである。ただし、このような見解には批判もある。Cf. Saltzman & Kaplan, id. at 9.

性があったか、またはそのことを制度が期待してよいか、という点であるはずである。このことに加え、この問題に関する判例や一部の学説が指摘する心理的事実の認定の困難さ、アメリカの立法例にみられる制裁要件の客観化の試み等も考慮する必要があることは言うまでもない。

このような考察の結果、考えられるのは、納税者に、擬制的にせよ過少申告の事実の認識があることを求める立場であり、その消極要件として――現実の知不知ではなく――「客観的にみて納税者が過少申告の事実を知らなかった」と認められる場合に重加算税の本人への賦課を否定するという考え方である。この考え方は、重加算税の賦課の要件として「過少申告について納税者の認識があるか、又は認識がないことに納税者の過失があること」を責任主義の観点から主張するのとかなり近い結果を生むと思われるが、制裁としての機能的な制度の構成により適合的な基準として上記のような定式化を提案したい。

また、このような考え方は「重加算税を課し得るためには、納税者が故意に課税標準等又は税額等の計算の基礎となる事実の全部又は一部を隠ぺいし、又は仮装し、その隠ぺい、仮装行為を原因として過少申告の結果が発生したものであれば足り、それ以上に、申告に際し、納税者において過少申告を行うことの認識を有していることまでを必要とするものではない」とする最高裁の判例[23]と正面から衝突するという批判がありうる。

しかし、この事案は、納税者本人がもともと架空名義で有価証券取引を行なっており、たまたま当該年度につき妻に同取引を行なわせた場合に、納税者本人が有価証券取引の損益の結果を正確に認識していなかったことが重加算税賦課を妨げるか否かということが争われた事例であり、そもそも納税者に過少申告を行なうことの認識がなかったかどうかも疑わしく――現に第一審判決[24]は「およそ本件のような有価証券取引をなすものがその取引による損益を知り得ないなどということは通常考えられない」と注記していた――かつ、架空名義による取引という納税者自身による隠蔽・仮装工作の存在が明らかであった事案であるから、この判決の結論をそのまま一般化すること

---

23）最判昭和62年5月8日訟月34巻1号149頁。本判決については、木村・前掲注2）130～135頁に、きわめて興味深い分析がなされている。

24）熊本地判昭和57年12月15日訟月29巻6号1202頁。

には大きな疑問がある。このことは、この判示を文字どおり解すると、重加算税賦課のためには納税者が故意に課税標準等を隠蔽・仮装することが必要となり、これまでの下級審判例と真っ向から対立するものとなることからも明らかであろう。したがって、この判例は「過少申告の原因となり得る隠ぺい仮装行為に納税者の故意が及んでいる場合は、それ以上に過少申告につき認識は必要ない」という限度でのみ一般化しうるもので、そもそも隠蔽・仮装行為に納税者の故意が及んでいない場合一般につき、過少申告の認識の要否を判断したものではないと解すべきであろう。このように解するのでなければ、そこで述べられている重加算税の要件が、最高裁判例における重加算税制度の位置付けそのものと矛盾する結果になることは前述したとおりである。

### (2)　具体的なメルクマール

それでは(1)に述べた基準の下で、客観的にみて納税者が過少申告の事実を知らなかったと認められるか否かという点に関するより具体的なメルクマールについて、若干の検討を行なうこととしよう。

第一に考えられるのは、工作者の隠蔽・仮装行為が納税者本人の租税負担の軽減を第一義的な目的としているかどうかという点である。誤解のないように付言すれば、これは、重加算税賦課に納税者本人の脱税の目的を必要と解しているのではない。そうではなく、納税者本人が過少申告の事実を知らなかったと客観的に認めうるか否かの判断材料として、工作者の意図を用いようとするのである。

そこで、もしも工作者による隠蔽・仮装工作が納税者本人の租税負担の軽減を第一目的としている場合——そのような工作を行なう動機をもちうる者は、まさにⅡ1（366頁）で述べた武田教授のいわゆる納税者と「利害関係同一集団」に属するものであろう——には、工作者が隠蔽・仮装工作の事実を納税者本人に特に秘匿すべき特段の事情がない限りは、納税者本人において、客観的にみて過少申告の事実を知っていたと考えられるのに対し、隠蔽・仮装工作の目的が、たとえば、工作者による横領行為の秘匿のように工作者の利得を第一目的としている場合には、隠蔽・仮装工作自体が納税者本人に対して強固に秘匿されていることが通例であろうから、そのような事実は、通常、客観的にみて納税者本人が過少申告の事実を知らなかったこと、を基礎付ける事実と考えることができる。

このことの系として、工作者自身が自らの利得および租税負担の減少を意図して行なった工作の効果が納税者本人に及ぶ場合の考え方がある。これは相続税に関する共同相続人間の関係がその適例であるが、事業を共同で行なっている場合などにもあてはまりうるであろう。これも、客観的にみて工作者にその工作を納税者本人に秘匿すべき事情――たとえば、相続財産の一部を除外して自分が独り占めしており、他の共同相続人に知られれば当然その分割を要求されるというような事情――があるか否かを加味して判断すべきものであろう。

第二に、判例に散見されるように、納税申告に関する委任・代理権授与が問題となる場面では、工作者が税理士、公認会計士および弁護士であるか否かを問題とすべきである。

確かに、⑬判決が指摘するように、「納税者は、誠実に受任者を選任し、受任者の作成した申告書を点検し、自ら署名押印する等して適法に申告するように監視、監督して、自己の申告義務に遺憾のないようにすべきものである」。他方、現在のわが国のように経済取引とそれをとりまく租税を含む様々な制度的環境が複雑化している社会において一般市民である納税者が自ら完全に租税を含む関連法規を理解し、それに従うことを求めることはできない。そうであるがゆえに、それらの領域において専門的知識および能力を有し、サービスを提供する各種の高度専門職が存在するのである。そして、税理士、公認会計士および弁護士などの専門職が高い職業倫理を要求され、税理士法や弁護士法等が定める半ば公的な統制に服するものとされていること[25)]を考えあわせると、受任者が税理士・公認会計士および弁護士である場合に、一般論としての受任者を監視・監督する能力は納税者本人にはないと解すべきであるし、また、そこに高度な義務を求めることも不適当であろう。これに対して、納税申告をこれら以外の職業・立場の者に任せた場合には、納税者本人は当然、相当高い程度の注意をもってその者の行なう申告等の行為をチェックする義務を負うから、客観的に過少申告を知らなかったと考えられる可能性ははるかに低くなるであろう。

25）たとえば、税理士の懲戒については税理士法44条以下、罰則については同法58条以下等。

ただし、納税義務者本人から納税申告等を受任しただけの税理士等がその本人のために隠蔽・仮装工作まで行なうというのは通常考えがたい事態であるから、この場合にも、第一の隠蔽工作等の主目的についての考慮は無論必要である[26)]。

第三に、法人に特有の問題として、「経営に参画している者」による、法人の租税負担の減少を第一義的な目的としない隠蔽・仮装行為がある。まず、経済社会の複雑化は、法人業務の多様化複雑化を生じ、代表取締役自身が法人に関するすべての事柄を自分で管理・支配することが困難な状況が生じうる。その場合、法人は、自分のいわば筆頭の代理人としての代表取締役以外にも、ある分野・部門において直接法人を代理する役割を果たすような専務取締役や常務取締役等を必要とするようになる。他方、重加算税の賦課に納税者本人の脱税の目的を必要としないと解するなら、代表取締役自身が会社財産を横領し、それを糊塗するために隠蔽・仮装工作を行なって過少申告した場合には、当然、法人に対して重加算税が賦課されうる。そうであれば、形式的に法人全体を代表・代理する権限は有していなくてもある部門等については法人を直接に代表・代理している者が、自分の統括している部門の業務等について同様の横領行為等を行ない、その結果を糊塗するために隠蔽・仮装工作を行なった場合には、その効果は法人自体に及ぶと考える余地があろう。そして、そのような効果をもちうる行為を行なう者の範囲を「経営に参画する者」と定式化することは正しいものと思われる。実際にも、前述した③・⑭判決等において、このような言葉が用いられ、かつ、重加算税賦課を維持するだけの事実を実際に認定しえている点にも注意が必要である。

### 3　工作者を対象とする制裁制度の検討

２で述べた解釈によれば、客観的にみて納税者が過少申告を知らなかった場合には、工作者による隠蔽・仮装行為があり、それにもとづく過少申告

26）税理士等が納税資金等の横領を意図していた等の明白な場合のほか、税金を安く済ます税理士として有名になり多くの顧客を獲得することを目的として、税理士が顧客の申告について組織的に工作を行なう場合などが、工作の主目的が納税者本人の租税の減少ではない場合の例として考えられるであろうか。

がなされても——多くの場合、過少申告加算税は賦課されうるであろうが——重加算税の賦課は行なわれない。ある立場の論者からは、この結論を認めるなら、工作者自身を直接の対象とする制裁制度が別に必要となるという議論もありうるであろう。これは、納税者本人に賦課した重加算税を納税者の手続的なコストを用い、工作者に損害賠償請求をするという形で間接的に制裁の効果を及ぼそうとするのに比して、より簡明で理論的にもすぐれた主張のように思われる。しかし、現状では、わが国においてそのような制裁制度を構想することは、少なくともきわめて困難であり、かつ、おそらくは不適当でもあろう。

第一に、制裁の手続きの問題がある。先に触れたアメリカの内国歳入法典6700条・6701条の民事罰は、課税庁（内国歳入庁長官）が直接これを賦課し、その賦課を争う者はその一部を納付した上で還付請求訴訟で争うという形になっている[27)]。また、ドイツ租税通則法378条に規定する重過失租税逋脱は行為の主体が納税者の事務の執行者である場合を明文上含んでいるが、その効果としての秩序違反罰（過料）は、争われる場合には刑事裁判所で手続きが行なわれることとされている[28)]。

このような外国の立法例を参考にした場合、わが国においては、納税者としての「租税」の一部と観念しえないものを課税庁が賦課するという制度も、ドイツにおける秩序違反行為に対する制裁制度のような制度も存在せず、これを重加算税に関してのみ創出することはきわめて困難であろう。

これに加えて、新たな制裁と重加算税との関係も問題となる。すなわち、重加算税を納税者本人に課しえない場合に限って新たな制裁を工作者に課しうるとすれば、両方の制裁がともに争われた場合に裁判所の判断が積極・消極に抵触することを避けるために手続上複雑な工夫が必要となるし、重加算税と重複して課しうるとするならば、法人組織などで隠蔽・仮装工作を命じられた経理担当者等に酷な負担となる可能性がある。

第二に、本章で提示した基準で重加算税の賦課が否定されるのは、多くは、租税に関する専門職業人である税理士、公認会計士および弁護士が工作者となる事案であり、これらの者は前述したようにそれぞれの職業をつかさ

27）Cf. Saltzman & Kaplan, supra n. 21, ch. 4 at 9, 13-17.
28）参照、第1部第2章第2節（99頁・111頁）。

どる法律においてそのような非違行為に厳しい罰が科せられることとされているから、それに加えて一般的な制裁を設けることにはあまり意味がない。のみならず、工作者に対する一般的な制裁は、これらの職業人が良心に従って行なう誠実な法解釈等が課税実務と異なる場合に、さらに解決困難な問題を生じる可能性がある[29]。

また、専門職業人以外の者による納税資金の横領事案等については、税理士等の場合のような強い社会的制裁の制度が別に用意されてはいないものの、やはり、それぞれ刑事罰が発動されるのが通例であるから、それに加えて租税上の制裁をする意味に乏しいと考えられよう。

## V　結びに代えて

現行課税実務および裁判例の示す、隠蔽・仮装工作とそれにもとづく過少申告の事実のみで重加算税を賦課しうる、という考え方は、過少申告加算税についてこれを免除される「正当な理由」をきわめて狭く解する立場と相通じるものであり[30]、その主眼は、課税行政上の手続上のコストを最小限にしつつ、納税違反行為を制裁対象に広く取り込もうとする点にある。筆者は租税違反行為に対する制裁の必要性を十分に認める者であるが、同時に、それは制裁であるがゆえに、「制裁」として正当化しえない対象に賦課されるべきではなく、また、制裁が租税法違反行為に対する負のインセンティブとして効果を発揮するためには、その対象が適正に——すなわち、納税者が違反行為を防止しうる範囲に——限定されることが必要であるとの立場に立っている。

無論、この問題に関する諸判決が明示的ないし暗示的に示すように、重加算税の賦課対象を限定することは、納税者本人に工作者の陰に隠れることを許す可能性を生じ、そのような工作者の陰に隠れた納税者本人に重加算税の賦課を免れさせる理由はまったくない。しかしそのことを根拠に、真に隠蔽・仮装工作も過少申告の事実も知りえなかったと考えられる納税者本人に

29) 6694条につき、この問題を詳しく論じたものとして、Saltzman & Kaplan, supra n. 21, ch. 4 at 19-34.
30) この点を批判するものとして、参照、第3章。

まで重加算税を賦課することを正面から認めることは、制裁制度として背理であり、許されない。必要なのは、その両者を区別するために用いうる基準の精査であり、工作者の行為の責任を納税者本人に負わせる論理の開発ではない。

本章は効率的な制裁制度の構築という立場から、重加算税の賦課対象につき、必要な限定を行なうことを試みたものである。

# 第5章

# いわゆる「つまみ申告」と重加算税
## ——租税制裁における主観的要件重視の傾向について

## I　はじめに——問題の所在

二重帳簿を作成するなどの典型的な「隠ぺい、仮装」工作を行なうことなく、場合によっては正確な所得金額を示す帳簿書類を備えていながら、真正な所得金額の一部のみを恣意的に摘出し、過少な所得金額等を記載した確定申告書を提出する、いわゆる「つまみ申告」行為が重加算税賦課の対象となるか、という問題に関し、周知のように、最高裁判所は、少なくとも二つの事案について、これを肯定する判断を示した。[1)]

これらの最高裁判決については、原審判決に対するものを含め賛否両論の解説・評釈が数多く公にされており、また、これらを事例判決と考えるか統一的な重加算税賦課要件を示しつつあるものと考えるかなどの点についても、評価は区々に分かれている。[2)]

しかしながら、問題の中核をなす、「つまみ申告は現行法の下で重加算税

1）最判平成6年11月22日民集48巻7号1379頁、最判平成7年4月28日民集49巻4号1193頁。

2）前掲注1）最判平成6年11月22日の評釈・解説としては、佐藤孝一・税通50巻3号（1995年）243頁、池田秀敏・税理38巻5号（1995年）31頁、岩崎政明・ジュリ1069号（1995年）153頁、川神裕・ジュリ1071号（1995年）101頁、岡村忠生・民商113巻1号96頁、川上裕・曹時49巻1号（1997年）168頁など。

前掲注1）最判平成7年4月28日の評釈・解説としては、佐藤孝一・税通50巻11号（1995年）215頁、近藤崇晴・曹時47巻9号（1995年）2360頁、岡村忠生・税法学534号（1995年）110頁、水野武夫・民商114巻3号（1996年）505頁など（控訴審：大阪高判平成6年6月28日民集49巻4号1271頁の解説としては、佐藤孝一・税通48巻13号（1993年）201頁など）。

また、両判決を同時に扱う評釈として、松沢智・税法学534号（1995年）134頁、三木義一・判評443号（1996年）172頁、岩橋健定・法協114巻4号（1997年）462頁。さらに、両判決を扱う論文として、住田裕子「重加算税の賦課要件としての『隠ぺい・仮装』行為」商事法務1419号（1996年）2頁・同1420号（1996年）9頁、座談会として、「訟務座談会」訟月42巻1号別冊（1996年）218頁などがある。

の対象となるか」という論点については、その対立軸は比較的単純である。それは、判決の結論を支持する見解（積極説）が国税通則法68条1項の文言を比較的緩やかに解し、またはそこから若干離れることをも容認しているのに対し[3]、判決に反対する立場（消極説）は「つまみ申告」が同項の文言に包摂されえないことを主張している[4]、という対立である。したがって、両者の対立は単に現行法の文言の解釈によって止揚しうるものではなく、その実質的な考慮に目を向けることが必要である。

この点に関しては、重加算税が形式的には租税であり、実質的には対象となる納税者の通常の納税義務の範囲を超えて金銭納付を求める不利益（行政上の制裁）であることに鑑みれば、文言に忠実な解釈が第一次的な正当性を有していると考えるべきであり、それゆえに、文言からある程度離れた解釈を採用するならば、それはそのような解釈を採用する側に、正当性を論証する責任があるというべきであろう。このことは、現行法の文言を技巧的に解釈して「つまみ申告」がその対象となりうることを論証すれば足る、というものではない。そのような解釈に対しては、直ちに、なぜ、そのような解釈をあえて採用するのかについて、実質的な考慮を明らかにすることが求められるからである。ところが、これまで公表されている論稿をみる限り、最大の関心事であるはずのこの点については、積極説から必ずしも説得的な主張がなされているとは言いがたい。そこでは、端的にいえば「制裁の対象に含めることが必要だから制裁の対象とすべきだ」というトートロジーが述べられているにとどまるのである。

以上のような理解にもとづき、本章では、積極説の立場から、それを支持すべき実質的な理由と、消極説の指摘する問題点の検討を行なう。具体的に

---

3）この立場を最も明確に示しているのは品川芳宣教授の見解である。教授は「68条の文理解釈を否定するのではなく」と注釈を付けつつ、以下のように説かれる（同『新版・附帯税の事例研究』（財経詳報社・1996年）310頁）。

「不申告行為やつまみ申告行為あるいは虚偽申告行為等が隠ぺいまたは仮装行為と認定し得るか否かについては、国税通則法条の文言にのみ拘泥すべきではなく……それらの行為の前後における事実関係を総合して『隠ぺい・仮装』行為で推認して判断されるべきである。」（傍点筆者）

4）岡村・前掲注2）民商113巻1号105頁は、端的に以下のように言われる。

「過少申告行為自体が、同時に隠ぺい、仮装にも当たるとする解釈の何よりの問題は、文言上無理があることである。」

同旨、水野・前掲注2）514頁。

は、まず、「つまみ申告」の事案の処理を、逋脱犯に関する刑事事件を含めた判例の流れに位置付けて、脱税に対する租税制裁制度の統一性という観点からそれに対する重加算税賦課の正当性を論証する。次に、判例が採用している「脱税」の範囲の理解そのものについて「脱税」の本質に触れて検討し、最後に、消極説が指摘する問題点につき、立法論的にいかに対応すべきかを考察することにしたい[5)]。

## Ⅱ「つまみ申告」と重加算税——逋脱罪の判例を視野に入れた分析

### 1　重加算税と逋脱罪の要件の関係

重加算税の対象となる範囲を画するにあたっては、租税逋脱罪による処罰の対象となる範囲との均衡を視野に入れる必要性が大きい。それは、制度の導入の契機・沿革から知られる、「『脱税』のうち、比較的悪質性が低い行為を重加算税の対象にするにとどめ、その中で特に悪質な行為に対してはさらに刑事罰を加える」という制度の基本的発想と、制度導入後数十年にわたり、「脱税」に対する実効的な制裁としては重加算税を用い、刑事罰の発動を非常に謙抑的に行なってきた課税および検察の実務に由来するものである。そもそも、わが国における「脱税」の制裁制度は、刑事罰である逋脱罪と行政制裁である重加算税との間で実体的に要件を振り分ける形になっておらず、したがって、両者が別々の「守備範囲」を与えられているものとは考えられない。刑事罰が重加算税よりも重大な制裁であることを念頭に置いて両者の関係を合理的に説明しようとするならば、重加算税の対象となる「脱税」行為中、実質において刑事罰に値する悪質性を有するものが手続的に選択されて、逋脱罪としての非難を受ける、というほかはないものと思われる[6)]。

このような理解に対しては二つの反論がありうる。その第一は、逋脱犯に対する刑事処罰と脱税行為に対する重加算税賦課とは性質を異にする別々の制度であり、現に追徴税の時代から判例はこの点の区別を堅持している、と

---

5）本章は前掲注1）に挙げた二つの最高裁判決の評釈を目的とするものではないので、論じるべき問題が残されていることを認識しつつ、両判決の関係や、それぞれの判決の論理の妥当性を検証する作業には踏み込まない。

6）この点については、参照、第1部第1章第2節（31頁）・同第3章第3節（243頁）。

いうものである。[7]

しかしながら、論者が援用する昭和33年最高裁大法廷判決およびそれに続く判例は、憲法39条の適用上、すなわち、二重処罰の禁止という視角からみたとき、両者の制度は同一の性格を有していないことを言明したにすぎず、この点は「刑事」という概念が手続的に構成される以上、当然の結論である。[8] しかし、そこから、これら二つの制度が機能的な連関を有していないとか、両者が別個独立に解釈されるべきだとかいうような結論を論理必然の結果として導くことはできないように思われる。

考えられる第二の反論は、たとえ沿革的または基本的な発想として連関を有する二つの制度であっても、一旦それが法的性格の異なる実定法上の制度として創設された以上は、その瞬間から別個独立の制度としての歩みを始めるのであり、その後はそれぞれの制度について個々独立の検討を行なうべきだ、というものであろう。

しかし、個別の法制度がそれぞれ何らかの価値を実現しようとしており、その目的に資するべき制度を検討するという前提が認められるなら、ある制度と機能を同じくし、または隣接した領域を担当しており、あるいは機能的に補完しあう制度が存在する場合に、あえてその関係を無視しようとすることは、生産的な態度とは言いがたい。無論、ある制度が目的とする「価値」は単一ではないことが多い。たとえば、脱税を行なう者に対する制裁を定めるとともに、他方ではその範囲を合理的に画するということが、重加算税の制度には同時に求められている。したがって、制裁という機能に関しては逋脱罪の規定と連関させつつ、制裁の範囲を限定するという目的に関しては重加算税に独自の考慮が払われる余地は当然に存在する。

たとえば、重加算税の対象とはなりえないが逋脱罪の対象となりうる範囲

---

7）参照、最大判昭和33年4月30日民集12巻6号938頁、最判昭和36年5月2日刑集15巻5号745頁、最判昭和45年9月11日刑集24巻10号1333頁。

岡村忠生教授は、重加算税に関する前掲注1）最判平成6年11月22日が後掲注15）最判昭和48年3月20日を引用していることについて、

「刑事罰に関する判決を、何の説明も加えることなく本判決で引用することは、特に、これまでの最高裁自身が、刑事罰と重加算税との併課に関し、両者の趣旨目的や性質の違いを強調してきたことや、そもそも、両者の要件の文言が全く異なることからみると、ずさんと言わざるをえない」

とされる（岡村・前掲注2）民商113巻1号102頁）。

8）参照、第1部第1章第2節（47頁）。

が重加算税の制度上、明白に認められている場合がある。隠蔽仮装工作にもとづく過少申告の事案について、納税者が国税通則法65条5項の適用がある自発的な修正申告を行なった場合がその例である。この場合、その隠蔽仮装工作が逋脱犯に共通する「偽りその他不正の行為」という要件を充足すれば——ほとんどの場合は充足するであろう——なお、逋脱犯として処罰される可能性はあるが、同法68条1項括弧書は、明文で、この場合を重加算税の課税対象から除いているのである。これは、隠蔽仮装工作が行なわれた事案についても、重加算税による制裁よりも、自発的修正申告による事案解明を立法者が重視した結果と考えられる。この例は、制裁の対象に関して、重加算税の制度において逋脱罪とは異なる考慮がなされる余地を示しているとともに、重加算税の対象と逋脱罪の対象とを切り離す操作を行なう際には、この例と同様に、両者を関連させるべき価値に対抗する明確な価値を提示して検討する必要があることを示していると考えることができよう。

ところで、重加算税の制度と逋脱罪の制度とを関連付けて考察すべきだという前提が受け入れられるならば、次に、逋脱犯の処罰範囲が、現在の判例においてどのように画され、また、そこではどのような要素が重視されてきているか、ということが重要になってくる。次に、この点を概観しよう。

### 2 逋脱犯をめぐる判例の流れ——主観的要素重視の傾向

逋脱犯処罰の範囲をめぐる判例においては、主観的要素の重視とそれにもとづく処罰範囲の拡大の傾向を見て取ることができる。この傾向は、所得秘匿工作等を伴う不申告による逋脱犯と単純不申告犯との区別に関する裁判例において明らかである。

この場面で必ず引用されるのが昭和24年[9)]と同38年の計3件の最高裁判決であるが、このうち、当時の逋脱犯の成立範囲を明確に示しているのは昭和38年判決である。昭和24年判決は

> 「現行法第69条1項は詐偽その他不正の行為によつて所得税を免れた行為を処罰しているがそれは詐偽その他不正の手段が積極的に行われた場合に限るのである。それ故もし詐偽その他の不正行為を用いて所得を秘し無申告で所得税を免れた者は

9）最判昭和24年7月9日刑集3巻8号1213頁。第一審：和歌山地判昭和23年7月19日税資6号132頁、控訴審：大阪高判昭和24年1月31日刑集3巻8号1217頁。

もとより右規定の適用を受けて処罰を免れないのであるが、詐偽その他の不正行為を伴わないいわゆる単純不申告の場合にはこれを処罰することはできないのである」

と述べているが、この事案の控訴審判決は、当該無罪部分につき、「被告人が前記和歌山県渉外課から受領した金104万2,032円について所得税の確定申告書を提出しなかつたのは右収入金額より控除すべき多額の必要経費があるから申告義務なしと信じたためであつて納税義務あることを認識しながら敢て右申告書を提出しなかつた事実を是認するに足る証拠もない」と述べており、もとより逋脱罪の成立の余地があまりないと考えられた事案であった。

これに対して、昭和38年の二つの判決は事実を相当異にする。同年2月の所得税に関する事案は、被告人らの昭和25年分の所得税逋脱については有罪としつつ、その後の同26、27両年分の所得税確定申告書を提出しない行為について「たとえ所得税逋脱の意思によつてなされた場合においても、単に確定申告書を提出しなかつたという消極的な行為だけでは、右条項にいわゆる『詐偽その他不正の行為』にあたるものということはできない」（傍点筆者）と判示し、不申告が一連の脱税行為の一環として行なわれたことを推認させる事案について、なお、逋脱罪の成立を否定したものである[10]。また、昭和38年4月の物品税逋脱に関する事案においては、第一審および控訴審判決が被告人の逋脱の意図を認定し、さらに、

「ひとしく物品税逋脱の目的に出た行為であるのに、所論のように、積極的に過少申告をして、税務当局をして過少の納税額の決定をなさしめ、その差額を逋脱する場合と、消極的に全然法定の申告をしないで、物品税の全額を逋脱する場合とを区別し、前者には、不正行為による逋脱罪を認めながら、後者には、不正行為がないとして逋脱罪の成立を否定するような見解が不合理であることは、論を待たな

10）最判昭和38年2月12日刑集17巻3号183頁。
ただし、本件の第一次控訴審判決（名古屋高金沢支判昭和33年6月10日刑集17巻3号195頁）においては、昭和25年～同27年の3ヶ年分の所得税について虚偽過少申告や虚偽不申告による逋脱罪の成立が肯定されているが、差戻控訴審（名古屋高金沢支判昭和38年12月21日下刑集5巻11・12号1095頁）においては、25年分の逋脱罪の成立と27年分の単純不申告罪の成立は認められているものの、26年分に関しては単純不申告罪の成立も否定されており、この事案が本当にきわめて悪質な事案であったかどうかには疑問の余地があるかもしれない。しかし、少なくとも昭和24年判決の事案とは性格を異にするものと思われるし、また、第一次控訴審判決を前提とした最高裁の説示には意味があるものと思われる。

い」

と述べた控訴審判決を破棄して、判例違反としたものである[11)]。この両判決において、「逋脱の意図」は事案を逋脱罪の成立へと強固に押しやる要素として扱われておらず、そこにはなお、客観的に明らかな「積極的」な行為が求められていた。

これらの判決で用いられていた「積極的な行為」という定式が昭和42年の大法廷判決[12)]において変更されたことは明白であるが、それ以外に処罰範囲の拡大が意図されていたかどうかは疑問である。現在でも重要な先例性を有している、

> 「詐偽その他不正の行為とは、逋脱の意図をもつて、その手段として税の賦課徴収を不能もしくは著しく困難ならしめるようななんらかの偽計その他の工作を行なうことをいう」(傍点は筆者。)

という一般論の下で「詐偽その他不正の行為」とされたのは、本件の事案当時存在した物品税法上の記帳義務を前提として、「移出、販売の事実をまったく正規の帳簿に記載しないで、その実体を不明にする行為」だったからである。ただし、この定式化において初めて、「詐偽その他不正の行為」の内容として「逋脱の意図」が取り込まれたことは、その後の判例の展開との関係では注意が必要である。

その後、「所得を秘匿するため所得秘匿工作をしたうえ逋脱の意思で……確定申告書を……提出しなかつた場合には、所得秘匿工作を伴う不申告の行為が……『偽りその他不正の行為』に当たると解するのが相当であるから、所得秘匿工作を伴う不申告の行為があつたことを判示すれば足り〔る〕」とする昭和63年の決定[13)]により、無申告逋脱犯成立のための「所得秘匿工作」は、完全に構成要件の埒外に追いやられることになった。その上で、不申告逋脱犯の範囲を拡大し、その成立要件において「逋脱の意図」が決定的であることを示したのが平成6年の決定[14)]である。この事案においては、麻雀店を経営する被告人が「営業状態を把握するため、各店長に店の売上げを正確

---

11) 最判昭和38年4月9日刑集17巻3号201頁。第一審：東京地判昭和32年12月24日同213頁、控訴審：東京高判昭和33年10月16日同220頁。
12) 最大判昭和42年11月8日刑集21巻9号1197頁。
13) 最決昭和63年9月2日刑集42巻7号975頁。
14) 最決平成6年9月13日刑集48巻6号289頁。

に記載した帳簿を作成させており、これをことさら税務当局から隠匿したり、これとは別に虚偽の帳簿を作成したりするなどの工作を積極的に行った形跡は認められない」という事実関係の下で、売上金の一部を被告人の日本での通称、被告人の妻の帰化後の本名、および、被告人の娘の日本での通称名（ただし文字が異なる。）などの銀行口座に入金した行為が「ほ脱の意思に出たものと認められる以上、所得秘匿工作に当たる」とされた。本判決を一読すれば直ちに明らかになるように、ここでは、犯罪の成否に最も重要なのは、不申告が逋脱の意思によるものかどうかであり、この点が肯定されれば、逋脱犯の成立を認めるための客観的な要素（行為）はごくわずかなもので十分とされるのである。

では、このような不申告逋脱犯に関する判例の中に、所得秘匿工作を伴わない、いわゆる単純虚偽申告を位置付けるとどうなるのであろうか。重加算税に関する上記最判平成6年11月22日も引用している昭和48年の最高裁判決[15]は、非常に興味深い事例をここに提供してくれる。本判決は、

> 「真実の所得を隠蔽し、それが課税対象となることを回避するため、所得金額をことさらに過少に記載した内容虚偽の所得税確定申告書を税務署長に提出する行為……自体、単なる所得不申告の不作為にとどまるものではなく……、右大法廷判決〔前掲注12）最大判昭和42年11月8日〕の判示する『詐偽その他不正の行為』にあたるものと解すべきである」

と述べているが、事案としては、申告から除外された収入は当該収入を納税者に支払った相手会社の簿外資金から支出されていて、ここでは単純虚偽申告自体が、十分に「税の賦課徴収を不能もしくは著しく困難ならしめる」効果をもっていたことから、単純虚偽申告があれば、たとえそれが容易に税務当局に把握しうるような状況下でなされたものであっても逋脱犯が成立するかどうかには疑問の余地がありえた[16]。

確かに、逋脱の意図を最重要視するのではなく、客観的な行為に相応の重きを置いていた昭和40年代の判例においては、単純虚偽申告は*それをとり*

15）最判昭和48年3月20日刑集27巻2号137頁。

16）参照、松沢智「逋脱犯の訴追・公判をめぐる諸問題」租税法研究9号（1981年）51頁・63頁は、昭和48年の最高裁判決の事案につき「当該事案は、相手方の売上げ除外簿外金としたことに対応して、この部分の金額を申告書に記載しなかったというものであって、それは外形的にみて、不正行為とみうる状況を当該過少申告が備えているとみられる」とされる。

まく状況と相俟って逋脱犯を構成すると解すべき余地はあったかもしれない。しかし、最決平成6年9月13日を踏まえてこの点を考察するならば、もはや逋脱の意図でなされるならば、単純虚偽申告はそれ自体が「偽りその他不正の行為」にあたると解すべきであろう。「逋脱の意図」を重視する刑事裁判例において、その意図が認定されれば、逋脱犯成立に必要とされる客観的行為のもつ意味は非常に小さくなっているからである（ただし、この問題は、過少な所得金額を記載した確定申告書が提出されたという事実自体から「逋脱の意図」が認定されるか、という問題とは区別して考えなければならないことは当然である）。

### 3 小括——問題のまとめ

逋脱犯に関するこのような現在の判例の状況は、言うまでもなく、重加算税の対象を拡大する要素となると考えられる。もしも、確定的な逋脱（脱税）の意図の下に行なわれる「つまみ申告」を重加算税の対象としないならば、それは、逋脱額、逋脱割合等を考慮した適正な裁量にもとづいて起訴された場合には刑事罰の対象となる行為が、そのような刑事起訴——日本では脱税で起訴されることはきわめて稀である——がなければ、過少申告加算税を除き、何らの実効的な制裁の対象ともならないことになるからである。この状況は、単に制裁の規定が不十分で対象に含めるべきものが含められていないという、水平的な不均衡を超えて、制度としての統一性と一体性を損ない、その合理性を毀損する事態であるとすらいいうるであろう。[17)]

このように考えれば、逋脱犯の処罰範囲を拡大してきた判例が、その延長線上に、重加算税の課税対象の拡大を認めたのは自然なことであり、その意味で、逋脱犯の成立要件を満たすと考えられる事案に関する最判平成6年11月22日と最判平成7年4月28日の二つの最高裁判決は、その論理はともかく、重加算税の賦課を認めるという結論は必然的なものであったと考え

17) 重加算税に関する両最高裁判決に反対される三木教授も、これらの事案における重加算税賦課に反対するということは「本件のような納税者に何等の落ち度がないということを意味するものではなく、むしろ立法論としては隠ぺい、仮装を行っているとは言いがたいが悪質な納税者に対する制裁を整備する必要があるようにも思われる」とされ、罰金刑を視野に入れた立法論を示唆しておられる。参照、三木・前掲注2）177頁。

られるのである。[18]

このような議論に対しては、仮に逋脱罪と重加算税の機能的連関を認めたとしても、両者は異なる制度で、特にその要件を異にする以上、逋脱罪の処罰範囲の拡大に重加算税が従うのが自然とはいえない、という反論があろう。しかし、この反論は、両制度の機能的連関を前提とするならば、両者の規定の文言はなぜ異なるのか、また、その異なり方は「つまみ申告」について逋脱罪の対象とはなっても重加算税の対象とはならないという領域を作ることを正当化するだけの実質的根拠を有しているのか、という点を明らかにしなければ、単に形式論理の問題にすぎなくなってしまう。

この重加算税の規定の文言の解釈については、消極説と積極説から、正反対の理解が示されている。

まず、消極説から、岡村忠生教授は、

> 「行政上の措置である重加算税賦課では、第三者機関ではなく行政庁自身が事実認定を行い、弁明等の手続も排除されていることから、ある程度定型的で、事実認定の困難や要件裁量の余地が比較的少なく、判断基準がより外形的、客観的である隠ぺい又は仮装という行為のみが、その対象とされたと理解すべきである」

とされ、故意に関する『国税通則法精解』の記述を引用される。[19] これは、重加算税の要件が逋脱犯の要件に比して客観的・限定的であるのは、その範囲を制限する趣旨であり、納税者の保護が重視されている、という理解と考えてよいであろう。

これに対して、積極説から、住田裕子検事は、行政上の措置は画一的処理を可能にするため主観的要件をできるだけ排除すべきこと、および、納税者の認識というような主観を立証するための証拠を徴税担当者が収集することは制度的に困難であることとから、行政上の制裁としての重加算税は「制度上、できるだけ主観面を排した客観的な行為等を対象としたものとする必要がある」とされ、したがって、重加算税の制度は過少申告についての故意行為に対する制裁であるが、「これを客観的行為として、すなわち、外観から

---

18）この点については、巨額の「つまみ申告」に対する重加算税賦課を是認した先行判決として、特に参照、東京地判平成2年10月5日訟月37巻7号1250頁。控訴審：東京高判平成5年10月27日訟月41巻2号77頁、上告審：最判7年6月29日訟月42巻2号369頁。

19）岡村・前掲注2）民商113巻1号104頁。引用されているのは、志場喜徳郎ほか編『国税通則法〔第6版〕』（大蔵財務協会・1985年）612頁である。

判断するための要件として隠ぺい・仮装要件を定めたと解する」とされるのである。[20)]

この見解は、重加算税の要件は逋脱罪と同様の内容を、課税庁が刑事裁判手続を経由せずに発動できるように変更したものだ、と理解するものであり、要件の客観化は、いわば、税務行政庁による制裁の発動を容易にするための方策だとする考え方とすらいうことができよう。

この両説はどちらも論理的に成立しうる説であり、そのどちらを支持すべきかを決定するためには、両説の論理を比較検討することだけでは不十分である。むしろ問われるべきは、一方では、岡村説に関しては、重加算税の「客観的要件」が果たしているまたは果たすべき「納税者の保護」は、「つまみ申告」行為を実質的な租税制裁の「空白地帯」に置くだけの自覚的な重みを与えられているないし与えられるべきものか、という点であり、他方では、住田説における、重加算税は過少申告加算税の故意類型にすぎず——その意味では両者の区別の本質は主観的な要素にある——重加算税の要件はそれを行政上発動可能な形態に客観化したにすぎない、という、制裁対象の拡大と——住田検事の表現とは矛盾した言い方だが——重加算税対象となる「脱税」の主観化した理解の是非である。

逋脱罪の制度と重加算税の制度の機能的連関を重視する立場からこの点を検討するためには、先に述べた判例の変化や傾向をどのように理解し、評価するか、ということが重要である。もしも、判例における「逋脱行為」あるいは「脱税」の主観化と範囲の拡大が批判されるべきものであるならば、行政制裁において制裁対象の過度の拡大に歯止めをかける要件は重視されねばならないし、逆に、判例の理解が正しいならば、行政制裁においても「脱税」を同じ理解の下で捉えようとすることには理由があると考えられるからである。

### 4　逋脱罪に関する判例の評価と重加算税の要件のあり方

本来、逋脱犯や重加算税の対象となる「脱税」行為は、客観的な記述が困難である。まず、その行為という観点からは、脱税に用いられる手法が様々

20）住田・前掲注２）商事法務 1419 号６～７頁。

であり類型化がきわめて困難であることは、わが国に限らず指摘されてきている。また、行為から結果発生までの経過という点に着目しても、逋脱罪と比較される詐欺利得罪において、「欺罔行為→それによる相手方の錯誤→錯誤にもとづく利得の交付等」という経過が求められるのに対して、申告納税制度の下での逋脱行為には相手方の錯誤も利得の交付も要件とはなりえず、結局、この方式の下では第一次的な税額確定権限が納税者にあり確定申告書には法律上税額を確定する効果があることに着目し、欺罔行為があれば相手方（国）の錯誤と利得の交付等が擬制されているとでもいうしかない制度となっている[21]。

他方、結果という観点からみても、客観的な結果のみで「脱税」とそれ以外の場合とを区別することは困難である。脱税は租税債権を侵害する行為であるが、一口に「租税債権を侵害する行為」と言っても、納税義務があることを知りながら納税資金を全額費消してしまう行為や、確定申告書提出後租税を納付しない行為は「脱税」ではありえず、また、法令を誤解して作成された確定申告書の提出も「脱税」にはあたらない[22]。そうであるとすると、「脱税」であるか否かは、過少な所得金額等が記載されている申告書の提出等が「脱税の意図」の下になされたか否かによって判断されざるをえない。

結局、申告納税制度下における「脱税」という行為は、不正確な確定申告書を提出するまたは提出義務ある確定申告書を提出しないという外形的行為と、「逋脱の意図」という主観的要素の二点を中核とすると考えざるをえないのである[23]。その意味で、制限説を採用して申告書の提出または不提出行為のみを実行行為として取り出し、かつ、主観的要素の重視へと傾斜している現在の最高裁判決は、決して異常でも不当でもない。加えて、逋脱の故意の存在を肯定するために必要とされる認識の内容には、立場により相当の幅

21）そのため、一般の税務職員が対応する限り見逃される可能性が皆無に近いような行為が脱税の手段として用いられる場合なども、形式的にはその対象となるという問題が生じる点には注意が必要である。

22）この点については、かつてのドイツの判例が、「租税不誠実（Steuerunehrlichkeit）」という主観的要件を「書かれていない構成要件」として解釈に持ち込み、その機能によって適正な「逋脱」の範囲を画そうとしたことを想起されたい。参照、第1部第2章第2節（58頁）。

23）アメリカ連邦税においても、民事詐偽罰および逋脱罪成立の要件とされる「詐偽（fraud）」は、一定の悪質な心理的状態ないしはそれを伴った行為を指しているものであったことを想起されたい。参照、第1部第2章第3節（159頁・183頁・199頁）。

があることに鑑みれば、「逋脱の意図」――それは「故意」を最も厳格に解せばその内容となるべき認識である――を「故意」に加えて明瞭に要求することにも、合理性があると考えられる。

それでは、判例が逋脱行為の判断につき、戦後間もない時期は客観的・外形的な行為をも重視し、近年にいたって主観的要件を重視するようになってきたことは、どのように理解すべきであろうか。

筆者は、これを納税者の意識・納税倫理および納税環境などの、税制と逋脱犯とをとりまく状況の変化に判例が対応してきたものだと理解している。すなわち、昭和20年代から30年代初めの時期においては、わが国における納税倫理や納税者の税制に関する知識の程度は一般に非常に低く、積極的な所得秘匿工作等を行なうことなく単に確定申告書を提出しない行為は、いまだ刑事罰の対象とするに足る悪質性を肯定することができなかったことと、一般論として、単なる脱漏行為等のみをもって確定的逋脱の意図を推認する社会的な基盤に欠くおそれがあったこととが、逋脱行為の認定において客観的な行為を重視させ、無申告逋脱犯の成立に必要な所得秘匿工作の程度・内容を引き上げていたのではなかろうか。

これに対して、昭和60年代以降のわが国においては、好き嫌いはともかくとして、所得に対して所得税が課せられるべきこと、また、所得税額を計算するのに必要な資料等を保存すべきことについての理解は相当深まり、また、一般化したと考えることができる。そのような社会状況を背景とすると、たとえば、多額の所得を得ているにもかかわらず確定申告書を提出しないという行為は、何らかの客観的・外形的行為と相俟って、確定的な所得税の逋脱の意図を推認する基礎となり、また、刑事罰による制裁を正当化するだけの悪質性を備えていると評価しうるようになったと考えることができる。

このような考察から、客観的に認定された「逋脱の意図」を重視する現在の逋脱罪をめぐる判例とその下での処罰範囲の実質的な拡大の傾向は、少なくとも方向としては正当であると考えられる。後者は、納税意識の変化により、刑事的制裁の対象とされるべき悪質性を有する、と評価されるにいたった「脱税」行為が、新たに逋脱行為の範囲に含められていく過程なのである。

逋脱犯に関する判例の流れをこのように評価するとき、前述した岡村説と住田説とは、必ずしも二者択一的に対立するものとは思われない。おそらく、重加算税の制度が創設された時点でも、「隠ぺい・仮装」という客観的な要件は、納税者の主観的要素に触れることなく制裁の発動を可能にするという機能を有していたであろう。しかし、それとともに、全体に納税意識の希薄な昭和20年代ごろのわが国の経済社会において、「隠ぺい・仮装」という客観的・外形的な行為を明白に取り上げることなく行政上の「脱税」を認定することを許さないという、「納税者保護の機能」を、この要件は強く果たしていたものと思われる。極論すれば、課税庁が異常なほどのマン・パワーを注いで特定の納税者の「逋脱の意図」を立証したとしても、そのような不公平な制裁の発動そのものを抑制する意味がここにはあったのである。

これに対して、わが国の社会が次第に成熟の度を加え、国民の納税意識が高まってくるにつれて、制裁の対象を、独立して「隠ぺい・仮装」といいうる行為が伴う場合に限定する意義は薄れ、かえってそのような場合のみを、特に、他の「脱税」行為の類型から分離することの不合理が明らかになってきた。たとえば現在、数億円にのぼる所得金額の８～９割というような金額を脱漏することが「逋脱の意図」なくしてなされるとは考えがたいというのは常識的な結論だと思われるし、また、それほど極端ではない事例の集積により、客観的な要素から「逋脱の意図」が認定することが信頼性をもって可能になってきたのである[24)]。それを支えているのは、無論、相当安定してきた納税者の意識である。そうであれば、「脱税」の中核的要素が「脱税の意図」（と不正確な申告書の提出や義務に反した不提出による「結果」の発生）にある以上、制裁の対象が合理的に立証可能な範囲で「脱税の意図」にシフトしてきたとしても、それは容認しうる事態である。

結論として、筆者は、逋脱犯に関する判例の動向は正当であると考え、また、逋脱犯の制度と深い機能的連関の下に構築されるべき重加算税の制度において、同様の方向に変化があるべきことも正当であると考える。したがっ

---

24）この点に関しては、同じ最判平成6年11月22日の事案をめぐり、「この事件の納税者は、一体どの程度『悪質』といえるのであろうか」と疑問を呈される岡村・前掲注2）民商113巻1号112頁と、本判決により重加算税の賦課要件が不明確になることに強い危惧を示しつつも、本件納税者の悪質性を指摘し、「重加算税賦課を認めた最高裁判決の結論は常識的には受け入れられやすいものではあろう」とされる池田・前掲注2）36頁の対比が興味深い。

て、「つまみ申告」を重加算税の対象とすることに、原則的に賛成である。このためには、逋脱犯の場合と同様に、重加算税においても「脱税の意図」の有無を重視し、それが申告不足額等と関連して客観的に立証される場合には、当該事案は重加算税の賦課対象となるものと解するのが正当であると考える。

しかしながら、重加算税の対象がこのような形で拡大されることに伴い、新たな問題が生じることが懸念されることもまた明らかである。Ⅲでは、消極説の指摘する問題点を概観し、そこで提起される問題に対する合理的な対処を考えてみたい。

## Ⅲ　重加算税賦課の手続的統制の必要性

重加算税賦課の要件を主観化することについては、岡村教授の次のような厳しい批判がある。教授は、そのような解釈は、

> 「悪質だと総合判断される納税者には重加算税を課す（逆に、協力的で従順な納税者は過少申告加算税で済ます）という、裁量による主観的な当罰性判断を先行させた重加算税賦課の新たな構造を認めるものと言える」

とされ、さらにたとえ政策上そのような制度が望ましいとしても、

> 「このような裁量余地の大きい総合判断を、第三者性のない機関による事前手続きなしの一方的処分に委ねることの是非が、さらに厳しく問われよう、また、重加算税は、あくまで租税の一種であるから、いかにその賦課要件を変更しても、法定の課税要件の充足によって納税義務は当然に成立する。したがって、裁量には本質的になじまないのである」

と説かれる[25)]。この批判は、①重加算税の要件を主観化すると過少申告加算税と重加算税とが当罰性の程度による区別となる点、②実体的な制度のレベルで本質的に裁量になじまない重加算税の賦課に裁量の要素が含まれることになる点、および、③手続的な制度のレベルで第三者性のない課税庁が事前手続なしにそのような裁量にもとづく不利益処分を行なう点、の三つの論点からなると理解できる。

---

25）岡村・前掲注2）民商113巻1号109～110頁。

しかしながら、まず第一に、「脱税の意図」を重視し重加算税の賦課要件を主観化するとしても、それによって直ちに過少申告加算税が課される場合と重加算税が課される場合とが「程度」の違いに帰し、両者が連続的になるとはいいえない。両者はあくまでも、客観的に認定できる「脱税の意図」の有無によって実体要件上、截然と区別できるからである。むしろ問題は、どのような要素によって「脱税の意図」の存在を客観的に認定するかという点にかかる。現に岡村教授自身も、

「この『確定的な意図』を『総合判断』する過程では、過少申告行為の背後にある主観的状況が間接事実として無限定に取り込まれ、最終的には、税法の遵法意識、税務行政への不信感や反感、公徳心や租税倫理といった納税者の人格までが射程に入り得るであろう」

とされ[26)]、実体要件のあり方自体ではなく、その判断過程に強い懸念を示しておられるように思える。そうであれば、岡村教授が指摘されるこの問題点は、実は、要件の主観化そのものではなく、その判断過程の統制の問題だと考えるべきであろう。「脱税の意図」の存在を客観的に認定するために考慮すべからざる要素が混入している場合、その処分の正当性を否定することによって、過少申告加算税と区別された重加算税の対象を維持することができるからである。

第二に、岡村説において、重加算税は実体的に裁量になじまない、とされる点については、筆者は——このような直截な言い方を許していただけるなら——反対である。重加算税が形式上「租税」であることを根拠とするこの説は、重加算税が脱税行為に対する行政的制裁である点、および、その制度を実効あらしめるため、税務調査を担当する課税庁が租税の賦課と同じ手続きで賦課・徴収することができるように、形式上租税とされているにすぎない点を軽視する点において、正当とは言いがたい。

このことは、ごく軽微な「隠ぺい・仮装」工作にもとづく過少申告を発見した課税庁が、常に重加算税を賦課しなければならないか、という問題設定において、一層明らかである[27)]。確かに租税法律主義の一内容をなす「合法

26）岡村・前掲注2）民商113巻1号109頁。

27）実際には、このような場合に課税庁が重加算税の賦課を回避しようと思うなら、「隠ぺい・仮装」行為があったことを認識しない、という方法でその目的を実現することができるため、こ

性の原則」によれば、課税庁は法律の根拠なく租税を減免することができない。したがって、この原則が重加算税に適用されるならば、課税庁は隠蔽仮装工作がなされれば、どのような場合においても重加算税を賦課する義務を負う。

しかし、重加算税が脱税行為に対する制裁であり、不利益による脱税行為の抑止を最終目的とする制度である点を重視すれば、各種の正常な社会・経済行為に対して経済的負担を求めるがゆえに高度な予測可能性と画一的な法執行が求められることの法律的な表現である租税法律主義ないしその下での合法性の原則が、重加算税にそのままあてはまるとは考えがたい。制裁という性質を重視する立場からは、ここではむしろ、比例原則などが適用される余地が検討されるべきであろう。それにより、形式的に法の要件を満たすとしても、その内容を判断してなお制裁の発動を控える裁量の余地が課税庁に認められるべきなのである。このように、法定の要件を満たすものの中から制裁の対象とすべき事案を選ぶ――軽微な事案を制裁の対象から除く――裁量の余地が、行政制裁としての重加算税賦課に存在することは否定できないと考えられる。

第三に、要件が主観化された重加算税の賦課にあたって考慮されるべき判断要素が多様化すること、また、行政上の制裁としての重加算税の賦課には一定限度の裁量の余地があることを認めるならば、その賦課に手続面での統制が必要であることは明らかである。この点で、おそらく、立法論として手続要件の加重を構想していると思われる岡村説の基本的な発想は、筆者も共有するものである。さらに、前述したように「脱税」が客観的な行為や結果から類型化しにくい――それがほとんど不可能な――違法行為であることも、そのような手続的統制が重視されねばならない理由として挙げられるべきである。しかし、筆者が想定する制度の具体的な姿は岡村説とはかなり異なる。

先に引用したところから推察すれば、岡村説は重加算税賦課に対する手続的統制を、第三者機関による賦課、という点に眼目を置いて構想しておられるものであろう。これは、すでに早くから碓井光明教授によって示されてい

こでの議論は、まったく理論的な意味しかもっていない。

た方向である[28)]。しかしながら、筆者は、重加算税が現在のわが国において実効的に作用しているほぼ唯一の制裁制度であり、その機動的な賦課を妨げることは制度の機能を阻害するおそれが大きいことを根拠に、第三者機関による重加算税の賦課には否定的な態度をとっている[29)]。

代わって、重加算税賦課手続の統制とその機動的な賦課の要請を両立させるものとして提案しうるのは、重加算税賦課に相当詳細な理由附記を義務付けることである[30)]。この方法は、重加算税の賦課要件が主観化している場合であっても、手続的統制の手段として有効である。単に「総合的に判断する」と言うのではなく、課税庁がどのような個々の事実から「脱税の意図」の存在を客観的に認定しえたのかを明らかにさせることは、判断過程を透明化するとともに、反対説が懸念されるようなやり方での裁量の余地を大きく狭めることになろう。

同時に、理由附記制度の導入により、当罰性を基準とした制度運用の可能性も大きく減じられることが期待される。そのような主張を一般論として行なうと、ある具体的な事件において、重加算税を賦課した課税庁に対し、当該事件における当罰性の論証が強く求められることになり、課税庁はこれを著しく嫌うと考えられるからである。

これに加えて、第三者機関による処分に代え、事後に迅速に第三者的機関による審査を受ける機会を与えるため、白色申告や相続税の事案を含め、重

---

28)　参照、碓井光明「重加算税賦課の構造」税理 22 巻 12 号（1979 年）2 頁。

29)　参照、佐藤英明「更正・決定、課税処分の手続」日税研論集 25 巻（1994 年)217 頁・224 頁。

30)　これまでも、重加算税賦課決定処分に関する手続きの整備を主張する見解は数多い。

前述の碓井論文のほか、北野弘久『税法学原論〔第 4 版〕』（青林書院・1997 年）427 頁は、現行法の下でも弁明・聴聞の機会と処分の具体的理由の明示と証拠の摘示があるべきことを主張され、田中治「申告納税制度と租税行政手続」租税法研究 22 号（1994 年）28 頁も、具体的な賦課要件の公表、弁明・聴聞の機会、および理由附記があるべきことを主張される（水野・前掲注 2）518 頁も同旨)。

しかし、前述したように、重加算税が対象とする「脱税行為」を客観的に記述し尽くすことは不可能であるから、客観的な処分基準を公表するとしても、それに制限列挙としての性格を期待することはできず、例示にとどまるであろう。また、重加算税賦課事案のほとんどにおいては、税務調査の過程で処分の相手方たる納税者と課税庁との間で密接な接触がなされているはずであり、したがって、これに加えて弁明・聴聞の機会を与えるよりは、むしろ、重加算税賦課事案に関しては、直接、国税不服審判所に審査請求できることとする方が、一見、手続きを簡略化しているようではあるが、実質的には第三者的機関の事後的判断を仰ぐ機会を迅速に与えることに資し、納税者の権利保護が厚くなるものと考えられる。

このような考慮から、筆者としては、これらの見解のうち、処分理由の附記の点にのみ賛成しておきたい。

加算税賦課事案は、処分庁への異議申立てを経ずに、直接、国税不服審判所に審査請求が行なえるようにすることが、考えられるべきだと思われる。

このような手続面での統制の制度が備えられるなら、課税庁が収集した資料や客観的な事実――たとえば、数年にわたって過少申告や無申告を繰り返している、というような事実も含まれる――と現在の社会常識から認定される、「脱税の意図」の有無を基準とした重加算税の賦課は、「つまみ申告」などの場合においても、ことさら言挙げして「課税当局の賢明な法の運用」を期待せずとも、十分に満足できる結果をもたらすと考えられる。なお、ここで、結果に満足できるというためには、当然に制裁の対象となるべきものがそこに含まれるということを実現できなければならない、という点には再度、注意を引いておきたい。

## Ⅳ　結びに代えて

以上で、「つまみ申告」に対する重加算税賦課の可否に関する簡単な検討を終わる。本章での議論を簡単にまとめると、以下のとおりである。

まず、わが国の制度において「脱税」に対する刑事罰を規定する逋脱罪と行政的制裁たる重加算税とは、特別な理由なく制裁の対象が食い違うことは予定されていない。他方で、逋脱罪成立の要件としては「逋脱の意図」が判例上、重視されてきており、このことは、そもそも脱税行為が客観的な行為や結果の側面から記述しにくい行為類型であり、また、戦後約半世紀を経てわが国における納税者の納税倫理ないし納税意識が一定の水準を形成し、かつ、また、その水準が相当高くなってきたと考えられることに鑑みれば、方向としては正当である。したがって、これを補完する重加算税の賦課要件が客観的な要素から認定された「脱税の意図」を重視する方向へと進んでいくことは認められるべきであり、その際に生じることが懸念される問題に対しては、重加算税の賦課処分に詳細な理由附記を義務付けるという手続的な統制によって対処すべきである。

＊　＊　＊

最後に、本章における問題意識が、「社会における『脱税』のとらえ方」の認識にあることを明らかにしておこう。租税犯の自然犯化という傾向が指摘されて久しいことは、周知のとおりである。これは戦後特に顕著に進められた、刑法総則適用排除の削除や自由刑の導入などの制度的な要素に支えられて進行したもので、理論的には逋脱犯を国家に対する財産犯として捉えることを可能にし、また、それに対する実刑（自由刑）中心主義を基礎付けるなど、きわめて重要な動きであったと考えられる。

では、この「租税犯の自然犯化」という傾向は、社会現象としてはどのような事態を生じさせていると考えるべきであろうか。一つには、確かに、「脱税」が社会的に非難されるべきものと考えられるにいたった（あるいは、いたりつつある）という事実を挙げることができようが、その奥には、そのような非難の対象となる「脱税」というものの社会的に共通した理解が醸成されつつあると考えられるのではなかろうか。いわば、法制度が「脱税」とするものを社会に提示するだけではなく、社会が「脱税」と考えるものに法制度が対応しなければならない場面が生じてきているように思われるのである。

そのような状況下で、もし、社会が「脱税」と認め、非難に値すると考えるものを、法が形式的な要素——たとえ、それが別の機会には納税者を護るためのものであったとしても——を根拠に「脱税」とはせず、制裁の対象としないことは、どのような影響を与えるだろうか。「やはり、うまく法律の網をかいくぐりさえすれば、税金を免れても罰せられないのだ」という認識を社会が抱くことは、せっかく育まれてきた納税意識を踏みにじる結果となろう。

ここで、最高裁の判断が示された具体的な二つの事件についてではなく、もっと典型的な「つまみ申告」についていうならば、たとえばそれが数年間繰り返され、毎年の脱漏所得金額が数億円にのぼるとしても、なお、それは「脱税ではない」とする判断は社会常識に合致するものとは考えられない。そうだとすれば、これらの非違行為を「脱税」の範囲に——できるだけ「安全に」――取り込む議論こそが生産的であろう。これが本章における議論の基本的な発想である。

しかしながら、重加算税の要件の主観化を是認し、それを「認定」の問題として課税実務と判例に委ねれば済む、といえるほど、状況は単純ではない。前述した手続的統制強化の必要性は当然のこととして、さらに、客観的に示された「主観的要素」に傾斜する重加算税制度の下でも、実体面において、その範囲を合理的に画するべく留意されねばならない点は少なくない。その一つは、いかなる場合に第三者による隠蔽・仮装行為が納税者本人に対する重加算税賦課の要件を満たすか、という、隠蔽・仮装行為者の主観的範囲の問題である。重加算税制度の主観化は、この点についてはむしろ、重加算税を賦課しうる範囲を制限する方向に働くことになろう[31)]。

別の例としては、納税者が、申告書に記載されている所得金額や税額等が課税庁の解釈にもとづくそれらの金額よりも少額であることを認識していても、なお、「脱税の意図」なしとされ、重加算税の賦課対象とはならない範囲を確立すべきことが挙げられる。これは、特に、納税者が課税庁の法律解釈を真摯な態度で争う場合に生じる問題である。このような納税者は、ある意味では課税庁にとって最も「腹立たしい」者かもしれないが、そのことを制裁対象とする理由となしえないことは明らかであるし、また、現在の社会における「脱税」の認識という観点からも、これが「脱税」に含まれないことはほぼ明らかだと思われる。そのような納税者まで重加算税賦課の可能性によって威嚇し、課税庁の解釈に従わせようとすることは、まさに、「問題を姑息に抑止しようとする権威主義的租税政策[32)]」という批判を甘受しなければならない。

現在の判例の流れを客観的に受け止めるなら、社会における「脱税」の範囲を冷静に測りつつ、課税実務と判例がその範囲を逸脱することがないか見守るという使命が、なお、学説に課せられていると思われる。

---

31）この問題については、参照、第4章。

32）岡村・前掲注2）民商113巻1号113頁。

解釈論としては、本文に挙げたような場合は、過少申告加算税を免除する「正当な理由」にあたるとし、それによって、この場合を過少申告加算税の――したがって重加算税の――賦課対象から除くという方法が考えられる。ただし、このように解しても、まったく取り上げるに足らない馬鹿げた解釈を繰り返し主張する場合までをも制裁の対象から除く必要はないから、微妙な問題が残ることは明らかである。これらの点については、参照、第3章。

# 第6章

# 延滞税・利子税・還付加算金

**【事例】**

1.⑴　①　Aは平成7年3月15日に平成6年分の所得税額を150万円とする期限内申告書を提出し、同時に全額を納付した。その後、平成8年9月15日に所得税額を250万円とする修正申告を行ない、翌年1月15日に納付不足分の100万円とこの間の延滞に伴う延滞税とを合わせて納付した。Aが納付すべき延滞税はいくらか。

また、もし、Aが、平成7年3月15日に所得税額を200万円とする期限内申告書を提出しつつ150万円の税額のみを納付し、残額の50万円については同時に延納届出書を提出して同年5月31日までその納付を延期することとしたが、期限になっても残額の50万円を納付しないまま、平成8年9月15日に上記の修正申告を行ったとすると、Aが納付すべき利子税・延滞税はいくらになるか。

②　①で、もし、Aが自主的に修正申告を行なう代わりに平成8年9月15日に所得税額を250万円とする増額更正処分とこれに伴う過少申告加算税の賦課決定処分を受け、翌年1月15日に納付不足分の100万円と過少申告加算税、および、この間の延滞に伴う延滞税とを合わせて納付した場合には、Aが納付すべき延滞税はいくらになるか。

③　①で、もしAが無申告のまま申告期限を徒過し、平成8年9月15日に所得税額を250万円とする決定処分とこれに伴う無申告加算税の賦課決定処分を受け、翌平成9年1月15日に全税額を納付した場合、Aが納付すべき延滞税はいくらになるか。

⑵　平成2年分の所得にかかる確定申告を行なっていなかったBは、平成2年分の所得に関する期限後申告と平成3年分の期限内申告をしようとした矢先の平成4年3月14日にB自身には責任のない交通事故に巻き込まれて重症を負い、約1年間人事不省の状態であったが、奇跡的に快癒し、平成5年3月8

日に退院した。その後、Bはこれらの所得税の申告についてはまったく失念していたが、平成8年5月15日に平成3年分の所得についての決定処分および無申告加算税賦課決定処分を受けたのでそれに従って所得税等を納付したところ、さらに、この所得税等に関して平成4年3月16日から納付の日までの延滞税を納付すべき旨の通知書を受け取った。

① Bは平成3年分の所得税にかかる延滞税についてその一部または全部の免除を求めることができるか。できるとすれば、それはどのような手続きによるべきか。

② 平成2年分の所得税等や延滞税については、Bはどのように対処すべきか。

【図6-1】

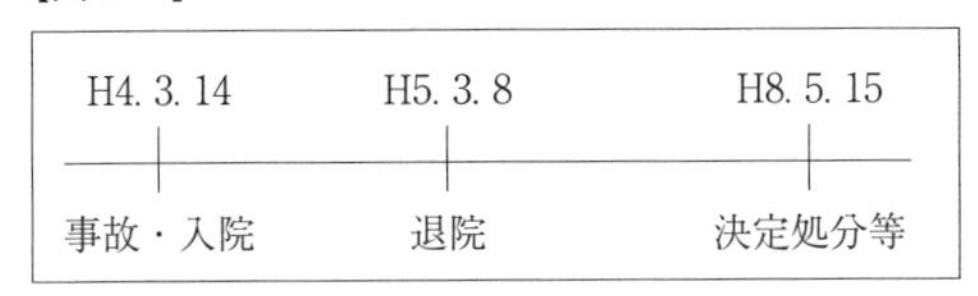


(3) Cは平成元年3月15日に昭和63年分の所得税額を100万円とする期限内申告書を提出し、同日、同額を納付した。その後、平成7年9月15日に昭和63年分の所得税額を200万円とする増額更正処分、および、重加算税の賦課決定処分を受け、異議申立てによってこれを争ったが、結局、異議は認められなかったので、平成8年9月15日に上記本税と重加算税の合計額と、本税に対する平成元年3月16日から平成8年9月15日までの7年6ヶ月の期間にかかる延滞税を納付した。

このCが納付した延滞税には返還を請求しうる部分があるか。

【図6-2】

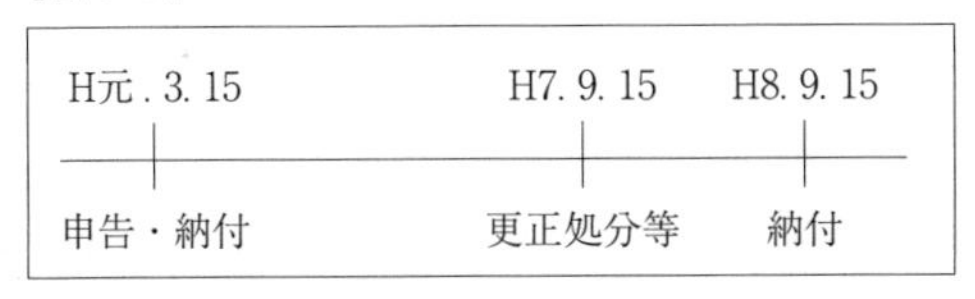


2．下記のそれぞれの場合、P、Q、Rは過納金100万円のほかに、どの期間に対応する還付加算金を得ることができるか。

① Pは平成7年3月15日に平成6年分の所得税額を300万円とする期限内申告書を提出し、同額を納付した。その後、平成7年7月15日付けで所得税額を400万円とする増額更正処分とそれに伴う過少申告加算税賦課決定処分を受けたので、同日、不足税額100万円と過少申告加算税・延滞税を納付したところ、さらに、平成8年7月15日付けで平成6年分の所得税額を300

万円とする減額更正処分を受け、平成8年11月15日が還付のための支払決定日とされた。

② Qは平成7年3月15日に平成6年分の所得税額を400万円とする期限内申告書を提出し、同額を納付した後、平成7年7月15日付けで所得税額を300万円とする更正の請求を行なった。その後、平成8年7月15日付けで請求どおりの減額更正処分を受け、同年11月15日が還付のための支払決定日とされた。

③ Rは平成7年3月15日に平成6年分の所得税額を400万円とする期限内申告書を提出し、同額を納付したところ、平成8年7月15日付けで所得税額を300万円とする減額更正処分を受け、同年11月15日が還付のための支払決定日とされた。

## I　はじめに――問題の所在

各種国税をその法定納期限までに納付しないと、納税者は各種加算税のほか、延滞税・利子税等の追加的な負担を負うことになる。このうち、延滞税等については、場合によっては負担はかなりの大きさになり、特に、税率が長期間にわたって変更されていないことから、現在のような低金利の時期にはその負担感は増大していると考えられる。それにもかかわらず、通常、納税者は、課税庁からの納付すべき旨の通知に応じて納付するにとどまることが多く、延納が非常に長期間にわたることがあり、それに応じて現実に大きな負担となる相続税の利子税を除くと、これまではあまり大きな関心が払われてこなかったようである。

しかし、延滞税は本来、納税者の自主的な計算と納付を予定している制度であること、反面、一般に年14.6%といわれる非常に高率な附帯税であって、そこには納付遅延に対する制裁としての意味を見出すことができること等を考えると、この制度についての検討には一定の意義があると考えられる。その際には、より軽い類似の負担である利子税の制度と比較することも必要であろう。また、納付遅延の場合とは逆に、還付金や過誤納金が納税者に還付される場合に付される還付加算金は延滞税・利子税といわば対をなす制度であるから、この制度との比較も必要であると考えられる。

本章では、以上のような問題関心から、非常に複雑な延滞税の制度について、その概要、時効、免除、その争訟方法、および脱税との関係等について簡単な検討を加えることとする。その際、延滞税については紙数の制約と叙述の便宜から申告納税方式にかかる所得税に関する場合を対象とし、また、それぞれの国税ごとに制度が異なる利子税については、所得税の利子税のみを検討対象とする。

## Ⅱ 延滞税・利子税の概要

### 1 延滞税の性格

国税通則法（以下、単に「法」とも呼ぶ。）60条は、申告納税方式の租税がその法定納期限までに完納されなかった場合には、未納税額を基礎として延滞税を課す旨を定めており、その割合は、当該未納国税の法定納期限の翌日を始期とし、その具体的納期限の翌日から2ヶ月を経過する日を終期とする期間については年7.3%、それ以降の期間については年14.6%としている。学説上は、延滞税は、「私法上の債務関係における遅延利息に相当し、納付遅延に対する民事罰の性質をもつ（合わせて、期限内に申告しかつ納付した者との間の負担の公平を図り、さらに期限内納付を促すことを目的とする。[1]）」とし、これに様々な機能を期待するのが通説である。

この通説が延滞税に期待する機能と現行の延滞税制度とを照合することにより、通常は一体として考えられている延滞税を延滞期間中の利息に相当する部分と、制裁に相当する部分とに分けるという考え方を得ることができる。すなわち、現行の延滞税制度において、前述のように、具体的納期限の翌日から2ヶ月を経過する日以後に税率が加重されるのは、早期納付を促すとともに、延滞を続ける納税者に対する制裁の意味をも有するものと考えるのである。延滞税制度の沿革からも、このように考えることが支持される。

昭和37年に国税通則法の制定により現行の延滞税制度ができる前の制度において現在の延滞税に対応するものとしては、法定納期限の翌日から納付

1）金子宏『租税法〔第5版〕』（弘文堂・1995年）471頁。

の日までの期間に応じて日歩3銭（年利10.95%）の割合で課せられる利子税と、督促後10日を経過した日以降に納付された場合に、その期間に応じて日歩3銭の割合（ただし、滞納税額の5%が上限。）で課せられる延滞加算税があり、この両者は「結局は負担率の差に帰する」とされて、現在の延滞税に一本化されたという経緯がある。そして、この旧利子税・延滞加算税の立法当時においては、それ以前にあった「延滞金」の制度のうち、「遅延利子的性格を有する部分」を利子税に統合し、「滞納に対する制裁に相当する部分を新たに延滞加算税額とした」とされている[2)]。これらを考えあわせると、まず、延滞税のうち延滞の期間を通じて課される7.3%部分は、延滞期間中の利息に相当するとともに、さらに、具体的納期限を2ヶ月以上過ぎると加算される7.3%部分は、遅延に対する行政上の制裁としての意味を有するものと解することができよう[3)]。

なお、以上の点とやや関連するが、延滞税の年7.3%等の割合は、閏年についてはどのように扱うかという細かい問題点がある。この点については、利率等の表示の年利建て移行に関する法律（昭和45年法律第13号）25条が「延滞税・利子税、還付加算金……の額の計算につき、これらの法律の規定……に定める年当たりの割合は、閏年の日を含む期間についても、365日当たりの割合とする」と定めているところから、結局、法60条2項の「期間の日数に応じて」とは、1日当たり7.3%または14.6%の365分の1の割合を乗じるという考え方で計算することとなる。この法律がそのように定めた実質的な理由は、「366日の延滞は365日間の延滞の場合よりも重い延滞税を課することが公平の原則上必要であると考えられたことによる[4)]」とされている。

## 2　延滞税の除算期間と実際の計算

次に、延滞税の計算期間について重要なのは、法61条の規定である。この規定によれば、いわゆる脱税事案を除き、国税の法定納期限から1年を経

---

2）武田昌輔監修『DHC コンメンタール 国税通則法』（第一法規出版・1982年）3315～3317頁。

3）なお、志場喜徳郎ほか共編『国税通則法精解〔平成8年改訂〕』（大蔵財務協会・1996年）617頁は、下積みの7.3%の部分を「通常の延滞税の部分」と呼び、上積みの7.3%の部分と合わせた全体を「加重延滞税」という言い方をする。

4）武田・前掲注2）3339頁。

過する日以後に修正申告書が提出され、または、更正処分がなされた場合には、当該1年を経過する日から修正申告書の提出日または更正通知書が発せられた日までの期間は延滞税の計算上控除することとなっている。したがって、ごく平たくいえば、この規定の適用がある限り、延滞税のうち修正申告・更正処分等が行なわれるまでの期間については1年間分を超えては延滞税は課せられないということである。この制度の趣旨は、

「長期間さかのぼって納付すべき税額が確定された場合……に、法定納期限までさかのぼって延滞税を課すことは、実際上酷であること及び税務官庁の事務配分上、更正の時期が納税者ごとに区々であることにより、経済上の負担に差異を生ずることは適当でないこと[5]」

と説明されている。

以上の点を前提として事例1.(1)①を考えてみる[6]。

【図6-3】

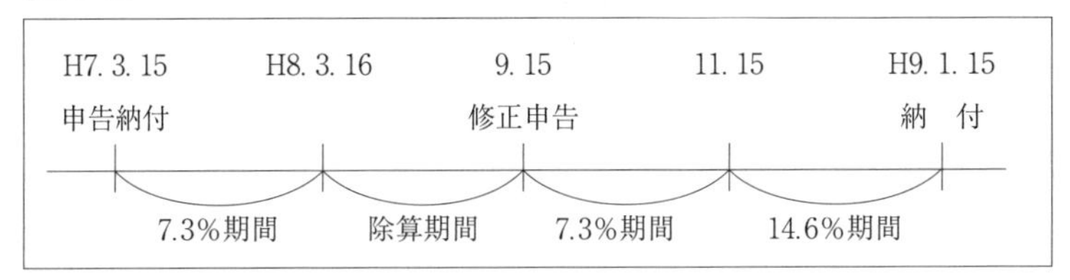


まず、税率7.3%の期間については、法定納期限の翌日である平成7年3月16日から1年間を経過する日の翌日（平成8年3月16日）から修正申告の日（平成8年9月15日）までの期間は法61条により除算されるので、平成8年3月15日までの366日間分（平成8年は閏年）と、納税不足分の具体的納期限となる修正申告の日（法35条2項1号）から2ヶ月間の61日分を合わせた計427日分がこれにあたり、その後平成8年11月15日から納付の日である翌平成9年1月15日までの61日分が14.6%で課税される期間となる。その結果、

100万円 × 7.3%／365 × 427日間 + 100万円 × 14.6%／365 × 61日間
= 10.98万円

5）武田・前掲注2）3382頁。
6）なお、以下の計算においては、叙述の便宜から、端数計算に関する規定は無視する。

の延滞税を納付しなければならない。

### 3　利子税の性格と延滞税

次に、それぞれの国税の規定によって延納が認められている場合、法定納期限を過ぎてもまだ具体的納期限が到来せず、したがって、国税は延滞にはなっていないのであるが、その間のいわば約定利子にあたるものとして利子税を納付すべきこととされている。所得税の延納の場合、その税率は常に年7.3%である（所法131条3項、136条1項）。そして、利子税の額の計算の基礎となる期間は延滞税の計算の基礎となる期間に算入されないので（法64条2項）、事例1.⑴①で延納が認められていた場合には、未納付の50万円については平成7年3月16日から同年5月31日までの期間については利子税が、平成7年6月1日から2ヶ月間は年7.3%の税率の延滞税が、それ以降納付のあった平成9年1月15日までの期間については年14.6%の税率で延滞税が課されることになる（延納にかかる税額については、延納期限が具体的納期限である。法35条1項括弧書）。そして、修正申告にかかる増額分50万円については、平成7年3月16日から平成8年11月15日まで（ただし、平成8年3月16日から同年9月15日までの期間は除算）の期間は年7.3%の税率の延滞税が、それ以降納付の日までの期間は年14.6%の税率の延滞税が賦課されることになる。

結論として、

利子税：50万円×7.3%／365×77日間＝0.77万円

延滞税：50万円×7.3%／365×61日間＋50万円×14.6%／365×534日間＋50万円×7.3%／365×427日間＋50万円×14.6%／365×61日間
＝16.78万円

の利子税・延滞税をそれぞれ納付すべきことになる。

ここで、金額とともに留意すべきであるのは、延滞税の金額は全体として延滞に対する制裁と考えられており[7]、その年分の所得計算上必要経費に算入

7）金子・前掲注1）473頁、品川芳宣『附帯税の事例研究』（財務詳報社・1989年）34頁、荻野豊『実務国税通則法』（大蔵財務協会・1994年）259頁。

できないのに対し、不動産所得、事業所得、山林所得にかかる延納期間に対応する利子税については単なる約定利息の性格をもつと考えられることから必要経費に算入することが認められている点である（所法45条1項3号）[8)]。この点は、Ⅵ（432頁）でもう一度検討する。

【図 6-4】

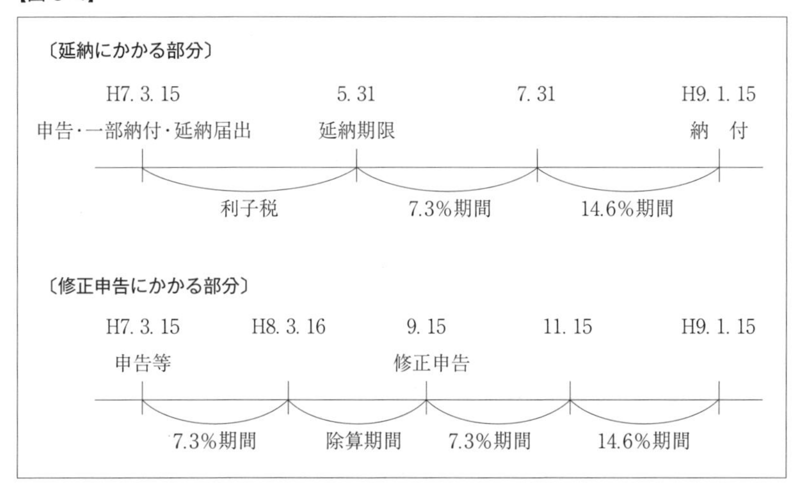


## 4　基礎となる国税の範囲と実際の計算

延滞税の基礎となる国税の範囲については、それが、いわゆる本税部分に限られ、加算税等の附帯税はその対象とならない[9)]。したがって、事例1.⑴②においてはAは過少申告加算税額については、これを延滞税の計算の基礎としないこととなる。なお、増額更正処分にかかる税額については更正通知書を発した日から1ヶ月を経過した日が具体的納期限となるから（法35条2項2号）、事例1.⑴①の場合と比べて7.3%の税率で計算する期間が1ヶ

8）本章の初出論文の公刊に先立って開催された研究会（日本税務研究センター税務事例研究会所得税部会）の席上、納税者が金融機関から融資を得やすい場合には借入金で租税を納付し、支払利子を必要経費に算入することができるので問題が顕在化しにくいが、金融機関からの融資が得にくい環境下では、租税を延滞することが多くなり、税率が高いことのみならず、延滞税が必要経費に算入できないことが重要な問題となる、というご教示をいただいた。

9）法60条1項各号の反対解釈。参照、志場ほか共編・前掲注3）578頁、品川・前掲注7）9頁。なお、源泉徴収等にかかる国税に関する不納付加算税、重加算税については同項3号括弧書。

月長くなる（具体的には、平成8年9月16日から同年12月15日までの期間が7.3%期間、それ以降が14.6%期間となる）。

【図6-5】

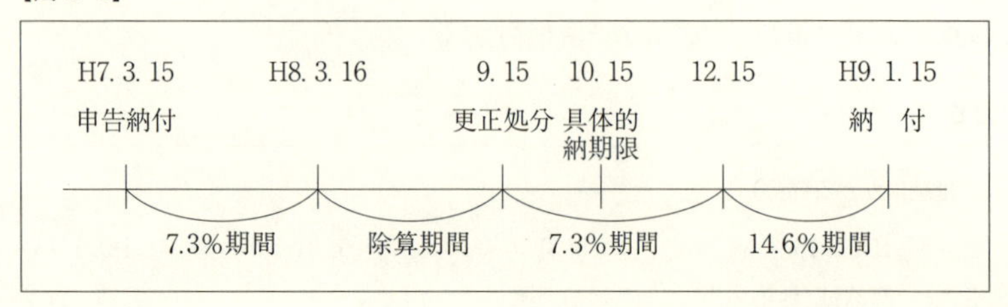


したがって、

100万円×7.3%／365×457日間＋100万円×14.6%／365×31日間
＝10.38万円

の延滞税を納付することになる。

## 5　決定にかかる場合の延滞税

最後に、延滞税について除算期間を定めた法61条は決定処分の場合をその対象としていない。そのため、事例1.⑴③においては、Aは法定納期限の翌日である平成7年3月16日から決定にかかる税額の具体的納期限の翌日から2ヶ月を経過する日までの平成8年12月15日までの全期間について年7.3%の税率で延滞税を納付しなければならない。これは増額更正処分ないし修正申告にかかる場合と、決定処分による場合とで大きく異なる点である。ただし、この場合も、前述したとおり、無申告加算税は延滞税の計算の基礎とはならない。

【図6-6】

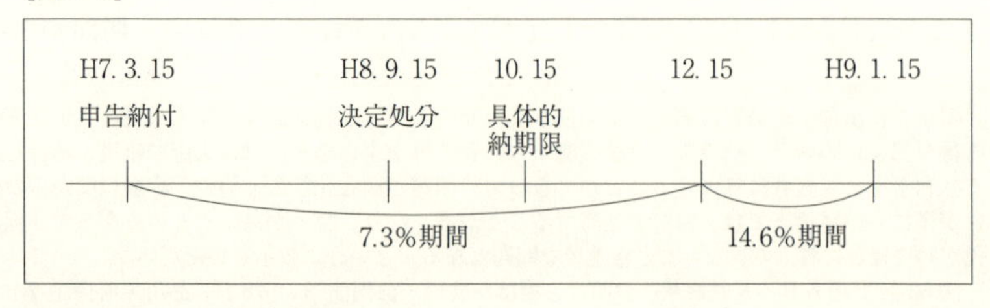


具体的には、この場合Aは、

250 万円 × 7.3%／365 × 641 日間 + 250 万円 × 14.6%／365 × 31 日間
= 35.15 万円

の延滞税を納付すべきことになる。

## Ⅲ　延滞税をめぐるいくつかの問題点

### 1　延滞税の免除と課税庁の裁量権

一般に国税については負担の公平の見地から納税義務を減免することはいわゆる災害免除法の適用がある場合等例外的な場合に限られているが、延滞税については納付遅延に対する制裁であり、かつ、時間の経過に応じてその義務が増加することを通じて自主的な早期納付を促進する働きがあると考えられることから、租税の徴収が免除されている場合、または例外的に自主的な早期納付が期待できない事情がある場合等については、その一部または全部の免除が比較的広い範囲に関して認められている。法 63 条がその中心的な規定であるが、その規定の内容は、定め方により「免除する」場合（1 項・2 項・4 項）と「免除することができる」とされる場合（3 項・5 項・6 項）に分かれ、免除される部分に着目すると、14.6%期間の延滞税の 2 分の 1 を免除する場合（1 項・4 項）、同期間の延滞税の 2 分の 1 を上限として免除できる場合（5 項）、納付が困難と認められる金額を限度として免除できる場合（3 項）、および、全額を免除する（免除できる）場合（2 項・6 項）に分けることができる。

このうち、14.6%期間の延滞税の 2 分の 1 を基準とするのは、徴収が猶予されている場合等には同期間中も利息としての 7.3%の延滞税は課するものの、自主的な早期納付をしないことに対する制裁としての部分は免除するという趣旨であると解されるし[10)]、それを超えて免除する類型は、利息を付加することすらも酷と考えられるような例外的な場合を対象としていると解することができよう。

前者の分類については、まず、「免除する」とされている場合は、法律上

---

10）志場ほか共編・前掲注 3）614 頁は、「免除額に差異があるのは〔こ〕の場合については、期限内に適正納税を完了した者との間の負担の均衡上、年 7.3% 程度の延滞税は、猶予期間中も負担させる必要があると認められるからである」とする。

当然免除されるものであるから、もしも、その期間について延滞税の納付があった場合には、誤納金として納税者に返還されるものである。次に後者の「国税局長、税務署長又は税関長は……免除することができる」とする規定については、納税者に延滞税の納付を求めることが困難な状況におけるその免除、という規定の性格と考えあわせると一見、自由裁量と解する余地もあるように思われる。

裁判例にも、法63条4項の「免除をするか否かは、税務署長等の自由裁量に委ねられているものと解するのが相当である」とした判決が存在する[11)]。しかし、この判決は、超過差押であることを原告が差押処分の違法事由として主張した事案に関するもので、事案自体の判断としては「仮に右延滞税の一部が免除されたとしても、本件差押が超過差押にならないことは、計算上明らか」であるとしていることからすれば、法63条4項についての上述の判示は、本来、結論に影響を及ぼさなかった部分の判示と考えられる。

学説上は、

「この延滞税の軽減又は免除には、税務官庁側の何らの処分を要しないで法律の規定により当然に軽減又は免除される場合（法はこれを『……免除する』と表現している）と、税務官庁側の法規裁量的判断を伴う処分により軽減又は免除される場合（法は、これを『……免除することができる』と表現している）とがある。後者の場合は、免除要件に該当しているかどうか必ずしも一義的に明らかではないので税務官庁側の処分を要することとされているのであって、自由裁量を意味するものでないことは当然である[12)]」

とするのが通説であり、具体的な場面においてもなお租税負担の公平は重視されるべきであることと、合法性の原則が租税法律主義の一内容をなし、その下で租税の減免を法律の規定によらせるべきであるとする趣旨を勘案すれば、この説が妥当であると考えられる。

それでは、そのような税務官庁の法規裁量に違法があると考えられる場合には、この点をどのように争うべきであろうか。

---

11）大阪地判昭和59年4月25日行集35巻4号532頁。

12）田中二郎『租税法〔第3版〕』（有斐閣・1990年）389頁。志場ほか共編・前掲注3）623頁も同旨。

## 2　延滞税をめぐる手続き

延滞税はいわゆる自動確定の国税であり、課税庁・納税者双方の特別な手続きを待たずにその税額が確定する（法15条3項8号）。そして、納税者は延滞税を、その基礎となる国税とともに納付しなければならないこととされている（法60条3項）。しかし、実際には延滞税額の計算は相当複雑であり、かつ、本税を実際に納付しなければその金額が最終的に確定しないため、本税納付後に課税庁の側から「延滞税を納付すべき旨の通知」がなされ、これにもとづいて納税者がその金額を納付する例が多いようである[13]。そこで、課税庁の計算による延滞税の額に不服のある納税者はどのようにしてこの点を争うべきか、ということが問題となる。

この点については、まず、下級審裁判例は上述した延滞税を納付すべき旨の通知は延滞税の賦課決定でも納税の請求手続でもなく、観念の通知にすぎないから、その取消しを求めることはできないと解しており[14]、手続きの仕組みからすれば妥当な判断であると考えられる。

したがって、不服のある納税者としてはさらに後に行なわれる課税庁の行為を捉えて争うことになる。具体的には、延滞税を納付すべき旨の通知に従わず、その後に課税庁から発せられる督促（法37条）について不服を申し立てるべきであろう。督促の処分性については争いがあったところであるが、現在の判例・学説はこれを肯定している[15]ことから、実務上も問題はないものと考えられるし、附帯税である延滞税自体にはさらに延滞税が課せられることはないので、このようにしても納税者に特に大きな不利益があるとは考えられない。

また、誤って一旦通知された延滞税を全額納付したが、後日その一部または全部に理由がないと考える場合には、取消訴訟により公定力を排除すべき先行する行政処分がない以上、納税者は直接、国に対して不当利得返還請求をなしうるものと解することになる[16]。

---

13）このような延滞税納付の実務の状況については、注8）に挙げた研究会の席上、多くのご教示をいただいた。

14）札幌地判昭和50年6月24日訟月21巻9号1955頁、新潟地判昭和54年3月12日訟月25巻7号1967頁。

15）最判平成5年10月8日月報40巻8号2020頁、金子・前掲注1）556頁。

16）徴収納付の法律関係に関し、参照、金子・前掲注1）552頁、および同頁に引用される判例。

## 3　事例1.(2)①の検討

本事例においては、Bは、法63条6項4号にもとづく同施行令26条の2第2号にいう、

「火薬類の爆発、交通事故その他の人為による異常な災害又は事故により、納付すべき税額の全部若しくは一部につき申告をすることができず、又は国税を納付することができない場合（その災害又は事故が生じたことにつき納税者の責めに帰すべき事由がある場合を除く。)」

という規定に該当する可能性がある。特に、施行令のこの規定は、誤指導や通達の遡及適用等の場合も含みうる等、相当に広く解されているところから、[17]自らに責任のない交通事故に巻き込まれて重症を負ったBはこの規定に該当すると判断される可能性は高い。その場合には、前記引用の法条により、「その災害または事故が消滅した日からこれらが消滅した日以後7日を経過した日までの期間」に対応する延滞税が免除される。具体的には、平成4年 3月16日から退院日以降7日を経過した平成5年3月15日までの期間の延滞税が免除されることになるものと思われる。

したがって、この事実を知らずにまた知っていても免除事由にあたらないとしてなされた「延滞税を納付すべき旨の通知」に示された延滞税の金額には誤りがあるので、Bは自らの計算にもとづき、これらの期間に対応する延滞税の額を除いた部分につき納付を行なった上で、不足額についての督促に対して異議申立てをすべきであると考えられる。[18]

## 4　延滞税の消滅時効と事例1.(2)②の検討

Bの平成2年分の所得税等や延滞税について問題となるのは更正・決定権や賦課決定権の除斥期間、および、延滞税の消滅時効の問題である。

まず、平成2年分の所得税については事例では偽りその他不正の行為によって課税を免れた事実も特にないので、その税額を決定する権限は5年間の除斥期間にかかり、法定申告期限から5年間を経た平成8年3月15日を

17）志場ほか共編・前掲注3）620頁。

18）ただし、これは法的手続の可能性の問題であり、通常は、納税者は、納付の際に税務署に事情を説明して理解を得られるように試みるであろう。なお、「免除することができる」という規定を適用して延滞税の一部を免除する場合には、実務上は、その旨の通知がなされているようである（志場ほか共編・前掲注3）623頁)。

もって、これ以降の決定はなしえないこととなる。それと同時に、平成２年分の所得税にかかる徴収権も５年間の消滅時効にかかるので、結局、Ｂはこれらを納付する義務をもはや負わない。これにかかる無申告加算税についても同様である。

問題があるのは、延滞税についてである。延滞税の消滅時効の起算日については二つの説がある。その一つは、法72条１項を根拠として、延滞税の消滅時効の起算日も本税の法定納期限であるとする説である[19)]。この説によれば、本事例においてＢの平成２年分の所得税の徴収権についてすでに消滅時効が完成した以上、延滞税についても消滅時効が完成したと考えることになる。

もう一つの説は、「延滞税の納税義務は、その基礎をなす租税の納税義務とは別個独立のものであり、その基礎をなす租税の納付の遅延に対応して１日ごとにその翌日から独立に進行を開始すると解すべきであろう[20)]」とする説である。裁判例としては、国税通則法制定以前の旧利子税および延滞加算税につき、

> 「利子税も延滞加算税も……所定の納税を怠つた者に対し法律によつて課する遅延利息の実質を有し滞納日数に応じて日々発生するものであるから、利子税については前記のとおり昭和28年5月1日から同29年2月23日まで毎日、その日の分が発生し、延滞加算税は、昭和25年4月15日から同年8月17日まで毎日その日の分が発生し、それらの発生日の各翌日から権利行使が可能であつたから、この利子税は、昭和28年5月2日から同29年2月24日まで毎日その前日分が消滅時効の進行を始め、延滞加算税は、昭和25年4月16日から同年8月18日まで毎日その前日分が消滅時効の進行を始めたというのを相当とする」

とするものがある[21)]。この説に従うときには、本事例においてはＢは、なお、延滞税納付の日までに消滅時効が完成していない延滞税については納税義務を負うことになる。

この両説はそれぞれに説得力を有するが、ここでは、後説に従うこととし

---

19）武田・前掲注２）3333頁・3848頁。波多野弘「附帯税（利子税・延滞税・加算税）」北野弘久編『日本税法体系 判例研究１ 税法の基本原理』（学陽書房・1978年）181〜182頁も同旨か。
20）金子・前掲注１）473頁。
21）大阪高判昭和45年4月17日訟月16巻6号665頁。

たい。まず、文理、ないし制度の仕組みの問題としては、延滞税は通常の申告納税方式にかかる国税のように法定納期限と具体的納期限を明確に観念しにくい制度であるが、強いて類推するならば、法60条2項が「期間の日数に応じ」て延滞税を納付すべきものとし、前述のようにその計算においては1日当たり0.02%（日歩2銭）または0.04%（日歩4銭）とするという原則が貫かれていることから、延滞税の納税義務は延滞期間中の1日ごとに発生し、かつ、同時に確定するが、法62条2項の規定により一部納付の場合には本税に優先的に充てられる結果、本税を完納するまではその納付が認められない仕組みになっていると考えられ、法60条3項が延滞税はその計算の基礎となる国税と合わせて納付すべきことを定めている点は、基礎となる国税の完納の日が具体的納期限に相当する――したがって、これ以降は課税庁は延滞税のみについて督促等の手続きを行なうことができる――と考えることができよう。

また、前説が後説を批判する、

> 「この考え方〔後説〕によれば、例えば、基本的な請求権であるいわゆる本税について消滅時効が完成した場合でも、最近5年間の延滞税または利子税は時効完成せず、それ以前の期間に対応する延滞税又は利子税のみが時効消滅するという奇異なこととなってしまう[22)]」

という点については、後説のように延滞税は本税から独立した納税義務であると考える場合には何ら妨げにはならない。ただし、この点には、延滞税の性格についてやや詳しい検討が必要である。

確かに、延滞税は遅延に対する制裁であり、かつ、高率の附帯税が遅延期間に応じて発生することにより間接的に自主的な早期納付を促進する機能が期待される――具体的納期限以後2ヶ月間は税率が低くされているという仕組みも早期納付の促進効果を狙ったものであろう――という点を重視する場合には、本税が時効消滅し、もはやその納付はありえないのに、その早期納付の促進や本税を納付しないことについての制裁が消滅しない――各種加算税は一般に本税と同時に時効消滅することと対比されたい――ことは「奇異」に感じられるであろう。その意味で延滞税の本税に対する一種の「附従

---

22）武田・前掲注2）3848頁。

性」が強調されなければならないことになる。しかし、他方、延滞税には納付遅延期間中の利息としての性格も認められている。2ヶ月間の猶予はあるというものの具体的納期限以降に税率が増加することや、延滞税の免除に際してもその2分の1は制裁と考えられ、残りの2分の1は利息相当のものと考えられていることは前述したとおりである。この性格を強調するならば、もともとの債権から分かれた利息債権がもともとの債権が時効消滅した後にも残るのは合理的なことである。

このように、この点の実質的な判断は延滞税の性格のうちどの部分を強調するかということに大きく依存し、また、この対立は根本的には現行の延滞税が多分に「ぬえ」的な性格のものであることに由来するが、後にも述べるように、金銭の利用からは常に何らかの経済的利得が発生するという考え方を原則とすべきこと、また、明らかに延納期間中の利息と解される利子税にも同様の考え方を適用すべきであること――両説とも延滞税と利子税とにおいて区別して考えるという立場はとっていない――から判断し、筆者としては後説を正当と解する。したがって、Bは平成2年分の所得税にかかる延滞税につき、延滞税を納付する日から5年間さかのぼった日から本税が時効消滅した平成8年3月15日までの期間に対応する延滞税を納付すべきである。

## Ⅳ　偽りその他不正の行為と延滞税

### 1　偽りその他不正の行為と除算期間規定

偽りその他不正の行為があった場合には、延滞税の計算上重要な特則がある。それは、明文の規定により、延滞税の除算期間を定めた法61条がこの場合には適用されないという点である。そもそも、前述したように、この規定の趣旨が税務行政の過程における内部的な手続きの前後によって納税者の負担が区々となるのを避けることにあったとすると、偽りその他不正の行為によって、納付した税額が過少であることを自ら判明しにくくした納税者にまでこのような救済措置を設ける必要がないというのが、その除外の趣旨であろう。

ところで、事例1.⑶においてはCは重加算税を賦課されているので、これは、「偽りその他不正の行為」にあたる「隠ぺい・仮装」工作が行なわれている事案であると考えられる[23]。そうであればCの延滞税の計算については法61条は適用されないので、事例1.(3)において、Cが法定納期限の翌日である平成元年3月16日から増額更正処分を受けた平成7年9月15日までの全期間について延滞税を納付したことは正しく、この点についてCは何らの返還も請求できない。

## 2　偽りその他不正の行為がある場合と延滞税の消滅時効

本事例について次に問題となるのは、一般に租税の徴収権は5年間の消滅時効によって確定的に消滅するとされている（法72条。援用を必要とせず、時効の利益を放棄することもできない。）ことと、Cが7年6ヶ月の期間についてさかのぼって全額の延滞税を納付していることとの関係である。もしも、この中に時効によりすでに消滅している部分があるなら、Cはその部分を誤納金として返還請求することができることになる。

この点については、以下に述べるように異なる二つの立場がありうるが、結論からいえば、法73条3項の解釈により、ここではCの納付した延滞税には消滅時効にかかる部分はないと解すべきであろう。

法73条3項は、「国税の徴収権で、偽りその他不正の行為によりその全部若しくは一部の税額を免れ……た国税に係るものの時効は、当該国税の法定納期限から2年間は、進行しない」と定めている。この規定自体は、会計法上の5年間の消滅時効の原則と国税通則法における偽りその他不正の行為にかかる7年間の除斥期間の規定（法70条5項）とを法技術的にうまく折り合わせたものであり、本事例において法定申告期限を6年6ヶ月も過ぎて所轄税務署長がCに対して増額更正処分をなしうるのはこれらの規定によるものである。そして、更正処分は時効の中断理由であるから（法73条1項1号）、平成7年9月16日から1ヶ月を経過した日以降、再び時効期間が最初から進行することとなり、その時点で時効が中断された延滞税もまた、同様の運命をたどることになる（法73条5項は、本税についての時効中断の効果が延滞税の徴収権に及ぶことを定めている）。

問題は、更正処分がなされた時点ですでに時効が完成していた延滞税の部

---

23）両者の範囲が具体的にはほとんど重なることについては、参照、第1部第1章第2節（32頁）。

分は存在するのか、ということである。仮に法73条3項の規定が延滞税に及ばないとするならば、延滞税の一部については時効が完成していたと解する余地があるであろう（ここでは、前述のように、延滞税は日々発生し、かつ、確定して、その発生の翌日から時効期間が開始するという説を前提とする）。この場合は、Cが偽りその他不正の行為によって免れていたのは所得税であり、法73条3項の規定によりその所得税にかかる徴収権の時効は不進行となるが、Cには延滞税についてそれを免れるための偽りその他不正の行為を行なった事実はないのであるから、延滞税にはこの規定は及ばない、と解釈することになる（また、補強的には、同条4項や法70条5項と比較して延滞税につき明示的にこれに含めるという規定がない点を反対解釈すべきだという主張が考えられる）。

しかし、実質的には所得税を秘匿するための工作はそれにかかる延滞税にも及んでいると考えられること、偽りその他不正の行為を行なって所得税を免れようとした納税者に対し、納付すべき延滞税を更正処分等があるまでの期間については5年間を上限として保護すべき利益はないと考えられること、また、文理上は国税通則法における「国税」とは附帯税を含むことが通例であることから（参照、法2条1号・4号）、法73条3項は、「附帯税を含む国税」の徴収権で偽りその他不正の行為により税額を免れた「国税（本税）」に「関する」ものについての規定である、と解釈することにより、やや拡張的ではあるが延滞税の徴収権をもこれに含ましめることが不可能ではなく、逆にそのように解釈しなければ、法70条5項により明示的に本税に加えて更正決定の除斥期間が延長されている当該国税（本税）にかかる加算税について除斥期間は延長されても時効期間が延長されず、法73条3項が置かれた趣旨に反する事態が生じること、等を勘案すると、やはり、同項は免れた本税にかかる延滞税の徴収権をもその対象としていると解釈すべきであろう[24)]。

したがって、本事例においては、Cが納付した延滞税は適法であり、返還を求めうる部分はないと考えられる。

---

24）加算税については法70条5項の明文の規定があるから法73条3項においても拡張解釈が可能であるが延滞税についてはそのような条文上の基礎がないとの反論がされた場合には、延滞税はいわゆる自動確定の租税であって確定権に関する同様の規定を置く余地がないこと、また、同じく本税に関する行政上の制裁であるのに延滞税についてのみ時効成立を認めるのは均衡を失すること等の再反論が可能である。

## V　還付加算金

### 1　序

延納や延滞の場合とは逆に、納付が法定の額よりも多すぎ、その部分を納税者に還付する場合には、年7.3%の割合の還付加算金が付される（法58条）。その性格は一種の利子であるとするのが判例・通説の立場である[25)]。この制度は、一方で、「その計算方法及び割合についても、ほぼ延滞税のそれとパラレルなものとされている」といわれるものの、他方では昭和45年の改正に際し「民法の不当利得の考え方を採り入れるなど、顕著な改正が行なわれた」ともされている[26)]。確かに、税率は延滞税のうち利息と考えられる部分と同じであり、また、沿革的にも同率となるようにされてきたところである[27)]。しかし、それ以外の点では必ずしも両者は対称的な制度とは言いがたい面もある。以下では、その具体的な内容を、特に過納金の還付の場合に限って概観してみよう[28)]。

### 2　還付加算金の基礎となる国税

延滞税の場合とは異なり、還付加算金は過誤納となった附帯税にも付加される（法58条1項各号）。事例2.では、Pは一旦納付した加算税・延滞税についても加算金を得ることができる。

### 3　還付加算金が付加される期間の始期

#### (1)　現行制度と事例2.の検討

過誤納金の還付の場合、還付加算金を付加する期間の終期はいずれも支払決定があった日であるが、その始期は場合によりかなり様々である。

まず、更正処分・決定処分ないし賦課決定処分による国税についてはその納付の日の翌日である（58条1項1号イ）。次に、更正の請求にかかる場合

---

25）最判昭和53年7月17日訟月24巻11号2401頁、金子・前掲注1）486頁。
26）武田・前掲注2）3042頁。
27）武田・前掲注2）3191頁。
28）なお、還付加算金は雑所得にあたるものと解されている（前掲注25）最判昭和53年7月17日）。この点も延滞税・利子税と「パラレル」とはいえないであろう。

【図6-7】

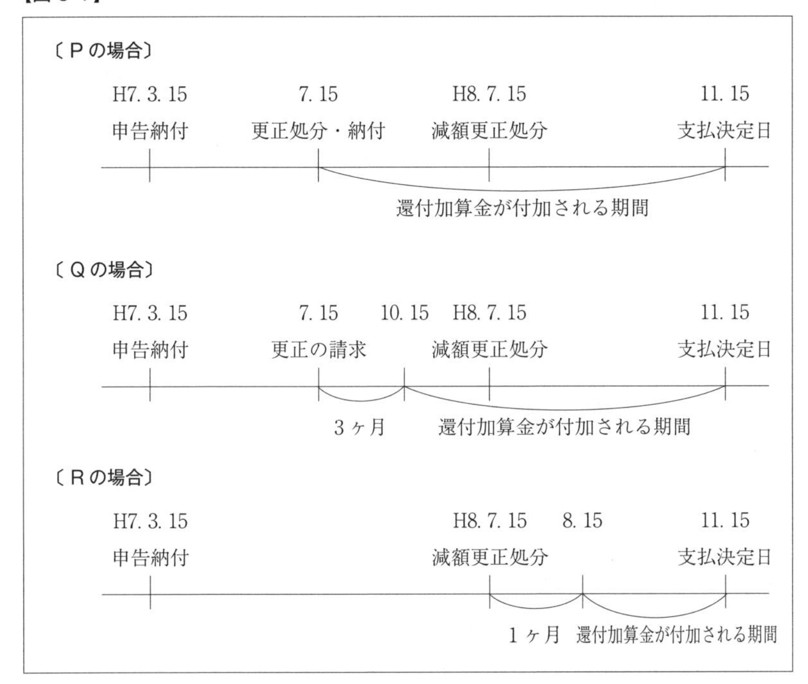


は、更正の請求があった日の翌日以降3ヶ月を経過する日と当該更正処分があった日の翌日以降 1ヶ月を経過する日のいずれか早い方の日の翌日である（同条2号)。また、更正の請求なく減額更正処分が行なわれた場合は、その更正通知書を発した日の翌日以降1ヶ月を経過する日の翌日である（58条1項3号、令24条2項1号)。したがって、事例2.においては、⑴Pは増額更正処分にもとづいて納付した日の翌日である平成7年7月16日から、⑵Qは更正の請求以後3ヶ月を過ぎた日の翌日である平成7年10月16日から、⑶Rは減額更正処分の日以後1ヶ月を過ぎた日の翌日である平成8年8月16日から、それぞれ、支払決定日である平成8年11月15日までの期間につき、還付加算金を得ることができる。

### ⑵　検　　討

このような制度は昭和45年の改正によるものである。それ以前は還付加算金の計算の始期はすべて過誤納にかかる国税の納付の日と定められていたが、「国が過誤納金の発生について確知しえない期間についてまで国の負担において還付加算金を付するという不合理があった」ため、昭和45年改正で更正の請求ができる期間が原則として1年間とされたのに伴い、変更されたものであり、その法的な考え方の基礎は、民法においては不当利得の利得者が善意の場合には利息を付することを要しないとしているのを、ここにあてはめたものと解されている[29)]。

しかし、理論的には、現行の制度を正当と考えることには若干の困難が感じられる。その理由は、第一に、不当利得の理論においては善意につき過失ある場合は悪意者にあたるというのが通説であるところ[30)]、いかに課税事務が大量かつ反復的に発生するとしても強力な調査権限を有する課税庁に無過失を推定することは困難であると考えられること。第二に、仮に国が善意の利得者であるとしても、実際には納付の日から支払決定の日までの期間においては国がその金銭を運用しえたため、利息分も含めて現存利益と考える余地があること。また、付随的には第三に、過失の有無、善意・悪意を問わず法定納期限から延滞税が発生することとの均衡である。

このうち第二点について若干補足すると、現在の民事法における通説は、過誤納の場合に類推しうる一方的債権関係の場合には、利得者が善意であっても「受ケタル利益」から生じた果実・使用利益等は当然に返還義務の範囲に含まれるとしているし[31)]、判例も、株式会社が銀行に対して無効の債務引受にもとづいて支払った債務を不当利得として返還するにあたっては、銀行が善意であっても定期預金金利で計算した利息を返還すべきであると判断する際に、

> 「およそ、不当利得された財産について、受益者の行為が加わることによつて得られた収益につき、その返還義務の有無ないしその範囲については争いのあるところであるが、この点については、社会観念上受益者の行為の介入がなくても不当利得された財産から損失者が当然取得したであろうと考えられる範囲においては、損

---

29）武田・前掲注2）3157頁。

30）四宮和夫『事務管理・不当利得・不法行為㊤』（青林書院新社・1981年）93頁。

31）四宮・前掲注30）130頁。

星野英一『民事判例研究第2巻 2（債権）』（有斐閣・1972年〔初出1966年〕）527頁（後掲注32）最判昭和38年12月24日の評釈）も、「一般的には、不当に利得した物が金銭である場合については、受益者が誰であっても、少なくとも普通預金利率相当額くらいは、特に受益者の行為とか運用利益とかを云々することもなく、その返還を認めてよいのではあるまいか」とする。

失者の損失があるものと解すべきであり、したがつて、それが現存するかぎり同条〔民法703条〕にいう『利益ノ存スル限度』に含まれるものであつて、その返還を要するものと解するのが相当である[32]」

としている点には注意が必要である。

ただし、現行制度についても、比較的高率の還付加算金を目当てに故意に多すぎる納税を行ない、後に更正の請求を行なう納税者が出現することを防ぐ意味で、その実際的な機能には頷けるものがある。課税実務において納税者が故意に誤って多額の納税をしているか否かをいちいちチェックすることは困難だからである。

この点についての一つの簡便な対処方法は、法61条に倣い、納付の日を還付加算金の計算期間の起算日とするが、それ以降1年間を経過する日から更正の請求があった日等までの期間を除算することである。こうすれば延滞税の場合とも比較的バランスのとれた制度となる。しかし、通常の更正の請求が1年間の期間制限にかかることを考えると、その制限的な効果はあまり期待できないという反論があるであろう。

この問題は、延滞税・利子税、および還付加算金の税率が市場利率とまったく無関係に、昭和37年以来一定とされていることに根ざすものであり、その実体的な制度の改正によってのみ、本当に効果的な手当てが可能になるものというべきであろう。

## VI　結びに代えて——立法論的検討

以上、延滞税を中心として関連する制度を含めて簡単な検討を行なった。ここから、現行の延滞税に関するいくつかの立法論的な問題点を指摘することができる。

第一に、現行の延滞税は、あるいは遅延利息といわれ、あるいは滞納に対する制裁といわれており、その性格が明らかではない。一応は、下積みにあたる7.3%部分が延滞期間中の利息であり、上積みされる7.3%部分が制裁であるという考え方を制度の各所に見て取ることができるが、なお、明瞭と

32）最判昭和38年12月24日民集17巻12号1720頁。

は言いがたい。この点は国税通則法以前の制度を参考にし、法定納期限から計算される延滞利息部分を、具体的納期限を徒過した期間に課する制裁部分とは別々に規定すべきであると考えられる。そうすることによって、①両者の税率を変え、②事業所得等にかかる延滞利息相当部分は必要経費に算入される可能性を開き、③両者の手続きを変える可能性が開けてくる。

①については、特に、遅延利子相当部分を何らかの形で市場利率に連動させることが考えられる。そして同じ割合を還付加算金にも適用することにより、課税庁・納税者のどちらの手中にあっても金銭が必然的に生む経済的価値を本来の権利者に返還させる制度としてこれらの制度を統一的に考えることができるとともに、還付加算金の割合が市場利率と乖離することを防ぎ、上述したような、いわば還付加算金を稼ごうとする行為自体をも減らすことができる[33)]。還付加算金を狙った過大申告・納付がなくなるなら、その計算期間の始期を単純に過誤納にかかる国税の納付の日とすることが可能となり、制度の簡素化にも資することとなる。このような延滞税率等を市場利率に連動させる手法についてはアメリカの制度が非常に参考になると考えられる[34)]。

その反面で制裁としての部分は市場利率とは関係なく定めることが可能であり、具体的には、常に一定利率（たとえば10%）とする、市場利率連動部分の一定数倍（たとえば3倍）とする、等の方法が考えられることとなろう。

②については、本税が事業所得等にかかる場合、利子税は約定利息に相当するものであるが、延滞税は延滞に対する制裁であるから、同じ7.3%期間においても前者のみが必要経費に算入されうるとする現行制度は均衡を失している。その反面、制裁としての延滞税の必要経費算入を認めることは他の罰科金の場合と同様に不適当である。延滞税のうち利息部分と制裁にあたる

---

33）ただし、このような制度においても、延滞税の税率と還付加算金の割合とに差を設けるという考え方はありうる。たとえば、アメリカ連邦税においては、両者とも短期国債の利率の変動に応じて変動するが、前者が後者より1%高くなるように定められている（参照、後掲注34））。このほか、租税の延滞は納税者からみた場合納税資金の国からの借入にあたるので延滞税の税率は公定歩合に一定割合を上乗せしたものとし、還付を受ける場合は納税者は国に過誤納金額を貸し付けていたことになるので、短期国債の利子率を適用する、というように、両者の対称性を否定する考え方もありえよう。

34）参照、第1部第2章第3節（139頁）。ただし、反面、長期の延滞で延滞中に何度も利率が変動している場合等の計算は複雑になるという欠点はある。

部分とを切り離すことは、この両者の要請をともに満たす制度を作ることを可能にする。

③については、このように制裁としての性格を明らかにした場合、その制裁として課される延滞税は現在のような自動確定の租税ではなく、加算税と同様、賦課決定処分によってなされることが適当である。それにより制裁としての性格が制度上も明確になるし、また、現行法上の延滞税の計算は、お世辞にも、納税者が当然自ら行なうべきであるといえる程度に簡単ではない。そして賦課決定処分を行なうこととすれば、延滞税（制裁部分）の賦課を不服とする納税者がその内容を争う手続きは明瞭になる上、消滅時効の問題についても、利息部分は日々発生して本税の時効完成後も独立して存続しうるが、制裁部分は賦課権の除斥期間の満了とともに賦課しえなくなるという理論的な要請を満たす制度を構想することが可能になるのである（現在でも多くの場合に延滞税納付通知書を送付している以上、課税庁の手間が著しく増加することはないと考えられる）。

第二に、延滞税の除算期間に関する法61条の規定をどのように考えるかという問題がある。この制度については、つとに、

> 「これは租税債権の確定の遅延に伴う救済措置として認められたものといわれているが、租税債権の確定の除斥期間は5年ないし7年間としてその早期安定を図っており、これをさらに1年内に確定しなかったことを理由として、延滞税の除算期間を設けて、その確定を遅延せしめた者の保護を図ることには問題がないわけではない」[35]

という有力な批判が存在する。この意見には確かに傾聴すべき点があるが、この批判がその叙述の構成からみて延滞税の行政制裁的側面を前提としていると思われる[36]ところ、除算期間は制裁としての性格が薄い7.3%課税期間について設けられていること、他方で、その割合は現在の市場利率等に比して決して軽くないこと、および、現行の延滞税はこの7.3%部分も必要経費等に導入できないことをも考えあわせれば、なお、この制度には合理性があると解すべきであろう。ただし、前述のように延滞税の一部が市場利率連動型

35）田中・前掲注12）389頁。
36）田中・前掲注12）第2編「租税法総論」第5章「租税処罰法」第2節「制裁税」（387頁）の箇所において述べられている見解であることからも、そのように考えることが支持されよう。

の延滞利息としての性格を明確にした場合には、その部分について特に課税を免除する必要はない[37]。

現行の延滞税を前提とする限り、法61条についてより問題となるのは、同条が決定処分による場合を対象としていないことである。このため、特に決定処分は増額更正処分よりも長い5年間の除斥期間にかかることと相俟って、決定処分にかかる場合の延滞税の負担はかなりの程度になりうる。この点については、確かに何ら申告を行なわないことは申告納税制度の前提と矛盾する行為であるが、反面、適正な申告を行なわなかったという点では過少申告の場合との違いは程度の差であり、また、決定処分にかかる場合には、自分の過失によるとしても自分に申告義務があることを知らない場合等も含まれうることを考えると、一概に決定処分にかかる事案を悪質な事案と決めつけることも適当とはいえない。また、課税庁側の事務処理の前後によって処分の時期が変わるという事情は増額更正処分の場合と同じである。これらの事情を考えると、決定処分にかかる事業も何らかの形で法61条の対象に取り込むことが適当であると考えられる。

37）参照、第1部第2章第3節（142頁）。

# 第7章

# 延滞税改革
## ――平成25年改正と今後の方向性

## I　はじめに

延滞税は平成25年の租税特別措置法改正（本章では以下、この改正を「本改正」という。）により、主としてその税率について大きな変更を受けた。[1] 本章では本改正の内容を概観してその評価を明らかにした後に、延滞税改革としてさらに残された論点のいくつかを指摘しておきたい。[2]

国税通則法上、延滞税の税率は、同法制定（昭和37年）以来、原則として日歩4銭である（閏年を除き年利14.6%。以下では、単に「年14.6%」という。また以下では、この原則的な場合の税率を、具体的な税率にかかわらず「本則税率」と呼ぶ）。ただし、具体的納期限までの期間、またはその翌日から2ヶ月を経過する日までの期間は、税率が日歩2銭に軽減されている（閏年を除き年利7.3%。以下では単に「年7.3%」という。また以下では、この税率が軽減されている部分の税率を、具体的な税率にかかわらず「軽減税率」と呼ぶ。税通60条2項）。

しかし、実際には、平成11年改正により特別措置が設けられ、平成12年以降は、軽減税率は各年の前年11月30日時点の公定歩合に4%を加算した割合とされ（租特94条）、たとえば平成25年の軽減税率は4.3%（公定歩合は0.3%）であった。また、一定の要件の下で延滞税の一部が免除される場合に免除されずに残る延滞税の税率（免除されない部分の税率を指す。以下では、この税率を、具体的な税率にかかわらず「免除時税率」と呼ぶ。）も、同様の特例措

1）本改正に先立ち、関連する問題を検討するための研究会が財務省主税局税制第一課に設置されており、筆者もこの研究会に参加した（大蔵財務協会編『改正税法のすべて〔平成25年版〕』（大蔵財務協会・2013年）854頁参照）。この研究会のとりまとめは公表されていないが、本章における記述には、議論を含めた研究会のとりまとめの内容に関わる事項が含まれている。
2）参照、延滞税制度の概要については、第6章II（413頁）。

置の対象とされていた。これは、「過去に例を見ない超低金利の現状を勘案」し、「暫定的な措置として」「一定の負担軽減を図る」ものだとされていた。[3)]

他方、この特例は軽減税率と免除時税率にのみ適用され、本則税率（年14.6%）の部分は変更されていない。したがって、公定歩合が0.3%の年を例にとれば、延滞税は年4.3%の軽減税率・免除時税率と年14.6%の本則税率の二段階の仕組みであったことになる（本則税率は、4.3%に7.3%が上乗せされた11.6%ではない）。

この特例は、前述のとおり、超低金利時代における延滞税の負担の一定の軽減という暫定措置であり、延滞税の税率がどのような性質を有しているかというような分析の下で行なわれたものではないため、14.6%なり4.3%なりの税率のもつ理論的な意味は不明確なままであったと評価すべきである。

## Ⅱ　平成25年改正について

### 1　経　緯

本改正に結び付く端緒は、「平成24年度税制改正大綱」にあった。この文書には、以下のような記述がみられる。

「納税環境の整備については、……延滞税等のあり方を含め、……納税者の利益の保護に資するとともに、税務行政の適正かつ円滑な運営を確保する観点から、引き続き検討を行います。[4) 5)]」

この記述は、「平成24年度税制改正大綱」の第2章の「7.納税環境整備」において、まず平成23年度の改正においてなされた事項、改正を見送った事項に触れ、次に共通番号制度の問題、そして税理士制度の問題を挙げた後に、この段落の記述がなされている。

これを受けた平成24年3月30日の閣議決定では、

「延滞税の利率を含めた負担の見直しについては、税の確実な収納を勘案しつ

---

3）「平成11年度の税制改正に関する答申（平成10年12月16日税制調査会）」二5。

4）『平成24年度税制改正大綱（平成23年12月10日閣議決定）』第3章7.（76頁）。

5）この文中にある「納税者の利益の保護に資するとともに、税務行政の適正かつ円滑な運営を確保する観点から」というのは平成23年の改正法附則106条の文言であり、さかのぼればこの時点から、一定の方向性が打ち出されていたとみることができる。

つ、低金利下における利率のあり方、事業者の負担等を考慮し、平成25年度税制改正時に成案を得る[6]」

とされ、この時点でかなり踏み込んだ方向性が示されていた。

この後の動きが公表資料により明らかになるのは、平成24年11月14日の税制調査会である。ここに提出された資料[7]に従って、この時点での見直しの方向性をみておこう。

まず、この資料には、

「延滞税全体について、現下の低金利の状況等を踏まえ、特例的に引下げを検討することとしてはどうか」

との記述があり、ここからは二つのポイントを読み取ることができる。

すなわち、第一に、平成11年改正後の制度に比べて「延滞税全体について」、すなわち本則税率を含めて検討する方向性が打ち出されている。第二に、「特例的に引下げ」との記述からは、制度全体の見直しに及ばないというスタンスが、かなり強くにじんでいる。

このようなスタンスの下で、本則税率について、

「①期限内納付した者との公平性を図るための利息部分（約定利息部分）と、②早期納付を促すための部分に区分して考え、前者の部分を見直す必要があるのではないか」

として、本則税率を二つに分ける考え方が示されている。

その第一は、「期限内納付した者との公平性を図るための利息部分」で、これが「約定利息部分」と呼ばれていることが目を引く。平たくいえば、「市中金利」に相当する部分と理解される。

その第二は、「早期納付を促すための部分」である。この部分は、早期納付のインセンティブを滞納者に与えるという意味で、「インセンティブ部分」と呼ぶことが適切であろう。

次に、軽減税率について、

---

6）「社会保障の安定財源の確保等を図る税制の抜本的な改革を行うための消費税法等の一部を改正する等の法律案及び社会保障の安定財源の確保等を図る税制の抜本的な改革を行うための地方税法及び地方交付税法の一部を改正する法律案の国会提出に伴う今後の対応について（平成24年3月30日閣議決定）」。

7）平成24年度 第7回 税制調査会「資料（延滞税等の見直し）（平成24年11月14日財務省）」3頁。

「約定利息部分の見直しに加え、2ヶ月以内と2ヶ月以降に段階分けし、それぞれの期間に応じて早期納付を促すこととした趣旨を勘案すべきではないか」

として、軽減税率も二つに区分する考え方が示されている。後述するように、これはこの段階で初めて現われた、新しい考え方であったとみられる。

本則税率と軽減税率についてこのように記述した後に、免除時税率については、

「納税の猶予等の場合に延滞税が軽減されている場合については、それが約定利息的性格を有するものであることを踏まえ、現行の特例水準（4.3%）を見直すべきではないか」

とされ、軽減税率と免除時税率とを分けて整理する考え方が示されている。

最後に約定利息となるものに関して、「ベースとなる金利」という言葉が使われ、いずれかの市中金利の割合をそのまま公定歩合に代わる指標とするという考え方ではないことが示唆された上で、「政府契約の支払遅延防止等に関する法律等では、国内銀行の貸出約定平均金利（新規・短期）」をベースとしていることが紹介されている。

この後、「平成25年税制改正大綱」に延滞税等の見直しが盛り込まれ[8]、それが立法されたのが現行法である（平成26年1月1日より施行）。

## 2　改正の内容と基礎となる考え方

### (1)　改正の内容

「現在の低金利の状況」と「事業者等の負担を軽減する等の観点[9]」から行なわれた本改正の内容は、大きく三点にまとめられる。

第一に、これまで具体的な割合をみる限りでは、二段階（軽減税率・免除時税率と14.6%の本則税率）であった延滞税の税率が三段階とされている。すなわち、本則税率として、「特例基準割合＋7.3%」、軽減税率として「特例基準割合＋1%」、免除時税率として「特例基準割合」の三段階である。

この本則税率において7.3%が、軽減税率において1%が、それぞれ加算される理由は、どちらも「早期納付を促す」ことにあるが、納税の猶予等の場合の免除時税率にはこの趣旨にもとづく税率の加算はなされない。した

8）『平成25年度税制改正の大綱（平成25年1月29日閣議決定）』六1（76頁）。
9）参照、大蔵財務協会編・前掲注1）「参考図表①」853頁。

がって、これらの場合に課される延滞税は早期納付を促す趣旨を有していないということになる（いわゆる約定利息部分のみとされる）。

第二に、平成24年11月14日の税制調査会資料で「約定利息部分」と説明されていた部分が、「貸出約定平均金利＋1％」という割合に設定された。この貸出約定平均金利とは、日本銀行が公表する前々年の10月から前年9月における国内銀行の貸出しの平均金利（新規・短期）の平均を指す。[10]

第三に、これまでの特例とは異なり、本則税率の部分も特例の対象になっているという点が新しいと説明することが許されよう。

### ⑵　基礎となる考え方

この改正の基本的な考え方は平成24年11月14日の税制調査会資料にあったとおり、延滞税制度の基本的な性格を変更せずに、納税者（滞納者）の負担を緩和するというところにある。すなわち、金利がきわめて低い状態が続いているからそれに合わせた適正化をするという発想である。したがって、明示的に改正された範囲はそれほど広いものではなかったといいうる。

具体的には、特例基準割合が2％（改正当時の利率を基礎として算出した割合）である場合に、本則税率が改正前の14.6％から9.3％に、軽減税率が4.3％から3.0％に、そして、免除税率が4.3％から2.0％に引き下げられる計算であった。

このように税率が引き下げられた背景には、重すぎる延滞税が累積していくと滞納者の納税意欲を著しく削ぐという懸念があり、その負担を納税者、すなわち滞納者が払える程度まで引き下げようという考え方があると思われる。そして従来の延滞税制度を維持するという前提の下で、上述した具体的な納税者（滞納者）の負担緩和に結び付ける仕組みを基礎付ける考え方として、延滞税の税率を「約定利息部分」と「早期納付を促す機能を持ったインセンティブ部分」とに分けるという発想が採用され、この発想が、新たな三段階の税率構造につながっている。以下、それぞれの税率についてみてみよう。

---

10）ある年に適用されるべき延滞税の税率は前もって決定しておく必要があるため、財務大臣が前年12月15日までにその率を告示することとし、これに利用できる範囲で前年中最も遅く公表されるのが、前年11月公表分であって、これが同年9月の金利であることから、このように定められたものである。

まず、本則税率については、国税通則法において本則税率が年14.6％で軽減税率、免除時税率がともに年7.3％であることから、本則税率の年14.6％を、「約定利息に相当する7.3％」と「早期納付を促す7.3％」の二つの部分からなると分析し、前者の約定利息に相当する7.3％部分は現在の状況に合わせた割合に修正するが、早期納付のインセンティブと考えられる7.3％は変更しない、というのが、本則税率に関する新たな改正案の考え方である。平成11年改正においては本則税率が置き去られていたわけであるが、本改正では、このようなロジックで本則税率も特例対象に取り込まれている。

次に、軽減税率と免除時税率は、数値としては同じであるが、その成り立ちが異なると解されている。すなわち、軽減税率は「インセンティブ部分の0％」を含んだ数値だが、免除税率は約定利息そのものである、という理解である。

軽減税率についていえば、国税通則法上の年7.3％の税率を「7.3％の約定利息部分＋インセンティブ部分」からなると考え、その上で、「しかしながら、7.3％という税率は十分に早期納付を促すだけのレベルを維持しているから、インセンティブ部分は0％と定められていたのが、これまでの考え方である」という整理が、本改正の基礎にあると考えられる。このように考えれば、「7.3％の約定利息部分」を現在の約定利息に合った水準（例、2％）に引き下げると、それに応じてインセンティブ部分が追加されることがありうる、と考えるのである。[11)]

これに対して、猶予等の免除の場合について、「年7.3％」の税率が適用されていたのは、軽減税率のように「7.3％」と国税通則法の条文に書き込まれていたわけではなく（参照、税通60条2項但書）、「本則税率の14.6％が半分にされた」（参照、税通63条1項）結果、「年7.3％」という本則税率や軽減税率の場合の約定利息と同じ割合とされていたにすぎない、との整理がなされていると考えられる。[12)] ここから、本改正においては、インセンティブ

11）「公定歩合＋4％」と定められた平成11年改正後本改正までの特例基準割合についても、超低金利の状況下で4％を加算することは、十分なインセンティブ効果をもつため、それ以上に「インセンティブ部分」は加算されていなかった、と解することになろう。

12）ただし、免除税率が適用されるのは「納期限の翌日から2月を経過する日後の期間」（税通63条1項括弧書）に限られ、軽減税率（7.3％）をさらに引き下げるという発想はないため、や

部分が加算されない約定利率そのものが免除時税率として用いられることになる。

それでは、上述した制度理解にもとづく現行の三段階の税率構造は、理論的にはどのように評価されるべきであろうか。

### 3　学説における延滞税の理解

本改正を評価する前に、ここで、延滞税制度が学説においてどのように理解されてきたかを確認しておこう。この点は、どちらも通説とされている田中二郎博士の説と金子宏名誉教授の説とで、微妙なニュアンスの差がある。

まず、田中説は、「延滞税は、元来は、納税義務の履行遅滞による遅延損害金の性質を有する」もので「広い意味では一種の制裁にほかならない」[13]とされる。これに対して金子説は、延滞税は「私法上の債務関係における遅延利息に相当し、納付期限に対する民事罰の性質をもつ（合わせて、期限内に申告しかつ納付した者との負担の公平性を図り、さらに期限内納付を促すことを目的とする）」[14]とされる[15]。これらの説明からは、延滞税が、「遅延損害金」「一種の制裁」「遅延利息」「民事罰」等々、非常に多くの機能あるいは性格を盛り込まれた税だということが理解できる。そしてそのことは、延滞税が何を目的とした税なのかを、わかりにくくしているといえよう。

次に、軽減税率について、田中説によれば、延滞税の割合は、「具体的納期限から2月後の間までは、負担の軽減を図りつつ、早期納付を促す効果を期待して」税率が下げられているとしておられるが、そもそも負担の軽減がなぜ必要なのかという点は必ずしも明らかではない。また、金子説によれば、この軽減期間は、「税額確定後なるべく早めに納付することを奨励する措置」だとされる。

この両説によれば納期限後2ヶ月の期間に軽減税率を適用する目的は早期

---

はり14.6%の2分の1、すなわち7.3%部分を免除するという作りであったとも解されうる。

13）田中二郎『租税法〔第3版〕』（有斐閣・1991）388頁。

14）金子宏『租税法〔第22版〕』（弘文堂・2017）815頁。

15）最判平成26年12月12日訟月61巻5号1073頁は、「延滞税は，納付の遅延に対する民事罰の性質を有し、期限内に申告及び納付をした者との間の負担の公平を図るとともに期限内の納付を促すことを目的とするものである」と判示している。なお、この判決を承けた国税通則法改正が平成28年度改正によりなされたが（参照、税通61条2項）、本章ではこの点には触れない。

納付を促すこととされるが、その趣旨は、「2ヶ月を過ぎると税率が上がるから低いうちに早く納めなさい」というにとどまり、それを超えてより積極的な意義をこの制度の姿から読み取ることは難しいように思われる[16)]。

### 4　改正の評価

#### ⑴　「約定利息部分」と「インセンティブ部分」の区分

先に述べたように、本改正の基礎には、「延滞税の税率は、『約定利息部分』（期限内に適正な納付をした納税者との公平を図るために納付させる利息部分）と『早期納付促進のためのインセンティブ部分』に分けて考えることができる」という発想があると考えられる。そこで、最初に、この両者の区分をどのように評価するかが問題となる。

3でみたように、延滞税は非常に多くの機能あるいは性格をもたされ、様々な要素が盛り込まれてきた「ぬえ的な制度」である[17)]。さらに、平成11年改正がこの制度の性格を明示的に整理することなく4.3%と14.6%という二段階の税率に変更した――本則税率を変更しないまま軽減税率と免除時税率を引き下げた――ため、延滞税制度の機能や性格は、さらに理解しがたいものとなっていた。これに対して、本改正を基礎付ける考え方の整理によって延滞税のもつべき機能、期待される役割というものがはっきりしたといいうる。

すでに筆者は、延滞期間に相当する利息部分はそれを含めていわば本税であってその部分は制裁ではなく、それに加えて制裁にあたる部分を認識すべきであると述べたし[18)]、日本の延滞税についても、「利息部分」と「制裁」とを区別すべきだと主張した[19)]。この観点からは、本改正の基礎を成す延滞税の理解は、前向きに評価すべきである。

---

16）他方、このような延滞税に比べて利子税が、まったく異なるものとして捉えられているという点では、田中説・金子説ともに共通している。田中説は、延納期間中の利子税はいわば「約定利子の性質」であり、制裁税ではないと強調しておられる（田中・前掲注13）392頁注㈢）。金子説も利子税は、「約定利息の性質を持つ」とされ、履行遅滞がないから延滞税の代わりに利子税が課されるのである、と説明しておられる（金子・前掲注14）819頁）。この説明においても、延滞税と利子税は異なるものであり、利子税は約定利息だと考えられている。

17）参照、第6章Ⅲ（425頁）。

18）参照、第1部第1章第1節（12頁）。

19）参照、第6章Ⅵ（431頁）。

もう一点、本改正の基礎となる考え方について、指摘しておくべきことがある。それは、先の田中説にみられた「制裁税」という考え方と、この改正にみられる「〔早期納付の〕インセンティブ」という考え方の異同である。

筆者はすでに、加算税や延滞税などの租税行政上の不利益な措置は「制裁」と呼ばれてもなお、それは刑事制裁とは異なる、倫理的に中立あるいは透明な中身をもつもので、より機能的に捉えられるべきであり、租税法上納税者等に課された義務が適切に果たされるようなインセンティブ、あるいは非違行為をなさないような負のインセンティブになる制度として捉えられるべきだ、と指摘した。[20]

そのように考えると、これまで「制裁」と呼ばれることの多かった延滞税を、現時点で「インセンティブ」と捉え直すことは決しておかしなことではないし、これまでの制度理解との大きな断絶を生むものでもないといえよう。

ただ、「制裁」というスタンスと「インセンティブ」というスタンスとは、いわば前者が結果から物を見ているのに対して、後者は将来を見通す視点をもっており、両者の間には、事後の視点か事前の視点かという、ニュアンスの違いがあるため、後述するように（Ⅲ３）、具体的な解釈論等においては、部分的に考え方の違いが生じうる点には、留意が必要であろう。

### ⑵　軽減税率部分への独自のインセンティブ部分の付加

延滞税の税率を「約定利息部分」と「インセンティブ部分」に区分する分析を受け入れた場合、次の論点は、軽減税率に独立したインセンティブ部分を付加したことの評価である。繰返しになるが、本改正により、免除時税率が「約定利息」の利率そのものとされたのに対して、「軽減税率」はそれに「インセンティブ部分」として１％が加算された点の評価である。

この１％加算によるインセンティブ部分を有する現行の軽減税率については、二つのインセンティブの効果を求めていると考えるほかはなかろう。第一は、田中説・金子説の述べるところから理解される、「納期限後２ヶ月間の軽減税率期間を設けることにより、税率が低い期間中の納付（その意味での早期納付）を促す」というインセンティブである。

---

20）参照、第１部第１章第１節（11頁）。

第二に、新たに１％を加算するという発想から読み取れる、「軽減税率期間（２ヶ月）中であっても、できるだけ早い納付を促す」という意味でのインセンティブである。

この第二のインセンティブについては、本改正は延滞税制度の全面的な改革ではなく当面の特例にすぎないという前提に立ち、従来の考え方を変えていないと評価する立場からの説明が試みられるものと思われる。それは先に述べたように、軽減税率はこれまで「約定利息分の7.3％＋ ０％」であったところが、「約定利息＋１％」になったと考え、免除時税率の「14.6％×1/2」である7.3％とは従来から意味合いが違ったのだ、という説明である。

ただし、この説明にはいくつかの難点がある。

まず、田中説・金子説の紹介からわかるように、これまでの制度理解として、軽減税率部分に独自のインセンティブの要素があると考えられていたと解する点はきわめて疑問であり、むしろ、「この税率が低い期間中（２ヶ月以内）にできるだけ納めなさい」、というニュアンスを強くもっていたように思われる。

さらに7.3％という税率は相当に高いから、従来はあえて明示的なインセンティブ部分を付加していなかった（０％を付加した）という説明についても疑問がある。なぜならば、軽減税率を7.3％と定めた時点（昭和37年）における日歩２銭は当時の公定歩合と同じ割合であり、現在の超低金利と比較すると高い割合とはいえても、国税通則法制定当時の評価として、公定歩合と同じ税率が十分に高いインセンティブをもっていたとみることは困難だと考えられるからである。

したがって、平成25年改正で軽減税率に第二のインセンティブ部分を加えた点は、形式的には特例という形ではあるが、むしろ、この改正において新しく加わった発想であると評価すべきであろう[21]。

それでは、なぜ、特例という形式をとりながら、わざわざ新たな発想にもとづく制度が立案されたのであろうか。それは、約定利息部分の割合が非常に低い場合は、軽減税率が少額滞納に悪影響を及ぼすという懸念が強かったからであろう。この点は、前述した平成24年３月30日の閣議決定に「税の

---

21）あくまでも従来との連続性で制度を理解する説明は、特例で新たな発想にもとづく措置を加える点に対する批判を避ける意図の下に行なわれていると考えられる。

確実な収納を勘案しつつ」と記され、同年11月14日の税制調査会資料にも、「延滞税の水準が低すぎると、納付を促す効果が減じるおそれがある」と記載されていた点である。

ここでの考慮要素は、端数計算の規定との関係である。国税通則法によれば、附帯税の確定金額の全額が1,000円未満（加算税にかかるものについては、5,000円未満）であるときは、その全額を切り捨てることとされている（税通119条4項）。この附帯税には延滞税が含まれるから、現行法上は、延滞税額が1,000円に達するまでは、実際には延滞税を負担する必要がないわけである。そこで、2ヶ月間の滞納で延滞税が1,000円になるケースを大まかに考えれば、30万円の滞納について税率が2％である場合や、20万円の滞納について税率が3％である場合などがこれに該当する。したがって、軽減税率が2％であれば滞納額30万円以下、3％であれば滞納額20万円以下という範囲では延滞税は生じないことになる。

このように考えると、軽減税率においても独立したインセンティブ部分が必要とされた最大の理由は、今後、約定利息部分を実勢の利息に合わせて下げていくとすると、超低金利の状況下では、この2ヶ月間について、事実上、延滞税による早期納付のインセンティブをまったくもたない少額滞納が発生することが懸念されたことにあるといえよう。

このような理由で設けられた独立したインセンティブ部分を有する軽減税率の評価は、筆者のように、延滞税について約定利息部分とインセンティブ部分を明確に分けて規定することによって、インセンティブの制度としての延滞税を、より自由に設計することができると考える立場からは、やはり肯定的に評価できる。すなわち、たとえ非常に低い税率となっても、約定利息部分をできるだけ実勢に則したものにするという考え方を貫徹させた上で、インセンティブ部分が必要であればそれを別途加算するという作りは、制度設計の自由度を増したという観点で、正しい方向を向いていると考えられるのである。

### (3)　免除時税率の設定

軽減税率とは異なり、結果として同じ割合（本則で年7.3%）とされてきた免除時税率については、かなり明確に、「負担の公平を図るためのもの」であるとの評価――本改正における言葉でいえば「約定利息部分」に相当するというニュアンスの説明——がなされてきた[22]。したがって、平成11年改正においても本改正においても、免除時税率を約定利息部分と考えられる割合にセットしてきたわけである。

もちろん、これについては、納税の猶予等がなされた場合に約定利息に相当する延滞税で十分かという指摘がなされうる。しかし、一方で納税の猶予をしておいて他方で早期納付を促すというのは矛盾する態度と言わざるをえないため、結論として、免除税率にインセンティブ部分は不要と考えるべきであろう。

具体的には、事業の廃止または休止等の理由で猶予される、あるいは納税について誠実な意思をもっているが、直ちに財産を換価することが適切でない、といった場合がこれに該当する（参照、税通63条1項）。このような場合には、期限内に納付した納税者との公平を確保するという限度で延滞税が課税されれば十分であり、それを超えてインセンティブ部分を付加する必要はないと考えるべきであろう。したがって、この点についての改正も支持しうる内容である。

### (4)　適正な金利水準の設定

最後に、「約定利息相当部分」の税率として、「基準金利＋１％」と定められた特例基準割合が適正な金利水準であるか、という問題がある。これは金融の問題であって筆者の専門外の事柄であるから、詳細な評価は避けるべきであるが、「市中金利」と一口に言っても、実際にはかなり多種多様な金利が存在している点だけは、指摘しておきたい。

今回基準金利として採用された、「国内銀行の貸出約定平均金利（新規・短期）」は、平成24年10月で1.098％であったところ、同月の「貸出約定平均金利」でも、「地方銀行」は1.7％、「信用金庫」は2.4％など、かなりの幅があった[23]。その中で国内銀行の平均とは、銀行の審査に通った、かなり信用力のある借り手に対する金利だと考えることができる。本改正では、この値に１％を加算したものが「約定利息部分」の金利として採用されていると

22）たとえば、納税の猶予等の場合に本則税率の２分の１の割合の延滞税の負担を負わせる理由として、この部分については「期限内に適正納税を完了した者との間の負担の公平上、年7.3％程度の延滞税は、猶予期間中も負担させる必要がある」（志場喜徳郎ほか共編『国税通則法精解 平成28年改訂』（大蔵財務協会・2016年）714頁）と説明する例がある。

23）大蔵財務協会編・前掲注１）856頁。

ころ、この１％を足すということの意味は、相当に優良な借り手を念頭に置いた値をベースにとっているから、一般の納税者の状況を考えあわせると「少し足すのだ」という説明が可能であろう[24]。

なお、貸出約定平均金利を採用したことについては、住宅ローンやカードローンなどと比較してはるかに低い割合を「現行の金利水準」として採用したことになる点への懸念もありうる。この点は、今回の改正では滞納者が主として事業者であることが念頭に置かれており、一般の住宅ローンやカードローンとは異なる「金利の水準」を考えていると理解すべきであろう。

## Ⅲ　基本的な制度改革に向けての論点整理

それでは、本改正後の制度について、さらに延滞税を改革する場合には、どのような論点を取り上げる必要があるのだろうか。

すでにみたように、本改正においては延滞税の税率についての考え方が明確化された。繰返しになるが、延滞税は「約定利息部分」と「インセンティブ部分」とからなり、それらが税率に反映されると整理され、特例基準割合が「約定利息部分」に相当し、それ以外の部分が「インセンティブ部分」に該当すると考えられたのである。

税率についての考え方がこのように整理されたことを前提とすると、現行の延滞税制度のその他の部分は、新たな税率の考え方と平仄が合った姿になっているのかが問題とされる余地があろう。以下では、この観点からいくつかの問題点を取り上げて検討しよう。

### 1　除算期間の問題

#### (1)　除算期間の合理化

第一に、本改正における延滞税の「約定利息部分」という考え方と「除算期間」との整合性が問題となる。

周知のように、法定申告期限後、修正申告または増額更正処分までの期間が長期間であっても、この期間中は１年間を超えては延滞税の対象とはされ

---

24) もちろん、この「＋１％」という加算される割合の大きさが正しいか、ということは、別途議論の対象となりうる問題点である。

ず、1年超の部分は除算される、という除算期間の制度が規定されている（税通61条）。これは、特に増額更正処分の例を念頭に置き、課税庁側の処分までに要した時間の長短により延滞税の負担に不合理な差異が生じることを防ぐための規定である。これにより、除算期間中は、延滞税がまったく課税されないことになる。

他方、本改正で正面から認められた「約定利息部分」という考え方は、平たくいえば、滞納税額相当額が「誰の手の中にあってもこれくらいの経済的価値を生み出す」という部分を指すものであるから、除算期間中も滞納が続いていた以上、その期間中の「約定利息部分」は、滞納者が負担すべきである。

したがって、「約定利息部分」という考え方を明示的に打ち出した本改正後の延滞税制度においては、除算期間はその部分については必要がない。すなわち、滞納状態にある全期間について、約定利息たる特例基準割合による延滞税が発生するとすべきである。

現行制度は、除算期間中の約定利息部分（特例基準割合による延滞税）の負担を滞納者に負わせないとされている点で、本改正における税率についての整理と齟齬をきたしているといえよう[25)]。

#### (2)　無申告の場合の除算期間

除算期間は、二つの場合に、適用されない。第一は、偽りその他不正の行為により国税を免れた場合である。この場合は、完納までの全期間について、延滞税が発生する（税通61条1項柱書括弧書）。これは、自らの脱税工作によって課税処分までに長い時間がかかるような状況を作り出した納税者が長期間に対する延滞税を負担するとしても不公正とはいえないという理由、および、脱税の場合に制裁を加重するという理由から設けられた例外であると理解することができる。

除算期間が適用されない第二は、無申告の場合である[26)]。除算期間が適用さ

---

25)「約定利息部分」という考え方を重視すれば、加算税や延滞税が滞納されても延滞税が発生しない、という現行制度についても再検討の余地が生じる。特に、加算税については、その（事後的な）制裁という側面を重視するか（滞納しても延滞税は発生しない）、それとも、事前の観点からの早期納付のインセンティブないし金銭債権としての性格を重視するか（滞納すれば延滞税が発生する）によって、結論を異にするであろう。

れない以上、脱税でなくても、無申告で法定納期限を経過して決定処分がなされたという場合については、法定納期限から決定処分後の具体的納期限までの全期間について、すべて軽減税率で延滞税が発生し続けることになる。しかし、このように、無申告の場合に除算期間が適用されない点については、脱税の場合とは異なり、合理的な理由を見出すことができない。

したがって、無申告の場合については、二つの点で、現行法を改めるのが適当である。第一に、申告がなされた場合との公平性の観点から、無申告の場合でも同様の除算期間の適用がなされるべきである。第二に、現行法における軽減税率による延滞税の発生は、「約定利率＋１％」の税率の適用を意味する。しかし、⑴に述べたように、現行の除算期間についても「約定利率」相当の税率により延滞税が発生する制度とすることを前提に、無申告の場合にも、同様の延滞税が発生する仕組みとすべきである。

これに対しては、無申告を過少申告よりも悪質性が高いとする立場からの反論がありうる。それは、「申告があればそれを調査等のきっかけとすることができるけれども、無申告の場合はそれすらない」という発想による反論である。

このような発想は、各国の税務行政の制度においてもみられるものであり[27]、日本でも平成23年12月改正前において決定処分の除斥期間が５年とされ、通常の増額更正処分の３年よりも除斥期間が長いとされたことには、そのような考慮があったものと推測される。しかし、同改正により、決定処分も更正処分も除斥期間を５年とした現行法の下では、延滞税の除斥期間が問題となる場面でのみ更正と決定をことさらに分ける考え方は、やはり採用できないというべきであろう。

## 2　必要経費（損金）該当性の問題

延滞税の中に「約定利息部分」が含まれ、かつ、それが税率によって区分できると考える立場に立つ場合の、現行法上の第二の問題点は、延滞税の必要経費ないし、損金算入制限との関係である。

26）除算期間の定めには無申告の場合が規定されていないため、無申告の場合は除算期間の対象にならないのが現行法の作りであると解される。
27）無申告に対するアメリカの例として、参照、第１部第２章第３節（135頁）。

所得税法は所得税を必要経費に算入しないとしており（所法45条1項2号）、延滞税は付される本税と同じ税目になるため（税通60条4項）、所得税に付される延滞税は必要経費に算入されない。これに対して、所得税に付される利子税も延滞税と同様に所得税の税目に該当するが（税通64条3項、60条4項）、明文の規定により「利子税で、その事業についてこれらの所得に係る所得税の額に対応するものを除く」とされている結果、必要経費に算入されうる[28)]。これは、先に田中説・金子説を引いて確認したように、延滞税と利子税とは性質を異にし、利子税は約定利息である（遅延利息や制裁ではない。）ことを根拠とするものと考えられる。

しかし、延滞税の中に「約定利息部分」という発想で市中金利と連動させ、また、利子税と同じ割合とされる部分が含まれていると解するならば、この「約定利息部分」の損金算入あるいは一定の場合の必要経費算入を否定することは理論的に困難である。

これまで、利子税と区別して延滞税の必要経費・損金算入を否定する見解は、全体としての延滞税により間接的な納付促進の効果を重視する立場に立って、「むしろ延滞税を借入金の利子と同様に取り扱うことが不合理」だ[29)]と論じていた。しかし、本改正における延滞税の税率についての発想は、このような従来からの考え方に修正を迫るものであり、それらとの整合性の観点からは、延滞税のうち「約定利息部分」の必要経費・損金算入が認められるべきである。

### 3　修正申告・更正処分による増額部分への課税のあり方

第三の問題点は、本改正で軽減税率部分に独自のインセンティブ部分（税率1％加算部分）を付すとされたこととの関係で不合理が生じていることである。それは、修正申告・増額更正処分によって不足税額が発生する場合の延滞税についてである。

納税申告後に増額更正処分が行なわれた場合を想定すると、現行法では、法定申告期限から更正処分がなされるまでの期間は、軽減税率で延滞税が課されることとになる。しかし、更正処分による増額部分は、この期間中（更

---

28）法人税法も同様である。参照、法法38条1項3号、75条7項、55条3項1号。
29）志場ほか共編・前掲注22）693頁。

正処分よりも前の時点）は確定されていない。法定申告期限の時点で過少申告があった場合に、「未確定の増差税額を、早期に納付させるインセンティブ」と捉えるのは論理的に正当な考え方とは言いがたい。

修正申告も同様である。当初申告に不足税額があるため後に修正申告をするのであるが、納税者にとって修正申告をするまでは増差税額を納めるという発想はないはずである。その増差税額を納めるという発想がない部分について、早期納付のインセンティブを加えるということは、やはり、論理的に困難である。

もちろん、この期間中も滞納がなされている以上、約定利息相当の延滞税は必要である。しかし、それに加えて早期納付のインセンティブを上乗せすることについては、以上に述べたように、論理的な疑問を禁じえない。

この点については、現行法を正当とする以下のような議論もありうる。それは、期限内に適正額を申告したが納付しなかった場合との比較による議論である。

この立場からは、以下のように議論されるであろう。もし、法定申告期限内に適正額を申告しながら税額を納付せずにおり、法定申告期限の２ヶ月後に全額を納付したとすると、この２ヶ月の滞納期間中には、本改正後の制度の下でインセンティブ部分を含んだ軽減税率（特例基準割合＋１％）により延滞税が発生する。他方、当初申告を行なったが税額が過少であることが判明したため、法定申告期限から２ヶ月たったところで適正税額に修正申告をし、同時に増差税額を納付したとすると、現行法では、その差額の部分にインセンティブ部分を含む軽減税率が適用される。ところが、先に示唆したように、修正申告をするまでの期間をインセンティブの対象から除く（特例基準割合のみの税率とする。）とすると、過少申告をした後に修正申告して直ちに納付したケースの方が、正しい申告をしたが２ヶ月間滞納したというケースよりも負担が軽くなってしまう。これは不公平な結果であるから、現行法の立場は正しい。このような議論である。

しかし、この議論は、比較しえないものを比較している点で論理的に誤りである。なぜなら、この議論にはすり替えがあり、当初申告が正しいかどうかという問題と、その後に適正な納付がなされているかという問題が混同されているのである。当初申告における確定税額の誤りを修正申告で修正するのであるから、そのような「当初申告の誤り」に対して「納付を促進する」延滞税で対応しようという発想は筋違いというべきである。上述した不公平論の根本は当初申告が間違っていたことにあるわけだから、早期納付を促す延滞税ではなく、正確な当初申告を担保し、励行する制度で対応すべきものである。

現行法を支持するもう一つの議論は、期限後納付の例にしろ修正申告の例にしろ、結局、確定されていないとしてもその部分が滞納になっていたことは間違いなく、（後に確定され納付されるとしても）その部分が「結果的」に滞納になっていたのであれば、そこに滞納として、早期納付のインセンティブ部分を含めた課税がなされても構わない、あるいは課税がされるべきだ、という立論であろう。

この議論は、先に田中説に関連して指摘したように、結果からみた「制裁」型の発想に立ち、「結果的にみてそこは滞納になっている」ということにポイントがある。これは従来の延滞税の制度に関していえば、成り立つ余地のある考え方であったが、本改正の基礎となった考え方のように、機能的に「早期納付を促すインセンティブ」というような考え方――「制裁」型の発想が事後の観点であるのに対して、「インセンティブ」型の発想は事前の観点を強くもっているとⅡ４（443頁）で指摘した点を想起されたい――をベースにするならば、本改正後の現行制度において全体を整合的な制度とするためには、とるべきではない考え方であるように思われる。

結論として、当初申告後、増額更正処分または修正申告までの期間については、インセンティブ部分を含む軽減税率ではなく、約定利率相当の税率（特例基準利率）による延滞税の発生にとどめられるべきである。

### 4　その他の問題点

１～３において、本改正における税率の考え方を基礎とした制度の整合性という観点から問題点を指摘したが、それ以外にも、延滞税の制度には検討すべき点が残っている。

#### ⑴　還付加算金と延滞税との平仄

その一つは、本改正により、還付加算金の制度が割合だけ均衡をとる形で引き下げられたということである。しかしながら、昭和45年改正で変更されて以来、還付加算金の制度の全体像というのはあまり変わっていないが、基本的な考え方としては、還付加算金が付される期間を含めて延滞税の約定利息部分と対称的な制度にすべきであると考えられる。

延滞税においても還付加算金においても、約定利息部分は、払うべき税金を払っていなかった（延滞税の場合）、あるいは払うべきでない税金を払った（還付加算金の場合）、という状況下で、誰の手の中にあっても当然生まれるべき経済的な価値に対応する部分を保障するという考え方が重要である。延滞税については「公平の確保」という言葉を使う例があったが、このように同じ趣旨である以上、延滞税の制度と還付加算金の制度は対称的であることが原則だと考えられる。

この見地から現行法を見直すことが必要である。

**⑵　延滞税の課税方法**

第二点として、延滞税の課税方法にも改正を検討すべき余地がある。

延滞税の課税方法は自動確定である（税通15条3項6号）。これは、納税者にとって、その税額は自明であるという前提に立っていると解される。しかし、延滞税の税額計算は、適用税率の判断や除算期間の正確な適用など、実際には非常に複雑であり[30)]、それは到底、納税者にとって自明とはいえない。

他方で、ここまで述べたように、延滞税制度には、まだ改革すべき余地があり、そのような改革が進められれば、結果として、現行でも十分に複雑な制度がより複雑になることは避けられない。したがって、さらなる改革を見通すならば、それは、「納税者にとって税額が自明である」という自動確定の国税であるための前提と大きく齟齬をきたすことになろう。この観点からは、延滞税の課税方法は自動確定から、加算税と同様の賦課課税へと変更する可能性を探るべきである。そうすることによって、税額が争われたときの争訟の方法や、延滞税の消滅時効の起算日などを、より明確にすることが可能となり、納税者の手続的な権利保護にも資するものとなることが期待される。

---

30）参照、第6章Ⅱ（413頁）。また、平成11年以降は、特例基準割合が年ごとに異なるため、これらについての情報も必要である（この点は、本改正以後の現行法も同じである）。

**【補記】** 適切な徴収緩和制度と延滞税のあり方

Ⅱ 1（437頁）で取り上げた平成24年11月14日の税制調査会提出資料では、その最後で、「延滞税の減免を受けられる、納税の猶予などの納税緩和措置のあり方」に言及されている。これは、適切な徴収緩和制度における延滞税のあり方の検討の必要性を示したものである。

本改正では、納税の猶予等の場合の免除時税率が対象とされた。しかし、法定の猶予は要件が厳しく、実際にはあまり活用されていない。原則として担保も必要だということも影響し、年に千数百件程度使われているにとどまるといわれている。

そのため、現実には、いわば「事実上の猶予」がかなり多くなされているとされる。たとえば、国税通則法55条の納付委託を利用して、事実上、納付を猶予する、というような手法がこれにあたる。ただし、「事実上の猶予」には延滞税の減免が及ばないため、本改正前はそのような「事実上の猶予」期間についても、14.6％の延滞税が発生し続けていた。本改正案で少し軽減されるとしても、「事実上の猶予」が行なわれつつ、重い延滞税が発生し続けるケースが多いと認識されていた。

そこで、一度に全額を納付できないとしても、誠実に分割納付を続けているような滞納者に対して、延滞税はどうあるべきかという問題が、本改正後も残っていたことになる。

この点については、平成26年度における国税通則法および国税徴収法の改正により、換価の猶予の特例（申請）の創設（税徴151条の2）、納税の猶予の制度の見直し（税通46条）など、一定の対処がすでになされている。

# 第８章

# 犯則調査手続の改正（平成 29 年 3 月）について

## Ⅰ　問題の所在[1]

国税庁等の職員の中には、いわゆる税務調査を行なう質問検査権（税通 74 条の 2 以下）のほかに、犯則調査の権限を与えられている者がいる。[2] この犯則調査は、間接国税[3]、および、間接国税以外の国税（法律上の用語ではないが、以下、「直接国税」と呼ぶ。）について、犯則行為、すなわち逋脱等の違法な行為を発見し、それについて告発、または、通告処分を行なうことを目的とする手続きである。

犯則調査手続は、従来は国犯法に規定されていたが、平成 29 年 3 月改正により、同法は平成 30 年 4 月 1 日をもって廃止され、この手続きについては新法 131 条以下に規定されることになった。本章では、この改正の内容を

1）本章における問題点の整理と記述の内容は、上西左大信＝佐藤英明＝笹倉宏紀「PERSON 国税犯則取締法改正」税研 193 号（2017 年）1 頁に負うところが大きい。以下で触れていない論点を含めて、参照をお願いしたい。

2）国税犯則取締法（明治 33 年法律 67 号。以下、「国犯法」という。）の下では、犯則調査権限を有する者は「収税官吏」と呼ばれていたが（参照、国犯 1 条 1 項以下）、国税通則法（以下、「新法」という。）の下では税務調査と同じく「国税庁等の当該職員」（新 131 条 1 項）という語が用いられている。立法当局者の説明によれば、この職員の範囲は、従来の「収税官吏」と異なるところはない（参照、大蔵財務協会編『改正税法のすべて〔平成 29 年版〕』（大蔵財務協会・2017 年）1003 頁（注 1））。なお、他の法律では、物理的に調査などを行なう自然人を「委員会職員」（参照、独禁 101 条 1 項、金商 210 条 1 項）、行政組織としての判断を示す主体を「公正取引委員会」（例、告発に関する独禁 74 条 1 項、領置物件・差押物件の還付に関する同 114 条 1 項）または「委員会」（例、告発に関する金商 226 条 1 項、領置物件・差押物件の還付に関する同 222 条 1 項）と使い分けているが、国犯法はもとより新法でもこのような使い分けはなされていない。

3）間接国税とは、消費税法 47 条 2 項に規定する課税貨物に課される消費税、酒税、たばこ税、揮発油税、地方揮発油税、石油ガス税、および、石油石炭税をいう（参照、国犯規 1 条、新法施行令 46 条）。

概観して改正による変更点を中心に簡単な解説を加え、若干の解釈論について見通しを示すこととしたい。

## Ⅱ　犯則調査手続の性質と平成29年改正の概観

### 1　犯則調査手続の性質

最初に、犯則調査手続の性質についてまとめておこう。

犯則調査手続は、判例上、「実質的には租税犯の捜査としての機能を営むものであつて、租税犯捜査の特殊性、技術性等から専門的知識経験を有する収税官吏に認められた特別の捜査手続としての性質を帯有するもの」（最判昭和59年3月27日刑集38巻5号2037頁）とされているが、その性質はあくまでも刑事手続ではなく、行政上の調査手続である。このような実質的な犯罪捜査の権限が国税庁という行政組織に属する一員（収税官吏ないし国税庁等の当該職員）に認められているのは、直接国税の逋脱ないし隠蔽仮装行為を伴う過少申告・無申告等についてのわが国の制裁制度の構造に由来する。

筆者がかつて「上乗せ方式」と名付けたように[4)]、わが国の租税の逋脱に関する制裁は、重加算税という行政上の制裁と逋脱罪という刑事上の制裁の要件が事実上重なっており、原則的には、重加算税を課された逋脱行為のうちからごく一部の事案が裁量的に選択されて、逋脱罪処罰の対象とされ、告発を経て起訴される構造である（告発・起訴された事案が有罪となるか否かは、当然、刑事裁判所の判断による）。

ところで、逋脱罪等の刑事処罰は、申告納税制度への国民の信頼を維持するための、いわば最後の砦であるから、その対象は、国税の適正かつ公平な賦課、ないしは、申告納税制度の維持の観点から、悪質と認められるものが選ばれなければならない。他方、このような観点からの判断を最も適切に行ないうるのは、「内国税の適正かつ公平な賦課及び徴収の実現」（参照、国税庁の任務に関する財務省設置法19条）を任務とする国税庁の組織に属する職員であると考えることには理由がある。ここに、ある具体的な逋脱事案を告発し、刑事処罰の対象とすべきか否かの判断をするための犯則調査手続が、国

---

4）参照、第1部第2章第1節（53頁）。

税庁に属する組織で行なわれていることの意義がある。

このように、犯則調査手続は、逋脱罪の捜査手続という一面をもちつつも、その最終的な目的は、課税の公平や申告納税制度の維持にあり、その手段として刑事制裁の対象とするにふさわしい逋脱事案を選び出すことを調査の目的とするがゆえに、その性質は刑事手続ではなく、行政上の調査手続として位置付けられるのである[5]。

## 2　平成 29 年改正の概観

現行の国犯法は明治 16 年 12 月 20 日の太政官布告 43 号に淵源を有し、明治 23 年の間接国税犯則者処分法を経て、明治 33 年に同名の法律として制定されたものである。その名称からわかるように、立法当時の対象は酒税等の間接国税に限定されており、明治 33 年当時の税収の 37.6％に及ぶ重要な国税たる酒税[6]の多数の逋脱案件（密造を含む。）に簡易・迅速な手続きで対応することが目的とされていた。その後、日本国憲法の制定に伴う昭和 22 年改正を経て、昭和 23 年に現在の「国税犯則取締法」という名称となり、直接国税の事案に関する告発が、手続きの目的に加えられた。

この後約 70 年間、実質的な改正を経ることなく現在にいたった国犯法は、次の三点において、同様ないし類似の手続きを定めた他の法律と比べて立ち遅れていた。

国税と同様の犯則調査手続は、関税法（昭和 29 年法律 61 号）に規定された後、約 40 年たった平成 4 年の証券取引法（現在の金融商品取引法。以下、「金商法」という。）改正で証券取引等監視委員会職員による犯則調査の制度が導入され、さらに平成 17 年のいわゆる独占禁止法（以下、「独禁法」という。）の改正で公正取引委員会職員による犯則調査の制度が導入された。国犯法の下での犯則調査手続は、第一に、これらの法律の下での犯則調査手続に比べて、調査の対象となる犯則嫌疑者やその他の関係者の手続上の権利保護に関する規定を欠く場面が多く、かなりの部分は犯則調査を行なう査察の実務で対応されていたとはいえ、その規定内容には不備が目立った。たとえば、国

5）同様の立場に立つものとして、参照、上西＝佐藤＝笹倉・前掲注 1）22 頁右欄〔笹倉発言〕。
6）林健久＝今井勝人＝金澤史男編『日本財政要覧〔第 5 版〕』（東京大学出版会・2001 年）84～85 頁。

犯法には、調査にあたって身分証票を携帯する義務は規定されていてもそれを調査対象者に提示する義務は規定されていない、という点がこの例である。

第二に、他の犯則調査手続において調査を担当する職員等に認められている権限などが、国犯法には規定されていない例がある。たとえば、犯則嫌疑者が任意に提出した物件を領置する権限は規定されているが、彼らが「置き去った」物件を領置する権限の規定を欠いていること、領置した物件の返還を受けるべき者の住所等がわからない場合に公告を経てそれらを国庫に帰属させる規定がないため、数十年分の還付すべき物件が保管されたままになっていること、などの問題が生じていた。

第三に、近年におけるICT（情報通信技術）の発展に対応して必要とされる電磁的記録の差押えなどの規定は、刑事訴訟法においては平成23年改正で導入されたが、昭和23年以来実質的な改正のない国犯法は、当然のことながら、これらに関する規定を欠いていた。

これらの問題点への対応がいずれも喫緊の課題と考えられたことから、平成29年改正は、その解決のために行なわれたものである。したがって、改正の趣旨は、①犯則嫌疑者等の手続上の権利の強化・明定、②他の犯則調査手続並みの合理的な権限等の拡充・強化、③ICTの発展への対応、の三点にある。

## Ⅲ　具体的な改正内容

### 1　任意調査に関する改正点[7)]

犯則調査は、任意調査と強制調査に分けられる。任意調査に関する重要な改正点は以下の三点である。

第一に、間接国税に関する検査の拒否・妨害・忌避罪の廃止である。犯則

7）犯則嫌疑者等への出頭要請（新131条1項）、鑑定等の嘱託（新147条）を除き、任意調査の根拠規定の明定は、改正されなかった重要な点である。犯則調査においては、実際は国犯法1条ないし新法131条に挙げられていない多くの事実上の調査活動がなされるが、それらについての根拠規定は国犯法にも新法にも存在しない（参照、捜査に関する刑訴197条1項）。これは、犯則調査はあくまでも行政調査であるから、任意調査である限り法律上の根拠は必要ない（参照、塩野宏『行政法Ⅰ〔第6版〕』（有斐閣・2015年）284頁）との立場に立った立法と理解すべきであろう。

調査は先に引用したように、「実質的には租税犯の捜査としての機能を営むもの」であるため、憲法上の供述拒否権の保障（同法38条1項）が及ぶとされている（前掲最判昭和59年3月27日）。したがって、犯則調査において犯則嫌疑者に自己に不利益となる供述を強制することはできない。この点が、一般的に刑罰による間接強制で実効性が担保されていると説明される税務調査とは異なる点である（参照、税通128条）。

ところが、国犯法は間接国税の任意調査に限り「検査ヲ拒ミ、妨ケ又ハ忌避シタル者」を3万円以下の罰金に処する規定（国犯19条ノ2）を有していたところ、今回の改正ではこれに対応する規定を新たに設けず、同規定は削除された[8)]。不答弁、虚偽答弁が構成要件に含まれていないため、検査を拒む主体が犯則嫌疑者である場合でも、前述した供述拒否権の保障に直接関わる問題とはいえないが、関税法など他の法律に同旨の罪が規定されていないことと比較しても、処罰規定の削除は正当なものと考えられよう。

第二に、任意調査としての出頭要請の明定である。新法131条1項は、「犯則嫌疑者若しくは参考人」を「犯則嫌疑者等」と呼び、国税庁等の当該職員は、「国税に関する犯則事件……を調査するため必要があるときは、〔犯則嫌疑者等〕に対して出頭を求め……ることができる」と規定している。犯則嫌疑者等への任意調査としての出頭要請は国犯法上は規定がなかったが、任意調査である以上、当然可能であると解され、実務として行なわれてきたところである。今回の改正では、出頭要請が対象者に与える影響の大きさなどを考慮し、この点を関税法等の他の法律に倣って明定したものである。

第三に、犯則嫌疑者等が「置き去った」物件を検査し、領置する権限が、調査にあたる当該職員に新たに付与された。前述したように、この点は、他の犯則調査においてはすでに認められていたのに、国犯法上は認められていなかった点であるが、犯則嫌疑者等が所持している物件を任意で検査しうること、および、任意に提出したものを領置しうることとの均衡上、置き去った物件の検査・領置は合理的な犯則調査権限の範囲内であると解することができる。

なお、他の法律のうち、関税法のみは、任意調査として行なう出頭要請、

---

8）他方、国犯法に規定されていた申告義務違反の煽動等の罪は、平成29年改正後国税通則法126条に規定が引き継がれている。

質問、所持する物件の検査、および、任意に提出した物件の領置の対象を「犯則嫌疑者等」としつつ、置き去った物件の検査および領置については「犯則嫌疑者が」と定めて「等」とせず、したがって、参考人の置き去った物件の検査・領置を認めていない（同法119条1項）。新法の規定は、置き去った主体を「犯則嫌疑者等」として参考人を含めている点で、関税法に比べると対象が広いことになる。これは、関税法よりも後に立法された金商法（210条1項）、独禁法（101条1項）の立法例に倣ったものであろう。国税犯則調査の、特に初期では、単なる関係者なのか共犯関係にあるのかが判然としないなど、犯則嫌疑者と参考人の区別は曖昧な場合もあると考えられるし、置き去った物件の検査・領置は権利侵害の度合いが比較的小さいと考えられることもあわせると、合理的な規定内容であるといえよう。[9)]

### 2　強制調査に関する改正点

犯則調査においては、あらかじめ発せられた裁判官の許可状にもとづいて臨検・捜索・差押えをすることが認められている。これは納税者が拒否しても物理力を行使して行なわれる、強制調査である。Ⅲで説明するICT化対応の改正を除き、強制調査に関する重要な改正点は以下のとおりである。[10)]

#### (1)　強制調査全般に関わる点

まず、犯則嫌疑者等の手続上の権利保護に資する改正をみてみよう。

国犯法2条1項においては、犯則事件の調査に必要な場合には「裁判官ノ許可ヲ得テ臨検、捜索又ハ差押ヲ為スコトヲ得」と定められているにすぎなかったが、新法132条1項本文は「裁判官があらかじめ発する許可状により、臨検、犯則嫌疑者等の身体、物件若しくは住居その他の場所の捜索、証拠物若しくは没収すべき物件と思料するものの差押え……をすることができる」と規定し、許可状が「あらかじめ」発せられるべきことを明定するとともに、捜索対象、および、差押対象物件の明確化がなされてい

9）なお、平成29年3月改正で関税法119条1項が改正され、新法と同じく「犯則嫌疑者等」が置き去った物件の領置ができることとされた。

10）新法を含め、犯則調査における強制調査権限を定める各法の規定が、刑事訴訟法で用いられる「検証」という語を用いず、通常はそれと同義と考えられている「臨検」という語を用いていることの問題性を指摘するものとして、参照、上西＝佐藤＝笹倉・前掲注1）20頁右欄〔笹倉発言〕。

る。さらに、処分を受ける者に許可状を提示する義務（新139条）も明定された。

また、従来は捜索についてのみ規定されていた、人の住居等で強制調査が行なわれる場合に所有者等を立ち会わせる義務が、臨検、差押え等の場合にも拡充されている（新142条1項）。他方で、現行犯事件において臨検・差押え等をする場合に急速を要するときにはこの義務は及ばないことも明定された（同条3項）。同旨の例外規定は金商法と独禁法にはなく、関税法（129条3項）と刑事訴訟法（222条2項）にはみられる。金商法・独禁法の場合には現行犯などで急速を要する場合は考えがたいが、たとえば酒類の密造場所を発見した場合などを想定すると、関税法・刑事訴訟法と同じく、国税の犯則調査においても例外規定が必要だと考えられたものであろう。

なおこのほか、許可状請求の手続きや許可状の記載事項についても、犯則嫌疑者等の権利保護を図った改正が行なわれており、また、強制調査の執行の合理化のための規定も新設されているが、いずれも技術的事項に属するため、本章では説明は省略する[11)]。

強制調査で調査権限の拡充にあたる重要な改正点として、夜間執行禁止の例外が新たに認められた点がある。国犯法は、日没から日の出までの間に臨検・捜索・差押えを開始することを、原則として禁じている（同法8条）。この規定は夜間における個人の住居の平穏などを保護する趣旨であるが、たとえば、許可状にもとづいてA事務所を捜索したところ差し押さえた物件からB作業所の存在が新たに判明し、ここにあるC物件を差し押さえる必要が生じた場合に、C物件の差押えを行なうための捜索・差押えの許可状を得てB作業所に到着した時には日没を迎えていた、という場合を考えると、場合によってはC物件がB作業所から夜間に搬出されることもありうるため、犯則調査の実施に不合理な制約となりうるものである。そこで新法は、原則として夜間の執行を禁止しつつ、許可状に、夜間でも執行することができる旨の記載があれば、夜間に執行を開始することができることとした。これに対応

11）前者については、参照、新法132条4項（許可状請求時に「犯則事件が存在すると認められる資料」の提供の義務付け）、同条5項（許可状記載事項の明定）、新法施行令45条1項（許可状請求時の書面の記載事項の明定）。また、後者については、参照、新法142条2項（臨検等に所有者等が立ち会えない場合の代わりの立会人として都道府県職員等を含むように範囲を拡大）、150条（許可状の執行を中止する場合の手続きの明確化）。

して、この記載を得ようとする場合には、「その旨及び事由」を許可状の請求時に記載しなければならないこととされた（新法施行令45条1項7号）。これにより、先の例でいえば、B作業所への到着が日没後であったとしても、許可状に夜間にも執行することができる旨の記載があれば、差押えのための捜索を開始し、引き続いてC物件の差押えをすることができることとなった。

調査権限の拡充にあたりうるもう一つの事項としては、当該職員は、犯則事件の調査のために必要があれば、所属する国税局・税務署の管轄区域外においても職務執行ができるとされたことが挙げられる（新154条1項）。国犯法では、必要な場合および急速を要する場合等に国税庁長官・国税局長の命令を得て管轄区域外での職務執行が認められていたが（国犯12条1項但書）、ヒトとモノが高速で広範囲に容易に移動する現代において、いちいち命令を得なければ本来の管轄区域の隣の管轄区域ですら職務執行ができないというのはいかにも時代遅れな制限であり、新法における規定は十分に合理的なものであると考えられる。

**⑵　捜索に関わる点**

捜索については、新法132条1項本文で対象が明確化されたことに加え、同条1項但書が、「参考人の身体、物件又は住居その他の場所については、差し押さえるべき物件の存在を認めるに足りる状況のある場合に限り、捜索をすることができる」と定め、これに対応して新法施行令45条2項が、参考人に関するこの捜索の場合は「差し押さえるべき物件の存在を認めるに足りる状況があることを認めるべき資料の提供」を、裁判官に対する許可状請求にあたって必要とする旨を規定している。他の犯則調査に同様の制限はみられないが、刑事訴訟法102条2項（参照、刑訴222条1項・218条、刑訴規156条3項）は「被告人〔被疑者〕以外の者」について、同旨の規定を置いている。

捜索は差押えの前提となる強制処分であり、捜索特有の保護すべき権利（違法に住居等を見られてプライバシーを侵害されないなどの権利）があるため、差押えとは別にその必要性が判断されなければならない。したがって、本来、「差し押さえるべき物件の存在を認めるに足りる状況」がない場合に捜索は許されないが、犯則嫌疑者や被告人（被疑者）であれば、その住居や身体については、通常は「差し押さえるべき物件の存在を認めるに足りる状況」があるため、それ以外の参考人などについて、捜索の要件を明文化したものである。これは憲法35条に由来する規律であり、国犯法の下でも当然にこのような実務が行なわれていたものと解されるから、新法の規定は確認的な規定と理解すべきであろう。

また、捜索を受けたが差し押さえられた物件がなかった場合は、捜索を受けた者は、新たに、「その旨の証明書」（捜索証明書）の交付を請求することができることとされた（新151条）。

### ⑶　差押えに関わる点

差押えについての重要な改正点として、郵便物等の差押えが認められた点が挙げられる（新133条）。これは、犯則嫌疑者が発した、または、犯則嫌疑者に向けられた郵便物等で通信事務を取り扱う者が保管・所持しているものを、裁判官の許可状の交付を受けて差し押さえうることとしたもので（同条1項）、関税法（122条）、金商法（211条の2）、独禁法（103条）、および、刑事訴訟法（100条）にも同様の規定がみられる[12]。

特別の規定なくしてこのような差押えができるか否かについては見解が分かれていたが[13]、これまでの査察の実務では行なわれていなかった[14]。通信の秘密に鑑み、慎重を期して、このような差押えを行なうことを控えていた実務の謙抑的な態度は、高い評価に値する。

なお、通信の秘密の保護の必要性に鑑み、犯則嫌疑者が発していない、または、同人宛てでない郵便物等を通信事務取扱者の手元で差し押さえるためには、要件が加重され、「犯則事件に関係があると認めるに足りる状況があるものに限り」、許可状にもとづいて差し押さえることができるとされている（新133条2項。他の法律でも同様）。

これらの差押えを行なった場合には、当該職員は、発信人または受信人に通知しなければならないが（新133条3項本文）、「通知によつて犯則事件の調査が妨げられるおそれがある場合は、この限りでない」（同項但書）。

---

12）参照、その手続きについては新法施行令45条3項。
13）参照、上西＝佐藤＝笹倉・前掲注1）13頁左欄〔笹倉発言〕。
14）参照、大蔵財務協会編・前掲注2）1009頁。

## 3　電磁的記録の差押えなどに関する点

以下で触れる、犯則調査手続における社会のICT化進展への対応は、本改正の「目玉」の一つであるが、それは必ずしも調査権限の強化のみを目的としたものではない。本改正については、犯則嫌疑者等、またはその取引先などの関係者や、犯則嫌疑者等が利用しているネットワークサービスを提供している事業者など、関連する人々の利益にも十分に配慮されたものである点への理解が重要である[15)]。

### (1)　犯則嫌疑者等の有する電磁的記録の差押えに関する点

逋脱行為の有無や逋脱税額などを調査する国税犯則調査においては、カネやモノの動きを明らかにすることが不可欠であり、そのようなカネやモノの動きは取引の記録などをもとに明らかにされることになる。取引記録などが帳簿・書類や手紙などの紙に記載されていた時代は、その紙の帳簿・書類等を調査し、その内容を読み解くことで、カネやモノの動きを明らかにすることが可能であった。ところが、現在はデジタル技術の時代であり、経済取引に関わる業務の多く、または、大半がコンピュータを用いて行なわれている。このように、経済取引におけるコンピュータの重要性が高まり、取引の記録などがコンピュータ上で用いる電磁的記録（電子データ。以下では、単に「データ」という。）によって残されるようになると、犯則調査においてもそのデータを入手する必要性が生じる。

国犯法の下での犯則調査でも、差押処分によりこのようなデータを強制的に入手する方法がなかったわけではない。ただし、国犯法における「差押え」は、あくまでも物理的な存在である「モノ」を対象とした手続きであるから、データを強制的に入手しようとすれば、そのデータが記録された媒体という物理的なモノを差し押さえるしか方法がない。この方法だと、たとえば、必要なデータがUSBメモリなどの持ち運びが容易な記録媒体に記録されている場合はその媒体を差し押さえて内容を読み解けばよいが、そのデータがコンピュータ本体に内蔵（または接続）されている記録媒体に記録されている場合で、その媒体のみを取りはずして内容を読み解くことが難しい場

15)　同様の規定は前述したように平成23年改正により刑事訴訟法に設けられているが、以下では個々の規定についての言及は省略する。なお、関税法についても平成29年3月改正でICT化対応に関して、新法と同じ内容とする改正（関税121条、123条、125条など）が行なわれている。

合には、結局、コンピュータ本体ごと差し押さえるほかはない。

しかし、この方法による「データの差押え」は、対象者に非常に大きなダメージを与えるという問題点がある。すなわち、法人や個人事業主の業務に関わる事案で、業務の大半に関わるコンピュータ本体を差し押さえられては、それらの業務を継続することが不可能になってしまうのである[16)]。

また、近年における記憶容量の飛躍的な増大は、逋脱行為と無関係な膨大な情報が犯則調査に必要な情報とともに差し押さえられてしまうという、新たな問題を引き起こしている。たとえば、数ＴＢ（1 TB＝1,024GB）にも及ぶ大容量のハードディスク・ドライブの差押えを考えると、差し押さえられた物件の中には逋脱行為に関するデータのほかに、それとは無関係な顧客名簿のデータが何万人分も含まれていることがありうるのであり、この場合、ハードディスク・ドライブごと差し押さえると、そのほとんどが逋脱行為と無関係な顧客の個人情報も同時に、犯則調査を行なう当該職員の手に入ってしまうことになる。

このような不都合を回避するために考えられたのが、犯則嫌疑者等のコンピュータ本体から必要なデータのみを別の記録媒体に複写または移転し[17)]、その記録媒体を差し押さえる方法である。これを可能にするのが新法136条の規定であり、同条1号は当該職員が複写等を行なう場合、2号は犯則嫌疑者等の差押えを受けるべき者に複写等の作業をさせる場合を定めている。差押えを受ける犯則嫌疑者等には、複写等の作業を行なう義務はないが、技術的な理由などにより当該職員が複写等を行なえず、犯則嫌疑者等が協力しなければ、結局、原則に戻ってコンピュータ本体を差し押さえられてしまう点には留意が必要であろう。

**⑵　第三者の有する電磁的記録の差押えなどに関する点**

差し押さえるべきデータが犯則嫌疑者等の有するコンピュータやハードディスク・ドライブなどに記録されている場合は、⑴に述べた方法でそれを

---

16) たとえば、社内システムを構築している法人において、社内に設置されたサーバーを差し押さえられれば、逋脱行為とは無関係な人事関係の業務などを含め、一切の業務が事実上不可能となろう。

17) 元の記録媒体にデータが残る場合が「複写」、残らない場合が「移転」とされる。また、条文上は「印刷」も可能であるが、近年の記録媒体の大容量化に鑑みると、印刷というのは、実際的な手段ではない場合が多いと思われる。以下では、複写・移転・印刷をあわせて「複写等」という。

強制的に入手することができるが、現在では、インターネットを通じて提供されるサービスを利用して、第三者の有するサーバー上などに必要なデータが保存されている場合も少なくない。このような場合については、まず、犯則嫌疑者等の有するコンピュータからインターネットを通じて入手できるデータを強制的に入手する方法として、新法132条2項が定めを置いている。これによると、犯則嫌疑者等のコンピュータにインターネットを通じて接続しているサーバー等でそのコンピュータから操作可能なデータを保管しているものについては、そのサーバー等にあるデータを犯則嫌疑者等の有するコンピュータやその他の記録媒体に複写して、その記録媒体等を差し押さえることができる。犯則嫌疑者等がクラウドサービスを利用してデータを保存していたり、サーバー上にのみデータが保存される電子メールサービスを利用していたりする場合には、犯則嫌疑者等の有するコンピュータからインターネットを通じてそれらのデータにアクセスできるのが通常であるから、それらのデータはこの方法で強制的に入手することが可能である[18]。

次に、犯則嫌疑者等のデータが外部のデータ・センターなどに保管されている場合は、そのデータ保管業者に命じて、必要なデータを別の記録媒体に複写（または印刷）させ、当該記録媒体を差し押さえる、いわゆる記録命令付差押えが、新法132条1項括弧書に規定された。これは、そもそも当該データを保管しているサーバー自体を差し押さえることを想定していない点で、コンピュータ本体の差押えに代えて行なわれる新法136条の処分と異なる。国犯法においてはこの規定がなかったため、データを強制的に入手するにはデータ保管業者のサーバー自体を差し押さえるほかは方法がなく、それは、その業者の業務に過大な悪影響を及ぼすばかりか、犯則嫌疑者等のデータが複数のサーバーに分散して保管されている場合には、差押えの対象物を特定することができず、結果的に差押えができないなどの問題点があった。

また、サーバー業者などの第三者が保管するデータを入手するためには、それらを実際に管理している担当者などの技術的協力が必要となる場合がある。そのため、新法138条は処分を受ける者に対して「電子計算機の操作その他の必要な協力を求めることができる」と規定し、犯則調査を担当する当

---

18）この方法による差押えを行なう場合には、許可状に「その電磁的記録を複写すべきものの範囲」の記載が必要とされる（新132条6項）。

該職員が協力要請をなしうる旨を定めている。この協力要請に法的な強制力はないが（非協力に対する罰則もない。）、調査に協力的な外部業者などであれば事実上、協力を期待することができる。その場合の同規定の意義は、当該協力要請に対して協力することが（強制力はないが）法律上の義務であるため、この要請の下で調査に協力した業者が顧客たる犯則嫌疑者等との間で民事上の争いとなった場合に、契約上の守秘義務違反などの責任を回避することができる点にある。

同様の要請として、データの強制的な取得の前段階として、放置すると消去されるおそれのある通信履歴（いわゆるアクセスログ）を、最長60日間消去しないように要請することができる旨が、新法134条に規定された（なお同条3項は、通信業者等に、この要請に関する事項についていわゆる「口止め」を求めうる規定である）。

### 4　任意調査と強制調査の両方に関する点

新法では、任意調査である領置と強制調査である差押えに共通して、手続きの明確化が図られた規定がある。

領置または差押えをした場合にその目録を作成する義務は従来から定められていたが（国犯7条1項本文）、新法ではその謄本を所有者等に交付する義務が新たに明定された（新143条。国犯7条1項但書では所有者等が単に請求しうるものとされていたにすぎない。）。また、領置物件または差押物件の鑑定、通訳、翻訳を嘱託しうる旨が明定された（新147条1項）。この鑑定の鑑定人については、裁判官の許可を受けて鑑定すべき物件を破壊する権限も定められ、そのための手続きも定められている（同条2項～5項）。さらに、領置物件・差押物件の還付につき、公告から6ヶ月を経過しても還付請求がない場合は、それらの物件が国庫に帰属する旨が定められた（新145条3項）。

質問・検査・領置・臨検・捜索・差押えを行なった場合の収税官吏の記録作成義務は従来から存在したが（国犯10条）、新法では、特に質問の場合の調書作成について、その具体的な手続きが規定された（新152条1項）。

### 5　通告処分の合理化に関する改正点

通告処分とは、国犯法と関税法に規定されている制度で、間接国税の逋脱について、収税官吏等による告発と検察官による起訴を経て刑事裁判を提起することなく、国税局長または税務署長が罰金の額に相当する金額等を犯則嫌疑者に通告し、犯則嫌疑者がそれを納付した場合には、重ねて刑事処罰を行なわず、これにより犯則事件を終結させる手続きである。犯則嫌疑者が通告された金額を納付しない場合には、原則に戻り、告発を経て刑事裁判の対象とされる。

この通告処分の制度は、かつて酒税を中心とする間接国税の逋脱が非常に多かった時期には、裁判所の処理能力を超える件数の事案が起訴されることを防ぐとともに、自らの犯則行為を認めている者にとっては刑事裁判の対象となる経済的・肉体的・心理的負担を免れ、課税庁や検察としても起訴や刑事裁判の遂行に伴う種々の負担を免れうる点に合理性があるとされていた。昭和23年改正前の国犯法の名称が「間接国税犯則者処分法」であったことからもわかるように、そもそもこの法律は、間接国税の逋脱に対して通告処分を行なうために作られた法律であったと言っても過言ではない。

他方で、通告処分については、判例上は国家と犯則行為者との私和とする説がある一方で[19]、学説上は科罰的行政処分説が有力であるなど[20]、その性質には曖昧な点があり[21]、行政庁である国税局長や税務署長が刑罰である罰金の額に相当する金額を決定する点で行政権の範疇を超えているのではないかという理論面での問題も指摘しえた。さらに、判例上、通告処分の取消しを

19）最判昭和47年10月24日刑集26巻8号455頁では、通告処分の制度は、「いわば犯則者と国家との私和を認めたものともいうべきであ〔る〕」と判示されている。また、これに先立ち、最大判昭和30年4月27日刑集9巻5号924頁における入江俊郎裁判官の意見においては、以下のように述べられていた。

「通告処分は、これを処罰又は制裁として考えるよりは、寧ろ所謂『私和』即ち、間接国税は逋脱が行われやすく、国家としては犯則者に処罰をもつて臨むよりも、その課税権さえ確保出来れば、その犯則の情状と犯則者の反省とを勘案して、国家と犯則者とが一種の和解をし、これを赦免することとするほうが妥当であるとして考案された財務行政上の特殊な制度と考えるべきで、この制度の母法である独乙法においてもこれをVERGLEICHとして観念されたことも注意されてよいことである。このことは、国税犯則取締法の前身たる間接国税犯則者処分法立法の経過に徴するも、同法が明治23年9月制定せられ同24年1月1日から施行された当初は、通告処分は処罰としての色彩つよく、多分に刑事手続に準ずるものと考えられていたようであるが、同法が明治33年法律67号で全文改正された際には、議会の審議に当つても、通告処分は裁判的のものではなく私和を本質とするものであり、これに副うて規定が改められた旨が述べられていることからも窺えるであろう。」

20）参照、金子宏『租税法〔第22版〕』（弘文堂・2017年）1068頁。

21）参照、なお、通告処分を刑事政策上のダイヴァージョンとして積極的に位置付ける可能性につき、上西＝佐藤＝笹倉・前掲注1）14～15頁。

求める取消訴訟が認められず、不服のある者は必ず刑事裁判で争う必要があるとされたため（最判昭和47年4月20日民集26巻3号507頁）、通告処分の内容の一部に不満がある者は、有罪判決を受けることを覚悟して処分を争わねばならないという、大きな問題点を抱えていた[22]。

通告処分の件数は、内国税について処分対象の多くを占めていた物品税が平成元年に廃止されたことに伴い、国税庁統計年報書によれば、内国税に関しては、現在では昭和50年代の10分の1程度（平成17年から同26年までの10年間に約500件）と激減しており、多数の事案に簡易・迅速に対応するという必要性は大きく減少している。他方で、関税法による通告処分は、現在でも多い年度では400件にのぼることがあり[23]、通告処分の制度そのものが現時点で不要とまで断じることは困難である[24]。

このような状況において、今回の改正では、これまで通告処分の対象とされていた間接国税の犯則行為の多くを、①新たに重加算税の対象とすることと引換えに、②通告処分の対象からはずすとともに、③①の点の実効性を担保するために、これらの内国税（間接国税）について、国税庁等または税関の当該職員のいわゆる反面調査の権限を導入した[25]。以下で、この①〜③について分説する[26]。

まず、①の点は、重加算税について、「消費税等（消費税を除く。）については、適用しない」とした国税通則法68条5項が、本改正で削除された。これにより、もともと重加算税の対象とされていた消費税以外の「消費税等」、すなわち、酒税、たばこ税、揮発油税、地方揮発油税、石油ガス税、および、石油石炭税（参照、税通2条3号）が重加算税の対象とされた。

次に、便宜上③を先にみると、国税通則法74条の4・74条の5において、上記の6種類の租税につき、反面調査権限が新設されている（例、平成

---

22）参照、第1部第3章第3節（275頁）。
23）参照、財務省の各事務年度の「関税等脱税事件に係る犯則調査の結果」。
24）関税法における通告処分等の問題点については、参照、第9章Ⅳ（489頁）。
25）このほか、通告処分の不履行が同一事案に関する刑事訴訟の訴訟条件である点が明定されたことと、通告処分が公訴時効に与える効果についても改正されたが、きわめて法技術的な論点なので、説明は省略する。上西＝佐藤＝笹倉・前掲注1）15頁右欄以下〔笹倉発言〕。
26）なお、この改正により、従来は通告処分か刑事罰かいずれか一方の対象とされていた犯則行為が、重加算税と刑事罰（逋脱罪）の両方の対象とされうることとなった点が指摘されうるが、これは重加算税と逋脱罪処罰一般に関する論点であって、本改正の評価を左右するものと考えるべきではなかろう。

29年改正後税通74条の4第3項）。

これに対応して、新法155条は、犯則調査の結果「犯則があると思料するとき」に当該職員が検察官に告発しなければならない場合として、従来から規定されていた同条1号の「間接国税以外の国税に関する犯則事件」に加え、2号に「申告納税方式による間接国税に関する犯則事件（酒税法第55条第1項又は第3項（罰則）の罪その他の政令で定める罪に係る事件に限る。）」と規定し、これらの罪については、新法156条・157条の規定の適用対象から除いている。具体的には、上述した6種類の租税と、税関で執行される消費税のうち申告納税方式にかかるものの計7種類に関する逋脱罪と無申告逋脱罪が新法施行令53条で規定されており、これらについては、新法の施行後は通告処分の対象とならないこととされた。

この結果、引き続き通告処分の対象とされるのは、税関で執行される賦課課税方式の消費税（参照、消法47条2項）と、無許可酒類製造犯（酒税54条1項）の場合の酒税など一部の税目に限られることになる。後者も「直ちにその酒税を徴収する」（同条5項）という文言にみられるように、賦課課税方式により税額が確定する租税である。これらの例外は、申告納税方式を前提とする重加算税を賦課課税方式の税目に適用することの困難さから残されたものと考えられるが、前述した通告処分の性質の不透明さや、それを争う手続きの不合理さに鑑みると、重加算税と同様に処分に対して取消訴訟を提起しうる、手続的に透明度の高い行政処分に代替する方向で、今後の検討を進めるべきであろう[27]。

## Ⅳ　事例による検討

ここで、ある税理士に、個人事業主であるクライアントの一人のAさんから、以下のような内容の電話が夜更けにかかってきた、という事例を想定し、この税理士が彼にどのように状況を説明し、その質問にどのように答え

27）なお、新法は通告内容の明確化を行なうとともに（参照、新157条1項、新法施行令54条）、新法157条3項で通告処分の内容に「計算違い、誤記その他これらに類する明白な誤りがあるとき」の通告内容の職権更正権限を新設した。これらも、通告処分対象者の権利保護を拡大したものといいうる。

るべきかの検討を通して、Ⅰ～Ⅲで述べたことを振り返ってみよう。

なお、この事例はあくまでも本改正の内容の一部を例示するためのものであり、査察の実務においてこのような事案が実際にあることを示唆するものではないことを、あらかじめお断りしておく。

**【事例】**

「先生、ちょっと聞いてくんな。今朝方、八の奴から熊公の店に税務署の人間がどやどや来てるって聞いてね。それで、ちょっと見てみたら、店だけじゃなくて、熊公の家にもコレ（と右手の小指を一本立てる雰囲気）の家にも押しかけてるんだ。熊公とは表向きは商売上の付き合いはないけど、まあ古いダチだからね、内儀（かみ）さんにばれないようにコレのお手当てをひねり出すためだから『頼む！』とか頭を下げられて何度か名義を貸してやったことや、品物も見ずに売買に付き合ってやったことがあったから、こりゃ何かマズいことになるかもと思って店に残ってパソコンで帳簿のデータをいじくったりしていたら、案の定、えっと8時過ぎだったかな、国税局からって人間が何人もやって来たんだよ。いや、先生から聞いていた事前の通知も何にもなし。それに日も暮れて真っ暗な中をだよ。いいのかよ、国税局がこういうことして。って、まぁそれは措くとして……。

一応は『身分証見せてくんなっ』て言ったら、全員がサッと見せてくれた。で、『裁判官の許可状』というのも見せようとしてたんだが、こっちは自慢じゃないが小難しいことはわからねぇ。国税局の人間とわかれば仕方がねぇから、黙って通してやったら、連中、俺が立ち上げたままにしてあったパソコンの前に陣取って、色々やった挙げ句に、あれやこれやを自分たちが持って来た『このDVDに焼け』って言うから、俺は『嫌だ、やるんなら自分（てめえ）でやれ』て応えると、

『焼いてもらえないなら、このパソコンを差し押さえて持って行きますよ』

なんてぬかしやがるから、

『ああどうぞ、パソコンがなくったっておマンマは食えらぁ！』

って啖呵を切ったら、商売関係の書類と一緒に、本当にパソコンごと洗いざらい持って行きやがった。まあ、熊公とのことは全部秘密のクラウドに上げてあるから、あのパソコンを持って行ったってどうにもなりゃしねぇんだけどね。

そんで、帰り際に言うことがふるってらぁ、

『明日△△時に×××国税局の○○○に来てください。ご都合が悪ければ時間を調整します』

てんだ。別にご都合なんてどうにでもなるが、何ぶん、俺一人じゃ心もとない。なんで、『お世話になっている税理士の先生と一緒なら行ってやる』って言った

ら、どうしても『一人で来てください』って聞かねぇんだ。

どうしようかと思案投げ首ってとこだが、やっぱり先生と一緒というわけにはいかねぇのかな。それからよ、見栄は切ったが、あのパソコンには、ちょっと他人様（ひとさま）には言いにくい画像（ファイル）なんかも入っていてね、できるだけ早く取り戻したいんだけど、何か方法はないかな。

先生、このとおりだ（と電話の向こうで低く頭を下げる雰囲気）、助けてくんな。」

### 1　全般的な状況

本事例で想定されるのは、「熊公」に逋脱の疑いをもった国税局の職員らが、この日の早朝から同人を対象とした強制調査を開始したところ、これまで調査対象として想定されていなかったＡとの関わりが発見され、Ａが消去するなどの対応をする前に関連するデータを強制的に入手する必要があると考えられた、という筋書きである。Ａは「熊公」に何らかの名義を貸して取引をさせているようであるし、また、現物を見ずに取引相手となっている点からも仮装取引などの疑いがもたれるところである。

このような想定を基礎付ける資料があり、かつ、必要性を裁判官に認めさせることができれば、新法における夜間執行禁止の例外として日没後に強制調査を行なうことができる。Ａの店に現れた当該職員の所持する許可状には、この点についての記載があるものと思われる。

許可状は、少なくともＡの店舗における臨検・捜索・差押えを許可する旨のものと思われるところ、Ａが参考人であれば、前述のとおり、その許可状請求のための要件が加重される。ただし、現時点で、Ａが単なる参考人か、それとも「熊公」の逋脱について共犯たる立場に立つ者として調査対象とされているのかは判然としないため、この点にはこれ以上立ち入らない。

なお、Ａは税務調査に関する事前通知（税通74条の9）については知っているようであるが、この規定は犯則調査には及ばないため、事前通知なしの調査が違法になることはない。

Ａの提示請求に対して、調査を担当する当該職員らは直ちに身分証を提示している。これはＡの要求なしに提示しようとした許可状と異なる扱いであるが、新法の規定において、許可状は「これらの処分を受ける者に提示しなければならない」（新139条）とされているのに対して、身分証については

「その身分を示す証明書を携帯し、関係人の請求があつたときは、これを提示しなければならない」（新140条）と定めているので、Aから請求があるまで身分証を提示しなかったことに違法はない[28]。

## 2　電磁的記録の差押え等

パソコン本体を差し押さえられた点については、まず、許可状に差押物件として特定されていたのは、「電磁的記録に係る記録媒体」（新136条柱書）としての業務用パソコン本体であろう。したがって、この許可状によりパソコンが差し押さえられたことに違法はない。国犯法の下では、これが唯一の方法であった。しかし、新法の下で、当該職員としては、Aに、パソコンに記録されたデータを持参したDVD-Rにコピーさせ、そのDVD-Rを差し押さえる方法（同条2号）でこれに代えようとしたものであるが、Aがこれを拒否したため、原則に戻ってパソコン本体を差し押さえることにしたものと思われる。なお、本件で当該職員自身の手でデータのコピー等を行なわなかった理由はAの話からは明らかではないが、新法136条の手段はあくまでも原則的なパソコンの差押えに代えて「することができる」処分にすぎないから、仮に当該職員自身がコピー等を行なうこと（同条1号）が可能であったとしても、パソコン本体を差し押さえたことは直ちに違法とされるものではないと解される[29]。

Aは、「熊公」に関係するデータは「秘密のクラウド」に保存してあると安心しているようだが、それで安心するのはまだ早い。新法132条2項により、そのパソコンからインターネットを通じてつながるクラウドサービスなどについても、そこに保存されているデータをDVD-Rなどにコピーしてそ のDVD-Rを差し押さえることが可能だからである。

刑事手続においては、「メールサーバーのメールボックスの記憶領域であって、Aの使用するコンピュータにインストールされているメールソフト

28）犯則調査の実務としては、強制調査の執行に悪影響があるなどの特段の事情がない限り、対象者からの提示要求の有無にかかわらず、調査に先立って身分証を提示することが穏当であろう。

29）杉山徳明＝吉田雅之「『情報処理の高度化等に対処するための刑法等の一部を改正する法律』について㊦」曹時64巻5号（2012年）1049頁・1056頁（注1）では、同様の処分について定めた刑事訴訟法110条の2の処分につき、「本条の処分を選択するか否かも、基本的に差押えをする者の裁量に委ねられている」とする。

に記録されているアカウントに対応するもの」、「リモート・ストレージ・サーバーの記憶領域であって、Ａの使用するコンピュータにインストールされている、そのサーバーにアクセスするためのアプリケーションソフトに記録されているIDに対応するもの」といった許可状請求書の記載内容で「その電磁的記録を複写すべきものの範囲」が特定されており[30]、犯則調査においても同様の特定の下に許可状が執行されるものと考えられる。

Ａのパソコンを差し押さえた当該職員は、それに含まれるデータの内容を解析してこれらの外部サーバーの記憶領域に記録されているＡと「熊公」との取引記録のデータを、新法132条２項により強制的に入手する可能性が高いといえよう。

### 3　出頭要請への対応

Ａの最大の関心事の一つである、出頭要請に税理士とともに対応する可能性については、当該職員が認めない場合には質問などの調査の場に税理士が同席することはできないと解される。しかしそれは、特にＡに不利益を与えるものではない。

まず、新法制定以前の国犯法の下でも同様の出頭要請が行なわれていたことからわかるように、この出頭要請と要請に応じた場合の質問、および、それへの応答は、すべて完全な任意調査である。そしてそれは、新法において出頭要請の権限が明文化されても変わることはない。この点は、出頭要請が、任意調査について定める新法131条に規定されているところから明らかである。

このように、出頭要請はあくまでも任意調査として行なわれるものであるから、税務調査の場合と違ってそれを拒否しても罰則の適用はなく、この要請を受けた犯則嫌疑者や参考人は、出頭要請に応じなくても、法律上、何らの不利益を被るものではない。また、任意調査である以上、一旦出頭してもいつでも調査の場を退去することが許されるし、さらに、Ⅲ１で述べたとおり供述拒否権の保障（憲38条１項）があるから、たとえ出頭して調査に応じても自己に不利益な供述を強制されることはなく、特定の質問に答えない

---

30）参照、酒巻匡『刑事訴訟法』（有斐閣・2015年）128頁。

ことも、法律上、まったく問題ない。なお、国犯法の下でも新法においても、国税犯則調査の強制調査権限の中に人を逮捕する権限は含まれていないため、当該職員には、犯則嫌疑者等を強制的に質問の場にとどめ置く法律上の手段はない[31) 32)]。

ここからわかるように、Aがこの要請に応じなくても、罰則の適用を含め、何ら法律上の不利益を被ることはない。また、仮に要請に応じても、その質問の場にいること、および、質問に応答することはすべてAの任意である。さらに、これまでの議論からすでに自明であるが、たとえば、質問を受けている場から、または、一旦室外に出て、携帯電話で税理士と通話することも、法律上、当然に可能である。もし、調査担当者がそれを制止するようなことがあれば、Aとしてはその場から退去すれば済むだけの話となる。端的にいえば、調査する側とされる側とが合意できる範囲で「質疑応答する」というのが、ここでの質問とそれへの応答の、法律上の性質であるといえよう。

他方で、処分中の出入り禁止について新法149条は、「当該職員は、この節〔「第一節犯則事件の調査」を指す。〕の規定により質問……をする間は」と定め、対象を強制調査に限定していないから、当該職員は任意調査においても同条による出入り禁止をなしうる。したがって、当該職員は、任意調査と

---

31）刑事訴訟法における任意の出頭要請・取調べの根拠規定である同法198条1項は、その但書で「但し、被疑者は、逮捕又は勾留されている場合を除いては、出頭を拒み、又は出頭後、何時でも退去することができる」と定めているが、新法にはこの但書に相当する規定はない。この点は、刑事訴訟法には逮捕権限が規定されているのに対して、新法には逮捕権限の定めがないことから、本文に説明したとおり、出頭要請もその後の質問等の調査も、すべて任意調査であることが明らかなためであろう。

32）ただし、刑事手続においては、任意捜査における有形力の行使が、「必要性、緊急性なども考慮したうえ、具体的状況のもとで相当と認められる限度において許容される」（最決昭和51年3月16日刑集30巻2号187頁）とされており、この考え方に従うならば、具体的な事情次第では、退室しようとする犯則嫌疑者の腕をごく短時間軽くつかんで説得することなどは、任意調査として適法に行ないうると解する余地がある。

もちろん、刑事手続と異なり犯則調査においては逮捕権限が当該職員に与えられていない点や、任意調査である税務調査において納税者の意思に反する調査が行なわれた場合に国家賠償法上「違法」と判断する判例（最判昭和63年12月20日訟月35巻6号979頁）にも十分に留意する必要があるが、税務調査の場合と比較して新法における任意調査については間接強制の仕組みがないことを考えあわせて、社会通念上許容されうる有形力の行使を観念しうると解しておきたい。なお、国犯法ないし新法の下で、実際に任意調査において収税官吏ないし当該職員により有形力が行使され、それが国家賠償法の適用上「違法」と判断されたとしても、その調査において収集された証拠物件の証拠能力の有無は、これとは別の問題である。

しての質問をしている場所が、たとえ犯則嫌疑者の事務所の応接室などであったとしても、その場所に税理士などの第三者が許可なく同席することを拒否することもできると解される。

以上に述べた検討の結果から、相談を受けた税理士としては、①出頭要請に応じなくても何ら法律上の不利益はないこと、②調査担当者が拒否すれば自分（税理士）が同席することはできないこと、③Ａは一旦出頭しても、(ア)その場から退去すること、(イ)自分（税理士）に電話すること、(ウ)当該職員の質問に返答しないこと、のいずれも可能であること、を十分に説明すべきであろう。特に、③(ウ)については、犯則調査が実質的な租税犯捜査手続であるため、憲法上の供述拒否権の保障が及ぶことを説明することが適切である。新法は調査担当者に供述拒否権の告知を義務付けておらず[33)]、実務上も告知がなされないことが一般的であると考えられることから、この点を確認しておくことは、Ａの権利保護にとって非常に重要なポイントとなる。

### 4　差押えを争う手続き

Ａのもう一つの関心事は、パソコンの取戻しである。新法は、「差押物件について、留置の必要がなくなつたときは、その返還を受けるべき者にこれを還付しなければならない」（新145条1項）と定めており、パソコン内のデータの解析が終わった時以降、または、それらのデータをDVD-Rなどにコピーし終えた後は、ほかに調査上の必要性がない限り、パソコンが還付される。

これは差押えが適法であった場合の対応であるが、もし、差押えを違法として差し押さえられたパソコンの還付を求めて争うのであれば、その手続きが問題となる。本事例のＡのように急ぐ事情がある場合は、刑事訴訟法上の準抗告（参照、同法429条1項2号）の手続きが利用できれば便宜であるが、

33）前掲注31）で触れた刑事訴訟法198条は2項で、任意の取調べの場合に「あらかじめ、自己の意思に反して供述をする必要がない旨を告げなければならない」としているが、新法を含め、犯則調査について規定する他の法律には、これに対応する規定が設けられていない。供述拒否権の告知義務の有無は立法政策の問題であるとするのが判例であり（参照、前掲最判昭和59年3月27日、最判昭和48年12月20日判時724号93頁）、犯則調査においては犯則嫌疑者と参考人との区別が困難な場合が多く、かつ、質問対象者全員に告知することは実際的ではない点、犯則調査を開始しても告発にいたらない事案が一定の割合で存する点、当該職員に逮捕権限が認められていない点などを総合的に考慮した結果と解すべきであろう。

判例は犯則調査が行政手続であることに鑑み、調査において行なわれた差押処分を争うためには、行政事件訴訟法によらねばならないとしている（最大決昭和44年12月3日刑集23巻12号1525頁）。したがって、Aの希望には十分に沿えるかは疑問であるが、アドバイスとしては、取消訴訟を提起するよう勧めることになろう[34)]。

なお、Aの言う、「他人様（ひとさま）には言いにくい画像（ファイル）」が適法に所持しえないもの（例、児童ポルノ画像のデータ）である場合に、犯則調査中にその事実に気付いた調査担当者の公務員としての告発義務（刑訴239条2項）の問題が生じる。この点に関連して、通説は、税務調査において租税職員がたまたま犯則の事実を知った場合には、守秘義務（参照、税通126条）が公務員の告発義務に優先するとしている[35)]。

しかし、この指摘は、罰則で不答弁・虚偽答弁を禁じる税務調査によって取得された情報の利用と憲法38条1項に定める供述拒否権の保障との関係でなされているものであるところ、ここでは憲法38条1項の保障が及ぶとされる犯則調査と告発義務の関係が問題となるものであるから、両者を同列に論じるのは適切ではない。おそらく、犯則調査中に別の犯罪事実を知った当該職員は公務員としての告発義務がある（守秘義務に優先する）と解すべきであろう。

## V　結びに代えて

本章で概観したように、平成29年3月改正により、犯則調査手続は大きく現代化され、また、合理化された。しかし、ここで触れなかった間接国税の現行犯などの場合に関する改正が不十分である点[36)]や、税務調査手続により得られた情報の犯則調査手続における利用を明確に制限ないし管理する、

34）なお、国税通則法76条1項2号は、行政不服審査法7条1項7号に掲げる処分を不服申立ての対象外としており、同号は「国税又は地方税の犯則事件に関する法令（他の法令において準用する場合を含む。）に基づいて国税庁長官、国税局長、税務署長、国税局若しくは税務署の当該職員、税関長、税関職員又は徴税吏員（他の法令の規定に基づいてこれらの職員の職務を行う者を含む。）がする処分」を掲げているから、この取消訴訟の提起に先立って、差押処分につき行政上の不服申立てをすることはできない。

35）金子・前掲注20）907頁。

36）参照、上西＝佐藤＝笹倉・前掲注1）18頁右欄〔笹倉発言〕。

いわゆる「ファイアウォール」制度の構築がなされていない点など[37]、大きな問題点が残されていることは否めない。本改正後も通告処分の対象とされている間接国税についての、合理的な行政制裁制度の創設も、課題の一つである。

国税通則法で規定されることになった新しい国税犯則調査手続については、今後の運用や社会状況の変化をみながら、さらにより良いものとされていくことを期待したい[38]。

**【付記】** 本章初出論文の執筆にあたっては、佐藤英典弁護士（西村あさひ法律事務所）の協力を得た。記して感謝したい。

---

37）参照、上西＝佐藤＝笹倉・前掲注1）3頁左欄・17頁右欄以降〔佐藤発言〕。なお、参照、佐藤英明『スタンダード所得税法〔第2版補正版〕』（弘文堂・2018年）399頁（「『ファイアウォール』の要否—税務調査と犯則調査の情報のやりとり」）。

38）なお、地方税法における犯則調査手続の規定も、平成29年改正で、国税通則法改正に合わせた内容とされるとともに、税目ごとに分かれていた国犯法の準用規定が、新たに22条の3以下に自足的に規定されている。

# 第９章

# 金密輸を契機とした無許可輸入罪の改正（平成30年3月）について

## Ⅰ　はじめに

平成30年改正において、保税地域から引き取られる課税貨物に対する消費税の逋脱は、課税資産の譲渡等および特定課税仕入れに対する消費税の逋脱と区別されるとともに、その罰金刑の上限が引き上げられた（消税64条1項1号・4項）。また、関税法においては、いわゆる無許可輸入罪[1]の罰金刑の上限が大きく引き上げられた（関税111条[2]1項但書）。関税法改正を審議した審議会の記録によれば、これらの改正は主として、近年の金の密輸事犯の激増に対応し、その抑止を目的とした改正であると説明されている[3]。本章では、この改正の背景と内容を概観し、その批判的な検討を試みる。

1）関税法111条1項1号は、後に条文を引用するとおり、正確には「無許可輸出入罪」の規定であるが、本章で検討の対象とするのはもっぱら金地金の密輸であることから、以下では「無許可輸入罪」と呼ぶ。

2）平成30年改正においては、密輸品譲受等の罪に関する関税法112条3項も改正され、罰金額の上限が300万円から500万円に引き上げられるとともに、「当該犯罪に係る貨物の価格の3倍が500万円を超えるときは、罰金は、当該価格の3倍以下とする」（同項但書）とされ、本章で検討する無許可輸入罪に倣った改正が行なわれている。これは、「金の密輸入を根絶する観点からは、金の密輸入者のみではなく、悪質な国内買取業者や国内で換金した現金を密輸出する者に対しても厳正に対処する必要」（後掲注3）「資料2－1」3頁）があるという観点から行なわれた改正であるが、基本的に本章における検討がこの規定の改正にも妥当すると考えられるため、独立した検討対象としては取り上げない。

3）関税・外国為替等審議会関税分科会（平成29年11月29日開催）の議事録、および、金の密輸入に対する罰則強化に関する「資料2-1」、「資料2-2」。

## Ⅱ　法改正の背景事情

### 1　金の密輸入とその対処

#### ⑴　金の密輸入から得られる利得

周知のことと思われるが、確認の意味で、金の密輸入にどのようないわゆる「うまみ」があり、その「うまみ」がどのようにして得られているかを簡単にみておこう。説明の便宜上、以下の各取引はごく短時日の間に行なわれ、その間に金相場の変動はないものとする。

まず、実体法としては、消費税法が問題となる。保税地域から引き取られる外国貨物には消費税が課税され（消法4条2項）、国外から国内に持ち込まれる金地金は外国貨物に該当するため、これを持ち込む者は税関において消費税の申告・納付をしなければならない。たとえば、個人Aが時価100万円の金地金を国内に持ち込む際には、税関において申告し、合計で8万円の消費税・地方消費税（以下、この⑴では単に「消費税」という。）を納付する必要がある。

次に、Aがこの金地金を直ちに国内の金買取業者Bに譲渡すると、8万円の消費税分を含んだ108万円で買取価格の総額が決定される。金相場に変動がない場合、Aに損得は生じない。また、金買取業者は買い取った金地金を、金を輸出する商社Cに譲渡する際に、やはり8万円を上乗せして価格を決定し、消費税額の計算においてはCへの売上額108万円が課税対象となる一方で、Aに支払った8万円を仕入税額控除に算入するため、結果としてBに税負担は生じない。

最後に、C社がこの金を輸出する際には、輸出免税の仕組みが適用されるため、C社が国外のDに100万円で金地金を譲渡し、仕入税額控除を通して8万円を国から受け取ることになる。C社はBからの買取り時に8万円を上乗せして対価を払っているため、Cにも税負担はなく、また特に利益も生じない。

以上の全体像をみれば、国が、入国の際にAから納付を受けた8万円を、C・Bを通してAに払っているのと同じことになる。他方、この制度の下で、最初にAが税関で消費税8万円を納付しない場合には、国庫の損失においてAに8万円が支払われることになる。つまり、Aは、時価100万円の金を密輸入し、それを日本国内において税抜価格100万円で売却するだけで、8万円の利得を得ることができるのである。この仕組みからわかるように、消費税率が高いほど持ち込んだ金地金の時価に対する税額が大きくなり、それだけ大きな利得を得られるため、消費税率の引上げに伴ってこのような事犯が増えており、2019年10月からさらに税率が引き上げられれば、このような利得を狙った密輸がますます増えることが懸念される。

### (2)　適用される罰則規定[4]

このように金地金を日本に持ち込む際に税関で申告をせず、納付を免れる行為は、第一に、「保税地域から引き取られる課税貨物に対する消費税を免れ、又は免れようとした者」（消法64条4項）として、消費税の逋脱犯に該当しうる。

他方、金地金は関税の対象ではないため、税関において無申告であっても関税の逋脱罪（関税110条）は成立しない。しかし、金地金を国外から日本に持ち込むことは「外国貨物」の「輸入」にあたるから、関税法の仕組みの下で、金地金を日本に持ち込む者は税関長の許可（同67条）を受けなければならない。そして、この許可なく持ち込めば、それは、「第67条（輸出又は輸入の許可）……の許可を受けるべき貨物について当該許可を受けないで……輸入した者」（同111条1項1号）に該当し、いわゆる無許可輸入罪——俗にいう密輸罪——が成立することとなる。ここで、内国消費税が納付された後でなければ輸入の許可はなされないから（同72条）、消費税を納付せずに金地金を輸入すれば、常に無許可輸入となる。

なお、この無許可輸入罪は間接脱税犯であるとされており[5]、また、消費税の逋脱罪と無許可輸入罪は、観念的競合の関係に立つと解される。

## 2　金密輸事犯の激増の状況

消費税法と関税法の改正理由は、改正された規定の内容から直接に理解することはできないものの、前述したように、近年における金の密輸事犯の激

---

4）(1)で触れたように地方消費税についても国税である消費税と同じ問題が生じるが、説明が煩瑣になるため、以下でこの点に触れることは省略する。
5）金子宏『租税法〔第22版〕』（弘文堂・2017年）1055頁。

**【表 9-1】 平成 29 年の全国の税関における金地金密輸輸入事犯の摘発状況**

| | 平成20年 | 平成21年 | 平成22年 | 平成23年 | 平成24年 | 平成25年 | 平成26年 | 平成27年 | 平成28年 | 平成29年 |
|---|---|---|---|---|---|---|---|---|---|---|
| 摘発件数（件） | 4 | 27 | 15 | 17 | 18 | 12 | 119 | 465 | 811 | 1,347 |
| 押収量（kg） | 94 | 214 | 92 | 63 | 79 | 133 | 449 | 2,032 | 2,802 | 6,236※ |

（財務省資料により作成）
※平成29年の押収量は速報値

増がその背景にある。そこでまず、金の密輸をめぐる状況を簡単にみておこう。[6]

財務省資料によれば[7]、平成29年中に全国の税関が摘発した金地金密輸入事犯の件数は前年比66％増の1,347件、押収量は前年比約2.2倍の6,236kgである。平成20年以降の摘発件数と押収量は**【表 9-1】**のとおりであり、平成29年の摘発件数1,347件は平成20年から25年までの平均である15.5件の約87倍、同じく押収量は同じ期間の平均である112.5kgの約55倍と、まさに「激増」というにふさわしい様相をみせている。また、同じく財務省資料にもとづく[8]次頁の**【表 9-2】**をみると、平成29年中に摘発された事犯の処理件数についても、金の密輸が該当する「無許可輸出入事犯」は、告発件数が対前年比2倍の28件、通告処分が対前年比1.38倍の919件と、やはり大きく増加している。

これらの調査結果からも金の密輸の増加が顕著であることは見て取れるが、さらに深刻なのは、摘発件数や押収量だけではなく、その背後にある未認知の事犯の多さである。もちろん、認知されていない事犯の件数やそれによる密輸量を直接に知ることはできないが、いくつかの統計からその多さを推定することは不可能ではない。

まず、貿易統計によれば、2012年から2017年までの各年における金（マネタリーゴールドを除く。）の輸出入量は**【表 9-3】**（484頁）のとおりであり[9]、2015年以降に輸出量が急増していることと、輸入量をはるかに上回る量の

6）新聞報道からも、金の密輸に関する社会的関心が高いことが読み取れる。参照、「金密輸急増　前年の22倍」日本経済新聞2015年11月30日朝刊42面、「金密輸4年で100倍」同2018年2月24日朝刊2面。
7）「平成29年の全国の税関における金地金密輸入事犯の摘発状況（平成30年2月23日財務省）」。
8）「平成29年の全国の税関における関税法違反事件の取締り状況（平成30年2月23日財務省）」。
9）財務省貿易統計（推移表）において、「年別推移表」「2012〜2018年」「全国分・税関別」「世界」、品目を「903 金（マネタリーゴールドを除く）」として検索した結果による。

【表 9-2】 関税法違反事件の犯則態様別処分件数

〔告発〕 （件）

| 犯則態様 | 平成 25 年 | 平成 26 年 | 平成 27 年 | 平成 28 年 | 平成 29 年 | | |
|---|---|---|---|---|---|---|---|
| | | | | | | 前年比 | 構成比 |
| 禁制品輸出入事犯 | 218 | 244 | 343 | 375 | 447 | 119% | 93% |
| 関税逋脱事犯 | 3 | 5 | 3 | 2 | 1 | 50% | 0% |
| 無許可輸出入事犯 | 9 | 7 | 12 | 14 | 28 | 200% | 6% |
| 虚偽申告輸出入事犯 | 4 | 9 | 8 | 4 | 5 | 125% | 1% |
| その他 | — | — | — | — | — | — | — |
| 合計 | 234 | 265 | 366 | 395 | 481 | 122% | 100% |

〔通告処分〕 （件）

| 犯則態様 | 平成 25 年 | 平成 26 年 | 平成 27 年 | 平成 28 年 | 平成 29 年 | | |
|---|---|---|---|---|---|---|---|
| | | | | | | 前年比 | 構成比 |
| 禁制品輸出入事犯 | 128 | 128 | 293 | 377 | 155 | 41% | 14% |
| 関税逋脱事犯 | 43 | 62 | 52 | 61 | 62 | 102% | 5% |
| 無許可輸出入事犯 | 110 | 195 | 537 | 666 | 919 | 138% | 80% |
| 虚偽申告輸出入事犯 | 6 | 5 | 3 | 17 | 2 | 12% | 0% |
| その他 | 1 | 1 | 10 | 6 | 4 | 67% | 0% |
| 合計 | 288 | 391 | 895 | 1127 | 1142 | 101% | 100% |

（財務省資料により作成）
※「日本国とアメリカ合衆国との間の相互協力及び安全保障条約第六条に基づく施設及び区域並びに日本国における合衆国軍隊の地位に関する協定の実施に伴う関税法等の臨時特例に関する法律」に関するものを含む。

金がわが国から毎年輸出されていることがわかる。一方、日本の国内における金の生産量（リサイクルされるものを含む。）は、同じ期間中の各年の平均で約 83.8 t であるから[10)]、貿易統計に含まれない輸入や貴金属流通統計に含まれない生産が相当量なければ、この状況は説明がつかない。

具体的にみると、たとえば、2017 年の金の輸出量は約 220.2 t であるのに対して、輸入量は約 5.0 t 、国内生産量は約 88.4 t であるから、最低でも約 126.8 t （= 220.2 − 5.0 − 88.4）の金がわが国に密輸入されているか、または、統計に乗らない形で生産されていることになる。これに対して、同年の

10） 経済産業省・資源エネルギー庁貴金属流通統計調査の「調査の結果」の各年分による。

**【表 9-3】 金の輸出入量および国内生産量の推移**　(kg)

| | 2012年 | 2013年 | 2014年 | 2015年 | 2016年 | 2017年 |
|---|---|---|---|---|---|---|
| 輸出量 | 137,652 | 136,292 | 131,570 | 143,850 | 202,557 | 220,151 |
| 輸入量 | 11,191 | 27,741 | 15,809 | 9,558 | 4,888 | 5,029 |
| 国内生産量 | 84,603 | 69,169 | 73,078 | 93,832 | 95,794 | 88,371 |

（輸出量および輸入量は貿易統計（財務省）、国内生産量は経済産業省・資源エネルギー庁貴金属流通統計調査により作成）

密輸摘発の際に押収された金の量は、前述のとおり6.2ｔ強にとどまる。

この約127ｔの金のうちどれだけが密輸入されたものかはわからないが、仮にその約2分の1強の65ｔの金が密輸されている場合は、1ｇの金の価格を4,500円と仮定するなら[11)]合計で時価292億5,000万円相当の金が密輸され、消費税と地方消費税の合計で23億4,000万円が脱税されていることになる。また、もし密輸された金がもっと多く、たとえば、約127ｔの大半の120ｔの金が密輸されている場合には、同様に計算すると、時価540億円相当の金が密輸され、合計で43億2,000万円の消費税等が脱税されていることになる。1年ずれるが、平成28年に摘発された脱税額が8億7,400万円であるから、おそらくこの数年間は、毎年十数億円から数十億円にのぼる脱税が行なわれ、摘発されていないと推定してよいであろう。

これらの消費税等の脱税額は、**1**で述べたように、密輸入された金地金が日本国内で譲渡される際に買取価格に含まれて譲渡者（密輸入者）に支払われ、最終的にその金地金が輸出される際に輸出者に対して同額が還付または控除されることによって、国庫の損失となる。現状はいわば、日本国が金地金の買取業者を通じて、密輸入者に毎年何億円にものぼる現金をばらまいているのと同様の状況なのである。この状況と、前述したようにわが国の消費税の税率の引上げにより、上記の仕組みから得られる「利得」が大きくなることが予想されることとを合わせれば、まさに、法改正による対処が焦眉の急とされる事態であった。

これに対して、税関当局は、平成29年11月7日に、「『ストップ金密輸』

---

11）田中貴金属工業株式会社と三菱マテリアル株式会社のウェブサイト掲載の金価格推移表により、2017年中の各月の小売価格の平均値の平均を計算すると、それぞれ1ｇ当たり4,576円と4,798円であることから、ここでは1ｇ当たり4,500円という価格を採用した。

緊急対策」を発表した[12]。この緊急対策は、①検査の強化、②処罰の強化、③情報収集・分析の充実を三つの柱として組み立てられており、このうち②処罰の強化には、「厳正な通告処分の実施」「告発の増加を目指し、警察、検察、海上保安庁など関係機関との連携強化」「東京、大阪、門司税関に特別調査チームを編成」と並んで、「罰則の強化」という項目が挙げられていた。この「罰則の強化」が、本章の主たる検討対象である。

## Ⅲ　平成30年改正の概観

### 1　改正の内容

「『ストップ金密輸』緊急対策」の第二の柱の項目の最後に挙げられていた「罰則の強化」がどのように行なわれたかを、具体的にみてみよう。

第一に、平成30年改正により消費税法64条が改正され、消費税の逋脱のうち、「保税地域から引き取られる課税貨物に対する消費税を免れ、又は免れようとした者」についてのみ、その罰金刑の上限額が大きく引き上げられた。具体的には、改正前は逋脱額（ないし不正受還付額。以下同。）が1,000万円を超える場合に、情状により逋脱額まで引き上げることができる（改正前消法64条3項）とされていたものが、逋脱額の10倍が1,000万円を超える場合に、情状により逋脱額の10倍まで引き上げることができる（消法64条4項）と改正された。逋脱額1,200万円の事犯を例にとると、改正前は罰金刑の上限額が1,200万円であったのに対して、改正後は1億2,000万円が罰金刑の上限額となる（逋脱額120万円の場合は、改正前の1,000万円の上限が改正後は1,200万円となる）。

第二に、無許可輸入罪の罰金額の上限は、改正前に500万円であったところ（改正前関税111条1項）、改正により1,000万円と、「当該犯罪に係る貨物の価格」（以下、「貨物価格」という。）の5倍との、大きな方が上限とされることとされた（関税111条1項柱書但書）。

これらはいずれも、適用される罰条の罰金刑の上限を大きく引き上げ、一

---

12）参照、税関のウェブサイト「『ストップ金密輸』緊急対策（平成29年11月7日税関）」、および、金密輸対策プロジェクトチーム（財務省関税局調査課課長補佐金山茂明）「『ストップ金密輸』緊急対策について」ファイナンスVol.53No.9（2017年）10頁。

般予防、および、特別予防の効果を狙ったものといいうる。

## 2　改正の基礎となる考え方

それでは、どのような考え方にもとづいて、これらの改正が行なわれたのであろうか。

まず、消費税法の改正に関しては、関税法、および、個別消費税の逋脱罪の規定が参照されたものと考えられる。現在、所得税、法人税、相続税などの直接税の逋脱についての罰金スライド制は逋脱税額を上限としており、改正前消費税法も同じ考え方をとっていた。これに対して、個別消費税については、酒税法における無免許種類製造罪において逋脱額の3倍が100万円を超える場合には、情状により逋脱額の3倍を罰金刑の上限額とする（酒税54条3項）などの例がみられる。また、関税法における関税逋脱罪の罰金刑の上限は、逋脱額の10倍までスライドすることができるとされている（関税110条4項）。このようなスライド制は「租税罰の実効性を高めるための措置」と解されているところ[13]、平成30年消費税法の改正にあたっても同じ考え方が採用され、保税地域から引き取られる外国貨物に課せられる消費税の性質は内国消費税よりも関税に近いとの判断から、スライド制の具体的な姿としては、内国消費税と同等の「3倍」ではなく、関税法と同じく逋脱額の「10倍」を上限とする制度が作られたと解してよいであろう。

次に、無許可輸入罪については、外国為替及び外国貿易法（以下、「外為法」という。）69条の7第1項が、無許可輸出入等の罪について罰金刑の上限額を1,000万円としつつ、「当該違反行為の目的物の価格の5倍が1,000万円を超えるときは、罰金は、当該価格の5倍以下とする」と定めていることを参照し、関税法における無許可輸入罪と同質の罪について、すでに立法上の先例があることから、罰則強化の観点により、この先例に倣った改正が行なわれたと解することができる[14]。

13）金子・前掲注5）1059頁。
14）前掲注3）「資料2-1」4頁、同「資料2-2」2頁。ただし、先行立法例である外為法がどのような考え方にもとづいて貨物価格の5倍を罰金刑の上限としたかについての説明はなされていない。

# Ⅳ　若干の検討

## 1　はじめに

Ⅳでは、Ⅱ、Ⅲで述べたとおり、激増する金密輸事犯への対処の一つとして行なわれた平成30年改正の内容について、主として関税法の改正に焦点を当てて簡単な検討を行なう[15)]。

筆者は、すでに述べたように、罰金スライド制により高額の罰金刑を科すことは、逋脱罪の抑止の観点から適切な対応方法ではないと考えている[16)]。この考え方は、租税に関して経済的利得を得ることを目的とする金地金の密輸（から生じる消費税の逋脱）についても妥当する。ただし、本章で検討の対象としている金地金の密輸には、本書が中心的な対象とした所得税や法人税の逋脱罪とは大きく異なる点がありうる。それは、所得税や法人税の逋脱罪を、本書ではホワイトカラー・クライムの一つと位置付けた点である。多くの場合、所得税や法人税の逋脱罪は、「所得を隠すほど儲けた（経済的成果をあげた）」社会的成功者によってなされるものであることが、本書第1部で主張した実刑中心主義の大きな根拠であった。

これに対して、金地金の密輸入は組織的に行なわれることが多く、その利益は犯罪組織の資金源になっている可能性もある点で、悪質性の高い犯罪であるとされている[17)]。このように犯罪組織が関与する場面では、金地金の密輸入に関わる者には常習的な犯罪者などが含まれ、これらの者に対する短期自由刑の抑止力は決して高くないことが予想されるため、本書における罰金スライド制への批判は、直ちにはあてはまらないおそれが大きい。

このような考慮から、以下では、本書の基本的な主張である罰金スライド

---

15）税関で執行されている消費税が国内における資産の譲渡等の場合と実体的、手続的に差異が設けられている点については、すでに指摘したことがあるが（佐藤英明「序章 消費税の軌跡―導入から現在まで」日税研論集70号（2017年）1頁・6頁）、保税地域から引き取られる外国貨物に課せられる消費税に関する罰則を、その他の消費税の罰則と区別して規定した今回の消費税法の改正も、消費税の一体的な理解という観点から検討されるべき大きな問題を含んでいる。ただし、これは租税制裁法とは異なる観点からの検討を必要とすることになるため、本章ではこれ以上立ち入らないこととしたい。

16）参照、第1部第3章第3節（246頁）。

17）前掲注3）「資料2-2」1頁。

制批判はひとまず措き、その他の観点から、今回の無許可輸入罪の改正を検討する。

### 2　実体的側面の問題点

本改正の実体的側面における問題点の一つは、罪刑の均衡という観点からの評価に耐えられるか、という点である。改正により無許可輸入罪の罰金刑の上限額は貨物価格の5倍に引き上げられた。これを消費税の逋脱という観点からみると、貨物価格はすなわち消費税の課税標準であるから、貨物価格が100のときの逋脱税額は6.3である。ここで貨物価格の5倍とは500と表されるため、罰金の上限額は、なんと逋脱税額の約80倍（500 ÷ 6.3 ≒ 79.37）にあたる[18]。先に述べたように、関税法における逋脱罪の罰金刑の上限が逋脱額の10倍までのスライド制であり、今回の改正の結果、この場面での消費税の逋脱についても同様の制度が導入されたことと比較しても、罰金刑の上限額は逋脱額と比較して、明らかに多額にすぎ、罪刑が不均衡であるというべきであろう。

また、逋脱罪の体系という観点からも、看過しがたい不均衡が生じている。周知のように、逋脱罪の体系は、租税債権を直接侵害する逋脱罪（直接脱税の罪）を頂点として、租税債権への侵害の危険性等に応じた位置付けが与えられる罪が規定されている。この中で無許可輸入罪は間接脱税犯と位置付けられるところ、関税法における逋脱罪の罰金刑の上限が逋脱額の10倍とされているのに対して、間接脱税犯である無許可輸入罪の罰金刑の上限が、実質的に逋脱額の80倍にあたるということを、逋脱罪の体系から説明することは、きわめて困難である。

もちろん、Ⅱで触れたように、金地金密輸の現状はきわめて憂慮すべきものであり、多少の理論的な難点には目をつぶって立法がなされることも、まったく首肯しえないわけではない。ただ、その場合であっても、一定の限度は設けられるべきであろう。

仮に貨物価格を基準とするのであれば、無許可輸入罪の罰金刑の上限を、それによって発生した関税ないし消費税の逋脱額（ないしはその10倍）に貨

---

18）地方消費税を考慮して合計の税率を消費税換算で8％と考えても62.5倍（500 ÷ 8）である。

物価格を加算した額とすることで十分である。それは経済的には、密輸された金地金を没収できない場合であっても、密輸された金地金の没収と同じ効果を有するのである[19]。

しかし、本改正については、改められたのはあくまでも罰金刑の「上限額」にすぎず、実際にはその範囲内で妥当な刑が適用されるものであって、金密輸の著しく憂慮すべき現状ときわめて悪質な密輸が行なわれうることとを勘案すれば、上限の設定としては合理的であるとの評価もありえよう。事実、立法を検討する過程では、今回の改正が金に限定されていないことについて、

「罰則強化の必要性は金に限られるものではなく、あくまで罰金上限額の引上げであり、最終的には刑事裁判において、裁判官が犯罪の悪質性等を踏まえ法定刑の範囲内で量刑を行うものであることから、法定刑の引上げ自体に妥当性はあるものと考えられる[20]」

と述べられていた。

しかし、改正法が実際にどのように適用されるかを考えると、そのような楽観論に与することは難しい。それは、手続面での問題を抱えているからである。

### 3　手続的側面の問題点

本改正から問題が生じる理由の一つは、本改正による罰金刑が、実質的には刑事裁判ではなく、通告処分によって行なわれることにある[21]。

関税法には通告処分の制度があり（146条、147条）、禁制品輸出入事犯を除くと関税法における制裁のほとんどは通告処分によって行なわれている。平成25年から同29年までの関税法違反事件の犯則態様別処分件数は【表

19）この考え方に対しては、消費税のように税率が低い場合は逋脱額に対して高率の罰金刑となりうることが目立つが、今回の改正が形式的にはすべての無許可輸入罪を対象としていることから、関税率の高い物品の場合には抑止力が不足する、との批判がありうる。たとえば、関税率が50％の物品の密輸を考えると、貨物価格とは逋脱額の2倍にしかあたらないからである。
　しかし、そのような場合は、罰金刑の上限を逋脱税額の10倍とする関税逋脱罪の規定が有効に機能するため、両者をあわせて実効性を考えれば、十分な罰則といえるように思われる。

20）前掲注3）「資料2-2」3頁。

21）今回の関税法改正が先例とした外為法には通告処分の制度がなく、罰則は常に刑事裁判によって適用されるため、以下で論じる問題は生じない点には、留意が必要である。

**9-2】**(483頁）のとおりであり、平成29年についてみれば、481件の告発のうち447件までもが禁制品輸出入事犯であって、無許可輸入事犯は28件にとどまる。これに対して、同年の無許可輸入事犯で通告処分の対象とされたものは919件と、通告処分全体の1,142件の大半を占めている。また、先にみたように、「『ストップ金密輸』緊急対策」の第二の柱である「処罰の強化」の項目では、その最初に「厳正な通告処分の実施」が挙げられていて、通告処分による制裁の実施は、当然に視野に入れられている。

しかし、通告処分は税関長が行なう科罰的行政処分であり[22)]、裁判官による刑事裁判と同じ精度を期待することは困難である。それにもかかわらず、引き上げたのはあくまでも罰金の「上限額」にすぎず、その範囲内での「適正な適用」がなされれば問題は生じないとすることは、十分に合理的といえるであろうか。

たとえば、「悪質性が高い」とされる一つのパターンは過去の余罪が発覚した場合であろう。しかし、この「余罪」を考慮要素とする場合には、法律上の大きな問題に直面する。言うまでもなく、判例は実質的に処罰する趣旨で余罪を量刑の資料として考慮することは憲法31条・38条3項・39条等に違反するとしつつ、量刑の上で、情状推知の資料としての余罪考慮は違法ではないとしている[23)]。しかし、この両者の区別は非常に微妙であり、刑事裁判においても、余罪を考慮した量刑を行なったとして第一審判決を破棄する高裁判決がみられるところであり[24)]、学説上も、余罪を「刑の量定の一資料として証明・認定することにはいくつかの難点があり、できる限り避けるのが望ましい[25)]」とまで述べられている。

犯則嫌疑者の供述等から過去に同様の密輸を行なったことが強く推認され

---

22）金子・前掲注5）1068頁。

23）最大判昭和41年7月13日刑集20巻6号609頁、最大判昭和42年7月5日刑集21巻6号748頁。

24）第一審判決を破棄した事例として、東京高判平成19年10月31日高裁刑速(平19)号350頁（本件の第一審判決は、被告人たる詐偽グループによる多数の犯行につき、起訴されたのは「犯行の氷山の一角」としていた。）、福岡高判平成24年6月27日高裁刑速(平24)号245頁（本判決は、「1審判決は、1審検察官の主張に相当程度影響を受け、被告人が繰り返してきた一連の犯行全体を被告人の自白によって認定し、実質上これを処罰する趣旨で量刑の資料に考慮した疑いがあるといわざるを得ない」と述べ、懲役1年6月の実刑を科した第一審判決を破棄して懲役2年執行猶予4年とした）。

25）酒巻匡『刑事訴訟法』（有斐閣・2015年）595頁。

る場合に、犯罪抑止の見地からいわゆる余罪を量刑の考慮要素とすることは、通告処分の実施にあたる税関職員の正義感情からして当然とも思われるが、そのような場面で、違憲となるおそれもある判断を税関職員に委ねることは、当該職員にあまりに大きな負担をかけるものだというべきであろう。

このような懸念に対しては、通告処分において通告された罰金額が多額にすぎて違法であると考える犯則嫌疑者は、裁判においてそれを争えるから大きな問題とはならない、との立場があろう。しかし、この場面での問題は、それほど簡単ではない。

なぜなら、すでに指摘したように、判例上、通告処分は取消訴訟の対象とならないとされている[26)]ため、密輸の事実を認めつつ罰金額が多額にすぎると考える犯則嫌疑者は通告処分の内容を履行せずに告発を受けて起訴され、刑事裁判においてその主張を行なうことになるが、一方で不服の内容が罰金額に限られ、密輸の事実を認める以上、その結果として必ず刑事裁判において有罪判決を受けることになる。このように、有罪判決を覚悟しなければ罰金額が争えないという事態は、非常に困難な判断を犯則嫌疑者に迫るものであって、自由に処分内容（罰金額）を争えるとは、到底いえない事態である。

さらに、刑事判決においては量刑の事情が詳述されるが、通告処分においては刑事判決のような詳細な事実認定と量刑理由の記載がなされないため、仮に「違法な余罪の考慮」を主張しようとしても争う手がかりに乏しいことが懸念される[27)]。

この二点をあわせると、通告された罰金相当額に違法があっても、それを受けた犯則嫌疑者にとって、実質的には救済手段はないというべきである。

### 4 小　括

以上に述べたとおり、罰金刑の「上限額」を引き上げて裁量の範囲を拡げ、その実施を実質的には刑事裁判官ではなく税関職員に委ねる方策は、決して合理的なものとはいえない。したがって、少なくとも通告処分に関する

---

26) 最判昭和47年4月20日民集26巻3号507頁。

27) 厳密にいえば、通告内容不履行の際に告発を受けて起訴された場合の刑事裁判は通告内容の適否を判断するものではないが、被告人としては有罪を認めつつ、情状として「余罪」とされた点についての主張を行なうこととなる。

限り、改正法は謙抑的に執行されるべきである。

その場合、①貨物価格を基準とする罰金相当額の通告は、当該犯則嫌疑者が過去にも同様の犯則行為（金地金の密輸）によって通告処分を受けている場合など、「高度の悪質性」を客観的に認定しうる事案に限定しつつ、②密輸された金地金を没収できない事案において、従来の基準にもとづく罰金相当額に密輸された金地金の貨物価格を加算して実質的に没収と同様の経済的効果を与える、などの基準が考えられる。

## V　おわりに

本章では、わが国における金地金の密輸がきわめて憂慮すべき状況であること、しかしながら、それに対応するために行なわれた関税法の平成30年改正には、理論上、実体面、および、手続面からみて大きな問題があることを指摘した。

このうち、手続面の問題は、今回の改正の結果生じたものではなく、通告処分の制度に従来から存在していた問題点が、今回の改正をきっかけとしてクローズアップされたものである。このような通告処分制度の問題点に対応して、内国税（間接国税）に適用される通告処分の範囲は、平成29年改正で大幅に縮小され、これまで通告処分の対象となっていた非違行為のかなりの部分が重加算税に置き換えられた[28)]。この状況と対比すれば、関税法の分野において、今後、これまで以上に通告処分の活用を考えることは、わが国の租税制裁制度として一貫性を欠くものといわねばならない。

もちろん、逋脱額と同額の罰金刑でも不十分とされる場面で、逋脱額の一定割合を制裁とする重加算税の制度が十分とは考えられないであろうが、現在、必要とされているのは、手続的に透明度が高く、かつ、実効性をもった行政制裁の制度の創案であることを、改めて指摘しておきたい。

---

28）参照、第8章Ⅲ（467頁）。

# 事項索引

## あ



## い



## う



## え



## か



## き



## く



## け

## こ



## さ



## し



## す



## せ

そ



た



ち



つ



て



と



に



の



は

**佐藤英明**（さとう・ひであき）

慶應義塾大学大学院法務研究科教授。1962年福岡県生まれ。1985年東京大学法学部卒業。東京大学法学部助手、神戸大学法学部助教授、同教授、同大学院法学研究科教授を経て、2011年から現職。専攻は租税法。

著書に、『スタンダード所得税法』（第２版補正版・弘文堂・2018）、『信託と課税』（弘文堂・2000）、『プレップ租税法』（第３版・弘文堂・2015）、『ケースブック租税法』（第５版・弘文堂・2017〔共編著〕）、『租税法演習ノート―租税法を楽しむ21問』（第３版・弘文堂・2013〔編著〕）がある。

**脱税と制裁［増補版］**〔租税法研究双書３〕

1992(平成４)年７月20日　初　版１刷発行
2018(平成30)年10月30日　増補版１刷発行

著　者　佐藤　英明
発行者　鯉渕　友南
発行所　株式会社　弘文堂　101-0062 東京都千代田区神田駿河台１の７
TEL03(3294)4801　振替00120-6-53909
http://www.koubundou.co.jp

印　刷　大盛印刷
製　本　井上製本所



ISBN978-4-335-32064-4

| | |
|---|---|
| 消費税の制度と理論《租税法研究双書１》 | 水野忠恒 |
| 租税過料法《租税法研究双書２》 | 木村弘之亮 |
| 脱税と制裁《租税法研究双書３》 | 佐藤英明 |
| 家族と税制《租税法研究双書４》 | 人見康子<br>木村弘之亮 |
| 信託と課税《租税法研究双書５》 | 佐藤英明 |
| 投資ファンドと税制《租税法研究双書６》 | 田邊　昇 |
| 企業組織再編成と課税《租税法研究双書７》 | 渡辺徹也 |
| 法人・企業課税の理論《租税法研究双書８》 | 手塚貴大 |
| オンブズマン法〔新版〕《行政法研究双書１》 | 園部逸夫<br>枝根　茂 |
| 土地政策と法《行政法研究双書２》 | 成田頼明 |
| 現代型訴訟と行政裁量《行政法研究双書３》 | 高橋　滋 |
| 行政判例の役割《行政法研究双書４》 | 原田尚彦 |
| 行政争訟と行政法学〔増補版〕《行政法研究双書５》 | 宮崎良夫 |
| 環境管理の制度と実態《行政法研究双書６》 | 北村喜宣 |
| 現代行政の行為形式論《行政法研究双書７》 | 大橋洋一 |
| 行政組織の法理論《行政法研究双書８》 | 稲葉　馨 |
| 技術基準と行政手続《行政法研究双書９》 | 高木　光 |
| 行政とマルチメディアの法理論《行政法研究双書10》 | 多賀谷一照 |
| 政策法学の基本指針《行政法研究双書11》 | 阿部泰隆 |
| 情報公開法制《行政法研究双書12》 | 藤原静雄 |
| 行政手続・情報公開《行政法研究双書13》 | 宇賀克也 |
| 対話型行政法学の創造《行政法研究双書14》 | 大橋洋一 |
| 日本銀行の法的性格《行政法研究双書15》 | 塩野宏監修 |
| 行政訴訟改革《行政法研究双書16》 | 橋本博之 |
| 公益と行政裁量《行政法研究双書17》 | 亘理　格 |
| 行政訴訟要件論《行政法研究双書18》 | 阿部泰隆 |
| 分権改革と条例《行政法研究双書19》 | 北村喜宣 |
| 行政紛争解決の現代的構造《行政法研究双書20》 | 大橋真由美 |
| 職権訴訟参加の法理《行政法研究双書21》 | 新山一雄 |
| パブリック・コメントと参加権《行政法研究双書22》 | 常岡孝好 |
| 行政法学と公権力の観念《行政法研究双書23》 | 岡田雅夫 |
| アメリカ行政訴訟の対象《行政法研究双書24》 | 越智敏裕 |
| 行政判例と仕組み解釈《行政法研究双書25》 | 橋本博之 |
| 違法是正と判決効《行政法研究双書26》 | 興津征雄 |
| 学問・試験と行政法学《行政法研究双書27》 | 徳本広孝 |
| 国の不法行為責任と公権力の概念史《行政法研究双書28》 | 岡田正則 |
| 保障行政の法理論《行政法研究双書29》 | 板垣勝彦 |
| 公共制度設計の基礎理論《行政法研究双書30》 | 原田大樹 |
| 国家賠償責任の再構成《行政法研究双書31》 | 小幡純子 |
| 義務付け訴訟の機能《行政法研究双書32》 | 横田明美 |
| 公務員制度の法理論《行政法研究双書33》 | 下井康史 |
| 行政上の処罰概念と法治国家《行政法研究双書34》 | 田中良弘 |
| 行政上の主体と行政法《行政法研究双書35》 | 北島周作 |
| 法治国原理と公法学の課題《行政法研究双書36》 | 仲野武志 |